歴代天皇で読む

日本の正史

吉重丈夫

錦正社

『日本の正史』刊行に寄せて

竹田　恒泰

この度、吉重丈夫様が大著『日本の正史』を上梓なさいましたことを、心からお喜び申し上げます。

本書は建国前から書き始められ、初代神武天皇から第一二一代孝明天皇に至るまでの、我が国の天皇の歴史を、主に正史を軸にして、歴代天皇の代毎にまとめた本です。まさに『日本の正史』と称するに相応しいものです。

ところで「正史」とは、国家が編纂した公式な歴史書のことで、我が国においては神代から第四一代持統天皇までを記した『日本書紀』から始まり、『続日本紀』『日本後紀』『続日本後紀』『日本文徳天皇実録』『日本三代実録』と、第五八代光孝天皇までの歴史が綴られています。その後、正史編纂事業は行われていませんが、歴代天皇実録や『大日本史料』などが「正史」の穴埋めをする史料となり、現在でも編纂が続けられています。平成二十六年に『昭和天皇実録』が公開されましたが、これは正史編纂に準じる国家事業であり、実質的には「正史」そのものといっても差し支えないものです。

しかし、これらの史料は膨大な分量があり、しかも大抵は漢文で書かれていますので、読み込むのは研究者でない限り無理でしょう。ところが、本書は通読するだけで、我が国の「正史」の全体像を把握することができるので、一般人が「正史」を知ることができる本として、大きな価値があります。

本来、学校では「正史」を機軸として国史（日本史）を教えるべきであるというのが、吉重様の信念です。しかしながら、戦後の学校教育においては、幕府や政治家から見た政治史を日本史と称して教えているのが現状です。これでは、我が国の軸となるものが見えてきません。あたかも、幕府が変わる度に革命が起きて別の国が出現しているような印象さえ与えるものです。そのような歪んだ教育を施す時代だからこそ、本書は価値があるのです。

吉重様は、正史やその他の膨大な史料から、丹念に記事を抽出し、歴代天皇毎に重要事項を書くのみならず、未解決の論点に独自の見地から解説を施しているため、本書は読者に新たな示唆を与えてくれます。本書は四十万字を越える分量がありますが、幕末までの一二一代の天皇の歴史を総攬する本にしては、実に簡潔に分かりやすくまとめられていると思います。本書を通読することで、我が国の歴史を貫く一筋の線が見えてくることでしょう。

執筆にあたり、吉重様には大変なご苦労があったことと拝察いたします。学説が分かれる点では、いかなる理由に基づきどの立場に立つか、自問自答の繰り返しだったのではないでしょうか。また本書は歴代天皇について基本事項が網羅されていて、史料が多数引用されていますので、研究者にとって、常に近くに置いておきたい一冊になることと思います。執筆に当たってのご苦労を偲び、刊行に寄せて、最大の敬意を表したく思います。

さて、吉重様には、長年にわたり、大阪竹田研究会幹事長として、竹田研究会の運営に多大なるご尽力を頂いております。吉重様は、いつも行事などで、日本人として知っておかねばならない大切なことを、若者たちに熱心にお話しになります。そのような国を憂うお気持ちが、この本として結実したのでしょう。どうかこれからも、未来を担う若者たちに正しい方向を指し示して頂きたいと思います。吉重様のご健康を祈念して、結びの言葉とさせていただきます。

平成二十七年二月吉日

はしがき

我が国の歴史書は学校の教科書を含め、全て天皇抜きである。天皇について書かれるとしたら、天智天皇の大化の改新、後醍醐天皇の南北朝くらいである。それも関係者の一人という位置づけで書かれる。

日本は世界で断トツに一番古い国である。しかし、世界に二〇〇余りある国で、子供に建国を教えない国は日本だけである。一番古い国ということは一番良い国ということを意味する。悪い国は途中で潰れて長続きはしない。今の主要国を見れば歴然としている。

ところが日本は国の歳を表すのに、キリストの誕生を基準に数えるキリスト暦（いわゆる西暦）を使用している。西暦といって世界標準のように使用しているが、別に東暦、南暦、北暦があるわけではないので、キリスト暦といった方が内容をよく表していて正確である。西暦は誤魔化しである。

普通は国の歳はその国の建国から数えるものである。日本の建国ははっきりしている。今から二六七五年前（平成二十七年現在）、皇紀元（神武天皇元〈キリスト暦紀元前六六〇〉）年に初代神武天皇が橿原の地で即位されたときが日本の建国であり、それ以外では有り得ない。現在の東京裁判史観が一世を風靡するまでは、このことに疑問を抱く人はいなかった。初期の歴史が事実において少々矛盾を含んでいても、それが歴史であり、何処の国の歴史も同じで、キリスト暦についても同様のことが言える。

国の歴史において、歳を数えるのは建国から何年とするのが当然のこと、日本では皇紀ということになる。今では知る人も少ないが、これが日本国の正式な年齢である。従って本書では全て皇紀を使用し、その時々の天皇がお決めになった年号を記し、参考のためにキリスト暦を括弧書きで添えた。

現在日本の年齢は二六七五歳（平成二十七年現在）であるが、この数字については争いがあることを承知している。学校教育ではこのことには全く触れず、天皇についても、最初に出てくる天皇は第三十三代推古天皇であるという。第二代綏靖天皇から第九代開化天皇まではわざわざ「欠史八代」という名称を付けて、存在すら否定している。しかもその根拠は年齢が一〇〇歳を超えている天皇がおられると言うことだけである。そして『古事記』、『日本書紀』は都合が悪いので偽書として無視している。随分乱暴な話といわざるを得ない。

この点については長浜浩明氏が「日本の古代史においては、一年を春・秋の二年と数えた」と指摘しておられる。縄文海進という事実の指摘は可なり説得力があり、私もそうかも知れないと半分思っている。しかし、本書では『日本書紀』『古事記』の記述を元に、皇紀で綴ってみた。年数の違いについての議論はあって当然と思うが、日本の正史である『日本書紀』や『古事記』に書かれた天皇の存在すら否定するというのはどうかと思うし、思想上の何らかの意図を感じる。

また『古事記』『日本書紀』は天皇を神聖化するために創られたもので、信用出来ない偽書と教えられる。しかし、この両書には天皇の暗殺など天皇家にとって都合の悪い出来事がいくらでも出てくる。神聖化するのであればもっと別な記述をすればよい。編纂を命じられた天武天皇は「良いことも悪いことも、伝えられているままを書くように」と指示された。

日本は天皇の統治《しら》される国である。これは「天壌無窮の神勅」、肇国の言葉に示されている。天皇の統治されるのは力によるものではなく、教化による。天皇は国民一人一人の幸せと日本国の安寧を日夜祈っておられる。歴代天皇が毎日祈って二六七五年経ったのである。この祈りが天皇のお勤めである。具体的には宮中祭祀を催行される。世俗の政治は誰かに委嘱される。天皇の主要任務は祈りであるから、時の世俗の為政者が天皇の意に添わないことをしても、この祈りは天皇お一人でなさることなので妨げられることはない。従って、日本の天皇は「キング」でもなく「エンペラー」でもない。天皇を「キング」「エンペラー」と訳すと天皇とは全く違った内容として伝わる。従って天皇は「テンノウ」とそのまま表現しなければいけない。

天皇は誰かに実際の統治を委嘱される。委嘱されたら後は余程のことがない限り何も仰らない。うまく行くようにひたすら祈られる。古代においては大伴氏、物部氏、蘇我氏といった豪族に、また天皇の身内である皇族に、後に大化の改新で功績のあった中臣（藤原）鎌足やその子孫の藤原一族から選ばれた太政大臣以下の公卿達役人、更にその後は武家から選ばれた征夷大将軍に委嘱してこられた。明治以後は臣民（国民）が選挙で選んだものに委嘱しておられる。現在も三権の長を始め、主要政府高官は天皇の認証を受けて任に就く。

天皇制反対と叫んでいる政治家も、大臣になるときは認証式に嬉々として臨んでいる。「私は天皇制反対だから認証式には出ない、大臣になれなくても仕方がない」と意思表明をした大臣候補者は今まで一人もいない。天皇制反対の人でも園遊会に招待されると着飾って出掛けている。報道陣も「あなたは天皇制反対ですが、どんなお気持ちで認証式に臨みましたか」という質問をしたことはない。

任務を委嘱された者は、天皇の意を体して政治を行う。委嘱を受けたものが天皇を蔑ろにし、自分が最高責任者か王になったつもりで政治を行うことも ままあった。或いは天皇を自分の思い通りに動かそうとする者もいた。しかし、天皇を殺して自分が天皇になろうとした者は一人もいない。従って、日本国は天皇のおられる王国として二六七〇余年、立派に存続している。曾てモスクワの第三インターナショナル本部は日本支部の日本共産党に「天皇を処刑して社会主義共和国を作れ」と指令してきた。当然のことながら、日本政府は「日本共産党」を、国家を破壊する非合法団体に指定した。

日本の国体は「君民一体」「君民共治」である。統治（政治）は天皇だけがするのではないし、国民（臣民）だけでするものでもない。天皇と国民と国とは一体である。天皇がおられない日本は日本国ではない。従って日本人が国を大切にするということは、天皇を大切にするということと同義である。天皇を大切にするということは国を大切にすることである。だから先の大戦で日本は「ポツダム宣言」を受諾するに当たって「国体の護持」だけを条件にして受諾した。

我が国の国民は歴代天皇と共に概ね幸せに生きてきた。地震、津波、火山の噴火、大火、台風といった自然災害に屢々見舞われ、大雨、干魃、冷害による飢饉などもあり、厳しい環境の中を、天皇の祈りの中で無事生きてきたのである。

本書はこの天皇とともに天皇の祈りの中で生きてきた日本人の歴史を書いたものである。学術書ではなく、天皇を中心とした日本の歴史を簡単に辿ってみた通史である。編年体で時系列に書いたので、事件によっては複数箇所に跨《また》がることになって分かりにくくなっていることをご容赦頂きたい。古代については主として『日本書紀』を参考にした。

年代については、特に古代については、『日本書紀』に書かれた天皇の在位年を加算していった。各天皇の誕生や即位から何年かを計算したが、どうしても合わないところもあり苦労した。古代については途中の干支などが必ずしも合っていない。従って年については必ずしも正確ではないかも知れない。しかし大きく変わるものではない。

天皇によっては一〇〇歳を超える方もおられるので、多少疑問にも思うが、それは『古事記』『日本書紀』を書かれた当時の学者も当然同じ思いをされたであろうし、寧ろ後世の我々よりも更に深刻だったことは想像出来る。それを敢えて口伝のままに書かれたのであろうから、私もそのまま書いた。それに、称制ということもあり、襲名をいうこともあるので、存在すら否定するほど矛盾を感じることもないのではと思う。これからの考古学の研究や文献研究の成果が待たれるところである。また、天皇の御名は崩御後のものであるが、ここでは便宜上、在位中からその名前を使用した。

明治以降の近現代については、まだ歴史として固定していない面もあると思われるし、書くとなると余りにも膨大で、しかも既に多くの書もあり、また自分にそこまで書く能力もないと判断したので、別の機会に譲ることにした。また、神武天皇即位以前の歴史も、神話の世界になり、私の手に負えないと思い断念した。勿論この度あつかった範囲でも、しっかり書けたという自信は全くない。初代神武天皇から百二十一代孝明天皇まで、その時の日本人がどのように万世一系の天皇を繋いで、日本国と国民を守ってきたかを書いてみた。天皇を中心とした日本の簡単な通史として読んで頂ければ、私にとっては望外の喜びである。

なお、各天皇のところに、世系を記したが、これは天照大神を世系一（天皇第一世）として数えた世代である。初代神武天皇は世系六で、天照大神六世という意味である。谷田川惣氏にご教授頂いたことである。何代の天皇かと言うことも重要であるが、何世かと言うことも更に重要であることを教えて頂いた。兄弟で皇位を継がれることも多いが、その場合は世系に変化はないのである。

歴代天皇で読む

日本の正史　目次

第五章　第二期京都時代（鎌倉時代）…… 389

第一章　建国と国造り

①神武天皇
|
②綏靖天皇
|
③安寧天皇
|
④懿徳天皇
|
⑤孝昭天皇
|
⑥孝安天皇
|

建国前

詔（天皇が臣民に対し下されるお言葉）の第一詔「修理固成の神勅《しんちょく》」に、天津神《あまつかみ》は、伊邪那岐尊《いざなぎのみこと》・伊邪那美尊《いざなみのみこと》の二柱の神に「この漂へる国を修理固成《つくりかためな》せ」と詔されて大八洲国《おおやしまのくに》（日本列島）を創らせられたとある。

そして第二詔で「吾已《すで》に大八洲国及び山川草木を生《う》めり。何ぞ天下の主《きみ》たる者《かみ》を生まざらむや」と伊弉諾尊《いざなぎのみこと》・伊弉冉尊《いざなみのみこと》に相談し、日の神「大日孁貴《おおひるめのむち》」を生む。即ち、ここに天照大神《あまてらすおおみかみ》が生まれる。『古事記』では伊邪那美尊が火の神「火之迦具土《ひのかぐつち》」を生んで死んだとき、伊邪那岐尊がこれを追って黄泉の国へ行かれるが、その変わり果てた姿を見て逃げ帰られた。その時「なんと汚い国へ行ったものだ、禊ぎをしなければ」と筑紫の日向《ひむか》の橘の小戸の阿波岐原《あわぎはら》で禊《みそぎ》をし、そのときに天照大神が生まれたとある。清く赤き心を曇らせる行為を「ツミ」、「ケガレ」と表現し、それを清めるときに「禊ぎ」と「祓い」を行うという大和民族の精神がここに生まれた。

伊弉諾尊・伊弉冉尊は皇祚（皇位）の元始であり、年の初め一月三日に天皇は元始祭を自ら執り行われる。これは天皇が皇位の元始「諾冉二神」を宮中三殿でお祀りされる天皇親祭で、重要な宮中祭祀の一つである。

従って、我が大和民族は人も自然も全て同じ神、伊弉諾・伊弉冉二神から生まれた兄弟であるという自然観を共有する。自然は人間が征服すべき対象ではなく、兄弟として共生する存在である。食事を始めるとき「頂きます」というが、それは兄弟の命を頂くという意味で感謝の気持ちを表している。

天照大神は「豊葦原《とよあしはら》の千五百秋《ちいほあき》の瑞穂の国は、是《これ》吾が子孫《うみのこ》の王《きみ》たるべき地《くに》なり。宜《よろ》しく爾皇孫《いましすめみま》、就《い》でまして治《しら》せ。行矣《さきくませ》。宝祚《あまつひつぎ》の隆《さか》えまさんこと、まさに天壌《あめつち》とともに窮《きわま》り無かるべし」という天壌無窮《てんじょうむきゅう》の神勅を瓊瓊杵尊《ににぎのみこと》に授け、大八洲《おおやしま》に天下《あまくだ》らせる。これが天孫降臨の神話である。天照大神が孫の瓊瓊杵尊を天降らせたので天孫降臨という。

ここで、我が大八洲国は天照大神の子孫が王（キングやエンペラーではない）となる国であることが定まった。この神勅が我が国の肇国《ちょうこく》の言葉であり、これによって我が国が始まる。また、天照大神は「此の宝鏡《たからのかがみ》を視まさむこと、当《まさ》に吾を視るが如くすべし」と宝鏡を授け、そして「我が高天原に所御《きこしめ》す斎庭の稲穂を以て、また吾が児《みこ》に御《まか》せまつる」（稲穂の神勅）と稲穂を授ける。

この天照大神の子孫が天皇である。後に神日本磐余彦尊《かむやまといわれひこのみこと》・神武天皇の日本建国に繋がっていく。ここに始まる万世一系の皇統が、初代神武天皇ご即位から二六七五年（平成二十七年現在）、同じ神武天皇の血統で、今日の百二十五代今上天皇まで続き、一系の皇統として繋がっているのが日本国である。

なお我が国の稲作について考古学の立場からは、例えば岡山県彦崎貝塚の約六〇〇〇年前（縄文時代前期）の地層から稲のプラントオパール（穀物に含まれる珪酸が細胞の形のまま化石となったもの）が見つかり、縄文中期には既に稲作をしていたことが判明している。

大八洲国の日向高千穂に天下った瓊瓊杵尊は大山祇尊《おおやまつみのみこと》の娘・木花開耶媛《このはなさくやひめ》を娶って彦火火出見尊（山幸彦）をお生みになる。この彦火火出見尊の孫が五瀬命《いつせのみこと》、稲飯命《いなひのみこと》、三毛野命《みけぬのみこと》、神日本磐余彦尊《かむやまといわれひこのみこと》である。

神日本磐余彦尊は四五歳の時、兄の五瀬命と船軍を率い東征にお出になる。神武東征である。『日本書紀』によると、これは瓊瓊杵尊が天下られてから一七九万二四七〇余年後のこととある。年数の根拠は分からない。

大和の地で長髄彦《ながすねひこ》と戦い勝利し、大物主神の娘・媛蹈鞴五十鈴媛命《ひめたたらいすずひめのみこと》（『古事記』では「比売多多良伊須気余理比売《ヒメタタライスケヨリヒメ》と記す）」を娶った後、「橿原建都の令」（詔二十八詔）を発せられ、橿原の地で初代天皇としてご即位になった。

神《じん》武《む》天皇

初代　世系六　在位七六年

初代天皇・神武天皇は天照大神の勅命を受け高千穂に天降《あまくだ》られた皇孫（天照大神の孫）瓊瓊杵尊《ににぎのみこと》の曾孫であり、神日本磐余彦尊《かむやまといわれひこのみこと》といわれ、父は彦波瀲武鸕鷀草葺不合尊《ひこなぎさたけうがやふきあえずのみこと》、母は豊玉姫命の妹・玉依姫命《たまよりひめのみこと》である。

塩土《しおつち》の翁《おじ》から「東によい土地があり、そこに物部氏の祖先に当たる饒速日命《にぎはやひのみこと》が天の磐船に乗って天下っている、そこに行って都を創ると良い」といわれ、兄の五瀬命《いつせのみこと》の承諾を得て、ともに東征を開始する。

皇紀前七年十月五日、皇子は船軍を率いて出発される。

豊予海峡で漁師の珍彦《うずひこ》が水先案内を申し出る。名を賜って椎根津彦《しいねつひこ》とされた。倭直《やまとのあたひ》の先祖である。天皇から名を賜ることは最高の名誉である。

宇佐に着くと宇佐の国造《くにのみやっこ》の先祖である宇佐津彦・宇佐津媛がもてなした。この時、宇佐津媛を侍臣《じしん》の天種子命《あめのたねこのみこと》に娶《めあわ》す。天種子命は中臣氏の祖である。天種子命は瓊瓊杵尊の天孫降臨にさいして太玉命《ふとたまのみこと》や天鈿女命《あめのうずめのみこと》などと共に瓊瓊杵尊に随行した天児屋命《あめのこやねのみこと》の孫である。

十一月九日、筑紫国の岡水門《おかみなと》（遠賀川の河口）に着かれる。

十二月二十七日、安芸国の埃宮《えのみや》（広島県安芸郡府中町）に入られる。現在の多家《たけ》神社である。

皇紀前六年三月六日、吉備国に遷られ行宮《かりみや》高島宮を造ってお入りになる。

ここに三年ご滞在になり、船舶を揃え兵器や糧食を蓄えられた。

皇紀前三年戊午二月十一日、皇子軍は東に向かって出発される。潮流に恵まれ非常に速く着かれ、ここを浪速国《なみはやのくに》（難波）と名付けられた。

三月十日、川を遡って河内国草香邑（日下）の青雲《あおくも》の白肩津《しらかたのつ》に着かれる。白肩津は河内国北部・現在の大阪府東部にあった湖で、現在は河内平野になっている。

四月九日、皇子軍は兵を整え、生駒山を越え内国に入ろうとしたところ、孔舎衛坂《くさえのさか》で饒速日命《にぎはやひのみこと》に仕える長髄彦《ながすねひこ》の軍と戦うことになる。この戦いで皇子軍・東征軍は長髄彦軍に敗れる。そして五瀬命《いつせのみこと》がうでに矢傷を負われた。「日御子《ひのみこ》が太陽に向かって戦ったのが間違いだった」と悟られ、東征軍は紀伊半島を熊野に廻る。

五月八日、東征軍は茅淳《ちぬ》（和泉の海）の山城水門《やまきのみなと》にお着きになる。船中で薨去された兄の五瀬命を竈山《かまやま》に葬られた。現在の竈山神社（和歌山市）である。

六月二十三日、東征軍は名草邑に着かれる。和歌山市冬野宮垣内の名草神社である。ここで名草戸畔《なくさとべ》という女賊を誅された。

その後、東征軍は暴風に遭い船が進まなくなって、兄の稲飯命《いなひのみこと》が剣を抜いて海に入り鋤持神《さひもちのかみ》となられた。そしてまた兄の三毛入野命《みけいりぬのみこと》も波頭を踏んで常世国に行かれた。

残された神日本磐余彦尊は皇子（長男）の手研耳命《たぎしみみのみこと》と軍を率いて進み、熊野の荒坂津（新宮市の熊野荒坂津神社）に着かれた。そこで丹敷戸畔《にしきとべ》という女賊を誅された。この時、神が毒気を吐いて兵を萎えさせた。天照大神は天上からこれをご覧になって、高倉下《たかくらじ》に剣を授け、これを皇子にお渡しする。これで皇子も兵士も皆目醒める。

また進んでいくうちに山は険しく路《みち》もなかった、そこでまた天照大神は八咫烏《やたがらす》を遣わし、これについて行きなさいと指示される。大伴氏の祖・日臣命《ひのおみのみこと》が大来目《おおくめ》を率いて東征軍の先頭に立ち、山を越え踏み分けて、遂に宇陀の下県《しもつこおり》に着かれた。日臣命はここで「道臣《みちのおみ》」の名を賜る。

八月二日、宇陀県《うだのあがた》の頭目の兄猾《えうかし》と弟猾《おとうかし》を呼ばれた。弟猾はやって来たが兄猾は来ず、悪計を仕掛けていたので弟猾がこれを皇子に知らせる。兄猾は道臣に追い詰められ、自分がこれに掛かって死んでしまう。

十月一日、八十梟師《やそたける》を国見丘(桜井市)に襲って斬られた。

十一月七日、皇子は磯城の県主・磯城彦《しきひこ》を攻めようとし、兄磯城《えしき》と弟磯城《おとしき》を呼ばれた。弟磯城は馳せ参じたが兄磯城は来なかったので、攻め滅ぼした。

十二月四日、再度、長髄彦と戦うこととなった。闘いを重ねる内、金色の不思議な鵄《とび》が皇子の弓の先に止まった。長髄彦の軍勢はこれに眩惑されて力戦できなくなった。

長髄彦は使いを送って皇子に奏上する。「昔天神の御子が天磐船《あめのいわふね》に乗って天降られた。櫛玉饒速日命《くしたまにぎはやひ》といい、この人が我が妹・三炊屋媛《みかしきやひめ》を娶って子・可美真手命《うましまでのみこと》が誕生しました。吾は櫛玉饒速日命を君として仕えています。天神の子は二人居られるのですか。どうして天神の子を名乗って人の土地を奪いに来るのですか。思うに偽物でしょう」と。

皇子は「天神の子は沢山いる。もし櫛玉饒速日命が本当の御子なら表《しるし》のものがあるはずだ。其れを見せなさい」といわれる。長髄彦が「天《あめ》の羽羽矢《はばや》」と「歩靫《かちゆき》」を見せたところ、磐余彦も同じものを見せる。これを見た長髄彦は畏れ入って戦いを止めた。饒速日命は皇子のものの方が天孫の嫡流に近いことを知る。そこで饒速日は長髄彦を斬って磐余彦に帰服する。饒速日は長髄彦の妹・三炊屋媛を娶って物部氏の祖である息子・可美真手命(宇摩志麻遅命)を儲けていた。饒速日命の後裔が物部氏である。『古事記』には、可美真手命は始め長髄彦に従っていたが、神武天皇の東征に際して長髄彦を殺し天皇に帰服、以後自らの部族である物部《もののべ》を率いて天皇守護の任に当たったとある。

翌年己未二月二十日、添県《そえあがた》の新城戸畔《にいきとべ》、和珥《わに》（天理市）の居勢祝《こせのはふり》、長柄の猪祝《いのはふり》の三箇所の土俗が帰順しなかったので滅ぼされた。

三月七日、橿原で建都の令、詔《みことのり》第二八詔「六合開都、八紘為宇」を発せられた。

「我東に征《ゆ》きしより茲《ここ》に六年になりぬ。皇天《あまつかみ》の威《みいきおい》を頼《かかふ》りて、凶徒就戮《あだどもころ》されぬ。辺土《ほとりのくに》未だ清《しず》まらず、余妖《のこりのわざわい》尚梗《なおこわ》しと雖も、中洲之地《なかつくに》復風塵《またさわぎ》無し。誠に宜しく皇都《みやこ》を恢廓《ひらきひろ》め、大荘《みあらか》を規摸《はかりつく》るべし。而して今、運《とき》此の屯蒙《わかくらき》に属《あ》ひ、民心《おおみたからのこころ》朴素《すなお》なり。巣に棲み穴に住む習俗《しわざ》、惟《こ》れ常となれり。夫《そ》れ大人《ひじり》の制《のり》を立つ。義《ことわり》必ず時に随ふ。苟も民《おおみたから》に利《くぼさ》有らば、何ぞ聖造《ひじりのわざ》に妨《たが》はむ。且当《またまさ》に山林《やま》を抜き払《ひら》ひ、宮室《おおみや》を経営《おさめつく》りて、恭《つつし》みて宝位《たかみくら》に臨み、以て元元《おおみたから》を鎮《しず》むべし。上は則ち乾霊《あまつかみ》の国を授けたまふ徳《うつくしび》に答え、下は則ち皇孫正《すめみまただしき》を養ひたまふ心を弘《ひろ》めむ。然して後に六合《くにのうち》を兼ねて以て都を開き、八紘《あめのした》を掩《おお》ひて宇《いえ》と為《せ》むこと、亦可《またよ》からずや。夫《か》の畝傍山の東南《たつみのすみ》橿原の地を観れば、蓋し国の墺区《もなか》か。治《みやこつく》るべし」と。この月、都造りをお命じになる。

皇紀前一（前六六一）年庚申《かのえさる》九月二十四日、日向を後にした神日本磐余彦命はこうして大和の地で長髄彦と戦って勝利した後、大物主神（事代主神）の娘・媛蹈鞴五十鈴媛命《ひめたたらいすずひめのみこと》（伊須気余理比売）を娶って正妃とされる。

【日本の建国】

皇紀元（神武天皇元〈前六六〇〉）年辛酉《かのととり》一月一日、橿原の地で即位される。初代天皇・神武天皇の誕生であり、日本の建国でもあり、この年を皇紀元年と定める。

正妃・媛蹈鞴五十鈴媛命を尊んで皇后とされる。媛蹈鞴五十鈴媛命は大神大物主神（三輪明神）、素戔嗚尊、大国主神の子孫であるから、ここで天津神系と国津神系に分かれた系譜がまた一つに統合されることになった。

媛蹈鞴五十鈴媛命との間に、神八井耳命《かむやいみみのみこと》、彦八井耳命《ひこやいみみのみこと》、神渟名川耳命《かむぬなかわみみのみこと》の三皇子が誕生される。

皇紀二(神武天皇二)年二月二日、東征での論功行賞が行われる。道臣尊は土地を賜り築坂邑《つきさかのむら》に住まわせる。大来目《おおくめ》は畝傍山《うねびやま》の西、河辺《かわら》に住まわせる。来目邑《くめむら》である。椎根津彦《しいねずひこ》(珍彦《うずひこ》)を倭国造とし、弟猾《おとうかし》には猛田邑《たけだむら》(宇陀邑)を与えられた。それで猛田の県主《あがたぬし》という。宇陀の主水部《もひとりら》の先祖である。弟磯城は名を黒速《くろはや》といい、磯城の県主とされる。剣根《つるぎね》を葛城国造とし、八咫烏《やたがらす》も賞として葛野主殿県《かどののとのもりのあがた》を賜り、その子孫は葛野主殿県主《かどののとのもりのあがたぬし》である。

皇紀四(神武天皇四)年、天下を平定し海内無事を以て詔《みことのり》し、鳥見山(桜井市)に皇祖天神を祀られる。

皇紀三一(神武天皇三十一)年、巡幸され、腋上《わきがみ》(御所市掖上)の嗛間《ほほま》の丘に登られ、一望すると蜻蛉《あきつ》が臀呫《となめ》(交尾)しているのに似ていることから、その地を秋津洲《あきつしま》と命名された。

昔、伊弉諾尊《いざなぎのみこと》がこの国を「日本《やまと》は心安らぐ国、良い武器が沢山ある国、勝れていて良く整った国」といわれた。また大己貴大神《おおなむちのおおかみ》は「玉牆《たまがき》の内つ国」(美しい垣のような山に囲まれた国)といわれた。饒速日命《にぎはやひのみこと》は天の磐船《いわふね》に乗って大空を飛び廻り、この国を見て天降《あまくだ》りになられたので、名付けて「虚空《そら》見つ日本《やまと》の国(大空から眺めてよい国だと選ばれた日本の国)」といわれた。

皇紀四二(神武天皇四十二)年、第三皇子の神渟名川耳尊を皇太子と定められた。日向からともにされた手研耳命《たぎしみみのみこと》を差し置いての立太子で、これが後に悲劇を生むことになる。

皇紀七六(神武天皇七十六)年三月十一日、在位七六年、一二七歳で崩御された。陵は、奈良県橿原市大久保町の「畝傍山東北陵《うねびのやまのうしとらのすみのみささぎ》(山本ミサンザイ古墳)」である。

綏《すい》靖《ぜい》天皇

第二代　世系七　在位三三年

皇紀二九（神武天皇二十九〈前六三二〉）年、神武天皇の第三皇子として誕生された神渟名川耳命《かむぬなかわみみのみこと》（『古事記』では神沼河耳命）で、母は皇后の媛蹈鞴五十鈴媛命である。

皇紀四二（神武天皇四十二）年、一四歳で立太子される。

皇紀七六（神武天皇七十六）年三月、先帝の神武天皇が崩御される。

天皇崩御の後、手研耳命《たぎしみみのみこと》の反逆事件が発生する。

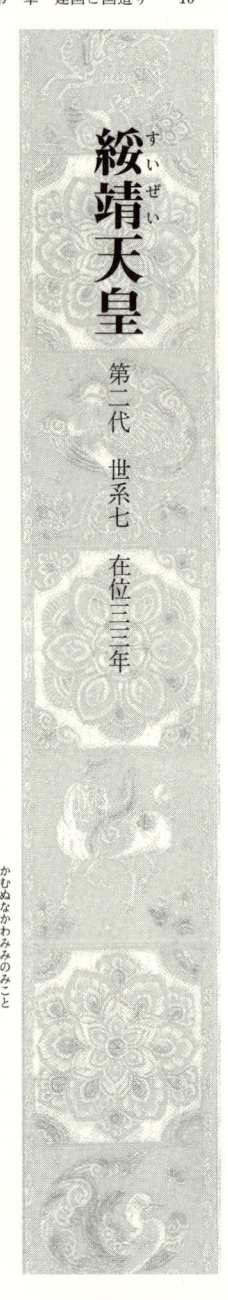

神武東征で日向から父の磐余彦命（神武天皇）と一緒に来られた異母兄の手研耳命は、媛蹈鞴五十鈴媛命（神武天皇の皇后）を正妃としておられたが、異母弟の神渟名川耳命が立太子されたことを恨んで神渟名川耳命たち兄弟を亡き者にしようとする。このことを媛蹈鞴五十鈴媛命が歌に託して事前に神渟名川耳命たちに知らせ、逆に神渟名川耳命たちが手研耳命を殺害する。この時、神八井耳命《かむやいみみのみこと》は手足が震えて弓を射ることが出来ず、弟の神渟名川耳命がその弓を取って射殺した。初代から第二代への皇位継承に当たっての、悲劇の大事件であった。神八井耳命はこれを恥じて弟の神渟名川耳命に即位を願い、自らは神々の祀りを受け持たれる。神八井耳命に始まる日本最古の皇別氏族・多臣の始祖である。皇別氏族とは皇族の中で臣籍降下した分流・庶流の氏族である。

皇紀八〇（綏靖天皇元〈前五八一〉）年一月八日、神渟名川耳命が五二歳で即位される。葛城高丘宮《かつらぎたかおかのみや》（御所市）に都を置かれた。神武天皇崩御から四年後のことで、その間、手研耳命の反逆事件で混乱の時期を経た。

皇紀八一（綏靖天皇二）年一月、実母（媛蹈鞴五十鈴媛命）の妹（叔母）の五十鈴依媛（事代主命の娘、『古事記』では河俣毘売《かわまたひめ》）を皇后に立てられた。

『古事記』は「この天皇が師木県主の祖である河俣毘売を妻としてお産みになった唯一の皇子は師木津日子玉手見命（安寧天皇一柱）である」と記す。初代に続いて第二代天皇も事代主（大神神社系）の娘を皇后に立てられた意味は大きい。これについては初代神武天皇の遺詔があったとも考えられる。また「兄の日子八井命は河内国茨田郡の臣の祖先であり、神八井耳命は大和国十一郡の臣の祖である」と記す。多くの地方を治めた長の祖であると伝える。

皇紀一〇四（綏靖天皇二十五）年一月七日、皇子の磯城津彦玉手看命を立てて皇太子とされる。

皇紀一一〇（綏靖天皇三十一）年、大陸の魯《ろ》で孔子が誕生する。

皇紀一一二（綏靖天皇三十三）年五月、在位は三三年、八四歳で崩御された。陵は桃花鳥田丘上陵《つきたのおかのうえのみささぎ》で、現在の奈良県橿原市四条町字田井ノ坪にある塚山古墳（円墳）である。

安寧《あんねい》天皇

第三代　世系八　在位三八年

皇紀八四（綏靖天皇五）年、綏靖天皇の皇子として誕生された磯城津彦玉手看命《しきつひこたまてみのみこと》で、母は先帝・綏靖天皇の皇后で事代主命の次女・五十鈴依媛である。

皇紀一〇四（綏靖天皇二十五）年正月七日、二一歳で立太子される。

皇紀一一二（綏靖天皇三十三）年五月、父の綏靖天皇が崩御される。

皇紀一一三（安寧天皇元〈前五四八〉）年七月三日、三〇歳で即位される。

皇紀一一四（安寧天皇二）年、都を片塩の浮孔宮《うきあなのみや》に遷される。奈良県大和高田市片塩町の石園座多久虫玉《いそのにますたくむしたま》神社である。奈良県大和高田市勝目の近鉄浮孔駅付近との説もある。『古事記』は「師木津日子玉手見命は片塩の浮孔宮に坐しまして天の下治らしましき」と記す。

皇紀一一五（安寧天皇三）年一月五日、事代主の孫・鴨王の娘・渟名底仲媛命《ぬなそこなかつひめのみこと》を立てて皇后とされる。『古事記』では河俣毘売の兄である師木県主波延《はえ》の娘・阿久斗比売とある。第三代天皇もまた事代主の孫・鴨王の娘で大神神社系の娘を皇后に立てられる。

皇紀一二四（安寧天皇十一）年一月一日、第二皇子の大日本彦耜友命《おおやまとひこすきとものみこと》を立てて皇太子とされる。兄の第一皇子は息石耳命で、娘が次の懿徳天皇の皇后となられる。弟の磯城津彦命は猪使連《いつかいのむらじ》の始祖である。

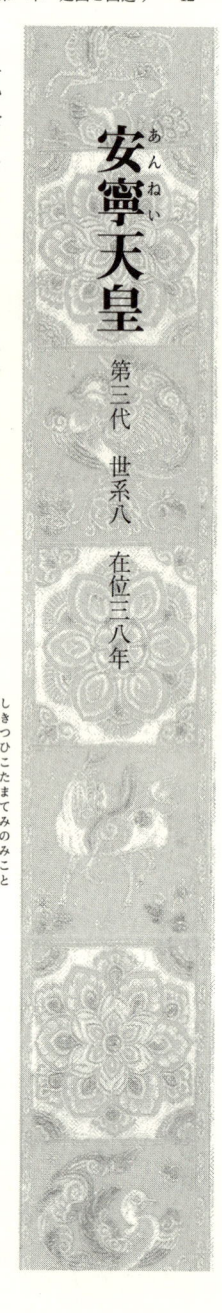

皇紀一五〇(安寧天皇三十八)年十二月六日、在位三八年、六七歳で崩御される。畝傍山西南御陰井上陵《うねびやまのひつじさるのみほどのいのえのみささぎ》(橿原市吉田町)に葬られた。山形陵である。

懿《い》徳《とく》天皇

第四代　世系九　在位三四年

皇紀一〇八（綏靖天皇二十九〈前五五三〉）年、安寧天皇の第二皇子として誕生された大日本彦耜友命《おおやまとひこすきとものみこと》で、母は事代主の子・鴨王の娘の渟名底仲媛命である。

皇紀一二三（安寧天皇十一〈前五三七〉）年一月一日、一六歳で立太子される。

皇紀一五一（懿徳天皇元〈前五一〇〉）年二月四日、安寧天皇の崩御により、四四歳で即位される。

皇紀一五二（懿徳天皇二）年一月五日、都を軽《かる》の地の曲峡宮《まがりおのみや》（奈良県橿原市見瀬町）に遷される。『古事記』には「軽之境岡宮《かるのさかいおかのみや》」とある。二月十一日、安寧天皇の第一皇子・息石耳命《おきそみみのみこと》の娘で姪に当たる天豊津媛命《あまとよつひめのみこと》を立てて皇后とされる。近親の皇族を妃とされた。

皇紀一七三（懿徳天皇二十三）年二月十二日、皇子の観松彦香殖稲命《みまつひこかえしねのみこと》を立てて皇太子とされる。

皇紀一八四（懿徳天皇三十四）年九月八日、在位三四年、七七歳で崩御される。畝傍山南繊沙渓上陵《みなみのまなごのたにのかみのみささぎ》に葬られた。奈良県橿原市西池尻町の俗称「マナゴ山」（山形墳）である。

湖西の上御殿《かみごてん》遺跡で皇紀一五九年〜皇紀二五九年の双環柄頭《そうかんつかがしら》短剣の石製鋳型二組が発見された。ここで双環柄頭短剣が大量生産されていた。この時期、大和との間に人・物の交流があったことを示しているが、大和政権との具体的関係はまだ分かっていない。これからの考古学的成果が期待される。

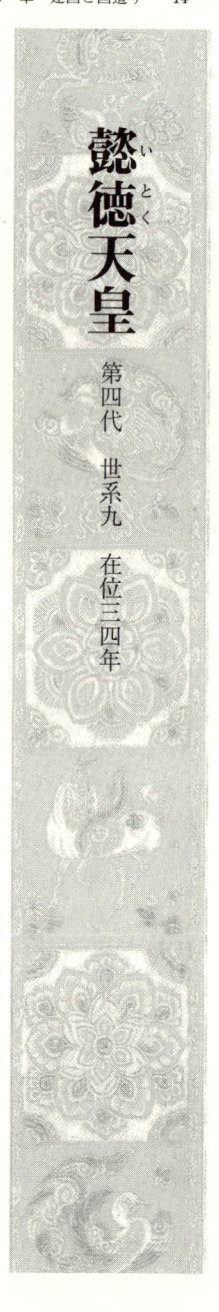

孝昭《こうしょう》天皇

第五代　世系一〇　在位八三年

皇紀一五五（懿徳天皇五〈前五〇六〉）年、懿徳天皇の皇子として誕生された観松彦香殖稲命《みまつひこかえしねのみこと》で、母は皇后・天豊津媛命《あまとよつひめのみこと》である。

皇紀一七一（懿徳天皇二十一）年、欧州ではギリシャとペルシャ間でマラトンの戦いがあった。スポーツ・マラソンの起源である。支那大陸は殷を倒して建国した周の時代である。

皇紀一七二（懿徳天皇二十二）年二月十二日、観松彦香殖稲命が一八歳で立太子される。

皇紀一八六（孝昭天皇元〈前四七五〉）年一月九日、先帝の懿徳天皇の崩御を受け、三二歳で即位される。七月、都を掖上池心宮《わきがみのいけごころのみや》（御所市池之内）に遷される。

皇紀二一四（孝昭天皇二十九）年一月三日、尾張連の祖である瀛津世襲《おきつよそ》の妹・世襲足媛命《よそたらしひめのみこと》を立てて皇后とされた。即位後二九年して尾張から妃を迎えられた。この時期、神武天皇が建国されて二〇〇年余りが経ち、天皇の支配地域、ないしは連合地域が、親族を形成しながら大きな戦争もなく平和裏に、尾張まで及んできたと考えられる。ゆっくりした時代の流れを感じさせる。

皇紀二五三（孝昭天皇六十八）年一月十四日、第二皇子である日本足彦国押人命《やまとたらしひこくにおしひとのみこと》を立てて皇太子とされる。一九歳であった。第一皇子の天足彦国押人命《あまたらしひこくにおしひとのみこと》は和珥臣《わにのおみ》の祖である。

皇紀二六八（孝昭天皇八十三）年八月五日、在位八三年で崩御される。『日本書紀』には一一三歳、『古事記』には九三歳とある。陵は奈良県御所市大字三室の掖上博多山上陵《わきがみのはかたのやまのえのみささぎ》（山形墳）である。

『新撰姓氏録《しんせんしょうじろく》（古代氏族名鑑）』に記された孝昭天皇の末裔・吉田連（孝昭天皇五世孫の彦国葺命《ひこくにふくのみこと》の孫）の条に、崇神天皇の御世、吉田氏の祖である塩乗津彦命《しおのりつひこのみこと》が任那鎮守将軍として任那《みまな》に派遣され、その地を治めたとあり、これが任那日本府の起源とされている。任那国から「任那の東北に豊饒の地があるが、新羅と争いが起り、治めることができない、将軍を遣わしてこの地を治めて欲しい」と請われ派遣された。尚、任那の地では「宰《みこともち》」のことを「吉」といったので、吉氏を名乗ったとある。

尚、『新選姓氏録』は皇紀一四七五（弘仁六〈八一五〉）年、第五十二代嵯峨天皇の勅命で編纂された「古代氏族名鑑」である。

孝安《こうあん》天皇

第六代　世系二　在位一〇二年

皇紀二三五（孝昭天皇五十〈前四二六〉）年、孝昭天皇の第二皇子として誕生された日本足彦国押人命《やまとたらしひこくにおしひとのみこと》で、母は尾張連の祖・瀛津世襲《おきつよそ》の妹・世襲足媛命《よそたらしひめのみこと》である。

皇紀二五三（孝昭天皇六十八）年正月、一九歳で立太子される。

皇紀二六八（孝昭天皇八十三）年八月五日、父・孝昭天皇が崩御される。

皇紀二六九（孝安天皇元〈前三九二〉）年正月二十七日、三五歳で即位される。

皇紀二七〇（孝安天皇二）年十月、都を室秋津嶋宮《むろのあきづしまのみや》（奈良県御所市室）に遷される。

皇紀二九五（孝安天皇二十六）年二月十四日、天足彦国押人命の娘の押媛《おしひめ》を立てて皇后とされた。天足彦国押人命は先代の孝昭天皇の第一皇子であるから、その娘は、兄の娘で姪に当たる。皇族の娘であるが、母は尾張の出であるから尾張系の皇后が続いていることが分かる。

皇紀三四四（孝安天皇七十六）年一月五日、皇子の大日本根子彦太瓊命《おおやまとねこひこふとにのみこと》が二六歳で立太子される。

先の懿徳天皇の御世の銅剣鋳型に続いて、皇紀三一〇年～皇紀三六〇年の物と見られる、双環柄頭《そうかんつかがしら》短剣の鋳型が前と同じ琵琶湖西岸高島市上御殿遺跡から発見される。鋳型の存在は短剣が大量生産なされていたことを物語っており、二〇〇年の長きに亘って生産が行われたことを意味している。

皇紀三七〇（孝安天皇百二）年一月九日、在位一〇二年、一三六歳で崩御された。在位一〇二年は歴代天皇の中で最長である。陵は奈良県御所市大字玉手字宮山にある玉手丘上陵《たまてのおかのえのみささぎ》（円墳）である。

九州北部で発掘された吉野ヶ里遺跡の大環濠都市は皇紀二六〇年から同三六〇年（前四世紀から前三世紀）にかけてで、この孝安天皇の御世のものである。またこの時期（前四世紀）のものとして、糸島市石崎・曲がり田遺跡から鉄斧が出土している。この時代に既に鉄器が使用されていた。しかし『古事記』も『日本書紀』も、この事実に触れていないので、天皇を中心とした大和朝廷とは無関係の勢力であった可能性もある。大和朝廷が拡大していくのは第十代崇神天皇の御世からのことである。この辺りを含む広範な地域に幾つもの国が存在し、互いに争っていたと考えられる。発掘された甕棺の中の人骨には、矢じりが刺さったもの、首から上が無いものなどがあり、倭国大乱を思わせる。大和地方に比し、決して平和な国・地域ではなかったようである。この地域が栄えた時代はこの孝安天皇から次の孝霊天皇にかけての御世と推定され、この地方の歴史に関し、これからの考古学上の成果が期待される。

この地域と大和朝廷との関わりが「記紀」に現れるのは、皇紀五七三（崇神天皇十〈前八八〉）年四道将軍が各地に派遣され、翌皇紀五七四年、将軍らが帰朝したとある時期と、皇紀六二八（崇神天皇六十五）年七月、任那国が蘇那曷叱知《そなかしち》を遣わして朝貢したとある時である。この時期までは大和朝廷と九州の国々との関係は今のところ不明である。ところが、朝鮮半島では後の任那となる地域で、皇紀二六〇年から皇紀三六〇年（前四世紀〜前三世紀）にかけて、従来のものとは様式の異なる日本の弥生式土器が急増し始め、倭人が半島南部に進出し居住し始めたと推定される。これは時代としては丁度この孝安天皇の御世で、実際の進出はその前の孝昭天皇の御世から始まっていた可能性もある。後の皇紀七一七（垂仁天皇八十六〈五七〉）年に倭人の脱解尼師今《だっかいにしきん》が新羅の第四代王となり、古代の南朝鮮は倭人が支配していたことと符合する。

第二章　明日香・唐古・鍵・纒向時代

―⑦孝霊天皇―⑧孝元天皇―⑨開化天皇―⑩崇神天皇―⑪垂仁天皇―⑫景行天皇―

孝霊《こうれい》天皇

第七代　世系一二　在位七五年

皇紀三一九（孝安天皇五十一〈前三四二〉）年、孝安天皇の第二皇子として誕生された大日本根子彦太瓊命《おおやまとねこひこふとにのみこと》で、母は天足彦国押人命《あまたらしひこくにおしひとのみこと》の娘で、孝安天皇の姪でもある押媛である。

皇紀三四四（孝安天皇七十六）年一月、二六歳で立太子される。

皇紀三七〇（孝安天皇百二）年一月九日、孝安天皇が崩御される。この年、黒田廬戸宮《くろだいおとのみや》（奈良県磯城郡田原本町黒田）に遷都される。

皇紀三七一（孝霊天皇元〈前二九〇〉）年正月十二日、五三歳で即位された。

孝霊天皇以前の宮が大和南部の山間部に置かれたのに対して、孝霊天皇が大和盆地中央の黒田に遷都されたことで、大和国から河内国への進出、そしてその後の吉備国併合など大和政権初期の支配地域拡大に繋がった。

皇紀三七三（孝霊天皇二）年二月十一日、磯城県主大目《しきのあがたぬしのおおめ》の娘・細媛命《くわしひめのみこと》を皇后に立てられる。磯城《しき》氏は、「記紀」の「神武紀、神武東征伝」において、「兄磯城《えしき》」「弟磯城《おとしき》」として出てくる最初の古代豪族の一つである。皇族の妃が続いたが、ここで豪族出身の妃が立てられる。

皇紀三八八（孝霊天皇十八）年、第一皇子の大日本根子彦国牽命《おおやまとねこひこくにくるのみこと》（孝元天皇）が誕生される。

磯城津彦命（安寧天皇の皇子）の孫で妃の倭国香媛命《やまとのくにかひめのみこと》を母とし彦五十狭芹彦命《ひこいさせりびこ》（吉備津彦命）、妃・絙某弟《はえいろど》を母として稚武彦命《わかたけひこのみこと》が誕生されるが、共に伝説上の桃太郎のモデルといわれている。彦五十狭芹彦命《ひこいさせりびこ》（吉備津彦命）は後に第十代崇神天皇が四道将軍の一人として山陽道に派遣された将軍である。そこで、この彦五十狭芹彦命（吉備津彦命）に因んで岡山でも桃太郎伝説が残っている。

また倭国香媛との間に生まれた皇女に倭迹迹日百襲姫命《やまとととびももそひめのみこと》がおられ、巫女的な性格をもっておられた。

後のことであるが、皇紀五六九（崇神天皇六〈前九二〉）年、崇神天皇の依頼で、倭迹迹日百襲姫命が疫病などの続く理由《わけ》を占われ、三輪山の大物主神が姫に乗り移り、「我を大物主神の娘・大田田根子に祀らせれば国は治まる」といわれる。そこで崇神天皇は、大物主神の娘・大田田根子を探し出して大神神社の祭主にされると、疫病が治まったという。またこれも後の御世のことであるが、皇紀五七三（崇神天皇十）年、四道将軍の一人、大彦命が出征間もなく聞いた童歌《わらべうた》から、倭迹迹日百襲姫命が孝元天皇の皇子・武埴安彦命《たけはにやすひこのみこと》の反乱を予言された。武埴安彦命の妻・吾田媛《あたひめ》と二手に分かれて攻めてくることも予言され、事実はその通りとなった。箸墓古墳は、この百襲媛の墓と伝わる。そうであれば、その規模からして神と崇められた皇女だったと思われる。

都を置かれた黒田廬戸宮《くろだいおとのみや》は奈良県磯城郡田原本町黒田にある法楽寺が伝承地で、唐古・鍵環濠都市の西端に位置している。唐古・鍵遺跡で判明した巨大環濠都市は孝霊天皇の御世から始まっている。都があった黒田は唐古・鍵遺跡から西に僅か一〇町（一km）の位置にあり、しかも遺跡の西部には大型建物跡が多数発見され、政庁跡とも思われる。遺跡からは鍬や鋤といった農耕具、斧の柄、高杯や鉢などの容器類、木製品の未完成品が多数出土している。また出土した石包丁の石材は耳成山（遺跡の南方一里半（六km）の流紋岩である。原石から石包丁の完成までの過程の半製品も出土しており、この都市のこの地域は様々な道具を造り、製品を地方にも供給する製造工場群があったと推定される。

また、この遺跡では青銅器の生産も行われ、祭祀として使用されたと思われる銅鐸も生産された。さらに、弥生時代と言われる時代最大級のヒスイ製勾玉《まがたま》が出土している。ヒスイは新潟県糸魚川市周辺でしか採集できず、この地域と交易があった証左である。そして岡山県東部や静岡県西部から搬入された土器が出土していることから、広範囲の交易が盛んに行われていたことも判る。

この都市の環濠は内側が幅四間（八m）以上あり、その大環濠を囲んで幅二間半の環濠が四重五重に巡らされ、居住区の外縁を幅一町半から二町（一五〇m〜二〇〇m）で囲まれ、環濠帯を形成している。各居住区の内部は未調査であるが、街の西南部からは河内、近江、紀伊からの搬入土器が多数出土しており、南部からは木器の未完成品、青銅器鋳造関連遺物や炉跡が、北部からはサヌカイト（讃岐岩）の原石や剝片《はくへん》が纏《まと》まって出土している。

南地区中央部には高床建物跡があり、朝廷の中枢部があったと考えられる。このような状況から大環濠内では、各地区が機能別に区画され、人と物がこの地区を頻繁に出入りし、経済力を備えた中央集権的社会（国家）が完成していたと思われる。そして、この遺跡からは吉野ヶ里遺跡のように傷ついた人骨が出土していないので、この地域では大きな戦争はなく、平和裏に国造りが進んでいたと推定される。

遺跡や古墳はその当時の人々の生活文化を示し、その社会の構造をも推定させる。この時期、この地域に天皇を中心とした首都・都が完成していたと考えて良い。この唐古・鍵の環濠都市は皇紀三〇〇年から六〇〇年くらい栄えたのであるから、第十五代応神天皇の御世まで栄えた。天皇を中心とした大和政権は孝霊天皇の御世から明確に完成の域に達したと言える。

欠史八代の一人として、この孝霊天皇の存在は否定する考えが一般的であるが、『古事記』『日本書紀』に多くのことが書かれ、遺跡からもこれだけの事実が判明している。計画された環濠都市が存在し、人・物の移動が盛んに行われたと言うことは、これらを計画し、その計画を実施できるだけの能力（経済力を含め）を備えた国家が存在したことは明らかである。『古事記』『日本書紀』に直接このあたりの模様が描かれていないが、天皇を祭祀の中心とし、その側近が政治、行政を司って整然とした国家を形成していたと思われる。

また、『古事記』中巻、孝霊天皇の段は兵庫県の加古川以西が吉備であると捉えており、加古川を国境としていた。ここで吉備と軍事的に対峙していた可能性もあるが、都の中心地である唐古・鍵の遺跡から吉備の土器も多数出土していることから判断すれば、平和裡に人・物の交流が行われていたと考えられる。

皇紀四〇六（孝霊天皇三十六〈前二五五〉）年一月一日、大日本根子彦国牽命《おおやまとねこひこくにくるのみこと》（一九歳）を皇太子に立てられる。

皇紀四四〇（孝霊天皇七十〈前二二一〉）年、大陸では始皇帝が秦を建国する。

皇紀四四六（孝霊天皇七十六）年二月八日、在位七五年、一二八歳で崩御される。

陵は片丘馬坂陵《かたおかのうまさかのみささぎ》（奈良県北葛城郡王寺町本町）の孝霊天皇陵で、陵形は方形である。

孝《こう》元《げん》天皇

第八代　世系第一三　在位五七年

皇紀三八八（孝霊天皇十八〈前二七三〉）年、孝霊天皇の第一皇子として誕生された大日本根子彦国牽命《おおやまとねこひこくにくるのみこと》で、母は磯城県主大目《しきのあがたぬしのおおめ》の娘・細媛命《くわしひめのみこと》である。

皇紀四〇六（孝霊天皇三十六）年一月、一九歳で立太子される。

皇紀四四六（孝霊天皇七十六）年二月八日、孝霊天皇が崩御される。

皇紀四四七（孝元天皇元〈前二一四〉）年一月十四日、六〇歳で即位される。

皇紀四五〇（孝元天皇四）年三月十一日、都を軽境原宮《かるのさかいはらのみや》に遷された。橿原市見瀬町の牟佐坐《むさにます》神社である。岡寺駅の西で、当時栄えていた唐古・鍵環濠都市からは南に凡そ二里半（一〇km）離れている。

皇紀四五三（孝元天皇七）年二月二日、大水口《おおみなくち》宿禰の娘・鬱色謎命《うつしこめのみこと》を皇后に立てられる。大綜麻杵《おおへそぎ》命（伊香色雄命・伊香色謎命の父）の同母姉で、大彦命、開化天皇の母である。同母兄には鬱色雄命《うつしこおのみこと》がいる。大水口宿禰は饒速日命の四世孫か五世孫で穂積臣の祖でもあり、奈良北部（北大和）の出身である。后の出身が次第に北へ移動し、次の代の開化天皇が都を奈良市に置かれたこととも関連してくる。

第一皇子の大彦命《おおひこのみこと》は阿倍臣、膳臣《かしわでのおみ》、阿閉臣《あへのおみ》、狭狭城山君、筑紫国造、越国造、伊賀臣らの祖である。また、後の崇神天皇の御世、四道将軍の一人として北陸道に派遣される。

埼玉県行田市の稲荷山古墳から出土した金錯銘鉄剣の碑文の表に「名は「オオヒコ」とあり、これが将軍・大彦命と何らかの関わりを持っていると思われる。尚、これは後の雄略天皇という説もあるが疑問である。

妃の伊香色謎命《いかがしこめのみこと》は物部氏の祖・大綜麻杵命《おほへそき》の娘であり、後に開化天皇の皇后となり崇神天皇の母となられる。この妃の皇子の彦太忍信命《ひこふつおしのまことのみこと》は武内宿禰の祖父で、葛城氏・蘇我氏・平群氏・紀氏らの祖である。

皇紀四五五（孝元天皇九）年、大陸では秦が滅亡し、楚漢戦争（項羽との闘い）に勝利した劉邦が前漢王朝を建国し、長安を都とした。この前漢は垂仁天皇の御世まで、凡そ二〇〇年余り続くことになる。

皇紀四六八（孝元天皇二十二）年一月十四日、齢一六歳の稚日本根子彦大日日命《わかやまとねこひこおおひひのみこと》（開化天皇）を皇太子として立てられる。

皇紀五〇三（孝元天皇五十七）年九月二日、在位五七年、一一六歳で崩御された。剣池嶋上陵《つるぎのいけのしまのうえのみささぎ》に葬られた。陵は孝元天皇陵（橿原市石川町中山塚一号墳、円墳二基）である。墳丘全長は一四間（二八ｍ）で、二基の墳丘が東西に並び、前方後円墳の前身とも見え、先帝の孝霊天皇陵が方形の陵であったのに対し、ここで初めて前方後円墳らしき陵《みささぎ》が造られた。

開《かい》化《か》天皇

第九代　世系第一四　在位六〇年

皇紀四五三（孝元天皇七〈前二〇八〉）年、孝元天皇の第二皇子として誕生された稚日本根子彦大日日命《わかやまとねこひこおおひひのみこと》で、母は穂積臣の遠祖・欝色雄命《うつしこおのみこと》の妹の欝色謎命《うつしこめのみこと》である。

皇紀四六八（孝元天皇二十二）年正月十四日、一六歳で立太子される。

皇紀五〇三（孝元天皇五十七）年九月二日　孝元天皇が崩御された。十一月十二日、五一歳で即位される。

皇紀五〇四（開化天皇元〈前一五七〉）年十月十三日、春日の地の春日率川宮《かすがのいざかわのみや》に遷都される。奈良市本子守町《ほんこもりちょう》の率川《いざかわ》神社の地である。都が奈良南部から北部に移動している。開化天皇の兄・第一皇子の大彦命（大毘古）は、天皇崩御後は開化天皇の皇子・御間城入彦《みまきいりびこ》（崇神天皇）の後見人となる。

この開化天皇の御世は都を唐古・鍵から三里（一二㎞）北の奈良に設けられたが、唐古・鍵の環濠都市は六〇〇年間栄えており、この御世でも大都市であり続けた。

皇紀五〇九（開化天皇六）年一月十四日、伊香色謎命《いかがしこめのみこと》を立てて皇后とされる。

伊香色謎命は物部氏の祖・大綜麻杵命《おおへそきのみこと》の娘であり、父・孝元天皇の妃でもあった。また、先帝・孝元天皇の皇后・欝色謎命《うつしこめのみこと》は大綜麻杵命の姉であるから皇后の叔母に当たる。

和珥《わに》臣の祖・姥津命《ははつのみこと》の妹・姥津媛《ははつひめ》を妃に立て第三皇子の彦坐王《ひこいますのみこ》を儲けられる。この彦坐王は第十四代仲哀天皇の皇后・神功皇后の高祖父でもある。彦坐王の子の丹波道主《たにはのみちぬし》命は後の四道将軍の一人で、丹波道に派遣される。

皇紀五三一（開化天皇二十八）年一月五日、齢一九歳の御間城入彦五十瓊殖命《みまきいりひこいにえのみこと》を立てて皇太子とされる。

皇紀五六三（開化天皇六十）年四月九日、在位六〇年、一一一歳で崩御され、春日率川坂上陵《かすがのいざかわのさかのえのみささぎ》に葬られた。陵は奈良市油阪町の開化天皇陵（念仏寺山古墳、前方後円墳・全長約一町、五六間、一〇〇m）である。ここで初めて本格的な大型前方後円墳が現れる。

【古墳時代】

大型前方後円墳の出現からを古墳時代とすれば、時代区分としての古墳時代は開化天皇の御世に始まったと言うべきである。古墳時代は皇紀九〇〇年頃からと言うことになっているが、実際にはこの頃皇紀六〇〇年（紀元前一世紀）頃には既に始まっているのである。

それまでは従来の時代区分としては弥生時代ということになるが、そうであれば初代神武天皇から第八代孝元天皇までは弥生時代である。抑《そもそも》、弥生という土器の名称を時代区分の名称とするのは適当ではない。

昭和六十年の唐古・鍵遺跡第二三次発掘調査で、唐古池堤防改修時に出土した木棺二基について、これが放射性炭素年代測定で二一〇〇年前のものと判明し、皇紀五七五年頃のもので、木棺に納められているから被葬者は相当な地位の人物で、開化天皇の御世に生存していたと分かる。

【欠史八代】

綏靖天皇から開化天皇までの八代を欠史八代として、その存在を否定するのが一般的である。この説は先の大戦後暫く経ってからのことである。

唐古・鍵他の多くの遺跡、『上宮記《かみつみやのふみ》』『古事記』『日本書紀』から実在が推定されるし、各天皇・皇族の通婚圏を見てもその地域が拡大しているのが分かる。『古事記』『日本書紀』には各天皇の出生年、父母の名前と素性、皇后や妃の名前とその素性、皇子の名前とその後のこと、何処に都を置かれたか、何処に葬られたか、そして縁のある神社など、多くのことが記載されている。これだけのことが書物で伝わっているので、存在を否定することは出来ないはずである。その上、これからまた遺跡の発掘や研究が進み、考古学的に存在が証明できるときが来るものと思われる。この後の時代の纒向遺跡も更に多くの事実を物語っている。

『古事記』『日本書紀』の編纂者も、天皇の年齢を疑問に思ったであろうことは現在と変わらない。天皇の権威を作り上げるために作り話を書いたというが、『古事記』『日本書紀』には手研耳命《たぎしみみのみこと》の反逆を始めとして、天皇・皇族にとって都合の悪いことはいくらでも出てくる。にも拘わらず、伝承をそのまま記述したのであって、存在まで否定するのは却って不自然と言わざるを得ない。抑も、『魏志倭人伝』のような、当時としては遠い大陸で、しかも伝聞で書かれたものを信頼し、『古事記』や『日本書紀』のような日本の正史である歴史書は偽書扱いするという態度は偏見に満ちており、これでは正しい歴史に迫ることは到底不可能である。この時代は極端な天変地異や政変はなかったと推定される。神武天皇から綏靖天皇に変わるとき、手研耳命が暗殺されるという悲劇があってから以後、所謂「欠史八代」といわれる天皇は全て先帝の皇子が平和裏に皇位を継承しておられる。異変は後世に伝わるが平和な時代というのは伝えられないものである。

年齢の不自然についても、芸事の世界のように襲名と言うことも考えられるし、また後に出てくる神功皇后や天智天皇のように、天皇の崩御後身内の誰かが摂政として、或いは「称制」として政を天皇の名で継続して行い、天皇の御世のこととした可能性もある。したがって、『古事記』『日本書紀』を編纂した当時の学者と同じように、これらの記載を踏まえて、矛盾したところがあってもそのまま伝えるのが日本の正史である。それが歴史書というものである。現代に於いて疑問に思われることは当時においても同じで、関与した学者なり官僚は同じ悩みを持ったはずで、その上でこのように書かざるを得なかったのである。

因みに、外国ではコロンビア大学のオンライン百科事典や米議会図書館には、「古朝鮮は紀元前一二世紀に、支那の殷王朝の政治家・箕子《きし》が韓半島北部に建てた国だ、その当時、韓半島南部は日本の大和政権の支配下にあった」と書かれている。紀元前一二世紀といえば神武天皇の御世より更に五百年前のことで、この大和政権が天皇の政権か、それ以外の九州あたりの政権かは判らない。外国人は大和政権と同じと見たのであろう。

新羅（半島）の正史『三国史記』に、古新羅第四代王の脱解尼師今《だっかいにしきん》や大輔の瓠公《ここう》が倭人であったとあることからも分かるように、半島南部は倭人の支配地域だったのである。この事実はこれから後の半島と列島の関係を見る上で極めて重要である。その後の歴史も、この半島の正史『三国史記』や『三国遺事』の記述と符合するところが多い。なお、『三国遺事』は皇紀一九〇〇年代に高麗の高僧の一然によって書かれた私撰の歴史書である。

更に、中華人民共和国でも、上海人民出版社が出版している教科書「世界史講」は、「新羅は、半島南方で早くから長期間にわたって倭人の基盤となっていた任那地区を回復した」と記している。何の根拠もなく記しているとは思われないし、寧ろ当事国の思い入れがないだけ客観性があるかも知れない。中華人民共和国は韓国政府から激しい抗議を受け、戦後の日本紹介部分を全て削除している。因みに、決して書き換えたわけではない。

崇《す》神《じん》天皇

第十代　世系一五　在位六八年

皇紀五一三（開化天皇十〈前一四八〉）年、開化天皇の第二皇子として誕生された御間城入彦命《みまきいりひこのみこと》で、母は物部氏の祖・大綜麻杵命《おおへそきのみこと》の娘・伊香色謎命《いかがしこめのみこと》である。

皇紀五三一（開化天皇二十八）年一月五日、一九歳で立太子される。

皇紀五六三（開化天皇六十）年四月九日、開化天皇が崩御された。

翌皇紀五六四（崇神天皇元〈前九七〉）年一月十三日、皇太子が五二歳で即位される。二月十六日、大彦命の娘・御間城姫を立てて皇后とされる。大彦命は開化天皇の同母兄であるから皇后は従兄妹に当たる。

皇紀五六六（崇神天皇三）年九月、三輪山西麓（桜井市金屋付近）の磯城瑞籬宮《しきのみずかきのみや》に遷都される。現在この地に纒向《まきむく》遺跡が発掘されている。唐古・鍵遺跡と纒向遺跡を見ると、この頃から都市が唐古・鍵から纒向に次第に移動していることが分かり、この遷都と符合している。

纒向遺跡は次のような特徴を持っている。

一、皇紀五六〇年頃現れた計画的都市で、規模は唐古・鍵の一〇倍と日本列島最大である。

二、他所からの搬入土器が多く、その産出地は広範囲である。

三、生活用具は少なくて土木作業用具が多く、巨大環濠・運河が掘られ、大規模な都市建設工事が行われている。

四、導水施設があり、天皇祭祀施設、天皇関連建物もあって、吉備の豪族の墓に起源を持った弧帯文《こたいもん》の書かれた特殊器台・壺などがある。

五、居住空間周辺に箸墓古墳、それに先行する纒向型前方後円墳がある。

六、鉄器生産が行われている。

以上からこの地は計画的に造られ、人・物が頻繁に出入りする大都市であったことが分かる。

皇紀五六七（崇神天皇四）年十月二十三日、天皇は「我が皇祖の天皇方がその位に登られたのはただ一身のためではない。神や人を整え天下を治めるためである。だから代々良い政治をされ徳を布かれた。今私は大業を承って、民《おおみたから》を愛《めぐ》み育《やしな》うこととなった。どのようにして皇祖の跡を継ぎ、無窮の祚《あまつひつぎ》を保とうか。群卿百寮（役人）達よ、汝らの忠良の心を尽くして倶《とも》に天下を安らかにすることは、また良いことではないか」と詔された。ここで君民共治（我が国の国体）の国柄を説いておられる。

【疾病の大流行】

皇紀五六八（崇神天皇五）年、疫病が大流行し、多くの民が死亡する。「此の天皇の御世に役病多《えやみさわ》に起こり」（『古事記』）「国民に疫病多く民の死亡する者も半ば以上に及ぶほどであった」（『日本書紀』）とある。

皇紀五六九（崇神天皇六）年、疫病を鎮めるべく、天照大神と倭大国魂神《やまとおおくにたまのかみ》（天理市の大和神社の祭神）を宮中でお祀りし、毎日祈られた。ところがその神の勢いを畏れ、共に住む「同床共殿」に不安を持たれた。そこで従来宮中に祀られていた天照大神と倭大国魂神を皇居の外に移される。父天皇の命で皇女の豊鍬入姫命《とよすきいりびめのみこと》が天照大神を宮中から笠縫邑《かさぬいむら》に遷し祀り、以後、皇紀六五六（垂仁天皇二十五〈前五〉）年三月十日に倭姫命と交替するまで祭祀を続け、これが伊勢神宮の斎宮制度の濫觴《らんしょう》となった。倭大国魂神は皇女の渟名城入姫命《ぬなきいりびめのみこと》に祀らせたところ、髪が抜け身体が痩せて衰弱し、遂に祀ることが出来なくなった。

皇紀五七〇（崇神天皇七）年二月十五日、崇神天皇の依頼で、孝霊天皇の皇女・倭迹迹日百襲姫命《やまとととびももそひめのみこと》が災害の続く理由を占うと、大物主神が百襲姫に乗り移り、「疫病は自分の仕業《しわざ》である」こと、「自分の血を引く大田田根子《おおたたねこ》の手によって自分を祭ればそれは収まる。そして海の向こうの国も自ら帰伏するだろう」と告げた。

八月七日、夢に貴人が現れ「太田田根子命を大物主の祭主とし、また、市磯長尾市《いちしきのながおち》を倭大国魂神の祭主とすれば必ず天下は平《たいら》ぐ」といわれた。そこであまねく天下に太田田根子を求められ、探し当ててお連れする。

十一月十三日、大田田根子（大物主神の子とも子孫ともいう）を大物主神を祭る祭主とされた（現在の大神《おおみわ》神社で、三輪山を御神体としている）。そして倭大国魂神は皇女である渟名城入姫命に代わって市磯長尾市に祀らせた。こうしてようやく疫病は終息し、平穏が戻り、五穀豊穣となって百姓《おおみたから》は豊かになった。

【四道将軍】

皇紀五七三（崇神天皇十）年七月二十四日、「教化を四方に布き給うの詔」で「民を導く根本は教化にある。今、神々に祈りを捧げ、災害は全てなくなった。けれども遠国の民は、まだ教化に預かっていない。そこで卿等（四道将軍）を四方に遣わして、我が意を知らしめよ」と詔される。

詔に基づき九月九日、父帝・開化天皇の同母兄（伯父）の大彦命を北陸道に、大彦命の子・武渟川別命《たけぬなかわわけのみこと》（従兄弟）を東海道に、孝霊天皇の皇子の吉備津彦命（大叔父）を西道（山陽道）に、開化天皇の子・彦坐王《ひこいますおう》の子・丹波道主命《たにはのみちぬしのみこと》（甥）を丹波道（山陰道）にそれぞれ将軍として遣わし、「まつろわぬものがあれば兵をもって討て」と詔された。

ところが大彦命が出発して和珥坂《わにのさか》（奈良県天理市）に着いたとき、少女が「ミマキイリビコハヤ、オノガヲヲ、シセムト、ヌスマクシラニ、ヒメナソビスモ」（御間城入彦よ、貴方を殺そうと時を伺っていることも知らないで、若い娘と遊んでいるよ）と少女の歌っているのを聴き、異変を察知して引き返し、少女の歌っていた歌を倭迹迹日百襲姫命に占わせた。すると孝元天皇の皇子の武埴安彦《たけはにやすびこ》の謀反が判明する。しかも武埴安彦は山背《やましろ》から、その妻吾田媛《あたひめ》は大坂から、ともに将軍達の留守を狙って都を襲撃するという。天皇は吉備津彦命（五十狭芹彦命）の軍を遣わして吾田媛勢を迎え討ち、一方の武埴安彦勢には、大彦命と彦国葺《ひこくにぶく》（和珥氏の祖）を差し向かわせ、これを打ち破った。十月には畿内は平穏となり、四道将軍が再び出陣する。

大彦命は孝元天皇の第一皇子で、母は鬱色謎命《うつしこめのみこと》、開化天皇の同母兄であり、娘の御間城姫命《みまきひめのみこと》は崇神天皇の皇后で、崇神天皇にとっては伯父であり義父に当たる。福井県鯖江市の船津神社、三重県伊賀市の敢国《あえくに》神社、福島県会津美里町の伊佐須美神社、秋田市の古四王《こしおう》神社に主祭神として祀られている。

武渟川別命《たけぬなかわわけのみこと》は大彦命の子で、崇神天皇にとっては従兄弟である。阿倍朝臣等の祖であり、岐阜市の津神社、結城市の健田須賀神社などに主祭神として祀られている。『古事記』によると、高志（越）の国の平定に向かった大彦命と相津（会津）で出会ったとされ、これが会津の地名の由来という。

吉備津彦命は孝霊天皇の皇子、母は倭国香媛《やまとのくにかひめ》で、崇神天皇にとっては大叔父に当たる。岡山市の備中国一宮・吉備津神社、高松市の讃岐国一宮・田村神社などに主祭神として祀られている。陵は岡山市の中山茶臼山古墳（岡山市北区吉備津）で、規模は崇神天皇陵の半分である。陵の規模は決められていたものと思われる。また、他の三将軍についても陵は存在するはずであるが現在のところ特定されていない。

丹波道主命は開化天皇の第三皇子で異母弟の彦坐王の子であるから甥に当たり、母は息長水依売媛《おきながのみずよりひめ》、娘は垂仁天皇の皇后日葉酢媛《ひばすひめ》である。京丹後市の神谷神社などに祀られている。

皇紀五七四（崇神天皇十一）年四月二十八日、四道将軍が地方のまつろわぬ賊軍を平定して帰参し、その結果を奏上した。また、『日本書紀』に「……この年、異俗の人達が多数やってきて……」とあり、これが熊襲だけでなく、朝鮮半島からの人もいたと思われる。大彦命と武渟川別命が会津で会ったとあるので、この二人の将軍は福島県会津まで行ったことが分かるが、その他の吉備津彦と丹波道主が何処まで遠征したかは不明である。

この四道将軍の派遣により、天皇を中心とした大和朝廷の勢力範囲が拡大し、本州主要部を領土とする日本国家の原形が完成する。しかし、この時期に俄に形成されたのではなく、これまでの九代の天皇の御世で徐々に教化が進み、交流も盛んになっていったと思われる。このことは唐古・鍵や纒向の都市から出土した土器などが各地・各方面から搬入されたものであることから分かる。しかも、この四人の将軍が何処かで激しい戦争をしたという記録はない。決して力による征服ではないことがはっきりしている。

皇紀五七五（崇神天皇十二）年九月十六日、戸口を調査し、課役を科す。百穀も良く実り天下平穏となり、天皇は御肇国天皇《はつくにしらすすめらみこと》と称えられた。

皇紀五八〇（崇神天皇十七）年秋、詔して、国々に献上物を運ぶ船の建造を命じられる。国家形成が進み、物流や人の移動が盛んになって来たためである。纒向の河川や運河が整備され、大和川を航行し大阪湾に繋がっていたため、物流のための大量の船が必要になった事情を物語っている。そして十月、初めての船舶建造が行われる。これが日本の本格的な造船業の始まりと言える。

【半島で新羅建国】

皇紀六〇三（崇神天皇四十）年、初代新羅王・朴赫居世《ぼくかっきょせい》が朝鮮半島南東部に新羅を建国する。この事実は半島の正史『三国史記』の中の「新羅本記」に書かれている。『三国史記』は高麗第十七代王・仁宗の命を受けて金富軾《きんふしょく》らが編纂した、三国時代（新羅・高句麗・百済）から統一新羅末期までを対象とする紀伝体の歴史書であり、朝鮮半島に現存する最古の正史である。皇紀一八〇三（康治二〈一一四三〉）年に執筆が開始され、二年後に完成した全五〇巻の浩瀚な歴史書である。日本と半島との関係を見ていく上では欠かせない資料である。しかし残念ながら『三国史記』が今の韓国では都合の悪い部分を嘘翻訳（漢文→ハングル）している。従って韓国人は自分の国の本当の正史が読めないことになってしまっている。嘘の歴史を読まされている。

皇紀六〇六（崇神天皇四十三）年、「新羅本記」に、朴赫居世八年、倭勢力の最初の対新羅出兵があったとの記述がある。これは『古事記』にも『日本書紀』にも書かれていないので、この「倭勢力」が大和朝廷なのか九州あたりの倭勢力なのかは定かではない。しかし書かれている以上出兵はあったものと思われる。

後の皇紀一四一〇（天平勝宝二〈七五〇〉）年頃完成した支那大陸の正史『隋書』の一節には「新羅も百済も倭国を敬仰し、常に使節が往来している」とある。「敬仰」という言葉を使っており、倭勢力というものが列島、半島、支那大陸の中で大きな存在だったことが分かる。『隋書』も単なる古史書ではなく、隋という一大国の正史である。従ってこれらを素直に読むことによって、当時の大和朝廷を含む倭国の実体が理解できる。

皇紀六一一（崇神天皇四十八）年一月、天皇は皇子の豊城入彦命《とよきいりひこのみこと》と活目入彦命《いくめいりひこのみこと》（垂仁天皇）の異母兄弟を呼び、「お前達二人どちらも可愛い、どちらを後嗣にするかを決めたい、二人それぞれ夢を見なさい」といわれる。

二人はそれぞれ浄沐（川で身を清め髪を洗う）し祈りを捧げて眠る。夜明けに兄の豊城入彦命は「御諸山《みもろやま》に登って東に向かって八度槍を突き出し、八度刀を空に振り上げました」と申し上げ、弟の活目入彦五十狭茅命《いくめいりひこいさちのみこと》は「御諸山の頂に登って、縄を四方に引き渡し、粟を食《は》む雀を追い払っていました」と申し上げる。天皇は夢を占い「兄は専ら武器を用いたので、東国を治めるのが良いであろう、弟は四方に心を配って、稔りを考えているので、我が位を継ぐのがよい」といわれた。

四月、弟の活目入彦命を立てて皇太子とされ、豊城入彦命には東国を治めさせられた。豊城入彦命は上毛野国《かみつけぬ》・下毛野国《しもつけぬ》（群馬・栃木）の豪族・毛野氏の祖となる。この時期、既に東国は大和朝廷の支配下に入っていたのである。崇神天皇十年東海道へは武渟川別命を、北陸道へは大彦命を派遣し東国を服属させていたからである。

皇紀六二三（崇神天皇六十）年七月十四日、天皇は詔して「武日照命《たけひなてるのみこと》が天から持ってこられた神宝が出雲大神宮に収めてあるがこれを見たい」と言われた。矢田部造の遠祖・武諸隅《たけもろすみ》を使わしたが、管理していた出雲振根《いずものふるね》が九州に出かけて留守だったので、弟の飯入根《いいいりね》が皇命を承り、兄の出雲振根に無断でこれを献上した。ところが兄の出雲振根が帰って来て、怒って飯入根を謀殺する。そこで朝廷は吉備津彦命と武渟川別命を遣わして出雲振根を討伐し殺させた。この時期、既に出雲地方も大和朝廷に服属していたことが分かる。

皇紀六二四（崇神天皇六十一）年、夫余《ふよ》の王族である朱蒙（東明聖王）が高句麗を建国する。『魏書《ぎしょ》』の「高句麗伝」にキリスト暦紀元前一世紀とあるから、崇神天皇の御世である。

皇紀六二五（崇神天皇六十二）年七月二日、天皇は「農は国の基《もとい》……池や溝を掘って民の生業を広めよ」と詔され、依網池《よさみいけ》、苅坂池《かりさかいけ》、反折池《さかおりいけ》を造らせられた。いずれも大阪市南部大和川流域である。もっとも、当時の大和川は現在のように西流して堺で外海に出ていたのではなく、八尾市、東大阪市にあった大阪湾（河内湖）に注いでいた。

皇紀六二八（崇神天皇六十五）年七月、任那国《みまなのくに》が蘇那曷叱知《そなかしち》を遣わして朝貢する。記録に残る半島からの最初の朝貢である。五年後の垂仁天皇二年に帰国したが、帰国の際に天皇からの賜物を途中で新羅に奪われたために両国の反目が始まる。

『日本書紀』に「任那国は筑紫を去ること二千余里、北のかた海を隔てて鶏林（新羅）の西南にある」とある。律令制では五町をもって一里としたので、凡そ一千km北で、朝鮮半島の南西部である。この崇神の御世に朝鮮半島で新羅と高句麗が建国され、半島に関する記述が増え、半島との関係が徐々に明らかになる。

大和朝廷はこの崇神天皇の御世で、大八洲《おおやしま》を一つの国家のもとにおく天下統一事業を成し遂げた。そして、統一後は、平和で豊かな国家が出来上がったので、その御世を称えて、崇神天皇を「御肇国天皇《はつくにしらすめらみこと》」という。

皇紀六三一（崇神天皇六十八）年十二月五日、在位六八年、一一九歳で崩御される。山辺道上陵《やまのべのみちのえのみささぎ》に葬られた。陵は崇神天皇陵（奈良県天理市柳本町の柳本行燈山古墳、前方後円墳・全長約二町半・二四二m）である。

日本の歴史書では古墳時代を概ね皇紀九〇〇年（三世紀半ば）から皇紀一三〇〇年（七世紀）としているが、この崇神天皇陵が既に巨大な前方後円墳であり、皇紀六〇〇年代（紀元前一世紀）のものである。しかも、一代前の開化天皇陵でも既に相当巨大な前方後円墳である。前方後円墳が造られた時代を古墳時代というのであれば、前述の通り遅くとも開化天皇の御世からと考えなければならない。

しかも、崇神天皇が都を置かれた磯城瑞籬宮《しきのみずかきのみや》（奈良県桜井市金屋）の近くには北の唐古・鍵遺跡の一〇倍規模もある纒向遺跡が発掘され、この地域に存在した巨大都市の規模と内容が次第に明らかにされつつあり、崇神天皇の御世から後の繁栄を物語っている。

この遺跡の発掘はこれから更に進み、この時代の実態を明らかにしてくれることであろう。ここに優れた天皇がおられたことは明らかで、これを天皇と結びつけないようにするのは不自然である。これでは歴史を語るのではなく無機質な考古学を語っているに過ぎない。この時代に日本に歴史がなかったわけではない。現に「記紀」には崇神天皇・垂仁天皇・景行天皇の宮として磯城瑞籬宮《しきのみずかきのみや》、纏向珠城宮《まきむくのたまきのみや》、纏向日代宮《まきむくのひしろのみや》が存在したと記されている。二千年前のものがこれだけ残されており、且つ「記紀」にはこれに符合する物語が書き残されている。これを素直に読めば、この時代の日本の正史が浮かび上がってくる。また、出雲地方の荒神谷遺跡からは銅剣三五八本、銅鐸六個、銅矛一六本が出土し、これらの製作年が皇紀六〇〇年代（前一世紀）であるから、この崇神天皇の御世である。そしてこの時期、すぐ近くの加茂岩倉遺跡からも三九個の銅鐸が出土している。出雲振根の物語と符合しているのである。

疫病を鎮めたり、武埴安彦の謀反を見抜いたりと大活躍された倭迹迹日百襲姫命は大物主神の妻となられるが、この神は夜だけ来て昼は来られない。そこで姫は「あなたは昼はお越しにならないのでお顔を見ることが出来ません。今日はもう暫くいて下さい」と願うと大物主神は「それでは明朝貴方の櫛箱の中に入ってます、私の形に驚かないで下さいよ」といわれる。夜明けを待って櫛箱を見るとそこに小蛇がいたので姫は驚いて叫んだ。大物主神は「お前は我慢できなくて私に恥をかかせた、今度は私がお前に恥ずかしい目をさせよう」と言って大空を飛んで三諸山（大神山）に登られる。姫はこれを仰ぎ見て悔い、ドスンと座り込んだとき、箸で陰部を撞いて亡くなってしまう。それで姫の墓は箸墓と呼ばれる。

崇神天皇の御世から、朝鮮半島や大陸との関わりが出てくるが、半島南部はこの時代から、或いはそれ以前から倭人が支配していた。半島南部は倭国の一部で、倭国に朝貢している。半島の正史『三国史記』や支那大陸の国の史書『隋書』などを参照すればこのことは明らかである。半島南部の狗邪韓国（金官国）や任那となる地域は、皇紀五〇〇年代中頃、従来の土器とは様式の全く異なる、日本の弥生式土器が急増し始め、これは後の任那に繋がる地域へ倭人が大挙して進出し、そこに住み着いた結果である。時代は崇神天皇の御世かその前後ということになる。

古新羅の第四代王・脱解尼師今《だっかいにしきん》や大輔の瓠公《ここう》が倭人で、その後も新羅は倭人の王が続き、半島南部は倭人の支配地域となった。また半島南部には巨大前方後円墳（日本のものよりは小規模）が多数、日本のものとは少し時代が後になるが存在し、相当な地位の倭人が埋葬されたと推定される。この事実はこれから後の半島と列島の関係を見る上で非常に重要な点である。半島の正史『三国史記』や『三国遺事』、大陸の『隋書』『魏書』『後漢書』などの歴史書の記述と符合するところも多い。

垂《すい》仁《にん》天皇

第十一代　世系一六　在位九八年

皇紀五九二（崇神天皇二十九〈前六九〉）年、崇神天皇の第三皇子として纒向瑞籬宮《まきむくたまきのみや》で誕生された活目入彦《いくめいりびこ》五十狭茅命《いさちのみこと》で、母は大彦命の娘・御間城姫命《みまきひめのみこと》である。

皇紀六一一（崇神天皇四十八）年四月、二〇歳で皇太子に立てられる。

皇紀六三一（崇神天皇六十八）年十二月、崇神天皇が崩御される。

皇紀六三二（垂仁天皇元〈前二九〉）年一月二日、活目入彦五十狭茅命が四一歳で即位される。

皇紀六三三（垂仁天皇二）年二月九日、開化天皇の第三皇子・彦坐王の女《むすめ》で従妹に当たる狭穂姫《さほびめ》を皇后に立てられた。

【纒向時代】

この年十月、纒向（奈良県桜井市穴師）に遷都される。纒向珠城宮跡の石碑が出土しており垂仁天皇の御世の宮であったことが確認された。遺跡の名称は、旧磯城郡纒向村に由来し、「纒向」の村名も垂仁天皇の「纒向珠城宮《まきむくたまきのみや》」、景行天皇の「纒向日代《ひしろ》宮」より名づけられたものである。そして、纒向遺跡の発掘により、この地域に巨大都市が存在し殷賑《いんしん》を極めていたことが分かった。その規模は北隣に栄えた唐古・鍵環濠都市の一〇倍の規模あった。先帝・崇神天皇が都を磯城に移されたときから纒向が日本の都となり、垂仁天皇もその近くに宮を置かれたのである。従って、先帝からの御世を弥生時代とか古墳時代などとせず、纒向時代とすべきであろう。

またこの年、五年前の皇紀六二八（崇神天皇六十五）年に来朝した任那国の蘇那曷叱知《そなかしち》が「帰国したい」というので、赤絹百匹を任那王に贈られた（一匹は大人の着物と羽織とを対で作れる二反の反物）。そして、「国名を任那に賜ふの詔」に「お前の本国の名も改めて、御間城天皇《みまきのすめらみこと》（崇神天皇）の御名を頂いてその名前にせよ」とある。ここで国名が「任那《みまな》」となった。ところで、任那王に賜った赤絹を新羅人が途中で強奪したことで両国の争いが始まる。奪われて戦争になるほどにこの贈物は高価なものであったと言うことであり、新羅という国の国柄がここで既に判明している。

皇紀六三四（垂仁天皇三）年三月、三〇年余り前に建国した新羅の王子・天日槍《あめのひほこ》が神宝を奉じて来朝する。先の赤絹強奪事件で任那と緊張関係が発生し、その対策としての来朝と考えられる。天皇は天日槍に「何処でも好きなところに住んでよい」と詔されたので彼は諸国を巡り、但馬国に住んだ。尚、天日槍は倭人で新羅の第四代王となった昔脱解尼師今の子である。任那は先帝・崇神天皇の御世に朝貢し、遅れて新羅が朝貢している。

皇紀六三六（垂仁天皇五）年、皇后の狭穂媛は謀反を起こした兄の狭穂彦《さほびこ》王に味方し、戦陣で兄と共に焼死して命を絶った。狭穂彦は彦坐王の子で開化天皇の孫である。兄から天皇を殺せと匕首を預かっていて、天皇が媛の膝で眠っているという絶好の機会に恵まれたにも拘わらず、実行できず、苦しみを打ち明けてしまう。

天皇は倭日向武日向彦八綱田《やまとひむかたけひむかひこやつなた》（崇神天皇の第一皇子・豊城入彦命の子）に狭穂彦を討伐させるが、狭穂彦も稲を積んで城塞とし防戦する。八綱田はこれを包囲し、「皇后と皇子を引き渡せ」と迫るが応じないので城に火を掛ける。皇后は生後間もない皇子を抱いて出てこられ「私と皇子がいれば兄を許して貰えると思ったが、許されないのであれば私共はここで自害します、死んでも決して天皇のご恩は忘れません。私のしていた後宮のお役目は、丹波国にいる丹波道主命（開化天皇の曾孫）の娘達五人（姪）を召し入れて補充してお使い下さい」といわれる。天皇はこれを聞き入れられた。

城は焼け落ち軍卒は皆逃げたが、狭穂彦と狭穂媛はそこで自害し薨去された。

【角力天覧試合】

皇紀六三八（垂仁天皇七）年七月七日、角力《すもう》の天覧試合がある。

当麻邑《たぎまむら》に強力な当麻蹴速《たぎまのくえはや》がいて「四方に求めても自分の力に及ぶ者はないだろう。何とか強力《ごうりき》の者を求めて、生死を賭けた力角力《ちからずもう》をしたいものだ」と言っているのを天皇がお聴きになり、群卿たちに誰かいるかとお尋ねになる。出雲国に野見宿禰《のみのすくね》という者がいると聞かれ、呼び寄せて試合をさせることとなった。

こうして野見宿禰が当麻蹴速と天覧試合で角力をとることとなり、当麻蹴速を蹴殺して勝利する（相撲節会の起源説話）。野見宿禰は以後垂仁天皇にお仕えする。

皇紀六四三（垂仁天皇十二）年、朝鮮で温祚王《おんそおう》が百済を建国する（『三国史記』）。都を漢城（現・ソウル）に置き、漢城近くの風納土城、夢村土城がその遺跡として残っている。三韓の中で最後に建国された。

皇紀六四六（垂仁天皇十五）年二月十日、亡き皇后・狭穂媛の先の進言で丹波道主王の娘たちを後宮に入れ、八月一日にこの中の日葉酢媛《ひばすひめ》を立てて皇后とされる。一番下の竹野媛だけは不器量であったので里へ帰されたが、媛は帰されたことをひどく恥じ、帰途、自ら輿より落ちて薨去された。この場所を堕国《おちくに》といったが、それが訛ったのが現在の乙訓《おとくに》であるといわれている。

皇紀六五四（垂仁天皇二十三）年十月八日、稲城の城が焼かれる火中で誕生され、長じて三〇歳になってもものが言えない譽津別命《ほむつわけのみこと》が、飛んでいるくぐい（白鳥）をご覧になり、「あれは何物か」と問われた。天皇は皇子が言葉を発したのを聞かれ驚き喜ばれ、「誰かあの鳥を捕まえて献上せよ」と詔された。そこで、鳥取造《ととりのみやつこ》の祖である天湯河板挙《あめのゆかわたな》がこれを出雲まで追って摑まえ献上した。皇子はこれを弄んで遂にものが言えるようになられた。天皇は天湯河板挙に賞を賜り、鳥取造の姓を与えられた。そして鳥取部（鳥養部・譽津部）を定められた。

【伊勢神宮】

皇紀六五六（垂仁天皇二十五）年三月、天照大神の祭祀を豊耜入姫命《とよすきいりひめのみこと》（崇神天皇の皇女）から離して垂仁天皇の第四皇女・倭姫命に託す。倭姫命は宇陀に行き、更に近江から美濃を廻り伊勢国に入られた。その時、天照大神が倭姫命に教えて申されるのに、「伊勢国は波の打ち寄せる、傍国《かたくに》（中心ではない）の美しい国である。これからはこの国におりたいと思う」と言われ、お言葉のまま、そこに祠を建てられる。これが現在の伊勢神宮で、天照大神が始めて天より降りられた場所である。伊勢に天照大神が鎮座されてから二千年の歳月が流れている。内宮の正宮正殿は、唯一の神明造という建築様式で、天武天皇の御世から一四の別宮全ての社殿と共に二〇年ごとに、これを造り替えて神座を遷されるという式年遷宮が行われている。

皇紀六五八（垂仁天皇二十七）年八月七日、諸々の神社に武器を献納し、神地《かむどころ》・神戸《かむべ》（神の料田や神社の民戸）を定める。そしてこの年、来目邑《くめのむら》（奈良県橿原市久米町）に初めて朝廷の直轄領として屯倉《みやけ》を興す。

【殉死の禁止】

皇紀六五九（垂仁天皇二十八）年十一月二日、天皇の叔父（同母弟という説もある）の倭彦命が亡くなり、近習の者を集めて、全員を陵《みささぎ》の廻りに生きたまま埋めた。日を経ても死なず泣き呻いて、遂に死んで腐っていき、犬や鳥が集まって食べた。天皇はこの泣き呻く声を聞かれ、心を痛められ、殉死の禁令を発せられる。「夫れ生くるときに愛《めぐ》みし所を以て亡者《しぬるひと》に殉《したが》はしむ、是れ甚だ傷《いたきわざ》、其れ古の風と雖も、良からずば何ぞ従はむ。今より以後、議《はか》りて殉《しぬるにしたが》はしむることを止めよ」（殉死の禁止）と詔される（詔第五〇詔）。

【キリスト暦（西暦）元年】

皇紀六六一（垂仁天皇三十）年、イスラエルでキリストが誕生し、キリスト暦（西暦）元年とする。この年一月六日、天皇は五十瓊敷入彦命《いにしきいりびこのみこと》と大足彦忍代別命《おおたらしひこおしろわけのみこと》に「お前達何が欲しいか言ってみよ」と言われた。兄王は「弓矢が欲しいです」と、弟は「天皇のみ位が欲しいです」と申し上げる。天皇は「それぞれ望みのままにしよう」と詔され、五十瓊敷入彦命には弓矢を賜り、大足彦忍代別命（景行天皇）には「お前は必ず我が位を継げ」と仰せられた。

【埴輪の起源】

皇紀六六三（垂仁天皇三十二）年七月六日、皇后日葉酢媛が薨去される。

天皇は「殉死が良くないことは分かった、今度の葬《もがり》はどうしよう」と尋ねられた。野見宿禰が「私に進言させて下さい」と申し出て、出雲から土部《はじべ》百人呼び寄せ、埴土《はにつち》で人や馬などいろいろなものを作って献上し「これから土物《はに》を以て生きた人に替え、陵墓に建てて後世の決まりにする」と進言する。天皇は「お前の便法は誠に我が意を得たり」と申され土物を始めて日葉酢媛の墓に建てられた。この土物《はにもの》を名付けて埴輪と言った。そして「これから後、陵墓には必ずこの土物を建てて、人を損なってはならぬ」と詔された。

野見宿禰は土師臣の姓を賜り、土師連《はじのむらじ》の祖となる。『古事記』に「石棺作りを定め、土師部《はにしべ》を定めたまいき」とある。石棺を作る部民や赤土で種々の器を作る部民を定められた。

皇紀六六六（垂仁天皇三十五）年九月、第一皇子の五十瓊敷入彦命《いにしきいりびこのみこと》を河内国に遣わし高石池《たかし》や茅渟池《ちぬ》を造らせ、十月には倭の狭城池《さきのいけ》、迹見池《とみのいけ》を造り、農業を盛んにした。諸国に令し、池や溝を沢山開かせ、その数は八百余りといわれる。民は豊かになり天下泰平であった。

皇紀六六八（垂仁天皇三十七）年、第二皇子の大足彦忍代別命を立てて皇太子とされる。この年、大陸では漢（前漢）が王莽に滅ぼされる。王莽が新を建国する。

皇紀六六九（南解七）年七月、半島の新羅では、新羅第二代王・南解が倭人の昔脱解尼師今を大輔に任命し、軍事と政務を委ねた。大輔とは現在の日本でいえば内閣総理大臣に相当する地位である。脱解については『新羅本記』に「五年正月、王は脱解が賢者であることを知り、長女を嫁がせた」とある。脱解の出自が倭の何処かは分かっていないが、恐らく半島南部の倭勢力のいずれかの国であったろうと思われる。ただ、『新羅本記』脱解王初年（垂仁天皇八十六年）の条に「脱解は抑も多婆那国の生まれだ、その国は倭国の東北一千里にある」とあるので、大和とも考えられる。この時代、半島の南部は倭国であった。

皇紀六七〇（垂仁天皇三十九）年十月、五十瓊敷入彦命《いにしきいりびこ》が剣千振を造らせ、石上神宮に納める。そして五十瓊敷入彦命に命じて、同神宮の神宝を掌《つかさど》らせる。この後皇紀七一七（垂仁天皇八十七）年、五十瓊敷入彦命は妹の大中姫《おおなかつひめ》に掌《つかさど》らせるが、姫は物部十千根《とおちね》大連に治めさせる。物部連が今に至るも石上の神宝を治めている。

皇紀六七四（垂仁天皇四十三）〈新羅・南解十一〉年、朴赫居世八（皇紀六一一）年にあった倭勢力の初出兵以来二回目の出兵があったとあるが、一回目と同じ勢力と思われる（新羅本記）。新羅は常に倭勢力に圧迫されていた。

皇紀六八四（垂仁天皇五十三）年、半島では新羅第二代王の南解次次雄《なんかいじじゆう》が死去し、太子の儒理《じゅり》が脱解に「王位継承権放棄・譲位」を申し出るが、脱解はこれを固辞し儒理が三代王に就く。倭人の脱解は大輔の地位のままであった。

皇紀六八五（垂仁天皇五十四）年、支那大陸では漢王朝の皇族・劉秀（光武帝）が、王莽に滅ぼされた漢（前漢）を再興して後漢を建てる。

皇紀七〇〇年前後（一世紀）、淡路島の五斗長垣内《ごっさかいと》遺跡から鉄器製造遺跡、鍛冶工房が発見され、鉄の鋳造が行われていたことが分かる。平成十九年から発掘調査が実施されているが、これから多くのことが判明するものと期待される。孝安天皇の御世に既にこの地域で鉄斧が出土しているので鉄器の使用は既にこの頃には始まっていたと言える。

皇紀七一七（垂仁天皇八十六）年、『後漢書・東夷伝』建武中元二（皇紀七一七）年に「後漢の光武帝が倭国の王に漢委奴国王《かんのわのなのこくおう》の金印を贈る」とあり、また「倭奴国、貢を捧げて朝賀……光武帝、賜うに印綬を以てす」とあり、その現物が福岡市志賀島で出土している。韓族の邑長《むらおさ》には「銅印」が授けられていた。銅と金の格差は絶大である。倭人の国がこの時期に既に大陸と正式な外交関係を結び、皇帝が金印を贈るに至るまでになっていた。そしてこの倭奴国は九州にあって大和政権に服従していた。半島の正史『三国史記』の「新羅本記」や大陸の『隋書』『三国志』などによると、半島南部を勢力下に置き、半島諸国を威圧していたことが分かる。この年、半島で新羅の第三代王儒理が死去する。儒理には皇子が二人いたが、儒理が「脱解」を第四代王に就けるよう遺詔して死去したので、大輔であった倭人・昔脱解尼師今が新羅の第四代王に就く。新羅では第二代南解王の時代から大輔・脱解が実権を持ち続けていたが、ここで脱解は倭人の瓠公《ここう》を大輔にする。「瓠公とは、その族姓は詳らかではないが、抑も倭人である。瓢箪を腰に提げて、海を渡ってきた、それで瓠公と称された」（『新羅本記』）とある。

皇紀七一九（垂仁天皇八十八）年、新羅・脱解三年五月、倭と新羅が修好関係を結ぶ。『三国史記』の「新羅本記」に「この年三月、王が吐含山に登ると、ややあってから、蓋のように浮かんでいた黒い雲が消えた」に続いて「五月、新羅は倭国と国交を結び……」とある。新羅が如何に長年倭国から圧迫を受け続けていたかが分かる。倭人の脱解王が即位し、倭人の瓠公が大輔に就いたことで倭国と修好出来たことは快挙だったのである。垂仁天皇二年に起きた任那の赤絹強奪事件以来およそ八〇年余り、新羅と大和朝廷は緊張関係が続いていたからである。実際には、新羅を圧迫していたのは半島南部の倭勢力や九州にあった国と思われるが、その勢力が崇神天皇の御世に大和朝廷に服属したものと思われる。

　この年七月十日、天皇は詔し「新羅の王子、天日槍《あめのひほこ》が来た時に持ってきた神宝が今但馬にある。国人に尊ばれ神宝になっている。その神宝を見たい」と仰せになる。天日槍の曾孫・清彦がこの勅を受けて自らこの神宝を捧げ献上する。尚、渡来した新羅の王子・天日槍は但馬に住み、ここで死去し、出石《いずし》神社の祭神として祀られている。新羅と大和朝廷との関係修復に大いに役立ったものと思われる。

　皇紀七二一（垂仁天皇九十）年、天皇は天日槍《あめのひほこ》の玄孫・田道間守《たじまもり》に命じ、常世国《とこよのくに》に遣わし「非時《ときじく》の香果《かくのみ》」を求められた。海を隔てた遠い国に「常世の国」があり、そこには神が住み給い、「非時香果」という不老不死の妙薬があって、この果物は黄金色に輝き、かぐわしい香りを漂わせて実っていると、信じられていた。彼は一〇年間諸国を巡り、天皇崩御の翌年三月十二日、非時の香果（橘）を持って帰朝したが、天皇は既に崩御されていた。そこで「復命も出来ない」と泣き叫んで亡くなる。

　皇紀七三〇（垂仁天皇九十九）年七月一日、天皇は纒向宮で崩御された。在位は九八年で、年齢については一三九歳（『日本書紀』）、一五三歳（『古事記』）、一三九歳（『大日本史』）と諸説ある。十二月、菅原伏見東陵《すがわらのふしみのひがしのみささぎ》（奈良市尼辻西町）に葬られた。陵は垂仁天皇陵である。全長一二六間（二二七ｍ）で、広い周濠のある綺麗な前方後円墳である。後円部径六八間（一二三ｍ）・高さ一〇間（一八・五ｍ）、前方部幅六五間（一一八ｍ）・高さ九間（一五・六ｍ）、周濠を含めた全長は一八三間（三三〇ｍ）ある。

景行《けいこう》天皇

第十二代　世系一七　在位六〇年

皇紀六四八（垂仁天皇十七〈前一三〉）年、垂仁天皇の第三皇子として誕生された大足彦忍代別命《おおたらしひこおしろわけのみこと》で、母は丹波道主命《たにはのみちぬしのみこと》の娘・日葉酢媛《ひばすひめ》である。

皇紀六六八（垂仁天皇三十七）年一月一日、二一歳で立太子される。

皇紀七三〇（垂仁天皇九十九）年二月、垂仁天皇が崩御された。

皇紀七三一（景行天皇元〈七一〉）年七月十一日、八四歳で即位される。都は先帝・垂仁天皇と同じ纒向で、纒向日代宮《まきむくのひしろのみや》（奈良県桜井市穴師）に置かれる。

崇神天皇の御世から纒向時代が続くことになる。そして、この纒向には日本全国や朝鮮半島からも産物が運ばれ、またここから全国に生産品が搬出されている。したがって、この時期既に天皇の国（大和朝廷）の勢力範囲が広範な広がりを持っていて、纒向がこの時代の日本の首都であった。纒向遺跡は平成二十年段階でまだ全体の五％しか発掘されていないので、この先更に発掘調査が進めば当時の実情が更に詳しく判明すると思われる。

皇紀七三二（景行天皇二）年、吉備臣らの祖・稚武彦命（孝霊天皇の皇子）の女・播磨稲日大郎姫《はりまのいなびのおおいらつめ》が皇后に立てられ、大碓命《おおうすのみこと》と小碓命《おうすのみこと》（日本武尊）の双子の母となられる。『古事記』にも播磨稲日大郎姫は孝霊天皇の皇子・稚武彦命《わかたけひこのみこと》（稚武吉備津彦）の娘とあるが、世代が離れすぎているのでこの記述には疑問が残る。二代か三代後の末裔が同名を名乗っていたのではないかと思われる。

皇紀七三三（景行天皇三）年二月、天皇は紀伊国に行幸され、諸々の神祇《あまつやしろくにつやしろ》を祀らんと占ってみると吉と出なかった。そこで行幸を中止され、屋主忍男武雄心命《やぬしおしおたけおこころのみこと》（孝元天皇の孫）を遣わして祭らせた。武雄心命は阿備の柏原（和歌山市松原）で神祇を祭り、九年ここに住まわれた。紀直《きのあたい》の先祖・菟道彦《うじひこ》の娘・影媛《かげひめ》を娶って武内宿禰《たけしうちのすくね》を儲けられた。武内宿禰は後に景行・成務・仲哀・応神・仁徳の五代の天皇に棟梁之臣（大臣）として仕え、国政を補佐して活躍する人物である。

皇紀七三四（景行天皇四）年二月十一日、美濃国に行幸され、泳宮《くくりのみや》（岐阜県可児市）に滞在され、八坂入媛命を妃とされる。八坂入媛は七男六女を儲けられ、そのうちの第一皇子・稚足彦命《わかたらしひこ》が後に第十三代成務天皇となられる。天皇の皇子女は全部で八十人おられ、日本武尊《やまとたけるのみこと》、成務《せいむ》天皇、五百城入彦命《いおきいりびこのみこと》を除いて、皇子は皆それぞれ国司《くにつかさ》や郡司《こおりつかさ》（地方長官）に封ぜられ、それら各国に赴かれた。

皇紀七三九（景行天皇九）年八月二十四日、欧州イタリア南部のベスビオ火山が大噴火を起こし火砕流でポンペイの町が埋没し壊滅する。

【熊襲討伐】

皇紀七四二（景行天皇十二）年七月、熊襲が謀反を起こし貢ぎを奉らなかったので、これを征伐すべく、八月十五日に天皇自ら西下される。貢を送らないとは、徴収した税を中央（朝廷）に納めないと言うことで、反乱を意味していた。九月五日、周防国の娑麼《さば》（山口県防府市）に着かれ、「南方に煙が上がっている、賊がいるのだろう」といわれ、多臣《おおのおみ》の祖・武諸木《たけもろき》、国前臣《くにさきのおみ》の祖・菟名手《うなて》、物部君の祖・夏花《なつはな》を遣わす。そこに北九州一国を治めていた女王・神夏磯媛《かんなつそひめ》がいて、天皇の使いがお越しになったと聞いて、磯津山《しつのやま》の賢木《さかき》を抜き取り、上枝に八握剣《やつかのつるぎ》をかけ、中枝に八咫鏡《やたのかがみ》を、下枝に八尺瓊《やさかに》をかけ、白旗を船に掲げて参上し服従を誓った。

そこで神夏磯媛から情報を得て、近在の鼻垂《はなたり》・耳垂《みみたり》・麻剥《あさはぎ》・土折猪折《つちおりいおり》の四人の首長を「皇命に従わないもの」として討伐し筑紫を平定される。尚、賢木に神宝をかける儀礼は、来臨する神または天皇を迎える際に行われた作法といわれる。その後、天皇は筑紫（九州）にお入りになり、豊前国京都郡（福岡県行橋市）に行宮《かりみや》を設けられた。

十月、豊後国の碩田《おおきた》（大分県）に着かれ、その後速見村に赴かれ、そこに速津媛という首長がおり、天皇がお見えになるということでお迎えにでる。媛から情報を得て、来田見邑《くたみのむら》に行宮を設け、青と白の二人の土蜘蛛《つちぐも》（天皇に服属しなかった土豪）を討ち、また打猨《うちさる》・八田《やた》・国摩侶の三人の土蜘蛛を討伐される。

十一月、日向国に入られ行宮・日向高屋宮《ひむかのたかやのみや》（宮崎県西都市）を建ててお住みになる。そして多数の兵を動かせば百姓を害するので謀によって、熊襲の首長・熊襲梟帥《くまそたける》をその娘に殺させた。

皇紀七四三（景行天皇十三）年五月、熊襲平定を遂げた。日向高屋宮に留まること六年であった。この国に御刀媛《みはかしひめ》という美人がおり、天皇はこれを召して妃とされ、豊国別皇子《とよくにわけのみこ》を儲けられた。日向国造の先祖である。

皇紀七四七（景行天皇十七）年三月十二日、子湯県《こゆあがた》（宮崎県児湯郡）に行幸され、東方を望まれて、「この国は真っ直ぐに日の出る方に向いているなあ」と仰せになり、この国を日向《ひむか》と名付けられる。

皇紀七四八（景行天皇十八）年三月、都へ向け出立され、最初に夷守《ひなもり》（宮崎県小林市付近）に着かれた。

四月三日、熊県《くまのあがた》（熊本県球磨郡）、十一日葦北（同葦北郡）、五月一日、葦北から船で火国《ひのくに》にお入りになる。夜、海に火の光るのをご覧になり「誰の火か」と尋ねられるが、その主は分からない。そこで人の燃やす火ではないということで火の国と名付けられた。

六月三日、高来県《たかくのあがた》（長崎県諫早市）から玉杵名邑《たまきなのむら》を通り、そこで土蜘蛛・津頬《つつら》を討伐され、十六日阿蘇国（熊本県阿蘇郡）に着かれた。八月、的邑《いくはのむら》（福岡県浮羽郡）他各地を巡られ、皇紀七四九（景行天皇十九）年九月二十日に還御された。この七年に亘る征討戦で九州全域が大和朝廷に服属した。

景行天皇の御世に神夏磯媛《かんなつそひめ》といい、熊襲梟師《くまそたける》の娘といい、天皇に敵対している勢力の中に帰順する者がいたということは、崇神天皇の御世に四道将軍の一人吉備津彦命が九州まで来てこの地域を帰伏させて、天皇の権威が既にその地域にまで及んでいたとも考えられる。「熊襲が背き貢ぎを奉らなかった」とあるので、それまで長期間朝貢していたことを前提にすると、完全服従していたことになる。だから、これに背いたから天皇自ら出征されたのである。

皇紀七五〇（景行天皇二十）年二月四日、五百野皇女《いおののひめみこ》（日本武尊の異母妹）を遣わし天照大神を祀らせる。五百野皇女は倭姫《やまとひめ》（垂仁天皇の皇女）の下で斎宮としての修行を積まれる。

皇紀七五五（景行天皇二十五）年七月三日、北陸・東方諸国に武内宿禰を遣わし、各地の地形や民のありさまを視察させられる。

皇紀七五七（景行天皇二十七）年二月十二日、武内宿禰が帰朝し、「東北に日高見国《ひたかみのくに》（北上川流域）があり、男女とも髪を椎のように結い、入れ墨をしており勇敢で、蝦夷《えみし》といいます。土地は肥沃で広大、攻略すると良いでしょう」と報告する。八月、熊襲が再び叛いて辺境を侵す。

十月、今度は皇子の日本武尊《やまとたけるのみこと》を遣わして、これを討伐させられる。この時日本武尊は一六歳であった。十二月、熊襲の国に到着した日本武尊は女装して衣装の下に剣を隠し、首領の川上梟師《たける》の宴席に侍り、終わりに人がまばらになったところで、梟師を刺し殺した。この時、梟師《たける》が「貴方はどなたですか」と尋ね、日本武尊は「私は景行天皇の皇子の日本童男《やまとおぐな》です」と答えると、梟師は「尊号を差し上げたい、これから日本武皇子《やまとたけるのみこ》と名乗って下さい」といい、それから日本武尊と名乗るようになった。皇紀七四二（景行天皇十二）年には天皇自ら出征されたが、この度は皇子の日本武尊を遣わしているから、謀反の規模はそれほど広範囲なものではなかったと思われる。

皇紀七五八（景行天皇二十八）年二月一日、日本武尊は帰還し、「天皇の御霊力により熊襲の首領を誅殺してその国を平定し、帰路に吉備の穴済《あなのわたり》の神と難波の柏済《かしわのわたり》の神も人を損なう悪人なので殺して、水陸の道を開きました（通行の安全確保）」と報告し、天皇はお喜びになった。

皇紀七六八（景行天皇三十八）年、『後漢書東夷伝』に「倭国王師升《すいしょう》が後漢へ使者を出した」とある。また、『魏志倭人伝』は「師升に始まる倭国王の系統が七〇～八〇年存続した」とある。つまり、この頃師升の王統が生まれ皇紀八四〇年頃断絶したことになる。大和朝廷はこの時代は景行天皇の御世であり、滅んでいないから、師升王の国は九州に存在して大和政権に滅ぼされた別な地方政権と思われる。師升王なる人物も『古事記』『日本書紀』には一切出てこない。景行天皇の御世、九州は完全平定されたので、この時に滅んだ熊襲の政権であった可能性が高いが、あるいはまた、それ以外の地方政権であったかも知れない。

皇紀七七〇（景行天皇四十）年六月、東北の蝦夷が叛《そむ》いて辺境が動揺した。そこで今度は兄の大碓命に鎮定を命じようとされるが、大碓は隠れてしまったので「望まないなら無理に遣わすことはない」と言われ、彼は美濃を任され任地に赴く。

七月十六日、天皇は再度小碓命（日本武尊）を征夷の将軍に任じて詔される（詔第五四詔「日本武尊に東夷を伐《う》たしめ給うの詔」）。

「東夷は性《さが》凶暴で、凌辱も恥じず、村に長《おさ》なく、境界を犯し争い、山には邪神、野には姦鬼がいて往来も塞がれ、多くの民が苦しんでいる。中でも蝦夷は特に手強い。冬は穴に寝、夏は木に棲む。毛皮を着て血を飲み、兄弟でも疑い合う。山に登るのは飛ぶ鳥の如く、野を走るは獣の如し。恩は忘れるが恨みは必ず報いる。矢を髪の束ねた中に隠し、刀を衣の中に帯びる。仲間を集め辺境を犯し、稔りの秋《とき》を狙って作物を掠め取る。攻めれば草に隠れ、追えば山に入る。昔から一度も王化に従ったことがない。お前（日本武尊）は身丈は高く顔は整い、大力、猛きこと雷電の如く、向かうところ敵なし。攻めれば必ず勝つ。形は我が子だが、中身は神人《かみ》である。これは誠に自分が至らず、国が乱れるのを天が憐れんで、天業を整え祖先のお祀りを絶えさせないようにして下さっているのだろう。天下も位もお前のもの、どうか深謀遠慮をもって、悪しき者を懲らしめ、徳をもって懐《なつ》かせ、兵を使わず自《おの》ずから従うようにさせよ。ことばを考えて荒ぶる神を鎮まらせ、或いは武を振るって姦鬼を打ち攘《はら》え」と。

皇子は再拝し、「かつて西征の折りは、皇威を頼《かかふ》り、三尺の短剣をもって、熊襲の国を討ち、賊将は幾ばくもなく罪に服しました。今また神祇の霊を頼《かかふ》り、皇威をお借りして出かけ、徳教（徳によって、人をよい方に導く）を示して、尚従わない者があれば兵をもって討伐します」と奏上する。天皇は吉備武彦（稚武彦王の孫）と大伴武日連《おおとものたけひのむらじ》とを従わせられた。

皇子は十月二日に出征され、途中伊勢神宮に立ち寄られ、叔母の倭姫命《やまとひめのみこと》にお別れの言葉を述べ、倭姫命から天叢雲剣《あめのむらくものつるぎ》（草薙剣《くさなぎのつるぎ》）を授かる。天叢雲剣は熱田神宮の御神体となっている。最初、駿河で賊の火攻めに合い、草薙剣を振るうと風向きが変わり、逆に賊をことごとく焼き殺す。そこでここを名付けて焼津ということになった。次ぎに相模に行き、上総《かずさ》に渡ろうと船出したところ暴風に遭い、船は沈みかける。皇子に付き従ってきた妃の弟橘媛《おとたちばなひめ》（穂積氏忍山宿禰《ほづみのうちのおしやまのすくね》の娘）が皇子に申し出られ、「これはきっと海神《わたつみ》の仕業《しわざ》です、卑しい私めが皇子の身代わりに海に入りましょう」といって、波を押し分け海に入られた。嵐は忽ち治まった。

それから皇子は上総を経て陸奥国《みちのくのくに》に入られた。この時皇子は、大きな鏡を船に掲げて海路から蝦夷の地に入られた。

蝦夷の首領嶋津神・国津神たちは遙かに王船を見てその威勢を怖れ、勝てそうにないと思い、全ての弓矢を捨てて仰ぎ拝み「お顔を拝しますに人にすぐれていらっしゃる、神様でしょうか、お名前を承りたい」という。皇子は答えて「吾は現人神《あらひとがみ》の皇子である」といわれる。蝦夷らはすっかり畏まって、自ら縛に附いた形で服従した。こうして陸奥国を経て、戦わずして蝦夷を平定する。その後、日高見国から新治《にいはり》（茨城県真壁郡）を経て甲斐国に至り、酒折宮《さかおりのみや》に入られた。ここで日本武尊は「蝦夷の悪い者達は全て罪に服した。ただ信濃国、越国だけは少し王化に服していない」と言われ、甲斐から北方の武蔵・上野《かみつけの》を回り西の碓日坂《うすひのさか》にお着きになった。ここで弟橘姫を思い出され、嘆いて三度「吾嬬《あずま》はや（わが妻は、ああ）」と嘆息された。そこで、碓日坂（碓氷峠）より東の諸国を吾嬬国《あずまのくに》という。ここで日本武尊は道を分けられ、吉備武彦を越の国に遣わし、その地形や民の順逆を見させられた。ご自身は信濃に向かわれ、山また山を巡り美濃に出られ、越から来た吉備武彦と再会される。

それから日本武尊は尾張国に戻られ、尾張氏の娘・宮簀媛《みやすひめ》を娶り、ここに長く留まられた。その後、近江の胆吹山《いぶきやま》（伊吹山）に荒ぶる神のあることを聞き、近江国に出向くが、この時は草薙剣を携行せずに出かけ、胆吹山の荒神に祟られて身体不調になられる。そのまま伊勢国に入られるが、能褒野《のぼの》（三重県亀山市）で病篤くなられ、そこで薨去される。蝦夷の俘虜は伊勢の神宮に献上し、吉備武彦を遣わして天皇に奏上された。

「私は勅命を承り、遠く東夷を討ちました。神恩を被《かかふ》り皇威に頼って、背くものは罪に従い、荒ぶる神も自ら従いました。それで鎧を巻き矛を納めて心安らぎ帰りました。孰れの日か天朝に復命しようと思っていましたのに天命至り、余命幾ばくもありません。寂しく曠野に伏し、誰に語ることもありません。身の滅ぶことは惜しみませんが、御前（天皇）にお仕えできなくなったことが残念です」と申された。御年三〇歳であった。天皇はこれをお聞きになり、安らかにお眠りになれなかった。白鳥陵《しらとりのみささぎ》に葬られる。陵の場所については能褒野《のぼの》王塚古墳（三重県亀山市）と軽里大塚古墳（大阪府羽曳野市）の二説がある。尚、『古事記』には、小碓は大碓を殺し、その罪で国内平定を命ぜられたとある。

皇紀七八一（景行天皇五十一）年八月四日、以前景行四年に美濃に行幸されたとき妃とされた八坂入媛命との間に儲けられた皇子・稚足彦命（成務天皇）を皇太子にお立てになる。そして武内宿禰を棟梁大臣《むねはりのまえつきみ》（大臣）に任じられた。

皇紀七八二（景行天皇五十二）年五月四日、皇后の播磨稲日大郎姫《おおいらつめ》が薨去されたので、同年七月七日、八坂入媛命を新たに皇后とされる。

皇紀七八三（景行天皇五十三）年八月、皇子の日本武尊を追慕され、群卿に「愛しい皇子が平定した東国を巡幸したい」と詔され、十月上総国、安房国を巡られ、戻って伊勢の綺宮《かにはたのみや》（鈴鹿市加佐登町）に滞在された後、翌皇紀七八四（景行天皇五十四）年九月十九日に纒向宮に還御された。

皇紀七八五（景行天皇五十五）年二月五日、豊城入彦命（崇神天皇の皇子）の孫・彦狭嶋王《ひこさしまのみこ》を東山道十五国の都督《かみ》（長官）に任ぜられるが、赴任途中春日の穴咋《あなくい》村で病に倒れ薨去される。そこで翌五六年八月、息子の御諸別王《みもろわけのみこ》に詔され「お前の父・彦狭嶋王は任じたところに行けず亡くなった、だからお前が東山道を治めよ」と詔された。

景行五十七年九月、坂手池（田原本町）を造る。十月、諸国に令して、屯倉で耕作に従事する集団の田部を設定し、屯倉を設ける。

皇紀七八八（景行天皇五十八）年二月十一日、近江国に行幸、志賀高穴穂宮（大津市穴太）に三年間ご滞在になる。

皇紀七九〇（景行天皇六十）年十一月七日、一四三歳で崩御された。『古事記』には御年一三七歳とある。

山辺道上陵《やまのべのみちのえのみささぎ》に葬られた。陵は天理市渋谷町の景行天皇陵（渋谷向山古墳、前方後円墳・全長一六七間・三〇〇ｍ）である。

第三章　奈良・志賀奈良時代

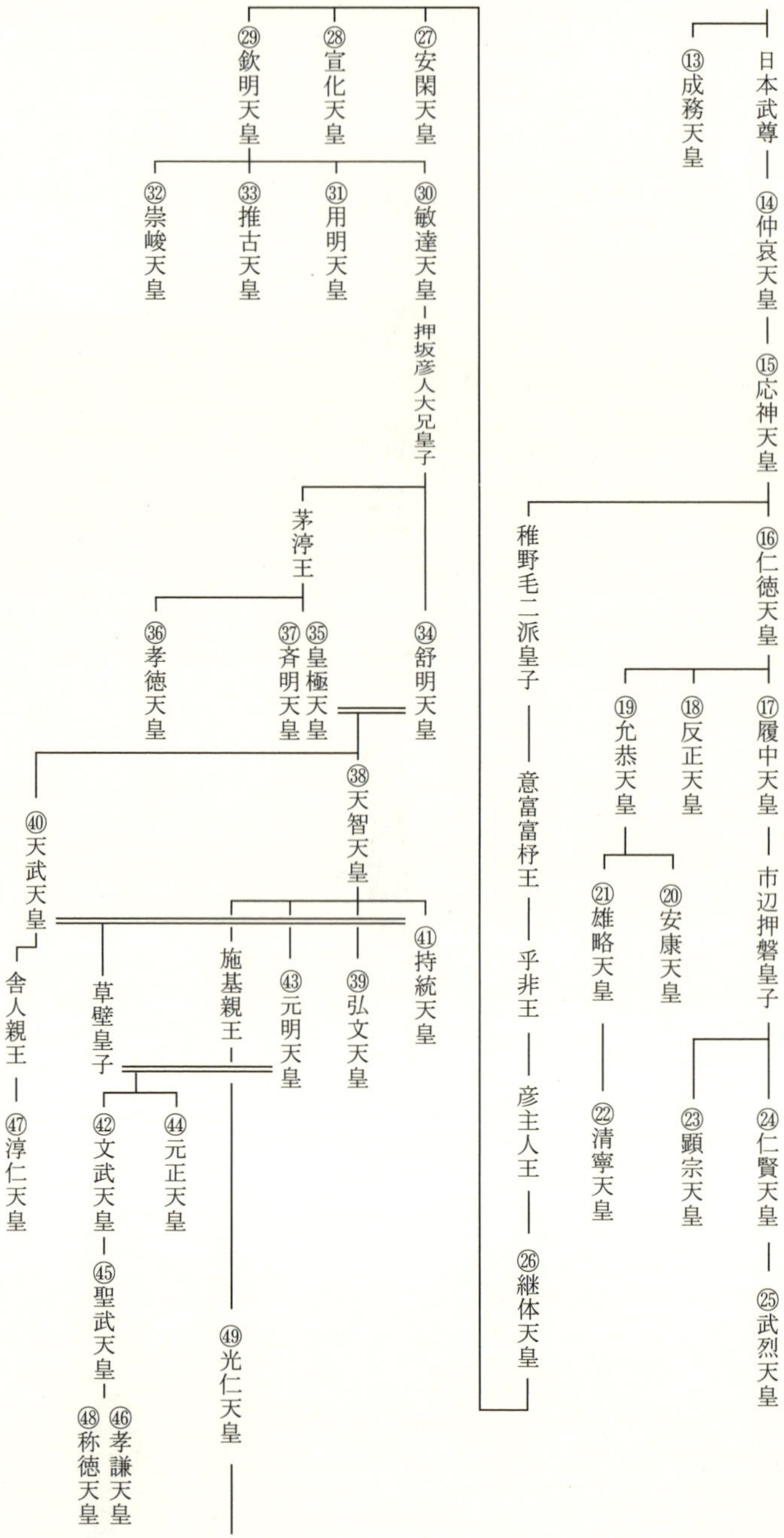

日本武尊
⑬成務天皇
⑭仲哀天皇
⑮応神天皇
⑯仁徳天皇
稚野毛二派皇子
⑰履中天皇
⑱反正天皇
⑲允恭天皇
市辺押磐皇子
⑳安康天皇
㉑雄略天皇
㉒清寧天皇
㉓顕宗天皇
㉔仁賢天皇
㉕武烈天皇
意富富杼王
乎非王
彦主人王
㉖継体天皇
㉗安閑天皇
㉘宣化天皇
㉙欽明天皇
㉚敏達天皇
㉛用明天皇
㉜崇峻天皇
㉝推古天皇
押坂彦人大兄皇子
茅渟王
㉞舒明天皇
㉟皇極天皇
㊱孝徳天皇
㊲斉明天皇
㊳天智天皇
㊴弘文天皇
㊵天武天皇
㊶持統天皇
㊷文武天皇
㊸元明天皇
㊹元正天皇
㊺聖武天皇
㊻孝謙天皇
㊼淳仁天皇
㊽称徳天皇
㊾光仁天皇
施基親王
草壁皇子
舎人親王

成《せい》務《む》天皇

第十三代　世系一八　在位六〇年

皇紀七五一（景行天皇二十一〈九一〉）年、景行天皇の第四皇子として誕生された稚足彦命《わかたらしひこのみこと》で、母は皇后・八坂入媛命《やさかいりびめのみこと》である。八坂入媛命の父は崇神天皇の皇子の八坂入彦命である。

皇紀七七六（景行天皇四十六）年、二六歳で立太子される。

皇紀七九〇（景行天皇六十）年十一月、景行天皇が崩御される。

皇紀七九一（成務天皇元〈一三一〉）年正月、四一歳で即位された。

初代神武天皇からこの成務天皇まで、凡そ八〇〇年全て先帝の皇子が皇位を継承してこられた。都を纏向から志賀高穴穂宮（滋賀県大津市穴太）に遷される。都が大和から離れたのは初めてのことで、天皇に服属している地域が平和裡に拡大している。

皇紀七九三（成務天皇三）年一月七日、第八代孝元天皇の曾孫・武内宿禰を大臣とする。武内宿禰は成務天皇と同日生まれで特に寵愛を受け、景行・成務・仲哀・応神・仁徳天皇と五代の天皇に棟梁之臣（大臣）として仕え、長きに亘って国政を補佐した。あまりにも長きに亘っているので、果して同一人物であるのかどうかについて疑問は残る。

皇紀七九四（成務天皇四）年二月一日、「地方制度を定め給うの詔」を渙発される。

「先帝（景行天皇）は聡明で武勇に優れ、天の命を受けて皇位に就かれた。天意に添い、賊を打ち払い正しきを示された。徳は民を覆い、道は自然に適っていた。天下に従わぬものなく、全てのものは安らかであった。今自分が皇位を嗣《つ》ぎ、日夜己を戒めてきた。けれども民の中には虫の蠢《うごめ》くように穏やかでないものがある。それは国・郡《こおり》に長《おさ》がなく、県《あがた》・邑《むら》に首《おびと》がないからである。これからは国・郡に長《おさ》を置き、県・邑に首《おびと》を置こう。それぞれ国の長《おさ》に相応しいものを取り立てて首長《おびとのかみ》に任ぜよ。これが王城を護る垣根となるであろう」と。景行天皇の御世で九州から東国まで、日本のほぼ全域を治められることになり、ここで地方制度を定められた。国・郡に長《おさ》を、県・邑に首《おびと》を置き、それぞれの国の長に相応しいものを取り立てた。

皇紀七九五（成務天皇五）年九月、詔を受けて諸国に令し、行政区画として国郡《くにこおり》・県邑《あがたむら》を定め、それぞれに造長《みやっこのおさ》・稲置《いなき》等を任命して、盾矛《たてほこ》を授けて印《しるし》とした。造長《みやっこのおさ》は国造《くにのみやっこ》の長で、その国の範囲は後の律令制国（令制国）が整備される前の行政区分で、概ね各地域の豪族が支配した領域が国として扱われた。国主《くにぬし》と言われた有力豪族が朝廷に服属して国造に任命され、臣・連・君・公・直などの姓《かばね》が贈られ、軍事権、裁判権など広い範囲で自治権を持つ、その地方の支配者となった。皆朝廷に服属していたが、中には筑紫の国造のように北九州を勢力下に入れ、朝廷に反抗する者もいた。

『国造本紀』（『先代旧事本紀』巻一〇）には、全国一三五の国造の設置時期と任命された者らの記録がある。凡そ半分は成務朝に設置されている。

例えば令制国のうち成務朝に建てられた国と国造（国長）は以下の通りである（抜粋）。なお、括弧内は姓《かばね》である。

山背国・山背氏（山代氏）（直）
伊賀国・阿保氏（君）
志摩国・島氏（直《なり》）

尾張国、尾張氏（連《むらじ》）
廬原国《いおはらこく》（駿河国西部）・庵原氏（君）
相武国（相模国東部）・漆部氏《ぬりべ》（直）
阿波国（安房国西部）・大伴氏（直）
須恵国（上総国南部）・末氏（使主《おみ》）
三野後国《みつののしりこく》（美濃国東部）・三野後氏（直）
近江国（近江国南東部）、安氏《やすし》（直）
丹波国（丹波国・丹後国）・丹波氏（直）
吉備品治国（備中国南部）・品治氏《ほむち》（君）
安芸国・阿岐氏（安芸氏）（直）
紀伊国（紀伊国東部）・熊野氏（直）
筑前、筑後国、筑紫氏（君・公）
土佐国（土佐国中部）・都佐氏（土佐氏）（直）

山河を境として国県《くにあがた》を分かち、阡陌《せんぱく》（南北東西の道）に随って邑里《むら》を定め、地方行政機構の整備を図った。ここにおいて、民は安住し、天下太平であったという。これらは『古事記』の記述も大同小異で、「武内宿禰を大臣として、大国・小国の国造を定め賜ひ、また国々の境、及《また》大県小県の県主《あがたぬし》を定め賜ひき」とある。『先代旧事本紀』の「国造本紀」にある国造の半数が、その設置時期を成務朝と伝えている。成務朝以前の神武、崇神朝、景行朝などに建てられた国を含めると、殆どの国がこの時期までに設置されている。律令国家の令制国といっても、それらの国を若干調整しているに過ぎないともいえる。『先代旧事本紀』は全一〇巻からなり、天地開闢《かいびゃく》から推古天皇までの歴史が記述されている。この時期、朝廷を中心とした地方行政制度が整っていった。県主《あがたぬし》は、律令制が導入される以前の大和朝廷の職種・姓《かばね》の一つで、国造よりも朝廷への忠誠度が高く、朝廷の代権者としてその地方を治めた。また県主は、朝廷の勢力の確立が早かった西日本に集中し、東日本には比較的に少なかった。

皇紀八三八（成務天皇四十八）年三月一日、皇子がなく、異母系の兄・日本武尊の子である甥の足仲彦命《たらしなかつひこのみこと》（仲哀天皇）を皇太子に立てられる。

皇紀八四四（成務天皇五十四〈一八四〉）年、大陸では黄巾の乱が起き、やがて後漢が滅亡することになる。

皇紀八五〇（成務天皇六十）年六月十一日、在位六〇年、一〇〇歳で崩御される。『古事記』には九五歳とある。『日本書紀』には一〇七歳とある。狭城盾列池後陵《さきのたたなみのいけしりのみささぎ》に葬られた。陵は、奈良市山陵町の佐紀石塚山古墳、前方後円墳（全長一二〇間・二一八m）である。

成務天皇の御世の御事績としては、各地を国県に分かち、そこに長を置き、地方制度と地方行政制度を整備したことだけが記されている。この時出来上がった制度は律令制度が出来て大きく変わることはあったが、基礎はこの成務期に完成した。天変地異の記録もなく、極めて平穏な御世であった。

仲哀《ちゅうあい》天皇

第十四代　世系一九　在位九年

皇紀八〇八（成務天皇十八〈一四八〉）年、景行天皇の第二皇子・日本武尊の第二王子として誕生された足仲彦《たらしなかつひこ》命で、母は垂仁天皇の皇女・両道入姫《ふたじのいりびめ》命である。皇子は容姿端正で身丈一〇尺（三m）あったと言われている。

皇紀八三八（成務天皇四十八）年、三一歳で立太子される。

皇紀八五二（仲哀天皇元〈一九二〉）年一月十一日、四四歳で即位された。

先代の成務天皇までは凡そ八〇〇年に亘って、全て先代の皇子が皇位を継いでこられたが、ここで初めて先帝に皇子なく、甥に当たる足仲彦命が即位された。十一月一日、父王（日本武尊）追慕のため群臣に「白鳥を貢《たてまつ》らしめ給ふの詔」を出される。

皇紀八五三（仲哀天皇二）年一月十一日、開化天皇の玄孫・息長宿禰王《おきながすくねのみこ》の娘・気長足姫《おきながたらしひめ》（成務天皇四十年誕生）を皇后（後の神功皇后）に立てられた。息長氏は近江の豪族で、滋賀県米原市の日撫《ひなで》神社に祀られており、明治十五年に米原市の山津照《やまつてる》神社境内で発見された前方後円墳（山津照神社古墳）は息長宿禰王の墓である。

二月六日、越前の敦賀に行幸され、行宮の笥飯宮《けひのみや》（気比神宮）を建ててお住まいになる。そしてこの月、淡路に屯倉（朝廷直轄地）を定められた。

三月十五日、皇后と百寮《もものつかさ》（多くの役人）を笥飯宮に留め置かれ、南海道の紀伊国に行幸され、徳勒津宮《ところつのみや》（和歌山市）に滞在される。

【熊襲討伐】

三月、熊襲が叛《そむ》いて貢ぎを奉らなかった。貢を奉らないということは徴収した税の横取りで反乱を意味する。天皇は熊襲を討つために徳勒津《ところつ》宮を発って穴門《あなと》に出向かれ、皇后には「すぐに敦賀の港を出て、穴門で会おう」と詔された。六月十日、天皇は豊浦津《とゆらのつ》に泊られる。また、皇后はすぐ敦賀を出られ、七月五日豊浦に泊まられ、九月に行宮《かりみや》の穴門豊浦宮《あなとのとゆらのみや》を設けお住みになった。

皇紀八五三（仲哀天皇二〈一九三〉）年、朝鮮半島では倭兵が海岸に進入したとの記事が『新羅本記』に多数ある。そして「倭が大飢饉になり、食料を求めて千余人も来た」とある。この倭人は列島の倭人ではなく半島南部の倭人である。九州北部など列島から飢饉でわざわざ玄界灘を渡るとは考えられず、しかも行くとしたら南端の狗耶韓国《くやかんこく》（釜山）である。玄界灘を渡ってここを通り過ぎて東行し、更に北上して新羅まで遠征するとは思えない。それに、魏・呉・蜀の三国の歴史を記述した歴史書『三国史』の「韓伝（半島に関する伝）」に三韓の領域について「南は倭（海ではない）と接し……」とあり、また、「弁辰は辰韓と雑居し……その瀆盧《とくろ》（釜山市西域）国は倭と境を接している」とある。また『後漢書・韓伝』にも馬韓の領域について「その北は楽浪郡と、南は倭と接している」とある。半島南部は倭人の国であったことが明白である。魏・呉・蜀の三国が覇権を争ったのは、この時期から少し後の皇紀八八〇年から九二〇年までで、丁度この仲哀天皇・神功皇后の御世である。半島の『三国史記・新羅本記』が新羅より南方を倭地として扱っているのは、そこでは倭人・倭種（倭人との混血）が政治の指導権を握っていたからである。

皇紀八五九（仲哀天皇八）年一月四日、熊襲討伐のため神功皇后とともに筑紫に赴かれる。岡県主《おかのあがたぬし》の先祖・熊鰐《わに》が周防の佐波の浦まで出迎えに来て、御料として魚や塩を取る区域を献上する。また筑紫の伊都県主《いとのあがたぬし》の先祖・五十迹手《いとて》が穴門《あなと》の引嶋《ひこしま》で出迎える。一月二十一日、儺県《ながあがた》に着かれ、橿日宮《かしひのみや》（香椎宮）に滞在される。

九月五日、群臣と熊襲討伐の相談をされる。ところが天皇は、神懸りした神功皇后から神託を受けられる。それは「西海の宝の国（新羅）を授けるから、熊襲討伐は止めて新羅を攻めよ、屹度《きっと》その国は刀に血ぬらないで服従するであろう、さすればまた熊襲も自ずと従うであろう」との神託であった。しかし、仲哀天皇は、これを疑って、見渡しても西にそんな国は見当たらないと神を批判される。そして熊襲を攻められたが勝てなかった。神はまた神託で「信じないなら、その国は今皇后が妊っているその子（応神天皇）に授けよう」と云われる。

翌年皇紀八六〇（仲哀天皇九）年二月五日、天皇は神の怒りに触れ病気になられ、翌日六日には香椎宮で突然崩御される。

崩御は秘匿され、ご遺体は武内宿禰により海路穴門を通って豊浦宮に運ばれ、ここで殯《もがり》（仮埋葬）された。

恵我長野西陵《えがのながののにしのみささぎ》に葬られた。陵は大阪府藤井寺市岡のミサンザイ古墳、前方後円墳（全長二三四間・二四二m）である。

【神功皇后】（第十五代）　在位六十八年

仲哀天皇崩御後、『日本書紀』に、皇紀八六一（神功皇后元〈二〇一〉）年から皇紀九二九（神功皇后摂政六十九）年まで六十八年間、神功皇后が政務をお執りになったとある。

天皇が崩御された後、次ぎに即位が予定されている皇子（皇太子等）や先帝の后が、即位せずに政務を執られる場合「称制」といわれるが、『日本書紀』も『古事記』も神功皇后を「称制」とはしてないし、摂政ともしていない。生まれたばかりではあるが、誉田別命《ほむたわけのみこと》（応神天皇）がおられるのでその代理とされたか、或いはその摂政と見なしたのであろうか。実体は当《まさ》に「摂政」である。抑《そもそも》、神功皇后は天皇とみなして十五代天皇と数えられていた。大正十五年十月の詔書により、歴代天皇から外されたのである。天皇であられたとする方が実態に合っている。

皇紀八六〇（仲哀天皇九）年三月一日、皇后は吉日を選んで斎宮に入られ、自ら祭主をお勤めになり、仲哀天皇への「新羅を攻めよ」との神託について「どの神がお告げですか」とお尋ねになる。すると、次々と神の名を挙げられる。

四月、皇后は群臣達に詔して「……上は神祇の霊を蒙《かかふ》り、下は群臣の助けにより、軍を起こして高い波を渡り、船団を整えて宝の国に臨む。もし事が成れば群臣は共に功績があるが、事が成らなかったら、自分一人の罪である。既にこの覚悟であるから皆でよく相談せよ」と申された。これに対し、群臣は皆「皇后は天下のために国家社稷《しゃしょく》を安泰にすることを計っておられます。敗れて罪が臣下に及ぶことはありますまい。謹んで詔を承ります」と奏上する。

九月十日、諸国に令して船舶を集め兵を練られた。皇后は令して「……財を貪りものを欲しいと思ったり、私事に未練があると屹度《きっと》敵に捕らえられるだろう。敵が少なくとも侮ってはならぬ、敵が多くても挫《くじ》けてはならぬ。暴力で婦女を犯すのを許してはならぬ。自ら降参するものを殺してはならぬ。戦いに勝てば必ず賞がある。逃げるものは処罰する」と仰せられた。この時代既に戦争に関する規範を厳しく課しておられる。偶々《たまたま》皇后は臨月になっておられ、皇后は石を腰に挟み、「事が終わって帰る日に、ここで生まれて欲しい」と祈られた。

大陸の歴史書『三国史・東夷伝』や『後漢書・東夷伝』などに倭国大乱の記載がある。それには「桓帝・霊帝の治世の間（キリスト暦一四六〜一八九年）、倭国は大いに乱れ、さらに互いに攻め合い、何年も主がいなかった。一人の女子が現れ、名を卑弥呼と言い、年長になっても嫁かず、鬼道を用いてよく衆を惑わしたので、ここに於いて王に共立した」とある。「鬼道」を用いてとは「神懸かりした神功皇后が神のお告げを受けた」ことを言っているのであろう。『古事記』『日本書紀』には卑弥呼なる人物は出てこない。神功皇后の新羅討伐の頃で、時代としては、卑弥呼は神功皇后だとする説には符合する。しかし、夫の仲哀天皇が崩御されたあと独身を通されたので、「年長になっても嫁かず」は符合しない。

【三韓征伐】

皇紀八六〇（仲哀天皇九）年十月三日、夫の仲哀天皇が急に崩御されてから、住吉大神の神託により、お腹に子（のちの応神天皇）を妊ったたまま、筑紫の鰐浦《わにうら》（対馬）から出航し玄界灘を渡り朝鮮半島の新羅を攻められた。軍船は順風に煽られ、猛烈な勢いで新羅に達した。夥しい数の軍船を見た新羅王は「東に神の国があり、日本と言うそうだ、聖王があり天皇という。屹度《きっと》その国の神兵だろう。とても兵を挙げて戦うことは出来ない」という。新羅王は白旗を揚げて降伏し、白い綬《くみ》を首に掛けて自ら捕らわれ、地図や戸籍を封印して差し出した。戦わずして降伏し朝貢を誓った。高句麗・百済もこれを聞いて同様に朝貢を約した。それぞれ内屯倉《うちつみやけ》（日本の朝廷に対する献納地）を設定した。「屹度《きっと》その国は刀に血ぬられないで服従するであろう」との先の神託の通りとなった。新羅王を殺そうという者もいたが、皇后は「神の教えによって金銀の国を授かろうとしているのである。降伏を申し出ている者を殺してはならぬ」と詔された。王の縄を解いて馬飼《うまかい》とされ、国に入って重宝の倉を封印し、地図や戸籍を没収された。新羅の波沙王は王子の微叱己知波珍干岐《みしこちはとりかんき》を人質として、金・銀・彩色・綾・羅《うすはた》（網目のように織られた薄地の絹の織物）・縑絹《かとりきぬ》（織り目を密に固く織った絹布）を大量に船に積み、軍船に従わせた。この時期から、朝鮮半島の諸国は日本に服属する。朝鮮半島は日本国となった。日朝併合がなされたと言える。

皇紀八六〇（仲哀天皇九）年十二月十四日、神功皇后が帰朝されてすぐに誉田別命（応神天皇）が宇瀰《うみ》（福岡県宇美町）でご誕生になる。

翌皇紀八六一（神功皇后元）年二月、皇后は群卿百寮を率いて穴門の豊浦宮（山口県）に移られ、仲哀天皇のご遺体を収めて海路を都に向かわれる。この時、仲哀天皇の皇子の麛坂王《かごさかのみこ》と忍熊王《おしくまのみこ》が、皇后に皇子が誕生したと聞き謀反を企てる。二人の王は神意を占うための祭壇を設けて假庪《さずき》（仮床）におられた。そこに赤い猪が急に飛び出してきて桟敷に登って麛坂王を食い殺した。忍熊王は慌てて退却し、住吉に陣を張る。その後、山城方面に移動され宇治に逃れるが、そこで武内宿禰に敗れ、瀬田の渡りで身を投げて亡くなる。反乱はこうして鎮定された。

十一月八日、仲哀天皇を河内国の恵我長野西陵《えがのながののにしのみささぎ》に葬られた。

皇紀八六三（神功皇后三〈二〇三〉）年一月三日、四歳の誉田別皇子《ほむたわけのみこ》を立てて皇太子とされる。大和の磐余《いわれ》に都・若桜宮（奈良県桜井市谷若桜町）をお造りになる。

皇紀八六四（神功皇后四〈二〇四〉）年、半島では、大陸の漢族が南下して来て、楽浪郡（半島北西部）の南に、軍事・政治・経済の地方拠点として帯方郡（半島中西部）を設置する。現在の平壌の南であるが、具体的位置については諸説ある。

皇紀八六五（神功皇后五）年三月七日、新羅王が汗礼斯伐《うれしほつ》、毛麻利叱智《もまりしち》、富羅母智《ほらもち》らを遣わし朝貢した。そして、先の人質の微叱己知波珍干岐《みしこちはとりかんき》が一度帰りたいというので、神功皇后はこれを許して返すが、途中対馬で逃亡する。護衛役の葛城襲津彦《かつらぎそつひこ》は新羅の使い三人を檻に入れ火を掛け焼き殺し、更に新羅に行き、釜山近くの海岸・多大浦《たでぽ》に陣を構え草羅城《さわらのさし》を攻め落とし、捕虜多数を連れ帰る。

皇紀八七三（神功皇后十三）年二月八日、皇太子（一三歳）は武内宿禰を従え敦賀の笥飯宮《けひのみや》（気比神宮）に参拝される。敦賀は母・神功皇后が仲哀天皇の勅命により、熊襲征伐のために穴門国へ向かって出帆された津（港）であり、また都と北陸諸国を結ぶ北陸官道に面した古来有数の津であった。

皇紀八八〇（神功皇后二十）年、大陸では後漢から魏の時代となる。

皇紀八九九（神功皇后三十九）年、『魏志倭人伝』によると、倭の女王（神功皇后）は大夫の難斗米《なしめ》らを遣わして帯方郡にいたり、洛陽の天子に会いたいと貢ぎを持ってきたので、太守（長官）の鄧夏は役人を付き添わせて洛陽に案内した。

翌皇紀九〇〇（神功皇后四十）年、『魏志倭人伝』に、魏は建忠校尉梯携《けんちゅうこういていけい》らに「詔書や印綬を持たせて倭国に遣わせた」とあり、大和朝廷と魏の交流があったことを記している。

皇紀九〇三（神功皇后四十三）年、『魏志倭人伝』に、倭王は洛陽に使者八人を遣わし献上品を届けられたとある。

皇紀九〇六（神功皇后四十六）年三月一日、斯摩宿禰《しまのすくね》を卓淳国《とくじゅんこく》（大邱）に遣わされた。

【百済国との交流】

卓淳王・末錦旱岐《まきむかんき》が斯摩宿禰に「甲子《きのえね》の年七月中旬、百済から使い三人が我が国に来て『百済王は東の方に日本という貴い国があることを聞いて我らを遣わし、その国に行かせた、しかし未だ交通が開けていないので道が分からなかった』、更に重ねて『もし貴い国（日本）の使いが来ることがあれば、我が国にも知らせて欲しい』と言って頼まれた」という。斯摩宿禰は爾波移《にはや》を使いとして百済国に送り、その王を労《ねぎ》らわせた。百済の肖古王（第五代）は大変喜んで使者を歓待され、色染め絹や飾り弓、鉄材など多くのものを賜った。

皇紀九〇七（神功皇后四十七）年四月、百済王は久氐《くてい》、弥州流《みつる》、莫古《まくこ》を遣わし朝貢したが、その時新羅の使いも一緒に朝貢に来朝した。皇后と誉田別尊は大いに喜んで「先王の望んでおられた国の人々が今やってこられたか。（先王が）在世になくて誠に残念であった」と云われた。群臣はみな涙を流さぬ者はなかった。ところが、この二国の持参した貢ぎ物を調べたところ、新羅のものは立派だが百済のものは実に粗末だった。事情を問い詰めると、百済の使者は道に迷い新羅に入り捕らえられ、貢ぎ物は奪われて新羅の調にされたとのこと。皇后は千熊長彦《ちくまながひこ》を新羅に遣わし百済の献上物を汚《けが》したことを責めた。

皇紀九〇八（神功皇后四十八）年、『三国史記』の『新羅本記』に新羅第十代王・奈解尼師今《なかいにしきん》の子・昔于老《せきうろう》のことが記されている。于老は倭の使節を接待した宴席で「そのうちに倭王は塩汲み奴隷に、妃は飯炊き女になるだろう」と冗談を言った。これを伝え聞いた倭王が怒り、倭国が出兵する。これに対し于老は「全て自分の責任」として息子を連れて倭の陣営に出向き謝罪をする。しかし倭将は許さず、于老を火炙りの刑に処する。于老は第十代王奈解尼師今の第一王であり、『三国史記』に「百済との戦いなどで大戦果を挙げたし、兵を慈しみ、兵から慕われた」とある。「兵から慕われた」との評価がある武将は『三国史記』全編を通じて于老だけである。これで戦争になっていないから倭勢力と新羅とでは国力に絶対的差があったのが分かる。

皇紀九〇九（神功皇后四十九）年三月、荒田別《あらたわけ》と鹿我別《かがわけ》を将軍として派遣し、新羅を打ち破り、比自炑《ひしほ》、南加羅、喙国《とくのくに》、安羅、多羅、卓淳、加羅の七カ国を平定した。また、兵を西方の古奚津《こけいつ》に進め、耽羅（済州島）を滅ぼして百済に与えた。更に加耶諸国を平定し、南の馬韓を征服して百済に与えた。

皇紀九一〇（神功皇后五十）年二月、荒田別らが新羅から帰朝する。五月、千熊長彦が久氐《くてい》を連れて百済より還った。皇太后（神功皇后）は喜ばれ、久氐に「西の国の多くを既にお前の国に与えた。今何事があってまた来たか」と尋ねられた。久氐は「帝のお恵みは遠い国々まで及んでいます。我が王は押さえられぬほどの慶びに溢れています。それで還る使いに託して誠心を表したものです。万世に至るまで朝貢を怠ることは御座いません」と答えた。皇太后は勅して「良いことを言ってくれた、それは我が願いでもある」と仰せられ、多沙城《たさのさし》を付け足し賜って、そこを往還の道の駅とされた。

皇紀九一一（神功皇后五十一）年三月、百済王はまた久氐を遣わし朝貢した。そしてまた千熊長彦を久氐に付けて百済国に遣わされた。百済王親子は平伏して額を地に付け「貴い国の大恩は天地よりも重く、常に忘れることはありません。聖王（日本の天皇）が上においでになり、日月の如く明らかです。今私が下に侍って、堅固なことは山岳のようで、西蕃となってどこまでも二心を持つことはないでしょう」と申し上げる。

皇紀九一二（神功皇后五十二）年九月十日、久氐らが千熊長彦に従って来朝し、百済の肖古王が鉄剣・七支刀一口と七子鏡を奉った。そして「我が国の西に河があり、水源は谷那《こくな》の鉄山から出ています。……この山の鉄を取り、すべて聖朝に奉ります」と奏上し、また孫の枕流王《とむるおう》に語って「東の貴い国は天の啓かれた国である。だから天恩を垂れて、海の西の地を割いて我が国に賜った。これにより国の基は固くなった。お前もよく好《よしみ》を修め、産物を集めて献上することを絶やさなかったら、死んでも何の悔いもない」と諭《さと》した。これ以後、百済は毎年朝貢を続けた。

この時奉った七支刀は現在国宝に指定され、石上神宮に所蔵されている。刀の主身の表面と裏面に金象嵌合計六十一文字が刻まれ、「百済王が倭王に贈った」と記されている。もっとも、素材が鉄で腐食が酷くて文字が明確でなくなっており、文字の解釈によっては、年代につき仁徳期、雄略期などと異説もある。

皇紀九一五（神功皇后五十五）年、半島では百済の肖古王が薨じて、翌五十六年に皇子・貴須王《くいす》（第六代仇首王）が即位する。なお、『日本書紀』に肖古王とあるのは近肖古王を指すとする説もある。

皇紀九二二（神功皇后六十二）年、新羅が朝貢しなかった。半島の混乱はここに始まる。葛城襲津彦《かつらぎそつひこ》を遣わし新羅を討たせたが、襲津彦は新羅王の遣わした美女二人に誑《たぶら》かされ、新羅を討たず加羅を討った。加羅の国王・己本旱岐《こほかんき》らは民を連れて百済に逃れ、百済王はこれを丁重に迎えた。加羅国王の妹が来朝し「天皇は襲津彦を遣わしましたが、彼は新羅の美女に誑かされて反対に加羅を滅ぼし、民はみな流浪しました。憂え悲しみに堪えず参上しました」と奏上した。事情をお知りになった天皇は木羅斤資《もくらこんし》を遣わして加羅を回復させた。

皇紀九二五（神功皇后六十五〈二六五〉）年、支那大陸では魏が滅んで司馬炎が新たに西晋を建てる。

皇紀九二九（神功皇后六十九）年四月十七日、神功皇后が稚桜宮にて百歳で崩御された。奈良市の狭城盾列陵《さきのたたなみのみささぎ》（奈良市山陵町字宮の谷）に葬られた。陵は神功皇后陵である。

前述の通り、明治以前は、神功皇后は天皇（皇后の臨朝・天皇の代行）とみなして第十五代天皇に数えられていたが、大正十五年十月の詔書により、歴代天皇から外された。こうなると、この六九年間は天皇不在の時代ということになる。実際は神功皇后が天皇の地位にあられたと考えるべきである。

応神《おうじん》天皇

第十五代　世系二〇　在位四一年

皇紀八六〇（仲哀九〈二〇〇〉）年十二月十四日、仲哀天皇の第四皇子として誕生された誉田別命《ほむたわけのみこと》で、母は気長足姫命《おきながたらしひめのみこと》（神功皇后）である。神功皇后の三韓征伐の帰途に宇瀰《うみ》（福岡県糟屋郡宇美町）でご誕生になる。

皇紀八六三（神功皇后三〈二〇三〉）年、四歳で立太子された。

皇紀九三〇（応神天皇元〈二七〇〉）年一月一日、七一歳で即位される。都は軽島豊明宮《かるしまのとよあきらのみや》（橿原市大軽町）に置かれた。『古事記』には、軽島之明宮とある。

『古事記』に「この御世に、海部《あまべ》、山部、山守部、伊勢部を定めたまひき。また、剣池《つるぎのいけ》を造りき。また新羅人参渡《まいわた》り来つ。是を以ちて建内宿禰命引き率《い》て、堤池に役《えだ》ちて、百済池《くだらのいけ》を作りき」とある。新羅人も含め半島の人を百済と言ったのであろう。『日本書紀』にも同様の記事が見える。半島から連れてきた新羅人らを使役して、公共事業として灌漑用水池を築造している。土木作業を長期滞在する彼らの取り敢えずの生業としたのである。

皇紀九三一（応神天皇二）年三月三日、仲姫命《なかつひめ》を立てて皇后とされた。仲姫命は五百城入彦《いおきいりびこ》皇子の王子で、景行天皇の孫王である品陀真若王《ほむだのまわかのみこ》の女王である。

皇紀九三二（応神天皇三）年十月三日、東の蝦夷がみな朝貢してくる。この蝦夷を使って廐坂道《うまやさかみち》をお造りになった。

十一月、各地の漁民が騒いで命に従わなかったので、阿曇連《あずみのむらじ》の祖・大浜宿禰を遣わして鎮めた。

皇紀九三四（応神天皇五）年八月十三日、諸国に令して、海人部《あまべ》（漁業をもって朝廷に仕える部民）及び山守部《やまもりべ》（山を管理し警備する部民）を定めた。

この年十月、伊豆国に命じて船を造らせた。長さ一〇丈（約三〇m）の船が建造され、海に浮かべて走らせると、軽く速く走るので「軽野」と命名された。造船の技術水準は相当高かったことが分かる。

皇紀九三五（応神天皇六）年二月、天皇は近江国に行幸され、途中菟道野《うじの》（宇治）に立ち寄られた。

皇紀九三六（応神天皇七）年、高麗人、百済人、任那人、新羅人らが揃って来朝する。武内宿禰に命じ、これら韓人を率いて池を造らせた。韓人池《からひとのいけ》、唐古池《からこいけ》（奈良県田原本町）である。

皇紀九三七（応神天皇八）年三月、百済人が前年に続いて来朝する。

皇紀九三八（応神天皇九）年四月、武内宿禰を筑紫に遣わし民を観察させられる。この留守に弟の甘美内宿禰《うましうち》が「兄の武内宿禰は常に天下を取る野心を持っている、この度、筑紫を割いて取り、三韓を従わせたら天下を取れると言っている」と讒言する。天皇はこれを信じて使いを遣わされ、武内宿禰を殺せと命じられた。

武内宿禰は急遽戻り「私は忠心を以てお仕えしている、二心はない」と釈明し、是非が決め難かった。そこで武内宿禰と甘美内宿禰《うましうち》が磯城川の辺《ほとり》で盟神探湯《くがたち》を行い、武内宿禰が勝利する。盟神探湯とは神に祈誓して斎戒沐浴し熱湯に手を入れ、ただれたものを邪とする誓《うけい》の神事である。

皇紀九四〇（応神天皇十一）年十月、剣池・軽池《かるのいけ》・鹿垣池《ししかきのいけ》・厩坂池《うまやさかのいけ》を造る。剣池は奈良県橿原市石川町の石川池である。用水池を作り農業振興を盛んに行う。

皇紀九四三（応神天皇十四）年二月、百済王が縫衣工女《きぬぬいのおみな》の真毛津《まけつ》を奉った。来目衣縫《くめのきぬぬい》の先祖である。そして百済から弓月君《ゆつきのきみ》が来朝し「私は国から一二〇県の民を連れてきたが、新羅が邪魔してみな加羅国に留まっている」というので、葛城襲津彦を遣わすが三年たっても戻ってこなかった。

皇紀九四四（応神天皇十五）年八月六日、百済王が阿直岐《あちき》を遣わし良馬二頭を奉った。また、彼は経書をよく読んだので皇子の菟道稚郎子《うじのわきいらつこ》の学問の師とした。さらに天皇は阿直岐に「おまえより優れた学者はいるか」と尋ねられたら「王仁《わに》という者がいる」と答えた。

翌皇紀九四五（応神天皇十六）年二月、早速、王仁は召されて来朝し、皇子の菟道稚郎子の師となった。皇子は諸々の典籍を学ばれる。

この年の春、百済の阿花王《あくえおう》が薨じた。天皇はその王子・直支王《ときおう》を呼んで「国に帰って位に就きなさい」と詔され、かつて奪った東韓の地を賜った。王の任命も日本の天皇が行われる。

八月、平群木菟宿禰《へぐりつくのすくね》（武内宿禰の子）らを加羅に遣わす。精兵を付けて「葛城襲津彦らが長らく還ってこない、新羅が邪魔をしているのであろう、行って新羅を討ち道を開いてこい」と詔され、兵を進めて新羅国境に臨んだ。新羅王は恐れをなしてその罪を詫び、襲津彦は弓月の民を率いて帰朝する。

皇紀九四九（応神天皇二十）年九月、倭漢直《やまとのあやのあたい》の先祖、阿知使主《あちのおみ》（百済人）が子の都加使主《つかのおみ》ならびに一七県のともがらを率いて来朝する。多くの渡来人が連れられて来た。

『古事記』には、阿知吉師《あちきし》が、横刀《たち》や大鏡を献上した。そしてまた「もし賢い人あらば貢上《たてまつ》れ」と言われ、和邇吉《わにき》師《し》を奉る。論語一〇巻、千字文一巻、併せて一一巻をこの人に付けて献上したとある。この和爾吉師は文首《ふみのおびと》らの祖である。また手人韓鍛《てひとからかぬち》（鍛冶職人）の卓素《たくそ》と、呉服《くれはとり》（呉の国の機織り女）の西素《さいそ》二人を貢《たてまつ》るとある。なお、阿知使主と阿知吉師は同一人物であるという説もある。

皇紀九五七（応神天皇二十八）年九月、高句麗の王が使いを遣わし朝貢する。ところが、上表文に「高句麗の王、日本国に教える」とあったので、太子の菟道稚郎子はこの上表文を読んで怒り、その使者を責めて上表書を破棄された。日本と高句麗の上下関係をはっきりさせている。

皇紀九六〇（応神天皇三十一）年八月、天皇、群卿に「官船の軽野は伊豆国の奉ったものであるが、今は朽ちて用に耐えない、しかし官用を長らく勤めた功は忘れられない、船の名を絶やさず後に伝える何か良い方法はないか」と詔して問われた。群卿たちは、詔を被《う》けて、有司に令して、船の材を取り薪として塩を焼かせ、それをあまねく諸国に施された。そして船を新たに建造することになり諸国から船が献上され、武庫の港に集まった。その時偶々、新羅の調の使いが武庫に宿っており、そこから失火してその延焼で多数の船が焼けてしまう。新羅王はこれを聞き畏れ驚いて、優れた工匠を奉った。木工技術をもって朝廷に仕えた「猪名部《いなべ》」の祖である。摂津国猪名川の下流域に居住させられたのであろう。

皇紀九六六（応神天皇三十七）年二月一日、百済系渡来人の阿知使主《あちのおみ》、都加使主《つかのおみ》を呉に遣わし縫工女《きぬぬいめ》を求めさせ、呉王は四人の縫工女を献上した。兄媛《えひめ》、弟媛《おとひめ》、呉織《くれはとり》、穴織《あなはとり》である。呉に行くに当たっては高句麗王が高句麗の久礼波《くれは》、久礼志《くれし》を道案内に付けた。ここでは高句麗は日本にも百済にも協力している。

皇紀九六九（応神天皇四十）年一月八日、天皇は皇子のうち、大山守命《おおやまもりのみこと》と大鷦鷯命《おおさざきのみこと》を呼んで、「お前達、子供は可愛いか」と尋ねられ「可愛いです」と答えると、「大きくなったのとまだ小さいのとではどちらが可愛いか」と尋ねられた。大山守命が「大きくなった方が良いです」と申し上げる。天皇は喜ばれないご様子で、大鷦鷯命は天皇のお心を察し「大きくなったら心配ない、小さい方は未だどうなるか不安である」と申し上げる。天皇は大いに喜ばれ「お前の言葉は真に朕が心に適っている」と仰せられた。二十四日、菟道稚郎子《うじのわきいらつこ》を立てて皇太子とされ、大山守命は山川林野を司る役目とされ、大鷦鷯命には太子の補佐として国事を見させられる。

皇紀九七〇（応神天皇四十一）年二月十五日、在位四十一年にして一一一歳で、明宮《あきらのみや》（豊明宮）にて崩御される。

この月、阿知使主らが呉から筑紫に着いた。この時、胸形《むなかた》（宗像）大神が工女《ぬいめ》を欲しいと言われたので兄媛を奉る。あとの三人が武庫（兵庫県）に着いたときに天皇が崩御され、遂に間に合わず、大鷦鷯命に奉った。

応神天皇は母の神功皇后と共に皇祖神や武神として各地の八幡宮に主祭神として祭られている。八幡神を祭神とする神社の八幡宮は、八幡神社、八幡社、八幡さまと呼ばれて親しまれ、全国に約四万社あり、大分県宇佐市の宇佐八幡宮が総本社である。

御陵は河内の恵賀《えが》の裳伏岡《もふしのおか》（大阪府羽曳野市誉田）にある応神天皇陵（誉田御廟山古墳、前方後円墳・全長二三六間・四二五m・後円部高さ二〇間・三六m）で、もとは二重に堀を巡らしていた。

応神天皇の御世は神功皇后の三韓征伐の後を受けて半島、特に百済との交流が盛んであった。また、奈良盆地に多くの池を造り農業振興を図られた。

仁徳《にんとく》天皇

第十六代　世系二一　在位八七年

皇紀九一七〈神功皇后五十七〈二五七〉〉年、応神天皇の第四皇子として誕生された大鷦鷯命《おおさざきのみこと》で、母は景行天皇の孫・品陀真若王《ほむたまわかおう》の娘・仲姫命《なかつひめのみこと》である。

皇紀九七〇〈応神天皇四十一〈三一〇〉〉年二月十五日、応神天皇、崩御される。即位されるべき皇太子・菟道稚郎子《うじのわきいらつこ》は兄の大鷦鷯命に即位して頂こうと即位されず、大鷦鷯命も即位を固辞され、互いに皇位を譲り合われた。異母弟の皇太子・菟道稚郎子は、徳の高い兄を差し置いて即位は出来ないと言われ、兄の大鷦鷯命は先帝のお決めになったことを覆すとは畏れ多いと、双方即位を固辞された。

即位が予定されていた皇太子の菟道稚郎子は「私は弟、兄を越えて位を継ぎ天業を統《す》べることが出来ましょうか、兄王は仁孝の徳もあり年長です、天下の君となるのに充分です、私を太子とされたのは特に才があるからではなく、ただ寵愛されただけ、宗廟社稷《そうびょうしゃしょく》に仕えることは重大、私は不肖で兄王にはとても及びません、兄は上に弟は下に、聖者は君となり愚者は臣となるとは古今の通則、どうか帝位にお即き下さい、私は臣下としてお助けするばかりです」と即位を辞退される。これに対し大鷦鷯命は「先帝は『皇位は一日たりとも空位にしてはならぬ』と仰った、それで前もって明徳の人を選び、王〈菟道稚郎子〉を皇太子としてお立てになった、天皇の嗣《みつぎ》に幸いあらしめ万民をこれに授けられ、国中にこれを宣せられた、私は不肖、どうして先帝の命に背いて弟王の願いに従うことが出来ましょう」とこれまた即位を固辞された。

そのような中で、異母兄の大山守皇子が太子に立てられなかったことを恨み、太子を殺そうと挙兵する。大鷦鷯命はこれをいち早く察知され太子に告げて、大山守皇子の同母兄である額田大中彦皇子《ぬかたのおおなかつひこのみこ》に大山守皇子を討伐させられた。この事態も起きて、太子・菟道稚郎子は「兄の志を変えられないと分かった、これ以上生きて天下を煩わせることは忍びない」として自害して果てられた。大鷦鷯命はこれをお聞きになり驚き悲しまれ、難波宮から菟道宮《うじ》（京都府宇治市山田の宇治神社）に馳せ参じ、遺体に招魂の術を施されたところ、太子は蘇生し、同母妹の八田皇女《やたのひめみこ》を献ずる旨の遺言をされ、再び薨じられた。

皇紀九七三（仁徳天皇元〈三一三〉）年一月三日、三年の空位の末、皇太子・菟道稚郎子の自害による薨去の末、大鷦鷯命が五七歳で即位される。都は難波高津宮（大阪市中央区）に置かれた。異母弟の菟道稚郎子の遺言通りに、亡き太子の同母妹・八田皇女を妃とされる。

皇紀九七四（仁徳天皇二）年三月八日、磐之媛命《いわのひめのみこと》（葛城襲津彦の娘）を立てて皇后とされた。葛城襲津彦は武内宿禰の子で、大和葛城地方の古代豪族葛城氏の祖である。磐之媛命《いわのひめのみこと》との間で、大兄去来穂別命《おおえのいざほわけのみこと》（履中天皇）、住吉仲皇子《すみのえのなかつみこ》、瑞歯別命《みずはわけのみこと》（反正天皇）、雄朝津間稚子宿禰命《おあさづまわくごのすくねのみこと》（允恭天皇）の四皇子に恵まれる。

皇紀九七六（仁徳天皇四）年二月六日、民の竈《かまど》から煙が上がっていないのを高殿からご覧になり、民の窮乏を察し、年貢の徴収を三年間禁止させる詔第六五詔「百姓《おおみたから》の窮乏を察し群臣に下し給える詔」を渙発される。年貢の徴収を免除し、その間は倹約のために、宮殿の屋根の葺き替えさえ禁じられた。天皇の治世は仁政として知られ、「仁徳」の諡号もこれに由来する。この年、大陸では西晋が滅亡し、統一王朝のない五胡十六国時代となる。

皇紀九七九（仁徳天皇七）年四月一日、「……天の君を立つるは、是れ百姓《おおみたから》の為なり。然らば則ち君は百姓《おおみたから》を以て本と為す……」（詔第六七詔）と詔される。これは世界の王や皇帝と日本の天皇との違いが如実に判る詔である。

皇紀九八二（仁徳天皇十）年十月、課税を禁止されてから六年が経ち、ようやくこれを許され、宮室を造られる。民は昼夜を分かたず、進んで材を運び、土籠を担ぎ、忽ち宮殿は完成した。

皇紀九八三（仁徳天皇十一）年四月十七日、詔第六八詔「難波の堀江を開鑿《かいさく》し給うの詔」を渙発される。「今この国を眺めると、土地は広いが田圃は少ない。また、川は氾濫し、長雨に遭うと潮流は陸に上がり、村人は船に頼り、路《みち》は泥に埋まる。群臣はこれをよく見て、溢れた水は海に通じさせ、逆流は防いで田や家を犯さないようにせよ」と詔された。

十月、宮の北部の野を掘って南の水（大和川など）を導いて西の海（大阪湾）に入れた。この水を名付けて堀江といい、また北の河（淀川）の塵芥を止めるため茨田堤《まんだのつつみ》（寝屋川市付近）の築造を行った。これが日本最初の大規模土木事業だったとされる。難波宮の周囲は大湿地帯で、田が少なかったために行われた土地改良工事でもあった。

丁度この年、新羅人の朝貢があり、堀江開鑿の工事に従事した。大勢で来朝して長期間滞在する新羅人が公共工事に使役された。これは半ば慣習となっている。

皇紀九八四（仁徳天皇十二）年七月三日、高句麗国が鉄の盾、鉄の的を奉った。そこで八月十日、高句麗の客を朝廷でもてなす。

この年十月、山城の栗隈県《くるくまのあがた》（宇治市大久保）に大溝を掘って田に水を引いたので、この辺りの土地の人々は裕福になった。

皇紀九八五（仁徳天皇十三）年九月、茨田屯倉《まんだのみやけ》を立てられた。舂米《つきしね》（稲を舂《つ》いて籾がらをとり除いた米）を徴収する舂米部《つきしねべ》を定める。十月、和珥《わに》池（大和）を造り、横野堤《よこののつつみ》を築いた。

皇紀九八六（仁徳天皇十四）年十一月、猪飼津《いかいのつ》（大阪市生野区桃谷）に橋を架け、名付けて小橋《おばし》とした。また都に大道を造り、宮の南門から南へまっすぐ丹比邑《たじひのむら》（羽曳野市丹比）まで通した。また、石河の水を引いて灌漑用水を造り、内を潤して四万頃《しろ》（一頃は百畝・約四万ヘクタール）余りの田が生まれた。民は豊かになり、干魃・凶作の恐れがなくなった。

皇紀九八九（仁徳天皇十七）年、新羅がまた朝貢をしなかった。

九月に、砥田宿禰《とだのすくね》と賢遺臣《さかのこりのおみ》を遣わし詰問されると、新羅人は恐れ入って貢ぎを届けた。調布の絹一四六〇匹、その他種々の品、合わせて船八〇艘であった。

皇紀九九四（仁徳天皇二十二）年一月、天皇は皇后に「八田皇女《やたのひめみこ》（菟道稚郎子の同母妹）を召し入れて妃にしたい」と申されたが、皇后は承知されなかった。

皇紀一〇〇二（仁徳天皇三十）年九月十一日、異母弟の菟道稚郎子の遺言で八田皇女（異母妹）を妃とされ、後宮に入れられてから既に三〇年が経っている。

皇紀一〇〇三（仁徳天皇三十一）年一月十五日、八歳になられた大兄去来穂別命《おおえのいざほわけのみこと》（履中天皇）を立てて皇太子とされる。

皇紀一〇〇七（仁徳天皇三十五）年六月、山城の筒城宮《つつきのみや》（京都府京田辺市）で皇后の磐之媛命が薨去された。

皇紀一〇一〇（仁徳天皇三十八）年一月六日、八田皇女を新たな皇后に立てられた。自害された菟道稚郎子との約束をようやく果たされた。

皇紀一〇一三（仁徳天皇四十一）年三月、紀角宿禰《きのつののすくね》を百済に遣わし、初めて国・郡の境の分け方を教え、郷土の産物の調査を行い記録を作成した。この時、百済王族の酒君《さけのきみ》が無礼であったので紀角宿禰《きのつののすくね》は百済王を責めた。百済王は畏まって鉄鎖《くさり》で酒君を縛り、葛城襲津彦に従わせて進上した。天皇はこれを許されたが、要するに日本に対する無礼は許されなかったのである。

皇紀一〇二五（仁徳天皇五十三）年、新羅が再び朝貢しなかった。五月、上毛野君《かみつけぬのきみ》の先祖の竹葉瀬《たかはせ》を遣わし問わせた。その後、弟の田道《たじ》を遣わし「もし新羅の抵抗を受けたら、兵を挙げて討て」と命じられた。この新羅を攻めた倭軍は大和朝廷の派遣軍である。竹葉瀬と田道は新羅を討ち新羅の四つの邑の者を捕らえて連れ帰った。

皇紀一〇二七（仁徳天皇五十五）年、東国で蝦夷が叛いた。また田道を遣わし討たせた。しかし、田道は伊峙《いし》の水門《みと》（石巻）で死去する。

皇紀一〇三〇（仁徳天皇五十八）年十月、呉国《くれのくに》（支那大陸）、高句麗国が朝貢して来た。この時は、大陸は東晋の時代であるが呉国と呼んだのであろう。

皇紀一〇三四（仁徳天皇六十二）年、額田大中彦皇子《ぬかたのおおなかつひこのみこ》（応神天皇の第一皇子）が都祁《つげ》（奈良県）に猟に行かれたときに氷室を発見される。冬に氷を地中に蓄え夏取り出して使うとお聞きになり、以後は宮所に氷を奉るよう命じられた。

皇紀一〇三九（仁徳天皇六十七）年十月五日、河内の石津原（百舌鳥耳原）に行かれ陵地を定められた。

皇紀一〇五一（仁徳天皇七十九（三九一））年、半島北部高句麗で好太王《こうたいおう》（広開土王《こうかいどおう》）が即位する。後に建てられた広開土王碑文には「倭の軍が高句麗・新羅の軍を破る」「新羅は高句麗の属民であったが、倭がこの年、百済・加羅・新羅を臣民となした」とある。

皇紀一〇五五（仁徳天皇八十三（三九五））年、欧州ではローマ帝国が、東ローマ帝国と西ローマ帝国とに分裂する。

皇紀一〇五六（仁徳天皇八十四）年、好太王の軍が百済の城多数を占領し、首都を包囲する。百済は降伏し服従を誓う。好太王は百済の王族多数を人質にし、多数の奴隷を連れて引き揚げる。

皇紀一〇五七（仁徳天皇八十五）年、百済は高句麗に服属を誓いながら、倭国に阿莘王《あしんおう》の王子・直支王《ときおう》（腆支王）を人質に送り国交を結ぶ。なお、直支王については、『百済記』には皇紀九三七（応神天皇八）年日本に遣わされとあり、『日本書紀』には皇紀九四五（応神天皇十六）年、阿花王が薨じて帰国させ王位に就かせたとあって、時代が少し混乱している。同名を名乗っていたのではないかと思われる。

皇紀一〇五九（仁徳天皇八十七）年一月十六日、在位八七年、一四三歳で崩御される。百舌鳥耳原中陵《もずのみみはらのなかのみささぎ》に葬られた（なお、モズは大阪府の鳥である）。陵は仁徳天皇陵（前方後円墳・全長二七〇間・四八六m・大仙古墳）で、この陵の北と南にも巨大な陵があり、北陵は反正天皇陵、南陵は履中天皇陵であるから、「中陵」と名づけられている。

仁徳天皇の御世の前半は課税免除で疲弊した百姓《おおみたから》の窮状を救い、後半では治山治水や農地開拓などの国造りに尽くされた。また、百済など半島統治に尽力された。

履中《りちゅう》天皇

第十七代　世系二一　在位六年

皇紀九九六（仁徳天皇二十四〈三三六〉）年、仁徳天皇の第一皇子として誕生された大兄去来穂別命《おおえのいざほわけのみこと》で、母は葛城襲津彦の女・磐之媛《いわのひめ》である。

皇紀一〇〇三（仁徳天皇三十一）年一月十五日、八歳で立太子される。

皇紀一〇五九（仁徳天皇八十七）年一月十六日、仁徳天皇が崩御される。

帝位に就かれる前、葦田宿禰《あしたのすくね》の娘・黒媛を妃にしようとその婚礼の日取りを告げに同母弟・住吉仲皇子《すみのえのなかつみこ》を黒媛のもとに遣わした。ところが皇子は太子と偽って黒媛を犯す。そして帰りに鈴を忘れて帰るが、翌日太子が訪れ、「何の鈴か」と問われるので、「昨日持ってこられたではないですか」と答えられ、太子は事情をお知りになる。

住吉仲皇子は発覚を恐れ、先手を打って太子を殺そうと密かに太子の邸を包囲する。平群木菟宿禰《へぐりのつくのすくね》らがこれを告げるが聞き入れられないので、酔った太子を担ぎ出し、馬に乗せて連れ去る。仲皇子《なかつみこ》の軍は邸を焼き払うが、太子はその直前に、石上神宮へと無事逃れる。その途中、少女に会い、伏兵が居るので遠回りし当麻《たぎま》道を越えて行けと教えられ、簡単に越えられるはずの直越え（穴虫峠・南河内太子町と奈良県香芝市の間）を避け、遠くて、標高も高い竹之内峠越えをする。そして弟の瑞歯別皇子《みずはわけのみこと》（反正天皇）に命じて仲皇子を誅殺させる。

この年、半島では百済が高句麗との盟約を破り倭国と同盟を結んだので、好太王は百済の平壌へ侵攻した。この高句麗軍は翌年日本の朝廷軍に攻め込まれた新羅の救援に向かう。

皇紀一〇六〇（履中天皇元〈四〇〇〉）年二月一日、六五歳で即位される。住吉仲皇子の事件でご即位が一年遅れた。都は磐余稚桜宮《いわれのわかざくらのみや》に置く。奈良県桜井市池之内にある稚桜《わかざくら》神社である。葦田宿禰の娘・黒媛を妃にする。

この年、半島では倭兵が新羅の王都を占領する。高句麗の広開土王碑文に「多くの倭人が新羅に侵入し、王を倭の臣下とした」とある。新羅の王城内まで倭兵が満ち、王城を壊し始めた。高句麗は、新羅王が自らを「奴客」とまで遜《へりくだ》って記した救援要請をするのでこれを受け入れ、百済を襲撃しようとしていた五万の大軍を、新羅救援に差し向ける。高句麗の大軍に追われた倭兵は、半島南部の本拠地である「任那加羅」に向けて敗走する。しかし、深追いした高句麗軍の脇腹を、安羅の軍兵が突いてきた。そして安羅軍が新羅の本拠・慶州を占領してしまった。安羅は倭人の国だったからである。

皇紀一〇六一（履中天皇二）年一月四日、瑞歯別皇子《みずはわけのみこ》を立てて皇太子とされる。即位が六五歳と遅かったので、早々に弟の多遅比瑞歯別命《たじひのみずはわけのみこと》を皇太子に立てられた。

十月、磐余に都を造った。蘇我満智《そがのまち》・物部伊莒弗《もののべのいこふ》・平群木菟《へぐりのつく》・円大使主《つぶらのおおみ》を執政官に任じ、政に参画させられた。十一月、磐余池《いわれのいけ》を造る。場所は橿原市南東部の香具山の北東一〇丁（一㎞）ほどのところで、かつての藤原京付近である。平成二十三年にはこの池の堤と見られる遺構が発見されている。

皇紀一〇六二（履中天皇三）年三月、新羅が先王・奈勿尼師今《なこつにしきん》が第三子の未斯欣《みしきん》を人質として送り、倭国と国交を結ぶ。この頃、新羅は北方の高句麗に攻められ、高句麗に人質を送り、戻ってきた人質が前王の太子でもないのに王位に就いている。第十八代実聖王《じっせいおう》である。つまりこの時期の新羅は高句麗の完全な属国となっていたのである。結果として、日本はこの新羅の地で高句麗と直接対峙することになっていた。『三国史記』の「新羅本紀」にもこの年、新羅が「倭国と通好す。奈勿王子の未斯欣《みしきん》を質となす」とある。また古代支那大陸王朝の周辺国が支那皇帝に進貢した様子を描いた絵図「職貢図《しょくこうず》」の新羅記にも「新羅は或る時は倭に属していた」という記述があり、この時期新羅は日本に服属していたことが分かる。

皇紀一〇六三（履中天皇四）年八月八日、諸国に初めて国史《ふみひと》と呼ばれる書記官を派遣し、記録を作成させ、諸国の情勢を報告させる。中央集権国家として発展していく過程である。十月、石上《いそのかみ》に用水路を造る。

皇紀一〇六四（履中天皇五）年九月十八日、淡路島に行幸され狩りをされる。そこに急使が来て「后妃がお隠れになりました」と奏上する。天皇はすぐにお戻りになり、二十二日淡路島よりお着きになった。十月十一日、黒媛を葬られた。この年、倭兵は高句麗領帯方郡（半島中西部）に攻め込む。

皇紀一〇六五（履中天皇六）年一月六日、応神天皇の皇女・草香幡梭皇女《くさかのはたびのひめみこ》（幡日之若郎女）を皇后に立てられた。父帝・仁徳天皇の異母妹であるから叔母に当たる。二十九日、蔵職《くらのつかさ》を立てて、蔵部《くらひとべ》を定められた。朝廷の財産管理と収支管理を司った。

なお、先の黒媛との間に儲けられた皇子に、後の仁賢天皇・顕宗天皇の父となられる磐坂市辺押羽皇子《いわさかのいちのへのおしはのみこ》がおられた。しかし、この磐坂市辺押羽皇子は後に雄略天皇に殺されてしまう。

三月十五日、病のため磐余稚桜宮《いわれのわかざくらのみや》にて、在位六年、七〇歳で崩御された。

履中天皇の御世は六年と短かった。宝算は『書紀』に七〇歳、『古事記』に六四歳、『神皇正統記』に六七歳とある。百舌鳥耳原南陵《もずのみみはらのみなみのみささぎ》に葬られた。陵は堺市石津ヶ丘町にある履中天皇陵（上石津ミサンザイ古墳・前方後円墳・全長二〇〇間・三六五ｍ）である。仁徳天皇陵の南に位置し、「南陵」とも呼ばれる。

反正天皇《はんぜい》

第十八代　世系二一　在位五年

皇紀九九六（仁徳天皇二十四〈三三六〉）年、仁徳天皇の第三皇子として誕生された多遅比瑞歯別命《たじひのみずはわけのみこと》（『古事記』では水歯別命）で、母は葛城襲津彦の娘・磐之媛《いわのひめ》である。淡路宮（淡路島）でお生まれになり、容姿端麗で生まれながらにして綺麗な歯並だったので、瑞歯別の名があるという。現在も歯の神様として信仰されている。『古事記』によれば、身長は約九尺二寸半（約三ｍ）もあったという。履中天皇の同母弟である。父・仁徳天皇の崩御後、叛乱を起こした同母兄の住吉仲皇子との通謀を疑われたこともあって、兄の皇太子の命で住吉仲皇子を攻め、これを誅殺された。

皇紀一〇六一（履中天皇二）年一月四日、立太子（皇大弟）される。

皇紀一〇六五（履中天皇六）年三月十五日、履中天皇が崩御される。

九月、百済の阿莘王《あしんおう》の死を聞いた直支王《ときおう》（腆支王《てんしおう》（『日本書紀』では直支王《ときおう》）は、帰国することを願い、天皇はこれを許され、日本の兵士をつけて帰国させ、第十八代百済王に即位させられた。

なお、『日本書紀』には、皇紀九三七（応神天皇八）年、直支王が人質として倭国へ遣わされ、先王との好を修好したという記事が見られる。時代が違うので名前が同じで別人であろうか。

皇紀一〇六六（反正天皇元）年一月二日、七一歳で皇大弟が即位された。履中天皇の同母弟で、兄から弟への継承はここに始まる。履中天皇には他に皇子もおられたが、弟皇子が即位されたのは先帝・仁徳天皇の遺詔があった可能性もある。

この年八月六日、大宅臣《おおやけのおみ》の先祖で豪族の木事《こごと》の娘・津野媛《つのひめ》を皇夫人とし、その妹・弟媛を妃とされる。皇夫人と称されたのは史上でこの津野媛だけである。ご即位が遅く、皇后は立てられなかった。皇后を立てられなかったのは成務天皇に次いで史上二人目である。

都は丹比柴籬宮《たじひのしばかきのみや》に置かれる。大阪府松原市上田の柴籬神社である。都を河内に設けられたことは第十六代仁徳天皇の治水・灌漑事業が進み、河内の土地・農地の基盤が整備されたことによる。御世は天下太平であり、何事もなく在位五年が経過する。

皇紀一〇七〇（反正天皇五）年一月二十三日、天皇は在位五年、七五歳で崩御される。

百舌鳥耳原北陵《もずのみみはらのきたのみささぎ》に葬られた。大阪府堺市北三国ヶ丘町にある反正天皇陵（田出井山古墳・前方後円墳・全長八十二間・一四八ｍ）である。尚、この陵の堀は現在一重であるが、完成当時は二重堀であったことが発掘調査により判明している。仁徳天皇陵の北にあるので「北陵」と呼ばれる。

允恭《いんぎょう》天皇

第十九代　世系二一・在位四二年

皇紀一〇三六（仁徳天皇六十四〈三七六〉）年、仁徳天皇の第四皇子として誕生された雄朝津間稚子宿禰命《おあさづまわくごのすくねのみこと》で、母は磐之媛《いわのひめ》である。履中天皇、反正天皇はともに同母兄である。

皇紀一〇七〇（反正天皇五〈四一〇〉）年一月、反正天皇が皇太子を定めずして崩御されたため、群臣達が相談して雄朝津間稚子宿禰命を天皇に推挙するが、皇子は病を理由に再三辞退され空位が続いた。

皇紀一〇七二（允恭天皇元〈四一二〉）年十二月、妃の忍坂大中姫《おしさかのおおなかつひめ》（応神天皇の孫娘）が即位を強く要請したこともあって三七歳で即位された。都は遠飛鳥宮《とおつあすかのみや》（奈良県高市郡明日香村飛鳥）で、飛鳥の地に宮を設けられた初めての天皇であった。先代の反正天皇は都を河内に置かれたが允恭天皇は飛鳥に遷都された。

皇紀一〇七三（允恭天皇二）年二月十四日、妃の忍坂大中姫を立てて皇后とされる。皇后・忍坂大中姫の父は稚野毛二派皇子《わかのけふたまたのみこ》（応神天皇の皇子）で、母は弟日売真若比売命《おとひめまわかひめのみこと》（日本武尊の曾孫）である。この日、皇后のために刑部《おしさかべ》を定められた。刑部は名代《なしろ》（一定の役割をもって奉仕する天皇直属集団）の一つで、御名《みな》を伝えるために設置された部民《べみん》である。

この年、半島で高句麗の第十九代広開土王が死去する（『三国史記』）。

皇紀一〇七四（允恭天皇三）年八月、新羅から医者を招聘し、天皇の病気を治療する。無事平癒したので天皇はこれを厚くもてなして国に帰された。

九月二十九日、高句麗の第二十代王・長寿王が父帝・好太王の事績を記した碑を首都の国内城（現在の中華人民共和国吉林省集安市）に建立した。これが好太王碑（広開土王碑）である。碑文には、「皇紀一〇五九（三九九）年、百済は誓いを破って倭と和通した。そこで王は百済を討つため平譲に出兵した。ちょうどそのとき新羅からの使いが来て『多くの倭人が新羅に侵入し、王を倭の臣下としたので高句麗王の救援をお願いしたい』と嘆願され、大王は救援することにした。皇紀一〇六〇（四〇〇）年、五万の大軍を派遣して新羅を救援した。新羅王都に満ちていた倭軍が退却したので、これを追って任那・加羅に迫った。ところが安羅軍が逆をついて、新羅の王都を占領した。皇紀一〇六四（四〇四）年、倭が帯方地方（現在の黄海道地方）に侵入してきたので、これを討って大敗させた」と記されている。この允恭天皇の御世、倭軍が半島に大挙して進駐していたことが分かる。

『三国史記』の「新羅本紀」では、「実聖王元（四〇二）年に倭国と通好す。奈勿王子未斯欣を質となす」とあり、新羅が倭へ人質を送っていたことが記録され、他の史料と多少の年の食い違いはあるものの、碑文の内容とほぼ一致している。

皇紀一〇七五（允恭天皇四）年九月九日、詔七三詔を渙発され、諸氏族の氏姓の乱れを正すようにと詔される。同月二十八日、「群卿百寮（朝廷に仕える高官）及び諸々の国造（地方を治める官僚）らは皆それぞれに『天皇の後裔である』とか、『天孫降臨に供奉して天降ったもの』とか言う。しかし開闢以来万世を重ね、一つの氏から多数の氏姓が生まれ、その実を知り難い。それで諸々の氏姓の人達は、斎戒沐浴して盟神探湯《くがたち》により証明すべきである」と詔される。

上下の秩序が乱れて、昔の姓《かばね》を失ったり、わざと高い氏《うじ》を名乗る者も出て、それを正すために味橿《うまかし》（甘樫）丘で盟神探湯を行った。諸人は各々神聖な木綿襷《ゆうたすき》を掛けて、熱湯の釜に赴き探湯《たち》をした。真実のものは何事もなく、偽っていた者は皆傷ついた。そこで故意に欺いていたものは皆怖じけづいて進めなかった。以後、氏姓は自ずから定まって偽る者はなくなって、特定の氏姓が増殖していくことはなかった。

尚、甘樫丘《あまかしのおか》は、奈良県高市郡明日香村豊浦にある丘陵で、古くから誓盟の神（甘樫坐神社）が鎮座したといわれる。また後に蘇我蝦夷《えみし》と蘇我入鹿《いるか》の親子が権勢を示すためにこの丘の麓に邸宅を構えた。

皇紀一〇七六（允恭天皇五）年七月十四日、大和国で大地震があったと『日本書紀』に記されており、記録に残る日本最初の大地震である。この月、玉田宿禰（葛城襲津彦の孫）の叛意が発覚し、これが誅殺される。

皇紀一〇七七（允恭天皇六）年、半島では、新羅にいた高句麗軍兵がその王を殺し、新たな王・第十九代訥祇王《とつぎおう》を立てた（『三国遺事』）。この時期の新羅は高句麗の属国となっていて、前述の通り、この地で高句麗と倭とが直接対峙していた。これは後に建立された高句麗第十九代広開土王碑の碑文にも記されている。一方では新羅は奈忽王の子・未斯欣《みしきん》を人質に送り日本と修好を結ぶ。新羅は日本を裏切って朝貢を怠り、高句麗の脅威が迫ると日本にすり寄る。

皇紀一〇七八（允恭天皇七）年十二月、皇后の妹・弟姫（衣通郎姫《そとおりのいらつめ》）を入内させられるが、皇后の不興を買い、別に殿舎を藤原（奈良県橿原市）に建てて住まわせられた。

皇紀一〇八〇（允恭天皇九）年二月、衣通郎姫は皇后で姉の嫉妬を避けようと茅渟宮《ちぬのみや》（大阪府泉佐野市）へ移られる。天皇は遊猟にかこつけて郎姫の許に行幸を続けられたが、翌十年の正月、皇后に諫められ、その後の茅渟への行幸は稀になった。

この年、大陸では宋（南北朝時代の南朝）が建国する。首都は建康（現在の南京）である。

皇紀一〇九四（允恭天皇二十三）年三月七日、木梨軽皇子《きなしのかるのみこ》を立てて皇太子とされる。

皇紀一〇九五（允恭天皇二十四）年六月、皇太子の木梨軽皇子と同母妹の軽大娘皇女の近親相姦が発覚し、太子は世継ぎとなる人であるから処罰は出来ず、軽大娘皇女だけが伊予に配流になる。

皇紀一一一一（允恭天皇四十）年、『宋書』の「倭国伝」に、宋朝の文帝は、倭王済（允恭天皇）に「使持節都督《しじせつととく》百済・新羅・任那・加羅・秦韓・慕韓六国諸軍事」の号を授けたとある。「使持節」というのは皇帝から軍政権を渡された官である。半島のこの地域、百済・新羅・任那・加羅・秦韓・慕韓六国の日本支配を認めている。「認める」といっても勝手にであり、この時点で、大陸の宋は半島の日本支配を明確に認識していたということである。

皇紀一一一三（允恭天皇四十二）年一月十四日、在位四二年、七八歳で崩御される。新羅王（第十九代訥祇麻立干《とつぎまりつかん》）はこれを悲しみ、沢山の調を船に乗せ、多数の楽人を乗せて奉った。『古事記』『旧事紀』では七八歳、『愚管抄』『神皇正統記』には八〇歳、『日本書紀』には八一歳とある。恵我長野北陵《えがのながののきたのみささぎ》に葬られた。大阪府藤井寺市国府の允恭天皇陵（市野山古墳・前方後円墳・全長二二六間・二二八m）である。都は明日香に置かれたが、陵は河内に造られた。

半島では任那地域の西部や半島の南端部で、皇紀一〇六〇年から一一六〇年（五世紀～六世紀）にかけて前方後円墳が多く造られている。時期はこの允恭天皇の頃からである。日本の前方後円墳と形状は全く同じであるが規模は一回り小さい。内部には円筒埴輪や南島産貝製品、内部をベンガラで塗った石室といった倭系の遺物があって、被葬者は日本の大和朝廷から派遣された皇族、官吏、軍人、大和朝廷に服属した在地豪族といった人物と推定される。日本は任那や加羅地域とその西隣の地域において支配権、軍事動員権および徴税権を有していた。軍事や外交を掌る日本（倭国）の出先機関があり、日本は任那地域に権限と権益（鉄鉱石の重要な産地）を有していた。後の任那滅亡後も日本は新羅に「任那の調」を要求しており、長期間、新羅は日本（倭）に調を納めていた。

安康《あんこう》天皇

第二十代　世系二三　在位三年

皇紀一〇六一（履中天皇二〈四〇一〉）年、允恭天皇の第三皇子として誕生された穴穂皇子《あなほのみこ》で、母は忍坂大中姫《おしさかのおおなかつひめ》である。次の雄略天皇の同母兄である。忍坂大中姫の父は応神天皇の皇子の稚野毛二派皇子《わかぬけふたまたのみこ》で、母は日本武尊の曾孫の弟日売真若比売命である。

皇紀一一一三（允恭天皇四十二〈四五三〉）年一月十四日、允恭天皇が崩御されるが、第一皇子で皇太子の木梨軽皇子《きなしのかるのみこ》には同母妹との近親相姦の科《とが》があり群臣は皆従わず、弟皇子の穴穂皇子の側に付いた。そこで木梨軽皇子は穴穂皇子を亡き者にしようとして挙兵するが、穴穂皇子が率いる兵に先に包囲される。物部大前《もののべのおおまえ》宿禰の計らいで戦は避けられ、木梨軽皇子は自害される。十二月十四日、穴穂皇子が五三歳で即位された。都は大和石上の穴穂宮《あなほのみや》（奈良県天理市田町）に遷される。同母弟の大泊瀬稚武命《おおはつせわかたけるのみこと》（雄略天皇）は反正天皇の皇女たち（従姉妹）を娶ろうとされたが、皇子の気性が激しくて、皆怖れてお隠れになった。

皇紀一一一四（安康天皇元〈四五四〉）年二月一日、天皇は仁徳天皇の皇子で大草香皇子《おおくさかのみこ》の同母妹・草香幡梭皇女《くさかのはたびのひめみこ》（叔母に当たる）を弟の大泊瀬稚武皇子《おおはつせのわかたけるのみこ》に娶せたいと思われ、根使主《ねのおみ》を遣わされる。

大草香皇子は喜ばれ快諾の真心を示すために、家宝にしていた押木珠縵《おしきのたまかずら》を奉られた。ところが、根使主はこの珠縵《たまかずら》が欲しくなって、断られたと偽り讒言し、これを我が物にしてしまう。天皇はこの讒言を信じてお怒りになり、叔父である大草香皇子（仁徳天皇の皇子）を攻めて誅された。

大草香皇子に仕えていた難波吉師日香蚊《なにわのきしのひかか》親子三人は、嘆き悲しみ、親は皇子の首を、子の二人は手と足を抱きかかえ「我らは最後までお供をしなければ」と自害し果てる。

天皇は自分で殺した大草香皇子の妃で、履中天皇の皇女・中蒂姫《なかしひめ》をご自身の妃とされて宮中に入れられる。そして大泊瀬稚武命は大草香皇子《おおくさかのみこ》の同母妹・草香幡梭皇女を妃とされた。

皇紀一一一五（安康天皇二）年一月十七日、天皇は中蒂姫を皇后として立てられる。中蒂姫は履中天皇の皇女であるから従兄弟に当たる。


【眉輪王の変】


皇紀一一一六（安康天皇三）年八月九日、中蒂姫の連れ子の眉輪王《まよわのおおきみ》（大草香皇子の王子）が安康天皇を刺殺するという悲劇が発生する。眉輪王の父・大草香皇子が、罪無くして安康天皇に誅殺された後、罪の償いの意味もあり、天皇は母の中蒂姫命をご自身の皇后に立てられ、眉輪王はその連れ子として育てられた。楼《たかどの》の下で遊んでいた王（七歳）は、天皇と母（皇后）の会話を残らず聞いて、亡き父が安康天皇によって殺されたことをお知りになる。そこである日、王は熟睡中の天皇を刺殺した。

眉輪王は天皇の同母兄である境黒彦皇子《さかいのくろひこのみこ》と共に葛城円大臣《かつらぎのつぶらのおおおみ》の邸に逃げ込んだが、天皇の同母弟・大泊瀬皇子の兵に攻められ、葛城円大臣の助命嘆願も空しく、諸共に焼き殺された。

この眉輪王の変の悲劇で、安康天皇は僅か三年の在位、五六歳で崩御される。菅原伏見西陵《すがはらのふしみのにしのみささぎ》に葬られた。陵は奈良市宝来にある安康天皇陵（方丘、古城一号墳）である。前方後円墳ではない。

雄略《ゆうりゃく》天皇

第二十一代　世系二三　在位二三年

皇紀一〇七八（允恭天皇七〈四一八〉）年十二月、第十九代允恭天皇の第五皇子として誕生された大泊瀬稚武命《おおはつせわかたけるのみこと》で、母は忍坂大中姫《おしさかのおおなかつひめ》である。安康天皇の同母弟である。

皇紀一一一六（安康天皇三〈四五六〉）年八月九日、安康天皇が中蒂姫（元大草香皇子の妃）の連れ子・眉輪王に刺殺され崩御される（眉輪王の変）。この事実を知った大泊瀬稚武命は兄たちを疑われ、まず同母兄で第四皇子の八釣白彦皇子《やつりしろひこのみこ》を斬り殺された。次いで同母兄で第二皇子の境黒彦《さかいのくろひこ》皇子と眉輪王を攻め殺す。この二人は変の後に葛城氏の円大臣《つぶらのおおおみ》の邸に逃げ込んだが、大泊瀬稚武命は館に火を掛け三人とも焼き殺された。

さらに、十月一日、伯父の履中天皇の皇子で従兄弟に当たる市辺押磐皇子《いちのべのおしわのみこ》（後の仁賢天皇・顕宗天皇の父）を狩りに誘い、そこで皇子を射殺した。皇子の舎人の佐伯部売輪《さえきべのうるわ》もそこで殺された。この月、その弟の御馬皇子《みまのみこ》をも謀殺する。先帝・安康天皇の弑虐《しいぎゃく》という悲劇が更なる悲劇を呼んでしまった。

皇紀一一一六（安康天皇三）年十一月十三日、三九歳で即位される。都は泊瀬朝倉宮（奈良県桜井市黒崎）に置かれた。黒崎の白山神社境内に「雄略天皇泊瀬朝倉宮伝承地」の碑が建立されている。更に、昭和五十九年には、同市脇本にある脇本遺跡で皇紀一一〇〇年（五世紀後半）頃のものと推定される掘立柱穴が発見され、朝倉宮跡と確認されている。

即位後、平群真鳥《へぐりのまとり》を大臣に、大伴室屋《おおとものむろや》と物部目《もののべのめ》を大連に任じた。大臣、大連は朝廷に置かれた役職の一つで、天皇を補佐する執政官である。

皇紀一一一七（雄略天皇元〈四五七〉）年三月三日、仁徳天皇の皇女で大草香皇子の同母妹・草香幡梭姫皇女《くさかのはたびひめのひめみこ》を立てて皇后とされた。この月、三人の妃を立てられる。葛城円大臣の娘の韓媛《からひめ》、吉備上道臣《きびのかみつみちのおみ》の娘・稚姫《わかひめ》、春日の和珥臣深目《わにのおみふかめ》の娘・童女君《おみなのきみ》である。

皇紀一一一八（雄略天皇二）年七月、天皇は百済の池津媛《いけつひめ》を宮中に入れようとされたが、媛は石川楯《いしかわのたて》と通じてしまった。天皇は激怒して、池津媛と石川楯を捕らえさせ、二人の四肢を木に縛り付けて床の上に置かせ、焼き殺させた。

この池津媛は、百済の第二十一代・蓋鹵王《がいろおう》（『日本書紀』では加須利君《かすりのきみ》）が即位したとき、天皇が慶賀のため阿礼奴跪《あれなこ》を遣わし、ついでに美女を乞われ、百済が慕尼《むに》夫人の娘を天皇に献上したその娘であった。

皇紀一一二一（雄略天皇五）年四月、百済の蓋鹵王《がいろおう》（加須利君）が池津媛のことを聞き「石川楯と通じるなど我が名を貶めた」といって、弟の軍君《こにきし》に告げて「お前が日本に行って天皇に仕えよ」と命じる。軍君は来日して七月に都に入った。途中連れていた妃が筑紫で出産したのでこの子を故国に帰した。この子が嶋王《せまきし》で、後に第二十五代百済王となった武寧王《ぶねいおう》である。連れていた妃は蓋鹵王《がいろおう》の妃で、嶋王は蓋鹵王の子という説もある。昭和四十六年に武寧王陵が発掘され、武寧王は嶋王であり皇紀一一二二（雄略天皇六）年に生まれたということが判明している。棺は日本でしか取れない高野槇《まき》が使用されており、日本から取り寄せたものであることも確認される。

皇紀一一二二（雄略天皇六）年四月、呉国・南宋（劉宋）が使いを遣わし貢ぎ物を奉った。後の宋とは異なるので劉宋として区別する。この時期大陸にあった国は宋（劉宋）であるが、その前にあった呉国の名称を使用しているものと思われる。『三国史記』の「新羅本紀」には、倭人が皇紀一一二二（雄略天皇六）年五月、新羅の活開城を攻め落とし、翌年二月にも侵入したが、最終的に新羅が打ち破ったとある。

皇紀一一二三（雄略天皇七）年、吉備上道臣田狭《きびのかみつみちのおみたさ》（吉備田狭）が妃の稚媛のことを「天下に美人と言っても我が妃に及ぶ者はいない」と周囲にいつも自慢していた。天皇はこれを耳にされ、この妃を得たいと思われ、亭主の田狭を半島の任那の国司に任命する。田狭と稚媛の間には既に二人の息子の兄君、弟君がいたが、天皇はその弟君と吉備海部直赤尾《きびのあまのあたいあかお》に詔し新羅討伐に遣わす。この年、任那国司となった吉備上道臣田狭（吉備田狭）が新羅と結託して朝廷に反乱を起こす（吉備氏の乱）。息子の弟君もこの反乱に加わろうとしたが、その裏切りを知った妻・樟媛《くすひめ》に殺害された。

この頃まで吉備王国が地方政権として強大な勢力を誇っていた。造山《つくりやま》古墳、作山《つくりやま》古墳は当時の日本列島では最大級、現存する日本の古墳のうちでも第四位及び第九位の規模を誇り、大和地域の古墳と並ぶ規模で、吉備地方の繁栄と勢力を誇示していた。天皇は吉備国を朝廷に臣従させて中央集権化を徹底させるために、強大な地域政権の一つだったこの吉備国に対して服属を迫る。吉備下道臣前津屋《さきつや》の乱（裏切りを知った妻・樟媛《くすひめ》が殺害）と吉備上道臣田狭の乱（新羅と結託して起こした乱）を鎮圧して大和朝廷の吉備支配を決定づけた。そして更に雄略天皇崩御直後の吉備稚媛と星川皇子（雄略の息子）の乱で吉備の勢力は一層弱体化した（後述）。

皇紀一一二四（雄略天皇八）年二月、身狭村主青《むさのすぐりあお》・檜隈民使博徳《ひのくまのたみのつかいのはかとこ》を呉国（南宋）に派遣する。この頃新羅は雄略天皇即位以来貢ぎを奉らないこと八年に及び、天皇の心を畏れ高句麗と連合しようとしていた。しかし派遣されてきた高句麗の援軍が実は偽りであることを知り、任那王の下へ人を使わし、「高句麗王が我が国を攻めようとしている、国は累卵の危うきに有り、どうか助けを日本府の将軍達に請いたい」と懇願する。任那王は日本の将軍を送り新羅を助け高句麗軍を打ち破った。日本の将軍膳臣《かしわでのおみ》は新羅に「お前の国は至って弱いのに強い国と戦ったのであるから、日本軍がもし助けなかったら、この戦いで他人の国になっていた。今後は天朝に背いてはならぬ、貢を怠ってはならぬ」と諌めた。以後の歴史を見ると、ここで日本が助けないで新羅が滅んでいた方が、日本にとっては、また半島の民にとっては良かったとも言える。

皇紀一一二五（雄略天皇九）年三月、天皇は友好的でない新羅を討とうと思われた。そこで紀小弓宿禰《きのおゆみのすくね》、蘇我韓子宿禰《そがのからこのすくね》、大伴談連《おおとものかたりのむらじ》、小鹿火宿禰《おかひのすくね》らに詔して、「新羅は前から朝貢を重ねていたのに、私が即位してから身を対馬の先まで乗り出し、跡を草羅《さわら》に匿して高句麗の貢ぎを妨げたり、百済の城を取ったりして、自らの貢ぎも怠っている。狼の子のような荒い心があって、飽きると離れ去り、飢えると近づいてくる。汝ら四卿を大将に任ずる。王師《みいくさ》を以て攻め討ち天罰を与えよ」と詔された。紀宿禰らは新羅に入り進撃は凄まじく、新羅の王は遁走した。

皇紀一一二八（雄略天皇十二）年四月四日、身狭村主青《むさのすぐりあお》と檜隈民使博徳《ひのくまのたみのつかいはかとこ》を再び呉（南宋）に遣わす。

皇紀一一三〇（雄略天皇十四）年一月、身狭村主青らが、呉（南宋）の使いと共に、呉が献じた手末《たなすえ》の才伎《てひと》、漢織《あやはとり》・呉織《くれはとり》と、衣縫《きぬぬい》の兄媛・弟媛らを連れて帰朝する。織物の技術者を大陸から招聘され、彼らを篤く遇した。天皇は大陸の先進技術を積極的に取り入れられた。

【根使臣の処罰】

天皇はこれら呉（南宋）人を招いて饗宴を催すが、その接待責任者に群臣達の推薦する根使臣《ねのおみ》を当たらせた。このとき根使臣が着けていた押木珠縵を見た皇后・草香幡梭姫が涙を浮かべられた。天皇が事情をお聞きになるので、「この珠縵は私の兄（大草香皇子）が安康天皇の勅を承って、私を陛下に奉ったときに、私のために贈ってくれたものです」と申し上げる。これで大草香皇子が殺された経緯が判り、眉輪王の変、安康天皇の悲劇の詳細をお知りになった天皇は、この根使臣を誅された。そして、「根使臣は、今後子々孫々に至るまで群臣の仲間に入れてはならぬ」と詔された。そして大草香皇子に殉死した難波吉師日香香の子孫を求めて探し出し、姓を賜り大草香部吉士《おおくさかべのきし》とされた。

皇紀一一三一（雄略天皇十五）年、秦氏（有力な渡来系氏族）は天皇によく仕え、天皇も寵愛され、多数の村主《すぐり》（下級帰化人の称する姓）を率いるようになり、租税（納付用）として作られた絹・縑《かたおり》（上質の絹）を奉って朝廷に沢山積み上げた。そこで「禹豆麻佐《うつまさ》（太秦）」の姓を賜った。また、昭和四十三年に埼玉県行田市の埼玉古墳群にある前方後円墳・稲荷山古墳から出土した鉄剣に一一五文字が刻まれ、ここに「オホヒコ」とか「ワカタケル大王」、「辛亥の年七月中」（雄略天皇十五年の可能性）と記されているので、この時代のものの可能性があるとされる。しかし、前方後円墳から出土しており、雄略朝の御世には大形前方後円墳は造られておらず、雄略天皇の陵も円墳であることを考え合わせると、「オホヒコ」とあるのは崇神天皇紀の四道将軍の一人「大彦命」とみるのが正しいと思える。

皇紀一一三二（雄略天皇十六）年七月、詔して桑の栽培に適した国・県を選び桑を植えさせる。そして秦氏の民を移住させ、そこから庸調（現物税）が上がるようにした。また、十月、漢氏の部民を集め管理者を決めさせ、それに直《あたい》の姓《かばね》を賜った。

皇紀一一三三（雄略天皇十七）年三月二日、土師連らに詔して「朝・夕の膳部に用いる清い土器《かわらけ》を進上せよ」と詔される。そこでそれぞれが私有の部曲《かきべ》を奉り、これを贄《にえ》の土師部《はじべ》と称した。

皇紀一一三四（雄略天皇十八）年八月十日、物部菟代宿禰《うしろ》・物部目連《むらじ》を遣わし伊勢の朝日郎《あさけのいらつこ》を討たせた。朝日郎の射る矢は二重の鎧も射通したので皆怖じ気づいた。菟代宿禰も怖じ気づいて進まず、目連《めのむらじ》がこれを討ち取ったので、天皇は菟代宿禰の所有していた猪使部《いつかいべ》を召し上げ、目連に与えられた。

皇紀一一三五（雄略天皇十九）年三月十三日、天皇は早くに崩御された先帝・安康天皇の御名を残すべく、名代として穴穂部《あなほべ》を設けられた。名代《なしろ》は一定の役割をもって奉仕する天皇直属の集団の一つで、皇族の私有部民《べみん》であり皇族の経済基盤であった。この年九月、高句麗が百済の漢城《かんじょう》（ソウル）を包囲し、遂に百済を攻め滅ぼし、蓋鹵王《がいろおう》が戦死した。

『三国史記』の「高句麗本紀」や「百済本紀」によれば、皇紀一一三五（雄略天皇十九）年九月、百済は高句麗に都を攻め落とされ、蓋鹵王《がいろおう》は殺され、同年熊津に遷都したとある。高句麗の諸将は高句麗王に「百済人の心映えはよく分からない、恐らくまた蔓延《はびこ》るのでしょうから追い払いましょう」といった。これに対し王は、「それは宜しくない、百済国には昔から日本の宮家がある。また百済王は天皇に仕えている。周りの国々も知っていることである」といって止めさせている。日本はこの時代も畏れられていた。

皇紀一一三六（雄略天皇二十〈四七六〉）年、欧州で西ローマ帝国が滅亡する。

皇紀一一三七（雄略天皇二十一）年三月、天皇は百済が高句麗に滅ぼされたと聞かれ、久麻耶利《こむなり》（忠清北道清州市）を百済の汶州王《もんすおう》（先代の蓋鹵王《がいろおう》の子）に賜って、国を救い興された。従って、「百済国は一族既に滅んで、倉下《へすおと》に僅かに残っていたのを天皇のご威光によりまたその国を興した」といわれている。

皇紀一一三八（雄略天皇二十二）年一月一日、白髪皇子《しらかのみこ》（後の清寧天皇）を立てて皇太子とされる。

『新羅本記』に「倭人が挙兵し、五道から攻めてきた」とある。この戦乱の後、新羅は倭の本国にも前王の子を人質として送っている。そしてこの年、宋の順帝は、倭王武（雄略天皇）に「使持節都督倭・新羅・任那・加羅・秦韓・慕韓六国諸軍事・安東大将軍・倭王」の号を授けている。「使持節」とは皇帝から軍政権を渡された官であるから、大陸では宋の皇帝が日本の天皇に、これら倭・新羅・任那・加羅・秦韓・慕韓の六国の王となることを認める、つまり倭の王がこれら六国を治めることを認めるということである。「使持節都督」とは軍令違反者に対する処分の権限と最高の人事権を皇帝が認めたことを示す。大陸の皇帝は自分が最高位であると認識し、勝手にこのような任命をするのであるが、要するに皇帝は日本が朝鮮半島を支配していると認識していたと言う意味である。

皇紀一一三九（雄略天皇二十三）年四月、百済の汶州王《もんすおう》の子・文斤王《もんこんおう》が亡くなる。そこで天皇は日本に人質として来ていた汶州王の弟・昆支王《こんきおう》の五人の子のなかで、二番目の末多王《またおう》（後の東城王）が若いのに聡明なのを見られ、内裏へ呼ばれた。親しく頭を撫で懇《ねんごろ》ろに戒めて、百済王とされた。兵器を与え、筑紫の国の兵士五〇〇人を遣わして、国へ送り届けられた。これが後の東城王《とうせいおう》である。この年、百済の貢ぎ物は例年より多かった。筑紫の安致臣《あちのおみ》・馬飼臣《うまかいのおみ》らは船軍を率いて出征し高句麗を討った。七月一日、天皇は病に倒れられ、全てを皇太子の白髪皇子に委ねられる。八月七日、病のため六二歳で崩御された。二三年の在位であった。

大伴室屋大連と東漢掬直《やまとのあやのつかのあたい》に遺詔される。

「今天下は一つ家に纏《まと》まり竈《かまど》の煙がよく上がっている、民よく治まり、四囲の夷《ひな》もよく従っている。臣・連・伴造は毎日参朝し国司、郡司もよく参集する。義には君臣だが、情においては父子も同じである。内外の人の心を喜ばせ、長く天下を安らかに保たせたい。病重くなり、常世の国に至ると言うことは世の常、言うに足らぬことであるが、朝野の衣冠のみは未だ定めなかった。教化政刑も充分よく行われたとは言えない。……星川稚宮《わかみや》皇子（第三皇子）は心に良くないことを抱いて、兄弟の道に欠けた、古人の言葉に『臣を知るは君に及ぶものなく、子を知るは父に及ぶ者なし』という、たとえ星川が志を得て、共に国家を治めたら屹度《きっと》辱めを臣・連らに及ぼし、民は辛い目に遭う。できの悪い子は民に嫌われ、できの良い子は大業を保つのに足りる。……皇太子（白髪皇子）は跡継ぎとして仁孝の心が良く聞こえ、その行いを見ても我が志を継いで成し遂げるのに足る。それで天下を治めてくれれば瞑目しても恨むことはない」と。ここで星川皇子を後嗣としないようにと遺詔しておられる。

この時、新羅を討つために派遣された将軍・吉備臣尾代《きびのおみおしろ》は、途中吉備国を通って自邸に立ち寄ったが、たまたまその時、天皇が亡くなられたことを好機と捉えて率いていた蝦夷等が反乱を起こし、附近の郡《こおり》を侵していた。そこで尾代はすぐ駆けつけこれを鎮定した。

雄略天皇は『宋書』、『梁書』に記される「倭の五王」中の倭王・武にあたる。倭王・武が宋の順帝に宛てた上奏文には「吾が祖先は甲冑を身にまとい、山川を駆け巡り……海を渡っては海北の地（半島）を平らげること九五カ国……」とあり、周辺諸国を平定して勢力を拡張した様子が記されている。

熊本県玉名郡和水町《なごみまち》の江田船山古墳から銀象嵌鉄刀が出土し、鉄剣の両面に七五文字の漢字が銀象嵌で刻まれ、これに「獲加多支鹵大王」、「ワカタケル大王」とあり、これが雄略天皇と解されている。なお、この古墳は明治六年以降に発掘され、副葬品も多数出土している。

英国オックスフォード大学教科書には「五世紀（皇紀一〇〇〇年頃）の日本の勢力は朝鮮半島南部まで支配した」とあり、この雄略天皇の御世である。また、プレンティスホール社アメリカ教科書「世界文化」は「キリスト暦四〇〇年ごろ、（日本は）幾つかの氏族が連合して日本の大半を統一し、朝鮮南部の地域を統治するまでに至った」とある。

丹比高鷲原陵《たじひのたかわしのはらのみささぎ》に葬られた。陵は大阪府羽曳野市島泉にある雄略天皇陵（高鷲丸山古墳・円墳・径四二間・七六m・島泉丸山古墳とも）である。前方後円墳ではない。

清寧天皇《せいねい》

第二十二代　世系二四　在位五年

皇紀一一〇四（允恭天皇三十三〈四四四〉）年、雄略天皇の第三皇子として誕生された白髪皇子《しらかのみこ》で、母は葛城円大臣の娘・葛城韓媛《かつらぎのからひめ》である。皇后も妃もなく、従って皇子もなかった。

皇紀一一三八（雄略天皇二十二〈四七八〉）年、立太子されるが、御名「白髪皇子」の通り、生来白髪であったため、父の雄略天皇は霊異を感じて皇太子とされた。

皇紀一一三九（雄略天皇二十三）年八月七日、雄略天皇が崩御される。上道臣田狭《かみつみちのおみたさ》の妻であった吉備稚媛《きびのわかひめ》を雄略天皇が奪って儲けられた星川皇子が大蔵の役所を占拠し、反乱を起こしたので、大伴室屋・東漢掬直《やまとのあやのつかのあたい》らにこれを討伐させる。星川皇子が立て籠もった大蔵を包囲し火を掛け焼き殺した。この星川皇子の反乱は不幸にして先帝・雄略天皇の遺詔通りとなった。

吉備上道臣らは稚媛の子として誕生した星川皇子を救うべく、軍船四〇艘を率い海上から都へ上って来たが、直前に皇子が薨去していたのを知って引き揚げて行った。のちに天皇はこれを責め、その管理していた山部を召し上げる。山部とは朝廷が所有する直轄領の山林を守ることを職とした部民である。

十月四日、星川皇子の反乱を鎮定した大伴室屋大連が臣・連たちを率いて、皇位の璽《しるし》（鏡、剣）を皇太子に奉る。

皇紀一一四〇（清寧天皇元〈四八〇〉）年一月十五日、磐余甕栗宮《いわれのみかくりのみや》（奈良県橿原市東池尻町）にて即位式を催行された。

大伴室屋大連を大連、平群真鳥《へぐりのまとり》を大臣とし、臣・連・伴造も元のままであった。

十月九日、先帝を丹比高鷲原陵《たじひのたかわしのはらのみささぎ》（大阪府羽曳野市島泉）に葬られたが、近習の隼人達は昼夜陵の側で泣き悲しみ、食べ物を与えても食さず、七日目に死んだ。

【億計・弘計を発見】

皇紀一一四一（清寧天皇二）年十一月、大嘗祭（即位後最初の新嘗祭）の供物を調えるために、伊予来目部小楯《いよのくめべのおだて》が播磨に遣わされる。伊予来目部小楯は朝廷に出仕し天皇に奉仕した久米部の民の長である。この時、赤石郡の縮見屯倉首《しじみのみくらのおびと》の家で館の新築祝いが催され、その宴に招かれた来目部小楯は、そこで市辺押磐皇子の子である億計王《おけのきみ》（後の仁賢天皇）と弘計王《をけのきみ》（後の顕宗天皇）の兄弟を発見する。二人とも履中天皇の孫に当たる。兄弟は宴もたけなわで舞を舞わされ、その時の歌で、「履中天皇の孫であるぞ」と身分を明かされる。明かせば殺されるという危険も当然あったが、この機を逸すれば、二度と機会はないと、勇気を出して身分を明かされる。小楯は驚愕し、取り敢えず私財を供して柴宮を立てて仮にお住み頂き、早馬で天皇にこれをお知らせする。天皇は、「天は大きな恵を垂れて、二人の皇子を賜った」とお喜びになり、勅使を立てて節刀《しるし》を持たせ赤石郡に迎えさせられた。

皇紀一一四二（清寧天皇三）年一月一日、億計《おけ》・弘計《をけ》の二王を宮に迎え入れる。四月七日、億計王（兄）を東宮（皇太子）、弘計王（弟）を皇子（親王宣下）とされた。九月二日、臣・連を遣わし地方の民の風俗を巡察させられる。十月四日、「犬、馬など生き物の玩弄物《がんろうぶつ》は献上してはならぬ」と詔された。十一月十八日、臣・連を召して大宴会を催され、綿・帛《きぬ》を賜る。それぞれ自分で持てるだけ、欲しいままに頂いて退出した。そしてこの月、海外の諸蕃が使いを送り貢ぎ物を奉った。海外の諸蕃が具体的に何処かは分からないが、半島の任那、百済、新羅、高句麗や大陸の宋などであろう。

支那大陸には大国が出現しては滅んでいくが、日本は一貫して、天皇の統治されるアジアの強大国であった。

皇紀一一四三（清寧天皇四）年一月七日、海外からの使者達を集め、朝堂で宴会を催し、それぞれに応じた賜物を与えられた。夏閏五月、大宴会が五日間に亘り催行される。八月七日、天皇は親《みずか》ら囚徒を訪ねられた。蝦夷・隼人も共に付き従った。九月一日、天皇は弓殿《ゆみばどの》に行かれ、百寮と海外の使者に弓を射させられた。そしてそれぞれに応じた賜り物を賜った。

皇紀一一四四（清寧天皇五）年一月十六日、在位五年、四一歳で崩御される。后妃なく、皇子女もなかった。宝算については『水鏡』には四一歳、『神皇正統記』には三九歳とある。

十一月九日、河内坂門原陵《かわちのさかとのはらのみささぎ》に葬られた。大阪府羽曳野市西浦の清寧天皇陵（西浦白髪山古墳・前方後円墳・全長六二間、一一二m）である。再び前方後円墳が造られる。

【忍海飯豊青皇女《おしぬみいいとよあおのひめみこ》】

皇紀一一〇〇（允恭天皇二十九）年、市辺押磐皇子《いちべのおしわのみこ》の女王として誕生される。

億計王《おけ》（仁賢天皇）・弘計王《をけ》（顕宗天皇）の同母姉にあたる。清寧天皇の崩御後一時期一〇ヶ月間政務をお執りになり、神功皇后ほど長い期間ではなかったが、ともに女帝（女系ではない）の先駆的存在であられた。

清寧天皇の崩御後、二人の兄弟のうち、兄の億計は「勇気を奮って最初に名乗り出たのは弟の弘計だから弟が即位すべき」と、弟の弘計は「兄であり皇太子の億計が即位すべき」と互いに皇位を譲り合われたため、姉の飯豊青皇女が忍海角刺宮《おしぬみのつのさしのみや》（奈良県葛城市忍海の角刺神社）で政務を執られ、「忍海飯豊青命」と称された。

『古事記』によれば、清寧天皇崩後に皇嗣なく、飯豊青女王が執政しておられたが、やがてその執政期間中に億計・弘計の兄弟が発見され、兄弟を播磨から迎えられたとある。

皇紀一一四四（清寧天皇五）年十一月、葛城埴口丘陵《かずらきのはにくちのおかのみささぎ》に葬られた。奈良県葛城市北花内の北花内大塚古墳（前方後円墳・全長五〇間・九〇ｍ）である。『日本書紀』は「陵」と表記し、天皇扱いしており、「墓」とはしていない。かなり大型の前方後円墳が造られている。

顕宗《けんぞう》天皇

第二十三代　世系二四　在位三年

皇紀一一一〇（允恭天皇三十九〈四五〇〉）年、履中天皇の第一皇子・市辺押磐皇子《いちのへのおしわのみこ》の第二王として誕生された弘計王《をけのきみ》で、母は葛城蟻臣《ありのおみ》の娘・荑媛《はえひめ》である。飯豊青女王は同母姉であり、後の仁賢天皇は同母兄に当たる。

皇紀一一一六（安康天皇三〈四五六〉）年十月一日、父の市辺押磐皇子が雄略天皇に殺されると、兄の億計《おけ》王と共に逃亡して身を隠された。舎人の日下部連使主《くさかべのむらじおみ》と子の吾田彦《あたひこ》が付き従った。丹波国与謝郡に行かれ、後に播磨国明石や三木の志染《しじみ》の石室に隠れ住まわれた。兄弟共に名を変えて丹波小子《たにわのわらわ》と名乗り、縮見屯倉首《しじみのみやけのおびと》に使役され、牛馬の飼育に長年携わる。この間追手に分からないよう、日下部連使主は全ての証拠を隠滅して自害するが息子の吾田彦は、億計・弘計兄弟に長く仕えた。

皇紀一一四四（清寧天皇五）年一月十六日、清寧天皇が崩御された。

皇紀一一四五（顕宗天皇元〈四八五〉）年元旦、億計と弘計の二人の兄弟が、前述の通り、皇位を譲り合っておられたが、兄宮・億計に説得され、弟の弘計がようやく顕宗天皇として、近飛鳥八釣宮《ちかつあすかのやつりのみや》（奈良県高市郡明日香村八釣）にて即位される。三六歳であった。第十九代允恭天皇の曾孫・難波小野女王《なにわのおののひめみこ》を皇后に立てられた。そして皇太子はそのまま億計が務められたが、天皇の兄が皇太子という事態は、これ以前も以降もその例がない。

顕宗天皇（弘計王）は罪無くして薨去された父を弔い、また父の雪辱を果たすべく雄略天皇への復讐の思いに駆られはされたが、やはり長く辺境の地で苦労され、民を慈しむ政治を行われた。

三月三日、宮廷の儀式として曲水の宴が催される。水の流れのある庭園でその流れの縁に参加者が座り、流れてくる盃が自分の前を通り過ぎるまでに歌を読み、盃の酒を飲んで次へ流し、後に別堂にてその詩歌を披講（作った詩歌を読み上げる）するという催事である。

四月十一日、天皇は来目部小楯の功に対し小楯の望みにより、山官《やまのつかさ》（山守部を管理する役目）の役を賜る。そこから得られる富は膨大なものであった。これは恐らく　清寧天皇ご即位直前に、吉備上道臣ら星川皇子を支援しようとして軍を差し向けたために召し上げられた山部であろう。

五月、狭狭城山君韓帒宿禰《ささきのやまきみからふくろのすくね》が市辺押磐皇子の殺害に加担した罪で誅されることになったが、その時、叩頭し奏上する言葉が酷く哀れで、天皇は誅するに忍びず、陵戸（天皇・皇族の陵を守る役）として賤民に落として官籍を剝奪し、山部連の下人とされた。

皇紀一一四六（顕宗天皇二）年三月、再度曲水の宴を催される。八月一日、天皇は罪なく殺された父王のことを思えば、雄略天皇の墓を壊したいと兄の億計《おけ》（皇太兄）に申される。兄は諫め「それは宜しくない、清寧天皇にはこれまで厚い寵愛と深い恩を蒙ってきた、雄略天皇は清寧天皇の父君である」と諭される。話し合いされた末に、天皇は思いを改められ悟られて、後には兄に「良いことをいって下さった」と謝意を表された。

十月六日、群臣と再度宴会を催される。天下は平穏で、民は大災害がなくて用役に使われることがなかった。百姓は富み、穀物はよく稔り、稲は高価に購《あがな》われ、馬は野に蔓延《はびこ》った。

皇紀一一四七（顕宗天皇三）年二月一日、阿閉臣事代《あへのおみことしろ》が勅命を受け任那に使いする。この時、月の神が人に憑いて「わが祖・高皇産霊《たかみむすびのみこと》は天地をお造りになった功がある。田地を我が月の神に奉れ、そうすれば慶福が得られる」という。

事代は京に帰り奏上した。そして神の求めのままに、山城国葛野郡《かどののこおり》の歌荒樔田《うたあらすだ》を奉られた。壱岐の県主の先祖の押見宿禰がこれをお祀りし仕えた。三月三日、また曲水の宴を催された。四月五日、今度は日の神が、阿閉臣事代《あへのおみことしろ》に憑いて「倭の磐余の田をわが祖・高皇産霊に奉れ」と言われる。事代は奏上し、言われるままに田一四町歩を奉り、対馬の下県直《しもつあがたのあたい》がこれをお祀りしお仕えした。

四月二十五日、天皇は僅か三年の在位、三八歳で八釣宮にて崩御される。傍丘磐坏丘南陵《かたおかのいわつきのおかのみなみのみささぎ》に葬られた。奈良県香芝市北今市にある顕宗天皇陵（前方後円墳、長さ三八間・六九ｍ）である。

仁賢《にんけん》天皇

第二十四代　世系二四　在位一〇年

皇紀一一〇九〈允恭天皇三十八〈四四九〉〉年、履中天皇の孫、市辺押磐皇子《いちのへのおしわのみこ》の第一王として誕生された億計王《おけのみこ》で、母は葛城蟻臣《ありのおみ》の娘の荑媛《はえひめ》である。顕宗天皇は同母弟に当たる。

皇紀一一四二〈清寧天皇三〉年四月、三四歳で立太子される。

皇紀一一四四〈清寧天皇五〉年四月、兄であるが弟の弘計王に皇位を譲り、自身は皇太子のままであった。

皇紀一一四七〈顕宗天皇三〉年四月、顕宗天皇〈弘計〉が崩御された。

皇紀一一四八〈仁賢天皇元〈四八八〉〉年一月五日、億計王が石上広高宮《いそのかみのひろたかのみや》〈奈良県天理市石上町〉にて四〇歳で即位される。弟皇子からの譲位である。

二月二日、雄略天皇の皇女・春日大娘皇女《かすがのおおいらつめのひめみこ》を立てて皇后とされる。父を殺した雄略天皇の皇女を皇后に立てられた。

皇紀一一四九〈仁賢天皇二〉年九月、顕宗天皇の皇后・難波小野皇后〈第十九代允恭天皇の曾孫〉は以前皇太子に対し礼を失した行為があり、処罰を恐れて自害される。実際には宴の時立ったまま刀子を皇太子の瓜皿に置いたとか、立ったまま皇太子を呼んだとか、些細なことであった。現在の感覚では考えられないことであるが、皇位というものの厳格さを思い知らされる事件である。

皇紀一一五〇（仁賢天皇三）年二月一日、石上部舎人《いそのかみべのとねり》（天皇・皇族の身辺でご用を勤める）を設置した。

皇紀一一五二（仁賢天皇五）年春二月五日、国郡《くにこおり》に逃げて散りぢりになっていた佐伯部《さえきべ》を探し求め、父・市辺押磐皇子に仕えていた佐伯部仲子《なかちこ》の子孫を佐伯造（長官）とする。

皇紀一一五三（仁賢天皇六）年九月四日、日鷹吉士《ひたかのきし》を高句麗へ遣わし、皮の工匠などの巧手者《てひと》（手工技術者）を招かれた。日鷹吉志は高句麗から帰国し工匠《てひと》の須流枳《するき》、奴流枳《ぬるき》らを奉った。

皇紀一一五四（仁賢天皇七）年一月三日、皇子の小泊瀬稚鷦鷯命《おはつせのわかさざきのみこと》（武烈天皇）を皇太子に立てられる。

皇紀一一五五（仁賢天皇八）年十月、民は「国中何事もなく平穏で、役人は皆その任に相応《ふさわ》しく、天下は仁に帰し、民は皆その業に安んじている」と詔された。この年、五穀豊穣、蚕や麦はよくでき、都・鄙《ひな》（田舎）とも平穏で、戸口ますます繁栄した。

皇紀一一五八（仁賢天皇十一）年八月八日、在位一〇年、五〇歳で崩御される。埴生坂本陵《はにゅうのさかもとのみささぎ》に葬られた。陵は大阪府藤井寺市にある仁賢天皇陵（前方後円墳の埴生坂本陵、全長九七間、一七五m）である。

武烈《ぶれつ》天皇

第二十五代　世系二五　在位九年

皇紀一一四九（仁賢天皇二〈四八九〉）年、仁賢天皇の皇子として誕生された小泊瀬稚鷦鷯命《おはつせのわかさざきのみこと》で、母は雄略天皇の皇女・春日大娘皇女である。手白香皇女（後の継体天皇の皇后・欽明天皇の母）や橘仲皇女《たちばなのなかつひめみこ》（宣化天皇の皇后）は同母姉妹に当たる。

皇紀一一五四（仁賢天皇七）年正月、六歳で立太子される。

皇紀一一五八（仁賢天皇十一）年八月八日、仁賢天皇が崩御された。

大伴金村を大連とされる。幼少だったこともあり、大臣の平群真鳥《へぐりのまとり》が国政を掌ったが、その手法が独善的で、天皇のために造営した宮が完成すると、これを自分のものとして使用し、節度を弁《わきま》えなかった。大伴金村などは真鳥に批判的であった。太子は、物部麁鹿火《あらかひ》の娘・影媛《かげひめ》に求婚されるが、影媛は既に真鳥大臣の息子・平群鮪《へぐりのしび》と通じていた。若い男女が集まって相互に求愛の歌謡を掛け合う歌垣《うたがき》において、鮪との歌合戦で太子はそのことをお知りになり、大伴金村をして鮪を誅殺させた。更に大臣は政《まつりごと》を壟断し、遂に皇位をも欲した。皇位を簒奪しようとすることは大罪である。大伴金村は「真鳥をお討ち下さい、仰せがあれば討ちます」と進言する。太子も「このままでは天下争乱の怖れがある」として、十一月十一日にこれを討伐させられる。

十二月に、仁賢天皇の崩御を受け、高御座を泊瀬の列城《なみき》に設けて一〇歳で即位された。

皇紀一一五九（武烈天皇元〈四九九〉）年三月二日、雄略天皇の皇女・春日娘子《かすがのいらつめ》を立てて皇后とされる。

『日本書紀』には天皇の非行の数々が具体的に記され、「頻りに諸悪を造し、一善も修めたまはず」とあり、暴君で非常に良くない天皇として描かれている。しかし『古事記』には、そのような暴君としての記述は全くない。武烈天皇については『古事記』と『日本書紀』では全く違う評価がなされている。

皇紀一一六二（武烈天皇四）年、百済の末多王（東城王）が無道で民を苦しめるので国人たちがこれを廃し、琨支《こんき》王子の子・嶋王を立てる。百済の第二十五代王・武寧王である。雄略天皇の御世、百済の加須利君（蓋鹵王）が弟の昆支王を日本に人質として献上する際、一婦人を与えて、途中で子が生まれれば送り返せと命じた。一行が筑紫の各羅嶋《かからのしま》まで来たところで男児が生まれ、嶋君と名付けて百済に送り返した。これが武寧王である。

皇紀一一六四（武烈天皇六）年九月一日、後嗣がないので、小泊瀬舎人を置いて代号《みよのな》とせよと詔される。十月、百済が麻那君《まなきし》を遣わして貢ぎを奉った。百済は長く貢ぎを怠っていたので麻那君を人質として留めて帰されなかった。

皇紀一一六五（武烈天皇七）年四月、前年に続き、百済王が斯我君《しがきし》を遣わし調を奉った。別に書状を奉って「前に調を奉った使いの麻那は百済の国王一族ではありません、故に謹んで斯我を遣わして朝廷にお仕えさせます」という。

皇紀一一六六（武烈天皇八）年十二月八日、後嗣なく、在位九年、一八歳で崩御される。陵は奈良県香芝市今泉にある傍丘磐杯丘北陵《かたおかのいわつきのおかのきたのみささぎ》で、山形墳である。前方後円墳が造られていない。

継体《けいたい》天皇

第二十六代　世系二五　在位二五年

皇紀一一一〇〈允恭天皇三十九〈四五〇〉〉年、応神天皇の玄孫《やしゃご》・彦主人王《ひこうしのおおきみ》の王子として誕生された男大迹王《おおどのおおきみ》で、第十五代応神天皇の五世孫である。母は越前の豪族三尾氏の娘で垂仁天皇の七世孫、第一一皇子・磐衝別命《いわつくわけのみこと》の六世孫に当たる振媛《ふるひめ》である。彦主人王は男大迹王が幼少の頃に薨去されたので、振媛は実家の高向〈福井県坂井市丸岡町高椋〉に帰郷して、男大迹王を養育された。

【後嗣なき事態】

皇紀一一六六〈武烈天皇八〈五〇六〉〉年十二月八日、武烈天皇が後嗣を定めずして崩御され、皇子女もなく、後嗣のない事態に陥った。同月二十一日、仲哀天皇の五世孫・倭彦王が丹波国桑田郡においでになると分かり、お迎えするため兵士を派遣する。ところが王はこれを遠望され、捕らえに来たと思い、遁走して行方知れずとなられた。

皇紀一一六七〈継体天皇元〈五〇七〉〉年一月四日、大連大伴金村、物部麁鹿火《あらかい》、大臣巨勢男人らが協議し、越前から第十五代応神天皇の五世孫・男大迹王《おおどのおおきみ》を迎えることにする。一月六日、臣・連らは勅命を受けて節《しるし》の旗を掲げ、御輿を用意し、越前三国にお迎えに参上する。「勅命を受け」といっても天皇はおられないので、群臣が協議しその結果という意味である。王は最初は疑われたが、たまたま河内馬飼首荒籠《あらこ》をご存じであったのが幸いし事情が分かり、また大臣以下全員が懇願したのでようやくご承諾になる。

男大迹王は妃・目子媛《めのこひめ》（尾張連草香の娘）との間に勾大兄皇子《まがりのおおえのみこ》（安閑天皇）と檜隈高田皇子《ひのくまのたかたのみこ》（宣化天皇）を儲けておられた。なお、尾張氏は、『日本書紀』によると天火明命《あめのほあかりのみこと》を祖神とする天忍人命《あめのおしひとみこと》から始まるとされる。美濃・飛騨などに居住の後、乎止与命《おとよのみこと》のときに尾張国造となった。

皇紀一一六七（継体天皇元）年一月十二日、男大迹王は河内国交野郡葛葉（枚方市樟葉）宮においでになる。

二月四日、大伴大連ら群臣の願いを容れ、五八歳で河内国樟葉宮《くすばのみや》にて即位された。

三月一日、大伴大連が仁賢天皇（億計王）の皇女・手白香皇女《たしらかのひめみこ》を皇后に迎えることをお願いし、天皇はこれを容れられ、「決して我が世だけのことではない、礼儀を整えて手白香皇女をお迎えせよ」と詔される。「我が世だけのことではない」とし万世一系を重視された。なお、手白香皇女の母は雄略天皇の皇女・春日大娘皇女《かすがのおおいらつめのひめみこ》である。三月五日、手白香皇女《たしらかのひめみこ》を立てて皇后とされる。三月九日、「男が耕作しなければ民は飢える、女が紡《つむ》がないと天下は凍える、だから帝王は自ら耕作して農を勧め、后妃は自ら養蚕をして桑を与える時期を過つなかれ、まして百官（諸役人）から万人に至るまで、農桑を怠っては富み栄えることは出来ぬ、天下に朕が意を伝えよ」と詔される。凡そ一五〇〇年経た現在の陛下の稲作、皇后の養蚕に繋がっている。三月十四日、八人の妃を入れられ、それぞれ多くの皇子女を授かる。元からの妃・目子媛には、前述の通り二人の王子がおられた。

皇紀一一六八（継体天皇二）年十二月、半島では南の海の中の耽羅人《たむらびと》（済州島の人）が初めて百済に使いを送った。このようなことが『日本書紀』に書かれていると言うことは、これが決して遠い外国の出来事ではなく、国内問題だったのである。

皇紀一一六九（継体天皇三）年二月、使いを百済に遣わす。『百済本記』には「久羅麻致支弥《くらまちきみ》が日本から来た」とある。

この時期、任那の日本の村々に住む百済から逃亡して来た民を、戸籍のなくなった者の三世四世まで遡って調べて、百済に送り返し戸籍に付けた。

皇紀一一七〇(継体天皇四)年、宋の太陰太陽暦の大明暦が官暦として採用される。

皇紀一一七一(継体天皇五)年十月、即位されて五年経ち、都を山城の筒城《つつき》(京都府京田辺市多々羅都谷)に遷される。

皇紀一一七二(継体天皇六)年四月六日、穂積臣押山を百済に遣わし、筑紫国の馬四十匹を賜る。

十二月、百済が朝貢し上奏文を奉り、任那の上哆唎《おこしたり》、下哆唎《あろしたり》、娑陀《さだ》、牟婁《むろ》の四県を欲しいと願い出た。哆唎の国守・穂積臣押山も「この四県は百済に連なり、日本から遠く離れ……」と、これに賛意を示し、大伴金村も同意見を表する。そこで賜物と一緒に聖旨を付けてこの任那四県を百済に与えられた。ところが、このことは後に金村が失脚する原因になる。そしてまた、後の半島の混乱の原因となった。物部大連麁鹿火《あらかひ》が、この勅を難波館に出向き、百済の使に伝えようとしたとき、妻が「住吉大神は海の向こうの高麗《こま》(高句麗)、新羅、百済、任那を、まだ胎中におられる皇子(応神天皇)に授けられました。そこで神功皇后は武内宿禰と共に、国ごとに宮家を設け、海外の我が国の守りとされて長く続いてきた由来があります。もしこれを軽率に他国に与えたら元の領域と違ってきます。そうすれば後世長く非難を受けることになりましょう」と強く諫める。

世間では「大伴大連と哆唎の国守・穂積臣押山とは百済から賄賂《まいない》を取っている」との流言があった。孰《いず》れにしても、この御世では半島は、大和朝廷の支配地域であり、各国に国守(知事)を置いていたことが分かる。

勾大兄皇子《まがりのおおえのみこ》(後の安閑天皇)が事情をお知りになり「応神天皇以来宮家を置いてきた国を、軽々に隣国のいうままに与えて良いものか」といって日鷹吉士《ひたかのきし》を遣わすが、百済は返還を拒んだ。もしここで百済が返還要求に応じていたらその後の百済滅亡の歴史は変わっていたかも知れない。

皇紀一一七三（継体天皇七）年六月、百済が姐弥文貴《さみもんくい》将軍らを遣わし、儒家の経典である五経（詩・書・礼・易・春秋）を教授する学者の五経博士・段楊爾《だんように》を奉った。別に上奏文を添え「伴跛国《はへのくに》は私の国の領土己汶《こもん》を奪いました、どうか天恩によって元通りに還付するようお計らい頂きますように」と嘆願する。困ったときの天皇頼みである。八月二十六日、百済の太子・惇陀《じゅんだ》が日本で死去する。十一月五日、百済の姐弥文貴将軍が新羅の汶得至《もんとくち》、安羅の辛已奚《しんいけい》と賁巴委佐《ほんはわさ》、伴跛の既殿奚《こでんけい》と竹汶至《ちくもんち》等を召し連れて来朝し、このとき、詔を発せられて己汶《こもん》、滞沙《たさ》を百済に賜った。そしてこの月、こんどは、伴跛国が戢支《しゅうき》を遣わして珍宝を献上し、己汶《こもん》の地を乞うたが遂に賜らなかった。

皇紀一一七四（継体天皇八）年三月、百済国と差別された伴跛《はへ》は、子呑《しとん》と帯沙《たさ》に城を築いて満奚《まんけい》と結び、狼煙《のろし》台・武器庫を設置して、日本との戦いに備えた。そして軍兵や兵器を集めて新羅を攻めた。村を掠奪し、子女を捕らえて凌辱し、賊の襲うところ残るものなく、暴虐を縦《ほしいまま》にして民を苦しめ、民を殺害するさまは見るに堪えないほどであった。その残忍性、残虐性は凄まじいものがある。

皇紀一一七五（継体天皇九）年二月四日、百済の使者・姐弥文貴《さみもんくい》将軍らが帰国を希望したので詔され、物部至至連《ちちのむらじ》を副えて帰国させる。巨済島に至り、人の噂を聞くと、伴跛国の人は日本に恨みを抱き、良からぬことを企み、無道を憚らないとのことであった。そこで物部連は水軍五百を率い帯沙江に赴き、姐弥文貴《さみもんくい》将軍は新羅から百済に入った。四月、物部連は帯沙江に留まること六日、伴跛国は大軍を率いて攻めてきた。衣類を剝ぎ取り持ち物を奪い、全ての帷幕《いばく》を焼いた。物部軍は命からがら汶慕羅島《もんもらとう》に逃れた。

皇紀一一七六（継体天皇十）年五月、百済は物部連らを己汶《こもん》に迎え入れ慰問する。九月、百済は州利即次《つりそし》将軍を物部連に従わせて来朝し、己汶《こもん》を賜ったことを謝する。

皇紀一一七八（継体天皇十二）年三月九日、山城の綴喜に都を遷されてから七年が経ち、再び都を乙訓宮《おとくにのみや》（京都府長岡京市今里付近）に遷される。現在の乙訓寺がその宮跡で、二度目の遷都となった。

皇紀一一八三（継体天皇十七）年五月、百済の第二十五代王・武寧王が死去する。武寧王は昆支王の第二王子・末多王（東城王）の子である。末多王は雄略天皇の御世に人質として来ていたが、百済の第二十三代王・文斤王《もんこんおう》（三斤王）が急死したときに帰された王子である。昭和四十六年、大韓民国忠清南道公州の宋山里で百済第二十五代武寧王陵が発掘され、王陵に墓誌銘があったことから、武寧王が皇紀一一八三（継体天皇十七）年に六二歳で歿したことが確認された。逆算すると皇紀一一二二（雄略天皇六〈四六二〉）年に生まれたことになる。そして、この武寧王という百済王は、日本で生まれたと『日本書紀』に書かれている。

皇紀一一八四（継体天皇十八）年一月、百済で武寧王の子・太子明が即位して第二十六代王・聖明王となった。

皇紀一一八六（継体天皇二十）年九月十三日、磐余玉穂宮《いわれのたまほのみや》（奈良県桜井市池之内）に遷都される。三度目の遷都でようやく都を大和の地に置かれた。

【磐井の乱】

皇紀一一八七（継体天皇二十一）年六月三日、磐井《いわい》の乱が勃発する。近江の毛野臣は六万の兵を率いて、新羅に奪われた南加羅・喙己呑《とくことん》を回復するため、任那へ向かって出兵した（いずれも朝鮮半島南部の諸国）。この出兵を知った新羅は、筑紫の有力豪族であった磐井（筑紫国造）へ贈賄し、派遣軍の妨害を要請した。磐井はこれを受け挙兵し、火の国（肥前国・肥後国）と豊の国（豊前国・豊後国）を制圧するとともに、倭国と半島とを結ぶ海路を封鎖し、朝鮮半島諸国からの朝貢船を掠奪した。そして毛野臣軍と交戦し、朝鮮への侵攻を阻んだ。朝廷では新たに磐井の乱平定軍の派遣について協議し、天皇が大伴金村・物部麁鹿火・許勢男人らに将軍の人選を諮問したところ、物部麁鹿火《あらかい》が推挙される。

八月一日、「物部麁鹿火をして西戎を討たしめ給うの詔」が渙発され、麁鹿火率いる朝廷軍が派遣される。

翌皇紀一一八八（継体天皇二十二）年十一月十一日、麁鹿火の率いる朝廷軍と磐井軍とが、筑紫三井郡（福岡県小郡市）にて交戦し、激しい戦闘の結果、磐井軍は敗北する。磐井は斬首されたが、磐井の子・筑紫君葛子《つくしのきみくずこ》は連座から逃れるため、糟屋（福岡県糟屋郡付近）の屯倉を朝廷に献上して、死罪を免ぜられた。

皇紀一一八九（継体天皇二十三）年三月、百済王が下哆唎の国守・穂積臣押山に「日本への使者がいつも風波に苦しみ、朝貢の積み荷をぬらし損傷します、加羅の国の多沙津を朝貢の海路として頂きたい」と懇願するので、押山臣はこれを伝奏する。そこで天皇は勅使を遣わしこれを百済王に賜ったが、この時加羅の王は「この津は日本の宮家が置かれて以来、私が朝貢の寄港地としているところ、たやすく隣国に与えられては困ります、始めに与えられた境界の侵犯です」と抗議する。しかし聞き容れられず、加羅は日本を恨み新羅と好《よし》みを結び、加羅王は新羅の女を娶って子を儲けた。ところが新羅の女に伴って来た百人のお供が、新羅の服装をして加羅の服制を無視するので、これを送り返したことから新羅と争いとなり、新羅は加羅の城を次々に奪っていった。日本を恨み新羅と好《よしみ》を結んだ結果であった。

四月七日、任那王・己能末多干岐《このまたかんき》が来朝し、大伴大連金村に「諸国に応神天皇が宮家（直轄地）を置かれ、元の国王にその土地を任せ統治されましたのに、今新羅は始めに決めて与えられた境界を無視して度々領土を侵害しております。どうか天皇に申し上げて私の国をお助け下さい」と懇願する。またまた困ったときの天皇頼みであるが、日本の朝廷も百済に甘すぎて半島を混乱に陥れた嫌いもないではない。

この月に、天皇は使いを遣わして己能末多干岐《このまたかんき》を任那に連れて行き、任那にいる近江毛野臣《おうみのけぬのおみ》に「任那王の奏上するところをよく問いただし、任那と新羅を和解させよ」と詔される。近江毛野臣は両者を呼び出すが、新羅は廻りの国を掠め取っているので天皇を畏れてか、例に因って下級の役人を寄こしたので、怒って勅を伝えなかった。そこで新羅は上臣の伊叱夫礼智干岐《いしぶれちかんき》に三千の兵を率いさせて来るが、臣は「何故王は来ないのか」といってまた勅を聞かせなかった。

皇紀一一九〇（継体天皇二十四）年二月一日、天皇は「……帝位を嗣いで二四年、天下泰平、内外に憂いなく、土地肥え五穀豊穣である。密かに恐れるのは民がこれに慣れ、驕りの気持ちを起こすことである。……」と詔される。

九月、任那の使いが奏上し「毛野臣は久斯牟羅《くしむら》に邸宅を構え滞在二年、政務を怠っています」という。任那王・阿利斯等《ありしと》は毛野臣が任那復興の約束を実行しないので帰朝を薦めるが、「役目を果たすまでは帰れない」とこれも聞き入れない。

十月、調吉士《つきのきし》が任那から来て「毛野臣は和解することを知らず、加羅をいたずらにかき回し、外患を防ぐことをしません」と奏上する。そこで目頬子《めずらこ》を遣わして臣を召される。毛野臣は帰朝の途次に対馬で病に倒れ死去した。

皇紀一一九一（継体天皇二十五）年二月七日、勾大兄皇子（安閑天皇）に譲位され、その即位と同日、在位二五年、八二歳で、磐余の玉穂宮にて崩御される。三嶋藍野陵《あいののみささぎ》（摂津三嶋郡藍野）に葬られた。太田茶臼山古墳（大阪府茨木市太田の前方後円墳（墳丘長二二六間・二三七m）である。なお、高槻市の今城塚古墳（前方後円墳）の可能性もある。いずれも巨大な前方後円墳である。

安閑《あんかん》天皇

第二十七代　世系二六　在位四年

皇紀一一二六（雄略天皇十〈四六六〉）年、男大迹王《おおどのおおきみ》（継体天皇）の第一王子として誕生された勾大兄皇子《まがりのおおえのみこ》で、母は尾張連草香の娘・目子媛《めのこひめ》である。父帝・男大迹王に付き従って越前から都に上られた。

皇紀一一九一（継体天皇二十五〈五三一〉）年二月七日　継体天皇の譲位を受け、六六歳で即位される。大伴大連金村と物部麁鹿火を引き続き大連とされ、体制に大きな変更はなかった。

皇紀一一九二（安閑天皇元〈五三二〉）年一月、都を勾金橋宮《まがりのかなはしのみや》（奈良県橿原市曲川町）に置かれる。明治二十二年から昭和三十一年まで存続した「高市郡金橋村」（橿原市）は、この宮号の復古地名であり、今でも駅名（国鉄金橋駅）や小学校名、郵便局名等々にその名を留めている。

三月六日、第二十四代仁賢天皇（億計王）の皇女・春日山田皇女《かすがのやまだのひめみこ》を皇后に立てられる。皇子女には恵まれなかった。

五月、百済が使いを遣わし、上奏文を添えて調を奉る。

七月一日、天皇、「皇后（春日山田皇女）のため屯倉の地に宮殿を建てるように」と詔される。勅使は勅を奉《うけたまわ》って大河内直味張《おおしこうちのあたいあじはり》に「肥えた良田を献上しなさい」と命じたが、味張は勅使を欺いて「良田がない」と断る。

十月十五日、他の三人の妃にもそれぞれに屯倉を設けられた。

閏十二月四日、三嶋（大阪府三島郡）に行幸された。従っていた金村を遣わし、県主《あがたぬし》の飯粒《いいぼ》に良田を献上しなさいと命じる。飯粒は喜んで畏まり、竹村《たかふ》の屯倉四〇町歩（四〇ヘクタール）を献上した。先に「良田がない」と勅使を欺いて田地を献上しなかった大河内直味張は、恐れ畏まって後悔し、地に平伏して「今後は郡《こおり》毎に钁丁《くわよほろ》（屯倉で耕作する者）を春五百人、秋五百人奉って、子々孫々絶やしません」と誓った。つまり、働き手を献上することを誓ったのである。

この月、廬城部連枳莒喩の娘・幡媛が物部大連尾輿《おこし》の珠の首飾りを盗み春日山田皇后に献上した。しかし事が露見し枳莒喩《きこゆ》は幡媛を宮中の召使いとして入れ、安芸国過戸《あまるべ》（広島市安佐南区祇園町地区付近）の屯倉を献上して罪を償った。盗まれた物部尾輿も大和国十市部《とおちべ》などを献上した。

この年、半島では任那の金官国（韓国慶尚南道金海市）が新羅に攻められ降伏した。新羅は近隣諸国を次第に侵し、日本が策定した国割りを次第に壊していく。つまり、半島の秩序を崩壊させていく。

皇紀一一九三（安閑天皇二）年一月五日、詔して「毎年穀物よく稔り、辺境にも憂いはない。万民生業に安んじ飢餓もない。内外平穏で国家は富み栄え、朕の喜びは大きい。民に酒を振る舞い、五日間盛大な宴を催し、天下こぞって歓びを交わすがよい」と詔される。国を挙げての大宴会を催された。

四月一日、朝廷の雑役と警衛に当たる勾舎人部《まがりのとねりべ》、朝廷を防衛する勾靫部《まがりのゆきべ》を設けられた。

五月九日、関東から九州まで屯倉を大量（三〇ヶ所以上）に設置する。それに伴い八月一日、各地に犬養部が設置された。犬は狩猟と守衛に用いられたが、犬養部の統率者からは後に県犬養《あがたいぬかい》三千代や県犬養広刀自《ひろとじ》など多くの有力氏族が生まれる。屯倉の「守衛」に始まった犬養部は、「守衛」により培った武芸を活かし、犬養氏は軍事氏族としての役割を果たすようになる。のちの大化の改新の折り、「乙巳の変」に加わった海犬養勝麻呂《あまいぬかいのかつまろ》や葛城稚犬養網田《かつらぎのわかいぬかいあみた》が出る。

十二月十七日、わずか四年の在位にして六八歳で崩御される。河内の旧市高屋丘陵《ふるいちのたかやのおかのみささぎ》に葬られた。陵は大阪府羽曳野市古市の安閑天皇陵で、高屋築山古墳（前方後円墳・全長六八間・一二二m）である。

宣《せん》化《か》天皇

第二十八代　世系二六　在位三年

皇紀一一二七（雄略天皇十一〈四六七〉）年、男大迹王《おおどのおおきみ》（継体天皇）の第二王子として誕生された檜隈高田皇子《ひのくまのたかたのみこ》で、母は尾張《おわりの》目子媛《めのこひめ》である。安閑天皇の同母弟で次の欽明天皇の異母兄にあたる。父の男大迹王に付き従って安閑天皇と共に越前から都に上られた。

皇紀一一九六（宣化天皇元〈五三六〉）年一月十四日、先の安閑天皇が崩御されたとき、その皇子がなかったこともあり、同母弟の檜隈高田皇子（宣化天皇）が七〇歳で即位される。

同月、都を檜隈廬入野宮《ひのくまのいおりののみや》（奈良県高市郡明日香村檜前）に遷される。

二月一日、大伴金村、物部麁鹿火をそれぞれ大連に、蘇我稲目を大臣とし、体制に変更はなかった。稲目の子の蘇我馬子へと続く蘇我氏の全盛の切っ掛けとなる。

三月八日、仁賢天皇の皇女・橘仲皇女《たちばなのなかつひめみこ》を皇后に立てられる。

五月一日、詔され「食は天下の本、黄金が万貫あれど飢えは癒せず、真珠が千箱あっても凍えは防げない。筑紫の国は遠近の国々が朝貢してくるところ、往来の関門とするところである。外つ国は潮の流れや天候を観測して船を出し貢ぎを奉る。応神天皇（第十五代）の御世から今に至るまで、籾種を蓄え凶年に備えてきた。賓客《ひんかく》をもてなし、国を安んずるにこれに選るものはない。我も阿蘇君を遣わし河内国茨田郡の屯倉の籾を運ばせる。蘇我大臣稲目宿禰は尾張連を遣わして尾張国の屯倉の籾を運ばせよ。物部大連麁鹿火は新家連《にいのみのむらじ》を遣わして新家屯倉の籾を運ばせよ。阿倍臣は、伊賀臣を遣わして、伊賀国の屯倉の籾を運ばせよ。宮家を那津《なのつ》（博多）の口《ほとり》に建てよ。また筑紫・肥国・豊国の三国の屯倉は離れ隔たり、急に備えること難し。諸郡に命じて分け移し、那津の口《ほとり》に集めて、非常に備えて民の命を守るべし、早く郡県《こおりあがた》に下令し朕の心を知らしめよ」と詔される。ここで筑紫の官家の整備を命じられる。そして半島からの朝貢に支障のないように処置された。この時期の半島と列島（日本）の関係がよく分かる。

七月、物部大連麁鹿火《あらかい》が死去する。麁鹿火は継体天皇の御世から、大伴金村と共に大連として政《まつりごと》の重責を担い、新羅と結託した磐井が北九州で起こした磐井の乱を平定するなど、武人として活躍した。

皇紀一一九七（宣化天皇二）年十月一日、天皇は新羅が任那に害を加えるので、大伴金村に命じ、金村の子・大伴磐《いわ》と狭手彦《さでひこ》を遣わし任那を助けさせた。この時、磐は筑紫に留まり、ここの政を掌り三韓に備え、狭手彦は彼の地に赴き任那を鎮め、百済をも救わせた。

皇紀一一九八（宣化天皇三）年、百済の聖明王が仏像と経綸を贈呈する。これが公式な仏教の伝来といわれている。しかし、非公式には既に仏教は入ってきていたと考えられる。どの時点を捉えて仏教の伝来とするかは諸説ある。

皇紀一一九九（宣化天皇四）年二月十日、在位三年にして七三歳で崩御される。身狭桃花鳥坂上陵《むさのつきさかのうえのみささぎ》に葬られた。陵は奈良県橿原市鳥屋町の宣化天皇陵（鳥屋ミサンザイ古墳、前方後円墳・全長七十七間・一三八ｍ）である。安閑天皇陵とともに、在位期間こそ短いが、陵は巨大で立派な前方後円墳である。

欽《きん》明《めい》天皇

第二十九代　世系二六　在位三二年

皇紀一一六九（継体天皇三〈五〇九〉）年、継体天皇の即位後に皇子として誕生される。母は仁賢天皇の皇女・手白香皇女《たしらかのひめみこ》で、雄略天皇の孫娘にあたる。継体天皇が即位されてから二年後の誕生である。

皇紀一一九九（宣化天皇四〈五三九〉）年、第二十四代仁賢天皇の皇女で異母兄に当たる先先代安閑天皇の皇后の春日山田皇女が中継ぎとして即位を要請されるが、これは辞退された。

皇紀一一九九（宣化天皇四）年十二月五日、三一歳で即位される。

物部大連麁鹿火亡き後、物部尾輿《おこし》を大連とし、蘇我稲目《いなめ》宿禰を大臣とした。

皇紀一二〇〇（欽明天皇元〈五四〇〉）年一月十五日、先帝・宣化天皇と橘仲皇女（仁賢天皇皇女）との皇女・石姫を皇后に立てられた。

二月、百済の己知部《こちふ》が帰化してきた。大和の添上郡山村に住まわせる。

三月、蝦夷と隼人が仲間を連れて帰順してくる。

七月十四日、都を磯城嶋金刺宮《しきしまのかなさしのみや》（奈良県桜井市金屋・外山）に遷される。尚、『古事記』には「師木島大宮」とある。

平成二十二年六月、桜井市の脇本遺跡から大型建物跡などが出土し、これが皇紀一二〇〇年から一二五〇年にかけてのものと判明し欽明朝の宮殿と確認された。

八月、高句麗、新羅、百済、任那が揃《そろ》って使いを遣わし貢ぎを奉った。秦人《はだひと》（秦氏の配下にあった帰化人）、漢人《あやひと》ら近隣から帰化してくる人々を集めて、各地の国郡《くにこおり》に配置して戸籍に入れた。秦人の戸数は七〇五三戸であった。秦大津父《はたのおおつち》を大蔵掾《おおくらのふびと》（大蔵の役人頭、大蔵大臣）に任じる。

九月五日、難波祝津宮《なにわのはふりつのみや》に行幸され、諸臣に「どれだけの軍勢があれば新羅を討てるだろうか」と問われた。これに対して物部尾輿が「少々の軍勢では容易に討つことは出来ません、昔、継体六年に大伴大連金村が百済の請いを容れて任那の上哆唎《おこしたり》、下哆唎《おろしたり》、娑陀《さだ》、牟婁《むろ》の四県を安易に与えたことを新羅は恨んでおります、軽々しく討ってはなりません」と奏上し、暗に大伴金村を非難する。金村は武烈天皇の崩御により皇統が絶えんとした時、応神天皇の玄孫である彦《ひこ》主人王《うしおう》の王子・男大迹王を越前国から迎えて継体天皇として即位頂くことに尽力し、以後安閑・宣化・欽明の各天皇に仕えた人物である。ところがこの年、新羅が任那地方を併合するという大事件があり、物部尾輿などから過去の外交政策の失敗（先の任那四県の割譲時に百済から賄賂を受け取ったなどと噂され）を糾弾され、失脚して隠居する。天皇は「忠誠の心を持って仕えたのであるから、噂など気にしなくても良い」と罪にはされなかった。晩年は館のあった摂津国住吉郡（大阪市住吉区）に住み、そこで死去する。以後、長く天皇に仕えた豪族の大伴氏は没落していった。住吉区にある帝塚山古墳は、大伴金村とその子の墓とされている。大伴金村の失脚により政治は物部氏と蘇我氏との二極体制になる。

皇紀一二〇一（欽明天皇二）年三月、蘇我稲目が娘の堅塩媛《きたしひめ》と小姉君《おあねのきみ》を入内させ天皇の妃とする。後のことになるが、敏達天皇崩御後、妃・堅塩媛との間に儲けられた大兄皇子《おおえのみこ》（用明天皇）と額田部皇女《ぬかたべのひめみこ》（推古天皇）が相次いで即位され、また妃・小姉君の皇子・泊瀬部皇子《はつせべのみこ》（崇峻天皇）も即位される。敏達天皇には皇后・広姫との間に第一皇子の押坂彦人大兄皇子がおられたが、この皇子を差し置いて、用明、崇峻、推古と三代、約四〇年余りに亘って蘇我系の皇子女が皇位に就かれ、蘇我氏が権勢を振るうことになった。

四月、百済の聖明王は任那にある日本府（朝廷の出先機関）の吉備臣や諸国の代表を集め、任那復興について協議する。聖明王は任那の旱岐《かんき》（王）らに「日本の天皇の意向は任那の回復を図りたいと云うことである、どんな策によって任那を再建できるであろうか」と相談する。

七月、百済は安羅の日本府と新羅が通じていると聞き、日本府に使いを遣わしてこれを責めた。この頃、安羅の日本府には河内直《かわちのあたい》がいた。聖明王は「……今我と共に天皇の勅を承って任那を建てよう。長く本土を保ち、民を治めようと思うなら正否は今に懸かっている。……」という。

皇紀一二〇二（欽明天皇三）年七月、百済が紀臣奈率弥麻沙《きのおみなそつみまさ》（奈率は役職）を遣わして南韓や任那のことを報告し、上奏文を奉った。光州・栄山川流域には「記紀」がいう日本（倭）の出先機関「日本府」があって、紀氏や物部氏の中には百済に移住し、百済の高官となったものもいた。紀臣弥麻沙は伽耶の妻を娶った紀氏の子孫である。

皇紀一二〇三（欽明天皇四）年九月、百済の聖明王が日本に使いを遣わし下韓（南韓）や任那のことを報告し、扶南《ふなん》（メコン川下流の国）の財物と奴二人を奉る。

十一月八日、天皇は津守連を百済に遣わし「早く任那を復興せよ、任那は汝の国（百済）の柱である、復興したら安羅の河内直は引き揚げる」と詔される。

皇紀一二〇四（欽明天皇五）年一月、「任那を復興せよ」との勅命を受けて百済は使いを遣わして、任那と日本府の執事を呼んだ。ところが様々な言い訳をしてなかなか現れず、再三催促された挙げ句、身分の低い者を寄こしてきた。

皇紀一二〇五（欽明天皇六）年九月、百済が呉から入手した賜物を日本府の臣達に贈った。そしてまたこの月、百済は丈六（釈迦の身長一丈六尺・約四・八五ｍ）の仏像を造って天皇に贈呈した。

皇紀一二〇六（欽明天皇七）年六月十二日、百済は中部奈率掠葉礼《けいしょうらい》らを遣わして調を奉った。この年、半島の高句麗に大乱が起き二千余人が殺された。第二十三代安原王の後継を巡っての争いから大乱となり、安原王の長子・陽原王が即位するまで混乱が続いた。

皇紀一二〇七（欽明天皇八）年四月、百済が前部徳率真慕宣文《ぜんほうとくそつしんもせんもん》らを遣わして日本に援軍を乞うた。

皇紀一二〇八（欽明天皇九）年正月三日、来日中の百済の使人・前部徳率真慕宣文らが帰国を願い出る。天皇は「要請のあった援軍は必ず遣わす。必ず王に報告せよ」と詔され帰国させた。

四月三日、百済が使いを遣わして奏上する。「馬津城の役で捕らえた高句麗の捕虜が『安羅国と（朝鮮の）日本府が高句麗に百済侵攻を勧めた』と言っている。思い当たるふしも御座います。畏こき天皇には何卒よくお調べ願います。お願いした援軍はしばらく見合わせ、返事を差し上げるまでお待ち下さい」と。

天皇は「心配するところは分かった。日本府と安羅が隣の災難を救わなかったのは心苦しく思っている。高句麗にこっそり使いを遣ったと言うが如きは信ずるべきではない。……疑い恐れることを止めなさい。任那と共に先の勅のままに力を合わせて高句麗を防ぎ自国の領土を守るべきである。若干の兵を送り遣わすので、安羅の逃げて空いたところを埋めるよう」と詔された。

十月、三七〇人を百済に遣わして、得爾辛《とくにし》の築城を援助した。

皇紀一二〇九（欽明天皇十）年六月七日、百済の使いが帰国するに際し「延那斯《えなし》・麻都《まつ》が密かに使いを高句麗に遣わしたことについては、虚実を質す者を遣わそう。援軍については願いの通りに停止した」と詔される。

皇紀一二一〇（欽明天皇十一）年二月十日、百済に使いを遣わして、「高句麗は凶暴である、矢三〇具（一五〇〇本）を贈ろう、大事なところはしっかり守って欲しい」と詔される。なお、『百済本記』には「三月十二日、日本の使人阿比多《あひた》が三艘の船（援軍）を率いてきた」とある。

皇紀一二一一（欽明天皇十二）年三月、麦種一千石を百済王に賜る。この年、百済の聖明王は自ら自国と新羅・任那三国の兵を率い、高句麗を討ち漢城（ソウル）を回復する。更に軍を進め平壌を討ち六郡の地を回復した。

皇紀一二一二（欽明天皇十三）年五月八日、百済・加羅・安羅が使いを遣わし「高句麗と新羅が連合して臣の国と任那を滅ぼそうと謀っています。救援軍を賜り不意を突きたいと思います」と奏上する。天皇はこれを了解された。

【仏教の伝来】

同年十月、百済の聖明王が使者を遣わし、仏像や経典と共に仏教信仰の功徳を賞賛した上表文を献上する。仏教の伝来である。天皇はこれを受け入れるかどうか群臣に尋ねられる。蘇我稲目は「西の諸国皆礼拝しています、我が日本だけがこれに背くべきではない」と賛成し、物部尾輿は「我が帝は常に天地社稷《あまつやしろくにつやしろ》の百八十神《ももあまりやそかみ》をお祀りされる、今初めての蕃神《あたしくにのかみ》（佛）を拝むと、恐らく国つ神の怒りを買いましょう」と反対する。そこで天皇はこの仏像などを蘇我稲目に授けて試しに礼拝させられる。稲目は喜んで小墾田《おはりだ》の邸にこれを安置し、仏道を修める縁《よすが》とする。この年から蘇我稲目と物部尾輿とが、仏教を取り入れるか否かを巡って、崇仏排仏論争を始める。

後に国に疫病が流行《はや》り、それが長く続いた。そこで物部や中臣は、仏を祀ったからだ、仏を早く投げ捨てて後の福を願うべきであると奏し、天皇は「申すようにせよ」と言われた。役人は仏像を難波の堀江に捨て、寺には火を付け悉く焼いた。すると天には雲も風もないのに、宮の大殿に火災が起きた。

この年（『三国史記』によれば皇紀一一九八〈五三八〉年）、百済は平壌と漢城を放棄する。漢城には新羅が入る。百済の聖明王とは皇紀一二〇一（欽明天皇二）年より任那の復興について協議していたが、戦況は百済側に不利であった。

皇紀一二一三（欽明天皇十四）年一月十二日、百済は使いを遣わし援軍を乞うた。

六月、内臣を百済に遣わし、良馬二匹、諸木船《もろきぶね》（多くの木材を合わせて造った船）二艘、弓百五十張り、矢五十具（二五〇〇本）を賜り、「援軍は王の望みのままに用いよ」と詔される。また「医博士・易博士・暦博士は当番制により交代させよ、今の役職のものは交替時期であるから帰還する使いにつけて交代させよ」と詔された。また、「卜書、暦本、種々の薬物など送るように」と詔される。

八月七日、百済が使いを遣わし、「高句麗と新羅が謀って日本兵が来ないうちに安羅を討ち取って路を断ってしまおうと言っています、更なる援軍と弓・馬を乞う」と奏上する。十月二十日、百済王子余昌（威徳王）は全軍挙げて高句麗へ攻め込む。

皇紀一二一四（欽明天皇十五）年一月七日、渟中倉太珠敷命《ぬなくらのふとたましきのみこと》（敏達天皇）を立てて皇太子とされる。一月九日、百済が筑紫に使いを遣わし、内臣の佐伯連らに「この度の戦役は前よりも危ない、援軍は正月中にお願いしたい、この度の援軍の規模はどの程度でしょうか」と尋ねる。内臣は勅を賜って「援軍は千、馬百匹、船四十艘をすぐ発遣する」と回答する。

二月、百済が今回は新羅・高句麗連合軍と言うことで、また援軍を乞う。

五月三日、佐伯連が船軍を率いて百済に向かう。

十二月九日、佐伯連は新羅攻撃を始める。皇子余昌《よしょう》も重臣たちの反対を押し切って自ら新羅に攻め込む。すると父・聖明王がこれを励ましに新羅に入るが、これが新羅の知るところとなり、新羅の総攻撃を受け、聖明王（明王）は討死する。皇子余昌も包囲され窮地に陥るが、この時、弓の名手・筑紫国造が進み出て奮戦し脱出させた。新羅はここで百済全滅作戦をとろうとするが、ある将が「日本の天皇は任那のことで屢々我が国を責められた。まして百済の滅亡を図れば必ず後に憂えを残すことになる」と諫め中止する。相変わらず、日本は新羅に恐れられている。

皇紀一二一五（欽明天皇十六）年二月、百済聖明王の子・余昌は弟の恵（後の恵王）を遣わし聖明王の戦死を天皇に伝える。

天皇は深く悲しまれ、勅使を難波に遣わし慰問された。許勢臣が恵に「日本に留まることを望まれるか、或いは帰国されるか」と尋ねた。恵は「天皇の徳に頼って、願わくば父の仇を討ちたい、もし哀れみを垂れて多くの武器を賜れば、恥を雪《そそ》げる、是非そうしたいというのが私の願いです。私の去就についてはただ天皇の命に従います」と答えた。

皇紀一二一六（欽明天皇十七）年正月、百済の恵が帰国を請うた。そこでこれを許し、帰国するにあたって、大量の兵器・良馬を与え、筑紫国の水軍に護らせて、阿倍臣・佐伯連・播磨直《あたい》を遣わして、国に送り届けた。別に筑紫火君も遣わして、勇士一千を率いさせて守り、航路の要害の地を守らせた。恵は後に第二十八代王に就く。

皇紀一二一七（欽明天皇十八）年三月一日、余昌王子が百済の第二十七代王に即位する。威徳王である。

皇紀一二二〇（欽明天皇二十一）年九月、新羅が弥至己知奈末《みちこちなま》を遣わし調を奉った。新羅が如何に日本の出方を覗っているかが分かる。日本に対し不法を働いて日本がどう出るかを探っている。

皇紀一二二一（欽明天皇二十二）年、新羅が久礼叱及伐干《くれしきゅうばっかん》を遣わし、前年に続いて調を奉った。ところが、この時の接待役の礼儀に不満を持った及伐干は、憤り恨んで調を奉らずに帰ってしまった。

そこでこの年また、久礼叱及伐干に代わって奴氐大舎《ぬてださ》を遣わし、前の調を奉った。しかし、今度は接待役が席次で新羅を百済の後に置いたため、奴氐大舎もまた腹を立てて、客室にも入らずに帰ってしまう。日本としては不法を働いて敵対している国と味方の国とを差別するのは当然なことである。しかし奴氐大舎は帰国してこのことを告げたので、新羅は新たに城を築いて戦争準備をして日本に備えた。

【任那滅亡】

皇紀一二二二（欽明二十三〈五六二〉）年一月、新羅は任那の官家《みやけ》を滅ぼした。官家は大和朝廷が半島南部に置いていた官府である。官家の者たちを残虐に殺害する。

六月、天皇は「新羅は卑しい国である。天に逆らい無道で、我が恩義に叛き、我が官家を滅ぼした。かつて神功皇后は新羅が困って頼ってきたのを憐れんで、新羅王の討たれそうになった首を護り、要害の地を授けられ、新羅を特別栄えるようにされた。にも拘わらず、新羅は日本府のある任那を攻め、大きな牙・曲がった爪で人民を虐げ、肝を裂き足を切り、骨をさらして屍を焼いた……」と詔される。天皇がこのように詔されるということは余程の目にあまる虐殺が行われたということである。

七月一日、新羅が使いを遣わし調を奉った。日本の官家を潰したので、また日本がどう出るかを探りに来た。さすがに使者は自国の新羅が任那の日本の官家を滅ぼしたことを知っていたので、天皇の恩に背いたことを恥じ、帰国を望まず、日本に留まった。天皇はこれを大和の民同様に遇された。河内国更荒郡《さららのこおり》（大阪府四条畷付近）の新羅人の先祖である。

この月、大将軍紀男麻呂《きのおまろ》を遣わし、兵を率いて哆唎《たり》から出兵させた。ところが、副将の河辺臣瓊缶《にへ》が途中で機密の封書と弓矢を落として新羅側に取られ、作戦を知られたため大敗を喫してしまう。

翌八月、天皇は大将軍大伴連狭手彦《さでひこ》を遣わし、数万の兵をもって高句麗を討たせる。

十一月、新羅が七月に続いて、使いを遣わし朝貢する。使いは新羅が任那を亡ぼしたことで天皇が怒っておられることを知っているので、また帰国を願わず、そのまま日本に住み、彼らは我が国の民同様に遇された。摂津国三島郡の新羅人の先祖である。

皇紀一二二五（欽明天皇二十六）年五月、高句麗人の頭霧唎耶陛《ずむりやへ》らが筑紫に来て帰化し、山背国《やましろ》に配された。畝原（山城国）、奈羅、山村《やまむら》の高句麗人の先祖である。

皇紀一二二七（欽明天皇二十八）年、国々に洪水被害が出て収穫が無く餓える者が多かった。近隣の郡の穀物を運んで救い合った。

皇紀一二二九（欽明天皇三十）年一月一日、天皇は「田部（屯倉で耕作に従事する者）が設けられて久しいが、年齢が一〇歳になっても戸籍から漏れているので、課役を免れるものが多い。改めて調べ確定させよ」と詔された。

皇紀一二三〇（欽明天皇三十一）年一月六日、この日に当たる「大歳庚寅正月六日」の日付が付された象嵌入り鉄製大刀が福岡市西区の元岡古墳群G六号墳から出土した。暦使用の実例としては日本最古の文字で、宋からもたらされた。

三月一日、蘇我大臣稲目宿禰が死去した。

四月二日、高句麗人、暴風雨で漂流し越の浜に着く。

五月、膳臣傾子《かしわでのおみかたぶこ》を越に遣わして高句麗の使人を饗応させた。

七月一日、高句麗の使者が朝貢して来たので、相楽《さがら》の館で饗応される。

皇紀一二三一（欽明天皇三十二）年三月五日、坂田耳子郎君《みみこのいらつきみ》を使者として新羅に遣わし、任那の滅んだわけを問わせた。

四月十五日、天皇は病に罹り、在位三二年にして、六三歳で崩御される。直前、皇太子（敏達天皇）に「私の病は重い、後を委ねる。お前は新羅を討って任那を封じ建てよ。そしてかつての如く、両者相和する仲となれば思い残すことはない」と遺詔された。天皇は任那問題がずっと気掛かりになっておられたことが分かる。

五月、河内国古市で殯《もがり》する。八月一日、新羅が弔使を遣わし殯に哀悼を表す。

九月、檜隈坂合陵《ひのくまのさかあいのみささぎ》に葬られた。奈良県高市郡明日香村平田の梅山古墳（前方後円墳・全長七八間、一四〇m）である。

欽明天皇の皇子は敏達天皇、用明天皇、崇峻天皇の三方、皇女は推古天皇と、合わせて四方の天皇がこれから即位されることになる。

敏《び》達《たつ》天皇

第三十代　世系二七　在位一四年

皇紀一一九八（宣化天皇三〈五三八〉）年、欽明天皇の第二皇子として誕生された渟中倉太珠敷命《ぬなくらのふとたましきのみこと》、母は宣化天皇の皇女で先帝の皇后・石姫である。

皇紀一二二八（欽明二十九〈五六八〉）年、三一歳で立太子される。

皇紀一二三二（敏達天皇元〈五七二〉）年四月三日、三五歳で即位される。

都を百済大井宮《くだらのおおいのみや》に置かれる。百済大井宮については大阪府河内長野市太井、奈良県北葛城郡広陵町百済、大阪府富田林市甲田、奈良県桜井市など諸説ある。物部尾輿の子の物部弓削守屋《ゆげのもりや》が大連に、蘇我稲目の子・蘇我馬子《うまこ》が大臣に任じられた。

六月、高句麗の使いの副使らが、日本に持ってきた貢ぎを勝手に横領した。大使に叱責され、これが国に帰って知れると厳しく処罰されるというので、副使達は大使を殺害する。更にこの副使達は「天皇が大使に妻を賜りましたが大使はこれを拒み、誠に無礼で不忠なので私共が天皇のために大使を殺しました」と偽りを言った。有司は格式《きゃくしき》に従って大使を丁重に葬った。

皇紀一二三三（敏達天皇二）年五月三日、高句麗の使いが越前の港に来た。船は壊れて死ぬ者も多かった。帰りは吉備海部直難波《きびのあまべのあたいなにわ》に命じて高句麗に送らせた。難波は荒波を畏れ高句麗の使いを海に投げ込み帰ってきた。

八月十四日、難波らが帰ってきたが、天皇は難波らを朝廷の雑役に使用し郷里に帰ることを許されなかった。何となく疑っておられたようである。

皇紀一二三四（敏達天皇三）年七月二十日、高句麗の使いが入京し、先の使いが帰ってこないことを告げ事情を尋ねられた。これで真相が露見し、留め置かれていた送使の難波は処罰された。

十月九日、蘇我馬子大臣を吉備国に遣わし、吉備の北部に白猪《しらい》の屯倉（朝廷の直轄地）を設け田部（屯倉で働く民）の民を殖やされる。十一月、新羅が使いを遣わし調を奉った。

皇紀一二三五（敏達天皇四）年一月九日、息長真手王《おきながのまてのおおきみ》の娘・広姫を立てて皇后とされる。息長氏は古代近江国坂田郡（現滋賀県米原市）を根拠地とした豪族である。

二月一日、前年播磨に遣わされた蘇我馬子が京に戻り、屯倉のことを復命する。二月十一日、百済が使いを遣わし調を奉った。調は例年より多かった。天皇は新羅がまだ任那を復興しないので「任那のことを怠らないように」と詔された。

四月六日、吉士金子《きしのかね》を新羅に、吉士木蓮子《きしのいたび》を任那に、吉士訳語彦《おさひこ》を百済にそれぞれ遣わす。

六月、新羅が使いを遣わし調を奉った。常より多かった。同時に、多多羅《たたら》・須奈羅《すなら》・和陀《わだ》・発鬼《ほちくい》の四ヶ村（もと任那）の調を奉った。村を奪ったのであるから当然のことであろう。

十一月、年初に皇后に立てられたばかりの広姫が薨去される。この年、幸玉宮《さきたまのみや》を訳語田《おさだ》（桜井市戒重）に造られる。

皇紀一二三六（敏達天皇五）年三月十日、前年、広姫が薨去され、欽明天皇の皇女で異母妹に当たる額田部皇女《ぬかたべのひめみこ》（『古事記』では豊御食炊屋比売命《とよみけかしぎやのひめのみこと》）（推古天皇）を皇后に立てられた。

皇紀一二三七（敏達天皇六）年二月一日、詔して、日祀部《ひのまつりべ》（日神祭祀に携わる部民）と私部《きさいちべ》（皇后のための部）を置かれた。

五月五日、大別王《おおわけのおおきみ》と小黒吉士《おぐろのきし》とを遣わして、百済国の宰《みこともち》とした。宰とは勅命を受けて任地に下り、政務をつかさどった官人であるが、天皇の命を受け三韓に遣わされると、使いは自らを宰《みこともち》と称した。日露戦争後に日本が派遣した朝鮮総監のような立場である。

十一月一日、百済国王は日本に帰る大別王に付けて、経論若干と律師・禅師・比久尼（正規の女性出家者・尼僧）・呪禁師《じゅごんのはかせ》・造仏工・造寺工の六人を献上した。

皇紀一二三八（敏達天皇七）年三月五日、菟道皇女を伊勢神宮に侍らせる。しかし池辺皇子に犯され、それが露見して任を解かれた。

この年、世界で現存する最古の企業の金剛組が、宮大工の集団として発足する。江戸時代まで四天王寺のお抱え宮大工を務めた。現在も髙松建設（現髙松コンストラクショングループ）の子会社として存続している。

皇紀一二三九（敏達天皇八）年十月、新羅が枳叱政奈末《きしさなま》を遣わして調を奉り、一緒に仏像を贈呈した。

皇紀一二四〇（敏達天皇九〈五八〇〉）年六月、新羅は使いを遣わし調を奉ったが、天皇は納めないでこれを返された。

皇紀一二四一（敏達天皇十）年閏二月、東の蝦夷の数千人が辺境を犯し荒らす。天皇は「お前達は景行天皇の御世に討伐され、殺すべきは殺し、許せる者は許した。今また、前例に倣い首謀者らは殺そうと思う」と詔される。首領の綾粕《あやかす》らは恐れかしこみ、初瀬川に入り、水をすすって三輪山に向かい「我々は子々孫々に至るまで、清き明けき心を持って、天皇にお仕えします。もし背いたら天地の諸神と天皇の霊に私共の種族は滅ぼされるでしょう」と誓ったのでなんとか許された。この年、支那大陸で隋が建国する。

皇紀一二四二（敏達天皇十一）年十月、新羅が使いを遣わし調を奉ったが、再び納めさせられずに返された。新羅の相次ぐ裏切りと任那復興に応じないことを相当叱責されたのであろう。当然のことではあった。

皇紀一二四三（敏達天皇十二）年七月一日、天皇は「先帝は新羅に滅ぼされた任那を復興させようとされたが果たせなかった、自分はこのご意志を引き継いでいきたい、ついては百済にいる火の葦北国造・阿利斯登《ありしと》の子・達率日羅《だちそつにちら》が賢くて勇気があるから、彼と計画したい」と詔された。

この年、日羅は召されて来朝し「宣化天皇の御世に我々の君・大伴金村大連が天皇のため海外に遣わした火（熊本）の葦北国造・刑部靫部《おさかべのゆけい》阿利斯登《ありしと》の子・達率日羅《たっそつにちら》、天皇がお召しと承り、怖れ畏しこみ帰って参りました」と奏上した。天皇は館を与えて住まわせ、何でも願いのままに支給された。

ところが一緒に来朝した恩率《おんそち》・参官が帰国するとき、密かに徳爾《とくに》らに「我らが帰る頃を見計らって日羅を殺したら、国王に申し上げて高い官位を賜るようにしてやる、妻子とも後々まで栄えさせる」といい、徳爾らはこの甘言に乗って日羅を殺してしまう。徳爾らは囚われ尋問を受けるが、恩率・参官に命じられてしたことで逆らえなかったという。そこで肥後の葦北に使いを遣わし日羅の一族を呼び、彼等にこの罪人を引き渡した。葦北の君らはこれを受け取り、殺して弥売嶋《みめしま》に捨てた。そして日羅を葦北に移して葬った。日羅を送り出すときから新羅は徳爾らに日羅の殺害を指示していたのであろう。

皇紀一二四四（敏達天皇十三）年二月八日、難波吉士木蓮子《いたび》を新羅に遣わし、任那まで行く。

九月、百済から鹿深臣《かふかのおみ》が弥勒菩薩の石像一体を持って来朝し、佐伯連も仏像一体を持って帰朝する。蘇我馬子宿禰がこの仏像二体を請いうけ、仏殿を馬子の家の東方に造って、これらを安置した。この時期、国中に疫病が起こり多くの民が死んだ。

皇紀一二四五（敏達天皇十四）年三月一日、物部守屋と中臣勝海大夫が「疫病が流行し民が死に絶えそうなのは、蘇我氏が仏法を広めたことによるものです」と進言し、天皇は「これは明らか、早速仏法を止めよ」と詔される。三十日、物部守屋大連は寺に赴き、塔を切り倒させ、火を付けて焼いた。仏像も仏殿も焼いたが、残った仏像は集めさせて難波の堀江に捨てさせた。その後疱瘡が流行し死ぬ者が国に満ちた。民は密かに「これは仏像を焼いたからでは」と語り合った。

六月、馬子宿禰が奏上して「私の病重く、仏の力を蒙《かかふ》らなくては直りません」という。天皇は「お前一人で仏法を行いなさい、他の者にさせてはならぬ」といわれた。馬子は喜んで新しく寺院を造り仏像を迎え入れ供養した。

八月十五日、在位一四年、四八歳で大殿にて崩御される。

欽明天皇の遺詔もあり、天皇は任那復興を目指して百済と協議させていたが、ほとんど進展は見られなかった。天皇は廃仏派寄りであり、廃仏派の物部守屋と中臣氏が勢いづき、それに崇仏派の蘇我馬子が対立すると言う構図になっていった。（なお、『古事記』では歿年は皇紀一二四四年としている）。仏教を巡る紛争は更に次の御世へと持ち越されることになる。任那問題も進展なく次の御世へと先送りされた。

陵は大阪府南河内郡太子町大字太子にある河内磯長中尾陵《こうちのしながのなかのおのみささぎ》（太子西山古墳、前方後円墳（長さ五十二間・九十四ｍ））である。この陵が最後の前方後円墳となり、この後は方墳に変わっていった。その後は仏教の影響で寺に変わっていく。

用明《ようめい》天皇

第三十一代　世系二七　在位二年

皇紀一二〇〇（欽明天皇元〈五四〇〉）年、欽明天皇の第四皇子として誕生された橘豊日命《たちばなのとよひのみこと》で、母は蘇我稲目の娘・堅塩媛《きたしひめ》である。先帝の敏達天皇は異母兄にあたる。

皇紀一二四五（敏達天皇十四〈五八五〉）年八月十五日、敏達天皇が崩御される。九月五日、橘豊日命が四六歳で即位される。

都は磐余池辺雙槻宮《いわれのいけのへのなみつきのみや》（橿原市東池尻町）に置かれた。『日本書紀』によると磐余池辺雙槻宮は皇紀一〇〇〇年代前半に履中天皇が造られた磐余池のほとりに造られたとある。

平成二十三年に天香久山から北東に数町（数百m）の位置にある橿原市東池尻町で、古代の堤跡とその堤上の大型建物跡が発掘され、周囲の地形は弧状になっており、人工的に造られた堤の跡とみられ、堤跡上には東西二間半（五m）、南北十間（一八m）以上の大型建築物とその他の建物六つが見つかり、これが磐余池辺雙槻宮跡である可能性が高い。

九月十九日、酢香手媛皇女《すかてひめのみこ》を伊勢神宮に遣わし、齋宮として天照大神にお仕えさせられた。お仕えすること三代（用明・崇峻・推古）の天皇の御世で、三七年間であった。

皇紀一二四六（用明天皇元〈五八六〉）年元旦、欽明天皇の皇女で異母妹の穴穂部間人皇女《あなほべのはしひとのひめみこ》を皇后に立てられる。蘇我馬子を大臣とし、物部守屋を大連とすることは元の通りであった。

　蘇我稲目の外孫である天皇は、敏達天皇とは違って崇仏派で仏法を重んじられた。蘇我氏の流れを汲んでいることと健康に勝れなかったことなどが影響しているものと思われる。また神道をも尊ばれた。一方、危機感を持った廃仏派の筆頭である物部守屋は、欽明天皇の皇子の一人・穴穂部皇子と通じていた。厩戸皇子（聖徳太子）は後に法隆寺を建立されるが、これは元々用明天皇の病気平癒祈願のために、天皇の勅願で建立されたものである。

　皇紀一二四七（用明天皇二）年四月二日、新嘗祭の大祭が行われていたが、天皇は病が重くなり、途中で宮にお戻りになる。群臣に「自分は仏・法・僧の三宝に帰依したいと思う。卿等もよく考えて欲しい」と詔された。仏に帰依するお気持ちを吐露《とろ》される。物部守屋大連と中臣勝海連は「どうして国つ神に背いて他国の神を敬うことがあろうか」と反対し、蘇我馬子は「詔に従ってご協力すべき」という。いよいよ崇仏と排仏の二派に分かれた争いが激化することになった。

　帰化人の鞍部多須奈《くらつくりのたすな》が進み出て「私は天皇の御為に出家致します。丈六の佛と寺をお造り致します」と奏上した。天皇は号泣された。なお、丈六は一丈六尺（四・八五ｍ）で、仏像の基準値大であり、全ての仏像はこの整数倍か整数分の一で、丈六を越えるものは全て大仏である。四月九日（『古事記』では四月十五日）、疱瘡のため、在位二年足らず、四七歳で崩御される。『水鏡』では三六歳、『神皇正統記』では四一歳とある。

　七月二十一日、磐余池上陵《いわれのいけのへのみささぎ》に葬られたが、後に河内の磯長陵《しながのみささぎ》（大阪府南河内郡太子町大字春日）に改葬された。直径三五間（六四ｍ）の方墳である。

崇《す》峻《しゅん》天皇

第三十二代　世系二七　在位五年

皇紀一二一三（欽明天皇十四〈五五三〉）年、欽明天皇の第十二皇子として誕生された泊瀬部皇子《はつせべのみこ》で、母は蘇我稲目の娘・小姉君で、敏達天皇、用明天皇、後の推古天皇の異母弟にあたる。

皇紀一二四七（用明天皇二〈五八七〉）年四月、用明天皇が崩御される。

六月七日、蘇我馬子らは、欽明天皇の皇子で皇位継承候補者でもある穴穂部皇子と同じく宣化天皇の皇子の宅部《やかべ》皇子を攻め滅ぼす。

七月、丁未《ていび》の乱・物部守屋の変が起きる。蘇我馬子宿禰大臣は諸皇子や諸群臣と謀り、物部守屋大連を滅ぼそうと企む。軍を率い河内国渋川郡の守屋の館に押し寄せた。大連は稲を積んだ砦を築いて迎え撃った。

蘇我勢に加わっていた厩戸皇子（聖徳太子）は形勢不利を悟り、「今私を勝たせて頂けば必ず仏法を守護する四体の護法神（護世四王、四大天王）のために寺塔をお造りします」と祈願され、蘇我馬子も同じく「諸天王が助けて下されば、必ず寺塔を建てて三宝を広めます」と誓う。乱が蘇我氏の勝利で終わって物部氏が滅んだ。そして摂津国（大阪市）に四天王寺が建立される。物部大連の奴（低い身分の労働者）の半分とその居宅を別けて大寺・四天王寺の奴と田荘《たどころ》（私有地）とした。蘇我馬子は明日香に法興寺（仏法が興隆する寺、飛鳥寺）の建立に着手する。物部の領地と民の半分が四天王寺に移った。

八月二日、即位の礼を行い三五歳で即位される。大臣の蘇我馬子による推薦もあって即位されるが、即位したあと政治の実権は常に馬子が握っていた。大連の物部守屋は、穴穂部皇子を即位させようと図っていたが、穴穂部皇子は蘇我馬子によって逆に殺される。そして蘇我・物部戦争で物部氏が滅んで欽明天皇以来の崇仏排仏論争に力による決着が付き、法興寺（飛鳥寺）や四天王寺などの、造寺事業が積極的に推進されることになる。物部氏亡き後、蘇我氏の権勢がますます強くなっていく。

この月、倉梯《くらはし》に宮殿をお造りになる（桜井市倉橋）。

皇紀一二四八（崇峻天皇元〈五八八〉）年三月、大伴糠手《あかて》連の娘・小手子《こてこ》を妃に立てる。

この年、百済が使いを遣わし調を献上する。これに合わせて僧・恵総らを遣わして仏舎利を献上する。更に僧、寺院建築工、鑪盤《ろばん》博士、瓦博士、画工等を奉った。蘇我馬子は百済の使いに頼んで善信尼らを帰路に同行させ、百済で受戒の法を習わせた。

皇紀一二四九（崇峻天皇二）年一月十二日、隋が江南の陳を滅ぼし、支那を統一する。

七月一日、近江臣満《おうみのおみみつ》を東山道に遣わし蝦夷の国の境を視察させ、宍人臣鴈《ししひとのおみかり》を東海道に遣わし東方の海辺の国を視察させた。また阿倍臣を北陸道に遣わし越の国の境を視察させた。なお、東山道とは、本州内陸部を近江国から陸奥国に貫く地域（列島の内陸部）であり、その地域を通る幹線道路のことでもある。

皇紀一二五〇（崇峻天皇三）年三月、学問僧の善信尼らが百済から帰朝し桜井寺に住む。そして大伴狭手彦連の娘の善徳、大伴狛《おおとものこま》夫人ら多くが出家する。

皇紀一二五一（崇峻天皇四）年八月一日、天皇は群臣に「新羅に滅ぼされた任那を再建したい」と詔される。群臣は「陛下の思し召しと同じです、任那の官家を復興すべきです」とお答えする。

十一月四日、紀男麻呂宿禰《きのおまろ》、巨勢猿臣《こせのさるのおみ》・大伴囓連《おおとものくいのむらじ》・葛城烏奈良臣《おなら》を大将軍に任じ、各氏族の臣や連を副将・隊長とし、二万余の軍を整えて、筑紫へ出兵した。また吉士金《きしのかね》を新羅に遣わし、吉士木蓮子《いたび》を任那に遣わして任那のことを問わせられた。

皇紀一二五二（崇峻天皇五）年二月、天皇は「蘇我馬子は、内に私欲を縦《ほしいまま》にし、外は矯餝《きょうしょく》（偽り）に似たり。如来の教へを興すと雖も、誠に忠義の情無し。これを如何にか為《せ》む」と詔される（密勅）。仏を敬う心は篤いが、尊皇の精神がなかったのであろうか。

十月、大法興寺（飛鳥寺）の仏堂建立を起工する。

【天皇弑虐事件】

十一月三日、蘇我馬子の天皇弑虐事件が起きる。前月、猪を献上する者があった。天皇は笄刀《こうがい》を抜いてその猪の目を刺し、「いつかこの猪の首を斬るように、自分が憎いと思っている者を斬りたいものだ」とつぶやかれる。このことを聞きつけた馬子が「天皇は自分を嫌っている」と警戒し、部下に暗殺命令を下した。東国の調を進めると偽って天皇を儀式にご臨席頂き、その席で東漢直駒《やまとのあやのあたいこま》に暗殺させた。臣下の者により天皇が殺害されたのは、確定している例では唯一である。しかも、蘇我馬子がその後何らの処罰も受けていない。蘇我馬子の権勢がそれだけ大きかったのであろう。『日本書紀』には「馬子宿禰、群臣を騙して曰はく、『今日、東国の調を進る《たてまつ》』という。乃ち東漢直駒をして、天皇を弑《しい》せまつらしむ。是の日に、天皇を倉梯岡陵《くらはしのおかのみささぎ》に葬りまつる」とある。在位五年、四〇歳で崩御された。陵は、奈良県桜井市大字倉橋の倉梯岡陵《くらはしのおか》（円丘）である。

蘇我馬子は、紀男麻呂宿禰、巨勢猿臣・大伴囓連・葛城烏奈良臣らの大将軍が軍を率いて任那を救うべく朝鮮半島に出兵しているところの軍事空白を狙って、事件を起こした。全て馬子の狙い通りだったのであろう。この天皇弑虐事件が、後に豪族による政治を終わらせる「大化の改新」に繋がっていくことになる。日本の歴史を変える大事件であった。

十一月五日、先に任那回復のための軍を朝鮮に派遣したばかりで、早馬を筑紫の将軍達に遣わし「国内の乱れ（天皇弑虐事件）によって、外事を怠ってはならぬ」と遺詔し、崩御された。

推《すい》古《こ》天皇

第三十三代　世系二七　在位三六年

皇紀一二一四（欽明天皇十五〈五五四〉）年、第二十九代欽明天皇の第二皇女として誕生された額田部皇女《ぬかたべのひめみこ》（豊御食炊屋姫尊《とよみけかしきやひめのみこと》）で、母は大臣蘇我稲目の娘・堅塩媛《きたしひめ》である。第三十一代用明天皇は同母兄で、第三十二代崇峻天皇は異母弟にあたる。蘇我馬子は母方の叔父にあたる。『古事記』では豊御食炊屋比売命《とよみけかしきやひめのみこと》とある。

皇紀一二三六（敏達天皇五〈五七六〉）年三月十日、前年に皇后広姫が薨去され、二三歳で敏達天皇の皇后となられる。

皇紀一二五二（崇峻天皇五〈五九二〉）年十二月八日、崇峻天皇弑虐事件の翌月、先々代・敏達天皇の皇后であった額田部皇女が、事件の首謀者である叔父の蘇我馬子に請われて、豊浦宮《とゆらのみや》においてご即位になる。三度辞退されたが百官が上奏文を奉ってようやく受諾される。時に皇女は三九歳で、史上初の女帝となられた（神功皇后と飯豊青皇女を歴代天皇から除外したとして）。ここで女帝が誕生したのは、天皇弑虐という非常事態を受け、事件当事者である蘇我馬子の思惑もあり、皇位を巡る争いを避けるためであったと思われる。事件当事者である馬子は責任追及されないように、身内から選ぶ必要があった。

新宮として小墾田《おはりだ》宮を造営し、ここに都を遷された。小墾田宮の所在地は奈良県高市郡明日香村豊浦《とようら》で、ここに小字名「古宮」がある。

皇紀一二五三（推古天皇元〈五九三〉）年一月十五日、仏舎利を法興寺仏塔の心礎の中に安置される。法興寺は飛鳥寺ともいい、奈良県明日香村にある蘇我氏の氏寺で、日本最古の本格的寺院である。

四月十日、用明天皇の第二皇子で甥の厩戸皇子（聖徳太子）が摂政にお就きになる。厩戸皇子の母は欽明天皇の皇女・穴穂部間人皇女《あなほべのはしひと》である。天皇は「朕は女人《をみな》なり。姓《さが》、物《ことわり》を解《わきま》へず。宜しく天下の政《まつりごと》は、皆太子に附《さず》くべし」と詔された、皇太子に万機を摂行させせられた（詔一一八詔）。

この年、難波の荒陵《あらはか》（茶臼山）に四天王寺の建立を開始される。また安芸（広島県）には安芸国一宮として宗像《むなかた》三女神を御祭神とする厳島神社が建立される。宗像三女神とは市杵島姫命《いちきしまひめのみこと》、田心姫命《たごりひめのみこと》、湍津姫命《たぎつひめのみこと》の総称である。

皇紀一二五四（推古天皇二）年二月一日、「三宝（仏・法・僧）を敬うべし」との詔を渙発される。太子や馬子と共に仏法興隆に努め、臣や連たちも、君や親の恩に報いるために競って仏舎を建てたが、これを寺という。この時期から日本各地に寺が建てられ、仏教が根付くことになる。

皇紀一二五五（推古天皇三）年四月、淡路島に長さ三尺ほどの沈香が漂着し、島人は分からないから薪と共に竈《かまど》で燃やし、遠くまで香りが漂ったので珍しく思って朝廷に献上した。

五月十日、高句麗の僧、慧慈《えじ》が帰化し、皇太子はこれを師とされた。そしてこの年、百済の僧・慧聡《えそう》が来日する。この二人の僧が仏教を広め、三宝（仏・法・僧）の棟梁となった。

七月、紀男麻呂宿禰《きのおまろのすくね》らの将軍達が筑紫から引き揚げる。四年前の崇峻四年十一月に任那を救うべく出兵した軍を引き揚げた。崇峻天皇弑虐事件などで国内政治が混乱してきて半島に関与する余裕も無くなった。

皇紀一二五六（推古天皇四）年十一月、法興寺が落成し蘇我馬子の長子・善徳臣《ぜんとこのおみ》が寺司《てらつかさ》につき、三宝の棟梁である慧慈、慧聡がここに住する。

皇紀一二五七（推古天皇五）年四月一日、百済の第二十七代王・威徳王が王子・阿佐《あさ》を遣わし調を奉る。十一月二十二日、吉士磐金《きしいわかね》を新羅に遣わす。

皇紀一二五八（推古天皇六）年四月、吉士磐金が新羅から帰朝し、鵲《かささぎ》二羽を奉った。難波社（生国魂神社）に放ち飼いにする。八月には新羅が孔雀を一羽奉った。

皇紀一二五九（推古天皇七）年四月二十七日、大和国で大地震が発生し、建物全て倒壊する。それで全国に命じて地震の神をお祀りさせられる。「推古地震」とも言われ激震であったと推定されるが、地震の強さ、被害状況、震源についての具体的記録は残っていない。

九月一日、百済が駱駝と驢馬各一匹羊二匹、白雉一羽を奉った。これらの動物や鳥が当時の日本にはいなかったようである。

皇紀一二六〇（推古天皇八）年二月、新羅が再び任那を侵し戦争になる。天皇は任那を助けるべく、境部臣を大将軍に、穂積臣を副将軍に任じ、一万の兵を率い出兵させる。新羅は白旗を揚げ、多多羅・素奈羅《すなら》・弗知鬼《ほちくい》・委陀《わだ》・南迦羅・阿羅羅の六城を割譲し降伏を願い出る。新羅と任那は使いを遣わし調を奉って上奏し、「天上には神が、地上には天皇がおられる。この二神をおいて他にかしこきものがありましょうか、今後はお互いに攻めることは止めます。そして船柁《ふなかじ》の乾く間もないほど毎年朝貢致します」と誓ったので、天皇は将軍を召還され兵を引き揚げられる。しかし、その後倭軍が引き揚げるとまた新羅は任那に侵攻した。

皇紀一二六〇（推古天皇八）年、第一回の遣隋使が派遣される。

『日本書紀』に記載はないが、『隋書』「東夷伝倭国伝」は高祖・文帝の問いに遣使が答えた様子を載せている。この年から皇紀一二七八（推古天皇二十六）年まで、遣隋使が五回派遣される。

皇紀一二六一（推古天皇九）年二月、皇太子（聖徳太子）、斑鳩（奈良県生駒郡）に斑鳩宮を建立される。

三月五日、前年新羅が任那を侵したので、大伴連囓《くい》を高句麗に、坂本臣糠手《あらて》を百済に遣わし、「速やかに任那を救え」と詔される。つまり、高句麗と百済に任那救援を命じられたのである。

九月八日、新羅の間諜の迦摩多《かまた》が対馬に来たのでこれを捕らえ朝廷に送り、朝廷はこれを上野国《こうずけのくに》に流した。

十一月五日、再度新羅を攻めることを決定する。

皇紀一二六二（推古天皇十）年二月一日、任那を滅ぼした新羅の征討を計画し、用明天皇の第四皇子・来目《くめ》皇子（聖徳太子の弟）が新羅征討将軍となり二万五千の兵を率いて出征する。

四月一日、筑紫国に至り、嶋郡《しまのこおり》に屯営されたが、六月に来目皇子が病を得て新羅への侵攻はひとまず延期される。

皇紀一二六三（推古天皇十一）年二月四日、来目皇子は、征討を果たせぬまま筑紫にて薨去される。周防の娑婆《さば》（山口県防府市桑山）で殯《もがり》される。土師連猪手《はじのむらじいて》がこれを指揮した。四月一日、改めて次ぎに用明天皇の第三皇子で来目皇子の兄・当麻《たぎま》皇子が代わって征新羅将軍となり、七月三日、難波から出征されたが、播磨国明石で妻の舎人皇女が薨去され、皇女を赤石に葬った後、難波に引き返され、ここでついに新羅征討は中止となる。

十月四日、天皇は小墾田宮（奈良県明日香村）に遷られた。

十一月一日、皇太子は諸大夫に「貴い仏像を持っている、誰かお祀りするものはないか」とお尋ねになる。対して、秦造河勝《はたのみやっこかわかつ》が申し出て「お祀りしましょう」と申し上げる。そして仏像を頂いて蜂岡寺《はちのおかでら》（広隆寺）を建立する。京都市右京区太秦《うずまさ》にある京都最古の寺院である。帰化人系の氏族である秦氏の氏寺で、国宝の弥勒菩薩半跏思惟像《みろくぼさつはんかしゆいぞう》を蔵することで知られる。

十二月五日、冠位十二階を制定される。大徳・小徳・大仁・小仁・大礼・小礼・大信・小信・大義・小義・大智・小智の十二階である。

皇紀一二六四（推古天皇十二）年一月一日、初めて冠位を諸臣に賜る。

【十七条憲法】

四月三日、皇太子（聖徳太子）、自らがお作りになった「十七条憲法」を発表される。
原文は漢文であるが書き下し文は以下の通りで、内容は、官僚や公卿に対する倫理的、道徳的な規範となっている。

一に曰く、和《やわらぎ》を以て貴しと為《な》し、忤《さから》ふこと無きを宗《むね》と為す。人皆党《たむら》有りて、また達《さと》れる者少なし。是を以て、或いは君父《くんぷ》に順《したがわ》ずして乍《また》隣里《さととなり》に違《たが》ふ。然れども上《かみ》和《やわら》ぎ、下《しも》睦《むつ》びて、事を論《あげつら》ふに諧《かな》へば、即ち事理《ことわり》自ずからに通《かよ》ふ。何事か成らざらむ。

二に曰く、篤《あつ》く三宝を敬《うやま》へ。三宝は仏法僧《ほとけのりほふし》なり。則ち四生《よつのうまれ》の終《おわり》の帰《よりどころ》、万国《よろずのくに》の極宗《きわめのむね》なり。何《いずれ》の世、何《いずれ》の人か、この法《のり》を貴《たうと》ばざる。人尤《はなはだ》悪しきもの鮮《すく》なし、能《よ》く教ふるをもて従ひぬ。それ三宝に帰《よ》りまつらずば、何を以てか枉《まが》れるを直《ただ》さむ。

三に曰く、詔を承りては必ず謹《つつし》め。君《きみ》をば即ち天《あめ》とす、臣《やっこ》をば即ち地《つち》とす。天覆《あめおお》ひ地載《つちの》せて、四時《よつのとき》順《めぐ》り行き、万気《よろずのしるし》通《かよ》ふを得。地《つち》、天《あめ》を覆《くつがえ》さむと欲《せ》ば、則ち壊《やぶ》るることを致《いた》さむのみ。是をもつて君言《きみのたま》ふときは臣《やっこ》承《うけたまわ》り、上行えば下靡《しもなび》く。故に詔を承りては必ず慎め。慎まざれば自から敗れなむ。

四に曰く、群卿百寮《まえつきみたちつかさつかさ》、礼《いや》を以て本《もと》と為《せ》よ。其れ民を治むるの本は要《かなら》ず礼《いや》に在《あ》り。上礼《いや》なきときは、下斉《ととのお》らず。下礼《いや》無きときは、必ず罪有り。是を以て君臣《きみやっこ》礼《いや》あれば位次《くらいのついで》乱れず、百姓《おおみたから》礼《いや》あるときは、国《あめのした》自から治《おさ》まる。

五に曰く、餮《あじわいのむさぼり》を絶ち、欲《たからのほしみ》を棄てて、明《あきらか》に訴訟《うったえ》を弁《さだ》めよ。其れ百姓《おおみたから》の訟《うったえ》は一日《ひとひ》に千事《ちわざ》あり。一日すら尚爾《なほしか》るを、況んや歳《かさ》を累ねてをや。頃訟《このごろうったえ》を治《おさ》むる者、利《くぼさ》を得るを常となし、賄《まいない》を見て讞《ことわ》りを聴く。便《すなわ》ち財《たから》有るものの訟《うったえ》は、石をもて水に投ぐるが如し。乏しき者の訴は、水をもつて石に投ぐるに似たり。是を以て、貧しき民《おおみたから》は則ち所由《よるところ》を知らず、臣《やっこ》の道、亦焉《またここ》に闕《か》けぬ。

六に曰く、悪を懲らし善《ほまれ》を勧むるは、古の良典《よきのり》なり。是を以て人の善を匿《かく》すことなく、悪《あしき》を見ては必ず匡《ただ》せ。其れ諂《へつら》ひ詐《あざむ》く者は、則ち国家《あめがした》を覆す利器《ときうつわもの》為《た》り。人民を絶つ鋒剣《すぐれたるつるぎ》たり。亦佞《かたま》しく媚《こ》ぶる者は、上に対《むか》ひては則ち好《このみ》みて下の過を説き、下に逢ひては、則ち上の失《あやまち》を誹謗《そし》る。夫れ此くの如き人は皆君に忠《いさおしきこと》無く、民に仁《めぐみ》無し。是れ大乱《おおきなるみだれ》の本《もと》なり。

七に曰く、人には各任《おのおのよさし》有り。掌《つかさど》ること宜しく濫《みだ》れざるべし。其れ賢哲官《さかしきひとつかさ》に任《よさ》すときは、頌音《ほむるこえ》則ち起こり、奸舎官《かたましきひとつかさ》を有《たも》つときは、禍乱《わざわいみだれ》則ち繁し。世に生まれながら知ること少なけれども、尅《よ》く念《おも》ひて聖《ひじり》と作《な》せ。事大小となく、人を得て必ず治まる。時に急緩《ときおそき》となく、賢《さかしき》に遇えば自《おのづから》ら寛《ゆたか》なり。此に因りて国家《くに》永く久しくして、社稷《いえ》危ふきことなし。故れ古の聖王《ひじりのきみ》は、官《つかさ》を為《さだ》めて以て人を求む。人の為に官《つかさ》を求めたまはず。

八に曰く、群卿百寮《まちきみたちつかさつかさ》、早《と》く朝《まい》りて晏《おそ》く退《まか》れよ。公事《おおやけのこといとまな》盬靡し。終日《ひねもす》にも尽《つくし》し難し。是を以て、遅く朝《まい》れば、急《すみやか》なるに逮《およ》ばず。早く退《まか》れば必ず事尽《つく》さず。

九に曰く、信《まこと》は是れ義《ことわり》の本なり。事毎《ことごと》に信《まこと》有れ。其《そ》れ善悪成敗《よきあしきなりならず》は、要《かなら》ず信《まこと》に在り。群臣《まちきみたち》共に信《まこと》あらば、何事か成らざらむ。群臣信無《まことな》くば、万事悉《よろずのことごとごと》く敗《やぶ》る。

十に曰く、忿《こころのいかり》を絶ち、瞋《おもてのいかり》を棄《す》て、人の違《たが》ふを怒らざれ。人皆心有り。心各《おのおの》執ることあり。彼の是は則ち、我の非にして、我の是は、則ち彼の非なり。我必ずしも聖《ひじり》に非ず、彼必ずしも愚《おろか》に非ず。共に是れ凡夫《ただひと》のみ。是非《よしみあしみ》するの理《ことわりたれ》詎か能く定むべき。相共に賢愚《かしこくおろか》なること、鐶《みみがね》の端無《な》きが如し。是を以て彼の人は瞋《いか》ると雖も、還って我が失《あやまち》を恐れよ。我独り得たりと雖も、衆《もろもろ》に従ひて同じく挙《おこな》へ。

十一に曰く、功過《いさみあやまち》を明察《あきらか》にして、賞罰《たまものつみなえ》を必ず当《あ》てよ。日者《このごろ》、賞《たまもの》、功《いさみ》に在《おい》てせず、罰《つみなえ》は罪《つみ》に在《おい》てせず、事を執《と》る群卿《まちきみたち》、宜しく賞罰《たまものつみなへ》を明らかにすべし。

十二に曰く、国司《みこともち》・国造《くにのみやつこ》、百姓《おおみたから》を斂《おさ》めとることなかれ。国に二君《ふたりのきみ》非《な》く、民に両主《ふたりのあるじ》無し、率土《くにのうち》の兆民《おおみたから》、王《きみ》を以て主《あるじ》と為す。所任官司《よさせるつかさみこともち》は皆是れ王臣《きみのやっこ》なり。何ぞ敢えて、公《おおやけ》と与《とも》に百姓《おおみたから》に賦《おさ》め斂《と》(租税取立)らむ。

十三に曰く、諸の任《よさ》せる官者《つかさびと》は、同じく職掌《つかさこと》を知れ。或いは病《やまい》し、或いは使《つかい》(出張)して、事に闕《おこた》る有らむ。然れども、知ることを得る日には、和《あまな》ふこと曾《いむさき》より識《し》れるが如くせよ。其れ与《あずか》り聞くこと非《な》しといふを以て、公務《まつりごと》を勿妨《なさまたげそ》。

十四に曰く、群臣百寮《まちきみたちつかさつかさ》、嫉妬《うらやみねたむこと》有ることなかれ。我既に人を嫉《うらや》めば人も亦我を嫉む。嫉妬《うらやみねたむこと》の患《うれえ》其の極《きわまり》を知らず。所以《このゆえ》に智己《さとりおのれ》に勝れば則ち悦《よろこ》ばず、才己《かどおのれ》に優《まさ》れば則ち嫉妬《ねた》む。是を以て五百歳《いおとせ》の後、乃今《いまし》、賢《さかしひと》に遇《あ》はしむれども、千載《ちとせ》にしても以て、一聖《ひとりのひじり》を待つこと難し。其の賢聖《さかしきひじり》を得ざるときは、何を以てか国を治めむ。

十五に曰く、私《わたくし》に背きて公《おおやけ》に向《ゆ》くは、是れ臣《やっこ》の道なり。凡そ、人私《わたくし》あれば必ず恨み有り、憾み有らば必ず同《ととのお》らず。同《ととのお》らざれば則ち私《わたくし》を以て公《おおやけ》を妨ぐ。憾《うらみ》起これば則ち制《ことわり》に違《たが》い法《のり》を害《やぶ》る。故に初《はじめ》の章《くだり》に云へらく、上下《かみしも》和《あまな》ひ諧《ととのほ》れと。其れ亦是情《こころ》なるかな。

十六に曰く、民を使ふに時を以てするは、古《いにしえ》の良典《よきのり》なり。故《か》れ冬月《ふゆのつき》には間《いとま》有りて、以て民を使ふべし。春より秋に至りては、農桑《なりわいこかい》の節《とき》なり。民を使ふべからず。其れ農《なりわい》せずんば何をか食らひ、桑《こかひ》せずんば何をか服《き》む。

十七に曰く、大事《おおきなること》は独り断《さだ》む可からず。必ず衆《もろもろ》と与《とも》に宜しく論《あげつら》ふべし。小事《いささけきこと》は是れ軽《かろ》し、必ずしも衆《もろもろ》

とす可《べ》からず。唯大事を論《あげつら》ふに逮《およ》びては、若《も》し失《あやまち》有らんことを疑ふ。故に衆《もろもろ》と与《とも》に相弁《わきま》ふるときは、辞《こと》則ち理《ことわり》を得《え》む。（了）

九月、朝廷の礼法が改まる。「凡そ宮門を出入りするときは、両手を大地に付け、両足を跪いて敷居を越えてから立って歩け」と詔される。この月、日本で初めて暦を使用する。

皇紀一二六五（推古天皇十三）年四月一日、諸王、諸臣に詔され、共に等しく誓願を立てることとし、丈六（一丈六尺、四・八m）の仏像を各々が一体造り始める。鞍作鳥《くらつくりのとり》に命じて、造仏の工《たくみ》（造仏担当者）とされた。この時、高句麗の大興王は天皇が仏像をお造りになると聞いて、黄金三百両を奉った。

閏七月一日、皇太子は諸王、諸臣に命じて褶《ひらおび》を着けることとされた。十月、皇太子は斑鳩宮《いかるがのみや》に移られる。

皇紀一二六六（推古天皇十四）年四月八日、丈六（一丈六尺）の仏像が完成し、元興寺（飛鳥寺）に収められる。この日、斎会《さいえ》（食事を供する）を催し、参集した人は数知れずであった。この年から、四月八日に灌仏会《かんぶつえ》、七月十五日盂蘭盆会《うらぼんえ》の斎会を催すことになった。

この年、天皇は太子に播磨国の水田百町歩（一〇〇ヘクタール）を贈られた。太子はこれをそのまま斑鳩寺（法隆寺）に献納される。天皇は太子や蘇我馬子と共に仏法の流布に努め、斑鳩に木造建築物群では世界最古の法隆寺を建立させられた。これは推古期に花開いた飛鳥文化を代表する建造物である。

皇紀一二六七（推古天皇十五）年二月一日、壬生部《みぶべ》が設けられた。皇子の経済的基盤が壬生部として一括して設定されるようになり、個別の皇子ごとに一つの部が立てられることはされなくなった。

二月九日、天皇は「古来我が皇祖の天皇たちが世を治め給うのに、謹んで厚く神祇を敬われ、山川の神々を祀り、神々の心を天地に通わせられた。これにより陰陽相和し、神々のみわざも順調に行われた。今我が世に於いても神祇の祭祀を怠ることがあってはならぬ。群臣は心を尽くしてよく神祇を拝するように」と詔された。

二月十五日、皇太子・聖徳太子と大臣が百寮を率いて神祇を祀り拝された。

七月三日、第二回遣隋使として、大礼の小野妹子を大唐（隋）に遣わされる。「日出づる処の天子、日没する処の天子に書を致す。つつがなきや」で始まる有名な国書を携えて隋に渡る。鞍作福利《くらつくりのふくり》が通訳を勤めた。

この年、大和に高市池・藤原池・肩岡池・菅原池を造る。また、山城国栗隈《くるくま》（宇治市）に大溝を掘り、河内国に戸苅池《とかりいけ》・依網池《よさみいけ》を造り、国ごとに屯倉《みやけ》を置いた。

皇紀一二六八（推古天皇十六）年四月、小野妹子が隋から、使人・裴世清《はいせいせい》を伴って帰朝する。このとき小野妹子が隋の国書を帰途途中で紛失するという失態を犯すが、この間の事情はよく分かっていない。天皇がご覧になる必要はないと判断し、妹子が敢えて紛失したことにしたとの説もある。妹子のこの失態に対し、配流にすべきとの意見も多かったが、天皇はこれを許された。そして隋の客・裴世清らのために新しい館を難波の高麗館の近くに造られた。

八月三日、隋の客・裴世清らが難波から都に入り、八月十六日、客たち一行を朝廷で饗応された。

隋の家臣である裴世清《はいせいせい》は返書を持参している。それには、「皇帝、倭王に問う。朕は、天命を受けて、天下を統治し、自らの徳を広めて、全てのものに及ぼしたいと思っている。人びとを愛育するという心に、遠い近いの区別はない。倭王は海の彼方にいて、よく民を治め、国内は安楽で、風俗は穏やかだということを知った。こころばえを至誠に、遠く朝献してきたねんごろなこころを、朕は嬉しく思う」とあった。流石《さすが》に隋（支那大陸）の煬帝、非常に高飛車で傲慢な物言いである。この国も長くは続かなかった。

九月十一日、裴世清らが帰国の途につき、再び小野妹子を大使、吉士雄成《おなり》を小使、鞍作福利を通訳として随行させられる。また、同時に高向玄理《たかむくのくろまろ》、僧・旻《みん》、南淵請安《みなみぶちじょうあん》ら留学生八人が同行して隋に渡った。この年、新羅人が多数帰化して来る。

皇紀一二六九（推古天皇十七）年四月四日、肥後・葦北の港に百済の僧と俗人を乗せた船が停泊していると太宰府長官から通報がある。百済王の命で呉国に遣わされたが、かの国が争乱で入国できず、帰路に暴風に遭い葦北に漂着したとのことであった。大陸隋が乱れていたことが分かる。

五月十六日、先に葦北に漂着した百済人を百済に送り返したが、そのうち一一人が途中対馬に着いて、日本に在留したいと願い出たのでこれを許されて、飛鳥寺に住まわせた。九月、小野妹子らが隋から帰朝したが、通訳の福利は帰らなかった。

皇紀一二七〇（推古天皇十八）年三月、高句麗王が僧・曇徴《どんちょう》、法定らを奉った。曇徴は五経に通じ、絵具・紙・墨などを作り、水力を用いる臼も造った。七月、新羅の使人奈末竹世士《なまちくせいし》が任那の使人・大舎首智買《おおやのおびとちまい》と筑紫に来る。九月、人を遣わして新羅・任那の使者を呼ばれた。十月八日、新羅、任那の使人が都に来る。翌九日、客人達は天皇に拝謁し、その後それぞれ饗応を受け、それぞれに賜物があった。十月二十三日、客人達は帰途についた。

皇紀一二七一（推古天皇十九）年八月、新羅と任那がそれぞれ使いを遣わし調を奉った。

皇紀一二七二（推古天皇二十）年、百済から日本を慕ってくる者が多かった。中には呉風の橋の築造とか呉の伎楽《くれがく》をよくする者などの技能者も多くいた。伎楽士の味摩之《みまし》は帰化する。

皇紀一二七三（推古天皇二十一）年十一月、掖上《わきがみ》池・畝傍《うねび》池・和珥《わに》池を造り、また難波から都（明日香）に至る大路（竹内街道）を設ける。

皇紀一二七四（推古天皇二十二）年六月十三日、犬上君御田鍬《いぬがみのきみみたすき》・矢田部造を隋に遣わす。犬上君御田鍬は大和朝廷の外交官として最後の遣隋使および最初の遣唐使を務めた。犬上氏は日本武尊の子・稲依別王《いなよりわけおう》の後裔で近江国犬上郡の豪族である。八月、蘇我馬子大臣が病に陥り、その病気平癒祈願のために男女千人を出家させた。蘇我馬子の権勢の大きさを示している。

皇紀一二七五（推古天皇二十三）年九月、犬上君御田鍬・矢田部造が隋から帰朝し、百済の使いが付き従った。十一月十五日、高句麗の僧・慧慈が本国へ帰国した。

皇紀一二七六（推古天皇二十四）年三月、掖玖《やく》（屋久島）の人が三人帰化してきた。そして五月に七人、七月に二〇人、前後合わせて三〇人が帰化し、全て朴井《えのい》（岸和田市）に住まわせた。七月、新羅が奈末竹世士《なまちくせいし》を遣わし仏像を奉った。

この年、河内に狭山池が造られる。ここで樋管に使われた木材が年輪年代測定法で年数が判明し、この時代のものと確定された。

皇紀一二七八（推古天皇二十六）年八月一日、高句麗が使いを遣わし国の産物を奉った。そして「隋の煬帝が三〇万の軍を送って我が国を攻めましたが、我が軍に敗れ、ここに捕虜二人、鼓吹《つづみふえ》・弩《おおゆみ》・石弓の類一〇種と国の産物、駱駝一匹を奉ります」と上奏した。隋が滅亡し遣隋使はここで終わる。隋の煬帝が殺害されて隋が滅び、李淵が隋の恭帝から禅譲を受けて即位（高祖）し、唐を建国した。この年、河辺臣を安芸国に遣わし、船を造らせた。

皇紀一二八〇（推古天皇二十八）年八月、屋久島の人二人、伊豆の島に漂着する。

この年、聖徳太子と蘇我馬子が「天皇記」「国記《くにつふみ》」、臣・連・伴造・国造、その他多くの部民・公民らの本記を記録し献上した。

【聖徳太子薨去】

皇紀一二八一（推古天皇二十九）年二月五日、朝廷の政務を執っておられた聖徳太子（厩戸皇子）が薨去され、磯長陵《しながのみささぎ》（大阪府太子町）に葬られる。「日も月も光も失い、天地も崩れたようなものだ。これから誰を頼みにしたらよいのだろう」と皆が悲嘆に暮れた。その五年後には蘇我馬子も死去するが、聖徳太子の死により、物部氏・大伴氏が没落したあと、豪族蘇我氏を抑える者がなくなり、蘇我一族の権勢は絶大となって、天皇家を凌ぐほどになった。

この年、新羅は奈末伊弥買《なまいみばい》を遣わして朝貢し、書を奉って使いの旨を上表した。新羅の上表（臣下のものが天皇に文書を奉る）はこの時に始まった。

皇紀一二八三（推古天皇三十一）年七月、新羅は奈末智洗爾《なまちせんじ》を、任那は達率奈末智《だちそちなまち》を遣わし、共に仏像一体及び金塔と舎利などを奉った。この頃また、唐の学問僧の恵済・恵光、医者の恵日・福因らが、新羅の智洗爾《ちせんに》に伴われ来朝する。

この年新羅が任那を討ち任那を併合した。そこで天皇は大徳境部臣雄摩呂を大将軍に任じ新羅を討った。新羅王は大軍が来ると聞き、恐れて降伏を願い出たので、将軍らは共に議《はか》りて上奏し許された。またこの年、春から秋にかけて長雨で、洪水もあって五穀は実らなかった。

【僧の殺人事件と僧の国家管理】

皇紀一二八四（推古天皇三十二）年四月三日、一人の僧が斧で祖父を撲殺した。四月十三日、天皇は「道を修めるものも法を侵すことがある。今後僧正・僧都などを任命して、僧尼を統べることとする」と詔される。この時から、仏教界も朝廷が管理することとなる。四月十七日、推古天皇十年に百済から渡来した僧の観勒《かんろく》を僧正とし、鞍部徳積《くらつくりとくしゃく》を僧都とし、阿曇連《あずみむらじ》を法頭《ほうず》とした。

九月三日、寺及び僧尼を調査して、各寺の縁起、僧尼の入道の事由、出家の年月日などの詳細を記録した。この時、寺は四六ヶ寺、僧八一六人、尼五六九人、合わせて一三八五人であった。この時から僧尼も朝廷の管理下に置かれることとなった。

十月一日、馬子が葛城県（蘇我は葛城と同族・馬子の本貫・ウブスナ）の支配権を望んだ。しかし天皇は、「あなたは私の叔父ではあるが、だからといって、公の土地を私人に譲ってしまっては、後世から愚かな女と評され、あなたもまた不忠と謗《そし》られましょう」と仰って、この要求を拒絶された。

皇紀一二八五（推古天皇三十三）年一月七日、高句麗王は僧・恵灌《えかん》を奉った。恵灌は僧正に任じられた。

皇紀一二八六（推古天皇三十四）年五月二十日、蘇我馬子が死去する。桃原墓（飛鳥石舞台古墳）に葬られた。

この年、一月に桃や李《すもも》の花が咲き、三月にはまた寒くなり霜が降りる。六月に雪が降り、三月から七月まで長雨が続く異常気象であった。天下は大いに餓え、盗賊が蔓延《はびこ》り世が乱れた。

皇紀一二八八（推古天皇三十六）年三月二日、皆既日蝕がある。『日本書紀』に書き記された初めての日蝕記録である。

三月七日、天皇は在位三六年、七五歳で小墾田宮にて崩御される。

崩御の前日、天皇は敏達天皇の嫡孫・田村皇子（舒明天皇）を枕元に呼ばれ、謹しんで物事を明察するように諭《さと》され、さらに聖徳太子の子の山背大兄王にも、他人の意見を容れるようにと誡《いまし》められた。しかし具体的な後継者の指名はされなかった。九月二十日、天皇の葬礼を行う。先に、天皇は群臣に「この頃五穀が実らず、百姓《おおみたから》は大いに餓えている。私のために陵《みささぎ》を建ててはならぬ。ただ「（我が子）竹田皇子の陵に葬ればよい」と遺詔された。この遺詔によって竹田皇子が眠る磯長山田陵《しながのやまだのみささぎ》（方墳）に合葬された。その所在は大阪府南河内郡太子町である。

この月、後継に関する遺詔をめぐって群臣間に争いが生ずる。田村皇子擁立派の蘇我蝦夷が、山背大兄王（聖徳太子の王子）擁立派に回った叔父の蘇我境部摩理勢（蘇我境部臣）を殺害する。摩理勢は皇紀一二六〇（推古天皇八）年に任那派遣軍の大将軍に任命された、蘇我馬子に次ぐ重臣であった。

この年、東京都最古の寺院・浅草寺が創建された。浅草寺縁起によると、宮戸川（隅田川）で漁をしていた檜前浜成《ひのくまのはまなり》・竹成《たけなり》兄弟の網に仏像がかかった。これが浅草寺本尊の聖観音《しょうかんのん》像であるが、この像を拝した兄弟の主人・土師中知《はじのなかとも》は出家し、自宅を寺に改めて供養したとある。

舒明《じょめい》天皇

第三十四代　世系二九　在位十二年

皇紀一二五三（推古天皇元〈五九三〉）年、押坂彦人大兄皇子（敏達天皇の皇子で、母は最初の皇后である広姫）の王子として誕生された田村王で、母は糠手姫皇女《あらてひめのひめみこ》（敏達天皇の皇女で押坂彦人大兄皇子の異母妹）である。

皇紀一二八八（推古天皇三十六）年三月七日、先帝の推古天皇が崩御される。推古天皇二十九年皇太子・聖徳太子が薨去されてから継嗣を定めてなかった。蘇我蝦夷《えみし》大臣は群臣に図ったところ、その意見が田村皇子と聖徳太子の王子・山背大兄《やましろのおおえ》王に分かれたが、田村皇子を立てることとする。

翌皇紀一二八九（舒明天皇元〈六二九〉）年一月四日、田村王が三七歳で即位された。政治の実権は蘇我馬子の亡き後、息子の蘇我蝦夷が握っていた。

四月一日、田部連を掖玖（屋久島）に遣わす。田部氏は古代豪族・物部氏の物部小前《おまえ》を祖とする一族で、宇佐八幡宮の神職を累代司った。

皇紀一二九〇（舒明天皇二）年一月十二日、宝皇女《たからのひめみこ》（後の皇極天皇・斉明天皇）を皇后に立てられる。宝皇女は敏達天皇の第一皇子・押坂彦人大兄皇子の子である茅淳《ちぬ》王の娘で、姪に当たり、後に天智・天武両天皇の生母となられる。

三月一日、高句麗・百済が各々使者を遣わして朝貢する。

八月五日、大仁・犬上御田耜《いぬかみのみたすき》を大使、大仁・薬師恵日《くすしえにち》を副使とする遣唐使の派遣が始まる。第一次遣唐使である。

尚、大仁は冠位十二階の第三で、小徳の下、小仁の上である。これから遣唐使派遣はおよそ二〇〇年続くことになる。十数年から二十数年の間隔で派遣された。唐との外交交渉を行うと同時に唐の文化を摂取する役をも果たした。九月四日、先に来朝した高句麗、百済の朝貢使が帰国する。また、前年派遣された田部連もこの月に掖玖（屋久島）から帰朝する。

十月十二日、都を飛鳥岡本宮（明日香村）に遷される。

皇紀一二九一（舒明天皇三）年二月十日、田部連が連れ帰った掖玖（屋久島）の人が帰化する。三月一日、百済の義慈王が王子の豊章を人質として送って来る。この義慈王は十年後の皇紀一三〇一（舒明天皇十三）年に第三十一代百済国王に即位する。九月十九日、有馬温泉に行幸され、三ヶ月ご滞在の後十二月十三日に帰京される。この頃既に有馬が湯治場として開かれていた。有馬温泉の守護神・湯泉神社の縁起によれば、泉源を最初に発見したのは、大巳貴命《おおなむちのみこと》と少彦名命《すくなひこなのみこと》の二柱の神であったとある。

皇紀一二九二（舒明天皇四）年八月、遣唐使の犬上御田耜ら帰国するが、唐は高表仁を随伴させる。十月四日、難波津に到着、隋の時代に渡った僧霊雲、僧旻が帰国した。高表仁は天皇に謁見していないし、日本での活動も伝わっていない。唐が日本に対し冊封を要求して、日本がこれを受け入れなかったものと思われる。新羅とは別の外交となった。百済と新羅からの使節も訪れる。朝廷は千客万来である。

皇紀一二九三（舒明天皇五）年一月二十六日、高表仁が唐へ戻る。吉士雄摩呂・黒麻呂らが対馬まで送る。唐まで送ってないところに両国関係が表れている。この年、物部連兄麻呂を武蔵国造に任命する。

皇紀一二九五（舒明天皇七）年六月十日、百済は達率《だちそち》柔《ぬ》らを遣わし朝貢した。

皇紀一二九六（舒明天皇八）年一月一日、日蝕があった。五月、長雨で洪水が発生する。酷い旱魃・飢饉が起こって国中飢えに苦しむ。六月、岡本宮が火災で焼失し、天皇は臨時に田中宮（橿原市田中町）に遷られた。
皇紀一二九七（舒明天皇九）年二月二十三日、大きな星が東から西へ流れ、雷に似た大きな音がした。三月二日、再び日蝕がある。

この年、蝦夷が反乱を起こし入朝（朝廷に参内）しなかった。大仁・上毛野君形名《かみつけぬのきみかたな》を将軍として派遣し蝦夷を討たせる。上毛野氏は崇神天皇の皇子・豊城入彦命を祖とする。最初は敗れ兵は逃げ、砦も包囲されてしまい形名も逃げ出そうとするが、形名の妻が「あなたのご先祖さまは海を渡り、万里を越え、外つ国を平定し武勇の誉れ高かったのに、ここで逃げては先祖の名が汚れます」と夫を叱咤鼓舞し、夫に無理やり酒を飲ませ自らは夫の剣を佩き、弓を張り、女達に弓弦を鳴らさせた。形名は再び奮起し進撃する。蝦夷はまだ多くの後詰めがいると見て、一旦軍を引いた。その間に戻ってきた味方の兵を率い、形名は反撃に転じ蝦夷を討伐する。敵兵をみな捕虜にし連れ帰った。

皇紀一二九八（舒明天皇十）年七月十九日、大風（台風）が起こり、木は倒れ家は壊れた。十月、有馬に二度目の行幸をされる。そしてこの年、百済、新羅、任那がそろって朝貢した。

皇紀一二九九（舒明天皇十一）年一月八日、天皇ご一行が有馬から帰朝される。

七月、「今年、大宮と大寺を造らせる」と詔されて、百済川（曾我川）を宮地と定めた。西国の民は大宮（百済宮）を造り、東国の民は大寺（百済大寺）を造った。分担して造営に当っている。

九月、唐の学問僧・恵穏《えおん》、恵雲《えうん》が新羅の送使に従って入京した。恵穏は皇紀一二六八（推古天皇十六）年九月遣隋大使小野妹子に従って僧旻、南淵請安らと共に学問僧として隋に渡り、三一年間滞在して、新羅送使に従って恵雲と共に帰国した。十一月一日、新羅の客をもてなし、冠位一級を授ける。十二月十四日、伊予の湯の宮（道後温泉）に行幸される。この月、百済川（奈良県広陵町曾我川）の辺に九重の塔を建立された。

平成九年からの奈良県桜井市の発掘調査によって、この大寺院跡が発掘された。吉備池の傍で、「吉備池廃寺」と名づけられ、金堂跡、塔跡が確認された。寺院としては最大規模のもので、特に塔跡は巨大なものである。

皇紀一三〇〇（舒明天皇十二）年二月七日、星が月の中に入った（凶事とされる）。四月十六日、天皇ご一行が伊予（道後温泉）から帰られ、厩坂宮《うまやさかのみや》（橿原市大軽町）に遷られる。十月十一日、唐の学問僧南淵請安と学生高向漢人玄理が百済・新羅の朝貢使と共に新羅経由で帰国する。隋が滅んで唐が建国され、大陸の混乱が治まったことで帰朝できた。それぞれに爵（冠位）一級を授ける。この月、天皇は厩坂宮から百済宮（奈良県桜井市吉備）に遷られる。

皇紀一三〇一（舒明天皇十三）年十月九日、天皇は在位一二年、宝算四九歳で百済宮にて崩御される。殯宮にて一六歳の東宮・開別皇子《ひらかすわけのみこ》（天智天皇）が誄《しのびごと》を述べられた。陵は奈良県桜井市大字忍阪にある押坂内陵《おさかのうちのみささぎ》である。

皇極《こうぎょく》天皇

第三十五代　世系三〇　在位三年

皇紀一二五四（推古天皇二〈五九四〉）年、敏達天皇の曾孫、押坂彦人大兄皇子の孫、茅渟王《ちぬのおおきみ》の第一王女として誕生された宝皇女《たからのひめみこ》で、母は桜井皇子（欽明天皇の皇子）の娘・吉備姫王である。

皇紀一二九〇（舒明天皇二〈六三〇〉）年一月十二日、三七歳で舒明天皇の皇后に立てられた。舒明天皇との間に、中大兄皇子（天智天皇）、間人皇女（孝徳天皇の皇后）、大海人皇子（天武天皇）が誕生された。

皇紀一三〇一（舒明天皇十三）年十月九日、舒明天皇が崩御される。

皇紀一三〇二（皇極天皇元〈六四二〉）年一月十五日、継嗣となる皇子が定まっていなかったので、宝皇后が皇極天皇（女性天皇・女系ではない）として四九歳で即位される。『日本書紀』によれば、天皇は古の道に従って政《まつりごと》を行なったとある。在位中は、蘇我蝦夷《えみし》が大臣として、その子・入鹿《いるか》と共に国政を掌《つかさど》った。

一月二十九日、百済に遣わしていた大仁《だいにん》・阿曇連比羅夫《あずみのむらじひらぶ》が筑紫から早馬で帰朝し、「百済王は天皇の崩御を聞き、弔使を遣わしましたが、私は葬礼に間に合うよう一人先に戻りました。あの国は今大乱になっています」と報告する。

二月二日、阿曇山背連比羅夫《あずみやましろのむらじひらふ》・草壁吉士磐金《くさかべのきしいわかね》・倭漢書直県《やまとのあやふみのあたいあがた》を百済の弔使のもとに遣わして国の様子を尋ねさせる。国王の母が亡くなったこと、弟王子の子・翹岐《ぎょうき》や高名な人々四〇人が島流し（配流）になったことなど告げる。二月六日、高句麗の使人が難波津に泊まった。諸大夫たちを難波に遣わし、高句麗国の奉った金銀や他の献上物を検査させた。使人は前年九月に大臣伊梨柯須弥《いりかすみ》が大王の栄留王他一八〇人を殺したこと、宝臧王を王とし、自分の同族の都須流金流《つするこんる》を大臣としたことなど報告する。高句麗も相当混乱している。二月二十二日、「津守連大海を高句麗に、国勝吉士水鶏《くいな》を百済に、草壁吉士真跡《まと》を新羅に、坂本吉士長兄《ながえ》を任那に遣わすように」と蘇我蝦夷大臣に詔される。半島の情勢が緊張して、日本の朝廷も緊迫の度を増していく。

二月二十四日、百済で島流しになった王子の翹岐《ぎょうき》が来日したので、阿曇山背連比羅夫の館に住まわせる。二十五日、高句麗と百済の使者を饗応された。二十七日、高句麗の使者、百済の使者が共に帰途に就く。

三月六日、新羅が先帝崩御を弔い、天皇の即位を祝するための使いを遣わす。十五日、新羅の使者が帰途につく。滞在期間が短いので筑紫までしか来ていない。追い返されたといった方が近い。

四月八日、百済の大使・翹岐《ぎょうき》が従者を連れて天皇に拝謁する。

五月十八日、百済の使者が調を奉った。二十四日、百済の大使翹岐は妻子を連れて百済の大井（河内長野市太井）の家に移った。

八月一日、長い日照りが続き大干魃となっていたため、天皇は南淵（明日香村）の川上においでになり、跪《ひざまづ》いて四方を拝し、天を仰いで祈られると雷鳴が轟き大雨が降った。雨は五日間続いて天下は潤った。百姓は皆喜んで「この上もない徳をお持ちの天皇だ」と敬《うやま》った。八月六日、百済の使いらが帰途についた。そこで大船と諸木船の三艘を賜った。十三日、小徳の位を百済の人質・達率長福に与える。十六日、高句麗の使者が、二十六日には百済と新羅の使者が帰途についた。

九月三日、天皇は「百済大寺を造りたい、近江国と越国の公用の人夫を集めるように」と蘇我大臣蝦夷に詔される。また諸国に命じて船舶を建造させた。九月十九日、天皇は大臣に「宮殿を造りたい、国々に用材を採らせ、また東は遠江まで、西は安芸までの国々から造営の人夫を集めるように」と詔された。二十一日、越《こし》の辺境の蝦夷が数千人帰服した。舒明天皇十二年七月の「大宮と大寺を造らせる」との詔を受けてのものである。

十二月二十一日、天皇は小墾田宮に移られた。

この年、蘇我大臣蝦夷は自家の祖廟を葛城の高倉に造営した。上宮大娘姫王《かみつみやのおおいらつめのみこ》（聖徳太子の娘））は「蘇我臣は国政を縦《ほしいまま》にして無礼な行いが多い、天に二日なく地に二王はない。何故皇子の封民を使うのか」と憤慨し嘆かれた。

皇紀一三〇三（皇極天皇二）年四月二十一日、筑紫の太宰府から早馬で「百済国王の子・翹岐弟《ぎょうきだい》王子が調使と共に到着した」と知らせてくる。四月二十八日、天皇は飛鳥板葺宮の新宮にお移りになった。

六月十三日、筑紫太宰府から早馬で「高句麗が使いを送ってきた」と知らせる。群卿は語り合って「高句麗は舒明二年から十四年間も来朝しないのに今頃やってきた」という。二十三日、百済の朝貢船が難波津に着く。

七月三日、大夫たちを難波に遣わし、百済の調と献上物を点検させた。大夫らは調使に「調は従来の例より少ない、大臣への進物も去年返したものと同じである、群卿への品もなく、皆前例に合わない、何事か」と問い詰めると、大使らは「早速に用意致します」という。

十月六日、蘇我大臣蝦夷が密かに子の入鹿に紫冠を授け大臣の様相にする。紫冠の授与は天皇にしかできない行為であり、明らかな越権行為であった。十月十二日、蘇我入鹿は独断で上宮（聖徳太子）の王等《みこたち》を廃して古人大兄《ふるひとのおおえ》（舒明天皇の第一皇子）を天皇に即位させようと企てる。尚、古人大兄は蘇我馬子の外孫に当たる。

十一月一日、蘇我入鹿が聖徳太子の子・山背大兄王を攻め、王は自害して薨去される。山背大兄の家臣は入鹿を討つべしと進言したが、大兄は「われ、兵を起して入鹿を伐たば、その勝たんこと定し。しかあれど一つの身のゆえによりて、百姓《おおみたから》を傷《やぶ》り損わんことを欲《ほ》りせじ（望まない）。このゆえにわが一つの身をば入鹿に賜わん」「戦って勝ったからといって丈夫《ますらお》と言えようか、己が身を捨てて国を固められたらまた丈夫と言えるのではないか」と申され、妃ら一族共々自害される。大兄は戦《いくさ》をして民・百姓に迷惑を掛けることを避けられた。一方の蘇我入鹿には、蘇我氏の血をひく古人大兄皇子を皇極天皇の継嗣に擁立しようとするのに、有力な皇位継承者・山背大兄王《やましろのおおえ》（聖徳太子の子）の存在が邪魔になったのである。大臣蘇我蝦夷はこれを聞き「ああ、入鹿の馬鹿者め、悪逆を専らにして、お前の命も危ないものだ」と嘆いた。

皇紀一三〇四（皇極天皇三）年一月一日、中臣鎌足連は神祇伯に任ぜられるが、期するところがあってか、これを再三に亘って辞退し、病と称して退去し、摂津三島に住む。天児屋命《あめのこやねのみこと》を祖とする中臣氏は、忌部氏とともに神事・祭祀を掌った豪族で、古くから現在の京都市山科区中臣町付近の山階《やましな》を拠点としていた。中臣鎌足連は蘇我入鹿が君臣長幼の序を弁《わきま》えず、国家を壟断していることに危機感を抱き、改革の心を中大兄皇子に寄せる。共に南淵請安に儒学を学ぶこととし、往復の途上で策を話し合う。両者の考えは悉く一致した。中大兄は鎌足の企図に賛同しこれを受け入れ、先ず蘇我倉山田石川麻呂の長女《えひめ》（遠智娘）を召して妃とされる。ところが契りの日に長女は一族の者に盗まれ、倉山田石川麻呂臣は狼狽し窮地に陥る。その時、次女《おとひめ》の姪娘《めいのいらつめ》が「代わりに参ります」と言って中大兄のもとに嫁す。後に二人とも天智天皇の妃となる。

尚、この中大兄と鎌足の談合を記念し、鎌足を祭神とする談山神社が桜井市多武峰《とうのみね》に創建されている。

十一月、蘇我蝦夷・入鹿親子は、甘檮岡《うまかしのおか》に邸宅を並べて築く。

【乙巳《いっし》の変】

皇紀一三〇五（皇極天皇四）年六月八日、中大兄皇子が蘇我倉山田石川麻呂臣に、「板葺宮の大極殿で三韓の調を奉る日に、貴殿が三韓の上表文を読む役を担って欲しい」と打ち明ける。三韓から進貢の使者が来日し、宮中で儀式が行なわれた。儀式の最中、大極殿にて中大兄皇子(天智天皇)と中臣鎌足が天皇の御前で蘇我入鹿を誅殺する(乙巳の変)。「是は一体何事か」と天皇に詰問されたのに対し、中大兄皇子は平伏し「入鹿は王子たちを全て滅ぼして皇位を傾けようとしています。入鹿を以て天子に代えられましょうか」とお答えになる。天皇は直ちに退去された。翌十三日、入鹿の父・蘇我蝦夷らは「天皇記」「国記」「珍宝」を焼いて、自害した。これで権勢を縦にしていた蘇我氏が滅亡した。

この年、信州の長野に皇極天皇の勅願で善光寺が創建される。天台宗の大勧進と浄土宗の大本願からなり、住職は、「大勧進貫主」と「大本願上人」の両名が務める。大本願は大寺院としては珍しい尼寺であり、しかも勅願寺で、住職は「善光寺上人」と呼ばれ、門跡寺院ではないが、代々公卿から住職を迎えている。

孝徳《こうとく》天皇

第三十六代　世系三〇　在位九年

皇紀一二五六（推古天皇四〈五九六〉）年、敏達天皇の皇子・押坂彦人大兄皇子の王子・茅渟王《ちぬおう》の弟一王子として誕生された軽皇子《かるのみこ》で、母は欽明天皇の第六皇子・桜井皇子の王女・吉備姫王である。皇極天皇（斉明天皇）の同母弟であり、中大兄皇子、間人皇女、大海人皇子の叔父に当たる。

【譲位の始まり】

皇紀一三〇五（皇極天皇四〈六四五〉）年六月十四日、乙巳《いっし》の変により皇極天皇による史上初めての譲位が行われ、軽皇子が皇太子を経ないで孝徳天皇として五〇歳で即位される。最初に軽皇子は舒明天皇の皇子・古人大兄が皇位を継がれるべきと、自らの即位を辞退されたが、古人大兄は即座に出家された。

【日本の元号の始まり】

皇紀一三〇五（皇極四）年六月十九日、元号を定め、大化元年とする。初めて元号が定められ、日本の元号はここに始まり、現在まで続いている。

阿倍内摩呂（阿倍倉梯麻呂）を左大臣に、蘇我倉山田石川麻呂を右大臣に、中臣鎌子（鎌足）を内臣とした。阿倍内摩呂は豪族を代表する重鎮である。蘇我倉山田石川麻呂は「乙巳の変」で暗殺の合図となる三韓の上表文を大極殿で読み上げた人物である。学僧・旻《みん》と高向玄理《たかむくのげんり》を国博士とする。旻は大陸系の渡来氏族で高向は魏の曹操の末裔を称する渡来人の子孫である。倶に皇紀一二六八（推古天皇十六）年、遣隋使小野妹子に従い、南淵請安らとともに隋へ渡り、旻は二四年間滞在し、仏教ほか易学を学ぶ。皇紀一三〇〇年に南淵請安とともに帰国するが、高向はその前の皇紀一二九二（舒明天皇四）年八月に帰国している。この日、皇紀一三〇五（大化元〈六四五〉）年六月十九日、孝徳天皇と中大兄皇子は群臣を集めて「帝道は唯一である。暴逆（蘇我）は誅した、これより後は君に二政なし、臣に二朝なし」と神々に誓われた。

【大化の改新】

これから中大兄皇子を中心として、大化の改新が行われることになる。都を飛鳥から難波宮（現在の大阪市中央区）に移し、蘇我氏など飛鳥の豪族を中心とした政治から天皇中心の政治へ大転換する。

皇紀一三〇五（大化元）年七月二日、舒明天皇の皇女で姪に当たる間人《はしひと》の皇女《ひめみこ》を立てて皇后とされた。父は舒明天皇、母は皇極天皇である。また、阿倍倉梯麻呂の娘の小足媛《おたらしひめ》を妃として、有間皇子を儲けられた。十日、高句麗・百済・新羅の使者が朝貢した。百済の使いが任那の調を代行したが、その百済の使者に対し、調の不足を叱責する。抑も、調は手土産的な物ではなく、義務として課せられた税である。十二日、天皇は阿倍倉梯麻呂大臣・蘇我倉山田石川麻呂大臣に「当に上古の聖王の後に遵い、天下を治めよう、信を以て治めよう」と詔される。十四日、倭漢直比羅夫を尾張国に、忌部首子麻呂を美濃国に遣わし、神に供える幣《ぬさ》（紙・麻・木綿《ゆう》）を献納させた。

八月五日、東国の国司を任命し「天神の命じられるままに、全ての国々を治めようと思う。凡そ国の所有する公民や大小豪族の支配する民について、汝らが任国に赴いてみな戸籍を作り、田畑の大きさを調べよ。それ以外の薗池、田畑の利益は百姓《おおみたから》が共に受けるようにせよ。また国司らはその国の裁判権を持たない。他人からの賄《まいない》をとって民を貧苦に陥れてはならぬ。……元からの国造・伴造・県稲置と詐って『先祖からこの官家を預かり、この郡県を治めていていた』と訴えるのを、汝ら国司は容易に朝《みかど》に報告してはならぬ。実際をよく調べてから報告せよ。……大和の国の六つの県（高市・葛木・十市・志貴・山辺・曾布）に遣わされる使者は戸籍を造ると同時に田畑を検地せよ。良く承って退出せよ」と詔され、布帛を賜った。実に詳細に亘って詔された。またこの日、鐘《かね》と匱《ひつ》を朝廷に設け「訴え事のある者が伴造に訴えたら、よく調べ奏上せよ。その訴えを審らかにしないで牒《ふみ》を匱《ひつ》に収めただけであれば、その罪を処罰される。収牒の任にある者は夜明けに牒を取って内裏へ奏上せよ。怠って審理せず、或いは依怙贔屓して曲げる者有れば、訴えの者は鐘を撞くが良い。天下の民は朕が意を知って欲しい」と詔された。実に具体的である。戸籍が作成され、鐘匱の制・男女良賤の法も制定される。「男女の法は良男と良女の間に生まれた子はその父につけよ。良男が婢《めのこやっこ》に産ませた子はその母につけよ。良女が奴に嫁して産んだ子はこの父につけよ。奴が婢に産ませた子は母につけよ……」と詔された。身分の違う夫婦の子の場合、その低い方の籍に付けている。

九月一日、使者を諸国に使わし、武器を集めさせ、これを管理する。三日、舒明天皇の第一皇子の古人大兄皇子が蘇我田口臣川掘らと謀反を企て、仲間に加わっていた吉備笠臣垂《しだる》の自首で発覚し、中大兄皇子は菟田朴室古《うだのえむろのふる》と高麗宮知《こまのみやしり》に兵を与え討たせせた。十九日、国々に使者を遣わし民の総数を記録させ、詔して土地の貸借を禁止した。勢力ある者は水陸を分割して私有地となし、民に貸し与え地代を取る慣わしがあるが、今後そのようなことは禁じられた。

十二月九日、都を難波長柄豊碕宮に遷す。宮殿（大阪城の南）は内裏・朝堂院の構造がそれまでにない大規模なもので、七年後の皇紀一三一二（白雉三〈六五二〉）年に完成した。大化の改新という改革の中心として計画的に造営された宮であった。

皇紀一三〇六（大化二）年正月一日、「改新の詔」（大化の改新）が渙発される。この詔に基づき政治的大改革が行われ、新国家の基本が形作られる。

改革の主な内容

一、それまで立てられた屯倉、豪族の私地（田荘）や私民（部民）を廃止して田地や民は全て天皇のものとする（公地公民制）。そして食封《へひと》（支給される戸口）を賜る。大夫《まえつきみ》が民を直接治める。

二、今まであった国、県《あがた》、郡《こおり》などを整理し、令制国とそれに付随する郡に整備し直す（国郡制度）。国郡制度に関しては、旧来の豪族の勢力圏であった国や県《あがた》などを整備し直し、令制国の制度として整える。京師《みやこ》を創設し坊令《まちのうながし》を置き管理させる。坊令には、坊の中で行い正しく事務に堪える確《しっか》りした者を充てる。地方の土地は区画を定め、郡司には、国造の中から性質が清廉で事務に堪える者を選ばせる。

三、戸籍と計帳を作成し、公地を公民に貸し与える（班田収授の法）。五〇戸を里とし、里長一人を置く。里長は戸口を管理し農桑を割り当て、法に違反する者を取り締まり、賦役を督励する。

四、公民に税や労役を負担させる税の制度の改革（租・庸・調）をする。采女《うねめ》は郡《こおり》の小領《すけのみやつこ》以上の者の姉妹や子女で容姿端正の者を奉る。従丁一人、従女二人を従わせる。

尚、采女とは天皇や皇后に仕え、食事など、身の回りの雑事の世話を専門に行う女官である。ここで始めて「戸籍・計帳・班田収授法を造れ」とあり、班田収授法が出てくる。中央集権国家の根幹をなす制度が制定された。この月、使者を遣わし、郡国（郡は直轄地、国は豪族の支配地）に詔して武器庫を造らせた。そして蝦夷が帰順して来た。

二月十五日、民の投書を受けるための櫃《ひつ》を設け、訴えが聞き入れられない場合は備え付けの鐘をつかせた。天皇はこれら文をよくご覧になった。この月、高麗、百済、任那、新羅が揃って使いを遣わし調を奉った。

三月二日、東国の国司《くにつかさ》らに訓戒する詔を発せられた。「先に良家の大夫を東国八道に国司として遣わしたが、六人は法に従ったが二人はこれに違反した。……今前の勅にしたがって裁断する」と。十九日、東国より帰還した朝集使（国使）に対し、国司の失政を咎め、訓戒する詔を発せられた。朝集使は国司の務めの状況をつぶさに報告した。

三月二十日、皇太子（中大兄王）が「天に二日無く、国に二王なし、天下を一つに纏め、万民をお使いになるのはただ天皇のみ……」と奏上する。二十二日、「薄葬令」を制定し身分に応じて墳墓の規模などを制限した。民が貧しいのは無闇に豪勢な墓を造るからであるとして、王臣と庶民の墓の大きさなど定めた墓制を定め、また殉死を禁止した。垂仁天皇の御代で既に殉死は禁止されていたのにまたここで禁止令が出ているということは、その後また殉死が復活していたものと思われる。また上京の途上での馬の飼育請負を登録させ、不正を禁じた。市司《いちのつかさ》（市に出入りする商人より税を徴収する役人）と要路の渡守《わたしもり》（渡し場で税を徴収する者）に田地を与え、渡し賃の徴収などを止めさせた。物資の流通を円滑にする。

八月十四日、「部民廃止・百官位階の制定・地方政治の方針に関する詔」を渙発される。「……卿大夫、臣、連、伴造、氏氏《うじうじ》の人等は元の職を捨て、新たに百官を設け、位階を定めて官位を授ける。官に収めた田地は口分田として公平に民に給し、不公平のないようにする……。調賦《みつき》は男とし、仕丁は五〇戸に一人、国の境界を見て文書か図に書いて提出せよ、国・県の名はその時定める。国々の堤を築くべきところ、水路を掘るべきところ、開墾すべきところは公平に与えて工事させせよ」と詔される。

九月、小徳・高向玄理を新羅に遣わし、人質を差し出させると共に、新羅に任那の調を出させることを取り止めさせた。この年二月まで任那は高麗・百済・新羅とともに大和朝廷へ調を納めていた。

皇紀一三〇七（大化三）年一月十五日、高麗・新羅が使いを遣わして調を奉った。

四月二十六日、「この頃神の名、天皇の名が民に付けられ、民が分かれて臣・連の氏人となったり国造らに属したりする、……民心も整わず、国を治め難くなる。元々天皇の仁政に頼り、旧俗に馴染んでいる民は詔を待ちかねているであろう、故に皇子、群臣より諸々の臣に至まで調庸を碌《ろく》として与えよう」と詔される。

十二月晦、皇太子（中大兄）の宮に火災が起き、人々は怪しんだ。改革の実施者である中大兄を妨害しようとする者たちもいたのであろう。

この年、七種十三階の冠位を制定する。織、繡、紫、錦、青、黒の冠とその大小二階である。そして最下位に建武を加えた。この冠は大きな儀式、外国使臣の接待、四月、七月の斎会の際などに着用した。新羅が上臣大阿飡《だいあさん》金春秋《こんしゅんじゅう》（後の武烈王）らを遣わして博士小徳高向黒麻呂、小山中中臣連押熊を送り貢を献上する。金春秋は人質として留まった。またこの年、越後（新潟市）に古代城柵・渟足柵《ぬたりのき》を造り、柵戸《きのへ》（柵に配置した屯田兵）を置いた。

皇紀一三〇八（大化四）年四月一日、古い冠制を廃した。ただし、左右両大臣は古い冠を用いた。この年、唐が、高句麗を攻めた（第三次）が、攻略に失敗した。高句麗に脅威を感じ新羅が日本に使を遣わして調を貢じた。またも困ったときの日本頼みである。越後の磐舟柵（新潟県村上市）を造り蝦夷に備え、越と信濃の民を選んで初めて柵戸《きのへ》（城柵を守るために置かれた人戸）として配した。

皇紀一三〇九（大化五）年二月、前の冠制を改め冠位十九階を制定した。

第一大織、第二小織、第三大繡、第四小繡、第五大紫、第六小紫、第七大花上、第八大花下、第九小花上、第十小花下、第十一大山上、第十二大山下、第十三小山上、第十四小山下、第十五大乙上、第十六大乙下、第十七小乙上、第十八小乙下、第十九立身である。

【蘇我倉山田石川麻呂の悲劇】

三月二十四日、蘇我臣日向が右大臣・蘇我倉山田石川麻呂を「私の異母兄の麻呂は謀反を企てている、叛くことはそう遠くはないでしょう」と讒言する。天皇は大伴狛連らを遣わし虚実を尋ねられたが、麻呂大臣は「ご返事は天皇のお前で直に申し上げたい」と言った。天皇は兵を遣わし臣の家を包囲させた。麻呂大臣は長子の興志《こごし》の造った山田寺に入り「今自分は日向に讒言されて無謀に殺されようとしている。せめてもの願いは黄泉国に行っても忠を忘れないことである。安らかに終わりの時を迎えようと寺に来た。私は世の末まで決して我が君（天皇）を恨みません」と言い残して自決する。妻子ら死に殉ずる者八人であった。連座して殺されたものは田口臣筑紫、耳梨道徳《どうとこ》らの一四人、絞首九人、流刑一五人であった。しかし没収した私財の中には皇太子の書・重宝の上に「皇太子の物」と記してあった。皇太子は大臣の忠誠なることを知って深く後悔し悲しみ嘆かれた。

なお、蘇我倉山田石川麻呂は馬子の子・蘇我倉麻呂の子であり、蝦夷は伯父、入鹿は従兄弟、日向・赤兄・連子は兄弟である。「天皇弑虐事件」「乙巳の変」に続く蘇我一族の悲劇である。

四月二十日、小徳巨勢徳陀古《こせのとこたこ》臣に大紫の位を授け左大臣とし、小紫大伴長徳《おおとものながとこ》連にも大紫を授けて右大臣とした。

五月一日、小花下三輪君色夫《しこぶ》らを新羅に遣わされる。この年新羅王は沙喙部沙飡金多遂《さとくほうささんこんたすい》を遣わし人質とした。沙喙部は所属氏族、沙飡は官位である。従者三十七名と共に来朝する。

皇紀一三一〇（大化六）年二月九日、長門国司・草壁連醜経《くさかべのむらじしこぶ》が白雉を奉った。国人始め皆が「休祥（大きな吉祥）だ」と喜んだ。これが白雉への改元に繋がる。二月十五日、元号を大化から白雉《はくち》に改元する。天皇は「……英明の君がこのような祥瑞《しょうずい》を受けられるのは尤もであるが、不肖の自分がどうしてこれを受けるに価しようか。これは専ら自分を助けてくれる公卿百官それぞれ誠を尽くして制度を遵奉してくれるからである。故に公卿百官皆清く明らかな心を持って神祇を敬い、この吉祥を受けて、天下をいよいよ栄えさせて欲しい」と詔された。

皇紀一三一〇(白雉元)年四月、新羅が使を遣わして調を奉った。

この年、倭漢直県らを安芸国に遣わして百済船二艘を造らせた。

皇紀一三一一(白雉二)年三月十四日、丈六の繡仏《しゅうぶつ》(刺繡で仏像を表現)など完成し、十五日皇極上皇は法師たちを招いて斎会《さいえ》を催された。

六月、百済と新羅が使を遣わして調を奉り、貢物を献じた。

孝徳天皇の御代には、高句麗・百済・新羅からしばしば使者が訪れている。従来の百済の他に、朝鮮半島で守勢に立った新羅も人質を送ってきた。そして毎年調を貢じる。形骸のみとなっていた任那の調は廃止した。また多数の随員を伴う遣唐使を唐に派遣する。

十二月三十日、難波長柄豊碕宮(大阪市中央区)へ遷都する。

この年、新羅の貢調使が唐の国の服装で筑紫に来たので、朝廷では勝手に服装を変えたことを責めてこれを追い返す。左大臣巨勢徳陀《こせのとこた》は中大兄皇子に新羅征討を進言したが、これは採用されなかった。

皇紀一三一二(白雉三)年一月、班田収受が初めて実施される。戸籍・帳簿に基づいて、朝廷(政府)から受田資格を得た貴族や民へ田が班給(分け与える)され、死亡者の田は政府へ収公された。班給された田は課税対象であり、その収穫から租が徴収された。

四月、戸籍を造った。五十戸を里とし、里ごとに長一人を置いた。戸主は家長をもってあて、五戸をもって保(隣保団体)とする。うち一人は長として検察の役目をする。

この月、新羅、百済が使いを遣わし調を奉った。

九月、難波長柄豊碕宮(大阪市中央区)が完成し、ここを都と定めた。『日本書紀』には「その宮殿の状、殫《ことごとくに》諭《い》ふべからず」とあり、言葉では言い尽くせないほどの偉容をほこる宮殿であった。

皇紀一三一三(白雉四)年五月十二日、第二次遣唐使を送る。

第一船の大使は吉士長丹《きしのながに》、副使は吉士駒で、総勢一二〇人であった。第二船は大使高田首根麻呂、副使が掃守連《かにもりのむらじ》小麻呂で、同じく総勢一二〇人であった。中臣鎌足(藤原鎌足)の長男定恵《じょうえ》がこの一行に加わっていた。この遣唐使は唐の朝鮮半島の侵略に対応することが目的の一つであった。白雉四年に出発し白雉五年に帰朝する。ただし、第二船は往途で遭難し、高田首根麻呂ら多くが死んだ。

この年、中大兄皇子らが都を飛鳥京に戻すことを進言したが、天皇がこれを聞き入れられなかったので天皇と中大兄皇子との対立が深まり、中大兄皇子らは飛鳥河辺行宮《あすかかわべのかりみや》(奈良県高市郡明日香村稲渕)に移られる。

皇紀一三一四(白雉五)年一月五日、中臣鎌足に紫冠を授け、増封される。

二月、前年に続いて第三次遣唐使を送る。押使《すべつかい》(身分の高い使人)は高向玄理、大使に河辺麻呂、副使に薬師恵日を任じた。二船に分乗し、数ヶ月かけて新羅道を通り、山東半島北岸を通って長安に到着する。皇帝の高宗に拝謁するが、押使《すべつかい》の高向玄理は唐で客死する。

七月二十四日、前年の遣唐使弟一組の吉志長丹らが百済・新羅の送使と共に帰朝、筑紫に着く。長丹らは唐の皇帝に会い、多くの文書や宝物を得て帰国する。

十月十日、孝徳天皇が在位九年、五九歳で難波宮にて崩御される。在位九年と短かったが、この御世に大化の改新が行われ、遣唐使が派遣されるなど、激動の御世であった。そして、大陸の唐、半島三国との緊張関係が極に達している時期に崩御された。天皇が崩御されたこの日から、元号が再び使用されなくなり、以降皇紀一三四六（朱鳥元）年に朱鳥《しゅちょう》と定められるまで元号はなかった。高麗、百済、新羅が使いを遣わし弔い奉った。陵は大阪府南河内郡太子町にある大阪磯長陵《しながのみささぎ》である。

斉明《さいめい》天皇

第三十七代　世系三〇　在位六年

皇紀一三一四（白雉五〈六五四〉）年十月十日、孝徳天皇が崩御される。

翌皇紀一三一五（斉明天皇元〈六五五〉）年一月三日、皇極天皇が六二歳で飛鳥板蓋宮にて再び即位される。史上初の重祚である。政治は引き続き皇太子の中大兄皇子が執行された。

七月、北の蝦夷九九人・東の蝦夷九五人・百済の調使一五〇人を饗応される。そして、柵を守る蝦夷九人と津軽の蝦夷六人に冠位二階を授ける。

八月一日、第三次遣唐使で唐に渡った河辺臣麻呂らが唐から帰国する。

冬、飛鳥板葺宮に出火があって天皇は飛鳥川原宮に遷られた。奈良県明日香村川原に現存する川原寺（弘福寺）の地である。この年、高句麗、百済、新羅揃って使いを遣わし調を奉った。また、蝦夷、隼人が仲間を率いて服属し、朝貢した。新羅は別に及飡弥武《きゅうさんみむ》を人質として送り、また一二人の才伎者《てひと》（技芸に長ずる者）を奉った。

皇紀一三一六（斉明天皇二）年八月八日、高句麗が大使達沙《だちさ》、副使伊利之《いりし》ほか総計八一人を遣わし、調を奉る。

九月、高句麗へ、大使・膳臣葉積《かしわでのおみはつみ》、副使・坂合部連磐鍬《さかいべのむらじいわすき》らの使を遣わす。

この年、飛鳥の岡本（飛鳥雷丘）に宮地を定め、後の飛鳥岡本宮を造営する。折からの高句麗、百済、新羅の使いをここで幕を張って饗応された。多武峯《とうのみね》の頂上に垣を築き、高殿・両槻宮《ふたつきのみや》をお立てになる。そして香具山の西から石上山《いそのかみやま》まで溝を掘られた。

皇紀一三一七（斉明天皇三）年九月、孝徳天皇の皇子・有間皇子が、父・孝徳天皇の崩御後、政争に巻き込まれるのを避けようと、病を装って紀伊の牟婁湯《むろゆ》（白浜温泉）へ退避される。

皇紀一三一八（斉明天皇四）年一月十三日、大繡《だいしゅう》・左大臣の巨勢徳太が死去する。

四月、阿倍臣比羅夫が蝦夷に遠征する。降伏した蝦夷の恩荷《おが》を渟代（能代）・津軽二郡の郡領《ぐんれい》（中央から派遣される地方官）と定めた。七月には蝦夷二百余人が朝献する。

七月四日、蝦夷が二百人余り朝廷に参上し物を奉った。常にもまして多かった。

十月十五日、天皇は紀の湯に行幸された。

十一月三日、留守官をしていた蘇我赤兄《あかえ》が飛鳥に残っていた有間皇子に近付き、斉明天皇や中大兄皇子の失政を糾弾し、自分は皇子の味方であると告げ、暗に謀反を唆《そそのか》す。皇子は喜び、斉明天皇と中大兄皇子を打倒するという自らの意思を明らかにした。赤兄は蘇我馬子の子・蘇我倉麻呂の子であり、馬子の孫に当たる。五日、蘇我赤兄が有間皇子の謀反を通報する。赤兄は皇子に謀反を嗾《けしか》け、それを密告している。何らかの手柄を作りたかったのか、皇子を陥れたかったのかよく分からない。九日、有間皇子は中大兄皇子に尋問され、「全ては天と赤兄だけが知っている。私は何も知らぬ」と答えられた。翌々日の十一日に藤白坂で絞首刑に処せられた。一九歳であった。藤白神社の境内には、有間皇子を偲んで有間皇子神社（境内社）が創建されている。

皇紀一三一九（斉明天皇五）年一月三日、天皇は紀の湯から帰られた。三月、阿倍比羅夫に船軍一八〇艘を率いて蝦夷国を討たせる。阿倍比羅夫は飽田（秋田）・渟代二郡の蝦夷二四一人とその虜三一人、津軽郡の蝦夷一一二人とその虜四人、胆振鉏《いぶりさい》（道南から道央にかけての地域）の蝦夷二〇人を一つの場所に集めて饗応し禄を与えた。後方羊蹄《しりへし》に郡領《ぐんれい》を置き、阿倍比羅夫はまた北海道の北海岸や樺太の粛慎《みしはせ》と戦って帰り、虜四九人を献じる。粛慎国は満州、沿海州にあった国であり、この時代に阿倍比羅夫が樺太まで出かけている。阿倍氏は古くから越国や北陸道方面の統治で活躍した氏族である。斉明天皇の御世は、盛んに北の蝦夷を支配下におこうとした時代であり、越国国守の阿倍比羅夫が数回の蝦夷・粛慎討伐に出征して活躍した。

七月三日、坂合部連石布《いわしき》、津守連吉祥《きさ》を第四次遣唐使として唐に遣わす。坂合部石布は遭難・漂流し、不幸にして漂着したところの原住民に襲撃され死亡する。津守連吉祥らは無事唐に到着した。九月三十日、津守連吉祥らは皇帝・高宗に謁見し、陸奥の蝦夷男女二人を唐の天子にお目に掛ける。十一月一日、遣唐使、皇帝に謁見したのち、冬至の儀式において、日本の遣唐使の風采挙措《ふうさいきょそ》が、当然のことではあるが、最も立派で優れていたとの評価を受ける。

皇紀一三二〇(斉明天皇六)年一月一日、高句麗の使人乙相賀取文《おつそうがすもん》ら一〇〇人余りが筑紫に着いた。

三月、阿部臣を遣わし、船軍二百艘を率いさせて粛慎国《みしはせこく》を討たせる。

五月八日、高句麗の使人乙相賀取文らが難波の館に着いた。この月、皇太子(中大兄皇子)が初めて漏剋(水時計)を造り、民に時を知らせるようにした。この漏刻は現在大津市の近江神宮に保存されている。阿部引田臣は蝦夷五〇余人を奉った。そして粛慎人四七人が饗応される。

七月十六日、高句麗の使人乙相賀取文らが帰途につく。覩貨羅人《とからのひと》(インドシナ人)乾豆波斯達阿《けんずはしだちあ》は帰国に当たって、送使に請い「再び日本に来てお仕えしたい、ついては妻を残して参ります」といい、一〇人余りと西海への帰途につく。

【百済滅亡】

この月七月、百済が唐・新羅連合に滅ぼされる。大量の亡命者が日本に来る。高句麗法師・道顕の『日本世紀』にも「七月、新羅の金春秋（太宗武烈王）は唐の大将軍・蘇定方《そていほう》の手を借りて、百済を挟み撃ちにして滅ぼした」とある。新羅からの救援要請を受けて唐が出兵し、百済は唐・新羅連合軍に滅ぼされる。唐は百済の旧領を郡県支配の下に置いたが、すぐに百済の遺民による反抗運動が起きる。新羅は近隣諸国を攻めるのに唐の軍を引き入れる。そしてその唐の属国になるのが常で、これがこれからも続く。

九月五日、百済の建率沙弥覚従《さみかくじゅう》らが来日して、「今年七月、新羅は力を頼んで勢いをほこり、他と親しまず、唐人を引き入れて百済を転覆させた。君臣みな虜《とりこ》にされ、掠奪され殆ど残るものもありません」と奏上する。百済の王義慈、妻、王子、臣など五〇余人が拉致され唐に連れ去られた。しかし将軍・鬼室福信《きしつふくしん》は百済復興のために戦っていることを伝える。

十月、鬼室福信が佐平貴智《きち》らを遣わして唐の俘虜百余人を献上し、援兵を求め、同時に皇子の扶余豊璋の帰国を請う。天皇は百済を助けるための出兵を命じ、また、礼を尽くして豊璋を帰国させるよう指示された。

十二月二十四日、天皇は福信の願いを入れ、軍器準備のため、難波宮へ行幸される。

皇紀一三二一（斉明天皇七）年一月六日、天皇は朝廷の軍船で自ら西に向かって出征され、救援を指揮するために筑紫に滞在された。天皇自らのご出征は仲哀天皇、神功皇后以来凡そ四〇〇年振りのことであった。

三月二十五日、朝廷軍船団が筑紫の那大津《なのおおつ》（博多港）に到着する。

五月九日、天皇は朝倉橘広庭宮《あさくらのたちばなのひろにわのみや》にお移りになった。この時、朝倉の社《やしろ》の木を切り払って宮を造られたので、雷神が怒って御殿を壊した。また大舎人《おおとねり》や近侍の者たちに病んで死ぬものが多かった。二十三日、耽羅（済州島）が初めて王子の阿波伎《あわぎ》らを遣わして朝貢する。

この月、白村江の戦い第一派一万余人が出陣する。船舶一七〇余隻で指揮官は阿曇連比羅夫、狭井檳榔《さいのあじまさ》、朴市秦《えちはたの》造《みやつこ》田来津《たくつ》であった。豊璋王を護送する先遣隊である。

七月二十四日、斉明天皇が在位六年、六八歳で朝倉宮にて崩御される。中大兄皇子が第三十八代天智天皇として即位（但し称制）される。半島で百済が新羅・唐に攻められ存亡の危機にあり、百済救援のための出兵準備をしている最中の崩御であった。

斉明天皇はまた東北地方と北海道の蝦夷討伐を盛んに行われた。そして、朝鮮半島の高句麗から朝貢を受けるが、晩年は百済が新羅・唐連合軍に滅ぼされたので、その百済を復興するための出兵準備をされ、その出兵直前に六八歳で筑紫にて崩御された。重祚された後の斉明天皇としては六年の在位であった。この御世の重臣は巨勢徳多（皇紀一三一八〈斉明天皇四〉年死去）と中臣鎌足であった。

十一月七日、斉明天皇の殯の儀が飛鳥川原宮で行われた。陵は越智崗上陵《おちのおかのえのみささぎ》である。宮内庁は奈良県高市郡高取町大字車木にある車木ケンノウ古墳（円墳、直径約二十三間・四五ｍ）が皇極・斉明天皇陵としている。

天《てん》智《ち》天皇

第三十八代　世系三〇　在位一〇年（称制期間を含め）

皇紀一二八六（推古天皇三十四）年、舒明天皇の第二皇子として誕生され、母は皇極天皇（重祚して斉明天皇）である。一般には中大兄皇子《なかのおおえのおうじ》として知られる。皇后は異母兄・古人大兄皇子の娘・倭姫王で、姪に当たる。皇后との間に皇子女はない。

皇紀一三二一（斉明天皇七〈六六一〉）年七月二十四日、斉明天皇が崩御される。

この月七月、唐の蘇定方と突厥の王子・契苾加力《けいひつかりき》らが水陸両道から進撃し高句麗の城下に迫った。皇太子（中大兄は長津宮（博多大津）に移られ派遣軍の指揮を執られた。

八月、前軍の将軍阿曇比邏夫連ら、後軍の将軍阿倍引田比邏夫らを遣わし、武器や食料を送らせて百済を救援させる。百済でも、鬼室福信・黒歯常之《こくしじょうし》らを中心に、遺臣らが百済復興の兵をあげ、日本に滞在していた太子の豊璋王の帰国と救援を請う。皇太子の中大兄皇子はこれを受け容れられた。

九月、百済の王子・豊璋は織冠《おりもののこうぶり》を授与され、多臣蔣敷《おおのおみこもしき》の妹をその妻にする。そして狭井連檳榔《さいのむらじあじまさ》、朴市《えち》秦造《はたのみやつこ》田来《たく》津《つ》に兵五千を付けて豊璋を本国に護り送らせた。

皇紀一三二二（天智天皇元〈六六二〉）年、中大兄皇子は、天皇崩御の後、即位せずに政務を執る所謂「称制」を七年続けられる。半島とは交戦状態にあり、斉明天皇は崩御されたが、天皇として正式に即位しないで政務を執る「称制」

という立場をとられた。

一月二十七日、百済の佐平鬼室福信に矢一〇万隻・糸五百斤・綿千斤・布千端（反）・鞣《なめし》革千張・稲種三千石を賜る。なお、（布千端）の端は反とも書き、一端は一着分の幅・丈の大きさで、一斤は〇・六kgである。

三月四日、百済王・扶余豊璋に布三百端を賜った。この月、唐・新羅が高句麗を討った。高句麗が日本に救援を求めたので、日本は将兵を送って疏留城《そるじょう》に陣を敷いた。このため唐軍はその南境に入れず、新羅はその西の砦を落とせなくなった。

五月、大将軍阿曇比邏夫らが軍船一七〇艘を率いて豊璋らを百済に送り、勅命で豊璋に百済王位を継がせた。百済の王位決定権は日本の朝廷にあった。

六月二十八日、百済は達率万智らを遣わして、調を奉った。

皇紀一三二三（天智天皇二）年二月二日、百済は達率金受《こんじゅ》らを遣わし調を奉った。この頃新羅人が百済の南部四州を襲い焼き討ちにして徳安などの要地を奪う。

【鬼室福信の処刑】

三月、将軍上毛野君稚子《わかこ》らを遣わし、二万七千の兵を送って新羅を討たせた。

六月、上毛野君稚子らは新羅の沙鼻《さび》、岐奴江《きぬえ》の二つの城を奪取した。この月、百済王豊璋は、将軍・鬼室福信に謀反の疑い有りとの讒言を信じ、これを誅殺した。鬼室福信の首級を塩漬けにして晒し首にする。福信は百済滅亡の後、復興を図って戦っていた将軍であり、帰国したばかりの王・豊璋には判断できなかったはずである。新羅に内通した臣下の者の讒言であろうが、百済の明暗、ひいては日本の明暗をも分けた大事件であった。日本では今も滋賀県日野町の鬼室神社に鬼室福信が祀られている。

八月十三日、新羅は百済王が自分の良将を斬ったことを知り、直ちに州柔城《つぬ》に攻め入った。二十七日、将軍阿曇比羅夫が戦死する。安曇野市の穂高神社に祀られている。二十八日、朝鮮の白村江（錦江近郊）において日本・百済の連合軍と、唐・新羅連合軍との間で、海・陸の戦闘が開始される。日本の遠征軍は白村江で唐の陣営に深入りし、唐・新羅の連合軍に挟撃され、大敗して壊滅した。百済の豊璋は船で高句麗に逃げたが、百済王族は唐の都に連行された。日本はこの戦役に敗れ朝鮮半島での立場が弱まり、大国・唐の脅威に曝されることとなった。これから半島における覇権が次第に日本から唐に移行する。

九月七日、百済の州柔城（忠清南道にあった百済の城）が落ち、唐に降伏する。国人は「州柔城は落ちた、如何ともし難い、……弖礼城《てれじょう》に行って日本の朝鮮駐留将軍たちに会って今後のことを相談しよう」と言った。日本の水軍と佐平の余自信《よじしん》ほか一般の民一行は、弖礼城に着いて直ぐに日本に向かった。日本は亡命してきた百済人を受け入れ、日本に住まわせた。

皇紀一三二四（天智天皇三）年二月九日、皇太子は弟の大海人皇子に詔して、冠位の階名を増やし、氏上《このかみ》、民部《かきべ》、家部《やかべ》（豪族諸氏の私有民）などを定められる。

三月、百済王の善光らを難波に住まわせた。善光は百済国最後の王である義慈王の子で、日本の氏族である善光が祖であり、持統天皇の御世に百済王の氏姓を賜与された。

五月十七日、唐の鎮将（朝鮮占領軍司令官）の劉仁願が郭務悰《かくむそう》を遣わし上奏文と貢を奉った。但し、この時は郭は入京を許されなかった。冊封を要求してきたものと思われる。

十月一日、中臣鎌足ら、郭務悰に天皇からの贈り物を渡す。四日、郭務悰らを招き晩餐の宴を催す。

十二月十二日、日本に半年強滞在していた唐の郭務悰が日本を離れ帰国する。結局天皇に謁見も出来ず帰って行った。冊封を要求していたであろうから日本としては受け入れることはなかった。

この年、称制を執っていた中大兄皇子は、唐・新羅が更に博多湾から大宰府に攻め込むことを想定し、筑紫に大堤を築き水を蓄え、水城《みずき》を築城した。そして対馬・壱岐・筑紫に防人を置いて狼煙《のろし》台を設置し、唐の侵略に備えた。

皇紀一三二五（天智天皇四）年二月、百済が滅亡して、渡来した百済人多数に官位の階級を検討する。そして百済の民の男女四百人余りを近江国神前郡（神崎郡）に住まわせた。三月、神前郡に住まわせた百済人に田を支給される。この時点で百済人は天皇の臣民となった。

八月、達率答炑春初《だちそちとうほんしゅんそ》を遣わし長門国に城を築かせた。尚、達率とは、百済の官位で、最高官位である「佐平」（一品官）に次ぐ高官である。

九月二十三日、唐が劉徳高らを遣わし、二五四人来朝した。十一月十三日、彼等を饗応し物を賜り、十二月に帰って行った。

この年、戦後処理の使節として来日していた劉徳高の帰国に伴って、守君大石《もりのきみおおいわ》、坂合部石積《さかいべのいわつみ》らを第五次遣唐使として派遣する。守大石は先の有間皇子の変に連座して上野国への流罪となったが、ほどなく赦され、斉明七年には百済救援のための水軍の将として派遣されている。また、守氏は景行天皇の皇子・大碓命の後裔を称する美濃の豪族である。坂合部石積は以前白雉四年孝徳天皇の御世に留学生として唐にわたっている。

皇紀一三二六（天智天皇五）年一月十一日、高句麗が前部能婁《ぜんほうのうる》らを遣わし朝貢する。この日、耽羅（済州島）も王子・姑如《こにょ》等を遣わし朝貢した。唐の脅威を感じ日本に朝貢している。六月四日、高句麗の前部能婁《のうる》が帰途についた。

七月、大洪水が発生し、租・調を免除される。

十月二十六日、高句麗が臣の乙相奄鄒《おつそうえんす》らを遣わし調を奉った。高句麗や耽羅が唐の脅威に晒され、頻繁に日本に朝貢している。またこの冬、百済人男女二千人を東国に住まわせ、僧・俗を問わず三年間の食を賜った。

この年、唐が高句麗に侵攻し、七年に高句麗が滅亡する。筑前や対馬など各地に水城を築き、防人を置き烽《のろし》火台を設置したうえに、大津宮に遷都される一方、部曲《かきべ》（豪族の私有民）を復活させて豪族優遇策をとられるなど、引き続き国土防衛を中心とした政策を採られる。

皇紀一三二七（天智天皇六）年二月二十七日、中大兄皇子は群臣に「斉明天皇の勅を承って、石槨《いわき》（棺を納める石部屋）の役（石室墳墓造営の労役）は課さない、これから後もそうして欲しい」と語られ、以後は大きな陵は造られなくなる。前方後円墳が造られることはなくなった。

三月十九日、中大兄皇子は都を近江国大津へ移された。白村江の戦いの後に、唐や新羅が、日本へ侵攻して来ることを懸念し、都を難波から内陸の近江京へ移し、防衛網を充実された。そして伊吉博徳《いきのはかとこ》を遣唐使に派遣する。しかし後の天武天皇は飛鳥清御原に遷都されたので、この近江宮は僅か五年間しか使用されなかった。緊急事態を想定しての遷都であった。

七月十一日、耽羅が佐平椽磨《でんま》らを遣わして朝貢した。耽羅も唐の脅威を感じての朝貢である。

十月、高句麗の大兄（高句麗の官位）の男生《なんしょう》が国を出て城を巡り歩いた。残った二人の弟が側近の士大夫に唆《そそのか》され、帰ってきた男生を城に入れず締め出してしまう。男生は唐に走り高句麗を滅ぼそうと謀る。

十一月九日、唐の百済鎮将劉仁願が、熊津都督府（唐が百済占領後に置いた五都督府のひとつ）の役人に命じて、白村江の戦いでの日本側の捕虜を筑紫都督府に送らせた。

この月、国防のため大和に高安城、讃岐国山田郡に屋嶋城、対馬国に金田城を築く。

皇紀一三二八（天智天皇七）年一月三日、称制しておられた中大兄皇子がようやく天智天皇として即位される。四三歳であった。そして弟・大海人皇子を皇大弟・東宮とされる。この月、勅命により中臣鎌足が近江令を制定する。大和朝廷の最初の律令法典で、全二二巻からなり律令制導入へ至る先駆的かつ重要な法令となり、後の飛鳥浄御原令や大宝律令へ影響を与えた。律は刑法、令は行政法である

二月二十三日、天皇は舒明天皇の第一皇子・古人大兄皇子（異母兄）の娘・倭姫王（既に妃である）を立てて皇后とされる。四月六日、百済が末都師父《まつしぶ》らを遣わして調を奉った。十六日に帰っているので、この遣いは太宰府までしか来ていない。既に唐に亡ぼされた百済がどんな状況にあるのかは不明である。植民地のような存在であろう。

九月十二日、新羅が金東厳《こんとうげん》を遣わし調を奉る。二十六日、中臣鎌足、新羅の上臣大角干庾信《だいかくかんゆしん》に船一艘を贈る。

【高句麗の滅亡】

十月、唐・新羅連合軍が高句麗を滅ぼす。宝蔵王以下高句麗の臣僚たちは降伏し唐の長安へ連行されて、高句麗は滅亡した。一年前に大兄の男生を城から閉め出した事件も関係しているものと思われる。天智天皇五年に高句麗からの使者の一員として来日していた若光王は、高句麗が滅亡したため、帰国の機会を失った。霊亀二年武蔵国に高麗郡が設置された際、朝廷は東海道七ヶ国から一七九九人の高句麗人をここに移住させたが、若光王もその一員として移住したものと推定される。

十一月一日、新羅王に絹五十四、綿五百斤、鞣《なめ》し革百枚を贈られる。半島情勢が緊迫している中、複雑な外交が行われていたようである。この頃、唐は朝鮮半島北中部から満洲南部の高句麗領を管理（占領）するために、平壌に「安東都護府」を設置する。高句麗は唐の一地域となる。

この年、神器の草薙剣盗難事件が起きる。新羅の僧が神器の草薙剣（天叢雲剣）を国外に持ちだそうとする。途中風雨にあい、道に迷って僧は帰って来る。

皇紀一三二九（天智天皇八）年一月九日、蘇我赤兄臣を筑紫宰（太宰師）に任じた。赤兄は有間皇子を唆《けしか》けて謀反を起こさせ、それを密告して皇子を殺させた人物である。

三月十一日、耽羅（済州島）が王子・久麻伎《くまき》らを遣わして調を奉った。そしてこの月の十八日、耽羅王が帰国するに当たって五穀の種を賜った。この使いも短期間で太宰府止まりだった。

九月十一日、新羅が使いを遣わし調を奉った。新羅は日本の出方を見ている。

【藤原氏の誕生】

皇紀一三二九（天智天皇八）年十月十日、天皇は病に倒れた中臣鎌足を見舞われた。十五日、皇大弟の大海人皇子を勅使として鎌足内大臣の邸に遣わし、大織の冠と大臣の位を授けられた。そして特別に「藤原氏」なる姓を賜った。天皇から姓を賜ることは最高の栄誉である。「藤原氏」、「藤原家」の祖となり、この藤原家が以後歴代天皇の中宮や妃を出し、外孫の天皇も多く誕生し、太政大臣以下の朝廷高官の地位に就き、国司《くにつかさ》などの地方の行政官も多く輩出する。日本の歴史上長きに亘って、良きにつけ悪しきにつけ、天皇の側近としての役割を果たしていくことになる。十六日、藤原内大臣（中臣鎌足）が逝去する。

十二月、近江宮内の大蔵や斑鳩寺で火災が発生する。

この冬、生駒山地南端に高安城を造って畿内の田税をここに集める。

この年、河内直鯨らを遣唐使に任ずる。唐からは唐使郭務悰《かくむそう》ら二千余人来日する。これだけの人間を遣わすということは日本を滅ぼすことを企んでのことだったのであろうか、今となっては分からない。少なくとも、唐への服属を要求しての示威行動だったのであろう。また、百済から来ていた佐平余自信ら七百余人を近江国蒲生郡に移住させた。

皇紀一三三〇（天智天皇九）年一月十四日、朝廷での礼儀を定め、道路で貴人と行き会ったときの作法を定める。そして誣告と流言を禁止される。


【庚午年籍】

二月、新たな戸籍、「庚午年籍《こうごねんじゃく》」を作成し、盗人と浮浪者を取り締まった。日本で最初の全国的な戸籍である。正倉院文書に古代の戸籍の一部が残されている。近年、秋田城跡、多賀城跡、下野国府跡などから漆紙文書が、また周防国府などからは戸籍木簡が出土しており、赤外線による解読作業がおこなわれている。

蒲生郡日野に行幸され、宮の造営を視察された。そして高安城に穀と塩を蓄え、持久戦に備え、長門に一城、筑紫に二城を築き、外敵の侵攻に備えた。

四月三十日、法隆寺が火災で全焼する。法隆寺は推古十五年に推古天皇と聖徳太子により創建された寺院である。

九月一日、阿曇連頰垂《つらたり》を新羅に遣わす。

この年、水碓（水力の臼）を造って鉄を鋳た。


【日本の国名】

またこの年、唐の正史『新唐書』に、「この年、倭の字を悪《にく》み、更めて日本と号す」と記されており、ここで日本が「倭」という字を嫌って、「日本」という国名に改めたと書かれている。日本では古くから自国を「わ」と呼んでおり、支那人がこれに「倭」(小人)という蔑称文字を充てていた。ここで日本はこの蔑称「倭」を改めて、「日本」という国名を使うことを決めて、唐に正式に外交通知をしている。同様に、半島の正史『三国史記・新羅本記』にも「文武王十(六七〇)年十二月……倭国、国号を日本と改める。自らいう『日の出るところに近いので日本を国号とした』」とある。

皇紀一三三一(天智天皇十)年一月五日、第一皇子・大友皇子(弘文天皇)を史上初の太政大臣に任命された。そして蘇我赤兄臣を左大臣に、中臣金連を右大臣にされた。中臣金は中臣鎌足の従兄弟にあたり、天智天皇、大友皇子(弘文天皇)に重臣として仕えたが、後に壬申の乱で敗れて処刑された。悲運の人である。中臣鎌足らが編纂した初めての律令法典である近江令が施行される。九日、高句麗が上部大相《じょうほうたいそう》可婁《かる》らを遣わして調を奉った。十三日、百済にいる鎮将劉仁願が李守真《りしゅしん》らを遣わし上奏文を奉った。

この月、前々年天智天皇八年百済から来ていた佐平余自信ら七百余人を近江国蒲生郡に移住させたが、この月、佐平余自信ら亡命貴族五〇余人に大錦下など、位に応じた官位を授けた。学頭職(文部大臣)の鬼室集斯《きしつしゅうし》には小錦下を授けた。この鬼室集斯は讒言で処刑された百済の将軍・鬼室福信の息子で、滋賀県蒲生郡日野町にある鬼室神社に鬼室福信とともに祀られている。

二月二十三日、百済が台久用善らを遣わし調を奉った。唐の属国としての百済からの使人である。

三月三日、黄書造本実《きふみのみやつこほんじつ》が、物の地面に対する角度や傾斜(水平、垂直)を確認する器具の水臬《はかり》(水準器)を献納する。

四月二十五日、漏刻(水時計)を台の上に置き、初めて鐘・鼓を打って時刻を知らせた。この漏刻は天皇が皇太子の時代にご自身でお造りになったものである。現在大津の近江神宮に所蔵されている。

六月十五日、百済が羿真子《げいしんし》らを遣わして調を奉った。この月に新羅も使いを遣わし調を奉った。

七月十一日、唐人の李守真、百済の使人らが帰途についた。

八月三日、高句麗の大相可婁らが帰途についた。

九月、天皇は病気になられる。

十月七日、新羅が沙飡金万物《ささんこんまんもつ》らを遣わし調を奉った。十七日、天皇の病が重くなり、弟の大海人皇子を病床に呼び寄せて、後事を託そうとされた。しかし、大海人皇子はここで皇太弟を辞され、出家を願い出られた。天皇はこれを許され、代わりに大友皇子を皇太子とされた。大海人皇子は落飾して、吉野に下向される。

十一月十日、対馬国司が大宰府に報告する。「百済救援の闘いで唐の捕虜となった沙門道久《どうく》、筑紫君薩野馬《さちやま》ら四人が唐から帰国し『唐の郭務悰ら六〇〇人、送使沙宅孫登《さたくそんとう》ら一四〇〇人、総計二〇〇〇人、船四七隻に乗って比智島《ひちしま》に着きました。我らの人も船も多い。すぐ向こうに行ったら恐らく向こうの防人は驚いて矢を射掛けて来るだろう。先ず道久らを遣わして前もって来朝の意を明らかに申させん』と申しております」と。戦をするつもりはない、話し合いたいとの趣旨であろう。それにしては陣容が多すぎる。二十三日、大友皇子、内裏西殿の仏像の前で、左大臣蘇我赤兄臣、右大臣中臣金連、蘇我果安《はたやす》臣、巨勢人《こせのひと》臣、紀大人《きのうし》臣の六人が「心を同じにして天皇の勅を承ります。もし違背することがあれば天罰が下るでしょう」と誓う。

十二月三日、天皇は称制期間を含め一〇年の在位にして四六歳で崩御される。

白村江の戦いで唐・新羅連合軍に敗れ、国が危機に陥り、後処理に追われ、同時に国の立て直しに尽力された。

陵は京都市山科区御廟野町の山科陵である。

先の大戦・大東亜戦争の戦闘行為が終結した昭和二十年八月、昭和天皇は最初にこの時の宮である近江神宮に勅使を派遣され、ご祭神の天智天皇にお詫びとこれからの復興祈願をされた。

弘文《こうぶん》天皇

第三十九代　世系三一　在位半年

皇紀一三〇八（大化四〈六四八〉）年、天智天皇の第一皇子として誕生された大友皇子で、母は伊賀の郡司の娘・伊賀采女宅子娘《いがのうねめやかこのいらつめ》である。

皇紀一三三一（天智天皇十〈六七一〉）年一月二日、二四歳で太政大臣となる。

十二月三日、天智天皇が崩御される。

十二月五日、皇太子の大友皇子が弘文天皇として即位される。

皇紀一三三二（弘文天皇元〈六七二〉）年三月十八日、使いを筑紫に遣わし、天皇崩御を唐の郭務悰らに告げた。

三月二十一日、郭務悰らはみな喪服を着て三度東に向いて拝礼した。そして唐の国書と貢を奉った。

五月二十八日、高句麗が使いを遣わし調を奉った。

六月二十四日、壬申の乱が起きる。天智天皇崩御並びに弘文天皇即位から半年のことである。全国の豪族や国司が朝廷（大友皇子・弘文天皇）方と大海人皇子方に分かれての戦闘になった。大友皇子（弘文天皇）の朝廷方に対し、吉野の大海人皇子（天武天皇）が地方豪族の一部を味方に付けて反旗を翻した。反乱者である大海人皇子が勝利し、天皇方が敗北した。

大友皇子が「大海人皇子を今のうちに滅ぼしておかないといけない、後々大変なことになる」との側近の忠告を容れ、軍備を整えた上で、吉野の大海人皇子に刺客を放ったため、大海人皇子も立たざるを得なかったとも言われている。六月三十日、壬申の乱が勃発した直後、唐の郭務悰は、甲冑・弓矢、絁《あしぎぬ》（太い糸で織った絹布）・布・綿を下賜され帰還した。

皇紀一三三二（弘文天皇元・天武天皇元〈六七二〉）年七月二十三日、朝廷方が壬申の乱に敗れ、天皇は自害され崩御される。僅か半年の在位で宝算二五歳であった。

前年冬の天智天皇崩御から壬申の乱に敗れ天皇が自害されるまで、その御世は約半年と短く、即位に関連する儀式を行うことは出来なかった。そのため、以前は歴代天皇としては数えられておらず、明治三年になって弘文天皇と追号されて天皇として認められた。弘文天皇を天皇と認めれば、臣下の者である大海人皇子が反逆し天皇を滅ぼした上で、自らが即位されるという、日本の歴史上唯一の例となる。明治三年と言えば明治天皇はまだ一八歳であり、明治政府はこれをどう考えたのか疑問が残る。やはり即位しておられなかったと考えるべきではないだろうか。壬申の乱の歴史的意味には限りなく深いものがある。

陵は、滋賀県大津市御陵町にある長等山前陵《ながらのやまさきのみささぎ》である。

天《てん》武《む》天皇

第四十代　世系三〇　在位一四年

皇紀一二九一（舒明天皇三〈六三一〉）年、舒明天皇の皇子として誕生された大海人皇子《おおあまのおうじ》で、母は皇極天皇であり、天智天皇の同母弟である。

皇紀一三二八（天智天皇七）年一月七日、皇大弟となられる。

皇紀一三三一（天智天皇十）年十二月三日、天智天皇が崩御される。

天皇が崩御される直前、大海人皇子は皇大弟を辞され、出家して吉野にお入りになる。保有していた武器は悉く公に納められた。天智天皇の崩御後、七月二十三日、壬申の乱で大友皇子（弘文天皇）に勝利する。

皇紀一三三三（天武天皇二）年二月二十七日、壬申の乱の翌年、飛鳥浄御原宮《あすかきよみはらのみや》にて四三歳で即位された。

飛鳥浄御原宮を都とされた。『日本書紀』天武天皇元年の条に、「宮室を岡本宮の南に造る。即冬に、遷りて住まわれた。是を飛鳥浄御原宮《あすかきよみはらのみや》と謂ふ」とある。日本最初の律令である飛鳥浄御原令もここで編纂された。

即位された天皇は、妃の鸕野讃良皇女《うののさららのひめみこ》（持統天皇）を皇后に立てられ、大臣を置かず、直接に政務を執られた。鸕野讃良皇女の父は天智天皇（中大兄皇子）、母は蘇我遠智娘《そがのおちのいらつめ》で、天皇の姪に当たり、母方の祖父は蘇我倉山田石川麻呂である。皇后は壬申の乱のときから政治について助言されたという。皇族の諸王が要職を分掌し、所謂「皇親政治」を行われた。二十九日、壬申の乱で勲功のあったものにそれぞれ爵位を賜った。

四月十四日、大来皇女を伊勢神宮に遣わし斎王として仕えさせ、父の舒明天皇が創建された百済大寺を移して高市大寺とするなど、神道と仏教の振興政策を打ち出される。伊勢神宮については、壬申の乱での加護に対する報恩の念が特に強かった。

五月一日、才能のある者を適所に配置するようにと「官僚登用の制度に関する詔」を出される。

閏六月八日、耽羅国（済州島）、王子の久麻芸《くまぎ》、都羅《つら》、宇麻《うま》らを遣わして調を奉った。十五日、新羅も金承元《こんじょうがん》らの使いを遣わして即位の祝賀を述べた。

八月九日、伊賀国の紀阿閉麻呂《きのあへまろ》らに壬申の年の功労を表彰し恩賞を賜った。二十日、高句麗が邯子《かんし》らの使いを遣わし調を奉った。二十五日、新羅が遣わした即位祝賀使の金承元《こんじょうがん》ら中客以上の位の者二七人を京に呼ばれる。耽羅の使人は筑紫から帰国させた。しかし耽羅王には初めて日本の官位を授けた。

九月二十八日、金承元《こんじょうがん》らを難波で饗応され賜物を与え、十一月一日帰国させた。

皇紀一三三四（天武天皇三）年一月十日、百済王・昌成《しょうじょう》が薨じ、小紫の位を贈られる。

三月七日、対馬の国司・忍海造大国《おしぬみのみやっこおおくに》が「この国で初めて銀が産出しました」と銀を献納した。銀の産出は日本で初めてで、全ての神々に奉り、小錦以上の大夫たちにもあまねく賜った。

八月三日、忍壁皇子《おさかべのみこ》が石上神宮に赴き武器庫を点検整理される。

十月九日、天武天皇の皇女・大来皇女は初瀬の斎宮から伊勢の斎宮に移られた。初瀬は天照大神が初めて降臨したと伝えられる桜井市初瀬の與喜《よき》天満神社である。

皇紀一三三五（天武天皇四）年一月五日、初めて占星台を建てて、天体の観察・吉凶の占いを行った。

二月九日、大和、河内、摂津、山背、播磨、淡路、丹波、但馬、近江、若狭、伊勢、美濃、尾張らの国に「管内の民で歌の上手な男女、侏儒、伎人《くれびと》を選んで奉れ」と詔された。十五日、「天智三年に諸氏に賜った部曲《かきべ》（私有民）は以後中止する」と詔される。天智天皇が諸豪族との協調を考え、民部《かきべ》（豪族が私有した民）・家部《やかべ》（豪族諸氏の私有民）を認めたのを元に戻し廃止し、全て公民とした。豪族に対する大きな政策転換であった。

この月、新羅は王子・忠元《ちゅうげん》らを遣わして調を奉った。

三月二日、土佐大神（高知市一宮）から神刀一口を天皇に奉った。

この月、高句麗は大兄富干《ふかん》・大兄多武《たむ》らを遣わし調を奉った。新羅も使いを遣わし調を奉った。

四月九日、詔して、「諸国の貸税《いらしのおおちから》（種籾を貸与して利稲を払わせる）は、今後民の貧富をよく観察して、民を三階級に分け、中戸以下の者に貸与せよ」と命じられた。中戸とは二一歳以上六〇歳以下の健康な成年男子、つまり庸・調・雑徭《ぞうよう》・兵役などの課役の対象となる正丁《せいてい》が四人ないし五人いる戸である。十日、風神を龍田立野に、大忌神を広瀬河曲《かわわ》に祀られた。十七日、諸国に「今後漁業や狩猟をする者は檻や仕掛け罠などを造ってはならぬ、四月一日から九月三十日までは隙間の狭い梁《やな》を設けて魚を捕ってはならぬ（稚魚の保護）。また牛・馬・犬・猿・鶏の肉を食べてはならぬ。もし禁を犯した場合は処罰される」と詔された。魚の乱獲と動物の食用を禁止された。二十三日、種々の才芸のある者を選んで禄物を賜った。

この月、新羅の王子・金忠元が難波に着いた。

七月七日、大伴連国麻呂を大使とし、三宅吉士入石《いりし》を副使として新羅に遣わされる。翌年二月に新羅から帰国する。

八月一日、耽羅（済州島）の調使、王子久麻伎《くまき》が筑紫についた。二十五日、新羅の王子・金忠元が拝礼を終えて難波から帰途についた。二十八日、新羅と高句麗の調使を筑紫で饗応され、それぞれに禄を賜った。

九月二十七日、耽羅の王・姑如《くにょ》が難波に着く。

十月十六日、筑紫から唐人三〇人が来たので遠江国に住まわせた。

【天皇の称号】

皇紀一三三六（天武天皇五〈六七六〉）年、新しい都（藤原京）の造営を開始する。『日本書紀』と『古事記』の編纂作業が勅命により開始される。完成は崩御後のこととなった。天皇は、称号を「天皇」とし、日本の国号を改めて倭から「日本」とされる。前述の通り、このことは朝鮮半島にも大陸唐にも正式に通知された。

一月二十五日、「国司の任命に当たっては、畿内・陸奥・長門以外は全て大山（冠位十一階）の位以下の者を任ぜよ」と詔される。畿内・陸奥・長門を特別扱いしていることが分かる。特別扱いの内容ははっきりしないが、中央と重要な遠方を重視していたのであろうか。

二月二十四日、客の耽羅王に船一艘を賜った。

四月十四日、「畿外のもので朝廷に仕えたいと欲するものは、臣・連・伴造の子及び国造の子は許してよい。またこれ以外の民でも、才能の優れているものは許せ」と詔された。

五月、「南淵山、細川山は草木を切ることを禁ずる。畿内の山野で、以前から禁制のところは勝手に切ったり焼いたりしてはならぬ」と勅された。山林の管理は厳しい。自然は人間が征服するものではなく、共生するものという日本の自然観によるものであろう。

六月、大干魃があり、五穀は実らず百姓は餓えた。

七月八日、前年八月に来朝した耽羅の客が帰国した。

八月十六日、「国ごとに大祓をしよう、また国造は馬一匹、布一常を、郡司は太刀一口、鹿皮一張りを供え物に出すように」と詔された。国を挙げての雨乞いをされる。十七日、「死刑、没官、流刑は孰れも一級ずつ下げる。徒刑以下の罪は全て赦免とする」と大幅減刑の詔を発せされる。この日また諸国に勅して放生令（捕らえられている動物を放つ）を敷かれた。

九月一日、ようやく雨が降った。十日、王卿を畿内に遣わし、人別に兵器を調べさせた。常備を確認すると同時に治安維持のための状況把握をされた。二十一日、神官が「新嘗祭のための国郡《くにこおり》（神饌の新穀を献上すべき国郡）を占い、悠紀田《ゆきでん》は尾張国山田郡、主基田《すきでん》は丹波国加佐郡と決定した」と奏上する。大嘗祭《だいじょうさい》のとき臨時に造られる建物に悠紀殿と主基殿があり、悠紀殿に献上する米を作る田が悠紀田で、主基殿に献上する米を作る田が主基田である。

十月十日、大乙上物部連摩呂を大使として新羅に遣わされる。二十日、前月、人別に兵器を調べさせられたが、「諸王以下で位階初位以上の者は各人で武器を備えよ」と詔された。

十一月三日、新羅が沙飡金清平《ささんこんしょうびょう》を遣わして政を報告し、合わせて汲飡金好儒《きゅうさんこんこうぬ》らを遣わして調を奉った。粛慎《しゅくしん》（満州）人の七人も新羅の清平らに従って来朝した。十九日、畿内の国々に詔して放生令（捕獲した魚や鳥獣を野に放し、殺生を戒める儀式）を行わされた。二十三日、高句麗が大使後部主簿阿于《こうほうしゅぼあう》を遣わして調を奉った。

【新羅が朝鮮半島を統一】

この年、唐が西方で吐蕃（チベット）と戦争している隙に新羅が反乱を起こす。行政府に駐留する唐の役人や警備部隊を奇襲して殺害、旧百済領全域と旧高句麗領の南半分を合わせて朝鮮半島を統一することに成功した。地域としては現在の南北朝鮮を合わせた地域とほぼ一致する。新羅は唐を引き入れて百済と高句麗を滅ぼし、隙を見て唐の出先機関を襲撃し滅ぼしての統一であった。

皇紀一三三七（天武天皇六）年二月一日、前年十月に新羅に派遣された物部連摩呂が新羅から帰国する。

この月、種子島の人らを飛鳥寺の槻《つき》（ケヤキ）の木の下で饗応された。

三月十九日、前年十一月に来朝した新羅の清平ら一三人を京に召される。

四月十一日、杙田史名倉《くいだのふびとなくら》は天皇を誹りまつったと言うことで伊豆島に流刑となった。天皇に対する不敬は今では考えられないほど厳しく処罰された。十四日、新羅の清平を送ってきた送使の珍奈《ちんな》らを筑紫で饗応され新羅に帰した。主客は京まで招かれるが、その他の者は筑紫止まりと言うことになっていたのであろう。

五月三日、大博士百済人率母《そつも》に勅して大山下の位を授けられ、食封《じきふ》として三〇戸を賜った。食封とは公戸のうちから特定の戸《こ》を設定して封戸とし、そこからの租の半分、庸・調の全部、および仕丁を支給したものである。二十八日、勅して、「諸国の神社の田租は三分して、一を神に供え二を神主に分け与えよ」と詔された。

この月は干魃があり、畿内では雨乞いをする。

六月、東漢直《やまとのあやのあたい》らに「お前たちの仲間は今まで七つのよからぬことを行った。このため小墾田の御世の推古朝から近江の御世の天智朝まで常にお前達を警戒してきた。朕の世に於いては、お前たちが良からぬ事を行えば、罪の通りに処罰する」と詔される。七つの良からぬこととは何か凡の察しはつくが、天皇が詔されるくらいであるから余程のことである。半島の人間、特に新羅人の性癖は今と変わらないのであろうか。なお、東漢直は大和国高市郡を本拠とする帰化人系氏族で、応神天皇の御代に来朝した阿知使主《あちのおみ》の末裔という。文筆、工芸などに携わる帰化人を管轄する伴造《とものみやつこ》となって、蘇我氏勢力の重要な役割を果たした。

八月二十八日、耽羅が王子・都羅《つら》を遣わし調を奉った。

九月三十日、「本籍地に送られた浮浪者がまた戻った場合は、向こうでも此方でも課役を科せ」と詔された。課税逃れで居所を転々と移動する浮浪者に対する措置である。

皇紀一三三八(天武天皇七)年一月二十二日、耽羅人が入京を許され京に来る。

十月二十六日、「内外の文武官は、毎年、史《ふびと》(四等官の第四)以上の官人の中で、公平で仕事に忠実な者について優劣を評価し、昇進すべき位階を定めよ……」と詔された。

十二月、筑紫国で大地震があり、地面が広さ二丈(六m)、長さ三千余丈(九km)に亘って裂け、村々で多数の民家が壊れた。死者の数などの記録はないが、相当数に上ったことは間違いない。

この年、新羅王は沙飡《ささん》金消勿《こんしょうもつ》らを遣わし今年の調を奉ったが、途中で暴風に遭い到着しなかった。

皇紀一三三九(天武天皇八)年一月五日、新羅使の消勿の一行で漂着した送使の加良井山らが筑紫に来て京に向かう。

二月一日、高句麗は上部大相《だいそう》桓父《かんぷ》らを遣わし調を奉った。四日、「十年(二年後)に親王、諸臣、百寮の人達の武器や馬の検査を行うので予め準備しておくように」と詔された。

この月、貧者に施しをされ、餓え凍えた者たちに物を賜った。

三月二十二日、前月に続き、貧しい僧尼に絁《ふとぎぬ》、綿、布を施される。

四月五日、「食封《じきふ》を与えられている諸寺の由緒を調べ、加えるべきは加え、止めるべきところは止めよ」と詔された。そしてこの日、諸寺の名を選び定めた。食封とは一定の戸を封戸と指定し、そこからの租の半分と庸調のすべて、および仕丁の労役を徴収できることである。

五月五日、皇子達が「吉野の盟約」を行う。吉野へ行幸し、皇后及び草壁皇子・大津皇子・高市皇子・忍壁皇子(以上は天武天皇の皇子)・河嶋皇子・志貴《しきの》(芝基)皇子《みこ》(以上は天智天皇の皇子)に詔され、草壁皇子を次期天皇とし、お互い助け合って相争わない事を誓わせた。

六月二十三日、七月六日と雨乞いをする。七月十四日には広瀬・龍田の神を祀った。

九月十六日、新羅に遣わした使人らが帰国し拝朝した。二十三日、高句麗に遣わした使人、耽羅に遣わした使人が共に帰国し拝朝した。

十月二日、天皇は「この頃乱暴で悪事を働く者の里に多しと聞く。これは王卿等の落度である。……悪い者を見ても隠して正そうとしない……上に立つ者が下の者の誤りを責め、下の者は上の者の粗暴な振舞いを諫めれば国家は治まる」と詔された。十七日、新羅は阿飡金項那《あさんこんこうな》らを遣わし朝貢した。

調物は金・銀・鉄・鼎・錦・絹・布・皮・馬・狗・騾《ラバ》・駱駝など十余種で、他にも献上物があった。唐が西方で吐蕃《チベット》と戦争している隙に、新羅が火事場泥棒的に唐の出先機関を襲撃し、半島を統一してから後の朝貢である。日本の出方を覗うと同時に、日本との関係を良好に保っておきたいとの意向があった。

十一月、初めて龍田山（生駒山地の最南端）と、大坂山（奈良県北葛城郡香芝町逢坂）に関所を設け、難波に羅城（四方に巡らした城壁）を築いた。

十二月二日、嘉禾《よきいね》が現れたことを祝し、親王・諸王・百官にそれぞれ禄を賜り、死罪以下の罪人を悉《ことごと》く赦免した。嘉禾は従来の品種に比し余程に勝れたものであったと思われる。

皇紀一三四〇（天武天皇九）年二月二十七日、新羅の調使八人が本国に帰国した。お言葉を頂き禄物を賜った。

四月、詔して「凡そ諸寺は今後は国の大寺二、三を除いて、その他は官治の管理を止める。飛鳥寺は蘇我氏の氏寺であり、官治すべきではないが、功労の歴史があるので例外として官治する中に入れてよい」と詔された。寺の国家管理をここで原則として廃止する。寺の民営化である。

五月十三日、高句麗は南部大使卯問《なんほうたいしもうもん》らを遣わし朝貢した。よって新羅は大奈末考那《だいなまこうな》を遣わして高句麗の使人卯問らを筑紫に送ってきた。新羅は高句麗を警戒し監視している。この時期の高句麗は、新羅統一後であるから、従来の版図の北半分というところである。

十一月四日、斉明天皇の喪のために弔使として来朝し、凡そ二〇年留まっていた高句麗の人一九人が帰国した。七日、百官に対し「国家に利益となり民を豊にする術があれば、朝（廷）に参って自（本人）ら申し述べよ。理に適っていれば取り上げて法律として実施する」と詔された。律令選定事業の一環であった。十二日、皇后が病気になられた。皇后のために誓願を立て、薬師寺を建立することにし、百人の僧を得度させたところ病気は平癒した。この日、これを祝って罪人を赦免された。天皇は薬師寺の完成を見ずに崩御され、薬師寺伽藍の整備事業は次の持統天皇、文武天皇の御代に引き継がれた。二十四日、新羅は沙飡金若弼《ささんこんにゃくひつ》を遣わし調を奉った。習言者（日本語を学ぶ者）三人を連れて来る。

皇紀一三四一（天武天皇十）年一月十九日、畿内及び諸国に詔して諸神社の社殿修理を命じられた。

二月二十五日、親王・諸王及び諸臣を召して「朕、今ここに律令を定め、法式を改めたいと思う。皆このことに取りかかるように。しかし急にこれのみを仕事とすれば、公事を欠くことになるから、分担して行うように」と詔され、律令制定を命ぜられる。天皇崩御後の皇紀一三四九（持統天皇三）年六月に飛鳥浄御原令として頒布・制定されることになる。またこの日、草壁皇子を皇太子に立てる。そして皇紀一三四三（天武十二）年二月一日からは有能な大津皇子（第三皇子）にも朝政をとらせた。

三月十七日、河嶋皇子・忍壁皇子・広瀬王・竹田王・桑田王・三野王・上毛野君三千・忌部連首《おびと》・阿曇連稲敷・難波大形・中臣連大嶋・平群臣子首《こびと》に詔して「帝紀及び上古の諸事を記し校定せよ」と命じられた。中臣連大嶋と平群臣子首が主として筆をとって記した。

四月三日、禁式《いさめののり》九二条を制定し「親王以下庶民に至るまで、身につける金・銀・珠玉・紫・錦・繡《ぬいもの》・綾及び氈褥《せんじょく》（毛織の敷物）・冠・帯・その他種々のものを着用するには、それぞれ身分に応じたものを用いよ」と勅された。詳細は詔書に記される。

四月十七日、前年五月に来朝した高句麗の客・卯問《もうもん》らを筑紫で饗応され、五月二十六日帰国した。

六月五日、新羅の客・若弼を筑紫で饗応され禄物を賜った。

七月四日、采女臣竹羅を大使とし新羅に、佐伯連広足を大使とし高句麗に遣わされた。

八月十日、三韓（百済・高句麗・新羅）から帰化して来た人々に「以前、一〇年間の課税を免除することとした。またこれに加えて、帰化の年一緒に連れてきた子孫は全て課役を免除する」と詔された。帰化人を優遇している。二十日、種子島に遣わした使人が種子島の地図を奉った。稲が豊に実り、年に一度植えれば二度収穫できる。島には支子《くちなし》（染料になる）・莞《かま》子（蒲草）及び種々の海産物が多いと報告する。

九月三日、高句麗、新羅に遣わした使人が帰国し天皇に拝謁した。八日、「諸氏の中で氏上《このかみ》（氏の首領）が決まってない者があれば、氏上を決めて理官《おさむるつかさ》に申告せよ」と詔される。

十月二十日、新羅が沙喙《さとく》一吉飡《いつきつさん》金忠平《こんちゅうびょう》らを遣わして調を奉った。金・銀・銅・鉄・錦・絹・鹿皮・細布など多数あった。二十五日「大山位以下小建以上の人達は、それぞれ国政についての意見を述べよ」と詔された。

この月、新羅の使者が来て「国王・文武王（新羅第三十代王）が亡くなりました」と報告する。皇紀一三四一（天武天皇十）年のことであった。

皇紀一三四二（天武天皇十一）年一月十一日、新羅の金忠平を筑紫で饗応され、二月十二日帰国した。多くの貢ぎを持って来朝したが、都では饗応されず、軽く扱われたようである。

三月二日、陸奥国の蝦夷二二人に爵位を賜った。二十八日、「親王以下諸臣に至るまで、賜っていた食封《へひと》はみな取り止めて公に返すこととせよ」と詔された。私有財産の膨張に歯止めを掛ける。

五月十六日、高句麗に遣わした佐伯連広足らが帰国し、使いの旨を果たしたことを報告する。

六月一日、高句麗王、下部助有卦婁毛切《かほうじょうけるもうせち》らを遣わし国の産物を奉った。

七月三日、隼人が多数来て国の産物を奉った。二十五日、多禰《たね》（種子島）の人、掖玖《やく》（屋久島）の人、阿麻弥《あまみ》（奄美大島）の人にそれぞれ禄を賜った。

八月一日、親王以下諸臣に命じて、法令として定めるべきことを再度上申させられる。

十二月三日、前年に続いて再び「諸氏の人達はそれぞれ氏上《このかみ》に適当な人を選んで申告せよ」と詔された。

皇紀一三四三（天武天皇十二）年一月十八日、「自分が皇位をついで天瑞（天の祥瑞）が多数現れている、天瑞は政道が天道に叶っているときに現れるという、自分の治世に毎年表れると言うことを、或いは恐れ或いは喜んでいる。親王、諸王、群卿、百寮及び全国の黎民《おおみたから》も共に喜んで欲しい。小建以上のものに禄物を賜り、死罪以下の者を赦免する。百姓の課役は全て赦免する」と詔される。

二月一日、大津皇子が初めて朝政をお執りになる。

三月二日、僧正・僧都・律師の位が設けられる。僧正・僧都《そうず》・律師を任命して「僧尼令に従い、僧尼を統べ治めるようにせよ」と詔される。僧尼を管理するために置かれた僧官の職であり、役所である僧綱所《そうごうじょ》は薬師寺に置かれ、後の平安遷都後は西寺（現・東寺の西隣）に置かれた。

四月十五日、「今後は必ず銅銭を用いよ、銀銭は用いてはならぬ」と詔された。しかし十八日には「銀を使用することは止めなくても良い」と詔される。通貨使用に関し混乱が起きている。

八月五日、全国に大赦を行われた。

九月二十三日、倭直ら三八人に姓を賜って連とした。

十月五日、三宅吉志ら一四氏に姓を賜って連とした。

十一月十三日、新羅が使いの金主山《こんしゅせん》を遣わし調を奉った。

十二月十三日、伊勢王ら群臣と判官、録史《ふびと》、工匠を全国に巡幸させ諸国の境界を区分させた。しかし全部は完了しなかった。十七日、「全ての文武官及び畿内の有位者は、四季の始めの月に参朝して天皇に拝礼せよ」と詔される。

皇紀一三四四（天武天皇十三）年三月九日、畿内を巡幸され宮室に適した場所を定められた。二十三日、新羅の金主山が帰国した。

四月五日、徒刑以下（徒（懲役刑）・杖（杖で打つ）・笞刑《ちけい》（杖より細い棒で打つ）の者はみな赦免される。二十日、高向臣麻呂を大使とし新羅に遣わす。

五月十四日、帰化を願い出た百済の僧尼と俗人二三人を武蔵国に住まわせた。二十八日、三輪引田君難波麻呂《みわのひけたのきみなにわまろ》を大使として高句麗に遣わす。

七月二十三日、彗星《ほうきぼし》が観測される。日本国内では最古の観測記録である。

十月一日、「諸氏の族姓を改めて、八種の姓を創り、天下の全ての姓を一本化する。第一に真人《まひと》、第二に朝臣《あそみ》、第三に宿禰《すくね》、第四に忌寸《いみき》、第五に道師《みちのし》、第六に臣《おみ》、第七に連《むらじ》、第八に稲置《いなき》」と詔された。この日、守山公《もりやまのきみ》ら十三氏に姓を賜り真人といった。第一の真人が先ず定まった。三日、伊勢王を引き続き遣わして諸国の境界を定めさせた。またこの日、県犬養連手繦《あがたいぬかいのむらじたすき》を大使として耽羅（済州島）に遣わす。十四日夜十時頃、白鳳地震（天武地震）が発生する。南海トラフ巨大地震と推定され、地震被害の確実な記録としては最古のものである。山は崩れ河は溢れ、男も女も逃げ惑い、家屋・倉庫、官舎・社寺の倒壊が数知れずと、被害状況が具体的に伝えられている。伊予、土佐、伊豆でも被害が伝わっているので全国的規模の地震であった。土佐では津波による被害も大きく、田園千二百町歩(約十二平方キロ)が海面下へ没したとある(『日本書紀』)。南海地震の記録であるが地質調査によれば、ほぼ同時期に東海・東南海地震も発生している。

十一月一日、大三輪君ら五二氏に姓を賜り朝臣とした。第二の朝臣が定まった。三日、地方各地からも白鳳大地震の被害報告が来る。土佐国司は「高波が押し寄せ、海水が沸き返り、調税を運ぶ船が沢山流失した」と報告している。二十三日、星が東の方角に落ち、雨のように隕石が落ちてきた。

この年、「伊賀・伊勢・美濃・尾張の四カ国は今後、調のある年には役を免除し、役のある年には調を免除せよ」と詔された。つまり、震災被害を考慮して、これら四カ国に免税措置が執られた。災害特別免税(減税ではない)を実施している。

十二月二日、大伴連ら五〇氏に姓を賜り宿禰とした。第三の宿禰《すくね》が定まる。六日、唐に派遣された土師宿禰甥《おい》らの留学生と百済の戦役で唐に捕らえられた猪使連子首《いつかいのむらじこびと》・筑紫三宅連得許《つくしのみやけのむらじとくこ》が新羅を経由して帰国した。新羅は大那末《だいなま》金物儒《こんもつぬ》を遣わして、土師宿禰甥らを筑紫に送ってきた。十三日、死刑以外の罪人が全て赦免された。大幅減刑を実施する。

皇紀一三四五(天武天皇十四)年一月二十一日、「冠位四十八階」を制定する。

三月十四日、金物儒《こんもつぬ》は筑紫で饗応を受け帰国した。金物儒の入京は許されなかった。漂着した新羅人七人も共に帰国した。新羅(半島)に対する扱いが大きく変化する。

二十七日、「国々で家ごとに仏舎《ほとけのおおとの》をつくり、仏像と経典を置いて礼拝供養せよ」と詔された。これが日本での仏教普及の基礎となる。

この月、浅間山が噴火する。信濃国に灰が降って広範囲に草木が枯れた。

五月二十六日、前年四月に遣わされた高向朝臣麻呂らが新羅から帰国した。

六月二十日、大倭連ら一一氏、姓を賜り忌寸《いみき》とした。位階第四の忌寸が定まる。

八月二十日、耽羅（済州島）に遣わされた使人が帰国する。

九月十五日、東海、東山、山陽、山陰、南海、筑紫にそれぞれ真人、朝臣、宿禰といった地位の高い使者を遣わし、地震被害なども含め国司・郡司及び百姓の消息を巡察させられる。そしてこの日「全ての歌男・歌女・笛吹きは自分の技を子孫に伝え、歌や笛を習熟させよ」と詔される。技能の継承を命じられる。二十日、高句麗に遣わした使人が帰国した。十一日、宮処王《みやところおう》らを京、畿内に遣わし、予め人々に用意させた武器を校閲した。二十四日、天皇が病気になられたので、その平癒祈願のため、大官大寺・飛鳥寺・川原寺にて三日間の読経が行われる。二十七日、帰化してきた高句麗人に禄物を賜った。

十一月二日、官用の鉄一万斤を周防の総令《すぶるおさ》のもとに送り、また筑紫太宰が絁《ふとぎぬ》百匹、糸百斤、布三百端（反）、庸布《ちからぬの》（庸として納めた布）四百常（一常は長さ一尺三寸、約四〇cm）、鉄一万斤、箭竹《やのしの》二千本を請うてきたので送る。四日、詔して「大角・小角（楽器）、鼓、吹《ふえ》、幡旗《はた》や弩《おおゆみ》、抛《いしはじき》の類は個人の家に置いてはならない。全て郡家に収めよ」と勅された。強力武器を私有させない。二十七日、新羅は波珍飡金智祥《はちんさんこんちしょう》を遣わして国政を奏上し、調を奉った。

皇紀一三四六（天武天皇十五）年正月十四日、難波の宮室が全焼する。

四月十九日、新羅が奉った良馬、金銀など百余種の調が筑紫から届いた。また金智祥《こんちしょう》らが別に金、銀、霞錦《かきん》など六十余種を奉った。

五月二十四日、天皇の病が重くなる。二十九日、新羅の金智祥ら、筑紫で饗応を受け、禄物を賜り帰国した。結局金智祥らは筑紫に留め置かれ、入京は許されていない。統一新羅に対する日本の政策が徐々に変化している。

この月全国に大赦令を発し獄舎は無人になった。

七月十五日、天皇は「天下のことは大小となく悉《ことごと》く皇后及び皇太子（草壁皇子）に申せ」と詔される。そしてこの日、また大赦をされた。政を皇后と皇太子に託される。七月二十日、元号を朱鳥と定め、元号が三二年ぶりに復活する。しかし天武天皇崩御と同時にまた使用されなくなり、以後文武天皇の御世大宝元年まで一五年にわたって、再び元号は使用されなかった。

皇紀一三四六（朱鳥元〈六八六〉）年九月九日、在位一四年にして、五六歳で崩御される。

この御世、半島で日本の宮家を滅ぼし任那を併合するなど、終始反日的政策を採っていた新羅が、遂に大陸・唐の軍を引き入れ百済と高句麗を滅ぼし、更にその後、唐の半島占領府を隙を見て襲撃し、半島を統一する。日本は国内政策に専念し、半島への関与には次第に消極的になる。新羅（半島）は独立を維持できず、唐の属国になっていく。

第四十一代持統天皇が称制（即位せず天皇としての役目を果たす）を開始される。

九月十一日、殯宮《もがりのみや》を南庭に建て、初めて発哀《みね》（人の死に当たって声を出して哀惜を表す礼）をする。その後も次々と誄《しのびごと》（死者を思慕することばの奏上）した。

九月三十日、僧尼が発哀《みね》をした。またこの日、百済王良虞《りょうぐ》が百済王で祖父の善光に代わって誄した。百済最後の国王義慈王は日本と同盟し、その王子豊璋王と禅広王（善光王）を人質として日本に派遣していたが、王子豊璋王が新羅との戦いの為に帰国し、禅広王（善光王）が日本に残っていた。他にも多くの諸王、百官らが連日発哀《みね》をし、誄した。陵は、奈良県高市郡明日香村大字野口にある檜隈大内陵《ひのくまのおおうちのみささぎ》（檜隈大内陵）である。陵形は八角形の不正円丘である。

持統《じとう》天皇

第四十一代　世系三一　在位一一年（称制期間を含め）

皇紀一三〇五（大化元〈六四五〉）年、天智天皇（中大兄皇子）の皇女として誕生された鸕野讃良皇女《うののさららのひめみこ》で、母は蘇我倉山田石川麻呂の娘・蘇我遠智娘《そがのおちのいらつめ》である。母方は蘇我氏である。

皇紀一三一七（斉明天皇三〈六五七〉）年、叔父に当たる大海人皇子（天武天皇）の妃となられる。

皇紀一三三一（天智天皇十〈六七一〉）年十月、出家された大海人皇子に従って吉野に入られ、近江朝（弘文天皇）からの嫌疑を避けられた。

皇紀一三三三（天武天皇二）年二月二十七日、大海人皇子（天武天皇）が即位される。

皇紀一三三三（天武天皇二）年、天武天皇の皇后となられる。

皇紀一三四五（天武天皇十四）年、この頃から天武天皇が病気がちとなられ、皇太子・草壁皇子と共に天皇に代わって政務を執られた。

皇紀一三四六（天武天皇十五）年七月十五日、天皇は「天下の事は大小を問わず、悉く皇后及び皇太子（草壁皇子）に報告せよ」と詔され、持統天皇・草壁皇子が共同で政務を執られるようになる。

皇紀一三四六（朱鳥元〈六八六〉）年九月九日、天武天皇が崩御され、皇后は即位式を催行されないまま称制して政務を執られる。

天武天皇崩御の翌月十月二日に、大津皇子（天武天皇の第三皇子）の謀反が発覚して逮捕されるという悲劇が発生する。関係者三〇余人も捕らえられた。天智天皇の第二皇子で吉野の盟約にも参加していた川島皇子の密告という。皇太子・草壁皇子の異母弟であり、皇紀一三四三（天武天皇十二）年二月一日条には「大津皇子が初めて朝政をお執りになる」とある。具体的にどのような謀反の計画があったかは定かでない。

十月三日、大津皇子は自害させられる。二四歳であった。二十九日、事件に関与した者のうち大津皇子の家臣・礪杵道作《ときのみちつくり》は伊豆に、新羅の沙門行心《ほうしこうじん》は飛騨に流されたが、他は全て許された。行心《こうじん》は新羅の優れた僧であったが、大津皇子の謀反にくみし、死罪一等を許されて、飛騨の伽藍に移された。

十一月十六日、伊勢神宮の斎宮であった大来皇女《おおくのひめみこ》は同母弟・大津皇子の罪に連座し、任を解かれ京に返される。

十二月、筑紫太宰が高句麗・百済・新羅の百姓男女と僧尼の総計六二人を奉った。

皇紀一三四七（持統天皇元〈六八七〉）年一月一日、皇太子（草壁皇子）は公卿百寮を率いて先帝の天武天皇の殯宮にお詣りになり、みな慟哭した。

三月十五日、帰化してきた高句麗人五六人を常陸国に住まわせ、土地と食糧を賜り生活出来るようにする。二十二日、同じく帰化してきた新羅人一四人を下野国に住まわせ土地と食糧を与える。

白村江の戦いで日本の百済救援軍は敗れたが、日本は依然として新羅とは対等の関係を認めず、新羅が日本に従属し朝貢するという関係には何らの変化もない。白村江の戦いが一つの戦闘に過ぎず、それも実体は唐との闘いであった。寧ろ、新羅が長年日本に不法を働き、唐にも反逆して苦境に陥っている。

四月十日、筑紫太宰が帰化してきた新羅の僧尼と民の男女二二人を奉り、武蔵国に住まわせ、土地と食糧を賜り、暮らせるようにされる。

六月二十八日、罪人を赦免される。

七月二日、「凡そ負債を持つ者に関して、皇紀一三四五（天武天皇十四）年以前（二年前）のものについては、利息を取ってはならぬ」と詔された。

九月二十三日、新羅は王子・金霜林《きんそうりん》らを遣わして国政を報告し、調を奉った。統一新羅は日本との関係修復に必死である。

皇紀一三四八（持統天皇二）年一月二十三日、天皇崩御を来朝している新羅の金霜林らに伝える。

二月二日、新羅が調の金・銀・絹・布・皮・銅・鉄などを奉る。

六月十一日、「死刑囚は罪一等を減じ、軽囚はみな赦免せよ、全国の今年の調を半減せよ」と詔される。

八月二十五日、耽羅が佐平加羅を遣わして方物《くにつもの》を奉った。

十一月五日、蝦夷一九〇余人が調を背にして誄《しのびごと》した。

皇紀一三四九（持統天皇三）年二月十三日、「筑紫の防人は年限がきたら交代させよ」と詔された。ここで防人が任期制・交代制となる。

三月二十四日、全国に大赦令を出される。

四月八日、帰化した新羅人（亡命者・難民）を下毛野国に住まわせた。十三日、皇太子・草壁皇子が即位を前に突然薨去される。

皇位継承の計画を変更しなければならなくなる。ここで皇后・鸕野讃良は草壁皇子の子（鸕野讃良の孫）軽皇子（文武天皇）への皇位継承を望むが、軽皇子はまだ幼く（七歳）当面は皇太子に立てることもはばかられ、翌年皇后は称制を改めて正式に自ら天皇に即位される。二十日、新羅が級湌金道那《きゅうさんこんどうな》らを遣わし天武天皇の喪を弔い奉った。

五月二十二日、級飡は新羅の官位九等級である。送使の身分が低いので貢は受け取りを拒否する。しかし送使金道那らは筑紫で饗応を受け賜物を賜り帰国させた。「（新羅は）忠誠を尽くして職務を立派に果たすことを考えようとしない、しかも清く明らかな心を傷つけ、偽りの心で諂《へつら》っている。それ故此度の調と献上物は共に封印して返還する。……職務に励み古来の定めを守るものには朝（日本）は広く慈しみを賜るであろう、金道那たちはこの勅を良く承ってお前達の王に伝えるがよい」と詔された。新羅に対し、日本の対応が少しずつ変化する。

六月二十九日、浄御原令が発布される。戸籍を六年に一回作成し（六年一造）、五〇戸を一里とすることや班田収授など、律令制の基本が本令により制度化された。飛鳥浄御原令の発布で大国・吉備国は備前国、備中国、備後国に分割される。その後、皇紀一三七三（和銅六〈七一三〉）年、備前国から美作国が分割された。以後、吉備四国が一体として統治されることはなかった。

閏八月十日、諸国国司に「戸籍を造り九月を期限として、浮浪者を取り締まるように、兵士は国ごとに荘丁の四分の一を指定し、武事を習わせよ（軍事訓練）」と詔された。

九月十日、石上朝臣麻呂、石川朝臣虫名らを筑紫に遣わし位を授け、新しくできた城を監視させせられた。

十二月八日、天皇は双六（賭け事）を禁止される。

皇紀一三五〇（持統天皇四）年一月一日、天武天皇が崩御されてから称制〈即位せずに政務を執る〉しておられた皇后・鸕野讃良皇女が、第四十一代天皇として四六歳でご即位になる。即位を予定されていた皇太子・草壁皇子が前年薨去され、次の軽皇子（八歳）への中継ぎとして即位された。天武天皇のご在位中から、皇后はずっと天皇を補佐され、政務について助言しておられた。柿本人麻呂が持統天皇の庇護を受け宮廷詩人として活躍する。

この年、皇大神宮（伊勢神宮）の第一回目の御遷宮が行われた。以後二〇年ごとに遷宮（式年遷宮）が行われるようになる。戦国時代一二〇年余り中断したときがあったが、平成二五年第六二回目が行われ現在まで続いている。この時期、遣唐使などにより仏教や儒教など外来の文化も積極的に受け入れるが、同時に日本固有の文化を堅持し、日本本来の精神を尊重するための式年遷宮制度が発足する。

一月十七日、大赦が行われる。

二月十一日、新羅の沙門詮吉《せんきち》ら五〇人が帰化する。二十五日には帰化した新羅人一二人を武蔵国に住まわせる。

四月三日、使いを遣わし広瀬大忌神《おおいみのかみ》と龍田風神とを祀らせた。二十二日、旱《ひでり》が続き、方々で雨乞いをする。

五月十日、百済人男女二一人が帰化する。

七月五日、高市皇子(天武天皇第一皇子)を太政大臣に、多治比嶋真人《たじひのしまのまひと》を右大臣に任命した。

高市皇子は母の身分が低かったが、薨去された皇太子草壁皇子の異母兄であり、壬申の乱での功績が大きく、政務にあたっても信頼が厚かった。この時、八省百寮(役人)もみな選任された。一人の大臣も任命しなかった天武天皇の皇親政治は、ここで大きく転換される。しかし多治比嶋は宣化天皇の四世孫(玄孫)で、摂津大夫・多治比古王(丹比麻呂)の子で、皇族中心の政治には変わりはない。

八月十一日、帰化した新羅人を下毛野国に住まわせる。

【愛国という言葉】

十月二十二日、唐から帰国した筑後の兵士・大伴部博麻《おおとものべのはかま》に詔して「お前は百済救援の役《えき》(白村江の戦い)で唐の捕虜とされた。かの地で唐の日本侵略計画を聴き、朝廷に知らせたいが帰国する路銀がない、そこで自分を奴隷に売って、そのお金を仲間に与え、それを路銀として帰国させ、急を知らせて欲しいと頼んだ。お前はそのため三〇年の歳月を彼の地で奴隷として過ごした。身を売ってまで忠誠を尽くしたことを喜ぶ。故に務大肆《むだいし》を授け、絁《ふとぎぬ》五匹、布三〇端、稲千束、水田四町を与える。水田は曾孫まで引き継げ、課役は三代まで免じその功に報いる」と詔された。なお、務大肆は、皇紀一三四五（天武天皇十四）年に定められた冠位四十八階の三十一階である。福岡県八女市上陽町北川内寄口の公園の頂上に博麻の碑があり、右の柱には「尊朝愛国《そんちょうあいこく》」、左の柱には「売身輸忠《ばいしんゆちゅう》」と彫られている。これは持統天皇が皇紀一三五〇（持統天皇四）年に大伴部博麻《おおとものべのはかま》という元の日本兵士に与えた勅語である。一般個人に与えられた「勅語」はこれ以外にはない。また、この勅語にある「愛国」の文字は、持統天皇が初めて用いられた国を思う言葉でもある。

十二月十九日、天皇は藤原京の宮地をご覧になる。公卿百官がお供した。

この年、全国的戸籍「庚寅年籍《こういんねんじゃく》」を作成する。戸籍を更新するために、庚寅年籍作成以降の異動を記した皇紀一三五六（持統天皇十）年の木簡が、平成二十四年に太宰府で出土している。

皇紀一三五一（持統天皇五）年一月一日、親王、諸臣、内親王、女王、内命婦らに位を賜る。そしてその位階に応じて食封《へひと》を加増された。

二月一日、公卿らに対し、仏法に精励するよう命じる詔を渙発される。こうして仏教が日本に根付いていくことになる。

四月から六月まで長雨が続き、六月には京師《みやこ》をはじめ、諸国四〇箇所で水害が発生した。

五月十八日、「この頃の長雨は季節に外れている。恐らく農作を損なうであろう。昼夜憂え恐れている。政治に何かの過ちがあるのではないか、公卿百官も酒肉を禁じ、心を修め過ちを悔いよ。畿内諸寺の僧らは五日間誦経《ずきょう》せよ」と詔される。

七月三日、伊予国司田中朝臣法麻呂《のりまろ》が宇和郡の白銀（銀）三斤八両を献上する。この時期既に伊予で銀が生産されていた。なお、一斤は十六両であるから、五六両（約二kg）である。十五日、使いを遣わし広瀬大忌神と龍田風神を祀られた。

十月二十七日、使者を遣して新益宮《しんやくのみや》（藤原京）の宮地で地鎮祭を行う。

十一月一日、天皇は前年正式に即位されたので大嘗祭を催行された。神祇伯中臣朝臣大嶋が天つ神の寿詞《よごと》を読んだ。

十二月八日、詔して、新益京《しんやくのみやこ》の地で右大臣に賜る宅地は四町、直広貳以上には二町などと位に応じて宅地を賜った。

皇紀一三五二（持統天皇六）年三月六日、伊勢に行幸される。二十日に帰朝された。

四月二十五日、「凡そ獄囚、徒刑の者をみな放免するように」と詔された。

五月二十三日、難波王らを遣わし藤原宮の宮地の地鎮祭を催行させられる。前年に続いて二度行っている。

閏五月三日、大洪水があり、使いを諸国に遣わして、災害による困窮者に宮稲を貸し与えた上に、山林池沢での猟を許され、飢饉対策を施された。

七月二日、全国に大赦をされる。但し、一〇悪（国家社会を乱す特に重い罪）と盗賊は除外され、赦免されなかった。

十一月八日、新羅が使いを遣わし調を奉った。

皇紀一三五三（持統天皇七）年二月三日、新羅が沙飡金江南らを遣わし第三十一代王・神文王の喪を伝える。

三月十七日、詔して全国に桑・紵《からむし》（藺草）・梨・栗・蕪青《あおな》などの草木を植えることを奨励される。梨・栗・蕪青などは五穀の補完的役割を期待しての栽培奨励で、飢饉対策であった。

四月二十二日、官人の間で汚職事件が発生し、関与した者を解任し、あるいは降格処分にする。

皇紀一三五四（持統天皇八）年七月四日、前年の汚職事件を受け、全国に巡察使を派遣する。巡察使とは臨時に設置された官職（令外官）であって、諸国を巡り国司・郡司の治績を調査し、民の生活状態を視察して復命・上奏した。

十一月二十六日、死刑以下の罪の者を赦免される。

十二月六日、藤原京が完成し、浄御原宮から藤原京へ遷都された。藤原京は東西方向約一・四里（五・三km）、南北方向一・二里（四・八km）で、後の平城京を上回る古代最大の都である。十日、親王から郡司に至るまで絁《ふときぬ》、綿、布を賜った。

皇紀一三五五（持統天皇九）年三月二日、新羅が王子・金良琳《こんろうりん》らを遣わし国政報告を行い調を奉った。二十三日、多禰（種子島）に使いを遣わし、蛮《ひな》（朝廷に帰順しない未開の人）の居所を探させた。

五月二十一日、隼人の相撲が飛鳥寺の西の槻の木の下で行われ、皆が見物した。

九月四日、捕縛されていた罪人を放免された。

皇紀一三五六（持統天皇十）年七月十日、高市皇子が薨去（四二歳）される。

皇紀一三五七（持統天皇十一）年二月十六日、軽皇子が一六歳で立太子される。二十八日、当麻真人国見が皇太子・軽皇子（文武天皇）の東宮大傅に任命される。

八月一日、八年の在位、称制の期間を含めて一一年の在位で、皇太子（文武天皇）に譲位された。

皇紀一三六二（大宝二〈七〇二〉）年十二月三日、退位されて五年後、病を発せられ、二十二日に五八歳で崩御された。一年間の殯《もがり》の後、火葬されて天武天皇の陵に合葬された。天皇の火葬はこれが初の例となる。陵は檜隈大内陵（奈良県高市郡明日香村大字野口）、野口王墓古墳である。

持統天皇の役割は、天武天皇から我が子の草壁皇子、結果として孫の軽皇子に皇位を継承することであった。女帝ではあるが女系天皇ではない。天皇は、在位期間中頻繁に吉野に行幸され、また先帝に引き続いて広瀬大忌神と龍田風神を屢々祀らせられた。功労あるものには相応の位を授け盛んに賜物を与え、八〇歳以上の老齢者や極貧の者には稲束を与えた。

夫の天武天皇が生前に皇后（持統天皇）の病気平癒を祈願して造営を始められた大和国の薬師寺を完成させ、勅願寺とされた。また天皇は万葉歌人としても『万葉集』巻一雑歌二八に藤原宮御宇（藤原宮の御世）天皇代天皇御製歌として名を残しておられる。御製「春過ぎて 夏来るらし 白妙の 衣干したり 天香具山」は小倉百人一首にも選ばれている。また、天武天皇に続いて、この御世でも盛んに大赦が行われ、罪人が頻繁に釈放された。

文《もん》武《む》天皇

第四十二代　世系三二　在位一〇年

皇紀一三四二（天武天皇十二〈六八二〉）年、天武天皇第二皇子・草壁皇子の弟一王として誕生された軽皇子で、母は天智天皇の第四皇女の阿閇皇女（後の元明天皇）である。

父の草壁皇子が皇紀一三四九（持統天皇三〈六八九〉）年四月十三日に薨去され、皇紀一三五六（持統天皇十）年七月には伯父にあたる高市皇子も薨去されたため、翌年二月、一六歳で立太子される。

継承者を誰にするかで紛糾したが、大友皇子（弘文天皇）の第一皇子・葛野王《かどのおおきみ》が、「わが国では、天位は子や孫が継いできた。もし、兄弟に皇位を譲ると、それが原因で乱が起きる。この点から考えると、皇位継承予定者は自ずから定まる」と発言され、数おられた天武天皇の皇子達を退け、軽皇子の立太子が決まる。天武天皇に滅ぼされた大友皇子（弘文天皇）の第一皇子の発言は重いもので、且つ私心のない進言であった。

皇紀一三五七（文武天皇元〈六九七〉）年八月一日、立太子されて半年後に祖母・持統天皇から譲位を受け、一六歳で即位される。八月十七日、即位の詔を宣された。一六歳という先例のない若さだったので、祖母の持統天皇が初めて太上天皇（皇位を譲られた天皇）を称して後見役となられた。ただし、院政を敷かれたわけではない。二十日、藤原鎌足（中臣鎌足）の次男である藤原不比等の長女・宮子（二九歳）を入内させる。まだこの当時は、皇后や妃は皇族出身でなければならなかったから「皇夫人」としている。皇夫人の宮子は首《おびと》皇子（聖武天皇）を出産されたあと心的障害に陥り、その後も平癒せず、長く皇子に会われる事はなかった。都はそのまま藤原京に置かれた。

皇紀一三五八（文武天皇二）年八月十九日、藤原姓を名乗れるのは藤原不比等に限られ、その他の藤原氏は旧姓である中臣姓に戻すよう詔される。従って、これから長きに亘って天皇にお仕えすることとなる藤原氏の祖は全て藤原不比等である。

九月十日、天武天皇の皇女・託基皇女《たきのひめみこ》が斎王として伊勢斎宮へ遣わされる。

十一月二十三日、大嘗祭（天皇即位後最初の新嘗祭）が執り行われる。

この年、大祚栄《だいそえい》が満洲から朝鮮半島北部、ロシアの沿海地方を版図とする渤海国を建国する。

皇紀一三五九（文武天皇三）年五月二十四日、呪術師・役小角《えんのおづの》が、人々を言葉で惑わしていると讒言され、伊豆島に流罪となる。

七月十九日、掖久（現在の屋久島）、奄美（奄美大島）から来貢がある。

皇紀一三六一（文武天皇五）年一月、伊豆島に流されていた役小角が一年七ヶ月で赦され帰朝する。


【国旗・日の丸の誕生】


皇紀一三六一（文武天皇五・大宝元〈七〇一〉）年元日朝、天皇が大極殿において文武百官の拝賀を受ける「朝賀の儀」の会場に「日像」の旗を掲げた。これが日の丸の原型で最も古いものであり、これが国旗として日の丸が用いられた最初である。

三月二十一日、対馬嶋からの金の献上があり、元号を復活し大宝と定めた。以後元号は途切れることなく現在に至っている。それまで散発的にしか制定されていなかった元号制度がここに定着することとなった。この日、大宝令の官位が施行され、中納言は廃止される。

四月七日、下毛野古麻呂らが親王・諸臣・百官に大宝令の講義を始める。

五月七日、粟田真人が第八次遣唐使の節刀を授かる。真人は若き日、皇紀一三一三（白雉四〈六五三〉）年の第二次遣唐使船に留学僧として随行し、唐で学問を修め、帰国後は還俗して朝廷に仕えていた。

六月一日、道首名《みちのおびとな》が、大安寺（開基は聖徳太子）で僧・尼及び朝廷より度牒を受けた沙弥《しゃみ》・沙弥尼に法令「僧尼令」を講義する。度牒は得度をした朝廷公認の僧尼に対して朝廷から交付される、いわば身分証である。沙弥は二〇歳未満で出家し、度牒《どちょう》を受け、僧の雑用を務めながら修行をする修行僧で、女性は沙弥尼である。僧の資格は朝廷が付与し、管理している。八日、大宝令（行政法）を施行する。

八月三日、大宝律令（刑法と行政法）が完成し、翌年公布される。ここで混乱していた冠位制を改める。地方行政区画も国評制から国郡里制へと改める。国内は国・郡・里の三段階の行政組織に編成され、地方の国・郡・里という行政機関は、庶民を統治して、租税を徴収する。国評制の評は律令制以前の郡である。二十六日、唐の侵略の危険が去ったとして、高安城（生駒山地南端の高安山）を廃城とする。

十一月九日、弾正台（監察・警察機構）に畿内を巡察させる。弾正台は左大臣以下の非違を摘発し、奏聞でき、長官たる尹《いん》は従三位相当官で、親王が任ぜられることが多く、その場合は弾正宮《だんじょうのみや》と呼ばれた。

この年、宮子が首皇子《おびと》（聖武天皇）をお産みになったので、後に聖武天皇の即位で、藤原不比等が史上初めて、皇族・華族以外の天皇の外祖父となる。しかし宮子は前述の通り首皇子を出産されたあと心的障害に陥り、その後は長く我が子である皇子にも会われる事はなかった。

皇紀一三六二（大宝二）年、二月、大宝律令を施行し、三月八日、諸国に度量器（度器と量器）を配布する。度量器は地方の行政機関の租税徴収と密接に関係する。長さを測る度器、容量を量る量器が初めて全国に頒布され、度量衡の全国統一がなされた。

六月二十九日、粟田真人らを唐（第八次遣唐使）に派遣する。皇紀一三二九（天智天皇八〈六六九〉）年以来三二年ぶりの遣唐使で、この遣唐使には山上憶良や高僧の道慈《どうじ》らも加わっている。皇紀一三二三（天智天皇二）年の白村江の戦いで唐と敵対して以来初の使節派遣で、国交回復の使命も負っていた。そして「倭」から「日本」への国号変更、国旗制定の連絡なども行っている。もっとも、この時期、既に唐王朝は廃されて則天武后の武周王朝となっていた。

粟田真人は天皇から節刀を授かっており、これが節刀授与の初例となった。節刀は天皇が出征する将軍または派遣大使に持たせた任命の印としての刀である。使臣は印《しるし》として持参し、任務を終了すると天皇に返還した。初めての節刀授与がなされたほどに、この遣唐使の派遣は重要であった。

皇紀一三六二（大宝二）年八月、大宰府に武器を集め、九州南部に兵を送るとともに唱更国《はやひとこく》（後の薩摩国）を設置し現地の支配体制を強化して、薩摩の隼人征討が行われる。

十二月二十二日、持統太上天皇が崩御される。文武天皇は即位四年、二一歳にして後見役を失われることとなった。

皇紀一三六三（大宝三）年一月二日、藤原房前（不比等の次男）が律令施行後初めて巡察使となり、東海道の行政監察を行った。二十日、天武天皇の皇子で伯父の忍壁皇子（刑部親王《おさかべのみこ》）が知太政官事《ちだじょうかんじ》に任命される。知太政官事は令外官の一つで、太政官の長官として万機を総攬する官職である。天皇が若いし後見役の持統太上天皇崩御の後で、天皇を補佐するために任命された。

九月三日、波多広足を大使とし、遣新羅使が派遣される。皇紀一三二八（天智天皇七）年以降の統一新羅への派遣である。

皇紀一三六四（大宝四）年四月九日、全国の国印が一斉に鋳造された。それを機会に国名に用いる文字が改定される。大和朝廷の中央集権化が進む中、地方行政が整備される。

五月十日、元号を大宝から慶雲《けいうん》に改元する。

皇紀一三六四（慶雲元〈七〇四〉）年七月、皇紀一三六二（大宝二）年に派遣された粟田真人ら大宝の遣唐使が、天智二年の白村江の戦いで捕虜になっていた者を連れて帰国する。また粟田真人は入唐で得た知識を生かし、大宝律令の施行に伴う不具合を調整する慶雲の改革〈文武朝の改革〉を行う。

十月九日、新たに遣新羅使（大使・幡文通《はたのあやのとおる》）が派遣される。

この年、飢饉から民の負担の軽減を図るべく、税制を改革（減税）し貧窮対策を施す。畿内における調の人別徴収方式から戸別徴収方式に変更し、庸を半分にする。そして飢饉の際に貧民に支給するために、あらかじめ徴収・備蓄しておく義倉米の徴収を緩和させた。そしてこの改革は次の元明朝へと受け継がれていく。

皇紀一三六五（慶雲二）年、この頃高松塚古墳が築造された。被葬者については、忍壁皇子、高市皇子、弓削皇子と諸説ある。孰れも天武天皇の皇子である。

五月八日、知太政官事の忍壁皇子が薨去される。二十五日、遣新羅使（大使・幡文通）が帰朝する。

九月五日、穂積親王〈天武天皇の第五皇子〉が忍壁皇子の後を受け知太政官事に任ぜられた。

十月十日、新羅貢調使（大使・金儒吉）らが来朝する。

皇紀一三六六（慶雲三）年三月十四日、慶雲の改革〈律令制改革〉が進められる。公卿諸臣の山川藪沢の占有を禁止する。山川藪沢はあくまでも国有で国管理と言うことであった。これはほぼ現在も変わっていない。海面についてはまだ所有、占有の意識はなかった。

皇紀一三六七（慶雲四）年六月十五日、在位一〇年で二六歳と若くして崩御される。余りにも若くして崩御されたため、後の天皇即位に混乱を来たし、女帝が誕生することとなった。奈良県高市郡明日香村大字栗原にある檜隈安古岡上陵《ひのくまのあこのおかのうえのみささぎ》に葬られた。

文武朝のことは、菅野真道らが皇紀一四五七（延暦十六〈七九七〉）年に完成した『続日本紀』が伝えている。『続日本紀』は「六国史」の第二で文武天皇元年から桓武天皇の御世の皇紀一四五一（延暦十）年まで九五年間の歴史を伝え、全四〇巻から成る。

元明《げんめい》天皇

第四十三代　世系三一　在位九年

皇紀一三二一（斉明天皇七〈六六一〉）年、天智天皇の第四皇女として誕生された阿閇皇女《あへのひめみこ》で、母は蘇我倉山田石川麻呂の娘・姪娘《めいのいらつめ》である。天武天皇と持統天皇の皇子・草壁皇子の正妃であり、先代文武天皇の母である。第四十一代持統天皇は父方の異母姉妹で、夫の母であるから姑でもある。

皇紀一三六七（慶雲四〈七〇七〉）年四月、皇子の文武天皇が病に倒れ、六月に崩御された。残された孫の首《おびと》皇子（聖武天皇）はまだ七歳と幼かった。そこでこの年七月、中継ぎとして、首皇子の祖母・阿閇皇女が史上初めて、四七歳で皇后を経ないで即位される。

六月十五日、文武天皇が崩御された直後は、阿閇皇女が称制を開始された。

七月十七日、一ヶ月称制しておられた阿閇皇女が元明天皇として即位される。先帝・文武天皇が若くして崩御されたために先帝から先帝の母へと皇位が継承された。

皇紀一三六八（慶雲五）年一月十一日、元号を慶雲から和銅《わどう》に改元する。武蔵国秩父郡（埼玉県秩父市黒谷）から、和銅《にぎあかがね》と呼ばれる銅塊が発見されて朝廷に献上され、これを祝い、年号が慶雲から和銅に改められた。

和銅に改元したことで和同開珎《わどうかいほう》を鋳造させる。日本で最初の流通貨幣で、皇朝十二銭の最初である。通貨単位は一文《もん》として通用し、当初は一文は米凡《およ》そ一升三合（二kg）、成人一日分の労働力に相当した。文は「一文にもならない」

とか「三文の得」とか、現在の言葉の基に通じている。

この時期は皇紀一三六一（大宝元〈七〇一〉）年に作られた大宝律令を整備し、運用していく時代であり、実務にたけていた右大臣の藤原不比等（中臣鎌足の次男）が活躍する。

皇紀一三六八（和銅元〈七〇八〉）年二月十五日、平城京の地に新都造営の詔が渙発される。

十月二日、伊勢神宮に平城宮造営の報告をされる。

この年、出羽（庄内地方）に出羽柵《でわのさく》を築く。地域防衛だけでなく周辺地域を統治する行政機関の機能も果たした。

皇紀一三六九（和銅二）年七月一日、蝦夷征討のため、諸国に命じ、兵器を出羽柵へ運搬させた。

皇紀一三七〇（和銅三）年三月十日、都を藤原京から平城京に遷都する。藤原京への遷都から僅か一六年で平城京への遷都となった。平城京は奈良にあることから、皇紀一四五四（延暦十三〈七九四〉）年に桓武天皇が平安京に遷都されるまでの八四年間をいわゆる奈良時代としている。

この年、藤原氏が興福寺の造営を願い出る。南都七大寺の一つで、藤原氏の祖である中臣（藤原）鎌足とその子の藤原不比等ゆかりの寺院で、藤原氏の氏寺である。現在では「古都奈良の文化財」の一部として世界遺産に登録されている。

左大臣石上麻呂を藤原京の管理者として残したため、新都の平城京では右大臣・藤原不比等が事実上の最高権力者となった。

皇紀一三七一（和銅四）年十月二十三日、蓄銭叙位令を発布する。和同開珎の流通を促進するため、一定量の和同開珎を蓄えた者に位階を与えるよう定め、政府への還流を計って施行された法令である。しかしこれは銭で官位を買うというような結果になった。

【伏見稲荷の建立】

この年、伏見稲荷が建立された。全国に凡そ三万社ある稲荷神社の総本山である。伊侶巨秦公《いろこのはたのきみ》が勅命を受けて稲荷山の三つの峯にそれぞれの神を祀ったことに始まる。和銅以降、秦氏が禰宜として奉仕した。従って秦氏にゆかりの深い神社である。


【古事記の完成】

皇紀一三七二（和銅五）年一月、太安万侶《おおのやすまろ》が天武天皇から編纂を命じられていた『古事記』が完成し献上される。日本最古の歴史書である。

九月二十三日、出羽国（山形県と北東部を除いた秋田県）を建てる。

皇紀一三七三（和銅六）年四月三日、丹後国・美作国・大隅国を建てる。

五月二日、天皇は各令制国の国庁に風土記の編纂を命じられた。内容は、郡郷の名、産物、土地の肥沃の状態、地名の起源、伝えられている口伝などが記された。このうち写本として五つが現存し、『出雲国風土記』がほぼ完本として、『播磨国風土記』、『肥前国風土記』、『常陸国風土記』、『豊後国風土記』が一部欠落はあるもののほぼ完本として残っている。その他の国の風土記は、後世の書物の逸文に引用されて、部分的に残っている。

皇紀一三七四（和銅七）年六月二十五日、先帝・文武天皇の第一皇子の首皇子《おびと》（聖武天皇）が一四歳で立太子される。

十二月五日、奄美、球美《くみ》（久米島）、信覚《しがく》（石垣島）の人五二人来朝する。

皇紀一三七五（和銅八）年、郷里制《ごうりせい》が実施される。郷の下に新たに二つか三つの里が設置された。里は五〇戸を一つの単位とし、里ごとに里長を置いた。

九月二日、元号を和銅から霊亀《れいき》に改元する。

この日、先帝・文武天皇の皇子である首皇子《おびと》（聖武天皇）がまだ一四歳と若いため、更なる中継ぎとして首皇子の姉である娘の氷高内親王（元正天皇）に譲位される。九年の在位で五六歳であった。ここで母から娘へ譲位されるが、父は天武天皇の皇子の草壁皇子であるから女系天皇ではなく、男系天皇である。

皇紀一三八一（養老五〈七二一〉）年五月、病に倒れ、十月、娘（吉備内親王）婿の長屋王（高市の皇子の子、天武天皇の嫡孫）と藤原房前に後事を託し、さらに遺詔として葬送の簡素化を勅して、十二月七日に六一歳で崩御される。陵は奈良市奈良阪町にある奈保山東陵《なほやまのひがしのみささぎ》である。

元正天皇《げんしょう》

第四十四代　世系三二　在位一〇年

皇紀一三四〇（天武天皇九〈六八〇〉）年、天武天皇と持統天皇の皇子である草壁皇子の皇女として誕生された氷高皇女《ひたかのひめみこ》で、母は元明天皇である。

皇紀一三七五（和銅八・霊亀元〈七一五〉）年九月二日、異母弟の文武天皇の皇子である首《おびと》皇子（聖武天皇）が一四歳とまだ若いため、氷高内親王が母の元明天皇から譲位を受け、三六歳で即位される。女帝としては五人目であるが、それまでの女帝が皇后や皇太子妃であったのに対し、婚姻せず独身で即位された初めての女性天皇（男系）である。

皇紀一三七六（霊亀二）年三月二十七日、河内国から和泉郡・日根郡を割き、さらに河内国大鳥郡をあわせて和泉監（和泉国）を新設する。

五月十六日、朝廷は武蔵国に高麗郡（現埼玉県日高市）を設置し、東海道七ヶ国から一七九九人の高句麗人を高麗郡に移住させる。この地に高麗若光を主祭神とする高麗神社がある。高麗若光は皇紀一三二六（天智天皇五〈六六六〉）年高句麗からの使者の一員として来日したが、その後、皇紀一三二八（天智天皇七）年唐と新羅の連合軍によって高句麗が滅ぼされたため、高句麗への帰国の機会を失って日本に帰化した。

皇紀一三七七（霊亀三）年三月九日、多治比県守《たじひのあがたもり》を押使（長官）、大伴山守を大使とする第九次遣唐使を派遣する。玄昉、吉備真備、阿倍仲麻呂らの留学生を含め五五七人を派遣する。阿倍仲麻呂は唐で科挙に合格して唐の玄宗に仕え、唐朝における諸官を歴任して唐の高官となり、結局日本への帰国を果たせずに唐で客死した。真備は一七年後に帰路につき、途中嵐に遭い種子島に漂着するが、皇紀一三九五（天平七〈七三五〉）年、多くの典籍を携えて帰朝した。

四月二十三日、僧の行基は詔をもって糾弾されて弾圧を受け、仏教の布教活動を禁止される。この時代、僧侶を朝廷が管理しており、仏教の一般民衆への布教を禁じていたが、行基はこの禁を破り、畿内を中心に民衆に広く仏法の教えを説き、民衆から崇敬されていた。また、修行道場として寺を多く建て、溜池一五窪、溝と堀九筋開削し、六ヵ所に橋を架け、また困窮者のための布施所九ヵ所を開いた。朝廷からは度々弾圧されたが、民の圧倒的な支持があって、後に聖武天皇に認められ、遂に奈良東大寺の大仏建立にあたっての実質上の責任者として招聘される。この功績により東大寺の「四聖」の一人に数えられ、皇紀一四〇五（天平十七）年には朝廷から日本最初の大僧正の位を贈られた。

皇紀一三七七（霊亀三）年十一月十七日、元号を霊亀から養老《ようろう》に改元する。

この年、藤原不比等らが中心となって養老律令の編纂を始める。大宝律令に続く律令として制定され、律一〇巻一二編、令一〇巻三〇編からなり、古代日本の政治体制を規定する根本法令となる。律は刑罰についての規定で、令は一般行政に関する規定である。

皇紀一三七八（養老二〈七一八〉）年五月二日、能登国・安房国、石城《いわき》国、石背《いわせ》国を建てる。

十月二十日、多治比県守（押使）らが帰国する。吉備真備・玄昉ら留学生は残留した。

皇紀一三七九（養老三）年九月二十二日、全ての民戸に陸田を給する。

この年、新羅からの使者を長屋王邸に迎えて盛大な宴会が催される。長屋王は高市皇子の子、天武天皇の孫に当たる。また、令外官として、地方行政を監督する按察使が新設される。藤原不比等の三男の藤原宇合《うまかい》が安房国、上総国、下総国の三国を管轄した。

皇紀一三八〇（養老四）年五月、『日本書紀』が完成する。「六国史」の第一で、舎人親王らが編纂に当たっていた。神代から第四十一代持統天皇の御世までを扱う日本の正史である。漢文・編年体で書かれ、全三〇巻で、系図一巻が付属している。

八月三日、藤原不比等が病に倒れ死去する。六二歳であった。

九月二十八日、蝦夷が反乱を起こし、陸奥国按察使の上毛野広人を殺害するという史上初の大規模な蝦夷の反乱が勃発した。当時の朝廷は藤原不比等が八月三日に死去し、長屋王が政権を握ったばかりであった。二十九日、多治比県守《たじひのあがたもり》が遣唐使節団を率いた統率力と、東国武蔵国守を務めた経験を買われ、二度目の節刀を賜って征夷大将軍に任じられた。記録に残る最初の征夷大将軍である。宮城県大崎市に残る官衙遺跡の権現山遺跡、三輪田遺跡、南小林遺跡から、この地域の施設が火災で焼失していることが判明しており、これが皇紀一三八〇（養老四）年の反乱によるものとされている。多治比県守は、征夷大将軍に任じられてから半年後の皇紀一三八一（養老五）年四月九日、乱を鎮圧して帰還し、六月二十六日に中務卿に任ぜられた。

この年、諸君鞍男《もろきみのくらお》ら六人が渤海国に遣わされる。

皇紀一三八一（養老五）年、不比等亡き後、息子の四兄弟（武智麻呂、房前、宇合、麻呂）はまだ若く、長屋王が右大臣に任命され、事実上政務を任される。長屋王の父は天武天皇の皇子の高市皇子、母は天智天皇の皇女の御名部皇女《みなべのひめみこ》（元明天皇の同母姉）である。

皇紀一三八二（養老六）年閏四月二十五日、朝廷は百万町歩開墾計画を建てる。主として奥羽を対象としていた。先の蝦夷の反乱もあり、蝦夷地の開発を国策の一つに掲げた。しかし、実現した開墾地は一〇万町歩であったという。

皇紀一三八三（養老七）年四月十七日、格《きゃく》（律令の修正法令）として「三世一身法」を発布し、灌漑施設（溝や池）を新設して開墾を行った場合は、開墾者から三世代までの墾田私有を認めて、墾田を奨励した。結果としては律令の修正となった。

皇紀一三八四（養老八）年二月四日、元号を養老から神亀《しんき》と改元する。この日、首皇子《おびとのみこ》（聖武天皇）に皇位を譲られ上皇となられる。一〇年の在位、四五歳であった。退位後も上皇は後見人としての立場で聖武天皇を補佐された。皇紀一四〇八（天平二十〈七四八〉）年五月二十二日、六九歳で崩御される。

生涯独身で弟の文武天皇の皇子である首皇子（聖武天皇）即位までの中継ぎ天皇を務められた。歴代天皇の中で唯一、母から娘へと女系での継承が行われた天皇だとする論もあるが、父親は男系男子の皇族である草壁皇子であるから、男系の血統は維持されており、決して女系天皇への承継ではない、男系継承である。

陵は、奈良市奈良阪町にある奈保山西陵《なほやまのにしのみささぎ》である。

聖《しょう》武《む》天皇

第四十五代　世系三三　在位二六年

皇紀一三六一（大宝元〈七〇一〉）年、文武天皇の第一皇子として誕生された首皇子《おびとのみこ》で、母は藤原不比等の娘・藤原宮子である。

皇紀一三八四（神亀元〈七二四〉）年二月四日、元正天皇の譲位によって二四歳で即位される。この日、右大臣の長屋王が左大臣となる。

【初めての非皇族藤原家の立后】

母・藤原宮子の異母妹で、叔母に当たる藤原光明子を皇后に立てられる。非皇族の藤原家として初めての立后であり、先帝の元正天皇は退位後も後見人としての立場で聖武天皇を補佐された。そして治世の初期は皇親勢力を代表する長屋王が政権を担っておられた。皇后は、夫の天皇亡き後に中継ぎの天皇として即位する可能性があるので、皇族しか立后されないのが慣習で不文律であったことから、長屋王（父は天武天皇の皇子の高市皇子）は光明子の立后には反対しておられた。これが悲劇・長屋王の変に繋がる一つの大きな原因となる。

二月六日、聖武天皇は生母である藤原宮子を尊んで「大夫人」と称するとの勅を発せられたが、三月二十二日、左大臣長屋王ら議政官が、公式令によれば大夫人という称号は存在せず皇太夫人があるのみであること、勅によって

「大夫人」を用いれば令（律令の令）違反となり、「皇太夫人」を用いれば勅に違反すると上奏したため勅は撤回された。このことも長屋王の変（辛巳事件）の原因となった。また、蝦夷が反乱を起こす。

四月七日、藤原宇合《うまかい》（藤原不比等の三男）が平定のための持節大将軍に任命される。

十一月二十九日、藤原宇合が蝦夷の反乱を平定して帰朝する。

この年、按察使大野東人が陸奥国に多賀城を築城する。

皇紀一三八五（神亀二）年、僧の行基が淀川（山城国山崎～橋本間）に山崎橋を架ける。現在の京都府大山崎町と八幡市橋本間である。

皇紀一三八七（神亀四）年十二月、渤海国が初めて使節を送ってくる。渤海は皇紀一三五八（文武天皇二）年に大祚栄《だいそえい》により建国され、日本との交流は渤海滅亡まで継続した。この時から皇紀一五八二（延喜二十二〈九二二〉）年醍醐天皇の御世まで約二〇〇年間に亘って三四回使節を派遣してくる。この国は唐及び統一新羅に挟まれてこれらと対立しており、最初は大和朝廷とは軍事同盟的な性格の関係を持っていたが、皇紀一四〇〇（天平十二〈七四〇〉）年頃から、渤海は主に北方産の獣皮を、日本は繊維製品や金・水銀を取引する交易相手となった。

皇紀一三八八（神亀五）年二月十六日、引田虫麻呂《ひけたのむしまろ》ら六二名が送渤海使となり渤海に向け出発し、二年後の皇紀一三九〇（天平二）年八月二十九日に帰国した。

【長屋王の変】

皇紀一三八九（神亀六）年二月十二日、藤原不比等の息子達の藤原四兄弟（武智麻呂、房前、宇合、麻呂）との確執から長屋王の変が起きる。漆部君足《ぬりべのきみたり》と中臣宮処東人《なかとみのみやこあずまびと》から「長屋王は密かに左道を学びて国家を傾けんと欲す」との密告があり、それをうけて藤原宇合らの率いる六衛府の軍勢が長屋王の邸宅を包囲し、舎人親王などによる糾問の結果、長屋王はその妃・吉備内親王と子の膳夫王《かしわでおう》らを絞め殺し、自身は服毒自殺した。讒言であったとする説が根強い。藤原四兄弟（中臣鎌足の孫）が皇族の長屋王を政敵として抹殺した事件であった。祖父・鎌足は悲しんでいることであろう。

長屋王の父は天武天皇の皇子の高市皇子、母は天智天皇の皇女・御名部皇女（元明天皇の同母姉）であり、皇親として嫡流に近い存在であった。天智天皇（中大兄皇子）とともに大化の改新を成し遂げた中臣（藤原）鎌足の孫達である藤原四兄弟の勢力が如何に強大になっていたかを示す大事件であった。

なお、昭和六十一年から、奈良市二条大路南一丁目、平城京の東南の隅に隣接する一角、全体の面積四町歩（四万平方メートル）の内、三町歩（三万平方メートル）を越える面積が発掘調査され広大な屋敷の遺跡から、ここが長屋王の屋敷跡であることが確認された。この判断の元になった木簡は昭和六十三年に見つかった三つの木簡である。

①　表「長屋皇宮俵一石舂人夫」

②　裏「羽咋真嶋」

③別に、養老元年の年紀を示すもの。

①は米俵に付いていた木簡である。長屋王の宮（家）の米一石を人夫が搗《つ》いたという名札で、裏には搗《つ》いた人の名前が羽咋真嶋と書かれている。その後、「長屋親王」「吉備内親王」の文字が入った木簡も見つかり、長屋王の屋敷跡であることが確認された。実に痛々しい物証の数々である。

八月五日、元号を神亀から天平《てんぴょう》に改元する。八月十日、詔が出され、光明子が皇后（光明皇后）となられる。光明子は藤原不比等と県犬養三千代《あがたのいぬかいのみちよ》（橘三千代）の娘である。これまで皇后は全て皇族であるから、臣下の娘としては初めての立后となった。この当時、藤原家は自家出身の光明子の立后を願っていた。しかし、先述の通り、皇后は夫の天皇亡き後に、中継ぎの天皇として即位される可能性があるので、皇族しか立后されないのが慣習であった。だから長屋王は光明子の立后には反対しておられた。ところが先の長屋王の変が起き、長屋王が滅ぼされ、反対勢力がなくなって、光明子は非皇族として初めて立后された。長屋王の変は、長屋王を取り除き光明子を皇后にするために、不比等の息子で光明子の兄弟である藤原四兄弟（武智麻呂《むちまろ》、房前《ふささき》、宇合《うまかい》、麻呂）が仕組んだといわれている。この後、この四兄弟を始めとして、変に関係した人物が次々と変死していくので、長屋王の怨霊と噂された。

皇紀一三九〇（天平二）年九月二十八日、諸国の防人を停止する。

皇紀一三九一（天平三）年八月十一日、令外官として宮中の政（朝政）に参加する「参議」を新設する。

皇紀一三九三（天平五）年四月、第一〇次遣唐使として多治比広成《たじひのひろなり》らが難波津から唐に向けて出発する。

十二月二十六日、出羽柵を秋田城に移す。

朝廷の勢力圏が北上したため、庄内地方（山形県）に置かれた出羽柵《でわのさく》が秋田村（秋田市）へ移設された。後にここ秋田城に国府が置かれる。

皇紀一三九四（天平六）年十一月二十日、皇紀一三七七（養老元）年出発した前回の遣唐使の留学生、玄昉と吉備真備が今回の遣唐使の多治比真人広成らとともに帰国、帰路漂流の末、種子島に帰り着く。

皇紀一三九五（天平七）年二月二十七日、半島から入京した新羅使が、国号を「王城国」に改称したと報告したため、無断で国号を改めたことを責められ、使者は追い返される。結局この国名は使用されなかったようで、その後の国名としては残っていない。古代の朝鮮半島南部は日本が完全に支配していたことが分かる。日本は親新羅政策をとっていると言っても、この時点ではまだ対等の関係は認めておらず、新羅が日本に従属し朝貢するという関係が続き、新羅は日本への朝貢関係を維持継続している。

三月十日、帰途種子島に漂着した前回の遣唐使の玄昉、吉備真備らがようやく帰朝する。真備は二〇年の留学生活を終え、多くの典籍、医学書、兵学書など持ち帰る。

皇紀一三九七（天平九）年、天然痘が流行し、藤原四兄弟を始め政府高官のほとんどが死去する。八月五日に藤原不比等の三男・宇合（藤原式家の祖）が四三歳で天然痘に罹り死去する。そしてこの年、武知麻呂、房前、麻呂を含め藤原四兄弟全員が次々と死去している。八年前皇紀一三八九（天平元）年の「長屋王の変」の祟りと噂された。急遽、長屋王の実弟である鈴鹿王（高市皇子の次男）を令外官で太政官の長官として万機を総攬する官職・知太政官事《ちだじょうかんじ》に任ずる。

皇紀一三九八（天平十）年一月十三日、光明皇后を母に持つ阿倍内親王（後の孝謙・称徳天皇）が二一歳で立太子される。一〇歳年下ではあるが異母弟の安積親王（聖武天皇の第二皇子）がおられたのに阿倍内親王が立太子される。その後、安積親王は皇紀一四〇四（天平十六）年閏一月十一日、難波宮に行く途中、桜井頓宮《とんぐう》で脚気になり恭仁京に引き返されるが、二日後の閏一月十三日に一七歳で薨去された。藤原武智麻呂の次男の藤原仲麻呂に毒殺されたという説もあるが定かではない。

藤原四兄弟亡き後、橘諸兄が右大臣となる。橘諸兄は敏達天皇の五世孫の皇族・葛城王で皇紀一三九六（天平八）年に臣籍降下され、母・橘三千代の姓氏である橘宿禰を継ぐことが許され、以後は橘諸兄と称した。

七月十日、故・長屋王を誣告した中臣宮処東人《なかとみのみやこあずまびと》が大伴子虫に斬殺される。「長屋王の変」の後の悲劇が続く。

十二月四日、藤原宇合の長男の広嗣《ひろつぐ》（従五位下・藤原式家）は大和守から大宰少弐に任じられ、大宰府に赴任した。広嗣はこれを左遷と思い、強い不満を抱く。

この年、箱根温泉が掘り当てられる。

皇紀一四〇〇（天平十二）年八月二十九日、左遷されたと思い不満を募らせた藤原広嗣《ひろつぐ》が、現政権を担当している吉備真備と玄昉の処分を求める上表文を奉った。

九月、北九州で藤原広嗣の乱が起きる。朝廷の政治を担っていた藤原四兄弟が天然痘で相次いで死去し、代って政治を担ったのが橘諸兄である。また唐から帰国した吉備真備と玄昉も重用されるようになり、藤原氏の勢力は大きく後退していた。

三日、太宰府に下った藤原広嗣が挙兵したとの情報が飛駅《ひえき》(駅伝制による最速の駅使)で都にもたらされ、聖武天皇は大野東人を大将軍に任じて節刀を授け、紀飯麻呂《きのいいまろ》を副将軍に任じ、広嗣討伐を命じる。東海道、東山道、山陰道、山陽道、南海道の五道の軍一万七千を動員する。四日、朝廷に出仕していた隼人二四人にも従軍が命じられる。五日、勅使には佐伯常人、阿倍虫麻呂が任じられた。

十月二十三日、値嘉嶋《ちかのしま》(五島列島)に潜伏し新羅に逃れようとしていた広嗣は安倍黒麻呂に捕らえられる。二十六日、天皇は九州の大野東人へ「思うところあって東へ行く。乱の最中だが、仕方の無いことなので、聞いても驚くな」という勅を送られる。二十九日、天皇は光明皇后・橘諸兄ら群臣と平城京を離れ、伊賀・伊勢へ行幸される。

十一月一日、大野東人は広嗣と綱手の兄弟を、肥前国唐津(佐賀県唐津市)で斬首し、乱は鎮圧された。十二日、天皇一行は関宮を出発し、美濃・近江へ行幸される。

十二月十五日、都を平城京から恭仁京(現在の京都府木津川市加茂地区)に遷される。

皇紀一四〇一(天平十三)年三月二十四日、天皇は仏教に深く帰依され、「国分寺建立の詔」を出される。

この月、天皇は恭仁京郊外の泉橋院で元明天皇時代迫害を受けていた行基に謁見される。

十二月十日、安房国を上総国に、能登国を越中国に併合する。

皇紀一四〇二(天平十四)年一月五日、藤原広嗣の乱もあり太宰府を廃止する。大宰府の行政機能は筑前国司が果たし、軍事機能は翌年新たに設置された鎮西府が管轄する。十三日、第二皇子の安積親王が一七歳で薨去される。

二月十一日、佐渡国を越後国に併合する。

【荘園の発生】

五月二十七日、墾田を私財とし、位階に応じた面積の所有を認める（墾田永年私財法）。この法令が荘園発生の始まりとなり、基礎となった。

八月、天皇は近江国の紫香楽村（滋賀県甲賀市）に離宮を造られる。

皇紀一四〇三（天平十五）年十月十九日、行基が東大寺の大仏造営の勧進《かんじん》（社寺や橋梁などの造営・修復のために寄付を募る募資活動）の中心人物に起用される。行基が勧進となった効果は大きく大成功し、行基には皇紀一四〇五（天平十七）年には朝廷より日本最初の大僧正の位が贈られた。罪人として流刑されていた行基が許されて大僧正に任じられたと言うことは大和朝廷の政治の柔軟性を示す誇りと言えるであろう。

十月十五日、東大寺大仏建立の詔が渙発され、盧舎那仏金銅像の建立を発願される。七年後の皇紀一四一二（天平勝宝四〈七五二〉）年に完成する奈良東大寺の大仏として知られている。

皇紀一四〇四（天平十六）年二月二十六日、都を恭仁京から再び難波京へ遷される。恭仁京は僅か四年で廃都になった。

皇紀一四〇五（天平十七）年五月、都を更に難波京から平城京へ戻される。

六月五日、皇紀一四〇二（天平十四）年、藤原広嗣の乱で廃止した大宰府をまた復活する。そして後に大宰府の権限は西の都として強化されていくことになる。

九月十九日、天皇が病に陥られ、橘奈良麻呂は皇嗣（皇位継承者）が立っていないことを憂え、長屋王の子の黄文王《きぶみおう》を擁立することを考えた。当時の女帝は全て独身（未婚か未亡人）であり、阿倍内親王が即位してもその次の皇位継承の見通しが立たず、当然のこととして阿倍内親王に代わる天皇を求めた。今の平成の御世に類似した状況である。

なお、橘奈良麻呂は橘諸兄と藤原不比等の娘の子であり、皇紀一三九六（天平八）年十一月、父と同じときに臣籍降下され橘姓を賜った。橘諸兄は敏達天皇の四世孫とも五世孫ともいわれる。

この年、半島の新羅（統一新羅）では飢饉と疫病が蔓延し社会が疲弊して、日本に難民が押し寄せる。

皇紀一四〇六（天平十八）年三月十六日、寺家が土地を買うことを禁止する。朝廷の寺社管理の一環である。寺社勢力の経済的な強大化を懸念してのことであった。五月九日には諸寺が百姓の墾田・園地（畑地）を買うことを禁止する。

この年、左大臣・石上麻呂の子の石上乙麻呂が第一一次遣唐使として派遣される。但し、この遣唐使は中止となった。皇紀一四〇七（天平十九）年五月三日、封戸（公卿に対する封禄）から徴収する租庸調などの数量の基準を定める。租は田の面積を基準に米を納入し、庸は正丁《しょうちょう》（二一歳以上六〇歳以下の成年男子）への課税で、本来労役であるが、これも代納物として布・綿・米・塩などで納め、調も正丁への課税で、繊維製品の他に地方特産品や貨幣で代納できた。

皇紀一四〇八（天平二十）年四月二十一日、先帝の元正天皇が六九歳で崩御される。

皇紀一四〇九（天平二十一）年二月二十二日、陸奥国が黄金を献上する。

四月十四日、元号を天平から天平感宝《てんぴょうかんぽう》に改元する。

閏五月二十日、大安寺（開基は聖徳太子）など一二ヶ寺に墾田地を寄進される。

皇紀一四〇九（天平感宝元〈七四九〉）年七月二日、在位二六年で皇女の阿倍内親王に譲位され、出家される。

この日、元号を天平感宝から天平勝宝《てんぴょうしょうほう》に改元する。

皇紀一四一六（天平勝宝八〈七五六〉）年五月二日、五六歳で崩御された。陵は奈良市法蓮寺町の佐保山南陵《さほやまのみなみのみささぎ》である。

孝謙《こうけん》天皇

第四十六代　世系三四　在位一〇年

皇紀一三七八（養老二〈七一八〉）年、聖武天皇の皇女として誕生された阿倍内親王で、母は史上初めて皇族以外の臣民（藤原氏）から皇后に立てられた光明皇后（光明子）である。史上六人目の女帝で、天武系の最後の天皇となられる。

聖武天皇と光明皇后の間の皇子・基王《もといおう》が三歳で夭折され、皇子女としては阿倍内親王のみであった。妃の県犬養広刀自《あがたいぬかいのひろとじ》との間には安積親王《あさかしんのう》が誕生しておられたが、藤原氏の後ろ盾がないので、即位は期待できなかった。以後、このように、藤原氏一族が、万世一系だけは保ちながらも、皇位継承に大きく関わってくるようになる。そして、これを真似て平氏や徳川といった時の権力者が娘の入内を通じて皇位継承に関わるようになる。

皇紀一三九八（天平十〈七三八〉）年一月十三日、阿倍内親王が立太子され、史上初の女性皇太子となられた。

皇紀一四〇九（天平勝宝元〈七四九〉）年七月二日、先帝・聖武天皇の譲位により阿倍内親王が三二歳で即位された。この即位により、元号をわずか三ヶ月で天平感宝から天平勝宝に改元する。

皇紀一四一〇（天平勝宝二）年九月二十四日、藤原清河（藤原房前の四男）らを第一二次遣唐使に任ずる。二年後の皇紀一四一二（天平勝宝四）年、吉備真備を副使として唐に渡る。

皇紀一四一一（天平勝宝三）年十一月、現存する日本最古の漢詩集『懐風藻』が編纂される。先人の大詩人の詩風を懐かしむということでこの名前が付けられた。選者は不明で、一一六詩の殆どが五言詩である。天皇をはじめ、大友・川島・大津などの皇子、諸王・諸臣・僧侶などの詩が収まっている。

皇紀一四一二（天平勝宝四）年四月九日、東大寺大仏が完成し開眼法要が行われる。またこの年、東大寺正倉院が創建され、聖武天皇の遺品が納められる。六月十四日、新羅王子の金泰廉ら七〇〇余名の新羅使が来日し、朝貢した。後の朝鮮通信使を上回るほどの大規模使節団である。この使節団は、奈良の大仏の塗金用に大量の金を貢いで、王子による朝貢を行い、統一新羅は日本に再度服属した。

皇紀一四一三（天平勝宝五）年十二月二十日、鑑真が来日する。途中漂流の末、薩摩の坊津に着く。清河ら遣唐使一行は、在唐三五年におよび唐の高官にもなっていた阿倍仲麻呂を伴い帰国の途につくが、また途中暴風雨に遭い、仲麻呂の一行はベトナム北部に漂着して帰国できなかった。別の船に乗船していた鑑真らはなんとか無事日本に着くことが出来た。

皇紀一四一四（天平勝宝六）年一月三十日、遣唐使大伴古麻呂が唐僧の鑑真や法進ら八人を伴い、帰朝する。平城京に着いた鑑真は、聖武上皇以下の歓待を受け、孝謙天皇の勅命により、戒壇の設立（僧の資格を授与できる）と授戒について全面的に一任され、東大寺に住まうこととなった。

鑑真は東大寺に戒壇（出家を志す者に戒を授けるために設けられた土の壇）を築き、四月に聖武上皇をはじめ四三〇人に授戒を行なった。これが日本で最初の戒壇であり、授戒である。出家すると税が免除されるため、税を逃れるために出家して得度を受けない不届き者（私度僧）が多く、名目だけの出家をし、修行もせず堕落した僧が多かった。そこで唐より鑑真が招かれ、戒律が伝えられ、この戒律を守れるものだけが僧として認められることとなり、仏教界の規律が整えられた。

十月十四日、双六（賭け事）を厳禁とする。

皇紀一四一六（天平勝宝八）年二月、皇紀一三九七（天平九）年に天然痘が大流行して藤原四兄弟をはじめ多くの議政官が死去してからは、国政は橘諸兄と鈴鹿王（天武天皇の皇子である高市皇子の第二王）が担当して聖武天皇を補佐していたが、聖武上皇のご不例に際して、橘諸兄は酒席で不敬の言があったと讒言され、辞職に追い込まれ失脚する。讒言の真偽については必ずしも明確ではない。藤原氏の他氏排除とも考えられる。

五月二日、聖武上皇が崩御され、遺詔により、新田部親王の子で天武天皇の孫に当たる道祖王《ふなとおう》が立太子された。

六月二十二日、筑前に怡土城《いとじょう》（福岡市）を築く。大陸の唐で、「安禄山の乱」が勃発し、朝鮮半島の新羅との関係も緊張し、九州の警備強化が急務となったからである。

皇紀一四一七（天平勝宝九）年三月二十九日、道祖王は喪中の不貞な行動が問題視され、孝謙天皇の勅命で皇太子を廃される。先帝・聖武天皇の遺詔を反故《ほご》にするほどのことであったのかどうか定かでない。

四月四日、天武天皇の皇子である舎人親王の子の大炊王《おおいおう》（淳仁天皇）が藤原仲麻呂の推挙もあって立太子される。大炊王は仲麻呂の早世した長男・真従《まより》の未亡人である粟田諸姉《あわたのもろえ》を妃としておられた。

五月二十日、藤原仲麻呂（武智麻呂の次男・不比等の孫）の主導で養老律令が施行される。

養老律令それ自体は、散逸して現存してないが、令については、第五十三代淳和天皇の御世の皇紀一四九三（天長十〈八三三〉）年に律令の注釈書として編纂された『令義解』に全て収録されている。

この月、強まる藤原仲麻呂の権勢に危機感を抱いた橘奈良麻呂（前年失脚した左大臣橘諸兄の子）や大伴古麻呂らは、孝謙天皇を廃して新帝を擁立することを協議する。

七月、橘奈良麻呂らの新帝擁立の動きが謀反として密告され、仲麻呂により、関係者が逮捕され、橘奈良麻呂・大伴古麻呂ら多数が処刑された（橘奈良麻呂の乱）。以後、藤原仲麻呂の権勢が更に強まる。仲麻呂は武智麻呂の次男で、武智麻呂は藤原不比等の長男であるから、仲麻呂は不比等の孫にあたる。武智麻呂は藤原南家の始祖となる。

八月十八日、元号を天平勝宝から天平宝字《てんぴょうほうじ》に改元する。

閏八月二十七日、大宰府の防人に板東諸国の兵士を充てていたのを止め、西海道（九州とその周辺の島）の兵士を当てる。

この頃、新羅南部沿海の流民あるいは海賊が、頻繁に対馬や北九州を襲った。組織的な大集団も多く、国家あるいは強大な豪族の関与も疑われた。この新羅の賊が発生したのは、皇紀一四〇五年頃から皇紀一四一〇年代後半にかけて新羅で飢饉や疫病が発生し、社会が疲弊していたためである。飢えのため、自分の股の肉を切り取って父親に食べさせた男の話が、美談として伝わるほどで、この時期、九州北部をはじめ、日本に逃亡してきた新羅の民が多数いた。なお、半島には人肉を食する習慣があった。

またこの年、半島では統一新羅の第三十五代王・景徳王が、唐を真似て地名の漢字二文字化を実施し、官制の名称を唐式に改めて、唐への従属政策を自ら押し進める。

皇紀一四一八（天平宝字二）年八月一日、在位一〇年、四一歳で皇太子大炊王《おおいおう》（淳仁天皇）に譲位される。ここで史上初の女性の太上天皇が誕生した。

淳仁《じゅんにん》天皇

第四十七代　世系三二　在位六年

皇紀一三九三（天平五〈七三三〉）年、天武天皇の皇子・舎人親王の第七王で天武天皇の孫として誕生された大炊《おおい》王で、母は当麻真人山背《やましろ》である。三歳で父・舎人親王が薨去され、天武天皇の嫡孫でありながら官位を受けることはなかった。

皇紀一四一七（天平勝宝九〈七五七〉）年四月四日、聖武天皇の遺詔によって立太子された道祖王《ふなとおう》に代わって、二五歳で立太子される。

藤原仲麻呂（武知麻呂の次男）は叔母の光明皇后の信任を得て、大納言・紫微令《しびれい》（光明皇后の意志の伝達役）に任じられるなど出世し、孝謙天皇が即位されると、皇太后（先帝・聖武天皇の皇后）となられた光明子の権威を後ろ楯とし、事実上の最高権力者となる。大炊王はこの仲麻呂の息子・真従《まより》の未亡人粟田諸姉《もろあね》を妃として、仲麻呂の私邸に居住しておられ、この立太子は、仲麻呂の強い推挙によるものだった。

皇紀一四一八（天平宝字二〈七五八〉）年八月一日、孝謙天皇の譲位を受け、二六歳で即位される。

政治の実権はほとんど藤原仲麻呂が握り、仲麻呂の後見人である聖武天皇の皇后・光明皇后（藤原光明子）も強い影響力を持っていた。

八月二五日、仲麻呂が恵美押勝の姓名を賜る。

この年、東大寺大仏殿が竣工する。半島では引き続き新羅の飢饉が深刻で、余りにも多くの難民が日本に来るので、天皇は太宰府に勅を発し、新羅からの流民に対して、帰国したい者があれば食料等を与えたうえで帰国させよと詔される。翌年には、帰国を希望しなかった新羅人一三一人を武蔵国に移送させた。

皇紀一四一九（天平宝字三）年九月十九日、新羅征伐のため、北陸・山陰・山陽・南海諸道に、船五〇〇艘を造らせる。

この年、鑑真が平城京にあった新田部親王（天武天皇第七皇子）の旧邸宅跡地を朝廷から譲り受け、そこに唐招提寺を建立する。また、大伴家持が『万葉集』を編纂する。全二十巻からなる日本最古の和歌集であるが、編者についても成立年についても異説がある。

大陸・唐は、「安史の乱」により騒乱状態で、先に遣唐使として派遣された藤原清河を迎えるため高元度《こうげんど》（高句麗王族系の渡来人）を大使とする迎入唐使が渤海国経由で入唐したが、行路の危険を理由に唐朝は清河の帰国を許さなかった。

皇紀一四二〇（天平宝字四）年一月四日、藤原武知麻呂の次男の恵美押勝（仲麻呂が改名）が太政大臣に任ぜられる。三月十六日、皇朝十二銭の一つ「万年通宝」が和同開珎に替わる通貨として発行される。万年通宝一枚に対し和同開珎一〇枚の交換比率が設定された。

皇紀一四二一（天平宝字五）年十月十三日、淳仁天皇と孝謙上皇が保良宮《ほらのみや》（近江）に行幸される。二十八日、天皇は平城宮の改築のため、しばらく保良宮に移ると詔され、更に「朕思う所有り、北京《ほっきょう》（保良宮）を造らんと議《はか》る」と勅して都に近い二郡（滋賀郡と栗太郡）を割いて、平城京に準じた調を納めさせるようにされた。

ここで孝謙上皇が病に倒れ、弓削氏の僧・弓削道鏡が看病に当たった。その甲斐あって平癒したため上皇は僧・道鏡をすっかり信頼し、寵愛されるようになる。その寵愛の度が過ぎたためか、これが後の道鏡事件に発展する。

皇紀一四二二(天平宝字六)年三月二十五日、保良宮(大津市の石山国分遺跡)が完成する。五月二十三日、天皇が道鏡との関係を非難されたことで、上皇と不仲になり、保良宮から平城宮にお戻りになる。天皇は中宮院に、上皇は出家して法華寺(奈良市)にお入りになった。なお、法華寺は光明皇后ゆかりの総国分尼寺(全国の国分尼寺を総轄した寺)で門跡尼寺として知られる。門跡寺院は、皇族の子女が住職となられる格式の高い寺院で、東大寺が全国の総国分寺であったのに対し、法華寺は総国分尼寺であった。

六月三日、孝謙上皇は、再び天皇大権を掌握することを目的に、「今の帝は常の祀りと小事を行え、国家の大事と賞罰は朕が行う」と宣告された。上皇が天皇の権限を取り上げてしまわれた、史上初めての出来事であった。

皇紀一四二三(天平宝字七)年正月、日本では清河を在唐大使のまま常陸守に任じ、皇紀一四二四(天平宝字八)年従三位に昇叙させた。しかし清河は「安史の乱」で帰国できず、唐で客死する。

皇紀一四二四(天平宝字八)年正月二十一日、孝謙上皇との関係が良かった吉備真備が造東大寺長官に任じられる。九月五日、先の孝謙上皇の宣旨を受け、恵美押勝は船王(舎人親王の子で大炊王の兄)と対策を協議し、また池田王(舎人親王の子)はすでに夏頃より兵馬を集結させていた。両親王ともに、淳仁天皇の異母兄弟である。十一日、恵美押勝の乱が勃発する。

【恵美押勝の乱】

恵美押勝が戦闘準備を始めた事を察知された孝謙上皇は、山村王(用明天皇の末裔)を派遣し、淳仁天皇の元から皇権の発動に必要な「玉璽」と「鈴印(駅鈴)」を回収させた。そこでこれを奪還しようとした恵美押勝側との間で武力衝突が発生したが、結局駅鈴は孝謙上皇の元に渡り、恵美押勝は朝敵となってしまう。恵美押勝は太政官印を奪取して近江国に逃走したが、九月十八日に捕らえられて殺害される。

恵美押勝敗死の知らせが届いた九月十四日には、左遷されていた藤原豊成（武知麻呂の長男）を右大臣とする。

十月九日、淳仁天皇の居住しておられた中宮院は上皇の軍によって包囲され、そこで上皇より「恵美押勝と関係が深かったこと」を理由に、廃位を宣告される。上皇が天皇を廃位したという初めての例となる。六年の在位で三二歳であった。上皇は淳仁天皇を廃して大炊親王とし、淡路公に封じて流刑とされた。十四日、親王の待遇をもって淡路国に流される。廃位と同時に、上皇は重祚して称徳天皇となられた。一方、淳仁前天皇は、廃位であるため、太上天皇号を奉られることはなく、「淡路廃帝」とされた。

皇紀一四二五（天平神護元）年一月七日、元号を天平宝字から天平神護《てんぴょうじんご》に改元する。恵美押勝の乱を神霊の加護によって平定したことによる改元であった。

ところが淡路の前天皇・淳仁天皇のもとに通う官人も多く、また都でも当然のことながら、天皇の復帰をはかる勢力もあって、危機感を抱かれたのであろうか、重祚によって即位された称徳天皇は、現地の国守である佐伯助らに警備の強化を命ずる。

十月二十二日、淳仁天皇は逃亡を図るが捕まり、翌日に院中で崩御される。暗殺説も根強い。宝算三三歳であった。六年後、光仁天皇の御世、皇紀一四三二（宝亀三〈七七二〉）年、天皇は僧侶六〇人を派遣し、斎を設けて、その魂を鎮められた。そして皇紀一四三八（宝亀九）年三月二十三日、陵は山陵（天皇の陵）扱いされる。

その陵《みささぎ》は、兵庫県南あわじ市賀集にある淡路陵《あわじのみささぎ》である。

称徳《しょうとく》天皇

第四十八代　世系三四　在位七年

皇紀一四二四（天平宝字八〈七六四〉）年十月九日、淳仁天皇の廃位によって孝謙上皇が重祚され、称徳天皇として皇位に就かれ、即位された。以降、称徳天皇と道鏡による政権運営が六年間続くことになるが、皇太子はふさわしい人物が現れるまで決めないとされる。

皇紀一四二五（天平神護元〈七六五〉）年八月、皇太子が決まってなかったこともあって、和気王（舎人親王の孫）の謀叛計画が発覚し、和気王が誅殺されるなど、恵美押勝の乱後の悲劇が続き、政情は不安定であった。

十月三十日、天皇は道鏡の故郷である河内の弓削寺に行幸される。この行幸中に道鏡を太政大臣禅師に任じ、本来臣下には行われない群臣拝賀を道鏡に対して行わせた。またこの際の行宮を拡張し、離宮の由義宮《ゆげのみや》築造を開始される。なお、弓削氏は、弓などの武器の製造に携わった弓削部を支配していた伴造《とものみやっこ》である。

十一月十六日、天皇即位とともに大嘗会が行われ、本来参加しない僧侶が多数出席する。ただし即位式は行われていない。

この年（三月五日）には墾田永年私財法によって開墾が過熱していたため、「加墾禁止令」を発令して、寺社を除いて一切の墾田私有を禁じた。そして（九月四日）皇朝十二銭の三番目として神功開宝が鋳造され、万年通宝に替わる通貨として発行され、万年通宝と等価で併用された。

皇紀一四二六（天平神護二）年十月二十日、海龍王寺（別称隅寺。法華寺の東北に隣接）で仏舎利が出現したとして、道鏡を法王とした。道鏡の下には法臣（大臣）・法参議（参議）という僧侶の大臣が設置され、道鏡の弟・弓削浄人《ゆげのきよひと》が中納言となるなど道鏡の勢力が増していく。一方で太政官の首席は左大臣に藤原永手、右大臣に吉備真備を抜擢する。こうして称徳天皇＝法王道鏡の二頭体制が確立する。

また天皇は次々と大寺に行幸され、西大寺の拡張や尼寺・西隆寺の造営、百万塔の製作など仏教重視の政策を推進される。伊勢神宮や宇佐八幡宮内に神宮寺を建立するなど神仏習合も進め、神社の位階である神階制度も開始される。しかし一方では、刑罰を厳しくし些細なことで極刑が行われ、冤罪を生んだ（『続日本紀』）ともいわれている。

皇紀一四二七（天平神護三）年八月十六日、元号を天平神護から神護景雲《じんごけいうん》に改元する。

皇紀一四二八（神護景雲二〈七六八〉）年二月二十八日、筑前の怡土城《いとじょう》（福岡市と糸島市の境）が完成する。遣唐使に加わって二度留学し、その後大宰府政庁の高官となった吉備真備が、孝謙天皇の命により皇紀一四一六（天平勝宝八〈七五六〉）年六月に着工し、十二年掛けて完成させる。当時、唐では「安禄山の乱」が勃発し、朝鮮半島では新羅が日本の国使との会見を拒否するなど、対外的な緊張が高まり九州の防備体制構築が急務となっていた。

この月、陸奥国の伊治城《これはりじょう》（宮城県栗原市）、桃生城《もものうじょう》（宮城県）に坂東（関東）の民を移住させる。

皇紀一四二九（神護景雲三）年五月二十五日、天皇の異母妹・不破内親王《ふわないしんのう》（聖武天皇の皇女）と子の氷上志計志麻呂《ひかみのしけしまろ》（天武天皇の男系曾孫）が天皇を呪詛したとして、名を改めた上で流刑にする。そこでこの不破内親王の同母姉・井上内親王を妻としていた中納言・白壁王（光仁天皇）は天皇の嫉視を警戒し、酒に溺れた振りをして難を逃れようとされた。

【宇佐八幡宮神託事件】

皇紀一四二九（神護景雲三）年七月、道鏡の弟の弓削浄人《ゆげのきよひと》が大宰帥《だざいのそち》に就き、道鏡を皇位に就けることが神意に適う旨の宇佐八幡宮の神託を奏上し、いわゆる「宇佐八幡宮神託事件」を引き起こした。宇佐の神官を兼ねていた大宰府の主神《かんつかさ》・中臣習宜阿曾麻呂《なかとみのすげのあそまろ》が道鏡に媚びて宇佐八幡神の神託として、道鏡を皇位に就かせれば天下太平になると天皇へ奏上した。そこで、これを確かめるべく、和気清麻呂《わけのきよまろ》が勅使として宇佐八幡宮に派遣される。清麻呂は「天の日継は必ず帝の氏を継がしめむ。無道の人は宜しく早く掃い除くべし」との神託を朝廷に持ち帰り、先の託宣は虚偽であると復命した。これに怒った天皇と道鏡は清麻呂を「別部穢麻呂《わけべのきたなまろ》」と改名した上で因幡員外介《いなばのいんげのすけ》に左遷し、さらに大隅国へ流した。

十月一日、称徳天皇が詔を発し、「道鏡には皇位は継がせない」と宣言され、一連の事件（宇佐八幡宮神託事件・道鏡事件）は決着した。

皇紀一四三〇（神護景雲四）年二月二十七日、天皇は再び由義宮に行幸された。

三月半ば、病を得て病臥される。このとき、看病の為に近づけたのは宮人（女官）で吉備真備の娘（姉妹という説もある）の吉備由利だけで、道鏡は崩御まで会わされなかった。道鏡の権力はたちまち衰え、軍事指揮権は藤原北家の祖である房前の次男の藤原永手や吉備真備ら太政官に移行する。称徳天皇の崩御に当たっては、由利を通じて天皇の意思を確認し、永手らと協力し白壁王（後の光仁天皇、六二歳）の立太子が実現した。

同年八月四日、天皇は平城宮の西宮寝殿で崩御される。在位七年、宝算五三歳であった。
陵は奈良市山陵町にある高野陵《たかののみささぎ》である。

称徳天皇が崩御され、道鏡が失脚した後、光仁天皇は配流されていた和気清麻呂を従五位下に復され、その後、清麻呂は自ら願い出て、美作・備前両国の国造に任じられている。道鏡は下野《しもつけ》（栃木県）へ配流され、造《みやつこ》下野薬師寺別当（下野国）に任じられた。道鏡を皇位に就かせれば天下太平になるという、宇佐八幡宮の神託を奏上して、道鏡事件を引き起こした大宰府の主神の中臣習宜阿曾麻呂は多褹島守《たねのしまのかみ》に左遷された。

宇佐八幡宮の神託事件は万世一系の皇統を汚しかねない重大事件であった。この危機を救った和気清麻呂は護王神社（京都市上京区）の主祭神として祀られている。そして後の孝明天皇（第百二十一代）は清麻呂の勇気と功績を讃え、「護王大明神」の神号と正一位という最高位の神階を授けられた。

光仁《こうにん》天皇

第四十九代　世系三二　在位一一年

皇紀一三六九（和銅二〈七〇九〉）年十月十三日、天智天皇の第七皇子・施基《しき》親王（志貴皇子）の第六王として誕生された白壁王で、母は紀諸人の娘・紀橡姫《きのとちひめ》であるが、八歳の時、父・施基親王が薨去され、初叙（従四位下）が皇紀一三九七（天平九〈七三七〉）年、二九歳の時と大変遅かった。壬申の乱で皇位が天武系になり皇位継承者とはなられなかった。

皇紀一四三〇（神護景雲四〈七七〇〉）年十月一日、元号を神護景雲から宝亀に改元する。

この日、白壁王が六二歳で即位され、都は平城京に置かれた。

即位直前の九月、称徳天皇の崩御を受け、宇佐八幡神託事件で失脚していた和気清麻呂が、配流先の大隅国から召還される。先帝崩御間もなく和気清麻呂を呼び戻されたということは、孝謙・称徳天皇と道鏡に対し良い思いをしておられず、また和気清麻呂を評価しておられたと思われる。

十一月六日、聖武天皇の第一皇女で妃の井上内親王を皇后に立てられた。

井上内親王は皇紀一三八一（養老五〈七二一〉）年五歳で伊勢神宮の斎王になられ、六年後の皇紀一三八七（神亀四〈七二七〉）年、一一歳で伊勢に下向された。その後、皇紀一四〇四（天平十六）年、弟の安積親王の薨去により、斎王の任を解かれ、帰京後、白壁王（光仁天皇）の妃になられた。

皇紀一四三一（宝亀二）年一月二十三日、他戸《おさべ》親王を皇太子に立てられる。他戸親王は光仁天皇（白壁王）の王子で母は井上内親王である。

六月二十七日、渤海国使節が出羽に来着する。

十月二十七日、東山道の武蔵国を東海道に編入する。人と物の流れを考えてのことであった。

皇紀一四三二（宝亀三）年三月二日、皇后の井上内親王が呪詛による大逆を図ったという密告があり、皇后を廃され、五月二十七日、皇太子の他戸親王も皇太子を廃された。皇后は立后して一年四ヶ月、他戸親王は立太子してわずか一年一ヶ月余りしか経っていない。不可解な事件ではある。

十月十四日、寺院以外の開墾禁止が解除され、墾田私有が再開される。五年前の皇紀一四二五（天平神護元〈七六五〉）年の「加墾禁止令」が撤廃され、寺院以外の開墾の禁は解除された。

皇紀一四三三（宝亀四）年一月二日、高野新笠所生の皇子・山部親王（桓武天皇）が他戸親王に代わって、三七歳で皇太子に立てられた。

六月十二日、渤海使が能登に来着する。

十月十四日、天皇の同母姉の難波内親王が薨去されると、また井上内親王が呪い殺したという嫌疑を受けて、他戸親王とともに庶人に落とされ、大和国宇智郡（奈良県五條市）に幽閉される。前年の呪詛事件に追い打ちをかけるように起きた事件であった。

皇紀一四三四（宝亀五）年三月十八日、歴任五年以上の員外国司（収入を目的とする定員外の国司）を解任し、事実上の員外国司の任期を設けた。

皇紀一四三五（宝亀六）年四月二十七日、井上内親王と他戸親王は幽閉先で忽然と薨去される。暗殺説が根強い。翌皇紀一四三六（宝亀七）年から天災地変が発生する度に、廃后・廃太子の怨霊と恐れられた。

六月十九日、佐伯今毛人《さえきのいまえみし》らを第一六次遣唐使に任ずる。節刀を賜り再度(前年は大宰府から引き返している)出発したが、羅城門(朱雀大路の南端)まで来て病に陥り渡航を断念し、摂津に留まることとなった。

七月一日、称徳天皇が崩御された後、左大臣の藤原永手らとともに天皇・白壁王の即位に尽力した藤原蔵下麻呂が四二歳で急死する。蔵下麻呂は藤原式家の祖である藤原宇合の九男である。その二年後の皇紀一四三七(宝亀八)年九月十八日には宇合の次男・藤原良継が、続いて三男の藤原清成が没し、皇紀一四三九(宝亀十)年七月九日には八男の藤原百川が死去する。そして更に皇紀一四四二(天応二〈七八二〉)年に五男の藤原田麻呂と、宇合の息子達が相次いで死去する。井上内親王と他戸親王の悲劇から七年の間に、宇合を祖とする藤原式家の五兄弟が全て死去したのである。

また、皇紀一四三五(宝亀六)年から八年にかけて、風水害、日蝕、流星、蝗害、霖雨、地震などの天災が続く。前年からこの年に掛けて一年間、原因は不明だが、宇宙から飛来する宇宙線の量が急増して平常時の二〇倍に達していたことが原因とも思われる。この放射線量の急増は樹齢一九〇〇年の二種類の屋久杉に取り込まれた放射性炭素(炭素一四)の濃度から判明した。

翌皇紀一四三六(宝亀七)年、天皇は藤原蔵下麻呂が急死すると、祟りを恐れ秋篠寺(奈良市秋篠町の勅願寺)建立の勅願を発せられる。開基は善珠《ぜんしゅ》僧正である。山部皇太子の第一王子として誕生した安殿親王《あてしんのう》(平城天皇)も病に懸かるが、善珠僧正自らが快癒祈願を行い無事平癒する。

五月、出羽国(東山道に属する令制国)志波村(盛岡の南部)の蝦夷と戦う。

十一月二十六日、陸奥国(東山道に属する令制国)胆沢(岩手県)の蝦夷と戦う。

皇紀一四三七(宝亀八)年十二月十四日、陸奥国・出羽国の軍、出羽で蝦夷に破れる。

この年、令外官(律令の令制に規定のない新設の官職)として内大臣を新設する。

皇紀一四三八（宝亀九）年九月二十一日、渤海使、遣渤海使と越前に着く。

十月、遣唐使、唐使と共に肥前・肥後・薩摩等に着く。

皇紀一四四〇（宝亀十一）年二月二日、蝦夷対策で陸奥国内に城柵の覚鱉城《かくべつじょう》（伊治城の北東）を築く。

三月二十二日、伊治呰麻呂《いじあざまろ》の乱（宝亀の乱）が勃発する。本《もと》は夷俘《いふ》（朝廷に同化していない蝦夷）であった陸奥国伊治郡の大領《だいりょう》（郡の長官）を務める伊治呰麻呂《いじのあざまろ》が伊治城で朝廷に反旗を翻し、夷俘軍を率いて按察使の紀広純《きのひろずみ》らを殺害した。伊治城は焼失する。蝦夷経営始まって以来の辺境の大乱となった。大領《だいりょう》まで出世していた呰麻呂《あざまろ》が、同じ俘囚出身の道嶋大楯《みちしまのおおだて》から見下されていたことを恨み、新たな城柵・覚鱉城《かくべつじょう》の建設で紀広純が伊治城を訪れた機会を捉え、俘囚の軍を率いて反乱を起こす。まず道嶋大楯を殺し、次に紀広純を多勢で囲んで殺害し、伊治城を焼き払った。

皇紀一四四一（宝亀十二）年一月一日、元号を宝亀から天応《てんおう》に改元する。

皇紀一四四一（天応元年〈七八一〉）年二月、七〇歳を超えて政務を執られたが、第一皇女能登内親王に先立たれてから心身ともに衰弱され、四月三日、病を理由に山部皇太子に譲位される。

十二月二十三日、在位一一年にして七三歳で崩御される。皇后井上内親王薨去から六年八ヶ月後のことであった。

御陵は田原東陵《たはらのひがしのみささぎ》（奈良市日笠町王ノ塚）である。

この御世は皇后井上内親王と皇太子の他戸親王が、呪詛の嫌疑をかけられ、皇后、皇太子を廃されて最後は不可解な薨去をされた、天皇にとっては辛い御世であった。この間の事情は諸説あるが、これからの研究で明確にされることであろう。

第四章　第一期京都時代（平安時代）

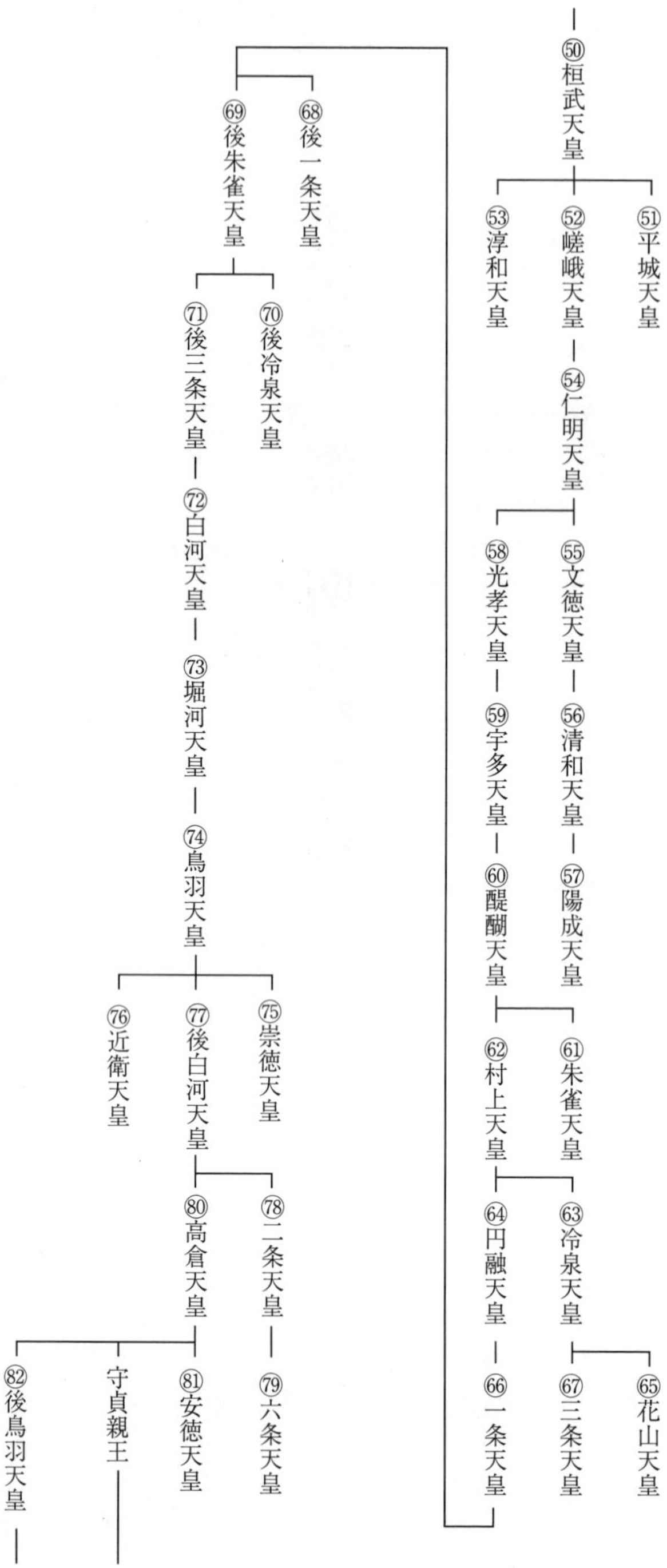

㊿桓武天皇
51平城天皇
52嵯峨天皇
53淳和天皇
54仁明天皇
55文徳天皇
56清和天皇
57陽成天皇
58光孝天皇
59宇多天皇
60醍醐天皇
61朱雀天皇
62村上天皇
63冷泉天皇
64円融天皇
65花山天皇
66一条天皇
67三条天皇
68後一条天皇
69後朱雀天皇
70後冷泉天皇
71後三条天皇
72白河天皇
73堀河天皇
74鳥羽天皇
75崇徳天皇
76近衛天皇
77後白河天皇
78二条天皇
79六条天皇
80高倉天皇
81安徳天皇
守貞親王
82後鳥羽天皇

桓《かん》武《む》天皇

第五十代　世系三三　在位二六年

皇紀一三九七（天平九〈七三七〉）年、即位前の光仁天皇（白壁王）の第一王として誕生された山部王で、生母は百済の第二十五代王・武寧王を祖とする王族の末裔・和氏《やまとうじ》出身の高野新笠である。

新笠は和乙継《やまとのおとつぐ》の娘で、天智天皇の孫にあたる白壁王（光仁天皇）の側妾《そばめ》となり、山部王が誕生された。百済から大和朝廷へと人質として送られていた武寧王の一〇世孫とされ、出身一族は六代前に帰化し、和《やまと》姓を下賜されている。高野朝臣《たかののあそみ》という氏姓は、新笠が白壁王（光仁天皇）の側妾となった際に下賜されたものである。

山部王は生母の出自が低かったため立太子は予想されていなかった。しかし、藤原氏などを巻き込んだ政争により、異母弟の皇太子・他戸親王《おさべしんのう》の母である皇后（井上内親王）が皇紀一四三二（宝亀三〈七七二〉）年三月二日に、他戸親王本人が五月二十七日に相次いで突如廃され、皇紀一四三三（宝亀四）年一月二日、山部王が三七歳で立太子された。

皇紀一四四一（宝亀十二）年一月一日、元号を宝亀から天応《てんおう》に改元する。四月十五日、光仁天皇から譲位を受け四五歳で即位される。十六日、同母弟の早良親王（三二歳）を皇太子とされた。

皇太子・早良親王は母方が下級貴族で立太子は望めず、皇紀一四二一（天平宝字五〈七六一〉）年に出家して東大寺や大安寺で修行され、親王禅師と呼ばれていた。ところが兄・桓武天皇が即位され、先帝・光仁天皇の勧めもあって急遽還俗され、立太子された。

八月二十五日、先の陸奥の陸前国（宮城県）で起きた伊治呰麻呂の乱（宝亀の乱）で、藤原南家・藤原継縄の後任として藤原小黒麻呂（藤原北家房前の孫）が持節征東大使（節刀を授けられた征夷大将軍）に任ぜられ、二千の兵を率いて出征したが、その小黒麻呂が蝦夷征討を終えて帰朝する。乱は収束したものと思われる。

皇紀一四四二（天応二）年閏正月、先帝の光仁天皇崩御の直後、天武天皇の曾孫で塩焼王の子の氷上川継が反乱を起こす。（氷上川継の乱）。川継配下の者が密かに武装して宮中に侵入したところを、発見されて捕縛される事件が起きた。尋問を受けて川継を首謀者とする謀反の計画を自白する。川継の父は藤原仲麻呂の乱（恵美押勝の乱）で戦死した塩焼王、母は井上内親王の同母妹・不破内親王であった。氷川川継の罪は死罪に値するところ、先帝・光仁天皇の喪中であるという理由で、罪一等を減じられ伊豆国へ配流とされた。

六月十七日、大伴家持《やかもち》が陸奥守鎮守将軍に任じられ、蝦夷討伐の準備をする。

ところが、家持はこの年正月、氷上川継の乱への関与を疑われ、一時解官されて都を追放される。しかし、四月には罪を赦《ゆる》され参議に復した。家持は武人であると同時に歌人でもあり、『万葉集』全体の一割を超える四七三首の歌が『万葉集』に収められ、『万葉集』の編纂にも携わった。

皇紀一四四二（天応二）年八月十九日、元号を天応から延暦《えんりゃく》と改元する。

皇紀一四四三（延暦二〈七八三〉）年、大伴家持が中心となって編纂していた『万葉集』が完成する。但し、完成年や編者については諸説ある。

六月十日、田宅（田と宅地）の寄進売買による寺領の拡大を禁止する。寺領の膨張を阻止している。

十二月六日、京内諸寺に、銭財出挙《すいこ》の際の利息の取り過ぎを禁止する。出挙《すいこ》とは播種期に種子を貸与し、収穫期に利子を付けて返済させる貸借制度である。金銭や財物の貸借にも使われている。寺が今で言う高利貸しになっていたが、その高利を禁止している。

皇紀一四四四（延暦三）年四月、宇合《うまかい》を祖とする藤原式家の藤原良継の娘・藤原乙牟漏を皇后とされた。皇后との間に、安殿親王（のちの平城天皇）と神野親王（のちの嵯峨天皇）が誕生する。また、夫人藤原旅子《たびこ》との間には大伴親王（のちの淳和天皇）が誕生している。

五月十六日、藤原種継らを長岡京造営のため山背国長岡村に派遣する。種継は藤原式家の祖である藤原宇合の孫で、清成の長男である。

六月十日、長岡京造営に着工する。藤原種継が遷都の責任者・造宮使に任命される。

十一月十一日、長岡京に遷都する。「遷都の第一条件は物資の運搬に便利な大きな川がある場所」とする桓武天皇の勅命に対し、種継は「山背国長岡」を奏上した。長岡京の近くには桂川、宇治川、木津川と三本の大きな川が淀川となる合流点であったからである。難波宮と長岡京は淀川で通じており、難波宮の宮殿を移築できた。また、遷都にあたり天皇は朝廷内の改革に取り組み、藤原種継とその一族を重用した。

皇紀一四四五（延暦四）年正月、新都の長岡京の宮殿で新年の儀式が行われた。

九月二十三日、藤原種継暗殺事件が発生する。

長岡京造営使の藤原種継が造宮監督中に射殺され、翌日死去した。この事件がすぐに皇太子の早良親王の悲劇に繋がる。大伴家持の死去直後にこの事件が発生し、家持も関与していたとされ、追罰として、埋葬を許されず、官籍からも除名された。子の永主《ながぬし》も隠岐国に配流となった。しかし次の平城《へいぜい》天皇の御世、皇紀一四六六（大同元〈八〇六〉）年には罪を赦《ゆる》され従三位に復されている。

九月二十八日、皇太弟早良親王が事件に連座し逮捕され、皇太弟を廃されて乙訓寺（京都府長岡京市今里）に幽閉された。早良親王は食を断ち、無実を訴え続け、淡路に流される途中、河内国高瀬橋付近（大阪府守口市馬場町の高瀬神社付近）で薨去される。四五歳であった。

十一月二十五日、桓武天皇の第一皇子・安殿《あて》親王（平城天皇）が一二歳で立太子される。

この年、和気清麻呂が神崎川と淀川を直結させる開鑿工事を行い、平安京方面への物流路を確保した。

皇紀一四四六（延暦五）年八月、東では東海・東山二道に軍備を点検させて、蝦夷討伐の準備をする。

皇紀一四四七（延暦六）年一月、王家・臣家・国司等に蝦夷との交易を禁ずる。徹底した臨戦態勢をとっている。

皇紀一四四八（延暦七）年三月三日、東海・東山二道の坂東諸国から歩騎五万余を動員し、多賀城に集結させる。

十二月七日、紀古佐美が征夷大将軍に任じられ蝦夷討伐に出征する。

この年、最澄が比叡山寺（後の延暦寺）を建立する。しかし大乗戒壇（僧侶の資格付与が出来る）設立が許可されるのは三四年後皇紀一四八二（弘仁十三〈八二二〉）年（最澄五六歳）で、最澄没後七日目となる。また「延暦寺」という寺号が許されるのもその翌年皇紀一四八三（弘仁十四）年のことであった。桓武天皇は最澄に帰依し、この比叡山寺は京の表鬼門（北東）を護る国家鎮護の道場として栄える。

また、この年（延暦七年）、妃・藤原旅子が、翌八年に天皇の実母皇太夫人高野新笠が、そしてその翌九年には皇后乙牟漏が相次いで薨去される。更にまたその翌々年十一年には皇太子安殿親王も病気となり、畿内に水害が起こるなど、凶事が相次いだ。桓武天皇はこれを、皇紀一四四五（延暦四）年に起きた藤原種継暗殺事件に連座し廃太子され、無実を訴え続けて憤死された早良親王の祟りとされ、その霊を鎮めるために鎮魂の祭礼を行われた。

皇紀一四四九（延暦八）年三月四日、南九州の霧島山が大噴火を起こす。

七月十四日、伊勢・美濃・越前の三関を廃止する。人の流れ、物流が盛んになり、平穏が保たれて関所の必要性がなくなったからである。

この年、前年征東大使となった紀古佐美らによる大規模な蝦夷征討が開始された。紀古佐美は五月末まで衣川に軍を留め、進軍せずにいたところ、天皇からの叱責を受け、蝦夷の拠点と目されていた胆沢に向けて進軍したが、朝廷軍は多数の損害を出し壊走、紀古佐美の遠征は失敗に終わった。

皇紀一四五〇（延暦九）年閏三月四日、蝦夷征伐のため、再度諸国に武具・軍糧を備えさせる。

皇紀一四五一（延暦十）年三月六日、吉備真備らの制定した律令二四条が施行される。

七月十三日、再度の蝦夷討伐に当たって、大伴弟麻呂を征夷大使に、坂上田村麻呂らを副使に任ずる。

皇紀一四五二（延暦十一）年六月、陸奥国、出羽国、大宰府管内等を除く全国の兵士を廃し、健児《こんでい》を置く。郡司の子弟と百姓のうち弓馬に秀でた者を選抜する従前からの健児制を全国に拡大したものである。これにより、百姓らの兵役の負担は解消された。

十一月、京畿に斑田（口分田）を行う。戸籍に基づいて六年に一回、口分田として六歳以上の男性へ二段（七二〇歩＝約二四《アール》）、女性へはその三分の二が支給され、その収穫から徴税（租）が行われた。

皇紀一四五三（延暦十二）年、皇紀一四四五（延暦四）年に淀川と神崎川直結開鑿工事をした和気清麻呂が、今度は平安遷都を進言し、自ら平安京造営大夫を務める。

三月、平安京の大規模造営工事が始まる。

皇紀一四五四（延暦十三）年一月一日、令外官として天皇に任命される常設の軍事指揮官・征夷大将軍を新設する。大伴弟麻呂（大伴麻呂の孫）が征夷大将軍として節刀を賜与された。副将軍には坂上田村麻呂が任命される。

【平安時代】

十月二十二日、都を京の平安京に移す。山背国を山城国と改め、京を平安京と名付ける。この時から鎌倉幕府成立までの三九〇年間、歴史書では「平安時代」と称することになる。

皇紀一四五五（延暦十四）年、大陸からの侵攻に備えて設けられていた東国出身防人と防人司が廃止される。外国からの侵略はないものとされた。日本も朝鮮半島への関与をしなくなった。

一月二十九日、征夷大将軍大伴弟麻呂が蝦夷を服属させて凱旋する。

五月、平安京の大極殿（朝廷の正殿）が落成する。

皇紀一四五六（延暦十五）年、武智麻呂を祖とする藤原南家の藤原巨勢麻呂の七男・藤原伊勢人《いせんど》が造寺長官となって、平安京鎮護のため東寺を建立する。また、西寺（京都市南区唐橋）、鞍馬寺も創建された。

皇紀一四五七（延暦十六）年二月十三日、『続日本紀』が完成する。「六国史」の一つで第四十二代文武天皇元年から第五十代桓武天皇の延暦十年まで九五年間の歴史を記し、編年体・漢文表記で書かれ、全四〇巻から成る。

九月四日、地方行政を監査するための勘解由使《かげゆし》が令外官の一つとして設置される。国司の任期が満了すると、後任国司から前任国司へ解由状《げゆじょう》なる文書を交付することによって、事務引継ぎが問題なく行われた証とした。

十一月五日、東北地方を平定し蝦夷を服属させるため、坂上田村麻呂を征夷大将軍に任命し朝廷軍を派遣する。大伴弟麻呂が服属させていたが、更にこれを引き続き治めるために派遣された。

皇紀一四五八（延暦十七）年四月二十四日、内蔵賀茂麻呂らを第一二回遣渤海使に任命する。

皇紀一四五九（延暦十八）年五月、渤海使の来日を六年に一度とする。渤海との関係は朝貢関係で、渤海の貢ぎに対して日本からの回賜物が大きく、日本の財政を圧迫していた。

皇紀一四六〇（延暦十九）年三月十四日～四月十八日、富士山の大噴火がある（延暦大噴火）。この噴火により相模国足柄路が一時通行不能となり、一年間は、箱根路が迂回路とされる。

四月九日、王家・臣家らの山林独占を禁止する。山林は入会《いりあい》などで民の生活を支えていた。

七月二十三日、故・早良親王を「崇道天皇」と追称する。藤原種継暗殺事件に連座して廃され、乙訓寺に幽閉されたが、無実を訴え続けられた早良親王の御魂を鎮める。京には早良親王のみを祭神とする崇道神社（京都市左京区上高野）がある。

皇紀一四六一（延暦二十）年二月十四日、征夷大将軍坂上田村麻呂、蝦夷討伐で陸奥国へ出征する。

八月十日、藤原葛野麻呂《かどのまろ》らが第一八次遣唐使に任命される。葛野麻呂は藤原北家の藤原小黒麻呂の長男である。

皇紀一四六二（延暦二十一）年一月、蝦夷平定後、陸奥国に胆沢城《いさわじょう》（岩手県奥州市）を築造し、ここに鎮守府を設置する。

四月十五日、蝦夷の首長大墓公《たいぼのきみ》阿弖流為《あてるい》らが降伏する。阿弖流為は皇紀一四四九（延暦八）年には朝廷軍を打ち破ったが、この時は坂上田村麻呂に敗れ、降伏し処刑される。

皇紀一四六三（延暦二十二）年三月、坂上田村麻呂が北上川と雫石川合流地近くに志波城《しわじょう》（岩手県盛岡市）を築く。これにより、朝廷は律令制の支配を北上川北部にまで及ぼすことになった。志波城は、陸奥国最北の城柵であり、事実上は朝廷の実行支配が及ぶ最前線基地としての機能を担った。

四月二十三日、藤原葛野麻呂らの遣唐使船が暴風のため破損し、渡海不能となり、派遣が延期される。

皇紀一四六四（延暦二十三）年一月二十八日、坂上田村麻呂が再び征夷大将軍に任命される。

三月、第一八次遣唐使、唐に向かう。橘逸勢《はやなり》・空海・最澄ら留学僧が同行する。留学僧の留学機関は二〇年であるが、最澄は還学生《げんがくしょう》（短期海外研修生）として渡る。五月十二日に出発するが途中嵐で流され、紆余曲折あって十二月二十三日にようやく長安に入る。

皇紀一四六五（延暦二十四）年五月、最澄が帰国する。帰路、和田岬（神戸市兵庫区）に上陸し、最初の密教教化霊場である能福護国密寺（神戸市兵庫区北逆瀬川町）を開創する。七月に上洛するが、桓武天皇は病床にあり、宮中で天皇の病気平癒の祈禱を行う。

七月、帰国した遣唐使が唐の情勢を伝える。

十月、坂上田村麻呂、清水寺を建立する。太政官符により坂上田村麻呂が寺地を賜り、後の皇紀一四七〇（弘仁元〈八一〇〉）年には嵯峨天皇の勅許を得て公認の寺院となり、「北観音寺」の寺号を賜った。

皇紀一四六六（延暦二十五）年三月十七日、二六年の在位中に、七〇歳で崩御される。

文化面でこの御世に「六国史」の第二『続日本紀』が編纂され、大伴家持が『万葉集』を完成させる。ただし、『万葉集』の完成時期については諸説ある。また最澄と空海が唐から帰国して、桓武天皇が最澄や空海の保護者となられる。しかし既存の仏教寺院が朝廷に反抗し、強大な権力を持ち始めたので、いわゆる「南都六宗」と呼ばれた諸派に対しては封戸《ふこ》（食封）の没収などで抑制もしている。尚、封戸とは、古代の貴族や寺院に対する封禄制度の一つで、一定数の公民の戸を支給したものである。

陵は、京都市伏見区桃山町永井久太郎の柏原陵《かしわばらのみささぎ》で、円丘である。

平《へい》城《ぜい》天皇

第五十一代　世系三四　在位三年

皇紀一四三四（宝亀五〈七七四〉）年八月十五日、桓武天皇の第一皇子として誕生された小殿《おて》親王、後の安殿《あて》親王で、母は桓武天皇の皇后・藤原乙牟漏《おとむろ》（藤原良継の娘）である。

皇紀一四四五（延暦四〈七八五〉）年十一月二十五日、藤原種継暗殺事件に関与したとされ廃太子された早良親王に代って立太子された。

皇紀一四六六（延暦二十五）年三月十七日、父帝・桓武天皇が崩御される。

五月十八日、桓武天皇の遺詔を受け三三歳で即位された。この日、元号が延暦から大同《だいどう》に改元される。十九日、同母弟の神野親王（嵯峨天皇）が立太子される。

天皇には阿保親王・高岳親王・巨勢親王と三人の皇子がおられたのに、同母弟の神野親王（嵯峨天皇）が立太子されたのは、先帝・桓武天皇の遺詔があったものと思われる。安殿親王が即位され、追放されていた藤原種継の娘・薬子《くすこ》が再び召され尚侍（内侍司の長）とされ、夫の藤原縄主《ただぬし》は大宰大弐として九州へ赴任させられる。薬子は天皇の寵愛を受け、政治に介入するようになり、兄の藤原仲成（藤原式家の藤原種継の長男）とともに権勢を振るう。

皇紀一四六六（大同元）年五月、勘解由使を廃止し、新たに六道観察使が置かれる。

観察使は当初、東山道を除く六道（東海道・北陸道・山陰道・山陽道・南海道・九州とその周辺の島々の西海道）に設置され、六道観察使と呼ばれた。観察使は、参議と並ぶ重要な官職で、観察使による地方行政の監察は、厳正に行われていた。

皇紀一四六七（大同二）年十一月十二日、桓武天皇第三皇子の伊予親王が反逆の首謀者として川原寺に幽閉され自害する（伊予親王の変）。しかし後に親王の無実が判明し、皇紀一四九九（承和六〈八三九〉）年仁明天皇の御世に、親王の位階の第一品位《ほんい》である一品《いっぽん》が追贈された。

皇紀一四六八（大同三）年七月、畿内の班田（口分田）を六年に一度に戻す。

皇紀一四六九（大同四）年四月一日、病に倒れ、天皇はこれを早良親王や伊予親王の祟りによるものと思われ、在位僅か三年で同母弟の神野親王（嵯峨天皇）に譲位され、太上天皇となられた。

皇紀一四八四（天長元〈八二四〉）年七月七日、淳和天皇（異母弟）の御世に五一歳で崩御される。平城天皇の御名は、深い愛着を持っておられた旧都の平城京に因むものである。

陵は平城京大極殿跡の北の楊梅陵《やまもものみささぎ》（奈良市佐紀町）である。

嵯《さ》峨《が》天皇

第五十二代　世系三四　在位一四年

皇紀一四四六（延暦五〈七八六〉）年九月七日、桓武天皇の第二皇子として誕生された神野《かみの》親王で、母は皇后藤原乙牟漏である。先帝平城天皇は同母兄であり、異母弟が次の淳和天皇である。

橘奈良麻呂の孫・橘嘉智子（檀林皇后）を皇后とされる。橘奈良麻呂は聖武天皇の御世の左大臣・橘諸兄の子である。

皇紀一四六九（大同四〈八〇九〉）年四月一日、二四歳で譲位を受け、十三日に即位される。

この年、平城天皇の第三皇子で甥の高岳親王を皇太子に立てられた。

皇紀一四六九（大同四）年十二月四日、平城上皇は旧都平城京への愛着が強く、平城京へ移られる。

皇紀一四七〇（大同五）年三月、蔵人所が設置され、初代蔵人頭には藤原冬嗣（藤原北家）、巨勢野足《こせののたり》が任命される。蔵人頭は律令制下の令外官の一つで、天皇の秘書的役割をも果たした。

六月、平城上皇が平城京に移られてから、嵯峨天皇との兄弟仲が微妙になり、嵯峨天皇は観察使を廃止して参議を復活する詔を発せられ、観察使の制度は四年で終わった。

九月六日、平城上皇は、「平安京を廃して平城京へ遷都する」という詔勅を発せられた。「平安京より遷都すべからず」との桓武天皇の勅があるにも拘わらず、旧都である平城京に移り住まれる。薬子と兄の藤原仲成は平城上皇の復位をもくろんで平城京への遷都を図ったといわれる。これで平城上皇と嵯峨天皇とのいわば二朝対立状態が発生した。

遷都の詔勅は嵯峨天皇にとって青天の霹靂であったが、詔勅に従い、坂上田村麻呂、藤原冬嗣、紀田上らを造宮使に任命する。信頼の置ける臣下を派遣して兄の上皇側を監視・牽制する意図もあったかも知れない。しかし上皇の遷都の詔が発せられて政務が混乱し、嵯峨天皇はついに遷都を拒否することを決断される。やがてこの上皇と天皇の（兄弟）対立が「薬子の変」に発展する。十日、嵯峨天皇は乱に備え、上皇が東国に逃れることを予想し、これを防ぐために使節を遣わし、伊勢国、近江国、美濃国の国府と関所を固めさせる。その上で、藤原仲成を捕らえて右兵衛府に監禁の上で佐渡権守に左遷し、薬子の官位（尚侍）は剝奪した。天皇は造宮使だった坂上田村麻呂を大納言に昇任させ、藤原冬嗣は式部大輔《しきぶたいふ》、紀田上を尾張守に任じられた。信頼する側近を主要的立場に置かれた。十一日、嵯峨天皇は平城京に密使を送り大官数人を召致され、藤原真夏や文室《ぶんや》綿麻呂らが平安京に帰京する。上皇派と見られた文室綿麻呂は左衛士府に監禁された。しかし坂上田村麻呂が東国へ向かった平城上皇を押さえるために美濃道に向かう際に、武術に優れ辺境での戦闘の経験が豊富な綿麻呂を同行させたい旨を上奏し、認められて綿麻呂は正四位上・参議に叙任されて同行することになった。

嵯峨天皇の動向を知った兄の平城上皇は、自ら東国に赴き挙兵することを決断される。中納言・藤原葛野麻呂《かどのまろ》ら平城上皇方の群臣はこれを諫めたが、上皇は薬子とともに輿に乗って東に向かわれる。これを知った嵯峨天皇は坂上田村麻呂に上皇の東行阻止を命じられた。

この日、仲成は処刑（射殺）された。これは平安時代の政権が、律令に基づいて死刑として処罰した極めて希な事例で、これ以降は、皇紀一八一六（保元元〈一一五六〉）年の保元の乱で源為義が死刑執行されるまで、三四六年間、死刑執行は一件も無かった。平城上皇と薬子の一行は大和国添上郡田村まで来たところで、天皇側の兵士が守りを固めていることを知り、通過できないと悟って平城京へ戻られる。十二日、平城京に戻られた上皇は出家され、薬子は服毒自殺を遂げた〈薬子の変〉。上皇と天皇は同母の兄弟と言うこともあり、事件後、嵯峨天皇は関係者に寛大な処置をとるよう詔された。十三日、平城上皇の皇子・高岳親王は皇太子を廃され、代わって嵯峨天皇の弟・大伴親王（淳和天皇）が立太子された。

なお、後の皇紀一四八四（弘仁十五〈八二四〉）年に平城上皇が崩御された際に、既に退位しておられた嵯峨上皇の要望を入れ、淳和天皇の勅命で関係者が赦免されている。全国的大乱にならずに済んだことは幸いであった。

この頃、空海が終始嵯峨天皇側に付いて勝利を祈願し、以降、空海は嵯峨天皇の庇護を受けて、日本仏教界の最高実力者となっていく。

皇紀一四七〇（大同五）年九月十九日、元号を大同から弘仁《こうにん》に改元する。

皇紀一四七〇（弘仁元）年十月、征夷将軍の文室綿麻呂らが戦果を報告し、蝦夷の移配を上奏する。文室綿麻呂は東北地方に駐在して蝦夷征討の任に当たっていたが、勅命を受け、降伏した蝦夷は希望により内国に移住させ、既に帰順していた俘囚は陸奥・出羽国に遷し、新たに捕獲した蝦夷のみ朝廷へ進上する。ここに蝦夷征討が完了した。

皇紀一四七二（弘仁三）年二月十二日、嵯峨天皇が神泉苑にて公式行事として「花見の宴」を催され、これが日本最初の「花見の宴」となる。神泉苑は当時真言宗の寺院で、二条城の南に位置し、元は平安京大内裏に接して造営された禁苑（天皇のための庭園）であった。これ以降、公卿の間で桜の花見が急速に普及して、造園には桜の木が欠かせないものとなる。現在日本人が毎年楽しんでいる花見の宴の起源である。

皇紀一四七三（弘仁四）年三月十八日、「弘仁の韓寇」があり、新羅人一一〇人が肥前小値賀島《おじかじま》（長崎県五島列島北部）に襲来し、島民と戦闘になる。

皇紀一四七四（弘仁五）年六月一日、嵯峨天皇の勅命により、桓武天皇の第五皇子・万多《まんだ》親王らが古代氏族名鑑

『新撰姓氏録《しんせんしょうじろく》』を編纂し撰上する。京および畿内に住む一一八二氏を、その出自により「皇別」・「神別」・「諸蕃」に分類してその祖先を明らかにし、氏名《うじな》の由来、分岐の様子などの詳細を記述した。「皇別」は神武天皇以降の天皇家から別れた氏族、「神別」は神武天皇以前の神代に別れ、あるいは生じた氏族、「諸蕃」は渡来人系の氏族で、秦《はた》、大蔵などがある。

皇紀一四七五（弘仁六）年七月、国司の任期を六年から四年に短縮する。多くの皇族、公卿に地位を与える必要性が増してきたのである。

皇紀一四七六（弘仁七）年、空海が天皇から高野山の地を賜り、高野山金剛峯寺を開く。高野山の聖地がここに始まった。比叡山と並び、日本仏教における聖地となる。

この年、非違（非法、違法）を検察する天皇の使者としての令外官「検非違使《けびいし》」が新設される。これが後に院政の軍事組織である北面武士などとなり、更に鎌倉幕府の六波羅探題となる。室町時代には幕府が京に置かれ、侍所が権限を掌握してこの役目を果たすことになる。

またこの年、渤海使が帰国する。

皇紀一四七七（弘仁八）年、この年より七年間、干害などが発生し、財政難は深刻であった。そこで墾田永年私財法の改正などを行って、大土地所有の制限を緩和し、荒田開発を進めて、公営田・勅旨田の設置が行われる。

二月に四三人、四月に一四四人の新羅人が帰化する。

この時代、統一新羅は飢饉が頻発し暴動が続き、新羅の国内情勢は悪化する一方で、一部の新羅人は、日本へ亡命したり、賊化して日本沿岸を襲撃したりしている。上陸してくる新羅人に対しては、日本は帰化を願う者は許可し、日本に住まわせた。しかし日本に帰化した新羅人は後に度々反乱を起こすことになる。

皇紀一四七八（弘仁九）年三月七日、長門国司が銭貨鋳造を掌る鋳銭使となり、鋳銭使が長門国の国司を兼ねた。山口市南東部に「鋳銭司」なる地名として残っている。

この年、皇子女が増えて、その生活費も財政を圧迫する原因となる。そこで皇族の整理を行い、皇族多数に姓を授けて臣籍降下をさせられた。嵯峨天皇の皇子で源姓を賜ったものとその子孫が嵯峨源氏と称される。河原院の左大臣・河原左大臣源融は嵯峨天皇の皇子の一人（十二男）である。なお、河原院は後に宇多上皇に献上され仙洞御所（退位された天皇の御所）となった。上皇、法皇は退位後は内裏から退去され仙洞御所に移られる。

また、この年、藤原房前を祖とする藤原北家の藤原冬嗣が大納言となり、冬嗣は最終的には父・内麻呂より一階級上の左大臣まで昇りつめ、藤原北家の繁栄の基礎を築く。

皇紀一四七九（弘仁十）年二月、畿内の富豪の貯蔵財を調査し、困窮者に貸与させる。

皇紀一四八〇（弘仁十一〈八二〇〉）年二月十三日、遠江・駿河両国の新羅人七〇〇人が反乱を起こす（弘仁新羅の乱）。遠江・駿河両国に移し住まわせた新羅人在留民七〇〇人が徒党を組んで反乱を起こし、民を殺害して家を焼いた。両国は兵士を動員して鎮圧したが、制圧できず、賊は伊豆国の穀物を掠奪して、船に積み込み海上に出た。しかし、相模・武蔵など七ヵ国の援兵が動員され追討した結果ようやく全員が降伏した。

四月、三代格式《きゃくしき》の一つ「弘仁格式」を施行する。

死刑を廃止し、以後保元の乱まで三四六年間、死刑執行はなかった。格式は律令の補助法で、律は変更しないで補助法制定で対処した。藤原冬嗣が勅命を受けて編纂にあたる。

皇紀一四八一（弘仁十二）年五月二十七日、空海、讃岐の万濃池を改修する。香川県仲多度郡まんのう町にある日本最大の灌漑用溜池・万濃池が洪水で決壊していた。空海が築池別当として派遣され、約三ヵ月で改修を完了する。

十一月十三日、渤海使が来日する。

この年、藤原冬嗣が勧学院を創立し、大学別曹として公認された。大学別曹は有力氏族の学生のために創られた寄宿舎である。寄宿生はのちに任官試験を経ずに地方官に任命される特権を認められた。維持管理は藤原氏の棟梁である藤氏長者の職務であった。

皇紀一四八二（弘仁十三）年二月十一日、空海が太政官符により東大寺に灌頂道場真言院を建立し、この年、平城上皇に灌頂《かんじょう》を授けた。灌頂とは大乗仏教で悟りの位に達したことを証し、仏位の継承を示す儀式である。最澄が高雄山の神護寺で灌頂を行ったのが最初と言われる。

六月四日、最澄が逝去する。十一日、延暦寺に戒壇建立の勅許が下され、最澄の大乗戒壇設立が許可される。最澄の願いは没後七日目にようやく適えられた。戒壇は戒律を授ける（授戒）ための場所で、授戒を受けることで出家者は正式な僧・尼として認められる。僧尼の資格授与権能である。他の戒壇を認めたくない東大寺をはじめとする南都（奈良）の寺院がこれに反発し、以後両者は激しく対立する。戒壇が大きな利権となっていたことの証左でもある。

七月十七日、新羅人四〇人が帰化する。帰化した新羅人はその後しばしば反乱を起こすが、朝廷は変わらず帰化を認めている。

この年頃、薬師寺の僧、景戒が日本最古の説話集『日本霊異記』を著す。上巻に三五話、中巻に四二話、下巻に三九話、合計一一六話が収められ、雄略天皇の頃から光仁天皇の頃（奈良時代）までのもので、登場人物は、庶人、役人、公卿、皇族と幅広く、僧も著名な高僧から貧しい乞食僧まで登場する。説話自体は事実を伝えるものではないが、当時の世相を知ることはできる。

皇紀一四八三（弘仁十四）年正月十九日、嵯峨天皇は、真言宗の宗祖・空海（弘法大師）に東寺を下賜された。

二月、大宰府管内諸国に公営田制《くえいでんせい》を制定する。一般の民が経営するのが私営田であるのに対し、国家直営の田地が公営田である。

四月十六日、天皇は在位一四年、異母弟の大伴親王（淳和天皇）に譲位される。十八日、譲位とほぼ同時に、嵯峨天皇の第二皇子・正良親王（仁明天皇）が立太子される。上皇が二人（平城・嵯峨）では財政負担が大きいと、譲位には反対する藤原冬嗣の意見を押し切って、大伴親王に譲位された。

退位後は冷然院・嵯峨院を造営して財政を逼迫させただけでなく、実子・正良親王（仁明天皇）が即位されると「皇族の長」として屢々政治に干渉し、更に淳和上皇や仁明天皇の反対を押し切って、自分の外孫でもあり淳和上皇の皇子である恒貞親王（母が嵯峨天皇の皇女の正子内親王で淳和天皇の皇后）を皇太子とされるなど、譲位後も朝廷内で絶大な影響力を持ち続けられ、退位後は、洛西の嵯峨院にお住みになった。

皇紀一五〇二（承和九〈八四二〉）年七月十五日、仁明天皇の御世、五七歳で崩御される。陵は京都市右京区北嵯峨朝原山町の嵯峨山上陵《さがのやまのえのみささぎ》である。

淳《じゅん》和《な》天皇

第五十三代　世系三四　在位一〇年

皇紀一四四六（延暦五〈七八六〉）年、桓武天皇の第七皇子として誕生された大伴《おおおとも》親王で、母は藤原百川（宇合の八男・藤原式家）の娘の旅子である。先帝・嵯峨天皇の異母弟に当たる。二歳で生母を失い、不憫に思われた父・桓武天皇は有能な女官であった平田孫王を親王の母代わりとし、養育させられた。

皇紀一四八三（弘仁十四〈八二三〉）年四月十八日、先帝・嵯峨天皇の譲位の直前、嵯峨天皇の第二皇子・正良親王（仁明天皇）が立太子される。

四月二十七日、先帝・嵯峨天皇の譲位を受け三八歳で即位される。

大伴氏は、天皇の諱「大伴」と同姓なのは畏れ多いと、伴氏と改姓する。大伴氏は天孫降臨の時に先導役を務めた天忍日命《あめのおしひのみこと》の子孫とされる古来の有力な神別氏族であった。

舎人親王の孫である小倉王の五男・清原夏野らを登用し、地方政治に力を入れ、土地対策を進め、税収の増加に努められた。また、令（行政法）の解説書『令義解』および『続日本紀』に続く「六国史」の第三『日本後紀』の編纂を命じられる。

皇紀一四八三（弘仁十四）年十一月、渤海使、加賀に来着する。

皇紀一四八四（弘仁十五）年一月五日、元号を弘仁から天長《てんちょう》に改元する。

皇紀一四八四（天長元〈八二四〉）年五月十一日、新羅人五四人を陸奥国に配して口分田を与える。

六月、渤海使の来日を十二年に一度とする。しかし必ずしもその通りにはなっていない。この年、多禰国（種子島）が大隅国に編入される。

皇紀一四八五（天長二）年閏七月六日、桓武天皇の第三皇子・葛原親王《かずらわら》を臣籍降下させ、平《たいら》姓を授与され、これが桓武平氏の祖となる。葛原親王の三男高見王の子・平高望《たいらのたかもち》（桓武天皇の曾孫）が上総介に任じられ関東に下って土着し、坂東平氏の祖となる。彼らは、任期が過ぎても帰京せず、上総国・下総国・常陸国の未墾地を開発して私営田を領有し、勢力を拡大した。

十二月三日、渤海使が隠岐に来着する。貿易は朝貢貿易で、日本からの賜物の方が圧倒的に多かった。渤海からの貢ぎは主として獣皮で、日本からは絹などの繊維製品、金、水銀などであった。

皇紀一四八六（天長三）年一月二十九日、和泉に灌漑用池五カ所を造る。

九月、上総《かずさ》・常陸《ひたち》・上野《こうずけ》を親王任国とし、国守を太守と称した。国守は国司の長官で、中央から派遣される官吏である。上野は「毛野《けぬ》」が皇紀一〇〇〇年頃に上下に二分されて、「上毛野《かみつけぬ》」「下毛野《しもつけぬ》」となった「上毛野《かみつけぬ》」である。

この年、太宰府の兵士が廃止され、選士・衛卒制に移行し、律令制の防人制度はなくなる。ここで九州北部に力の空白が生じ、対馬・壱岐・九州北部沿岸が新羅や高句麗の海賊に頻繁に襲撃され掠奪されるようになる。

畿内の校田使を任命し、班田支給のため、田地の位置・地理・面積・耕作者（田主）を調査し確定させる。

皇紀一四八七（天長四）年九月、洛中の空閑地・荒廃地を払い下げる。

皇紀一四八八（天長五）年一月十七日、渤海人一〇〇人余が但馬に来着する。この頃の渤海は第十代王・大仁秀の時代で、隣の統一新羅が疲弊しているのに対し、「海東の盛国」と称される強国であった。

十二月十五日、空海が東寺の東に私立の教育施設「綜芸種智院《しゅげいしゅちいん》」を開設する。当時の教育は、貴族や郡司の子弟を対象にするなど、一部の人々にしか門戸を開いていなかったのに対し、綜芸種智院は庶民にも教育の門戸を開いた画期的な学校であった。

皇紀一四八九(天長六)年五月二十七日、諸国に灌漑用の水車を造らせる。

この水車が灌漑用に実に便利なもので、凡そ八〇〇年後の徳川時代、李氏朝鮮が派遣した朝鮮通信使が朝鮮にも造るべく、毎回、絵図を作成して日本の大工に説明を受け記録して帰るが、どうしても造れなかった。当時の李氏朝鮮の技術力がかなり低下していたといえる。

六月、校斑田(口分田調査)のため、国司の下に書生等を雇う。校斑田を急速に進める必要があった。

皇紀一四九〇(天長七)年一月三日、出羽国(秋田)で大規模な地震が発生する。

城郭、官舎、秋田四天王寺丈六仏像など、ことごとく倒れ、地割れがひどく、長さ二〇〜三〇丈（三六〜五四ｍ）に達したところもあり、雄物川の水が涸れて溝のようになったと伝えられる。死者も相当数出たと思われる。

十月七日、藤原三守《ふじわらただもり》(藤原南家の祖である藤原武智麻呂の曾孫)らが格式《きゃくしき》を撰上する(弘仁格式)。そして十一月十七日に施行された。格《きゃく》は律令条文の補足や改正のために出された法令である。

皇紀一四九一(天長八)年八月二十日、京において夏の氷の需要が増えて、山城・河内両国に氷室を増置する。

九月、新羅からの搬入物に不正が頻発したのであろうか、大宰府に新羅人の交易物を監督させる。

皇紀一四九二(天長九)年五月十一日、海上物資の輸送が増加し、播磨に明石魚住泊を造る。

皇紀一四九三(天長十)年二月十五日、右大臣清原夏野らが「令」の解説書『令義解《りょうのぎげ》』を完成させ撰上する。法治国家としての体制を整える。二十八日、在位一〇年にして四八歳で嵯峨天皇の第二皇子で甥の正良親王(仁明天皇)に譲位され、退位される。この時同時に淳和天皇の第二皇子恒貞親王を皇太子とされた（後に廃太子）。なお、第一皇子の恒世親王は皇紀一四八六（天長三）年に既に薨去しておられた。

第五十代桓武天皇の皇子が平城天皇、嵯峨天皇、淳和天皇と三代続いた。

皇紀一五〇〇（承和七〈八四〇〉）年五月八日、退位されて七年後、五五歳で崩御された。

上皇ご自身の遺詔により火葬され、そのお遺骨は近臣藤原吉野の手によって大原野の西山（京都市西京区大原野南春日町の小塩山）山頂付近で散骨された。陵は、京都市西京区大原野南春日町にある大原野西嶺上陵《おおはらののにしのみねのえのみささぎ》である。

仁明《にんみょう》天皇

第五十四代　世系三五　在位一八年

皇紀一四七〇（弘仁元〈八一〇〉）年、嵯峨天皇の第二皇子として誕生された正良《まさら》親王で、母は内舎人（天皇の身辺警護役）・橘清友の娘の皇后橘嘉智子（檀林皇后）である。

皇紀一四九三（天長十〈八三三〉）年三月六日、叔父に当たる淳和天皇から譲位を受けて、二四歳で即位される。このとき同時に、淳和天皇の第二皇子の恒貞《つねさだ》親王が九歳で立太子される。

以前、皇紀一四八三（弘仁十四）年、第五十二代嵯峨天皇が弟に譲位され、第五十三代淳和天皇が即位された。ついで皇位は、皇紀一四九三（天長十）年、嵯峨上皇の皇子の仁明天皇に継承され、そして仁明天皇の皇太子には淳和上皇の皇子である恒貞親王（母は嵯峨天皇の皇女・正子内親王）が立てられた（後に廃される）。こうして嵯峨上皇によるいわば「大家父長体制」のもと三〇年近く政治は安定し、皇位継承に関する紛争は起きなかった。

この皇位継承が、後に後嵯峨天皇の第三皇子後深草天皇の子孫である持明院統と、第四皇子亀山天皇の子孫である大覚寺統とのあいだで行われた両統迭立の先例となった。

この間、藤原北家の藤原良房（冬嗣の次男）が嵯峨上皇と皇太后橘嘉智子の信任を得て急速に台頭し、良房の妹順子《じゅんし》が仁明天皇の中宮となり、道康親王（文徳天皇）が誕生する。当然のことながら良房は道康親王の皇位継承を望む。皇太子の恒貞親王（九歳）と父の淳和上皇は、道康親王を皇太子に擁立する動きがあることを察せられ、しばしば皇太子辞退を奏請されるが、その都度、嵯峨上皇に慰留されていた。

十二月、米の生産奨励のため、諸国に米穀の売買を行わせる。余剰が出来ても売買できるとなれば生産に励むことになるし流通も盛んになるからである。

皇紀一四九四（天長十一）年一月三日、元号を天長から承和《じょうわ》に改元する。

皇紀一四九四（承和元〈八三四〉）年一月、藤原常嗣（藤原北家の藤原葛野麻呂の七男）と文人の小野篁《おののたかむら》らを第一九次遣唐使に任ずる。

二月、畿内の斑田を十二年に一度に改める。

十二月、皇紀一四九三（天長十）年に撰上された『令義解』（律令のうちの令（行政法）の解説書）が施行される。

皇紀一四九五（承和二）年一月二十二日、和同開珎に始まる皇朝十二銭の一つで六番目の承和昌宝《じょうわしょうほう》を鋳造する。承和昌宝一枚に対し旧銭一〇枚の交換比率が設定された。この頃旧銭を鋳潰しての私鋳が横行していた。

皇紀一四九六（承和三）年、五月に難波を出発した遣唐使船が難破し、七月に対馬に漂着する。

皇紀一四九七（承和四）年三月、遣唐使、再び太宰府へ向け出発するが、また遭難して壱岐島と値賀島《ちかのしま》に漂着する。

皇紀一四九八（承和五）年二月十二日、畿内に蔓延った群盗を左右衛門府の府生《ふしょう》（下役）・看督《かど》（下級職員）らに逮捕させる。左右衛門府は本来は大内裏の外郭のうち、建春門《けんしゅんもん》（東面中央で、左衛門の陣）、建礼門《けんれいもん》（南面中央門）、宜秋門《ぎしゅうもん》（西面中央、右衛門の陣）・朔平門《さくへいもん》（北側正面、北の陣）から外側で、陽明門（東）・殷富門《いんぷもん》（西）・朱雀門《すざくもん》（南）・偉鑒門《いかんもん》（北）など外十二門より内側を警備することが職掌であったが、ここで緊急事態として管轄を拡大し畿内全域に広げられたのである。

四月、大和の富豪の私財を困窮者に貸与させる。貧民救済策の一環である。

皇紀一四九八（承和五）年六月十七日、承和三年、四年と渡海に失敗していた先の遣唐使がようやく無事唐に渡る。

皇紀一四九九（承和六）年七月、諸国に庚午年籍《こうごねんじゃく》（全国戸籍）を徹底させる。皇紀一三三〇（天智九〈六七〇〉）年二月条に「戸籍を造り、盗賊と浮浪とを断ず」とあり、これが日本で最初に完成した全国的な戸籍である。畿内だけでなく、西は九州から東は常陸・上野まで戸籍作成が実施された。氏姓を確定する台帳の機能を果たした。

八月、前年皇紀一四九八（承和五）年に渡海した遣唐使藤原常嗣らが無事大宰府に帰着する。長安で第十七代皇帝・文宗に拝謁し帰国した。なお、これが実際に渡海した最後の遣唐使となった。

皇紀一五〇〇（承和七）年四月八日、初めて清涼殿で釈迦の誕生を祝う灌仏会《かんぶつえ》が催された。二十日、改正した格式《きゃくしき》が施行される。

五月八日、先帝の淳和天皇が崩御される。

六月、改正した弘仁格式が施行される。

皇紀一五〇一（承和八）年二月十三日、信濃国で、続いて七月一日には伊豆国で大地震がある。

八月十九日、大宰府の曹（将校）一〇四人を対馬の防人に任ずる。半島の賊が頻繁に襲来することに備えた。

十二月九日、「六国史」の第三『日本後紀』が完成する。皇紀一四五二（延暦十一〈七九二〉）年から皇紀一四九三（天長十）年までの四二年間を記した勅撰史書である。桓武天皇から淳和天皇（桓武天皇とその三皇子）までで、嵯峨天皇の勅命により藤原緒嗣（藤原式家、藤原百川の長男）らが編纂した。全四〇巻からなる編年体の歴史書で、漢文で書かれている。但し、そのうち現存するのは一〇巻だけである。

この月、長門に渤海使が来着する。

皇紀一五〇二（承和九）年七月十五日、先の淳和上皇に続いて、嵯峨上皇が崩御された。

【承和の変】

この月、「承和の変」が起きる。先に父の淳和上皇が崩御され、この度、皇太子・恒貞親王の庇護者であった嵯峨上皇が崩御されたことで、皇太子・恒貞親王に仕える春宮坊帯刀舎人《たちはきのとねり》の伴健岑《とものこわみね》とその盟友但馬権守・橘逸勢《はやなり》は、太子・恒貞親王の身に危険が迫っていると感じ、難に備えて皇太子を東国へお移しすることにする。そしてその計画を平城天皇の皇子・阿保《あぼ》親王に相談するが、阿保親王はこれを逸勢の従姉妹でもある檀林皇太后（嵯峨天皇の皇后）に密書にて告げる。皇太后は事の重大さに驚き藤原良房に相談したため、良房は仁明天皇へと上奏し、承和の変に発展した。嵯峨上皇の殯《もがり》の翌日、近衛府の兵により伴健岑と橘逸勢の私邸が包囲され捕縛される。そして京から地方へ向かう道の要衝五ヵ所の警固の命令も発せられた。健岑らが上皇死後の混乱に乗じて、皇太子恒貞親王を奉じて東国に赴き、乱を起こそうとしていると疑われたのである。皇太子は直ちに辞表を天皇に奉ったが、皇太子には罪はないとして慰留される。しかし、その後皇太子も関与が疑われ、左近衛少将藤原良相《よしみ》（良房の弟）が近衛府の兵を率いて皇太子の居所を包囲する。出仕していた大納言藤原愛発《ちかなり》（北家藤原内麻呂の七男）、中納言藤原吉野（藤原式家藤原綱継の長男）、参議文室《ぶんや》秋津らが捕縛された。

仁明天皇は詔を発して伴健岑、橘逸勢らを謀反人と断じ、恒貞親王は事件とは無関係としながらも、責任を取らせるために皇太子を廃された。藤原愛発は京外追放、藤原吉野は大宰員外帥、文室秋津は出雲員外守にそれぞれ左遷、伴健岑は隠岐（その後出雲国へ）、橘逸勢は伊豆へ流罪（護送途中、遠江国板築で死去）となった。また、春澄善縄《はるすみよしただ》や恒貞親王に仕える東宮職・春宮坊の役人も多数処分を受けた。

この事件後の八月四日、藤原良房は大納言に昇進し、第一皇子の道康親王が恒貞親王に代わって新たに皇太子に立てられた。良房は、この事件を機に昇進を重ね、後に人臣最初の摂政・太政大臣となり、藤原北家の繁栄の礎を築いた。藤原氏による最初の「他家他氏排斥事件」とされる。伴健岑や橘逸勢らが本当に謀反を計画していたのか、その準備をどの程度していたのかは定かではないため、これは良房らの他氏排斥を目指す陰謀であったとの説が有力である。後に、『日本外史』を著した江戸時代の儒学者・頼山陽は、恒貞親王が度々皇太子を辞退されたにもかかわらずこれを受け付けず、事件にかこつけてこれを廃したうえで、天皇の自らの実子・道康親王を皇太子に立てたと厳しく非難している。

皇紀一五〇三（承和十）年十一月、畿内で班田支給に先立ち、田地の位置・地理・面積・耕作者（田主）を確定させるために、畿内校田使を任命する。校田の結果は校田帳《こうでんちょう》に田主ごとに記して太政官に提出した。

皇紀一五〇五（承和十二）年十二月、大宰府、新羅人の来着を報告する。

皇紀一五〇六（承和十三）年三月、畿内諸国に諸家の氏姓の出自と皇胤《こういん》を調査させる。

十二月、西大寺講堂が焼失する。

皇紀一五〇七（承和十四）年十月、皇紀一四九八（承和五）年に出発した遣唐使の一員で後に第三代天台座主となる円仁《えんにん》（慈覚大師）が、唐に九年滞在し帰国する。円仁は九年六ヶ月の求法の旅の間に書き綴った日記『入唐求法巡礼行記』を残しており、これは日本人による最初の本格的旅行記である。

この年、橘嘉智子《かちこ》（嵯峨天皇の皇后）と橘氏公《うじきみ》の姉弟が大学寮に付属する大学別曹の一つ学館院を創設する。尚、大学寮とは律令制のもとで作られた、式部省（現在の人事院に相当）管轄下の官僚育成機関である。

皇紀一五〇八（承和十五）年二月、山城・河内・和泉等に班田（民に耕作させる田）を掌る役人の斑田使を任命する。

六月十三日、元号を承和から嘉祥《かしょう》に改元する。

皇紀一五〇八（嘉祥元）年九月、皇朝十二銭七番目の「長年大宝」を鋳造し、旧銭と併用する。

皇紀一五〇九（嘉祥二〈八四九〉）年、四月、諸国の穀価を改める。

この年、先に皇太子を廃された恒貞親王（淳和天皇の第二皇子）が出家される。法号は恒寂《こうじゃく》で、平城天皇の第三皇子高岳親王・真如法親王から灌頂を受け、嵯峨大覚寺（京都市右京区嵯峨）の祖となられる。大覚寺の前身は離宮嵯峨院であったが、皇紀一五三六（貞観十八〈八七六〉）年、皇孫の恒寂入道親王が開山（初代住職）として開創され、門跡寺院大覚寺となった。のち皇紀一五四四（元慶八〈八八四〉）年、陽成天皇が退位されて、皇位継承問題が生じた際に、恒寂《こうじゃく》（恒貞親王）は還俗して即位されることを要請されるが、これは辞退された。

皇紀一五一〇（嘉祥三）年三月十九日、天皇は病に陥られ、在位一八年で皇太子の道康親王（文徳天皇）に譲位される。三月二十一日、在位一八年にして四一歳で崩御された。陵は、京都市伏見区深草東伊達町にある深草陵《ふかくさのみささぎ》である。

文徳《もんとく》天皇

第五十五代　世系三六　在位八年

皇紀一四八七（天長四〈八二七〉）年八月、仁明天皇の第一皇子として誕生された道康《みちやす》親王で、母は左大臣藤原冬嗣の娘・藤原順子《じゅんし》である。皇紀一五〇二（承和九〈八四二〉）年、承和の変が起き皇太子恒貞親王が廃され、変の解決に功のあった伯父藤原良房の推挙もあって一六歳で立太子される。良房は嵯峨天皇の皇女で降嫁された源潔姫を妃とし、生まれた明子《あきらけいこ》を皇太子に入内させ、皇太子の義父となっている。

皇紀一五一〇（嘉祥三〈八五〇〉）年四月十七日、仁明天皇の譲位により二四歳で即位される。天皇が東宮だった頃に女御として入内した良房の娘、明子《あきらけいこ》が天皇即位の年にお産みになった第四皇子・惟仁《これひと》親王（清和天皇）を誕生の年に、生後八ヶ月で立太子させられる。これは先例のないことで、良房の権勢と強引さが目立つ事例である。二十六日、富豪の山野占有を禁止し、富豪への富の集中を避ける。山野は「入会《いりあい》い」などで民の生存を支えていたからである。

皇紀一五一一（嘉祥四）年四月二十八日、元号を嘉祥から仁寿《にんじゅ》に改元する。

皇紀一五一二（仁寿二〈八五二〉）年三月、諸国の国司・郡司に池や堰《せき》を修築させ、農業振興を図られる。公共財の保守を行っている。

皇紀一五一三（仁寿三）年二月より、京畿内外で天然痘が大流行したため、四月二十六日、庸調の未納を許し、医薬を提供される。緊急福祉政策を執られた。

皇紀一五一四（仁寿四）年十一月三十日、元号を仁寿から斉衡《さいこう》に改元する。

皇紀一五一五（斉衡二〈八五五〉）年一月十五日、陸奥の奥地の俘囚を警備するため、兵二千人を遣わす。

三月、都の治安上の問題から戸籍未登録者、浮浪者の京畿内での登録を禁ずる。

五月、十日、十一日と地震があり、二十三日東大寺の盧舎那仏像の頭部が落下する。

皇紀一五一六（斉衡三）年三月九日、太宰府、漂着した新羅人三〇人を帰国させた。帰化した新羅人が屢々反乱を起こすので帰化を制限した。

皇紀一五一七（斉衡四）年二月十九日、藤原良房が太政大臣に任じられる。二十一日、元号を斉衡から天安《てんあん》に改元する。

皇紀一五一七（天安元〈八五七〉）年三月十六日、京・平城の群盗を捕縛し、治安の乱れを防止する。

皇紀一五一八（天安二）年五月二十二日、京中に大洪水が発生し、朝廷は穀倉院等の米穀や塩を窮民に分け与える。

八月二十七日、文徳天皇が突然の病に倒れられ、在位八年にして三二歳の若さで崩御される。

皇太子の惟仁親王は九歳と幼く、天皇は、第一皇子の惟喬《これたか》親王（母は紀名虎の娘）にまず即位いただき、第四皇子・惟仁親王の成長を待って皇位を譲られることを考えられたが、義父である良房を憚り、惟喬親王の身のことも思い断念されたが、その後間もなく崩御された。

陵は、京都市右京区太秦三尾町の田邑陵《たむらのみささぎ》である。

清和《せいわ》天皇

第五十六代　世系三七　在位一八年

皇紀一五一〇（嘉祥三〈八五〇〉）年三月二十五日、文徳天皇の第四皇子として誕生された惟仁《これひと》親王で、母は藤原良房の娘・藤原明子である。

誕生したこの年十一月、第一皇子の惟喬《これたか》親王（六歳、母は紀静子）、第二皇子の惟条《これえだ》親王（四歳、母は紀静子）と二人の異母兄がおられたが、良房を外祖父とする惟仁親王が生後八ヶ月で立太子される。

皇紀一五一八（天安二〈八五八〉）年十一月七日、先帝・文徳天皇の崩御により、九歳で即位される。良房が外祖父として摂政宣下を受け、皇族以外で初めて摂政の座に就いた（前期摂関政治）。天皇はまだ幼く、良房が政務を執った。良房は藤原北家全盛時代を築き、以後良房の子孫が相次いで摂政、関白、内覧（天皇に奉る文書や、天皇が裁可される文書など一切を先に見る）になる。摂関政治の始まりである。のち皇紀一五三二（貞観十四〈八七二〉）年に天皇が二三歳になられたとき、良房が死去し、良房の養子の藤原基経（三六歳）が補佐し、天皇親政となる。

皇紀一五一九（天安三）年四月十五日、元号を天安から貞観《じょうがん》に改元する。

皇紀一五一九（貞観元）年四月二十八日、「饒益神宝《にょうえきしんぽう》発行の詔」が出され、皇朝十二銭の一つ八番目の饒益神宝《にょうえきしんぽう》を鋳造する。量目（重量）は半匁（二グラム）程度の銅の鋳造貨である。

皇紀一五二〇（貞観二）年、勅命により、都の西南の男山に都の裏鬼門の守り神として石清水八幡宮が創建される。

南都大安寺（開基は聖徳太子）の僧・行教が宇佐八幡宮（大分県宇佐市）に参詣した折に「われ都近き男山の峯に移座して国家を鎮護せん」との神託を受け、これを帰京して上奏したところ、すぐに創建の勅命が下る。

皇紀一五二一（貞観三）年四月七日、直方隕石が落下する。夜、福岡県直方市の武徳神社（須賀神社）境内に隕石が落下、翌日、深く抉られた土中から黒く焦げた石が掘り出され、これを桐箱に納めて保存したという記録が残っている。重量四七二グラムの石質隕石で、確認できる世界最古の隕石落下である。隕石は現在も須賀神社に保管されている。

十一月十六日、武蔵国の各郡《こおり》ごとに検非違使（非違、非法、違法を検察する天皇の使者）が置かれる。

皇紀一五二二（貞観四）年三月二十六日、京畿内の出挙《すいこ》を停止して田租を殖やし、租稲を雑用に充てる。出挙とは播種期に種子を貸与し、収穫期に利子稲を付けて返済させる慣行である。

五月二十日、山陽道・南海道諸国に海賊追補を命じる。この時期、西日本一帯の海岸に海賊が頻繁に出没し略奪行為をしていた。

皇紀一五二四（貞観六）年一月二十八日、二年前に停止していた京畿内の出挙を復活する。稲の出挙《すいこ》を停止したままでは稲の作付けが減り、米の生産に支障を来す。

五月二十五日、富士山の大噴火（貞観大噴火）が起きる。この年から皇紀一五二六（貞観八）年にかけて発生した富士山の大規模な噴火で、活動記録に残る最大規模の噴火である。剗《せ》の海（この時まで富士山北麓にあった湖）が埋没し、その時残ったのが現在の富士五湖のうちの西湖と精進湖で、湧出した溶岩流の上に、一一〇〇年の時を経て再生した森林地帯が現在の樹海の青木ヶ原である。

九月、市人《しじん》（商人）が諸司諸院諸家に仕えることを禁止する。「諸司」とは諸々の役所、「諸院」とは後院・離宮などの皇室の施設、「諸家」とは上級公家の私邸である。

この年、天皇が一五歳になられ、藤原良房が摂政を辞する。

【応天門の変】

皇紀一五二六（貞観八）年閏三月十日　応天門（朝廷内での政務・儀式を行う場・朝堂院の正門）が放火されるという事件があり、大納言伴善男《とものよしお》は左大臣源　信《みなもとのまこと》の犯行であると告発したが、太政大臣藤原良房の進言で源信は無罪となった。その後、密告があり伴善男父子に嫌疑がかけられ、詮議の結果、伴善男父子は有罪となり流刑に処された。これにより、古代からの名族伴氏（大伴氏）は没落した。これも藤原氏による他氏排斥事件の一つとされている。

八月十九日、天皇は皇紀一五二四（貞観六）年に摂政を辞していた藤原良房に「天下の政を摂行せしむ」とする摂政宣下の詔を改めて渙発される。皇族以外の臣民が摂政となった最初であるが、以後、良房の子孫は相次いで摂政・関白に就く。良房は法制の整備に力を入れ、「貞観格式」を完成させた。格《きゃく》は律令の修正・補足のための法令で、式《しき》はその施行細則の法令（副法）である。皇紀一五二九（貞観十一）年に式《しき》が制定され、皇紀一五三二（貞観十三）年にそれぞれ公布された。

九月二十二日、応天門焼失の罪で伴善男が伊豆国への流罪となる。

皇紀一五二七（貞観九）年四月二十二日、前年の干魃により米不足を来たし、左京・右京に常平所（常平倉）を置き、官米を放出し売却する。常平所とは、米価を安定させるために置いた施設である。

五月、伊予国宮崎村に海賊が群集し、掠奪行為を行うのでその追補を命じられる。

皇紀一五二八（貞観十）年六月三日、空海（弘法大師）の甥の円珍を延暦寺第五代座主とする。円珍（智証大師）は皇紀一五一三（仁寿三〈八五三〉）年に入唐、帰路途中で暴風に遭って台湾に漂着したが、五年後の皇紀一五一八（天安二）年に唐の商人の船で帰国する。また円珍は入唐八家（最澄・空海・常暁《じょうぎょう》・円行・円仁・恵運・円珍・宗叡《しゅうえい》）の一人に数えられている。

この年は毎月のように地震が発生し、特に七月から八月にかけて連日発生している。

七月八日、播磨国で地震が発生し、皇紀一五六一（延喜元〈九〇一〉）年に成立した史書『日本三代実録』によれば官舎、諸寺堂塔ことごとく倒壊したとある。

皇紀一五二九（貞観十一）年二月一日、第一皇子の貞明親王（陽成天皇）が生後三ヶ月で立太子される。ご自身は生後八ヶ月で立太子されたが、更に生後間もなくの立太子であった。

五月二十六日、陸奥国で貞観地震が発生した。地震に伴う津波（貞観津波）の被害が甚大で死者約一、〇〇〇人ほど出て（『日本三代実録』）、多賀城が損壊した。津波堆積物調査から震源域が岩手県沖、福島県沖、茨城県沖の連動型超巨大地震で、陸奥国東方の海底を震源域とし、地震の規模は少なくともマグニチュード八・三以上であったとされる。『日本三代実録』にはこの時の巨大地震と大津波について「空を流れる光が夜を昼のように照らし、人々は叫び声を挙げて身を伏せ、立っていることができなかった。ある者は家屋の下敷きとなって圧死し、ある者は地割れに呑み込まれた。城や倉庫・門櫓・牆壁《しょうへき》など多数が崩落した。雷鳴のような海鳴りが聞こえて潮が湧き上がり、川が逆流し、垂直の壁状になった海嘯《かいしょう》（津波）が連続して押し寄せ、たちまち城下に達した。内陸部まで果てもなく水没し、野原も道も大海原となった。船で逃げたり山に避難したりすることもできず、千人ほどが溺死し、後には田畑も人々の財産も、何も残らなかった」とある。大地震の前触れとして起きると言われる異常現象の宏観異常現象について述べた最初の貴重な記録である。平成二十三年三月十一日の東日本大震災に酷似している。

清和天皇は、陸奥国と常陸国との国境が最大の被災地とする詔を発せられた。

【新羅の韓寇】

六月十五日、貞観の新羅の韓寇が発生する。新羅の海賊が博多津に停泊していた豊前国貢調船を襲撃し略奪する。新羅の国内の混乱により、皇紀一四七一〈弘仁二〈八一一〉〉年から新羅が滅亡する皇紀一五九五〈承平五〈九三五〉〉年までの百余年に亘って、屢々、新羅の賊徒が日本各地を侵略する。この時期、新羅は既に国家としては崩壊していた。国内の新羅人が内応しているので、大宰府管内の在留新羅人をすべて陸奥などに移し口分田を与えて帰化させた。このとき新羅は大船を建造し「対馬島を伐ち取らんが為なり」と豪語していた。

八月、「六国史」の第四に当たる『続日本後紀』が完成し撰上される。藤原良房と春澄善縄《はるすみよしただ》が編纂にあたり、仁明天皇の御世である皇紀一四九三〈天長十〈八三三〉〉年から文徳天皇の御代の皇紀一五一〇〈嘉祥三〉年までの一八年間を扱う。

九月七日、「新撰貞観格《じょうがんきゃく》」が施行される。

十二月十四日、天皇は伊勢神宮に勅使を遣わして奉幣され、この年六月十五日から新羅の海賊が博多へ侵攻したこと〈新羅の入寇〉、陸奥国での地震や津波で大被害が発生したことについて報告し、ご自身の不徳を詫びられ、国家の平安を祈願される。

皇紀一五三〇〈貞観十二〉年一月二十五日、皇朝十二銭の一つ九番目の貞観永宝が鋳造、発行される。

九月十五日、新羅人二〇人を諸国に配置する。

この年、上総《かずさ》国〈千葉県君津市〉で俘囚の乱が発生する。

皇紀一五三一〈貞観十三〉年四月八日、鳥海山が大噴火を起こし、土石流、泥流が日本海に達する。

十月二十二日、皇紀一五二九〈貞観十一〉年の貞観格施行に続いて律令の施行細則としての貞観式《じょうがんしき》を施行する。

皇紀一五三二（貞観十四）年九月二日、摂政・藤原良房が死去し、天皇（清和天皇）も二三歳になられ、天皇親政が開始される。

【令外官の関白】

良房の養子基経（実父は兄の長良）が若き天皇を補佐する。基経は良房の死後、清和天皇・陽成天皇・光孝天皇・宇多天皇の四代に仕え、朝廷の実力者として政権を担う。天皇から執政を任され、日本史上初の関白に就任する。なお、関白は、天皇が幼少または病弱などの時に大権を全面的に代行する摂政とは異なり、最終的な決裁者はあくまでも天皇である。天皇の言葉に対し、「関《あずか》り白《もう》す」ことから来ている言葉である。養父良房が日本初の臣民摂政で、基経が日本初の臣民関白となり、藤原北家の絶頂期を迎える。

皇紀一五三四（貞観十六）年七月二日、薩摩国の開聞岳《かいもんだけ》が噴火する。

この年、空海の孫弟子にあたる理源大師・聖宝《しょうぼう》が醍醐寺を創建する。聖宝は天智天皇の六世孫で、真言宗小野流の祖である。

皇紀一五三五（貞観十七）年五月十日、皇紀一五三〇（貞観十二）年に続いて、下総国の俘囚が反乱を起こし、隣国に鎮圧させる。

十一月、渡島の蝦夷が出羽国の秋田飽海《あくみ》郡等を襲撃する。

皇紀一五三六（貞観十八）年十一月二十九日、天皇は在位一八年、二七歳で九歳になる第一皇子の貞明親王（陽成天皇）に譲位され、関白・基経が補佐した。

この年、前年以来の干魃により飢饉が発生し、また、マグニチュード七・四と推定される相模武蔵地震も発生している。

皇紀一五三七（貞観十九）年四月十六日、元号を貞観から元慶《げんけい》に改元する。

皇紀一五三九（元慶三〈八七九〉）年五月、地震や津波などの天災が続き、清和上皇は出家され、畿内を行幸される。

皇紀一五四一（元慶五）年、譲位されて五年後、三一歳で崩御された。陵は「円墳」で、京都市右京区嵯峨水尾清和にある水尾山陵《みずのおやまのみささぎ》である。

皇子の多くが臣籍降下して清和源氏となった。中でも第六皇子の貞純《さだずみ》親王は任国とされた上総や常陸の太守や中務卿・兵部卿を歴任し、源経基・経生の両王子が共に源姓を賜与される。源頼朝、足利高氏をはじめ、源氏を名乗る武家の大半がこの系統から出た。従って清和源氏を名乗る武将が多く、守護大名や国人も多数出ている。

陽成《ようぜい》天皇

第五十七代　世系三八　在位九年

皇紀一五二八（貞観十〈八六八〉）年十二月十六日、清和天皇の第一皇子として誕生された貞明《さだあきら》親王で、母は権中納言藤原長良《ふじわらのながら》（藤原北家）の娘で女御の藤原高子（二条后）である。

皇紀一五二九（貞観十一）年二月一日、生後三ヶ月で立太子される。

皇紀一五三六（貞観十八）年十一月二十九日、九歳で清和天皇から譲位を受け即位される。在位の初めは父清和上皇、母高子、摂政藤原基経《もとつね》が協力して政務を執られる。摂政の基経は藤原高子の同母兄であるから天皇の母方の伯父に当たる。

皇紀一五三七（貞観十九）年四月十六日、元号を貞観から元慶《がんぎょう》に改元する。

皇紀一五三八（元慶二〈八七八〉）年三月十五日、五〇年ぶりに畿内で、班田支給に先立って、田地の位置・地理・面積・耕作者（田主）を調査し確定させる校田が行われた。

三月十五日、出羽国の夷俘が反乱を起こし、秋田城等を焼く（元慶の乱）。

陸奥国・上野国・下野国が出羽国へ鎮圧のための援軍を送る。出羽国の権守に任じられた藤原保則（藤原南家）は兵を配して軍事的措置を講じる一方で、それまでの苛政を改めて、朝廷の備蓄米を民に放出した。保則の善政を聞いて反乱を起こしていた夷俘が次々に投降を願い出て、保則は処罰せずにこれを許した。藤原保則は以前皇紀一五二六

（貞観八）年に飢饉と悪政によって疲弊が甚だしかった備中国に赴任し、ここでも貧者を救い勧農を進めて善政を施《ほどこ》したので、その手腕を買われて出羽国の権守に任じられている。有能な地方官であった。

四月、春から夏にかけて、前年の旱魃で飢饉が発生する。

八月、秋田城下で反乱を起こした夷俘らが藤原保則の善政を聞き相次いで投降する。

この年、律令制下の令外官の一つで警察・軍事を掌る押領使《おうりょうし》を新設する。

皇紀一五三九（元慶三）年三月、「元慶の乱」が終結し、出羽国に出兵していた援軍が撤退する。

十一月十三日、関白・藤原基経らが文徳天皇の御世について記した日本の歴史書「六国史」第五の『日本文徳天皇実録』全一〇巻を完成させる。

十二月四日、五畿内諸国の官人給与に充てる計四千町歩の官田が設定された（元慶官田）。

畿内における班田実施に際して、民部卿中納言藤原冬緒《ふゆお》（藤原京家）の建策により、班田制度を見直し、大和国一二〇〇町、和泉国四〇〇町、その他三か国に各八〇〇町を班田には回さずに官田とすることが提言されて勅許を得る。

皇紀一五四〇（元慶四）年十二月四日、摂政・藤原良房の養子で関白の藤原基経が太政大臣に任じられる。

十月十四日、出雲国で大地震が発生する。続いて十二月六日には山城国、京で大地震が発生する。この時、大極殿をはじめ皇居に大きな被害がでる。

皇紀一五四一（元慶五）年、平城天皇の第一皇子である弾正尹《だんじょういん》・阿保親王の次男の在原行平が大学別曹の一つ奨学院を創立する。大学別曹とは、平安時代の貴族（公家）の教育機関である。弾正尹は弾正台の長官で、弾正台は律令制下の監察・警察機構である。

皇紀一五四二（元慶六）年十一月二十七日、渤海使、加賀国に来着する。

皇紀一五四三(元慶七)年五月二日、前年五月に来着した渤海使が入京を許され天皇に拝謁する。

十一月十日、宮中で天皇の乳母であった紀全子《きのまたこ》の子、源益《みなもとのすすむ》が天皇に殴殺されるという大事件が起きる。この時、天皇は一五歳であった。天皇による宮中での殺人事件(故意か過失かは不明)という前代未聞の大事件で、ついに摂政・藤原基経は天皇の廃立を考える。基経は第五十四代仁明天皇の御世、嵯峨上皇の崩御後まもなく発生した承和の変により、仁明天皇の第二皇子で皇太子を廃された恒貞親王に即位を願ったが、既に出家しておられ辞退される。そこで仁明天皇の第三皇子・時康親王に願って承諾を得られたので、新帝に推挙することとなった。ここでは臣下のものが、今上天皇を廃して新たな天皇を選ぶという行為を行っており、大きな問題を内包している。天皇が崩御されたとき、誰に即位頂くかという問題を更に越えた問題であろう。摂政としての基経にこの問題意識はあったはずであり、その苦悩が思われる。

この年、摂政・基経が公卿会議を開き、其の決定を以て、陽成天皇に退位を迫った。

皇紀一五四四(元慶八)年二月四日、天皇は一七歳で退位される。表向きはご不例(病気)による自発的退位とされた。退位後に誕生された皇子に源清蔭《きよかげ》親王、元良親王、元平親王らがおられた。元平親王は陽成源氏の祖となられた。

皇紀一六〇九(天暦三〈九四九〉)年九月二十九日、退位されて六五年後、村上天皇の御世に八二歳で崩御される。陽成上皇の上皇在位六五年は二位の冷泉上皇の四二年を大きく凌いで最長である。そして上皇在位は、第五十八代光孝天皇から第六十二代村上天皇までの五代の御世に亘っている。陵は京都市左京区浄土寺真如町にある神楽岡東陵《かぐらおかのひがしのみささぎ》である。

光孝《こうこう》天皇

第五十八代　世系三六　在位三年

皇紀一四九〇〈天長七〈八三〇〉〉年、仁明天皇の第三皇子として誕生された時康《ときやす》親王で、母は贈太政大臣藤原総継《ふさつぐ》〈藤原式家〉の娘の澤子《たくし》である。そして先帝・陽成天皇の祖父で第五十五代文徳天皇の弟である。

皇紀一五〇六〈承和十三〉年、一七歳で元服して親王となられ、以後、中務卿、式部卿、相撲司別当、大宰帥《だざいのそち》、常陸太守、上野太守と、親王が就任される慣例となっている官職のほぼすべてを歴任された。

皇紀一五四四〈元慶八〈八八四〉〉年二月四日、陽成天皇が藤原基経によって突如廃位させられ、手続的には陽成天皇の譲位を受け、二月二十三日に五五歳で即位される。異母兄・文徳天皇の孫・陽成天皇からの譲位という極めて異例の皇位継承となった。

六月五日、基経に政務を委任する詔が出され、以後これが関白任命の際の詔書の原点となる。令外官として関白職〈臨時の関白ではなく〉を新設する。天皇が幼少または病弱などで政務が執れないときに大権を全面的に代行する摂政に対し、関白は最終的な決定はあくまでも天皇がなさるが、天皇の言葉に対し、関《あずか》り白《もう》すということで、天皇の代言者《だいげんしゃ》である。

光孝天皇に関して『徒然草』に、即位後も不遇だったころを忘れないように、かつて自分が炊事をして、黒い煤《すす》がこびりついた部屋をそのままにしておいたとある。また、親王時代に相撲司別当を務めておられた関係もあり、即位後も相撲を奨励された。

皇紀一五四五（元慶九）年二月二十一日、元号を元慶から仁和《にんな》に改元する。前代に引き続いて藤原基経が関白として政務の補佐をする。天皇（時康親王）は即位と同時に、先帝・陽成天皇の同母弟で次期天皇として即位される可能性のある貞保親王《さだやすしんのう》（一五歳）をはばかって、ご自身の皇子は全て臣籍降下させ、子孫に皇位を伝えない意向を表明された。しかし次代の天皇の候補者が確定しないうちに病に倒れられた。

皇紀一五四五（仁和元〈八八五〉）年六月二十日、肥前国に来着した新羅使を受け入れず帰国させる。統一新羅の国情は余程酷かったらしく、新羅使を送ってくるが日本はこれを受け入れず、国交断絶状態を続ける。受け入れた帰化人は屢々反乱を起こし、到底国交を開ける状況にはなかった。

八月二十九日、薩摩国の開聞岳が大噴火を起こす。一一年前皇紀一五三四（貞観十六〈八七四〉）年に続いての噴火であり、この噴火の被害は甚大で、いくつかの集落が放棄されていることが判明している。橋牟礼川遺跡（鹿児島県指宿市）はその代表的な集落跡である。ここの地層関係から「縄文土器は弥生土器より古い」ことが確認された。

皇紀一五四六（仁和二）年、光孝天皇の勅願で仁和寺建立を開始する（京都市右京区御室）。しかし天皇は寺の完成を見ずに、翌年崩御された。

五月十八日、任国に赴任しない国守が四人処罰される。

皇紀一五四七（仁和三）年七月三十日、仁和地震が東海・南海で同時発生し、五畿七道（ほぼ日本全土）が被災し、大阪湾を巨大津波が襲う。この地震の九年前には関東地方で大地震（相模・武蔵地震）が、一八年前には三陸沖を震源とする大津波を伴った巨大地震・貞観地震があった。また八ヶ岳では山体崩壊が起きている。

八月二十五日、臣籍降下しておられた皇子の源定省《さだみ》が急遽還俗されて親王に復され、翌日八月二十六日に譲位され即位される。陽成天皇の弟で、基経の外孫である貞保親王は即位されなかった。基経の意向が大きく働いたものと思われる。なお、貞保親王は皇紀一五八四〔延長二〈九二四〉〕年六月に五五歳で薨去された。

この日、天皇は三年という短い在位、五八歳で崩御される。陽成天皇の廃された後の役割を果たされた。

陵は、京都市右京区宇多野馬場町にある後田邑陵《のちのたむらのみささぎ》である。

宇《う》多《だ》天皇

第五十九代　世系三七　在位一〇年

皇紀一五二七（貞観九〈八六七〉）年五月五日、光孝天皇の第七王として誕生され、臣籍降下しておられた源定省《さだみ》で、母は桓武天皇の皇子・仲野親王の娘の皇太后班子《はんし》女王である。

皇紀一五四七（仁和三〈八八七〉）年八月二十六日、源定省が急遽皇族に復帰され、親王宣下を受けられる。先帝・光孝天皇が重態に陥られ、後継を指名されずに崩御されたが、摂政の基経は天皇の内意が源定省にあると確信し、朝議で決定させた。

皇紀一五四七（仁和三）年八月二十六日、二一歳で皇太子を経ずに即位される。

陽成天皇の退位といい、光孝天皇の後継問題といい、藤原基経の差配で解決している。源定省の即位は、廃位させられた陽成天皇が存命中の決定だっただけに、基経の苦渋は大きかったと思われる。

【阿衡事件】

十一月二十一日、藤原基経に再び関白としての役割を果たすよう勅書が発せられた。「万機はすべて太政大臣（基経）に関白し、しかるのち奏下すべし」と詔される。関白の号がここで初めて登場する。ここで藤原基経が初の人臣関白に就く。ところがこの手続きの際に、左大弁橘広相《たちばなひろみ》の起草した「宜しく阿衡の任をもって卿の任とせよ」の文言に基経は立腹し、政務を拒んで自邸に引き籠ってしまう（阿衡事件）。文章博士藤原佐世《すけよ》が「阿衡は位貴くも、職掌なし」と基経に告げたからである。なお、阿衡は大陸、殷（商）代の賢臣伊尹《いいん》が任じられた官で、殷の湯王を補佐し、数百年続く殷（商）王朝の基礎を造った。

勿論天皇に他意があった訳ではないが、翌年六月になって天皇は、勅書を取り消された上に、起草者橘広相の官位を剝奪せざるを得なかった。橘広相は橘氏長者で、陽成天皇、光孝天皇、宇多天皇の三代に仕え、正四位下、参議となっていた。基経の権威を知らしめた「阿衡事件」であったが、源定省の即位に当たっての基経の苦渋を思えば、基経の心境は理解できなくもない。左大弁橘広相が起草した文章の中の「阿衡の任をもって」という部分だけを捉えて、文章博士の藤原佐世が要らぬことを言っただけで起こった事件である。寧ろ、「阿衡は位貴くも、職掌なし」と告げた文章博士の藤原佐世の方に、含むところがあったと思われても仕方ないところである。文章博士の藤原佐世は藤原宇合を祖とする藤原式家の公卿である。これも藤原氏の他氏排斥事件としての性格を持っている。

皇紀一五四八（仁和四）年、信濃川流域（長野県内）で大洪水が起きる。前年に発生した仁和南海地震と東海地震により、八ヶ岳の山麓で土砂崩壊が起きてその時出来た堰止め湖が決壊して発生した土石流による災害であった。

この年、光孝天皇の勅願で建て始めた仁和寺（京都市右京区御室の真言宗御室派総本山）が完成する。宇多天皇の先帝・光孝天皇が皇紀一五四六（仁和二）年に建立を開始されたが、完成したのはこの阿衡事件の最中、皇紀一五四八（仁和四）年のことであった。そしてこの仁和寺はその後も皇族や公卿の保護を受け、明治の御世に至るまで、皇子や皇族が歴代の門跡（住職）を務められ、門跡寺院の筆頭として仏教各宗を統括していた。最後の皇族出身門跡は、伏見宮純仁《じゅんにん》法親王、後の小松宮彰仁《あきひと》親王で、明治の大日本帝国陸軍大将となられた。

皇紀一五四九(仁和五)年四月二十七日、元号を仁和から寛平《かんぴょう》に改元する。

皇紀一五四九(寛平元)年五月、桓武天皇の曾孫高望王《たかもちおう》らに平《たいら》姓を与え臣籍降下させる。この末裔《まつえい》が桓武平氏の一つとなる。

皇紀一五五〇(寛平二〈八九〇〉)年四月、皇朝十二銭の一つ、一〇番目「寛平大宝」を鋳造する。寛平大宝一枚に対し旧銭一〇枚の交換比率が適用された。

九月十五日、前司(前任国司)の任務終了年に発生した調・庸・雑物の未納は、後任国司に返済させる。尚、雑物とは米や布以外のもので賦課された、野菜や紙、塩、鉄などの諸々の物資である。

皇紀一五五一(寛平三)年一月十三日、宇多天皇の誕生に多大な貢献をした関白の藤原基経が五六歳で死去する。ここで天皇親政が開始される。天皇は基経の長男・藤原時平を参議にする一方で、源氏や藤原保則、菅原道真といった藤原北家嫡流でない人も抜擢した。

民の苦しみを問うため臨時に設けられた地方監察官の問民苦使《もみくし》を諸国への派遣する。また昇殿制を開始し、『日本三代実録』や『類聚国史』が編纂され、官庁の統廃合なども行われた。昇殿制とは昇殿宣旨を受け、殿上の間《ま》に昇ることを許され、逆にそれ以外の者は許されないという制度で、宇多天皇の御世は殿上人は三〇名前後であった。

二月七日、菅原道真が蔵人頭《くろうどのとう》となり、勅旨や上奏を伝達する役目を受け持つなど、天皇の秘書的役割をも果たした。

皇紀一五五二(寛平四)年五月十日、菅原道真が歴史書『類聚国史』を編纂する。編年体である「六国史」の記載を分類再編集したもので、本文二〇〇巻、目録二巻、系図三巻の計二〇五巻であったが、応仁の乱で散逸し、現存するのは六二巻のみである。

また、「六国史」の第六に当たる『日本三代実録』の編纂が勅命により開始される。清和天皇、陽成天皇、光孝天皇の三代にわたり、皇紀一五一八（天安二〈八五八〉）年八月から皇紀一五四七（仁和三）年八月までの三〇年間を扱う。

皇紀一五五三（寛平五）年五月、新羅の賊が肥前国・肥後国の各地を襲う。

皇紀一五五四（寛平六）年八月二十一日、菅原道真を遣唐大使とする。しかし翌九月には菅原道真の進言により遣唐使は廃止される。この御世で、遣唐使は終了した。

九月五日、二五〇〇人にのぼる新羅の賊の大軍が船大小一〇〇艘で対馬に押し寄せた。対馬守文屋善友《ぶんやよしとも》は郡司士卒を率いて賊徒四五艘を、弩《おおゆみ》をかまえた数百の軍勢で迎え撃った。生け捕った捕虜が言うには、新羅は不作が続き餓えに苦しみ、倉の蓄えも尽き、王城も例外ではないと、悲惨な状況であった。外交交渉もなく、いきなり掠奪に来たところが新羅らしい。十月には新羅人難民が長門国に漂着する。統一新羅は国としては既に崩壊している。

皇紀一五五五（寛平七）年、この年も新羅の飢饉が続いているようで、前年に続いて新羅の賊が徒党を組んで対馬に掠奪に来る。新羅の賊は壱岐も襲撃し、官舎が焼かれた。

三月二十二日、王臣家の私稲出挙《すいこ》（貸し稲）を禁ずる。貧富の差が拡大していくのは良くないとの政策である。

皇紀一五五七（寛平九）年七月五日、天皇は突然、在位一〇年、三一歳にして一三歳の皇太子敦仁《あつひと》親王を元服させ、十三日、譲位される。

宇多天皇の二歳年少の陽成上皇との関係は微妙だった。天皇は皇位に就く前に陽成天皇に仕えておられ、神社行幸の際には舞を命じられたりしていた。『大鏡』には、陽成上皇が宇多法皇のことを、「あれはかつて朕に仕えていた者ではないか」といわれたとある。陽成上皇が復位を意図しておられるという風説が宇多天皇を常に悩ませたようである。宇多天皇は譲位にあたり、天皇としての心構えを記した「寛平御遺誡《かんぴょうのごゆいかい》」を授けられる。基経の死去で藤原氏からの軛《くびき》を解き、前の皇統に連なる皇族から皇位継承の要求が出る前に、実子に譲位して皇統の正統性を示された。新たに即位された醍醐天皇には自らの同母妹・為子《ためこ》内親王〈醍醐天皇の叔母〉を正妃に立てさせられ、藤原北家嫡流が外戚となることを避けられた。

そして、宇多上皇は阿衡事件の教訓から、藤原北家嫡流を外祖父とする皇子の出生を望まれず、為子〈光孝天皇の皇女〉所生の男子を立太子させる方針でおられたが、不運にして二年後に勧子《かんし》内親王の誕生と同時に薨去された。ここで、為子の次の妃として、藤原時平〈基経の長男〉が妹穏子を入内させようとして、これに反対する宇多上皇とが対立する。

また譲位直前の除目《ぢもく》〈諸官の任命〉で菅原道真を権大納言に任じ、大納言で太政官最上席だった藤原時平〈藤原北家〉を次席とし、時平と道真の双方に内覧〈天皇に奉る文書、天皇が裁可する文書の一切を先に見る令外官の役職〉を命じ、朝政を二人で牽引する体制をとられた。道真が二六歳年長であるから、ごく自然であり、むしろ当然のことではあったが、この人事に藤原氏一族が反発し、職務を拒む〈サボタージュ〉という事件に発展する。道真は天皇に願ってこれらの公卿らに出仕を命じてもらい、ようやく親政が開始された。宇多天皇の即位に当たって藤原北家の基経が果たした功労はともかくとして、上皇がこれら一連の断固たる措置をとられたことが、不幸にして後の「昌泰の変」に繋《つな》がる。

皇紀一五五九〈昌泰二〈八九九〉〉年十月十五日、上皇〈三三歳〉は東寺で受戒され出家された後、仁和寺に入られ法皇となられる。宇多天皇は其の御世の大半を法皇として仏に仕えられた。

皇紀一五九一〈承平元〈九三一〉〉年七月十九日、朱雀天皇の御世、六五歳で崩御された。陵は京都市右京区鳴滝宇多野谷にある大内山陵《おおうちやまのみささぎ》である。

醍《だい》醐《ご》天皇

第六十代　世系三八　在位三四年

皇紀一五四五（元慶九〈八八五〉）年一月十八日、源定省（宇多天皇）の第一王として誕生された源維城《これざね》（のち敦仁《あつひと》と改名）王で、母は贈太政大臣・藤原高藤の娘の贈皇太后藤原胤子《たねこ》である。

藤原高藤は藤原北家で冬嗣の孫である。藤原高藤（藤原北家）がここで初めて天皇の外孫になり、以後第七十代後冷泉天皇の御世まで一七〇年に亘ってこれが続き、藤原一族が政治に一層大きく関わるようになる。中宮藤原穏子《おんし》の他に二〇人の女御や更衣を迎え、朱雀天皇、村上天皇を含め三六人の皇子女を儲けられた。

皇紀一五四七（仁和三〈八八七〉）年、父・源定省の皇籍復帰・即位（宇多天皇）に伴い、三歳で皇族となられた。

皇紀一五四九（寛平元〈八八九〉）年十二月二十八日、五歳で親王宣下を受けられ、寛平二年十二月十七日に敦仁と改名される。

皇紀一五五七（寛平九）年四月二日、一三歳で立太子される。

七月五日、元服し、十三日、一三歳で即位された。

臣籍（源定省）に生まれて即位された唯一の天皇である。父帝の訓示を受けて、藤原時平（基経の長男）、菅原道真を左右大臣とし、政務を執らされる。この治世は三四年の長きにわたり摂政・関白を置かず親政が続き、後世「延喜の治」と称して崇められた。もっとも、この御世に後述する「昌泰の変」が起き、後に日本全国に多くの天満宮が建立されることとなった。

皇紀一五五七（寛平九）年七月三日、宇多天皇が皇子の醍醐天皇へ譲位されるに際して、当時一三歳の新帝に「寛平御遺誡」を残された。これには敦仁親王の立太子も譲位も道真だけに相談して決めたとあり、これも藤原氏の反発を招き、後の道真《みちざね》追い落としに繋がった。しかしこの時、道真は五六歳、時平は三〇歳と二六歳年齢に開きがあり、無理からぬことで、むしろ当然であったと言える。

皇紀一五五八（寛平十）年四月十六日、元号を寛平から昌泰《しょうたい》に改元する。

皇紀一五五八（昌泰元〈八九八〉）年、桓武天皇の曾孫・平高望王が上総介に任じられる。

高望王《たかもちおう》は子の平国香《くにか》・良兼《よしかね》・良将《よしまさ》とともに任地に下向した。そして任期が過ぎても帰京せず、元皇族の血統を武器に婚姻関係を結んで在地勢力との結束を強め、上総《かずさ》国、下総《しもふさ》国、常陸《ひたち》国の未開墾地を開発し、私営田を獲得しては勢力を拡大した。そして、自らの勢力を維持するための用心棒として武士団を抱え、その後各地に広がる高望王流桓武平氏の基盤を築く。国香の長男に貞盛《さだもり》がおり、貞盛の四男維衡《これひら》の流れが伊勢平氏で、また貞盛の弟繁盛《しげもり》の流れが常陸平氏である。

皇紀一五五九（昌泰二）年九月、東国で僦馬《しゅうば》の党が租税の輸送隊を襲い掠奪を行うので、足柄坂・碓氷坂に関《せき》を置く。僦馬の党は坂東で武装して租税等の運輸を業とする「僦馬」の集団で、これが馬や荷の強奪を行った。

皇紀一五六〇（昌泰三）年、この頃日本最古の伝奇物語『竹取物語』が完成する。「かぐや姫の物語」として親しまれている。具体的成立年、作者はいずれも不詳である。

【昌泰の変】

皇紀一五六一（昌泰四）年正月二十五日、出家された宇多法皇が、比叡山や熊野三山に屢々《しばしば》参詣され、道真《みちざね》の後ろ盾、援助を充分に行えなくなっていたところに、菅原道真の太宰府への左遷問題（昌泰の変）が起き、菅原道真が失脚する。

道真は宇多法皇の皇子・斉世《ときよ》親王を皇位に即けようとしていると讒言され、大宰府へ左遷された。斉世親王は醍醐天皇の異母弟で道真の娘婿に当たる。道真にそのような意図がないことが分かっていた宇多上皇は、この知らせを受け急遽内裏に向かわれたが、宮門は固く閉ざされていて入れず、閉め出された状態で、道真の処分はその中で、宇多法皇の意向を無視して決定されてしまった。

先帝・宇多法皇が道真の娘婿でもある斉世《ときよ》親王を皇太弟に立てようとしているという風説を流し、宇多法皇や道真の政治に不満を抱いていた藤原時平、藤原菅根らが政治の主導権を奪還しようと画策する。突如醍醐天皇（一七歳）の宣命が発せられ、道真は大宰権帥に降格され、道真の娘を妃としていた斉世親王は仁和寺に入られ真寂《しんじゃく》（真寂法親王）と名乗られた。

ところが変から八年後、道真が死去して六年後に、時平が三九歳と若くして急死し、続いて醍醐天皇も病気がちとなられ、政治は再度宇多法皇と時平の弟・藤原忠平が行うようになった。

四月、東国で盗賊団が跋扈《ばっこ》し推問追捕使（犯罪の調査団）が派遣される。

七月十五日、元号を昌泰から延喜《えんぎ》に改元する。

皇紀一五六一（延喜元〈九〇一〉）年八月二日、「六国史」第六の『日本三代実録』が完成する。

藤原時平、菅原道真らが編纂にあたり、第五十六代清和天皇、第五十七代陽成天皇、第五十八代光孝天皇の三代、皇紀一五一八（天安二〈八五八〉）年八月から皇紀一五四七（仁和三）年八月までの三〇年間を扱う。編年体・漢文で書かれ、全五〇巻からなり、編纂は宇多天皇の勅命で始められた。

皇紀一五六二（延喜二）年三月十三日、荘園整理令が出されたが不徹底で、班田も行われたがこれが最後の班田となった。荘園が増大し有力公家や寺社などの収入は増したが、国司の支配する公領《こうりょう》の減少で国司による税の徴収が増えず、国家財政が深刻な打撃を受けていた。そこで左大臣の藤原時平は荘園整理令〈延喜の荘園整理令〉を発布して、違法な荘園を整理し、国衙による土地の管理権限を強化したが不徹底に終わった。

皇紀一五六三（延喜三）年二月二十五日、菅原道真が太宰府にて死去する（五九歳）。以後、道真左遷を決定した藤原時平ほかの関係者は道真の怨霊に苦しめられることになる。

皇紀一五六五（延喜五）年四月十八日、紀貫之《きのつらゆき》らが最初の勅撰和歌集である『古今和歌集』〈古今集〉の編纂を開始する。全二〇巻からなり、『万葉集』に撰ばれなかった古い時代の歌からも選ばれた。その中には現在の日本の国歌「君が代」〈作者は詠み人知らず〉も収録されている。つまり、現在の国歌「君が代」は『古今集』に収録されていた歌である。

皇紀一五六七（延喜七）年十一月三日、皇朝十二銭の一つで一一番目の「延喜通宝」が発行される。延喜通宝一枚に対し旧銭一〇枚で交換された。十五日、延喜格《えんぎきゃく》が完成し、翌年十二月二十七日の宣旨によって施行された。醍醐天皇の勅命で編纂が開始され、皇紀一五二九（貞観十一〈八六九〉）年から皇紀一五六七（延喜七）年までの詔勅・太政官符のうち重要なものが選択され収録された。全一二巻からなる。

この年、大陸で唐が滅亡する。唐の滅亡で大陸は五代十国の分裂時代を迎えた。

皇紀一五六八（延喜八）年一月十二日、藤原基経の四男・藤原忠平が参議に復帰する。忠平は兄・時平と対立した菅原道真とは親交を持っていた。

皇紀一五六九（延喜九）年四月四日、菅原道真を讒言し、「昌泰の変」を起こした藤原時平が前述の通り、三九歳で急死し、道真の祟りと噂される。

皇紀一五七五（延喜十五）年、十和田湖火山の大噴火が起き、火砕流や泥流で東北地方北部は深刻な被害を被った。

十二月八日、任期を終えた受領《ずりょう》（現地に赴任し行政責任を負う筆頭官）の成績審査をする「受領功過定《ずりょうこうかさだめ》」が宣旨により開始される。

皇紀一五七六（延喜十六）年、大陸の満州地域西部と東蒙古で、契丹人の耶律阿保機《やりつあぼき》が遼《りょう》を建国する。満州に勃興した金《きん》に滅ぼされるまで、凡そ二一〇年存続したが、日本はこの国とは正式な外交関係を結んでいない。日本と交流のあった渤海国はこの遼《りょう》に滅ぼされた。

皇紀一五七八（延喜十八）年、半島で王建（太祖）が高麗国を建国する。この高麗国は皇紀二〇五二（一三九二）年李成桂のクーデターで滅ぼされるまで四七四年存続した。皇紀六二三（前三七）年に建国された高句麗も高麗と称していたのでこれと区別するため王氏高麗とも称される。

皇紀一五七九（延喜十九）年、藤原時平の急死後一〇年が経ち、時平の弟・藤原仲平が醍醐天皇の勅命を受けて太宰府に下り、天満宮の社殿を造営する。「昌泰の変」での道真の怨霊の祟りを鎮めるためであった。

皇紀一五八二（延喜二十二）年、後百済が高麗と開戦し、日本へ救援を求める使者を遣わすが、朝廷はこれを拒絶する。後百済は、尚州の農民出身の将軍甄萱《けんけん》が、新羅によって滅ぼされた百済の復興を図って建国した国である。日本はここでは半島への関与を拒絶し、日本と半島との関係は激変して冷え切っている。

皇紀一五八三（延喜二十三）年三月二十一日、中宮藤原穏子との間に誕生された皇子の保明《やすあきら》親王を二歳で立太子させられたが、即位することなく、二一歳で父・醍醐天皇に先立ち薨去される。そのため保明親王の第一王子で時平の外孫である慶頼王《やすよりおう》が皇太子に立てられるが、二年後に僅か五歳でまた薨去され、代わりに故保明親王の同母弟、寛明《ゆたあきら》親王（朱雀天皇）が立太子される。これら一連の不運が菅原道真の怨霊によると思われ、天皇は改めて道真左遷の詔を破棄された上に、右大臣に復し贈位を行われ、その慰霊を鎮められる。

皇紀一五八三（延喜二十三）年閏四月十一日、元号を延喜から延長《えんちょう》に改元する。

皇紀一五八四（延長二〈九二四〉）年四月二十日、故菅原道真を本官右大臣に復し、正二位を追贈される。

皇紀一五八五（延長三）年六月十九日、藤原時平の外孫の慶頼王《よしよりおう》が前述の通り、僅か五歳で薨去される。

皇紀一五八六（延長四）年、満州地域に遼を建国した耶律阿保機が渤海国を滅ぼす。

皇紀一五八七（延長五）年十一月二十六日、藤原忠平らにより、律令の施行細則である延喜式が完成する。皇紀一五六五（延喜五）年に醍醐天皇の勅命により左大臣・藤原時平らが編纂を開始し、時平の死後は弟の藤原忠平が編纂に当たっていた。

【清涼殿落雷事件】

皇紀一五九〇（延長八）年六月二十六日、清涼殿落雷事件が発生する。内裏の清涼殿（天皇の日常生活の居所）に落雷があり居合わせた公卿数人が焼死する。公卿では大納言民部卿の藤原清貫《きよつら》が衣服に引火して胸を焼かれて即死し、右中弁内蔵頭の平希世《たいらのまれよ》も顔を焼かれて瀕死状態となり、修明門から車で秘かに運び出されたが、程なく死去する。天皇の居所に落雷したということは衝撃的であった。落雷は更に隣の紫宸殿にも走り、右兵衛佐《すけ》・美努忠包《みぬのただかね》が髪を、紀蔭連《きのかげつら》が腹を、安曇宗仁《あずみのむねひと》が膝を焼かれて死亡し、更に警備の近衛も二名が死亡した。藤原清貫は当時藤原時平に命じられて道真の動向監視に当たっていたので、道真の怨霊に殺されたと噂された。「昌泰の変」から二九年、道真が死去してから二七年経っているが、関係者が次々と悲惨な死を遂げていることから、道真の怨霊のなせるわざと恐れられた。

道真の怨霊を鎮めるため、道真を祭神とする天満宮が全国に創建されている。

九月二十二日、天皇ご自身も事件直後から病がちとなられ、在位三四年にして皇太子寛明《ゆたあきら》親王（朱雀天皇）に譲位される。そして七日後の二十九日に出家され、同日四六歳で崩御された。

この清涼殿落雷事件から道真の怨霊が雷を操ったということで、道真が雷神になったという伝説が生まれた。そして道真の怨霊は雷神と結びつけられ、地主神《じぬしがみ》の火雷天神が祭られていた京の北野に北野天満宮を建立して道真の祟りを鎮めようとした。以降百年ほど、大災害が起きるたびに道真の祟りとして恐れられ、「天神様」として信仰する天神信仰が全国に広まり、道真ゆかりの地に天満宮が建立されている。

陵は京都市伏見区醍醐古道町にある後山科陵《のちのやましなのみささぎ》である。

朱雀《すざく》天皇

第六十一代　世系三九　在位一七年

皇紀一五八三（延長元〈九二三〉）年七月二十四日、醍醐天皇の第十一皇子として誕生された寛明《ゆたあきら》親王で、母は藤原基経の娘・中宮藤原穏子《おんし》である。

皇紀一五八六（延長四）年、兄・保明親王とその子の慶頼王《よしよりおう》の二代にわたる東宮の夭折という悲運が続き、四歳で立太子された。

皇紀一五九〇（延長八〈九三〇〉）年九月二十九日、醍醐天皇が崩御される。

十一月二十二日、醍醐天皇の践祚を受けて八歳で即位された。藤原基経〈藤原北家〉の四男で時平の弟の藤原忠平が摂政となる。基経以来三九年ぶりに摂政が置かれ、忠平が摂政として政務を取り仕切る。

皇紀一五九一（延長九）年四月二十六日、元号を延長から承平《じょうへい》に改元する。

皇紀一五九一（承平元）年十二月二日、群盗が横行し治安が悪化して、山城国の交通の要衝である淀、山崎ほかの五道の警固を厳しくする。

皇紀一五九二（承平二）年、治安対策として警察・軍事を掌る官職の追捕使《ついぶし》を令外官として新設する。当初、南海道で頻繁に出没していた海賊・凶賊を掃討する目的で設置された。警察・軍事を掌り、初めは臨時の官職として設置されたが、後に諸国に常設されるようになる。

皇紀一五九三（承平三）年一月、引き続き京中に盗賊団が横行し、都とその周辺の治安が悪化する。

皇紀一五九四（承平四）年十二月二十一日、土佐国に国司として赴任していた紀貫之が『土佐日記』の旅に出発する。任期を終えて土佐から帰京する貫之ら一行の五五日間を旅日記で綴り、書き手を女性に仮託して綴った作品である。

皇紀一五九五（承平五）年二月、藤原忠平の元家人で桓武天皇の玄孫・平将門が、亡父・良将の遺領を巡る紛争が原因で、伯父の平国香を殺害する。これが後の皇紀一五九九（天慶二〈九三九〉）年の「平将門の乱」に発展する。

六月三日、検非違使に命じ東大寺・興福寺両寺の雑人《ぞうにん》の濫行を糾《ただ》させる。両寺の濫行が目に余り、以後これが延々と続くことになる。雑人とは主家や寺に隷属して雑事に従事し、彼らは物として売買・譲渡の対象とされた賤民である。

【半島で統一新羅が滅亡、高麗の建国】

この年、十一月、半島で新羅の第五十六代敬順《けいじゅん》王が君臣と共に高麗に帰順し、新羅が無血で滅亡する。既に戦う力も全くなく、国としてはとっくに崩壊していた。新羅は唐を引き入れて皇紀一三二〇（斉明天皇六〈六六〇〉）年に百済を、皇紀一三二八（天智天皇七〈六六八〉）年に高句麗を滅ぼして半島を統一したが、その統一新羅がここに滅亡した。大陸の国の軍事力に頼ってこれを引き入れて、その力で隣国を滅ぼし、自らはその隣国の属国になる道を選択した新羅である。後の李氏朝鮮も同じ道を歩むことになる。

皇紀一五九六（承平六）年、半島で高麗は新羅を服属させ、後百済を滅ぼし、朝鮮半島は高麗の王建によって再び統一される。以後半島は皇紀二〇五二（一三九二）年の後小松天皇の御世まで高麗王朝が続く。

八月十九日、藤原忠平が太政大臣に就く。

皇紀一五九七（承平七）年四月七日　伯父の平国香《たいらくにか》を殺害し、検非違使庁で訊問を受けていた平将門が朱雀天皇（一五歳）の元服による大赦で罪を許される。

皇紀一五九八（承平八）年五月二十二日、元号を承平から天慶《てんぎょう》に改元する。

【平将門の乱（承平天慶の乱）】

皇紀一五九九（天慶二）年十一月二十一日、平将門が関東で反乱を起こす。

平将門は平氏の姓を授けられた高望《たかもち》王の三男平良将《よしまさ》の子で、桓武天皇五世孫である。平良将の相続問題から下総国、常陸国に広がった平氏一族の抗争が、やがては関東諸国を巻き込む大争乱となる。そして国衙《こくが》（朝廷の出先機関）を襲撃して印鎰《いんやく》を奪い、京の朝廷の朱雀天皇に対抗して「新皇」を自称し、独自に除目（諸官の任命）を行い岩井（茨城県坂東市）に政庁（都）を設置した。翌十二月五日には平将門が新皇（新天皇）を自称する。東国の独立を標榜《ひょうぼう》したので、完全な二朝対立となり、当然完全なる朝敵となった。

十二月、東で平将門の乱が起きている丁度この時期、西では藤原純友《すみとも》が瀬戸内の海賊を率いて乱を起こし、勢力は畿内にまで及んでくる。純友は藤原北家右大弁藤原遠経の孫で、大宰少弐（大宰府の次官）藤原良範の三男である。備前国に土着した海賊の藤原文元《ふみもと》は藤原純友と結託し、摂津国須岐駅（芦屋市）にて備前国と播磨国の介《すけ》（次官、備前介は藤原子高、播磨介は島田惟幹）を襲撃しこれを捕らえ、子を殺害した。

【藤原純友の乱】

皇紀一六〇〇（天慶三）年、純友は二月に淡路国、八月には讃岐国の国府を、さらに十月にはついに大宰府を襲撃し略奪を行った。国家機関の襲撃で、完全なる反乱である。

東の将門の乱に対し、藤原忠文を征東大将軍に任命して将門征伐軍を送るが、その直前に藤原秀郷《ひでさと》により平将門が既に討たれており、将門の乱はここにようやく収束していた。そこで藤原忠文は今度は征西将軍に任じられた。

皇紀一六〇一（天慶四）年五月、西の藤原純友追討のため、追捕使長官を小野好古《よしふる》、次官を源経基とし、大軍を派遣して太宰府を攻撃し、博多湾の戦いで、純友の船団を壊滅させた。小野好古は公卿で参議だった小野篁《たかむら》の孫で、大宰大弐・小野葛絃《くずお》の子である。弟に書家三蹟の一人小野道風がいる。源経基は清和天皇の第六皇子・貞純親王の王子であり、皇族武将で源経基流清和源氏の祖である。

藤原純友は息子の重太丸《しげたまろ》を連れて伊予国へ逃れたが、同年六月に伊予国警固使・橘遠保《たちばなとおやす》により捕らえられ、獄中で死去する。先の将門の乱がわずか二ヶ月で平定されたのに対し、純友の乱は二年の長きに及んだ。

十一月八日、藤原忠平が関白に任ぜられる。

皇紀一六〇六（天慶九）年四月二十八日、在位一七年にして二四歳で同母弟成明《なりあきら》親王（村上天皇）に譲位され、仁和寺に入られた。反乱のうち続く御世で、富士山の噴火や地震・洪水などの災害も多発した。

この年、作者不詳の歌物語『伊勢物語』が完成する。

皇紀一六一二（天暦六〈九五二〉）年八月十五日、出家され、この年に三〇歳で崩御された。

陵は京都市伏見区醍醐御陵東裏町にある醍醐陵《だいごのみささぎ》である。父帝・醍醐天皇の山科陵から近い位置にあり、醍醐天皇陵が「上ノ御陵」、朱雀天皇陵（醍醐天皇の皇子）が「下ノ御陵」と呼ばれている。

村上《むらかみ》天皇

第六十二代　世系三九　在位二二年

皇紀一五八六（延長四〈九二六〉）年六月二日、醍醐天皇の第一四皇子として誕生された成明《なりあきら》親王で、母は藤原基経の娘・中宮穏子である。先帝朱雀天皇の三歳年少の、同母弟にあたる。

皇紀一六〇〇（天慶三〈九四〇〉）年、右大臣藤原師輔《もろすけ》（藤原忠平の次男）の長女・藤原安子《あんし》が成明《なりあきら》親王に入内する。

皇紀一六〇四（天慶七）年四月二十二日、成明親王が一九歳で立太子され、藤原安子が皇太子妃となられる。

皇紀一六〇六（天慶九）年四月十三日、先帝・朱雀天皇に皇子がおられなかったこともあり、朱雀天皇の譲位を受け践祚され、四月二十八日に二一歳で即位される。

皇紀一六〇七（天慶十〈九四七〉）年四月二十二日、元号を天慶から天暦《てんりゃく》に改元する。

四月二十六日、忠平の子の藤原実頼・藤原師輔兄弟が揃って左大臣・右大臣に昇進し、父の関白太政大臣・藤原忠平と共に太政官の頂点を独占する。

皇紀一六〇九（天暦三）年八月十四日、先帝に続いて、天皇の外舅藤原忠平が皇紀一六〇一（天慶四〈九四一〉）年以来、関白を務めたが、その忠平が死去する。以後、天皇は摂政関白を置かず、忠平の息子の藤原実頼《さねより》、師輔《もろすけ》兄弟を左右大臣に据え、親政を行われる。後世、村上天皇の治世は、天皇親政により理想の政治が行われた時代として聖代と崇められ、同じく天皇親政が行われた皇紀一五五七（寛平九〈八九七〉）年からの父帝・醍醐天皇の御世の「延喜の治」と併せて、「延喜・天暦の治」と崇められる。平将門・藤原純友が起こした「承平天慶の乱」の後、朝廷の財政が逼迫して、倹約を旨とされた。

九月二十九日、第五十七代天皇・陽成上皇が八二歳で崩御される。上皇歴六五年は最長である。

皇紀一六一〇（天暦四）年七月二十三日、村上天皇と藤原師輔の娘・藤原安子との間に誕生された第二皇子憲平《のりひら》親王（冷泉天皇）が、第一皇子で四歳の広平親王を飛び越して、生後まもなく立太子される。実力者である藤原実頼・師輔兄弟の影響力による。第一皇子広平親王の母は大納言藤原元方《もとかた》（藤原南家）の娘の更衣（女御に次ぐ令外の后）藤原祐姫《すけひめ》であった。

皇紀一六一一（天暦五）年十月、『古今和歌集』に続く二番目の勅撰和歌集『後撰和歌集』が完成する。村上天皇の勅命によって編纂された。

皇紀一六一七（天暦十一）年十月二十七日、元号を天暦から天徳《てんとく》に改元する。

この年夏、飢饉が発生し、米価が高騰して、常平所《じょうへいしょ》を置く。常平所は米を廉価時に大量に買い入れ、価格高騰時に売り出し、その利を調庸《ちょうよう》（租税）の運脚夫の救済にあてた。運脚夫は調庸の現物を京まで運送する人夫である。律令制においては調庸の現物を京まで運送する人夫費はその納入者が負担していたので、その補助をした。納税者はそれまで届ける義務を負っていた。

皇紀一六一八（天徳二）年、「乾元大宝《けんげんたいほう》」が鋳造される。日本で鋳造発行された銭貨の皇朝十二銭の、最後のものである。この年四月八日には伊勢神宮以下一一社に新造の「乾元大宝」を奉納して流通を祈願している。乾元大宝が発行されたあと、銅銭は発行されなくなり、以後輸入銭や民鋳銭（政府から請負って民間が鋳造）が混用されることとなった。

皇紀一六二〇（天徳四）年三月三十日、内裏歌合が催行され、村上天皇は歌人としても歌壇の庇護者としても後世に賞賛されている。また儀式書『清涼記』を著され、琴や琵琶などの楽器にも精通され、平安文化を開花させた文化人天皇でもあられた。

九月二十三日夜、内裏が全焼する。皇紀一四五四（延暦十三〈七九四〉）年の平安京遷都以来初めてで、一六六年振りのことであった。

またこの年、『伊勢物語』の成立後、『大和物語』が貴族社会の和歌を中心とした歌物語として刊行された。いずれも作者は不詳である。

皇紀一六二一（天徳五）年二月十六日、元号を天徳から応和《おうわ》に改元する。

十一月二十日、天皇、新造の内裏にお遷りになる。

皇紀一六二四（応和四〈九六四〉）年七月十日、元号を応和から康保《こうほう》に改元する。

皇紀一六二五（康保二〈九六五〉）年九月二十一日、京で大地震が発生し、以後二ヶ月にわたり余震が続いた。

皇紀一六二七（康保四）年五月二十五日、ご在位のままで、在位二二年にして四二歳で崩御される。

陵は京都市右京区鳴滝宇多野谷にある村上陵《むらかみのみささぎ》である。

この村上天皇の後は、安徳天皇と後醍醐天皇を除いて、歴代の天皇は院号をもって呼ばれるようになり、再び天皇号が復活するのは凡そ九〇〇年後、光格天皇になってからのことである。しかし、引き続き天皇号で記す。

第七皇子・具平《ともひら》親王の王子・源師房《もろふさ》王（村上天皇の孫）が臣籍降下され「村上源氏」の祖となる。この村上源氏が以後の宮廷政治において大きな影響力を持つようになる。

冷泉天皇《れいぜい》

第六十三代　世系四〇　在位二年

皇紀一六一〇（天暦四〈九五〇〉）年五月二十四日、村上天皇の第二皇子として誕生された憲平《のりひら》親王で、母は藤原師輔の娘・中宮安子である。藤原師輔は摂政・関白・太政大臣として長く朝政を執った藤原忠平（藤原北家）の次男で、先帝の村上天皇時代に右大臣として朝政を担った。異母兄で第一皇子の広平《ひろひら》親王を差し置いて、生後間もなく立太子される。つまり母方の時の権力者である藤原実頼・師輔兄弟という外戚の影響力が働いていた。因みに広平親王の母は藤原南家の藤原元方である。

皇紀一六二七（康保四〈九六七〉）年五月二十五日、村上天皇が崩御された。

六月二十二日、藤原忠平の長男の藤原実頼が関白に就く。

この年七月、「延喜式」を施行する。皇紀一五八七（延長五）年に完成し、その後改訂が重ねられた。これは皇紀一五六五（延喜五）年、醍醐天皇の命により藤原時平らが編纂を開始し、時平の死後は藤原忠平が編纂に当たった。「弘仁式」「貞観式」とその後の式を取捨編集し、皇紀一五八七（延長五）年に完成した。その後も更に改訂を重ね、皇紀一六二七（康保四）年から施行された。

なお、律令制度は、律・令・格・式によって運用される。根本法典である律（刑法に相当）と令（行政法・民法に相当）は改正せず、必要があれば格を出して修正（改正）し、細かな施行細則は式によって定めた。延喜式は三代格式の一つで、完全な形で残っているのはこの延喜式だけである。格式《きゃくしき》とは、律令の補完のために出された法令であるが、それらをまとめた法令集をも格式という。

八月十九日、忠平が内覧に就く。

九月一日、第七皇子の守平《もりひら》親王（円融天皇）が九歳にして、同母兄の第四皇子・為平親王を飛び越えて立太子された。

十月十一日、村上天皇の崩御を受けて皇太子・憲平親王が一八歳で即位され、この時初めて内裏紫宸殿で即位式が行われた。精神にご不例があり、皇太子時代から数々の奇行があったと言われている。

十二月十三日、藤原実頼が太政大臣に就く。

皇紀一六二八（康保五）年八月十三日、元号を康保から安和《あんな》に改元する。

皇紀一六二九（安和二〈九六九〉）年三月、謀反の密告により左大臣源高明《たかあきら》（醍醐天皇の第一〇皇子）が失脚する（「安和の変」）。謀反の内容は必ずしも明確ではない。

東宮候補は村上天皇と皇后安子の間の皇子であり、冷泉天皇の同母弟・為平親王と守平親王であった。為平親王が年長であったので優先されるはずであったが、源高明は為平親王の妃の父なので、為平親王が東宮となり将来即位されると源高明は外戚となる。しかも源高明は醍醐天皇の皇子で、村上天皇からの信任篤かった。そこで弟の守平親王（円融天皇）が兄の為平親王を差し置いて東宮となられた。これは結局は、左大臣の源高明を排除する、藤原氏による他氏排斥事件であったと言われる。尚、源高明は九州に流されるが一年余りで帰京を許されている。これにより藤原氏の他氏排斥が完了し圧倒的支配体制が整うこととなった。源高明かその側近が騒いでいたらひと騒動あったものと思われる。流石《さすが》に皇子で、高明が温和しく九州太宰に下って事なきを得ている。

八月十三日、健康上（ご不例）の都合で在位僅か二年、二〇歳で皇大弟の守平親王（円融天皇）に譲位され、天皇は冷泉院上皇となられる。

皇紀一六七一（寛弘八〈一〇一一〉）年十一月二十一日、第六十七代三条天皇の御世、六二歳で崩御された。上皇在位の期間は四二年と、陽成天皇に次ぐ長期となった。

陵は、京都市左京区鹿ヶ谷法然院町の鹿ヶ谷西寺ノ前町にある桜本《さくらもと》陵である。

円融《えんゆう》天皇

第六十四代　世系四〇　在位一五年

皇紀一六一九（天徳三〈九五九〉）年三月二日、村上天皇の第五皇子として誕生された守平《もりひら》親王で、母は右大臣藤原師輔の娘・中宮安子である。先帝の冷泉天皇の同母弟に当たる。

皇紀一六二七（康保四〈九六七〉）年九月一日、同母兄の為平親王を飛び越えて九歳で立太子され皇太弟となられる。これは為平親王が源高明の娘を妃にしておられ、その皇子が即位されると、醍醐天皇の皇子である源高明が外祖父と言うことになり、藤原氏としてはこれを絶対に避けたかったためである。

皇紀一六二九（安和二〈九六九〉）年九月二十三日、冷泉天皇の譲位を受けて即位される。即位時はまだ一一歳で、大伯父にあたる太政大臣藤原実頼（忠平の長男）が摂政に就任する。

皇紀一六三〇（安和三〈九七〇〉）年三月二十五日、元号を安和から天禄《てんろく》に改元する。

五月十八日、摂政関白太政大臣の藤原実頼が死去する。

五月二十日、藤原実頼が死去したあと、弟・師輔の長男の藤原伊尹《これただ》が実頼に代わって摂政となる。

この年、日本三大祭（他に大阪の天神祭、東京の山王祭）の一つ、京都祇園社の例祭「祇園会」が初めて催行される。八坂神社（祇園社）の祭礼である。

皇紀一六三二（天禄三）年十一月一日、摂政に就いた伊尹《これただ》が在職一年あまりで死去（三一歳）し、弟達の兼通と兼家が摂関職を争ったが、天皇は亡母・安子（兼通の異母妹）の遺訓に従って兼通を関白に任じられた。即日、内大臣に就任する。

皇紀一六三三（天禄四）年二月七日、薬師寺が金堂と東塔を残して焼失する。この月、藤原兼通（師輔の次男）の娘媓子《こうし》（師輔の孫娘）が入内し、七月に中宮とされる。

十二月二十日、元号を天禄から天延《てんえん》に改元する。

皇紀一六三四（天延二〈九七四〉）年二月二十八日、藤原兼通、太政大臣宣下を受ける。

皇紀一六三五（天延三）年、藤原兼家（後の摂政関白太政大臣）の次男藤原道綱の母が、上中下三巻からなる『蜻蛉日記』を著す。夫である藤原兼家との日常生活や、兼家の妾・時姫（藤原道長の母）との確執、夫に次々とできる妾などについて書き綴っている。女流日記の先駆けで、『源氏物語』はじめ多くの文学作品に強い影響を与えた。

六月、冷泉天皇の第二皇女・尊子《そんし》内親王が下鴨神社と上賀茂神社の両賀茂神社に奉仕する斎院を退下され、村上天皇の第一〇皇女・選子《せんし》内親王が、代わってその任に就かれる。一二歳で卜定され、円融・花山・一条・三条・後一条天皇と五代、五七年の長きに亘って斎院を務められた。

皇紀一六三六（天延四）年五月十一日、内裏が焼失する。天皇ご一行は堀河院（兼通第）に移られる。堀河院は藤原基経の邸で京都堀川の東にあり、のち、円融天皇・堀河天皇の里内裏《さとだいり》となった。里内裏とは平安宮内裏以外の邸で天皇の在所・皇居とした館である。

七月十三日、元号を天延から貞元《じょうげん》に改元する。

皇紀一六三七（貞元二〈九七七〉）年七月二十九日、天皇、新造の内裏に移られる。

十月十一日、関白兼通が重病に陥り、次の関白には兼通の要望で天皇と外戚関係のない藤原頼忠《よりただ》が就く。頼忠は藤原北家嫡流の藤原実頼の次男で関白宣下と同時に藤氏長者宣下を受ける。

皇紀一六三八（貞元三）年十月二日、関白の藤原頼忠が太政大臣宣下を受ける。

十一月二十九日、元号を貞元から天元《てんげん》に改元する。

皇紀一六三九（天元二〈九七九〉）年六月三日、中宮・媓子《こうし》が薨去され、代わって関白藤原頼忠《よりただ》（実頼の次男）の娘遵子《じゅんし》（実頼の孫娘）を中宮に立てられた。

この年、大陸では宋の太宗が、山西省北部を支配した北漢を滅ぼし、唐以来の統一王朝「宋」を建国する。大陸は宋の時代となる。

皇紀一六四三（天元六）年四月十五日、元号を天元から永観《えいかん》に改元する。

皇紀一六四四（永観二〈九八四〉）年十月十日、第一皇子の懐仁《やすひと》親王が立太子されることを条件に、在位一五年にして二六歳で冷泉天皇の第一皇子・師貞《もろさだ》親王（花山天皇）に譲位される。藤原氏の勢力争いに翻弄される。その後は詩歌管絃を楽しまれ、石清水八幡宮・石山寺・南都諸寺へ行幸された。

皇紀一六四五（寛和元〈九八五〉）年八月二十九日、宇多天皇の皇子敦実親王の子・寛朝《かんちょう》（真言宗の僧）大僧正の授戒により出家され、以後勅願寺である円融寺に住まわれ、崩御後に「円融院」と追号された。

皇紀一六五一（正暦二〈九九一〉）年二月十二日、三三歳で崩御される。

陵は京都市右京区宇多野福王子町にある後村上陵《のちのむらかみのみささぎ》である。

花《か》山《ざん》天皇

第六十五代　世系四一　在位二年

皇紀一六二八（安和元〈九六八〉）年十月二十六日、冷泉天皇の第一皇子として誕生された師貞《もろさだ》親王で、母は藤原伊尹《これただ》（後の摂政太政大臣）の娘で女御の懐子《かいし》である。皇子の清仁《きよひと》親王は花山源氏（神祇伯を世襲した伯王家）の祖である。

皇紀一六二九（安和二）年八月十三日、叔父円融天皇の即位と共に、藤原伊尹（藤原師輔の長男）の威光により生後一〇ヶ月で立太子される。

皇紀一六四四（永観二〈九八四〉）年十月十日、円融天皇の譲位を受けて一七歳で即位される。円融天皇の第一皇子・懐仁《やすひと》親王（一条天皇）が五歳で立太子される。母は藤原兼家の娘・詮子《せんし》である。関白には先代に引き続いて藤原実頼の次男の藤原頼忠が就いたが、実権を持ったのは、天皇の外舅で藤原伊尹の五男・権中納言藤原義懐《よしちか》と乳母子《めのとご》（乳母の子）で左中弁の藤原惟成《これしげ》（三三歳）であった。即位された時には既に伊尹は死去しており、有力な外戚がなかった。

皇紀一六四五（永観三）年四月二十七日、元号を永観から寛和《かんな》に改元する。

皇紀一六四五（寛和元）年七月十八日、寵愛しておられたご懐妊中の女御・藤原忯子《しし》が薨去される。

皇太子懐仁《やすひと》親王の外祖父であった右大臣藤原兼家は、外孫である皇太子の即位と自らの摂政就任を早めようと、天皇の退位・出家を画策する。そこで、蔵人として天皇に仕えていた三男の藤原道兼が、天皇に出家を勧める。

皇紀一六四六（寛和二〈九八六〉）年六月二十三日、在位僅か二年にして一九歳で退位され、出家して仏門に入られ法皇となられた。

道兼は、寵愛した女御の藤原忯子《しし》が妊娠中に薨去され悲しみにくれる天皇に同情し、一緒に出家しようと、内裏から山科の元慶寺（花山寺）にお連れした。途中邪魔が入らぬように、父兼家の命を受けた清和源氏の源満仲とその郎党達が、鴨川の堤から警護したといわれる。山科の元慶寺《げんけいじ》にお着きになり落飾されると、道兼は親の兼家に事情を話してくるといって寺を抜け出してそのまま逐電し、天皇は欺かれたことをお知りになる（寛和の変）。兼家としては思惑通りとなった。

太政大臣の藤原義懐《よしちか》（藤原伊尹の五男）は荘園整理令の発布、貨幣流通の活性化など革新的な政治を行ったが、二年足らずで天皇が退位されたのに殉じて引退する。

法皇は観音霊場三十三ヶ所の宝印を石棺に納めたという伝承があった摂津国の中山寺（兵庫県宝塚市）でこの宝印を探し出され、紀伊国熊野から宝印の三十三の観音霊場を巡礼され、修行を進められ、大きな法力を身につけられたといわれる。この花山法皇の観音巡礼が西国三十三所巡礼として現在でも継承されている。

巡礼の後、晩年に帰京されるまでの十数年間、巡礼途中摂津国の東光山（兵庫県三田市）がお気に召され、そこで隠棲生活を送られた。この地には御廟所があり、花山院菩提寺として西国三十三所巡礼の番外霊場となっている。

七月九日、宋の商人が太宰府に来着する。

皇紀一六五六（長徳二〈九九六〉）年一月十六日、長徳の変（花山法皇襲撃事件）が起きる。

摂政関白内大臣藤原道隆の嫡男（三男）の藤原伊周《これちか》が通っていた故太政大臣藤原為光（藤原師輔の九男）の娘・三の君と同じ屋敷に住む四の君に、花山法皇が通い始められたところ、それを伊周は三の君に通っているのだと思い込んで、弟の隆家に相談する。隆家は従者の武士を連れて法皇一行を襲い、矢を射かけ、法皇の衣の袖を射抜く。花山法皇は体裁の悪さと恐怖とで黙秘し引き籠もってしまわれた。しかし事件の噂は広がり、大逆未遂事件として隆家は四月に出雲権守に、伊周は大宰権帥にそれぞれ左遷、配流された。

皇紀一六六八（寛弘五〈一〇〇八〉）年二月八日、四一歳で崩御される。

陵は京都市北区衣笠北高橋町の紙屋川上陵《かみやがわのほとりのみささぎ》である。

一条天皇《いちじょう》

第六十六代　世系四一　在位二六年

皇紀一六四〇（天元三〈九八〇〉）年六月一日、円融天皇の第一皇子として誕生された懐仁《やすひと》親王で、母は藤原兼家の娘・詮子《あきこ》（東三条院）である。先帝・花山天皇の従兄弟に当たる。

皇紀一六四四（永観二）年、花山天皇の御世、五歳で立太子される。

皇紀一六四六（寛和二）年六月二十三日、先帝・花山天皇が退位して出家されたために、七歳で即位される。譲位による即位ではない。母・詮子の兄弟にあたる道隆・道兼・道長三兄弟（兼家の息子達）が前後して政権を掌握する。皇太子には冷泉天皇の第二皇子・居貞《おきさだ》親王（三条天皇）を立てられる。

六月二十四日、摂政には藤原兼家が就任した（のちに関白）。先帝の早期退位は孫・居貞親王の早期即位を願った道隆ら兄弟の父・兼家の策略があったと言われる。

皇紀一六四七（寛和三）年四月五日、元号を寛和から永延《えいえん》に改元する。

皇紀一六四八（永延二〈九八八〉）年十一月八日、尾張国守・藤原元命《もとなが》が郡司、百姓《おおみたから》らに非法を訴えられる。この年四月には除目《ぢもく》（諸官の任命）で守《かみ》を停止されていた。このとき太政官に提出された「尾張国郡司百姓等解文《げぶみ》」（尾張国申文）は国司《こくし》苛政上訴の詳細を示す史料として知られている。解文《げぶみ》は下級身分の者が上申する際に用いた文書の様式で、申文《もうしぶみ》は個人が朝廷及び所属官司に提出する上申の文書様式である。

皇紀一六四九（永延三）年二月五日、尾張守に対してなされていた皇紀一六四八（永延二）年の訴えが朝議に掛けられ、四月五日の除目で守を最終的に停止された。地方官の行政責任を問われた事件として残っている。

八月八日、元号を永延から永祚《えいそ》に改元する。

八月十三日、近畿地方を猛烈な台風が襲い大被害が出る。

皇紀一六五〇（永祚二）年一月二十五日、一条天皇は一一歳で元服され、藤原道隆の娘・藤原定子《ていし》が女御として入内し、十月五日立后された。

五月八日、道隆が関白宣下を受ける。そして五月二十六日、摂政宣下を受けた。

七月二日、摂政の藤原兼家（六二歳）が死去し、長男の道隆が引き続き外戚として摂政・関白を務める。

皇紀一六五〇（永祚二）年十一月七日、元号を永祚から正暦《しょうりゃく》に改元する。

皇紀一六五一（正暦二）（九九一）年二月十二日、出家しておられた円融上皇が三三歳で崩御される。

皇紀一六五三（正暦四）年秋ごろ、疱瘡が大流行し、租庸調を免除する。減税ではなく税免除であった。

皇紀一六五五（正暦六）年二月二十二日、元号を正暦から長徳《ちょうとく》に改元する。

皇紀一六五五（長徳元）（九九五）年四月十一日、摂政関白の道隆（四三歳）が病没する。そこで弟である道兼（三五歳）が関白に就くが彼もほどなく同年五月八日、死去する。

五月、道隆や道兼の弟で後一条天皇・後朱雀天皇・後冷泉天皇の外祖父に当たる藤原道長に内覧の宣旨が下される。姉で天皇の生母・詮子の推挙を受け、内覧となって実権を掌握した。なお、道長が摂政・関白とならず内覧に留まったのは、当時摂政関白は閣議に出られない決まりがあったからで、内覧を兼ねたまま一上《いちのかみ》（閣員の首座）として実権を掌握しようとしたからである。なお、一上は太政大臣と摂政関白を除いた公卿の中で最高の地位の大臣が務めた。

天皇ご自身は長ずるにつれ、当然のことながら曽祖父の醍醐天皇・祖父の村上天皇のような親政を目指される。

九月六日、若狭に来着した宋人を越後に移す。

九月十九日、道長が右大臣に転任し、藤氏長者宣下される。

皇紀一六五六（長徳二）年一月十六日、長徳の変（花山法皇襲撃事件）が起きる（花山天皇の条）。大逆未遂事件として隆家は四月に出雲権守に配流された。

皇紀一六五六（長徳二）年七月二十日、藤原伊周《これちか》は先の花山法皇襲撃事件（前述）で大宰権帥に左遷され、藤原道長が左大臣に昇進する。

皇紀一六五七（長徳三）年十月、「長徳の入寇」が発生する。

南蠻人が、対馬、肥前、壱岐、肥後、薩摩、大隅など九州全域を襲う。民家が焼かれ、財産を掠奪され、男女三〇〇名が拉致された。

皇紀一六五九（長徳五）年一月十三日、元号を長徳から長保《ちょうほう》に改元する。

皇紀一六五九（長保元〈九九九〉）年十一月一日、藤原道長（兼家の五男）の長女・藤原彰子《しょうし》が入内する。

皇紀一六六〇（長保二）年二月二十五日、関白内大臣藤原道隆の長女・藤原定子と先に入内した道隆の弟・道長の長女・藤原彰子をそれぞれ皇后と中宮に立て、初めて「一帝二后」と言う状況が生まれた。

五月八日、興福寺の僧徒が大和国の国守の館に乱入する。僧侶達が奈良県庁に乱入したようなものである。

皇紀一六六二（長保四）年、中宮彰子に仕える紫式部が、京を舞台とした五十四帖からなる長編物語小説『源氏物語』を著す。世界最古の長篇小説であり八百首の和歌を含む朝廷物語である。

一条天皇の御世は道隆・道長兄弟（兼家の息子）のもと藤原氏の権勢最盛期で、皇后定子に仕える清少納言、中宮彰子に仕える紫式部、和泉守・橘道貞の妻である和泉式部らによって、平安女流文学が花開く。清少納言は『枕草子』を、紫式部は『源氏物語』を、和泉式部は『和泉式部日記』をそれぞれ残している。

天皇ご自身も、文芸に深い関心を示され、『本朝文粋《ほんちょうもんずい》』（漢詩文集）などに詩文を残しておられる。笛を能くされ、温和なお人柄で学問を重視され、全ての人に慕われたと言われる。

皇紀一六六三（長保五）年十一月、宇佐八幡宮神人（下級神職）らが大宰府権帥《ごんのそち》平惟仲《これなか》の苛政を訴える。平惟仲は赴任後、歴代の太宰権帥（長官代理）や大弐（大宰府の次官の上位）が手を焼いた宇佐八幡宮の神人達の支持も取り付けるべく、努力していたが、それでも反惟仲派から訴えられる。

皇紀一六六四（長保六）年七月二十日、元号を長保から寛弘《かんこう》に改元する。

十二月二十八日、平惟仲は大宰権帥を解任され、その後病に伏し、翌皇紀一六六五（寛弘二）年三月十四日に大宰府で死去した。惟仲は地方出身でありながら、京にのぼって学問に励み、道隆、道長に重用され、従二位・中納言まで出世した人物である。朝廷は畿内で僧徒に、西国では神人に手を焼く。

この年、宋の商人が来着する。

この年、花山法皇が、『古今和歌集』・『後撰和歌集』に次ぐ第三番目の勅撰和歌集で、『三代集』の最後となる『拾遺和歌集』を完成される。

皇紀一六六五（寛弘二）年、皇紀一六六三（長保五）年に続き、宋の商人が太宰府に来着する。宋の商人が盛んに出入りするようになる。皇紀一六二〇（天徳四〈九六〇〉）年に建国された宋が発展期にあった。

皇紀一六六六（寛弘三）年四月二日、おおかみ座に超新星が出現する。「明るさは日月に次ぐ」とし、史上最高の九等級と推定される。のちに藤原定家が日記『明月記』に記録を残している。

皇紀一六六八（寛弘五）年、『源氏物語』を著した紫式部が『紫式部日記』を著す。

皇紀一六七一（寛弘八）年、天皇は不例を訴えられ、従前より譲位の意向を内覧の道長に伝えておられたが慰留されていて、この年五月末頃にはいよいよ重篤となられ、六月十三日遂に皇太子の居貞《おきさだ》親王（三条天皇）に譲位される。六月十九日、出家され、二十二日、在位二六年にして三二歳で崩御される。陵は京都市右京区竜安寺にある円融寺北陵《えんゆうじのきたのみささぎ》である。

三条天皇《さんじょう》

第六十七代　世系四一　在位六年

皇紀一六三六（貞元元〈九七六〉）年一月三日、冷泉天皇の第二皇子として誕生された居貞《おきさだ》親王で、母は摂政太政大臣藤原兼家の長女・贈皇太后超子《ちょうし》である。第六十五代花山天皇の異母弟に当たる。花山天皇からは従兄弟（一条天皇）に、そしてまた従兄弟（花山天皇の同母弟・三条天皇）へと皇位が継承される。七歳で母を失い、父帝・冷泉上皇はご不例を患っておられ、その後見は弱かったが、『大鏡』には外祖父藤原兼家に容姿が酷似し風格があり、兼家の寵愛を受けて育ったとある。

皇紀一六四六（寛和二〈九八六〉）年七月十六日、外祖父・兼家の庇護のもと、一一歳で立太子される。

皇紀一六五一（正暦二〈九九一〉）年、左大臣藤原師尹《もろただ》（忠平の五男）の次男・藤原済時《なりとき》の娘・娍子《せいし》を妃とされ、皇紀一六五四（正暦五）年には第一皇子として敦明《あつあきら》親王が誕生された。

皇紀一六五五（正暦六）年五月、藤原道長が内覧宣下を受ける。

皇紀一六七一（寛弘八〈一〇一一〉）年六月十三日、一条天皇の譲位を受け、三六歳で即位される。皇太子には先帝一条天皇の中宮・藤原彰子の皇子・敦成《あつひら》親王（三歳、後一条天皇）が立てられた。

皇紀一六七二（寛弘九）年二月十四日、道長の次女妍子《けんし》が入内して中宮となられるが、四月二十七日、天皇は東宮時代からの妃である娍子《せいし》を皇后とされたので、二后並立状態となる。外孫の早期即位を願う道長と親政を望まれる天皇との関係は必ずしも良くはなかったが、道長の娘・妍子《けんし》（中宮）を差し置いて、藤原済時の娘・娍子《せいし》を立后されたことで、道長との関係は更に悪化し、対立状態となった。なお、妍子は娍子の二二歳年下である。

十二月二十五日、元号を寛弘から長和《ちょうわ》に改元する。

皇紀一六七四（長和三〈一〇一四〉）年、三条天皇はご不例（眼病）を煩っておられ、道長はしきりに譲位を勧めた。またこの年と翌年、内裏で火災が起き、内裏は焼失してしまう。

皇紀一六七六（長和五）年一月二十九日、天皇はご不例の悪化で、遂に、皇后娍子との間の皇子・敦明《あつあきら》親王（二三歳）の立太子を条件に、道長の勧めに従い退位され、九歳の敦成親王（後一条天皇）に譲位される。六年の在位、四一歳であった。

翌皇紀一六七七（寛仁元）年四月、譲位された翌年に出家され、翌月五月九日、四二歳で崩御された。

陵は京都市北区衣笠西尊上院町大文字山東麓の北山陵《きたやまのみささぎ》である。

後《ご》一条《いちじょう》天皇

第六十八代　世系四二　在位二〇年

皇紀一六六八（寛弘五〈一〇〇八〉）年九月十一日、一条天皇の第二皇子として誕生された敦成《あつひら》親王で、母は藤原道長の娘・中宮の彰子である。中宮彰子に仕えた紫式部が『紫式部日記』に誕生の様子を詳しく記している。藤原道長にとって待望の外孫皇子の誕生であり、この後の一族の栄華の始まりとなった。

皇紀一六七六（長和五〈一〇一六〉）年二月七日、敦成《あつひら》親王が三条天皇から譲位を受け九歳で即位される。一月二十九日、内覧の藤原道長が摂政宣下を受け摂政となる。道長は後一条天皇・後朱雀天皇・後冷泉天皇の外祖父にあたる。つまり三代に亘る天皇の后妃の父であり、二代の天皇の外祖父となり、道長が摂関政治の全盛期を築いた。

道長の娘で叔母（母彰子の妹）にあたる威子《いし》（一七歳）を中宮とし、この時代には珍しく他の妃を持たれず、皇子女は内親王二人のみで世継ぎの皇子には恵まれなかった。一方、先帝の皇子・敦明親王は、道長から圧迫を受け、しかも一四歳年下の異母弟の敦成親王（後一条天皇）が即位され、その皇太子と言うこととなり、さすがに東宮を辞退する意向を示される。

皇紀一六七七（長和六）年三月十六日、道長の長男・藤原頼通《よりみち》が摂政に任ぜられる。天皇はまだ一〇歳であるから、実際は道長が任じていることになる。つまり、道長が長男頼通を摂政に任じたのである。

四月二十三日、元号を長和から寛仁《かんにん》に改元する。

皇紀一六七七（寛仁元〈一〇一七〉）年八月九日、三条天皇の第一皇子の敦明《あつあきら》親王が天皇より一四歳も年上ということで、皇太子を辞退される。これで冷泉・円融両系の両統迭立は終了し、皇位は円融天皇の直系に帰した。

十一月、伊勢国の百姓、国司藤原孝忠の重任を申請する。藤原孝忠が善政を敷いて慕われていたことが分かる。

十二月四日、藤原道長、太政大臣に任じられる。

この年、道長の長男・頼通（二六歳）が内大臣となり、摂政宣下を受け藤氏長者となる。最年少の摂政である。

皇紀一六七八（寛仁二）年十月十六日、藤原道長の娘で中宮の威子《いし》が後一条天皇の皇后となられる。

【刀伊の入寇】

皇紀一六七九（寛仁三）年三月二十七日、刀伊《とい》の入寇《にゅうこう》（侵略）がある。対馬、壱岐、博多などが被害に遭う。掠奪され殺害され放火され、挙げ句に多くの者が拉致されていった。賊の多くは女真人《じょしんじん》であったといわれるが、摑まえた捕虜三人の賊は全て高麗人であるから、明らかに高麗人（朝鮮人）の侵略である。「牛馬を切っては食い、また犬を屠殺してむさぼり食らう」と記録され、また「人を食う」との証言も見られる。斬り込み隊、盾を持った弓部隊らが一〇組、二〇組と繰り出してあっというまに拉致・掠奪・虐殺・放火し、牛馬を盗んでは切り殺して食うなどしては、次なる場所へと移動して行く。逃げるのに邪魔になった病人や子供は簀巻きにして海に投げ込んだ。

壱岐では、被害は国衙付近だけでも壱岐守・藤原理忠《まさただ》が殺害され、島民の男四四人、僧侶一六人、子供二九人、女五九人の、合計一四八人が虐殺された。さらに、女性は二三九人が拉致連行され、壱岐に残った民は、諸司九人、郡司七人、百姓十九人の計三五人であった。賊襲来の急報で国司の壱岐守藤原理忠は、直ちに一四七人の兵を率いて賊徒の征伐に向かうが、三〇〇〇人という大軍の前に玉砕する。その後、筑前国怡土《いと》郡に襲来、四月八日から十二日にかけて博多周辺まで侵入し、周辺地域を荒らし回った。大宰権帥藤原隆家（道隆の四男）は九州の豪族や武士を率いて防戦しこれを撃退した。たまたま風波が厳しく、賊は博多近辺で留まっていたために、用意を整えた日本軍の狙い撃ちに遭い、逃亡した。

尚、この非常事態を朝廷が知ったのは隆家らが刀伊を撃退し事態が落着した後であった。最初の現場が対馬、壱岐という離れた島で、殆どが一瞬にして殺害されたので情報伝達が遅れ、またこのような外からの脅威に長らく直面することがなかった朝廷も対応に窮した。隆家を始め防戦に奮闘した武士団に対する恩賞に関し、朝廷は当初は消極的であったが、「このまま恩賞を出さなければ、今後命を懸けて国のために戦う者はいなくなる」と進言する者があって、改めて朝廷は恩賞を出した。

八月二十八日、一条天皇の第三皇子・敦良《あつなが》親王（後朱雀天皇）が十一歳で立太子された。祝儀として未進（未納）の調庸を全て免除する詔が出される。

十二月二十二日、藤原道長の長男・藤原頼通《よりみち》が関白に就く。頼通はこれからほぼ五〇年関白として藤原北家の全盛期を築く。

皇紀一六八一（寛仁五）年、道長の六女で叔母（母彰子の妹）にあたる嬉子《きし》が東宮妃として皇太弟敦良親王（後朱雀天皇）に入内する。

皇紀一六八一（寛仁五）年二月二日、元号を寛仁から治安《じあん》に改元する。

皇紀一六八三（治安三〈一〇二三〉）年十二月二十三日、丹波の国人（国衙領の民）が国守・藤原資業《すけなり》（藤原北家）の苛政に反発し、京の資業邸を放火し焼失させる。

皇紀一六八四（治安四）年七月十三日、元号を治安から万寿《まんじゅ》に改元する。

皇紀一六八五（万寿二〈一〇二五〉）年八月三日、皇太子の敦良《あつなが》親王に待望の第一王子・親仁《ちかひと》親王（後冷泉天皇）が誕生されるが、母の嬉子《きし》は産後の肥立ちが悪く二日後に薨去される。兄の後一条天皇には皇子がなかった。

この年、花山天皇の皇子・清仁親王の皇子・延信《のぶざね》王が神祇伯に任じられ、伯王家（白河家）として明治初年まで朝廷に仕える。神祇伯として神拝作法の伝授や神職免許の授与を行い、伝統的宮中祭祀を伝承してきた。

皇紀一六八六（万寿三）年五月二十三日、石見国で万寿地震、万寿大津波がある。

大津波によって、高津川河口付近（島根県西部）が特に大きな打撃を被り、河口から約四里（十六㎞）離れた寺垣内《てらがいと》まで津波が遡上し、高津、中ノ島、中須の諸海岸が甚大な被害を蒙った。専福・安福・福王・妙福・蔵福のいわゆる五福寺はこの津波に押し流され潰滅した。津波被害は、東は現・江津市黒松町付近から、西は現・萩市付近に及んだ。

皇紀一六八七（万寿四）年十二月四日、藤原道長（兼家の五男、六二歳）が死去する。

道長は一条天皇、三条天皇、後一条天皇、後朱雀天皇に皇后（中宮）を入れ、後一条天皇、後朱雀天皇、後冷泉天皇の外祖父となり、藤原北家の全盛期を築き、武家の台頭で摂関政治が崩壊した後も、彼の子孫（北家御堂流）のみが摂関職を代々世襲することになる。

皇紀一六八八（万寿五）年七月二十五日、元号を万寿から長元《ちょうげん》に改元する。

【平忠常の乱】

皇紀一六八八（長元元〈一〇二八〉）年六月二十一日、前上総介・平忠常の乱が発生する。平将門の乱以来の大規模な反乱となった。忠常は安房国の国府を襲い、安房守平維忠を焼き殺すという事件を起こし、これが房総三カ国（上総国、下総国、安房国）を巻き込んだ戦乱に発展した。忠常の父は房総平氏の祖である平忠頼（平高望の孫）で、母方の祖父は平将門である。朝廷は東海道、東山道、北陸道の諸国へ忠常追討の官符を下して、討伐軍を補強させるが鎮定出来なかった。戦乱は三年におよび、長元四年、摂津国有力武士・源頼信（河内源氏の祖）が起用されようやく忠常は降伏した。

皇紀一六八九（長元二）年、源光清《みつきよ》（文徳源氏）が伊賀守赴任時に伊勢神宮と対立し、伊賀のお神酒田の稲を全部刈り取ってしまうという事件が発生し、伊勢神宮からの強硬な提訴を受け、光清は伊豆に配流になった。

皇紀一六九〇（長元三）年、平忠常の乱で安房守藤原光業は印鎰《いんやく》を放置して帰京する。

長元四年、この平忠常の乱を頼信が三年かかって平定したことにより、坂東平氏の多くが頼信の配下に入り、清和源氏が東国で勢力を広げる契機となった。頼信は摂津国多田（現・兵庫県川西市多田）の地に源氏武士団を形成した源満仲の三男で、関白の藤原道兼に、道兼の死後は弟の藤原道長に仕え、諸国の受領や鎮守府将軍などを歴任して河内国に土着し、河内国石川郡壺井（現・大阪府羽曳野市壺井）を本拠地とする河内源氏の祖となった。

皇紀一六九六（長元九）年四月十七日、在位二〇年、二九歳の若さで崩御される。遺詔により、一条天皇の皇子で同母弟の敦良《あつなが》親王へ譲位される。在位中の突然の崩御で、喪を秘して敦良親王への譲位の儀が行われた。この例から、ご在位中に崩御された場合でも、喪を秘して譲位の儀を行い、その後に上皇の崩御としての葬儀を行うようになった。

陵は京都市左京区吉田神楽岡町の菩提樹院陵《ぼだいじゅいんのみささぎ》である。

後《ご》朱《す》雀《ざく》天皇

第六十九代　世系四二　在位一〇年

皇紀一六六九（寛弘六〈一〇〇九〉）年十一月二十五日、一条天皇の第三皇子として誕生された敦良《あつなが》親王で、母は藤原道長の娘・中宮彰子である。先帝の後一条天皇は異母兄に当たる。

皇紀一六七七（寛仁元〈一〇一七〉）年、先帝・後一条天皇の即位に伴い皇太子となられた敦明親王が道長からの圧迫もあり、年長でもあることから、自ら皇太子を辞退されたため、その後を受けて九歳で立太子される。

皇紀一六九四（長元七〈一〇三四〉）年七月十八日、三条天皇の第三皇女の禎子《ていし》内親王が入内（皇紀一六八七〈万寿四〈一〇二七〉〉年）され、第二皇子の尊仁《たかひと》親王（後三条天皇）が誕生される。

皇紀一六九六（長元九）年四月十七日、後一条天皇が崩御される。

五月十五日、先帝・後一条天皇の遺詔により、二八歳で即位される。

九月六日、先帝・後一条天皇の中宮藤原威子が薨去され、三后・中宮が空位となる。

皇紀一六九七（長元十）年二月十三日、先々代三条天皇の第三皇女の禎子内親王が後朱雀天皇の皇后に立てられた。

三月一日、太政大臣道長の長男・藤原頼通の養女藤原嫄子《げんし》が中宮となられる。

皇紀一六九七（長元十）年四月二十一日、元号を長元から長暦《ちょうりゃく》に改元する。

皇紀一六九七（長暦元〈一〇三七〉）年四月十二日、因幡・美作・但馬の国司を歴任した醍醐源氏の但馬守源則理《のりまさ》が石清水八幡別宮の神人との争いによりこれを射殺したため、五月二十日、土佐国に配流となる。しかしこの年十二月には召還されている。神人の方にも相当な非があったものと推定される。

皇紀一六九九（長暦三）年二月十七、十八日、園城寺《おんじょうじ》（三井寺）の明尊《みょうそん》が延暦寺の天台座主に任じられたが、これに円仁派僧徒が猛反発し、延暦寺僧徒三千余人が関白頼通に強訴し、警備の武士と衝突事件を起こす。円仁は第三代天台座主で入唐八家の一人である。明尊は座主を辞さざるをえなくなり、円仁派の教円が座主に就く。後に白河法皇に「賀茂川の水、双六の賽、山法師、これぞ朕が心にままならぬもの」と言わしめた延暦寺の強訴であった。

尚、第三代天台座主円仁と第五代天台座主円珍の二人の大物の登場で、日本天台宗本山の比叡山延暦寺が二派に分かれてしまい、比叡山は円仁派が占め、円珍派は山を下り園城寺（三井寺）へ入ったと言う経緯がある。

皇紀一七〇〇（長暦四）年十一月十日、元号を長暦から長久《ちょうきゅう》に改元する。

皇紀一七〇〇（長久元〈一〇四〇〉）年六月、荘園整理令を出す。

十一月、洛中、放火が頻発するため検非違使に毎夜巡視を命ずる。検非違使《けびいし》は律令制下の令外官《りょうげのかん》（律令の令制にない新設の官職）の一つで「非違（非法、違法）を検察する天皇の使者」である。都の治安維持と民政を掌った。

皇紀一七〇四（長久五）年十一月二十四日、元号を長久から寛徳《かんとく》に改元する。

天皇が里内裏（内裏以外の天皇の在所）東三条第でご不例で倒れて譲位を決断された際に、皇后・禎子内親王を支援していた藤原能信《よしのぶ》の助言で、尊仁親王（後三条天皇）を次期皇太子にするよう遺詔を残された。なお、藤原能信は摂政太政大臣・藤原道長の四男である。

皇紀一七〇五（寛徳二〈一〇四五〉）年一月十六日、在位一〇年で親仁親王に譲位され、その二日後に出家され、同日、三七歳で崩御された。陵は京都市右京区龍安寺朱山の龍安寺内にある円乗寺陵《えんじょうじのみささぎ》である。

後冷泉《ごれいぜい》天皇

第七十代　世系四三　在位二四年

皇紀一六八五（万寿二〈一〇二五〉）年八月三日、後朱雀天皇の第一皇子として誕生された親仁《ちかひと》親王で、母は摂政藤原道長の六女・藤原嬉子《きし》である。紫式部の娘の大弐三位が乳母を務めた。

皇紀一六九六（長元九〈一〇三六〉）年二月、一二歳で親王宣下をうけられた。

皇紀一六九七（長暦元〈一〇三七〉）年八月十七日、一三歳で立太子される。

皇紀一六九八（長暦二）年、後一条天皇の第一皇女・章子内親王が入内される。

皇紀一七〇五（寛徳二〈一〇四五〉）年四月八日、二一歳で即位される。

そして父帝・後朱雀天皇の遺詔により尊仁《たかひと》親王が九歳で皇大弟となられた。

この年十月二十一日、寛徳の荘園整理令を出し、新立の荘園は停止する。これは伊賀国の国司の藤原公則が皇紀一七〇〇（長久元）年に立案したと言われる。

皇紀一七〇六（寛徳三〈一〇四六〉）年四月十四日、元号を寛徳から永承《えいしょう》に改元する。

七月十日、後一条天皇の第一皇女の章子内親王を中宮に立てられる。

皇紀一七〇七（永承二）年十月十四日、関白藤原教通の三女・藤原歓子《かんし》が入内する。

【前九年の役】

皇紀一七一一（永承六）年、奥州において「前九年の役」が起きる。この戦役で、安倍氏が滅亡し、清原氏が奥州の覇者となった。

この頃、安倍氏が朝廷への貢租を怠っており、陸奥守藤原登任《なりとう》が数千の兵を出して安倍氏を討伐しようとする。しかし結果は安倍氏に敗れ、登任は更迭され都へ戻された。朝廷は河内源氏の源頼義を陸奥守とし、事態の収拾を図る。源頼義は源頼信（源満仲の三男）の嫡男で河内源氏二代目である。頼義が陸奥に赴任した翌皇紀一七一二（永承七）年、天皇の祖母（一条天皇の皇后）・上東門院（藤原道長の娘で中宮の藤原彰子）の病気快癒祈願の為に大赦を行い、安倍氏も朝廷に逆らった罪を赦免される。

皇紀一七一一（永承六）年二月十三日、関白藤原頼通の長女藤原寛子が皇后に冊立《さつりつ》される。初めに立后されたのは章子で、次いで寛子が立后された。通常ならば先立の中宮である章子を皇后、寛子を中宮とするところを、章子内親王の希望で中宮のまま留め置かれ、寛子が皇后とされた。なお、冊立とは、勅命によって皇太子・皇后などを正式に定めることである。

皇紀一七一二（永承七）年三月二十八日、藤原頼通により藤原氏ゆかりの寺院・宇治平等院阿弥陀堂（鳳凰堂）が建立される。これが皇紀一七〇〇年代〈十一世紀〉の建築、仏像、絵画、庭園などを今日に伝える「古都京都の文化財」として世界遺産に登録されている。

皇紀一七一三（永承八）年一月十一日、元号を永承から天喜《てんき》に改元する。

皇紀一七一五（天喜三〈一〇五五〉）年三月、天喜の荘園整理令が発布される。

皇紀一七一六（天喜四）年二月、大赦で赦免されていた安倍頼時の子・安倍貞任《さだとう》が、再び陸奥守源頼義の営所を襲う

（前九年の役）。

源頼義が配下の藤原光貞を呼び出して事情を聞いたところ、光貞は「以前、安倍貞任（頼時の嫡子）が自分（光貞）の妹を娶りたいと申し入れて来たが、安倍氏のような賤しい一族には妹はやれないと断った。だから今回のことは貞任の仕返しに違いない」と語った。そこで頼義が貞任を呼び出したところ、父の安倍頼時は貞任の出頭を拒否した為、再び安倍氏と朝廷は戦いに突入する。

皇紀一七一七（天喜五）年五月、源頼義は一進一退の戦況打開のために、安倍氏挟撃策《きょうげきさく》を講じ、安倍富忠《とみただ》ら津軽の俘囚を味方に引き入れる。これに慌てた安倍頼時は、七月に富忠らを思い留まらせようと自ら津軽に向かうが、富忠の伏兵の攻撃を受け横死する。十一月、源頼義は跡を継いだ安倍貞任を討伐に向かうが再度大敗する。

皇紀一七一八（天喜六）年八月二十九日、元号を天喜から康平《こうへい》に改元する。

皇紀一七二二（康平五〈一〇六二〉）年春、源頼義は引き続き苦戦を強いられ、中立を保っていた出羽国仙北（秋田県）の豪族・清原氏の族長・清原光頼に参戦を要請する。これを受け入れた光頼が七月に弟武則を総大将として軍勢を派遣した。これで一気に形勢が逆転し、安倍氏は敗北する。清原武則はこの戦功により朝廷から従五位下鎮守府将軍に補任されて奥六郡《おくろくぐん》を与えられ、清原氏は奥羽の覇者となった。この年九月、源頼義は安倍貞任勢を衣川・鳥海・厨川柵《くりやがわのさく》で破り、貞任を殺害し、貞任の弟の宗任《むねとう》を降伏させ、「前九年の役」がようやく終結した。

なお、源頼義は源頼信の嫡男で河内源氏二代目、源頼信は摂津国多田（兵庫県川西市多田）に源氏武士団を擁した源満仲（多田源氏の祖）の三男である。

皇紀一七二五（康平八）年八月二日、元号を康平から治暦《じりゃく》に改元する。

皇紀一七二五（治暦元〈一〇六五〉）年九月、治暦の荘園整理令が発布される。

皇紀一七二八（治暦四）年四月十六日、藤原道長の五男の藤原教通が関白宣下を受け関白に就く。同日、関白藤原教通の三女の藤原歓子《かんし》が皇后に冊立される。

中宮章子内親王を皇太后に、藤原寛子を皇后にした上での決定で、後冷泉天皇には皇太后章子内親王・皇后歓子・中宮寛子と三人の正妃が並び立つ極めて異常の事態であったが、これは病床にあった後冷泉天皇のご意思であった。十九日、在位二四年にして、ご在位のまま四四歳で崩御される。

藤原頼通の娘寛子を皇后とされたが、皇子の誕生のないまま後冷泉天皇は崩御された。寛子皇后、歓子皇后に皇子がなく、異母弟で藤原氏を外戚としない第六十七代三条天皇の第三皇女で皇后禎子内親王の皇子・尊仁親王（後三条天皇）が即位されることになる。

陵は京都市右京区龍安寺朱山町の円教寺陵《えんきょうじのみささぎ》である。

後《ご》三《さん》条《じょう》天皇

第七十一代　世系四三　在位五年

皇紀一六九四（長元七〈一〇三四〉）年七月十八日、後朱雀天皇の第二皇子として誕生された尊仁《たかひと》親王で、母は第六十七代三条天皇の第三皇女・皇后禎子《ていし》内親王（陽明門院）である。先帝の後冷泉天皇の異母弟である。

皇紀一七〇五（寛徳二〈一〇四五〉）年四月八日、後冷泉天皇即位と同日に立太子され、一二歳で皇大弟となられる。

皇紀一七二八（治暦四〈一〇六八〉）年四月十九日、後冷泉天皇が崩御され、三五歳で即位される。父は後朱雀天皇、母は三条天皇の皇女で、第五十九代宇多天皇以来一七〇年ぶりの藤原氏を外戚としない天皇のご誕生となった。

即位後、「延久《えんきゅう》の親政」とも言われる政治改革を断行される。桓武天皇を模範とし、大内裏の再建と征夷（蝦夷平定）の完遂を主要政策として立てられる。

皇紀一七二九（治暦五）年二月二十三日、「延久の荘園整理令」を発布する。不正荘園の調査・摘発を行い、書類不備の荘園は不正荘園として没収した。これまでの荘園整理より徹底している。

四月十三日、元号を治暦から延久《えんきゅう》に改元する。

皇紀一七二九（延久元〈一〇六九〉）年四月二十八日、貞仁《さだひと》親王（白河天皇）が一七歳で立太子される。

八月二十二日、藤原頼通の六男の藤原師実が左大臣に、第六十二代村上天皇の第七皇子・具平《ともひら》親王の子の源師房が右大臣に、関白太政大臣藤原教通の三男の藤原信長が内大臣となる。源師房は資定王《すけさだおう》と称していたが、源姓を賜与され臣籍降下して師房と改名し、村上源氏の祖となられた。

閏十月十一日、従来の荘園整理令よりも更に徹底した実行をするために、それまで地方諸国の国司達に任せていた職務を全て中央で行うようにした。学者の大江匡房《まさふさ》らを起用し、整理令実施のため記録荘園券契所《きろくしょうえんけんけいじょ》（記録所）を設置する。「券契」とは証拠書類のことで、審査の対象となる荘園を摂関家領や大寺院領にまで拡大した。

藤原氏とは直接の血縁がなく、三六歳と壮年で、二五年の長い東宮時代を送られた天皇は、国家財政の改革に着手され、藤原氏らの荘園も審査の対象とされる。但し、関白頼通の荘園の中核であった平等院領についてだけは、全く手をつけることが出来なかった。頼通の権勢を物語っている。

皇紀一七三〇（延久二）年二月七日、絹や布の品質を統一する制度として「絹布の制」を発布する。

またこの年、征夷の完遂政策を進め、陸奥守源頼俊（加賀守源頼房の長男）が清原貞衡と共に兵を率いて出征し、延久蝦夷合戦を戦いこれに勝利し、津軽半島や下北半島までの本州全土を朝廷の支配下におく。これ以降近世（江戸時代）まで津軽海峡が日本の支配の北端となった。なお、源頼俊は源満仲の曾孫に当たる。

皇紀一七三二（延久四）年一月二十九日、太政大臣・藤原頼通（藤原道長の長男）が出家する。

三月二十三日、関白の藤原教通（藤原道長の五男）が太政大臣を兼ねる。

八月十日、市場における公定価格及び物品の換算率を定めた法令「估価法《こかほう》」を制定し、律令制度の形骸化によって弱体化した皇室の経済基盤の強化が図られた。九月、米や水を測る升《ます》の大きさを一定にする「公定升《こうています》」を定める。

十二月八日、即位後四年で第一皇子の貞仁《さだひと》親王（白河天皇）に譲位され院政を敷こうとされたが病に倒れられた。

皇紀一七三三（延久五）年五月七日、五年の在位、四〇歳で崩御される。短い御代であったが、これまで実行されなかった荘園整理と蝦夷地平定という極めて重要な政策を遂行された。陵は京都市右京区龍安寺朱山町の円宗寺陵《えんそうじのみささぎ》である。

白河《しらかわ》天皇

第七十二代　世系四四　在位一四年

皇紀一七一三（天喜元〈一〇五三〉）年六月十九日、後三条天皇の第一皇子として誕生された貞仁《さだひと》親王で、生母は中納言藤原公成の娘・藤原茂子（先帝の皇太子時代の妃）である。

皇紀一七二八（治暦四〈一〇六八〉）年、父帝の即位とともに親王宣下を受けられ、貞仁親王となられた。

皇紀一七二九（延久元〈一〇六九〉）年四月二十八日、一七歳で立太子される。

皇紀一七三三（延久五）年五月七日、後三条天皇が崩御され、二一歳で即位される。

父・後三条天皇とその生母である陽明門院・皇后禎子内親王は、白河天皇の異母弟・実仁《さねひと》親王に、更にその弟の輔仁《すけひと》親王に皇位を継がせる意志を持たれ、譲位時に後三条天皇の第二皇子の実仁親王を皇太弟と定められた。関白を置いたがこれは名目上で、皇紀一七三三（延久五）年の後三条上皇の崩御後も、先帝同様に親政を目指し、荘園整理などを引き続き進められる。

先帝・後三条天皇ご在位中からの左大臣であった藤原師実《もろざね》（藤原頼通の六男、道長の孫）とは協調され、師実も争いを好まず、親政期及び院政初期には実際の政策決定過程で摂関政治と大きな違いはなかった。天皇と師実との間にさしたる確執がなかったことが幸いしている。師実は養女の藤原賢子《けんし》（源顕房の娘）を白河天皇に入内させ、皇紀一七三四（延久六）年六月二十日、敦文《あつふみ》親王が誕生されたが早世され、後に善仁《たるひと》親王（堀河天皇）が誕生される。賢子の実父・源顕房は右大臣源師房（村上源氏）の次男である。

皇紀一七三四（延久六）年八月二十三日、元号を延久から承保《じょうほう》に改元する。

皇紀一七三五（承保二〈一〇七五〉）年九月二十五日、太政大臣で関白の藤原教通（道長の五男）が死去する。藤原北家の人達の世代交代が行われている。

十月十五日、藤原頼通の六男・藤原師実が藤氏長者となり、十五日に関白宣下を受け関白に就く。

皇紀一七三七（承保四〈一〇七七〉）年十一月十七日、元号を承保から承暦《じょうりゃく》に改元する。

五月五日、宋の神宗《しんそう》皇帝に返書及び進物を贈る。宋は日本との外交関係を結ぼうと、神宗皇帝から自筆の文書と多くの品物が贈られていたが、ここでようやく朝廷も返書を送った。凡そ一八〇年余り前の皇紀一五五四（寛平六〈八九四〉）年に遣唐使が中止され、皇紀一五八九（延長七〈九二九〉）年の渤海使を最後に渤海との交流も終わって、諸外国と公使の往来を伴うような外交関係はなくなっていた。特に大陸とは直ぐに服属を要求してくるので関係を持たずに来ていた。

皇紀一七四一（承暦五〈一〇八一〉）年二月十日、元号を承暦から永保《えいほう》に改元する。

三月五日、興福寺僧徒が多武峰《とうのみね》（奈良県桜井市南部）を襲い民家を焼く。多武峰僧徒はこれに抗議し入京して強訴する。

この頃、円城寺・延暦寺の僧徒らも激しく争う。

皇紀一七四三（永保三）年九月、陸奥・出羽（東北地方）を舞台とし「後三年の役」が起きる。これは「前九年の役」の後、奥州に覇を唱えていた清原氏が滅亡して、奥州藤原氏が登場するきっかけとなった戦いである。

清原家の内紛で、陸奥守・源義家の助力を得た藤原清衡がこの「後三年の役」で勝利し、実父の姓を継いで「藤原」を名乗り、奥州藤原氏の祖となる。源義家は源頼義〈清和源氏・河内源氏〉の長男で八幡太郎義家の通称でも知られ、後に武家政権鎌倉幕府を開いた源頼朝や室町幕府を開いた足利高氏などの祖に当たる。

皇紀一七四四（永保四）年二月七日、元号を永保から応徳《おうとく》に改元する。

皇紀一七四五（応徳二〈一〇八五〉）年五月、興福寺の僧徒、大和の十市郡（橿原市、桜井市、田原本町に跨がる地域）で乱暴狼藉を働き、民家を焼いた。この時代、興福寺は摂関家の藤原北家と関係が深く、春日社の実権をもち、大和国一国の荘園のほとんどを領し、事実上の大和国の国主となっていた。後の武家の時代になっても大和武士と僧兵を擁し強大な武力を持っていて、幕府は守護すら置くことができなかった。

十一月八日、皇大弟・実仁《さねひと》親王が一五歳で薨去される。

皇紀一七四六（応徳三）年九月十六日、藤原通俊《みちとし》（北家）が『後拾遺和歌集』を撰進（選んで天皇に奉る）する。全二〇巻で一二一八首の歌が収録されている。

十一月二十六日、実仁親王が薨去され、実仁親王の同母弟の輔仁《すけひと》親王を皇太子にという父帝・後三条天皇の意図に反し、白河天皇はご自身の実子である善仁《たるひと》親王（八歳・堀河天皇）を皇太子に立てられ、異論が出てこないよう即日譲位され、ご自身は白河上皇となられた。在位一四年であったが、その後も上皇・法皇として院政を敷かれ、実権を保持された。これが院政の始まりとなり、白河天皇は天皇の在位よりも上皇・法皇の在位の方が遙かに長く、その間、堀河天皇、鳥羽天皇、崇徳天皇が即位された。

皇紀一七八九（大治四〈一一二九〉）年七月、崇徳天皇の御世、七七歳で崩御された。陵は京都市伏見区竹田浄菩提院町の成菩提院陵《じょうぼだいいんのみささぎ》である。

堀河《ほりかわ》天皇

第七十三代　世系四五　在位二一年

皇紀一七三九（承暦三〈一〇七九〉）年八月、白河天皇の第二皇子として誕生された善仁《たるひと》親王で、母は藤原師実の養女・中宮賢子《けんし》（実父は村上源氏の源顕房）である。

【院政の始まり】

皇紀一七四六（応徳三〈一〇八六〉）年十一月二十六日、立太子され、この日、八歳で父白河天皇から譲位され即位される。先々帝の後三条天皇は、白河天皇の異母弟・実仁親王に、更にその弟で先帝の第三皇子の輔仁親王に皇位を継がせるご意向で譲位時に実仁親王を皇太弟と定められたが、白河天皇はこれに反発される。ところが、皇紀一七四五（応徳二）年に実仁親王が薨去された。太上天皇となられた白河上皇は、幼帝を後見するために自ら政務を執り、ここに「院政」が始まる。以後も引き続き摂政関白は置かれたが実権は殆どなく、次第に名目上の存在に近いものとなってゆく。外祖父にあたる関白藤原師実が摂政となるが、上皇となられた白河上皇が院政を敷かれ、全権を掌握された。このような短期間での立太子・即位は、異母弟の輔仁親王に皇統が移ることを避けるための白河天皇の強い意向によるものであった。

一方、村上源氏の源顕房《あきふさ》は、中宮賢子《けんし》の実父という外戚の縁で朝廷に強力な地位を築いた。天皇が成人してからは関白も藤原師通（藤原師実の長男）に代わり、白河上皇と協力して政務を執る。天皇は女御・藤原苡子《いし》との間に生まれた皇子・宗仁《むねひと》親王（鳥羽天皇）を皇太子とされたが、苡子が薨去されると宗仁親王（生後二ヶ月弱）は白河上皇に引き取られ、上皇の下で養育された。叔母にあたる中宮・篤子《とくし》内親王の薫陶を受け、学問と和歌、管弦に才能を発揮されて廷臣らに慕われたが病弱であられた。

皇紀一七四七（応徳四）年四月七日、元号を応徳から寛治《かんじ》に改元する。

皇紀一七四七（寛治元〈一〇八七〉）年十一月十四日、皇紀一七四三（永保三〈一〇八三〉）年に清原家の内紛が昂じて起きた後三年の役で、陸奥守源義家（八幡太郎義家）に反逆し敗北した清原家衡・清原武衡は斬首され、後三年の役が終結する。東北地方に覇を唱えていた清原氏は滅亡し、奥州藤原氏が登場する。清原氏の所領は源義家とともに後三年の役を戦った清原（藤原）清衡が継承することとなった。清衡の養父は清原武貞であったが実父は藤原経清である。清衡は実父の姓である藤原を再び名乗り、藤原清衡となった。これが奥州藤原氏の始まりである。

皇紀一七四八（寛治二）年十二月十四日、藤原師実《もろざね》（頼通の六男）が太政大臣に就く。

皇紀一七五三（寛治七）年、白河上皇、諸国に濫立する荘園の制止について、内大臣藤原師通に諮問される。

皇紀一七五四（寛治八）年三月九日、藤原師実の長男の藤原師通《もろみち》が関白宣下を受け関白につく。十一日には師通は三二歳で藤氏長者となった。

皇紀一七五四（寛治八）年十二月十五日、元号を寛治から嘉保《かほう》に改元する。

皇紀一七五六（嘉保三〈一〇九六〉）年、この頃から、京で田楽が大流行する（永長の大田楽《おおでんがく》）。寺社の保護のもとに座を形成し、田楽を専門に躍る田楽法師という職業的芸人が生まれる。

七月十二日、堀河天皇（一八歳）が閑院殿内裏で、父白河上皇も六条殿御所で、田楽をご観覧になる。こうして田楽は天皇、上皇までがご覧になるほどに発展し流行した。

八月七日、白河上皇（四四歳）の娘の媞子《ていし》内親王が薨去され、翌々日九日 上皇は出家し、法皇となられた。

十一月二十四日、東海道沖に大地震「永長地震」が発生し、興福寺・薬師寺などが倒壊する。東海地方では大津波が発生している。

十二月十七日、元号を嘉保から永長《えいちょう》に改元する。

皇紀一七五六（永長元〈一〇九六〉）年六月、庶民だけではなく公卿らをも巻き込んで永長の大田楽が益々流行する。

皇紀一七五七（永長二）年十月、宋の商人が太宰府に来着し、仏像を献上する。

十一月二十一日、元号を永長から承徳《しょうとく》に改元する。

皇紀一七五七（承徳元〈一〇九七〉）年九月、宋の明州（寧波市《ねいはし》）から牒状（国書）が来て、十二月に大宰府から返書を送付させられる。

皇紀一七五八（承徳二）年十月二十三日、源義家が白河法皇の昇殿を許される。義家としては大出世であった。

皇紀一七五九（承徳三）年六月二十八日、藤氏長者の藤原師通が三八歳で死去する。

師通が若くして死去したため摂関家内部は混乱し、摂関政治は機能停止に陥る。この摂関家の混乱もあって白河法皇が直接政務を執られる。後には更に皇紀一七六二（康和四〈一一〇二〉）年と皇紀一七八〇（保安元〈一一二〇〉）年の二度にわたって藤原忠実《ただざね》（師通の長男）の職権を停止された。

政治的権限を掌握された法皇は、受領《ずりょう》（国司のうち、現地に赴任して行政責任を果たす筆頭者）階級や武家出身の院近臣の武士を用いて親政政治を行われる。その後これらの武士たちが、院（法皇）の警護役として取り立てられ、北面武士となってその地位を高めていく。

更に白河法皇の皇大弟で後三条天皇の皇子であられた実仁親王の立太子を巡って生じた問題の教訓から、法皇は堀河・鳥羽・崇徳の異母兄弟の皇子に対しては、親王宣下も臣籍降下も認めずに出家させて、皇位継承権を剝奪された。

【武家の台頭】

白河法皇は北面武士を創設して、次々に検非違使に抜擢、検非違使別当を介さず直接に指示を下された。検非違使庁は形骸化し、平正盛・忠盛（清盛の父）父子が北面武士の筆頭となり、それを機に院庁での平氏の地位が高まる。武家の台頭の先駆けとなって、長い目で見れば、摂関政治から武家政治に移っていく切っ掛けとなったと言える。親政政治を行うために引き入れた武士団が勢力を持つ結果となった。

皇紀一七五九（承徳三）年八月二十八日、元号を承徳から康和《こうわ》に改元する。

皇紀一七五九（康和元）年十二月、康和の荘園停止令が発令され、新たな荘園を立てることを停止する。

皇紀一七六一（康和三）年一月二十四日、大地震、康和地震（南海地震）が発生する。興福寺金堂・大門が倒壊する。二月十三日、先に死去した師通の父・藤原師実が死去する。

皇紀一七六二（康和四）年八月一日、白河法皇は前述の通り、藤原忠実に政務への関与停止を通告される。このことは摂関の権威の低下を内外に示すこととなった。この時期、第六十二代村上天皇を祖とする村上源氏が公卿の過半数を占める。

皇紀一七六三（康和五）年、藤原基頼が陸奥守に任じられ、翌皇紀一七六四（康和六）年には鎮守府将軍を兼務する。

四月二十二日、京で巨大地震が発生する。以後、四月二十四日、五月一日、七月十六日、十月二十六日、十一月二十六日、十二月二十日と群発地震が発生している。公家の日記などの諸記録を抜粋・編集した歴史書『百錬抄《ひゃくれんしょう》』などに記されている。なお、この書は凡そ二〇〇年後の皇紀一九五〇年頃、伏見天皇の御世に編纂されたが、編著者は不詳である。

皇紀一七六四（康和六）年二月十日、元号を康和から長治《ちょうじ》に改元する。

皇紀一七六五（長治二〈一一〇五〉）年、藤原清衡（奥州藤原氏の祖）、奥州平泉に中尊寺を建立する。

この頃、『今昔物語集』が完成する。全三一巻からなり「今は昔」で始まる説話集で、作者は不詳である。

十二月二十五日、藤原忠実（藤原師通の長男）が二七歳で関白につく。白河上皇からは職権停止されているので、かなり形式的な関白であったと思われる。

皇紀一七六六（長治三）年四月九日、元号を長治から嘉承《かしょう》に改元する。

皇紀一七六七（嘉承二〈一一〇七〉）年七月十九日、在位中の堀河天皇が在位二一年にして二九歳で崩御される。陵は京都市右京区竜安寺の後円教寺陵《のちのえんきょうじのみささぎ》である。

堀河天皇崩御後、白河法皇は孫である第七十四代鳥羽天皇、更に曾孫の第七十五代崇徳天皇と三代に亘って幼帝を立て、四四年間にわたり院政を敷かれた。このような天皇を超越して政治権力を行使する「天皇家の家督」を、後世「治天の君」と呼んだ。既述の通り、これが院政の始まりとなった。

鳥《と》羽《ば》天皇

第七十四代　世系四六　在位一七年

皇紀一七六三（康和五〈一一〇三〉）年一月十六日、堀河天皇の第一皇子として誕生された宗仁《むねひと》親王で白河天皇の孫に当たる。母は大納言藤原実季《さねすえ》の娘・苡子《いし》である。八月十七日、生後七ヶ月で立太子される。

皇紀一七六七（嘉承二〈一一〇七〉）年七月十九日、父・堀河天皇が在任中に崩御され、五歳で即位される。

藤原忠実（藤原師通の長男）が摂政宣下を受ける。摂政宣下を受けた忠実は二九歳であり、摂政として政務を執るには若すぎて、実質、祖父の白河法皇が摂関に替わる天皇の補佐役を担われ、白河法皇の院政は維持、強化される。しかし院政末期には忠実を政界復帰させている。

皇紀一七六八（嘉承三）年、源義親《よしちか》の乱が発生する。

河内源氏三代目棟梁である源義家の次男の義親《よしちか》が九州で略奪を働いた上に、官吏を殺害したため、国家への反逆として隠岐国へ流された。だが、義親は脱出して出雲国に渡り再び目代《もくだい》（京にいる国司が任国に派遣している代官）を殺害して官物を奪う。父の義家の死後、白河法皇の起用した平正盛が派遣され義親は誅された。乱後に河内源氏は内訌《ないこう》が続き凋落する。一方、平正盛（清盛の祖父）による源義親追討は伊勢平氏が台頭する契機となった。

この頃、『源氏物語絵巻』が作成される。源氏物語を題材にして制作され、絵巻としては現存最古のものである。『伴大納言絵詞』、『信貴山縁起絵巻』、『鳥獣人物戯画』とともに日本四大絵巻と称され、いずれも国宝に指定されている。

皇紀一七六八（嘉承三〈一一〇八〉）年八月三日、元号を嘉承から天仁《てんにん》に改元する。

この年、浅間山が大噴火を起こし、上野国（群馬県）全域が大量の火山灰で覆われ、田畑が壊滅的被害を被る。

九月十日、興福寺僧徒が多武峯《とうのみね》の堂舎（大小の建物）などを焼く。藤原氏の祖を祀るとされる多武峰は興福寺支配の大和の国にありながら、延暦寺の末寺であったことから何かと興福寺の攻撃を受ける。興福寺は南都六宗の一つ、法相宗の大本山の寺院であり、南都七大寺の一つに数えられる。藤原氏の祖・中臣（藤原）鎌足とその子・藤原不比等ゆかりの寺院で、藤原氏の氏寺である。一方、多武峯は第三十七代斉明天皇の御世、『日本書紀』に、「多武峰の山頂付近に石塁や高殿を築いて両槻宮《ふたつきのみや》とした」とあり、明治初年の神仏分離により、現在は談山神社となった。

皇紀一七七〇（天仁三）年七月十三日、元号を天仁から天永《てんえい》に改元する。

六月二十一日、摂政の藤原忠実、興福寺僧徒の兵仗《ひょうじょう》（武器の所持）を禁じる。武装した僧兵の乱暴狼藉が酷いための措置である。抑《そもそも》、既述の如く、興福寺も多武峯も同じ藤原家ゆかりの寺であり神社である。

皇紀一七七一（天永二〈一一一一〉）年、皇紀一七六三（康和五）年に陸奥守に任じられ、翌皇紀一七六四（康和六）年には鎮守府将軍を兼任した藤原基頼（北家・藤原俊家の子）が、奥州の蝦夷を討伐した。

皇紀一七七三（天永四）年四月五日、延暦・興福両寺僧徒の争闘を鎮圧するため、検非違使の平忠盛を興福寺に、源光国を延暦寺に向かわせる。源氏と平氏が共に僧兵と戦う。僧兵は先に三年前に、武装を禁じられたのにこれほどの強力な武装集団となっていた。

皇紀一七七三（天永四）年七月十三日、元号を天永から永久《えいきゅう》に改元する。

皇紀一七七七（永久五〈一一一七〉）年六月一日、春日神人、興福寺僧徒と争う。双方藤原家ゆかりの大社であり寺院であるにも拘わらず、ここでも激しく対立している。

十二月十三日、藤原璋子（一七歳）が鳥羽天皇の中宮として立后される。璋子は父・藤原公実を七歳にして失い、時の治天の君・白河法皇とその妃・祇園女御に養育された。

皇紀一七七八（永久六）年四月三日、元号を永久から元永《げんえい》に改元する。

この年皇紀一七七八（元永元〈一一一八〉）年、諸国で飢饉が発生し、京中の道路に餓死者あふれる酷さであった。

皇紀一七七九（元永二）年五月二十八日、第一皇子の顕仁《あきひと》親王（崇徳天皇）が誕生される。

『古事談』には、顕仁《あきひと》親王（崇徳天皇）は白河法皇と璋子が密通して生まれた子で、鳥羽天皇は親王を「叔父子」と呼んで忌み嫌っていたという逸話が記されている。この説を採れば、その後の崇徳天皇の悲劇が理解出来る。

皇紀一七八〇（元永三）年四月十日、元号を元永から保安《ほうあん》に改元する。

八月二十五日、伊賀・伊勢地方一帯を大きな台風が襲い、大被害を蒙る。

皇紀一七八〇（保安元〈一一二〇〉）年十一月十二日、白河法皇が院参を求めていた藤原忠実の娘・藤原泰子《やすこ》が鳥羽天皇に入内することに決定し、法皇はお怒りになり、忠実の内覧を停止された。

皇紀一七八一（保安二）年三月五日、内覧を停止された忠実に代わって息子の藤原忠通が、二五歳で藤氏長者となる。そして鳥羽天皇の関白に就任し、その後も崇徳・近衛・後白河の三代に亘って摂政・関白を務め、彼の直系子孫が五摂家として明治維新まで摂政・関白職を独占する。後に関白就任を望んだ羽柴秀吉（豊臣秀吉）は、皇紀二二四五（天正十三〈一五八五〉）年、近衛前久《このえさきひさ》（藤原氏嫡流の五摂家の一つ近衛家）の猶子となり、藤原朝臣秀吉（近衛秀吉）として関白に就任している。しかし関白秀次以降は再び五摂家が摂関の座を独占する。

皇紀一七八三（保安四）年一月二十三日、在位一七年、二一歳で第一皇子の顕仁《あきひと》親王に譲位される。白河法皇に譲位を強要されたとも言われ、実権は法皇が持ち続けられた。親王の実父が白河法皇とすれば納得がいく。

皇紀一七八九（大治四〈一一二九〉）年七月七日、白河法皇、崇徳天皇の御世、七七歳で崩御された。鳥羽上皇が白河法皇に代わって院政を敷かれる。

皇紀一八〇二（康治元〈一一四二〉）年五月五日、鳥羽上皇は東大寺戒壇院にて受戒され法皇となられた。

皇紀一八一六（保元元）年七月二十日、鳥羽法皇、後白河天皇の御世に五四歳で崩御される。鳥羽上皇・法皇在位は三三年であった。

陵は京都市伏見区竹田内畑町の安樂壽院陵《あんらくじゅいんのみささぎ》である。

崇《す》徳《とく》天皇

第七十五代　世系四七　在位一九年

皇紀一七七九（元永二〈一一一九〉）年五月二十八日、鳥羽天皇の第一皇子として誕生された顕仁《あきひと》親王で、母は中宮・藤原璋子（待賢門院《たいけんもんいん》）である。

皇紀一七八三（保安四〈一一二三〉）年正月二十三日、五歳で立太子され、同日、鳥羽天皇の譲位を受け二月十九日、即位される。実権は鳥羽上皇が持たれ、院政が続く。白河法皇も引き続き実権を持たれる。

皇紀一七八四（保安五）年四月三日、元号を保安から天治《てんじ》に改元する。

この年、後三年の役で源義家に協力し、奥州平泉に根拠をおいた藤原清衡《きよひら》が中尊寺金色堂を建立する。藤原頼通の建立した平等院鳳凰堂と共に、阿弥陀信仰により極楽浄土を具現化した浄土教建築の代表的建築物であり、当代の技術の粋を集めたものとして、現在国宝に指定されている。

皇紀一七八六（天治三〈一一二六〉）年一月二十二日、元号を天治から大治《だいじ》に改元する。

皇紀一七八七（大治二〈一一二七〉）年、大治の荘園停止令を出し、新たな荘園の創設を停止する。

皇紀一七八九（大治四）年七月七日、白河法皇が七七歳で崩御され、鳥羽上皇が白河法皇に代わって実質的院政を開始される。白河法皇には疎んじられていた藤原忠実を呼び戻して娘の泰子《やすこ》（高陽院《かやのいん》）を鳥羽上皇に入内させる。白河法皇の後ろ盾を失った中宮・璋子に代わり、次の近衛天皇の生母である藤原得子（美福門院）が鳥羽上皇の寵愛を受け、後に所生の皇子・体仁《なりひと》親王（近衛天皇）が即位されることになる。白河法皇崩御の後、崇徳、近衛、後白河の三代、二八年に亘り鳥羽上皇が院政を敷き実権を掌握された。

この年、関白・藤原忠通（忠実の長男）の長女である藤原聖子（皇嘉門院）が入内して女御となり、翌五年二月二十一日に中宮とされる。

皇紀一七九一（大治六）年一月二十九日、元号を大治から天承《てんしょう》に改元する。

皇紀一七九二（天承二〈一一三二〉）年三月十三日、平忠盛〈平清盛の父〉が武士の身で昇殿を許される。極めて異例なことで、大出世であり、平氏が権力を握っていく切っ掛けとなる。そして、藤原氏を中心とした公卿の存在感が少しずつ薄れていくことになる。

皇紀一七九二（天承二）年八月十一日、元号を天承から長承《ちょうしょう》に改元する。

この頃、日宋貿易が民間で活発に行われ、博多には宋人が居住し、都に近い越前国の敦賀まで宋船が来航するようになる。平忠盛は越前守在任中に敦賀を中心として日宋貿易を行う。

皇紀一七九四（長承三〈一一三四〉）年三月十九日、鳥羽上皇のもとに出仕していた藤原忠実（摂政・関白）の娘・勲子《やすこ》が泰子《やすこ》と改名して皇后となられる。

皇紀一七九五（長承四）年四月二十七日、元号を長承から保延《ほうえん》に改元する。

皇紀一八〇〇（保延六〈一一四〇〉）年九月二十日、女房（側に仕える女性）の兵衛佐局《ひょうえのすけのつぼね》に崇徳天皇の第一皇子・重仁《しげひと》親王が誕生される。

皇紀一八〇一（保延七）年七月十日、元号を保延から永治《えいじ》に改元する。

皇紀一八〇一（永治元〈一一四一〉）年十二月七日、院政開始後の鳥羽上皇は藤原得子（美福門院）を寵愛され、得子所生の体仁《なりひと》親王（近衛天皇）を即位させるために崇徳天皇は譲位をさせられる。崇徳天皇の在位は一九年、二三歳で上皇になられた。勿論、全く実権なき上皇で、実権は鳥羽上皇が持っておられる。

崇徳天皇の中宮・藤原聖子（摂政関白太政大臣・藤原忠通の長女）には一人の皇子女もなかったので、鳥羽上皇の皇子・体仁《なりひと》親王の准母となっておられた。従って、体仁親王は崇徳上皇の中宮である藤原聖子の養子であるから「皇太子」のはずが、譲位の宣命には「皇太弟」と記される。天皇が弟では将来の院政は不可能となり、崇徳上皇にとってこの譲位は大きな遺恨となった。

崇徳天皇は白河法皇と璋子が密通して生まれた子との『古事談』があるが（前述）、そうであれば、五歳で即位されたこと、そして白河法皇が崩御されると二三歳で譲位しておられること、更にその鳥羽法皇に疎まれ、保元の乱で謀反人とされ配流になったこと（後述）など全て辻褄が合ってくる。悲劇の天皇といわざるを得ない。崇徳上皇は鳥羽田中殿に移られ、新院と呼ばれ、その後皇紀一八一六（保元元〈一一五六〉）年の保元の乱（後述）に敗北して、讃岐に配流される。天皇や上皇の配流は、藤原仲麻呂の乱における淳仁天皇の淡路配流以来で、およそ四〇〇年ぶりの悲劇であった。

皇紀一八二四（長寛二〈一一六四〉）年八月二十六日、二条天皇の御世、二度と京の地を踏まれることはなく、讃岐国の配流先で崩御された。最後まで罪人と扱われ、京には戻れず、葬礼も国司だけで行われ、朝廷から何らの措置もなかったことから、「怨霊となった天皇」との考えがこれから続くことになる。江戸時代の皇紀二四二八（明和五〈一七六八〉）年に上田秋成の著した『雨月物語』など崇徳上皇（崇徳院）の怨霊を題材の一部に扱っている。

陵は香川県坂出市青海町の白峯陵《しらみねのみささぎ》である。

近衛《このえ》天皇

第七十六代　世系四七　在位一四年

皇紀一七九九（保延五）年六月、鳥羽天皇の第九皇子として誕生された体仁《なりひと》親王で、母は藤原得子（美福門院）である。先帝・崇徳天皇の異母弟に当たる。

皇紀一八〇一（永治元〈一一四一〉）年十二月、鳥羽上皇は藤原璋子（待賢門院）との子である崇徳天皇を退位させ、寵愛する藤原得子（美福門院）との子である体仁《なりひと》親王を三歳で即位させられた（近衛天皇）。当然、治世中は鳥羽上皇が院政を敷いておられたので、実権は鳥羽上皇が持っておられる。

皇紀一八〇二（永治二）年四月二十八日、元号を永治から康治《こうじ》に改元する。

皇紀一八〇二（康治元〈一一四二〉）年五月五日、崇徳天皇が退位させられ上皇となられたので、鳥羽上皇は東大寺戒壇院にて受戒され、法皇となられた。そして崇徳上皇の母・璋子（待賢門院）は藤原得子呪詛の嫌疑を受け出家される（四二歳）。

皇紀一八〇四（康治三）年二月二十三日、元号を康治から天養《てんよう》に改元する。

皇紀一八〇五（天養二〈一一四五〉）年七月二十二日、元号を天養から久安《きゅうあん》に改元する。

【半島の正史・三国史記】

この年、朝鮮半島で、高麗第十七代王仁宗が金富軾に命じ作成させた『三国史記』が完成する。これは三国時代(新羅・高句麗・百済)から統一新羅末期までを対象とする紀伝体の歴史書で、朝鮮半島に現存する最古の朝鮮半島史書(全五〇巻)で、古代の半島と列島(日本)の関係も明らかにしている。

皇紀一八〇六(久安二〈一一四六〉)年二月一日、平清盛、安芸守に任じられる。一介の武士が守(地方長官)に任じられる。これまででは考えられないことであった。

皇紀一八〇七(久安三)年六月十五日、祇園闘乱事件が発生する。

祇園社の神人と平清盛の郎党が小競り合いとなり、清盛らは神人が担いでいる宝殿に矢を打ち込む。祇園社は延暦寺の支配を受けていた関係で、不遜極まりないと平忠盛・清盛父子の処罰・配流を求める延暦寺の強訴の引き金となった。忠盛・清盛の父子にとって延暦寺の強訴の対象とされたことは深刻な事件だったが、鳥羽法皇の庇護により配流を免れたことで、その信任ぶりを周囲に誇示する結果になった。鳥羽法皇にとっても、白河法皇が手を焼いた延暦寺の強訴を、平忠盛、清盛親子が事実上斥けたことが大きな自信となり、強訴に対抗する武力の有効性・重要性を再認識される。

皇紀一八〇八(久安四)年正月二十八日、宣旨で、衛門府《えもんふ》・兵衛府《ひょうえふ》・馬寮《めりょう》などの武官職が増員され、武士の中央への進出が加速する。先の祇園闘乱事件は武士の地位の向上を示す画期的事件ともなった。

皇紀一八一〇(久安六)年一月十九日、左大臣藤原頼長の養女藤原多子《まさるこ》が近衛天皇(一二歳)の女御となる。

三月十四日、女御藤原多子が女御から皇后となる。

四月二十八日、摂政太政大臣藤原忠通の養女藤原呈子《しめこ》が女御となる。

六月二十二日、女御藤原呈子が中宮となる。

九月二十六日、頼長の養女・多子と忠通の養女・呈子の立皇問題で、藤原忠実が長男・忠通を勘当し、次男頼長を藤氏長者とする。忠通は後継者に恵まれなかったため、皇紀一七八五（天治二〈一一二五〉）年に弟で五歳の頼長を養子に迎えたが皇紀一八〇三（康治二）年に実子・基実が生まれると、忠通は摂関の地位を自らの子孫に継承させようと望み、父・忠実、養子・頼長と対立することになったという事情がある。先の立后問題でも忠通は忠実・頼長と対立した。

皇紀一八一一（久安七）年一月十六日、藤原頼長、内覧宣下を受ける。

一月二十六日、元号を久安から仁平《にんぺい》に改元する。

二月二十三日、頼長が興福寺衆徒の兵仗（武装）を禁じる。以前皇紀一七七〇（天永元年〈一一一〇〉）鳥羽天皇の御世に禁じられているが、あまり効果がなく再度禁じたのであろう。

皇紀一八一二（仁平二〈一一五二〉）年、安芸守の平清盛が厳島神社を修造し、現在の海上に立つ大規模な社殿に整備した。

皇紀一八一四（仁平四）年十月二十八日、元号を仁平から久寿《きゅうじゅ》に改元する。

皇紀一八一五（久寿二〈一一五五〉）年七月二十三日、在位一四年、一七歳で崩御される。皇子女はおられない。陵は京都市伏見区竹田浄菩提院町の安楽寿院南陵《あんらくじゅいんのみなみのみささぎ》である。

後白河天皇《ごしらかわ》

第七十七代　世系四七　在位三年

皇紀一七八七（大治二〈一一二七〉）年九月十一日、鳥羽天皇の第四皇子として誕生された雅仁《まさひと》親王で、母は権大納言藤原公実の娘・藤原璋子である、白河天皇の曾孫であり、先の近衛天皇は異母弟である。

皇紀一八〇一（永治元〈一一四一〉）年、弟の体仁親王（近衛天皇）が即位され、皇位継承には無縁となった雅仁親王は気楽に芸事に興じ、特に今様を愛された。今様の遊び相手は源資賢《すけかた》（藤原季兼《すえかね》）などの他に、京の男女の端者《はしたもの》（身分の低い者）、雑仕《ぞうし》（内裏に仕える女性召使い）、江口や神崎あたりの遊女、傀儡子《くぐつし》（旅芸人）など幅広い階層に及んだ。父の鳥羽上皇からは「即位の器量ではない」と見放されていた。

皇紀一八一五（久寿二〈一一五五〉）年七月二十三日、近衛天皇が崩御される。一七歳と若く、皇子女はなかった。

八月二十三日、後白河天皇ご自身の第一皇子で、美福門院（得子）の養子となっていた守仁《もりひと》親王（二条天皇）が即位されるとしたらまだ一二歳と年少であり、また守仁親王の実父である雅仁親王を飛び越えての即位も問題で、中継ぎとして、急遽、立太子されないまま二九歳で即位された。

九月二十三日、後白河天皇が即位されて間もなく、第一皇子の守仁《もりひと》親王（二条天皇）が一三歳で立太子される。

皇紀一八一六（久寿三）年三月五日、皇太子守仁親王（一四歳）が美福門院の娘の姝子《しゅし》内親王を妃とする。

皇紀一八一六（久寿三）年四月二十七日、元号を久寿から保元《ほうげん》に改元する。

皇紀一八一六（保元元〈一一五六〉）年六月一日、鳥羽法皇が危篤に陥る。夜、崇徳上皇が鳥羽法皇のもとに御幸されるが、会わして貰えずに還御される。

七月二日、鳥羽法皇が崩御される。

法皇が崩御されると皇位を巡って、朝廷が、即位されたばかりの後白河天皇方と先帝の崇徳上皇方に分裂し、これが保元の乱に発展する。先帝の近衛天皇の崩御も藤原頼長の呪詛によるとの噂も流れ、頼長は謀反人として扱われる。

即日、少数の近臣のみで納棺と埋葬が行われ、崇徳上皇は臨終に立ち会わせてもらえず、憤慨した上皇は鳥羽田中殿（伏見区竹田田中殿町）に引き返された。この葬儀を仕切って崇徳上皇を排除していたのが信西《しんぜい》（藤原南家の藤原通憲《みちのり》）であった。勿論後白河天皇の意思である。

七月五日、「上皇（崇徳上皇）、左大臣藤原頼長が共同して軍を発し、国家を傾け奉らんと欲す（謀反）」という風聞が立ち、これに対応するため、検非違使が召集されて京中の武士の動きを停止する措置が取られた。風聞の真偽のほどは不明である。

【保元《ほうげん》の乱】

皇紀一八一六（保元元）年七月十一日、「保元の乱」が勃発する。

鳥羽法皇崩御初七日、荘園から軍兵を集めることを停止する後白河天皇の綸旨が諸国に発せられ、同時に蔵人《くろうど》（天皇の秘書的役割をする令外官）の高階俊成と源義朝（源頼朝・源義経らの父）の兵が頼長の東三条殿を襲撃し邸宅を没官にする。没官は謀反人に対する財産没収の刑であり、藤氏長者である頼長に謀反の罪がかけられたことを意味した。後白河天皇方は東三条殿を捜索し、頼長を罪人と断定して肥前に配流することを決定する。呪詛という一方的な風聞・噂により、藤氏長者の頼長は謀反人と断定され、頼長としては配流に従うか、挙兵して対抗するかの選択を迫られた。藤氏長者が謀反人とされるのは前代未聞のことであったが、後白河天皇方は周到に準備しておられたと思われる。

七月九日、一方崇徳上皇は夜田中殿を出られ白河の前斎院御所に入られる。

七月十日、崇徳上皇は前斎院御所の南にある白河北殿に移り軍兵を召集、源為義とその息子たちが入る。夕方、頼長が宇治から白河北殿（左京区）に到着した。夜、高松殿内裏に源義朝や平清盛が兵を率いて参集し、後白河天皇の御前で関白藤原忠通や信西と作戦会議をする。

七月十一日、未明、崇徳上皇のいる白河北殿へ後白河天皇の朝廷方が夜討ちをかける。常に後白河天皇方が先手を取って攻撃に出ている。平清盛・源義朝が崇徳上皇方を奇襲、頼長はここで討死し、崇徳上皇方は敗れる。忠盛の弟で平清盛の叔父の平忠正、源義家の孫の源為義は処刑される。為朝は八丈島へ流刑に処され、崇徳上皇は讃岐に配流になる。薬子の変を最後に行われなかった死刑が三四六年ぶりに復活し、また配流も淳仁天皇の淡路配流以来四〇〇年振りのことであった。武力で敵を倒す世の到来となり、その意味でこの乱が武士の世の始まりとなる。

信西（藤原通憲）は摂関家の弱体化を進め天皇親政を目指した。しかし、後に二条天皇が即位されると、天皇の側近に自分の子を送り込み、反感を買うことになる。戦闘が終結すると、藤氏長者の頼長が討死したため、「藤原忠通を藤氏長者に任命する」旨の宣旨が下る。頼長の兄であり義父である忠通が藤氏長者となる。

七月十八日、「本来没収すべき藤原忠実（頼長の父）の宇治の所領を、藤氏長者になったその子忠通に任せる」という綸旨が下る。

七月二十日、奈良に逃げていた忠実が自分の所領や故高陽院名義の所領を忠通に譲る。

八月十日、平清盛が大宰大弐となる。保元の乱での活躍が讃えられ大出世し、清盛台頭の切っ掛けとなった。

八月十一日、藤原忠通が関白・氏長者を辞任し、長男の藤原基実が関白・氏長者となる。

皇紀一八一八（保元三）年八月十一日、後白河天皇は僅か三年の在位で、一六歳の守仁親王（二条天皇）に譲位される。

三年の在位であったが、その後の院政期間を含め三七年に亘って政務を執られた。

後白河天皇の即位は守仁親王即位までの中継ぎで、守仁親王（二条天皇）に譲位したあと、ご自身は上皇となられ院政を敷かれる。この院政は二条、六条、高倉、安徳、後鳥羽と五代の天皇の御世、三四年続くことになる。その間、保元・平治の乱、治承・寿永の乱と戦乱が相次ぎ、二条天皇、平清盛、木曾義仲と、次々に対立し、幽閉されたり院政停止されたりするが、その都度復権を果たしておられる。その間に、平氏が台頭して、これがまた没落して、源頼朝が台頭した激動の時期である。

皇紀一八五二（建久三（一一九二））年三月十三日、法皇は源頼朝の上洛の二年後に六六歳で崩御される。陵は京都市東山区三十三間堂廻町の法住寺陵《ほうじゅうじのみささぎ》である。

二《に》条《じょう》天皇

第七十八代　世系四八　在位七年

皇紀一八〇三（康治二〈一一四三〉）年六月十八日、雅仁親王（後白河天皇）の第一皇子として誕生された守仁《もりひと》親王で、母は大炊御門経実の娘・源懿子《よしこ》である。大炊御門経実は摂政藤原師実の三男で大炊御門家の祖となった。

生母が皇子誕生直後に急死して祖父・鳥羽法皇に引き取られ、美福門院（藤原得子）の養子となり養育される。既に近衛天皇が即位しておられ、同じく美福門院の養子として重仁《しげひと》親王（崇徳上皇の第一皇子）がおられたので皇位継承はないものとされ、僧となるべく九歳で覚性法親王《かくしょうほっしんのう》（鳥羽天皇の第五皇子）のおられる仁和寺に入られた。

しかしその後、皇紀一八一五（久寿二〈一一五五〉）年七月二十三日、近衛天皇が一七歳と若くして崩御され、父の後白河天皇が即位されたため、八月四日に急遽仁和寺から戻されて、九月二十三日に親王宣下を受け「守仁」と命名される。そして即日一三歳で立太子された。

皇紀一八一八（保元三〈一一五八〉）年八月十一日、後白河天皇の譲位により一六歳で即位される。

藤原忠通は関白・氏長者を辞任し、長男の藤原基実が関白・氏長者となる。基実から始まる系統が、後に五摂家の一つとなった近衛家である。平安京の近衛大路に邸宅「近衛殿」を構えたことに由来する。

二条天皇の即位により、後白河院政派と二条天皇親政派の対立が始まり、後白河院政派内部でも信西と藤原信頼《のぶより》の間に反目が生じ、朝廷内は三つ巴の対立状態となり、これが平治の乱に発展する。藤原信頼は鳥羽院の近臣・藤原忠隆の四男であるが、後白河上皇の寵臣でもあった。しかし、同じ後白河上皇の近臣・信西と対立していた。

皇紀一八一九(保元四)年二月三日、二条天皇の妃で美福門院の娘の姝子《しゅし》内親王が中宮となられる。

四月二十日、元号を保元から平治《へいじ》と改元する。

皇紀一八一九(平治元〈一一五九〉)年十二月四日、平清盛が熊野参詣に出発する。ここで京に軍事空白が生じた。

【平治の乱】

十二月九日深夜、後白河院御所の三条殿が藤原信頼・源義朝の軍勢によって襲撃され、後白河上皇は内裏に幽閉され、信西は逃亡する。二条天皇も黒戸御所に幽閉される。そして藤原信頼が政権を掌握する。

十二月十三日、信西は逃亡先の伊賀国で殺害される。

十二月二十五日、後白河上皇が仁和寺へと逃れ、二条天皇も六波羅の平清盛邸に脱出される。

十二月二十六日、熊野から戻ってきた清盛が、宣旨により藤原信頼・源義朝を追討し、六条河原の合戦でこれを破る。信頼《のぶより》方の源義朝は息子の源義平・源朝長・源頼朝らと東国へ逃れる。

十二月二十七日、藤原信頼は捕らえられ、六条河原で斬首された。

ここで後白河上皇と二条天皇の親子対立は、双方の有力な廷臣が共倒れとなり小康状態となって、二頭政治が行われる。乱に勝利した最大の貢献者である平清盛は、どちらの派にも与《くみ》することなく行動し、平氏一門の者が院庁別当・左馬寮・内蔵寮などの要職を占め、政治への影響力を急速に増大させる。なお、左馬寮は右馬寮とともに官馬の管理を掌る役所で、内蔵寮は朝廷の財政を管理する官庁である。

清盛が大宰大弐になると平家貞が筑後守となって清盛の目代として大宰府領を支配し、藤原能盛《よしもり》は壱岐守・安芸守に、平家の家人・源為長は紀伊守になるなど、平氏の知行国も財政基盤も他に抜きん出た存在となった。

また、多くの軍事貴族が戦乱で淘汰されたため、京の治安維持・地方の反乱鎮圧・荘園の管理の役も平氏の独占するところとなり、国家の軍事・警察権も平氏が掌握する。

皇紀一八二〇（平治二）年一月十日、元号を平治から永暦《えいりゃく》に改元する。

皇紀一八二〇（永暦元〈一一六〇〉）年一月十九日、源義平が捕らえられ、六条河原で斬首される。

源義平は義朝の長男で、鎌倉悪源太（悪は暴れ者の意）と呼ばれ、源頼朝・義経らの異母兄にあたる。早くから平氏に敵対し、反抗していた。二十六日、近衛天皇の后で太皇太后の藤原多子《まさるこ》が二条天皇に入内する。近衛天皇の皇后となり、次いで二条天皇の后となったので「二代の后」といわれる。

二月九日、東国に逃れた源頼朝が途中の近江国で捕らえられる。京に連れ戻されるがその後改めて伊豆に配流となる。二十日、後白河上皇が平清盛を引き連れて八条烏丸内裏に赴き、二条天皇の寵臣、権大納言藤原経宗《つねむね》と参議藤原惟方《これかた》を捕らえる。藤原経宗は後白河天皇の妃で二条天皇の生母である源懿子《よしこ》の同母弟である。藤原惟方は信頼《のぶより》によって内裏に監禁されていた二条天皇を女装させて脱出させ、平清盛の六波羅邸まで付き添って、戦局の行方を決めた。しかし両名は二条天皇親政派として捕らえられ配流となる。

三月十一日、経宗が阿波国、惟方が下野国、頼朝が伊豆国に配流される。

【武家政権への道】

六月二十日、平清盛が正三位に叙され、八月十一日に参議に任ぜられ、武士で初めて公卿（議政官）の地位に就く。やがて一門からも公卿・殿上人を輩出し、平氏政権が誕生して、摂関政治が武家政治に変わっていくことになる。これまでの摂関政治が清盛の台頭を切っ掛けに平氏政権に変わり、藤原氏を中心とした摂関政治が平氏を中心とした武家政治に大きく変わっていく。

十一月二十三日、二条天皇の養母美福門院が薨去される。

皇紀一八二一（永暦二〈一一六一〉）年九月四日、元号を永暦から応保《おうほう》に改元する。

四月、院御所・法住寺殿が完成し、平滋子（平時信の娘）が後白河上皇や皇后・忻子《きんし》と共に入御される。「東の御方」と呼ばれて上皇の寵愛を受ける。身分の低さのため女御にはなれなかったが、九月三日に後白河上皇の第七皇子の憲仁《のりひと》親王（高倉天皇）の生母となる。なお、平時信の娘の時子は平清盛の後妻となって三男宗盛を儲けている。

皇紀一八二二（応保二）年二月十九日、摂政関白太政大臣・藤原忠通の娘の藤原育子を皇后に立てる。

皇紀一八二三（応保三）年三月二十九日、元号を応保から長寛《ちょうかん》に改元する。

皇紀一八二四（長寛二〈一一六四〉）年四月十日、平清盛の三女・平盛子《もりこ》が関白藤原基実（忠通の長男）の妻となり、平氏と藤原氏（武家と公卿）との結びつきが強まる。

閏十月二十三日、五摂家（藤原氏のうち近衛、九条、二条、一条、鷹司の五家）の一つ九条家の祖である九条兼実が内大臣になる。なお、摂政・関白を出す家を摂関家または摂家という。藤原忠通の三男である九条兼実（藤原兼実）を祖とし、京都九条にあった九条殿に住んだことから九条を名乗る。

十二月十七日、平清盛が後白河法皇の勅願によって法住寺殿の一画に蓮華王院（三十三間堂）を造営する。

皇紀一八二五（長寛三）年二月、太政大臣の藤原伊通《これみち》が死去し、二条天皇も病に倒れられた。

六月五日、元号を長寛から永万《えいまん》に改元する。

皇紀一八二五（永万元〈一一六五〉）年六月二十五日、二条天皇は病状悪化で、前年に誕生したばかりの皇子・順仁《のぶひと》親王

（六条天皇）の立太子を行われ、その日のうちに譲位され、七月二十八日に在位七年、二三歳で崩御される。後白河上皇と親子で対立し、平治の乱などもあり、平清盛らの武家が台頭して、藤原氏を中心とした摂関政治が武家政治に大きく変わっていく御世であった。

京都市北区平野八丁柳町の香隆寺陵《こうりゅうじのみささぎ》に葬られる。

六条《ろくじょう》天皇

第七十九代　世系四九　在位二年八ヶ月

皇紀一八二四（長寛二〈一一六四〉）年十二月二十八日、二条天皇の第一皇子として誕生された順仁《のぶひと》親王で、母は大蔵大輔伊岐致遠《おおくらたいふいきのむねとう》の娘で、身分が低いため、父帝の中宮である藤原育子《むねこ》を母后とされた。

皇紀一八二五（永万元〈一一六五〉）年六月二十五日、生後七ヶ月余り（数え年で二歳）で親王宣下を受け立太子され、その日のうちに践祚され即位（歴代最年少即位）される。二か月後の八月二十七日に即位式が行われ、藤原忠通の四男の藤原（近衛）基実が摂政となる。

皇紀一八二五（永万元）年七月二十八日、二条天皇が崩御された後、後白河上皇が再び影響力を強め、十二月二十五日には後白河上皇の第七皇子の憲仁《のりひと》（高倉天皇）が親王宣下を受けられる。

八月七日、二条天皇の葬儀を巡って延暦寺と興福寺の僧たちが争い、これ以降、この両寺の争いが続くことになる。

九日には延暦寺の僧たちが興福寺の末寺清水寺を焼き払う。

皇紀一八二六（永万二）年八月二十七日、元号を永万から仁安《にんあん》に改元する。

皇紀一八二六（仁安元〈一一六六〉）年七月二十六日、六条天皇を後見していた摂政の近衛基実が二四歳の若さで死去すると、平清盛を後ろ盾に、後白河上皇は十月十日、憲仁《のりひと》親王を立太子させる。なお、基実の妻は平清盛の娘の平盛子で、基実から始まる系統が、後に五摂家の一つとなった近衛家となる。

皇紀一八二七（仁安二）年二月十一日、平清盛が太政大臣に就くが、三ヶ月後には辞任する。

皇紀一八二八（仁安三）年二月十九日、在位四年弱、五歳で、祖父・後白河上皇の意向により、叔父の第七皇子の憲仁《のりひと》親王（高倉天皇）に譲位される。五歳という歴代最年少上皇となられた。五歳の甥から年長の八歳の叔父へという極めて不自然な皇位継承がなされた。

皇紀一八二九（嘉応元）年六月十七日、後白河上皇が法住寺殿にて出家され、法皇となられる。

皇紀一八三六（安元二〈一一七六〉）年七月十七日、元服も行うことなく、一三歳（満年齢一一歳八ヶ月）で崩御される。死因は赤痢と言われる。后妃はなく、遺児もない。政務は摂政・近衛（藤原）基実、関白藤原忠通、家司として仕えた藤原邦綱が取り仕切った。二歳で即位された天皇は五歳で譲位して上皇になられ、しかも八歳の叔父への譲位であるから、皇位に就かれたとは言えず、歴代天皇に数えることには疑問がある。

陵は、京都市東山区清閑寺歌ノ中山町にある清閑寺陵《せいかんじのみささぎ》である。

高倉《たかくら》天皇

第八十代　世系四八　在位一三年

皇紀一八二一（応保元〈一一六一〉）年九月三日、後白河天皇の第七皇子として誕生された憲仁《のりひと》親王で、母は平滋子（平清盛の妻・平時子の異母妹）である。

皇紀一八二六（仁安元〈一一六六〉）年十月十日、六歳で立太子される。

皇紀一八二七（仁安二）年五月十日、後白河上皇は清盛の長男・平重盛に東山道・東海道・山陽道・南海道の四道の山賊・海賊追討の宣旨を下される。ここで重盛は国家的な軍事・警察権を正式に委託された。

皇紀一八二八（仁安三）年二月、清盛が病に倒れる。後白河上皇は熊野詣からの帰途だったが、日程を早めて浄衣のまま六波羅に見舞いに駆けつけられた。上皇が如何に清盛を頼りにしていたかが分かる。十一日、平清盛が出家する。そして、厳島神社の社殿を造営する。

二月十九日、上皇は、清盛の出家の数日後、憲仁《のりひと》親王の即位を発議され、六条天皇を在位四年弱で退位させられ、八歳の憲仁親王（高倉天皇）が即位される。六条天皇から憲仁親王への譲位が行われた。

当時政治方針を巡って二条天皇と対立し、二条天皇によって院政停止状態に置かれていた後白河上皇は、二条天皇の崩御直後に、六条天皇（二条天皇の皇子、高倉天皇からみて甥）をわずか四年足らずで退位させられた。

この年、臨済宗の開祖であり、建仁寺を開いた栄西が平氏の庇護のもと宋（南宋）に渡る。

皇紀一八二九（仁安四）年四月八日、元号を仁安から嘉応《かおう》に改元する。

皇紀一八二九（嘉応元〈一一六九〉）年六月十七日、後白河上皇が法住寺殿で出家され後白河法皇となられた。これまで法皇は平氏の武力を使って政権を掌握して来られたが、平氏も権勢を強めていく。そして平氏の権勢が強まるにつれて、法皇も次第に平氏と対立するようになり、近臣や寺院勢力を利用して、勢力を強める平氏に対抗していかれる。

皇紀一八三〇（嘉応二）年五月二十五日、藤原基衡の嫡男で奥州藤原氏第三代当主の藤原秀衡が鎮守府将軍に任じられる。鎮守府将軍は、陸奥国と出羽国の両国に駐屯する兵士を指揮し、平時における将軍として両国の北方にいた蝦夷に対峙し、両国の防衛の任に当たった。

九月二十日、後白河法皇が清盛の招きで福原に御幸して宋人とお会いになる。外国人との接見は宇多天皇の遺戒《ゆいかい》で禁忌とされた行為であったから、極めて異例のことである。これ以降、日宋貿易は公的な性格を帯び本格化する。輸入品である宋銭は国内に大量に流入して、重要な交換手段となった。

皇紀一八三一（嘉応三）年四月二十一日、元号を嘉応から承安《しょうあん》に改元する。

皇紀一八三一（承安元〈一一七一〉）年十二月十四日、清盛の娘・平徳子が後白河法皇の猶子として入内する。

皇紀一八三二（承安二）年二月十日、平徳子は入内《じゅだい》して二ヶ月ほどで立后され中宮となられる。

皇紀一八三三（承安三）年六月二十五日、興福寺僧徒が多武峯《とうのみね》を焼く。興福寺と延暦寺は、天台宗に改宗した多武峯の帰属を巡って、鋭い対立関係にあって抗争が激化する。

十一月四日、後白河法皇は平重盛に命じて興福寺僧徒の入京を宇治で防がせる。

皇紀一八三四（承安四）年、平清盛が日宋貿易の拠点として大輪田泊（現神戸市兵庫区）に経ヶ島《きょうがしま》（兵庫島）を築く。これは日宋貿易の拠点である大輪田泊の交易拡大にともない、風雨による波浪を避ける目的で築造された人工島である。

皇紀一八三五（承安五）年春、浄土宗の開祖・法然が「専修念仏」の思想に開眼して比叡山を下り、知恩院にて「専修念仏」の教えを広めた。「専修念仏」とは、いかなる者でも一心に弥陀（阿弥陀如来）の名を唱え続ければ極楽往生できるとする思想である。簡単で分かり易いから急速に広まった。

皇紀一八三五（承安五）年七月二十八日、元号を承安から安元《あんげん》に改元する。

皇紀一八三六（安元二〈一一七六〉）年三月四日、後白河法皇の五〇歳を祝い、法住寺殿で祝賀の宴が催行される。三月九日には後白河法皇は滋子（譲位後の妃）を連れて摂津国・有馬温泉に御幸（上皇の外出）された。

この頃、加賀国目代《もくだい》（任国に代理で下向する役人）の藤原師経が白山の末寺を焼いたことが発端で、白山の本寺が延暦寺であり、加賀守・藤原師高の父・西光《さいこう》が後白河法皇の近臣だったことから、紛争は中央に波及して、延暦寺と後白河法皇との全面衝突に発展した。三月二十八日、後白河法皇は師経を備後国に配流するが収まらず、延暦寺衆徒はあくまでも加賀守・師高の配流を求め、四月十三日に神輿を奉じて内裏に向かって強訴した。

平重盛が防御を命じられる。ところが重盛の軍兵が神輿に矢を射込んだため、法皇側の情勢が一挙に不利となった。十四日、高倉天皇と徳子は内裏から法住寺殿に脱出される。後白河法皇は神輿を射た責任を認め、二十日、藤原師高の尾張国への配流、神輿を射た平重盛家人には投獄の宣旨を下された。強訴（抗議デモ）の威力は絶大であった。

六月、後白河天皇の譲位後の妃・平滋子が突然病に倒れ、七月八日に薨去した。これによって後白河法皇と清盛の関係は鎹《かすがい》がなくなり微妙に変化していき、法皇と清盛の蜜月時代が終わる。

皇紀一八三七（安元三）年四月二十八日、「安元の大火」が発生し、平安京の三分の一が焼失した。

高倉天皇と中宮・平徳子は正親町《おおぎまち》東洞院にある藤原邦綱《くにつな》邸に避難された。大内裏の大極殿の焼亡は皇紀一五三六（貞観十八〈八七六〉）年、皇紀一七一八（天喜六〈一〇五八〉）年に次いで三度目で、以後は再建されることはなかった。

六月一日、後白河法皇の側近達が平家を打倒する計画「鹿ケ谷の陰謀」を企てるが、密告で露見し失敗する。参加者は一網打尽に捕らえられ、殺害されたり配流になったりする。そしてこの事件で法皇と清盛の関係が更に悪化していく。

皇紀一八三七（安元三）年八月四日、元号を安元から治承《じしょう》に改元する。

皇紀一八三九（治承三〈一一七九〉）年三月二十四日、長野の善光寺が火災で焼失する。

七月二十九日、平重盛（清盛の嫡男）が死去する。十月九日の除目《ぢもく》で後白河法皇は平氏の者ではなく、近臣の藤原季能《すえよし》を後任の越前守に任じられ、皇紀一八二六（仁安元）年以来の重盛の知行国は重盛死去を機に、没収される。この法皇の措置で法皇と平氏との関係は最悪となり皇紀一八三九（治承三）年の政変に繋がっていく。

十一月六日、藤原（近衛）基通（近衛基実の長男）が関白に就く。そして翌年二月には安徳天皇の摂政となる。

十四日、平清盛、先の鹿ヶ谷の陰謀（平氏討伐計画）の件もあり、重盛死去を機に重盛の知行国が没収されたので、遂に清盛は後白河法皇を幽閉し院政を停止させる（治承三年の政変）。法皇としては、権勢の強くなりすぎた平氏を牽制する政策を採っておられた。しかし、その度が過ぎたと見え、清盛は遂に数千騎の大軍を率いて福原から上洛する。後白河法皇は、清盛のこの予想を超えた強硬姿勢に驚かれ、近臣の静賢《じょうけん》（信西の子）を使者に立てられ「今後は政務に介入しない」ことを申し入れられた。しかし、十六日、謀議に加わっていた天台座主・覚快法親王《かっかいほっしんのう》（鳥羽上皇の第七皇子）が罷免となり、親平氏派の明雲（久我顕通の長男）が復帰し、翌十七日、太政大臣・藤原師長以下三九名（公卿八名、殿上人、受領、検非違使など三一名）が解官された。

そして平清盛の六女・完子《さだこ》を正室にもつ藤原基通（近衛基通）は非参議（まだ参議ではない）右中将から内大臣・内覧・関白に任じられた。諸国の受領の大幅な交替も行われ、平氏の知行国は、この政変前の一七ヶ国から三二ヶ国に増え、

「日本秋津島《やまとあきつしま》は僅かに六六ヶ国、平家知行国は三〇余ヶ国、既に半国に及べり」（『平家物語』）という状態になった。但し、天皇の宣命・詔書が発給されており、清盛はすでに高倉天皇（一九歳）の勅許は得ていた。飽くまでも院政停止であった。高倉天皇には平氏を取り立てることによって、後白河法皇の院政を廃して親政にすると言う意図もあったと推定される。

皇紀一八四〇（治承四）年四月二十二日、平清盛、娘の徳子が生んだ皇子・言仁《ときひと》親王（安徳天皇）を即位させ、高倉上皇に形だけの院政を敷かせる。高倉天皇のご在位は一三年で、まだ二〇歳であられた。平清盛が天皇を選ぶ、つまり「治天の君」になったと言うことの意味は大きい。かつての豪族蘇我氏と同じ轍《てつ》を踏むことになる。

これに対し、明確な越権行為だと怒ったのが後白河天皇の第三皇子の以仁王《もちひとおう》であった。源頼政（摂津源氏源仲政の長男・源満仲の五世孫）を誘って平氏打倒の兵を挙げるとともに、平氏討伐の「令旨」を全国に発せられた。これによって、伊豆の源頼朝、木曽の源義仲ら各地の源氏の武士が蜂起する。

皇紀一八四一（治承五）年一月十四日、高倉上皇が二一歳と、若くして崩御される。陵は、京都市東山区清閑寺歌ノ中山町の後清閑寺陵《のちのせいかんじのみささぎ》である。

安徳《あんとく》天皇

第八十一代　世系四九　在位五年

皇紀一八三八（治承二〈一一七八〉）年十一月十二日、高倉天皇の第一皇子として誕生された言仁《ときひと》親王で、母は平清盛の娘・平徳子である。清盛が外祖父となる。

十二月十五日、生後一ヶ月で立太子される。

皇紀一八四〇（治承四）年二月二十一日、高倉天皇から譲位を受け、四月二十二日、三歳（満一歳四ヶ月）で即位される。幼少のため実権はなく、政治は全て外祖父の清盛が取り仕切る。

四月九日、清盛の行動に怒った以仁王《もちひとおう》（後白河天皇の第三皇子）は、源頼政（摂津源氏源仲政の長男）と謀って「最勝《よしかつ》親王」と称し、諸国の源氏と大寺社に平氏追討の令旨を下された。

六月二日、清盛の主導で福原（神戸市）への遷都が計画され、後白河法皇の福原御幸が行なわれるが、半年ほどで法皇は京に還幸された。

八月十七日、以仁王の「平氏追討」の令旨により源頼朝が挙兵し、伊豆知行国主・平時忠の目代に任ぜられていた山木兼隆（平兼隆）の館を襲撃する。不意を突かれ兼隆は討ち取られた。

九月四日、平維盛（平清盛の嫡孫で、平重盛の嫡男）らに源頼朝追討の勅許が渙発される。勅許といっても、安徳天皇は三歳であるから、実際は清盛が発したものである。

九月七日、源（木曾）義仲が以仁王の令旨を受け挙兵する。

十月二十日、富士川の戦いで平維盛率いる平氏軍が源氏の頼朝に敗れ敗走する。

十二月二十八日、平重衡らが平氏政権に反抗的な態度を取り続ける東大寺・興福寺など奈良の寺院を焼き払う（南都焼討事件）。多数の僧侶達が焼死したが、東大寺大仏も焼失した。この事件も平氏の評判を落とした。

この後、仏師の康慶《こうけい》（運慶の父）が焼失した興福寺の復興造仏に参加し、一門の仏師を率いて、興福寺南円堂の本尊・不空羂索観音立像《ふくうけんじゃくかんのんりつぞう》以下の諸仏の造像にあたった。以後、康慶は復興造仏の中心人物として活躍し、慶派の基礎を築いた。また兵火で主要伽藍を焼失した東大寺造仏の造像にも、康慶を中心とする奈良仏師が携わり活躍する。

皇紀一八四一（治承五）年一月十四日、高倉上皇が二一歳で崩御される。

二月十九日、越後国を支配していた城資永《じょうすけなが》に源義仲追討の宣旨が下り、陸奥国の藤原秀衡にも源頼朝追討の宣旨が下る。この宣旨も実質は清盛の発したものである。

【平清盛の死去と院政再開】

皇紀一八四一（治承五〈一一八一〉）年閏二月四日、平清盛が死去する。六日、清盛亡き後、天皇はまだ幼いし、後白河法皇は平宗盛（清盛の三男）の要請を受けて院政を再開された。平宗盛は大政奉還したことになる。十五日、平重衡（清盛の五男）を大将軍とする官軍が源頼朝追討のため京を発つ。二十五日、後白河法皇が六波羅から法住寺殿御所へ還御される。

三月十日、尾張国と美濃国の境、墨俣川（長良川）で平重衡率いる官軍が源行家軍と戦い、勝利する（墨俣川の戦い）。

二十五日、平重衡率いる官軍が京へ凱旋する。

六月十三日、信濃国の横田河原（千曲川）で城長茂《じょうながもち》（越後平氏一族）率いる官軍が源義仲軍と戦い、敗れる（横田河原の戦い）。

この年、養和の大飢饉が発生する。前年の皇紀一八四〇（治承四）年が極端に降水量が少なく、干魃により農産物の収穫量が激減し、翌五年には京を含め西日本一帯が飢饉に陥った。大量の餓死者が発生し、土地を捨てて逃亡する百姓が多数発生して地域社会が崩壊し、混乱は全国に波及する。鴨長明《かものちょうめい》が随筆『方丈記』の中で、洛中の死者を四万二千三百人と記し、また洛中に死体が溢れ、随所で腐臭を放っていたと記している。

安徳天皇の御世は、平清盛が生後間もない安徳天皇を即位させたのであり、いわば天皇不在の時代であった。

皇紀一八四一（治承五〈一一八一〉）年七月十四日、元号を治承から養和《ようわ》に改元する。

この年、僧・重源《ちょうげん》は南都焼き討ちの被害状況を視察に来られた後白河法皇の勅使である藤原行隆（藤原北家勧修寺流、藤原顕時の長男）に東大寺再建を進言し、これに賛意を示した勅使・行隆の推挙を受けて、重源は東大寺勧進職に就いた。周防国の税収を再建費用に当てることが許される。また、重源自身も後白河法皇や太政大臣九条兼実、鎌倉の源頼朝などに浄財寄付を仰いでいる。なお、重源は真言宗の醍醐寺に入り出家し、後に浄土宗の開祖・法然に学び南宋にも渡って修行した僧である。

七月十四日、大赦により摂政・関白藤原忠通の次男・藤原基房（備前国に配流）、藤原頼長の次男・藤原師長（尾張国に配流）、法皇の近臣・源資賢（信濃国に配流）がそれぞれ召還される。いずれも皇紀一八三九（治承三）年に清盛が法皇を幽閉して始まった政変で配流になっていた。

この頃、後白河院は東国追討について融和策を考えておられ、源頼朝からの和平提案の密奏もあって宗盛に和平を打診する。しかし平氏は清盛の「頼朝とは最後の一兵まで戦え」との遺言を理由にこれを拒否する。これで平氏は滅亡へと進むことになる。

皇紀一八四二（養和二〈一一八二〉）年五月二十七日、元号を養和から寿永《じゅえい》に改元する。

八月十四日、後白河法皇の第一皇女で伊勢斎宮を務めておられた亮子《りょうし》内親王が安徳天皇の准母として皇后となる。

皇紀一八四三（寿永二）年五月十一日、源義仲、倶利伽羅峠《くりからとうげ》で平維盛（平清盛の嫡孫）率いる平氏の大軍を破り、七月二十八日、入洛する。

七月二十四日、平氏の都落ちを目前にして、平氏の正統性確保に同行が必須であった後白河法皇は比叡山に退避された。二十五日、平氏一門は六波羅や西八条邸を焼き払い、安徳天皇・建礼門院（平徳子）・三種の神器を擁して、都を西へ落ちて行く。二十八日、後白河法皇が源義仲（木曾義仲）に平氏討伐の宣旨を下される。「前内大臣が幼主を具し奉り、神鏡、剣璽《けんじ》を持ち去った」として平氏追討宣旨を下された。ここに平氏は賊軍に転落し、義仲・行家軍が官軍として京都を守護することになった。

後白河法皇は平時忠ら昇殿する資格のある堂上平氏の官職は解かずに、天皇・神器の返還を求めたが、交渉は不調に終わる。やむを得ず、都に残っている高倉院の皇子二人の中から新天皇を擁立することに決めるが、ここで木曾義仲が突如として以仁王の第一王・北陸宮《ほくろくのみや》の即位を主張する。これは九条兼実《かねざね》が「王者の沙汰に至りては、人臣の最《さい》にあらず」（『玉葉《ぎょくよう》』八月十四日条）と言った通り、この介入は明らかに治天の君の権限の干犯であった。

八月六日、高倉天皇の母・建春門院の異母兄にあたる平時忠を除いて、平氏一門の官職は全て剝奪され、平氏は官軍から一転賊軍として追討される立場となる。二十日、後白河法皇の意向で高倉天皇の第四皇子・尊成《たかなり》親王（後鳥羽天皇）に践祚される。やはり後白河法皇が治天の君の役を果たされた。安徳天皇ご在位のまま、後鳥羽天皇が神器なしで践祚され、即位される。形式的には二人天皇の並立という状況が生じた。

十月九日、後白河法皇は源頼朝を本位に復して赦免され、十四日には「寿永二年十月宣旨」を下されて、東海・東山両道諸国の事実上の支配権を与えられた。ただし、後白河法皇は北陸道を宣旨の対象地域から除き、上野・信濃も義仲の勢力圏と認めて、頼朝に義仲との和平を命じ、争いの拡大を避けようとされた。また、平清盛のこともあって、一人が大きな勢力になることを避けようとされたようである。

閏十月十五日、木曾義仲が帰京する。二十日、義仲は頼朝の上洛を促したこと、頼朝に宣旨を下されたことを「生涯の遺恨」と抗議し、頼朝追討の宣旨ないし御教書の発給、志田義広《よしひろ》（源為義の子で頼朝の叔父）の平氏追討使への起用を要請するが、後白河法皇は孰れも拒絶される。

十一月四日、源範頼（源頼朝の異母弟）軍が不破の関（岐阜県不破郡関ケ原町松尾）にまで達したとの情報を得られた後白河法皇は、七日、木曾義仲を除く源行家以下の源氏諸将に院御所の警護を命じられる。十六日、後白河法皇は延暦寺や円城寺の協力をとりつけて、僧兵や石投の浮浪民などを集めて堀や柵をめぐらせ法住寺殿を武装され、義仲に対して「ただちに平氏追討のため西下せよ。院宣に背いて頼朝軍と戦うのであれば、宣旨によらず義仲一身の資格で行え、もし洛中に逗留するのなら、謀反と認める」と宣せられた。義仲軍の京における行状が余り良くなくて、法皇は義仲を取り立てるのを止められたようであった。十九日、後白河法皇の御所・法住寺殿は木曾義仲軍の襲撃を受ける。院側は源光長・光経父子が奮戦したものの大敗し、後白河法皇は捕えられ、摂政・近衛基通《もとみち》（近衛基実の息子）の五条東洞院邸に幽閉された。この戦いで明雲《みょううん》、円恵法親王《えんえほっしんのう》、藤原信行らが戦死し、院政の象徴だった法住寺殿も焼き討ちに遭い焼失した（法住寺合戦）。これで義仲は完全に朝敵となった。

清盛亡き後の平氏は安徳天皇を奉じて西下する。法皇は義仲に幽閉されるが、伊豆の頼朝が遣わした範頼・義経軍に救出、保護される。義仲も流石に法皇を殺《あや》めたりはしていない。安徳天皇は平家一門に連れられ三種の神器を保持し都落ちされる。大宰府を経て屋島に戻られ、行宮を置かれた。

皇紀一八四四（寿永三）年正月二十日、源範頼・義経軍の攻撃で木曾義仲は敗死する。二十六日に平宗盛（平清盛の三男）追討の宣旨が発せられ、二十九日には義仲残党追捕の宣旨が下される。

二月七日、源範頼・義経軍は一ノ谷（神戸市）の戦いで平氏軍を壊滅させる。三月二十四日には壇ノ浦（山口県下関市）の戦いで平氏を滅ぼし、ここに五年近くに及んだ治承・寿永の乱は終結する。

四月十六日、元号を寿永から元暦《げんりゃく》に改元する。ただし、平家方ではこれを使用せず寿永を引き続き使用する。

皇紀一八四五（寿永四）年三月二十四日、安徳天皇は壇ノ浦で崩御される。在位五年、八歳であった。ここで皇紀一八四三（寿永二）年八月以来の後鳥羽天皇との一年半に及ぶ二朝並立状態が解消する。そして平氏一門は清盛の死去から四年にしてここに滅亡した。

陵は、山口県下関市阿弥陀寺町の阿彌陀寺陵《あみだじのみささぎ》である。

第五章　第二期京都時代

（鎌倉時代）

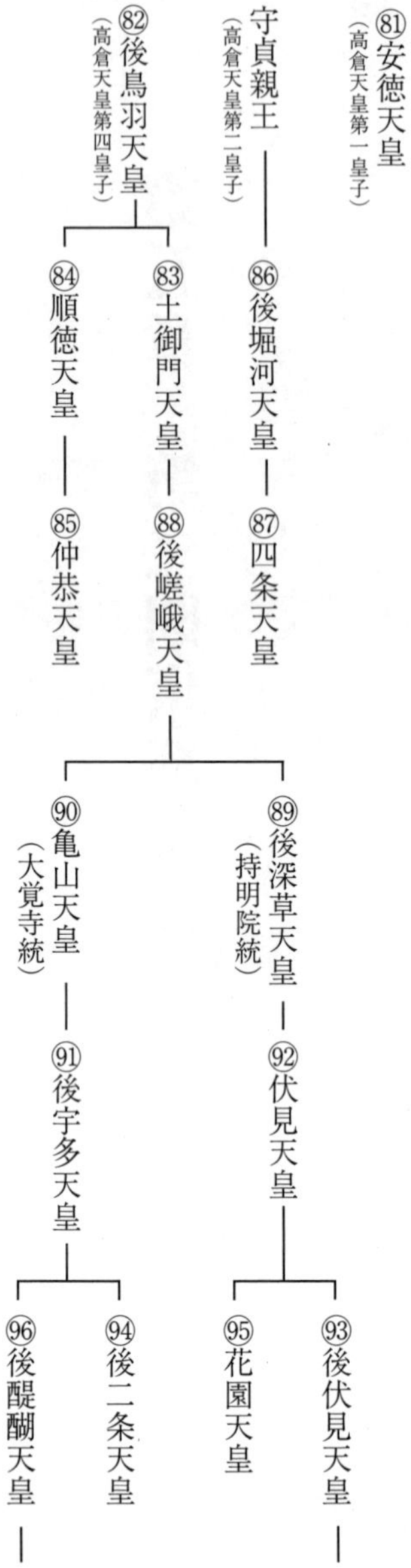

⑧1安徳天皇
（高倉天皇第一皇子）
守貞親王
（高倉天皇第二皇子）
⑧2後鳥羽天皇
（高倉天皇第四皇子）
⑧6後堀河天皇
⑧7四条天皇
⑧3土御門天皇
⑧8後嵯峨天皇
⑧4順徳天皇
⑧5仲恭天皇
⑧9後深草天皇
（持明院統）
⑨2伏見天皇
⑨3後伏見天皇
⑨5花園天皇
⑨0亀山天皇
（大覚寺統）
⑨1後宇多天皇
⑨4後二条天皇
⑨6後醍醐天皇

後《ご》鳥《と》羽《ば》天皇

第八十二代　世系四九　在位一六年

皇紀一八四〇（治承四〈一一八〇〉）年七月十四日、高倉天皇の第四皇子として誕生された尊成《たかなり》親王で、母は藤原信隆の娘・殖子《たねこ》（七条院）である。後白河天皇の嫡孫で、安徳天皇の異母弟に当たる。

皇紀一八四三（寿永二〈一一八三〉）年八月二十日、先帝安徳天皇は平氏とともに西下され、尊成親王は譲位を受けられる状況になく、太上天皇（後白河法皇）の院宣を受けて践祚され、四歳で即位される。後白河法皇の院政が続く。

十月十三日、後白河法皇は源頼朝に、東国における荘園・公領からの官物・年貢納入を保証させると同時に、頼朝による東国支配権を公認する宣旨を下された（寿永の宣旨）。

皇紀一八四四（元暦元・寿永三〈一一八四〉）年十月二十日、源頼朝、「寿永の宣旨」を受け、公文書の管理を行う「公文所《くもんじょ》」、訴訟事務を処理する「問注所《もんちゅうじょ》」を設置する。

皇紀一八四五（寿永四）年三月二十四日、平氏が壇ノ浦の戦いに敗れて滅亡し、安徳天皇が七歳で崩御される。皇紀一八四三（寿永二）年八月に後鳥羽天皇が即位しておられるので、この時までの凡そ一年半余り、二人の天皇がおられたことになる。

皇紀一八四五（元暦二）年七月九日、京で元暦大地震（文治地震）が発生する。

鴨長明が『方丈記』に「元暦二年の頃、大地震ふること侍りき。その様《さま》世の常ならず。山崩れて川を埋《うづ》み、海かたぶきて陸《くが》をひたせり。土裂けて水湧きあがり、いはを割りて谷にまろび入り、渚《なぎさ》こぐ船は浪にたゞよひ、道ゆく駒は足の立処をまどはせり」と、そのさまを伝えている。大津波も発生している。

皇紀一八四五（元暦二〈一一八五〉）年八月十四日、元号を元暦から文治《ぶんじ》に改元する。

八月二十八日、僧・重源によって東大寺大仏開眼供養が盛大に行われる。後白河法皇が正倉院から筆をとり出し自ら開眼を行われた。まだ余震が頻発し危険との諌めも押して、「余震で転倒し落命しても本望」と強行される。

十月九日、源義経が兄・頼朝に無断で官位を受けたとして、源頼朝の命を受けた土佐坊昌俊《とさのぼうしょうしゅん》が義経を襲撃する。しかし昌俊は逆襲され、敗れた昌俊は、義経の郎党に捕らえられ、二十六日、家人と共に六条河原で梟首された。この前に、頼朝は無断で官位を受けた東国武士二四人を処罰している。頼朝は誰と雖《いへど》も自分の了解なしに朝廷と繋がることを極端に警戒していた。

十月十八日、後白河法皇より源義経に頼朝追討の院宣が下る。この時点では後白河法皇の信頼は、平家追討を実際に成し遂げた義経の方に厚かったことが分かる。

皇紀一八四五（文治元）年十一月二十八日、「文治の勅許」が発布される。

頼朝の義父の北条時政が入京して後白河法皇と交渉を行い、源行家・源義経追討を名目として荘園・公領から兵糧米を徴収する職として守護、地頭の設置が許されることとなった。これで鎌倉を中心とした中央集権体制、実質的な鎌倉武家政権が朝廷の了解の下に出来上がり、鎌倉幕府が成立した。同時に先に出された頼朝追討の院宣は失効したことになる。なお、鎌倉幕府成立年についてはどの時点を捉えるかにより諸説あるが、この時点とすることも出来る。

皇紀一八四六（文治二）年十二月、九州に鎮西奉行が設置され、鎮西奉行に天野遠景《とおかげ》（藤原南家）が就任する。最初は平家の残党及び源義経一党らの追捕が本来の任務であったが、その後、全九州の御家人の統轄に当たるようになり、大宰府の機能をも継承した。

皇紀一八四七（文治三）年、地頭職の設置とその支配領域、摂関家領の分割が合意に達し、朝廷と頼朝の関係は改善に向けて動き出した。

二月、義経は兄・頼朝に追われ奥州藤原氏のもとへと落ち延びる。

十月二十九日、義経を匿った藤原秀衡が死去する。

皇紀一八四八（文治四）年二月二十一日、頼朝の要請を受けて奥州の藤原基成・泰衡に義経追討の宣旨が下される。頼朝は飽くまでも宣旨を得て義経追討を行っている。

皇紀一八四九（文治五）年二月二十四日、後白河法皇、先の地震で倒壊した東寺の修理を知行国播磨国に命じられる。

閏四月三十日、奥州藤原家では秀衡亡き後、頼朝の圧迫を受けた秀衡の子の藤原泰衡は、秀衡の保護していた義経を襲撃して自害に追い込み、義経の首級を鎌倉に届ける。

七月十九日、頼朝は弟の義経亡き後は宣旨によらず自ら軍を率いて奥州に出征し、九月には奥州藤原氏を滅ぼし、陸奥、出羽を勢力下に置く（奥州合戦）。これは朝廷の命によらない私戦だったが、後白河法皇は七月十九日付け泰衡追討宣旨を発し、頼朝の軍事行動を追認した。

源頼朝、蝦夷島（北海道）の統治のため、津軽に安東氏（安倍貞任後裔との説もある）を代官としておく。

皇紀一八五〇（文治六〈一一九〇〉）年四月十一日、元号を文治から建久《けんきゅう》に改元する。

【源頼朝の上洛】

十一月七日、源頼朝が御家人を率いて上洛する。頼朝が日本国総追捕使として国家の軍事警察を担当する体制を確立する。九日、源頼朝は後白河法皇、後鳥羽天皇（一一歳）に拝謁する。

頼朝が後白河法皇に「君ノ御事ヲ私ナク身ニカヘテ思候（法皇の事を自分の身に代えても大切に思っています）」と表明し、この日、後白河法皇は頼朝を参議・中納言を飛び超して、権大納言に任じられた。

十二月十四日、頼朝が京から鎌倉に戻る。頼朝の在京は四〇日間、後白河法皇に拝謁は八回で、ここで新たな朝幕関係が築かれる。

皇紀一八五一（建久二）年三月二十二日、一七ヶ条の新制が発布されるが、その一六条で「海陸盗賊放火」について「自今已後、たしかに前右近衛大将源朝臣並びに京畿諸国所部官司等に仰せ、件《くだん》の輩《やから》を搦《から》（捕縛）めまいらしめよ」と記され、頼朝の諸国守護権が公式に認められた。ここに武家が朝廷を守護する鎌倉時代の政治体制が確立する。

この年、後白河法皇は四二ヵ国八九ヵ所に及ぶ膨大な荘園を長講堂に寄進し長講堂領が確立する。

長講堂は後白河法皇が六条西洞院の御所・六条殿に皇紀一八四三（寿永二）年に建立された持仏堂が元である。持仏堂は「法華長講弥陀三昧堂」と呼ばれ、法華経を講義し、阿弥陀仏を念じるための施設を指すが、後白河法皇のものが最も著名で、しかも後世に伝わったために、長講堂と言えばこの施設を指すようになった。

法皇は崩御の直前、長講堂ごと皇女の覲子《ぎんし》内親王に譲渡された。これらの所領群は後に「長講堂領」と呼ばれ、内親王の薨去後に後深草天皇およびその子孫である持明院統が継承した。

皇紀一八五二（建久三）年三月十三日、後白河法皇が六六歳で崩御される。

後白河法皇の崩御時、後鳥羽天皇はまだ一三歳で、関白の九条兼実が朝廷を取り仕切る。兼実は摂政・関白藤原忠通（摂政関白太政大臣・藤原忠実の長男）の六男で五摂家の一つ、九条家の祖である。

【鎌倉時代】

七月十二日、天皇は源頼朝を坂上田村麻呂・藤原忠文・源義仲につづく史上四人目の征夷大将軍に任命する。ここでいわゆる「鎌倉時代」といわれる時代が始まる。なお、既述の通り鎌倉幕府の始まり時期については諸説ある。

鎌倉に執政のための「幕府」を設け、大江広元を中心にした政務執行体制を整備する。大江は有能な朝臣で、はじめは朝廷に仕える下級貴族・官人だったが、鎌倉に下って源頼朝の側近となり、鎌倉幕府の政所《まんどころ》初代別当を務め、幕府体制創設に貢献した。頼朝が守護・地頭を設置したのも広元の献策によるものであった。

十一月、九条兼実（摂政・関白藤原忠通の六男）は弟の慈円を天台座主に任じ延暦寺を統制させる。そして皇紀一八五四（建久五）年、藤原氏の氏寺・興福寺を、皇紀一八五五（建久六）年には国家鎮護の象徴・東大寺の再建を成し遂げて摂関家としての役割を果たす。

皇紀一八五五（建久六）年三月四日、源頼朝は東大寺落慶供養に参列するために五年ぶりに上洛する。

皇紀一八五六（建久七）年十一月二十五日、前年十二月に源通親《みちちか》の養女で後鳥羽天皇の妃・在子《ざいし》に皇子の為仁親王（土御門天皇）が誕生され、源通親の政敵であった九条兼実は関白を罷免（建久七年の政変）され、後任の関白には近衛基通（摂政太政大臣藤原忠通の孫、近衛基実の子）が任じられた。

皇紀一八五八（建久九〈一一九八〉）年一月十一日、後鳥羽天皇は在位一六年にして一九歳で土御門天皇に譲位され、以後上皇として土御門、順徳、仲恭と皇紀一八八一（承久三）年まで、三代二三年間に亘って院政を敷かれた。

皇紀一八九九（延応元〈一二三九〉）年二月二十二日、四条天皇の御世、隠岐の配所にて六〇歳で崩御された。陵は京都市左京区大原勝林院町の大原陵《おおはらのみささぎ》である。

土御門《つちみかど》天皇

第八十三代　世系五〇　在位一二年

皇紀一八五五（建久六〈一一九五〉）年十二月二日、後鳥羽天皇の第一皇子として誕生された為仁《ためひと》親王で、母は久我通親（源通親・村上源氏）の養女（実父は法勝寺執行法印の能円）源在子《ざいし》である。

皇紀一八五八（建久九）年一月十一日、父後鳥羽天皇の譲位により四歳で践祚され、同年三月三日に即位される。

後鳥羽上皇による院政が敷かれ、立太子はしておられない。後鳥羽天皇は上皇になられると土御門通親（土御門〈久我〉内大臣）をも排し、殿上人を整理（旧来は天皇在位中の殿上人はそのまま院の殿上人となる）して、院政の機構改革を行われる。鎌倉幕府に対しても親政を貫くべく、皇紀一八五九（正治元〈一一九九〉）年に頼朝が死去した後も、台頭する鎌倉幕府に対して厳格な対応をとられる。

皇紀一八五九（建久十）年一月十三日、源頼朝が五三歳で急死し、子の源頼家が跡を継ぎ、第二代将軍に就く。四月二十七日、元号を建久から正治《しょうじ》に改元する。

皇紀一八六一（正治三）年二月十三日、元号を正治から建仁《けんにん》に改元する。

皇紀一八六二（建仁二〈一二〇二〉）年七月二十二日、頼朝の急死を受け、嫡男・源頼家（二一歳）が征夷大将軍に任命される。この年、栄西が南宋より帰朝し、臨済宗を広める。そして源頼家の保護の下、京に臨済宗総本山の建仁寺を建立する。

皇紀一八六三（建仁三）年九月七日、比企能員《ひきよしかず》の変により、頼家は将軍職を二年目で失い伊豆国に追われ、頼家の弟・

源実朝が一二歳で第三代将軍に就任する。比企能員は娘の若狭局が頼家の側室となり長男・一幡《いちまん》を儲け、外戚として権勢を振っていたが、比企の台頭を恐れた北条時政の謀略によって滅ぼされ、頼家も将軍職を追われた。

源実朝（頼朝の四男）が第三代将軍に任命されると、後鳥羽上皇は自ら「実朝」の名乗りを定め、実朝を取りこむことで幕府内部への影響力拡大を図り、幕府側も子供のいない実朝の後継に上皇の皇子を迎えさせて、政権を安定させる「宮将軍」の構想を打ち出し、朝幕関係は一時安定期を迎えた。十日、北条時政（桓武平氏）が初代執権（政所の別当の中心）に就く。北条氏は桓武天皇の八世孫平直方を始祖とする伊豆国の在地豪族であった。

皇紀一八六三（建仁三）年十月三日、運慶が中心となり、奈良・東大寺南大門の金剛力士立像（国宝）を、快慶、定覚、湛慶ら一門の仏師らが制作する。

皇紀一八六四（建仁四〈一二〇四〉）年二月二十日、元号を建仁から元久《げんきゅう》に改元する。

七月十八日、第二代征夷大将軍・源頼家が伊豆の修禅寺に幽閉されたのち、北条氏の手により暗殺された。

閏七月十九日、北条義時（時政の次男）が政所《まんどころ》の別当（律令制度の令外官として設置した検非違使庁や蔵人所などの責任者）となり第二代執権となる。実朝を廃して平賀朝雅《ひらがともまさ》（時政と後妻で牧の方の娘婿）を新将軍として擁立しようとした牧氏事件があって、さすがに良くないと、義時と政子は協力して父の時政の執権を廃し、強制的に出家させ、伊豆国に幽閉する。

皇紀一八六五（元久二）年三月二十六日、後鳥羽上皇の勅命によって編まれた勅撰和歌集『新古今和歌集』が完成する。後鳥羽上皇ご自身も歌を親選されて深く関与される。八代集最後のもので、全二十巻からなる。なお、八代集とは『古今和歌集』『後撰和歌集』『拾遺和歌集』『後拾遺和歌集』『金葉和歌集』『詞花《しか》和歌集』『千載《せんざい》和歌集』『新古今和歌集』の八勅撰和歌集の総称である。

皇紀一八六六（元久三）年四月二十七日、元号を元久から建永《けんえい》に改元する。

皇紀一八六七（建永二〈一二〇七〉）年二月、「承元の法難事件」が起きる。

後鳥羽上皇が熊野神社に参詣された留守中に、上皇が寵愛する「松虫」と「鈴虫」という側近女性が、御所から抜け出し「鹿ケ谷草庵」にて行われていた念仏法会に参加し、松虫と鈴虫は出家し尼僧となった。そして僧の住蓮房・安楽房を、御所内に泊めたことをお知りになった後鳥羽上皇は激怒され、専修念仏の停止を決定、住蓮房・安楽房には死罪を言い渡される。住蓮房は六条河原にて、安楽房は近江国馬渕にて処刑された。

更に上皇は、法然、親鸞およびその弟子、合わせて七名を流罪に処した。法然は、土佐国へ、親鸞は越後国へ配流される。法然・親鸞は僧籍を剝奪されたが、五年後の皇紀一八七一（建暦元〈一二一一〉）年十一月には赦免の宣旨が発せられ入洛した。

皇紀一八六七（建永二）年十月二十五日、元号を建永から承元《じょうげん》に改元する。

皇紀一八七〇（承元四〈一二一〇〉）年十一月二十五日、後鳥羽上皇は土御門天皇の穏和な性格が幕府との交渉で心許ないと感じられ退位を迫り、在位一二年で異母弟の守成《もりなり》親王（順徳天皇）に譲位させ、同年十二月、一六歳で上皇（土御門上皇）となられた。

皇紀一八九一（寛喜三〈一二三一〉）年十月、土御門上皇は出家され、同月十二日、阿波国板野郡池谷にて三七歳で崩御される。第八十六代後堀河天皇の御世であった。

陵は、京都府長岡京市金ヶ原金原寺にある金原陵《かねがはらのみささぎ》である。

大阪府三島郡島本町の水無瀬神宮では、後鳥羽上皇が離宮を営んでおられたので、土御門天皇・順徳天皇とともに祭神として祀られている。

順徳《じゅんとく》天皇

第八十四代　世系五〇　在位一一年

皇紀一八五七（建久八〈一一九七〉）年九月十日、後鳥羽天皇の第三皇子として誕生された守成《もりなり》親王で、母は高倉範季（藤原南家）の娘・重子《じょうし》（修明門院）である。土御門天皇の異母弟に当たる。

皇紀一八六〇（正治二〈一二〇〇〉）年四月、四歳で異母兄・土御門天皇の皇太弟となられる。

皇紀一八七〇（承元四〈一二一〇〉）年十一月二十五日、後鳥羽上皇の意向により、土御門天皇の譲位を受けて一四歳で即位される。

後鳥羽上皇の院政が継続しており、直接政務に関わらない順徳天皇は、王朝時代の有職故実《ゆうそくこじつ》を研究される。天皇親政政治を復興する目的もあって、朝廷における儀式作法の根源、由来を研究され、古来からの慣習を書いた、有職故実の解説書『禁秘抄《きんぴしょう》』を著される。完成は皇紀一八八一（承久三〈一二二一〉）年、順徳天皇二五歳の時である。

皇紀一八七一（承元五）年三月九日、元号を承元から建暦《けんりゃく》に改元する。

皇紀一八七二（建暦二〈一二一二〉）年三月三十日、鴨長明が出家した後、日本の三大随筆（『枕草子』『方丈記』『徒然草』）の一つ和漢混合文の『方丈記』を著す。晩年、京の郊外・日野山（京都市伏見区日野町）に一丈四方（方丈）の狭い庵《いおり》を結び隠棲し、庵内から当時の世間を観察して書いた。長明は、賀茂御祖神社《かもみおやじんじゃ》の神事を統率する禰宜・鴨長継の次男で、歌人であり、随筆家として親しまれている。二条天皇の中宮・姝子《しゅし》内親王（高松院）の保護を受けていた。

皇紀一八七三（建暦三〈一二一三〉）年十二月六日、元号を建暦から建保《けんぽう》に改元する。
この年、源実朝の歌集である『金槐和歌集』が完成する。
皇紀一八七九（建保七〈一二一九〉）年一月二十七日、第三代征夷大将軍・源実朝が源頼家の子・公暁《くぎょう》に暗殺される。享年二八歳であった。

実朝は武士としては初めての右大臣に叙せられ、後鳥羽上皇は翌年昇任を祝う鶴岡八幡宮拝賀の儀式で使用する装束や車などを贈られた。実朝が神拝を終え退出するところを甥の公暁に暗殺された。天皇の任命した征夷大将軍を暗殺したということで、天皇の幕府に対する信頼は失墜し、朝廷と幕府との関係は悪化する。間もなく公暁も討ち取られ、源氏将軍家は断絶した。

源実朝が暗殺された後、鎌倉幕府は皇族を将軍に迎えようとして、有力御家人一同が連署した上奏文を京へ送ったが、後鳥羽上皇に拒絶される。上皇の幕府に対する信任が毀損《きそん》され、後鳥羽上皇が義時追討の院宣《いんせん》を発布されることになる。そして事態は承久の乱へと進展する。天皇としては、実朝に右大臣の冠位を与え、征夷大将軍に任じたにも拘わらず、これを暗殺したので、幕府を信用するわけには行かなくなったということである。ここで上皇は倒幕の決意をされる。

皇紀一八七九（建保七〈一二一九〉）年四月十二日、元号を建保から承久《じょうきゅう》に改元する。

六月、皇族を将軍に迎えることが叶わないとなったので、執権の北条義時は九条道家の三男・藤原頼経を第四代征夷大将軍にと要請し、道家はこれに応じて、二歳の頼経を鎌倉に下向させた。頼経は七月十九日に鎌倉入りする。北条氏は頼朝の家系が絶えても北条家からは将軍を出さず、朝廷から公卿を招聘し、しかも自分の意思では動かないような幼少の公卿を将軍に迎えることとし、北条家はあくまでも執権の地位に留まることとした。仮に北条家から征夷大将軍を出そうとしても後鳥羽上皇はこれを認めなかったであろう。北条家が実朝暗殺にどのように関わっていたかは定かでない。

七月十三日、都で大内裏守護の任に就く一方、鎌倉幕府の在京御家人となって、朝幕双方を仲介する立場にあった源頼茂《よりしげ》が、西面武士（上皇に仕え身辺警護する）に襲われ、内裏の仁寿殿《じんじゅでん》に籠って討死を遂げる。頼茂は清和源氏多田満仲の末裔である。

皇紀一八八〇（承久二）年、天台座主の慈円が初代神武天皇から第八十四代順徳天皇までの歴史を綴った『愚管抄』を著す。この時代を公卿の時代から武士の時代への転換と捉えていた慈円は、公武の協調を理想とし、後鳥羽上皇の倒幕を目指した挙兵の動きには反対している。

皇紀一八八一（承久三）年四月二十日、順徳天皇は在位一一年で皇子の懐成《かねなり》親王（仲恭天皇）に譲位して上皇の立場に退かれた。天皇は父帝・後鳥羽上皇以上に鎌倉幕府打倒に積極的であった。

五月十五日、承久の乱（後述）を引き起こされたが倒幕は失敗し、乱後の七月二十一日、上皇は都を離れて佐渡へ配流とされた。

皇紀一九〇二（仁治三）年九月十二日、順徳上皇は佐渡在島二一年で、佐渡にて四六歳で崩御される。配流後は佐渡院と呼ばれ、皇紀一九〇九（建長元〈一二四九〉）年七月には順徳院と諡された。

陵は京都市左京区大原勝林院町の大原陵《おおはらのみささぎ》である。佐渡市真野にある真野御陵《まののみささぎ》は古来地元で御陵として崇敬されてきた。また大阪府三島郡島本町の水無瀬神宮にも祭神として祀られている。尚、ここは後鳥羽天皇の離宮水無瀬殿の跡地であり、後鳥羽天皇、土御門天皇も御祭神として祀られている。

仲恭《ちゅうきょう》天皇

第八十五代　世系五一　在位八〇日

皇紀一八七八（建保六〈一二一八〉）年十月十日、順徳天皇の第一皇子として誕生された懐成《かねなり》親王で、母は九條良経（藤原忠通の孫）の娘の東一条院・藤原立子《りゅうし》である。

皇紀一八八一（承久三〈一二二一〉）年四月二十日、順徳天皇が北条討伐の準備に参加するということで譲位され、四歳で践祚を受け即位される。伯父の摂政九条良経の長男・九条道家《みちいえ》が新たに摂政に就く。

【承久の乱】

皇紀一八八一（承久三）年五月十四日、承久の乱が起きる。

後鳥羽上皇は、時の執権・北条義時追討の院宣を渙発され、院内の親鎌倉派を粛清し、流鏑馬《やぶさめ》ぞろいと称して諸国の兵を招集する。京都守護として上洛していた伊賀光季《いがみつすえ》を殺害し、倒幕の兵を挙げられた。畿内・近国の兵がこれに応じ、承久の乱が起きる。十五日、義時追討の宣旨が全国にも発布され、諸国の守護・地頭たちに、上皇の元に馳せ参じるよう勅命を出される。一方、義時（五八歳）は嫡男・泰時（三八歳）を総大将として東海道から京へ向けて軍勢を送り、次男の朝時、弟の時房を大将軍として北陸・東山の二道から京へ上らせた。

総大将泰時は途中で引き返し、天皇（順徳・二四歳）が自ら兵を率いて来られた場合の対処について義時に尋ねた。

義時は「天皇に弓は引けぬ。直ちに鎧《よろい》を脱いで、弓の弦を切って降伏せよ、京から兵だけ送ってくるのであれば力の限り戦え」と命ずる。二十一日、鎌倉を発した幕府軍は木曽川、宇治川と京の防衛線を突破して、六月十五日には京を制圧した。義時追討の宣旨発布から一ヶ月で幕府軍が勝利する。

七月九日、上皇方は一九万の大軍を率いて上洛した泰時軍に敗れ、義時追討は失敗し、後鳥羽上皇は隠岐島に配流となる。

後鳥羽上皇は隠岐に流される直前、出家して法皇となられる。藤原定家の日記『明月記』によると、配流から一四年経った皇紀一八九五（文暦二〈一二三五〉）年の春頃には摂政・九条道家（摂政九条良経の長男）が後鳥羽院と順徳院の還京を提案したが、北条泰時は受け入れなかったとある。

土御門上皇はこの乱には一切関与しておられなかったので処罰の対象にはならなかったが、父の後鳥羽法皇が配流になっているのに、自分が京にいるのは忍びないと、自ら申し出て土佐国に流された。しかし幕府は後に、都に近い阿波国にお移しし、阿波の守護に対して宮殿を造営させて手厚く遇している。

父帝・後鳥羽上皇以上に鎌倉幕府打倒に積極的であった順徳天皇は、乱後の七月に佐渡へ配流となった。

上皇方についた勢力は一掃され、執権義時の幕府内での最高権力者たる地位が安定したばかりか、義時の主導する鎌倉政権が朝廷に対して支配的立場に立つことになり、朝幕間の力関係が完全に逆転する。こうして新たに確立した執権政治が全国的政権となった。

鎌倉を本拠に源頼朝を棟梁として東国武士を中心に樹立された鎌倉幕府は、東国を中心として諸国に守護、地頭を設置し警察権を掌握していたが、西国への支配は充分ではなかったため依然として朝廷の力は強く、幕府と朝廷の二頭政治の状態にあった。そこで、幕府は六波羅探題を設置し、京の警備と朝廷の監視とを行わせた。これが六波羅探題の始まりである。

皇紀一八八一（承久三）年七月九日、退位（四歳）される。高倉天皇の第二皇子である守貞親王（後高倉院）の王子・茂仁《ゆたひと》王（後堀河天皇）に譲位された。

幕府は、後鳥羽天皇に繋がる血統を悉く排除し、仲恭天皇も退位させた。天皇は四歳で、征夷大将軍である将軍九條頼経の従兄弟でもあり、その廃位は予想外であった。後鳥羽上皇の挙兵を非難していた慈円でさえ、幕府を非難して仲恭天皇の復位を願う願文を出している。

承久の乱の後に、譲位を受けてから八〇日で廃され、即位も認められていなかったので、諡号・追号がつけられず、九条廃帝、半帝、後廃帝などと呼ばれていた。ちなみに、歴代の天皇の中で、在位期間が二ヶ月半余りと最短の天皇で、皇紀二五三〇（明治三〈一八七〇〉）年に天皇として認められ、仲恭天皇と追号されたが、天皇として数えるべきではないのかも知れない。ただ、この天皇の御世に、承久の乱が発生し、幕府が勝利して、却って鎌倉幕府が安定し、朝廷の権威が弱まったという皮肉な結果となった。

皇紀一八九四（天福二〈一二三四〉）年五月二十日、一七歳で崩御される。陵は京都市伏見区深草本寺山町にある九條陵《くじょうのみささぎ》である。

後堀河天皇《ごほりかわ》

第八十六代　世系五〇　在位一二年

皇紀一八七二（建暦二〈一二一二〉）年二月十八日、第八十代高倉天皇の第二皇子・守貞《もりさだ》親王の第三王として誕生された茂仁《ゆたひと》王で、母は持明院基家《じみょういんもといえ》の娘の北白河院・持明院陳子《ちんし》（藤原陳子）である。准母に同母姉邦子内親王（安嘉門院）が就く。

後鳥羽天皇の系統は全て排除されている。

皇紀一八八一（承久三〈一二二一〉）年七月八日、後鳥羽上皇の兄の行助入道親王（守貞親王・後高倉院）が太上法皇となられる。

七月九日、茂仁王が仲恭天皇の践祚を受け一〇歳で即位される。父の守貞親王（行助《ぎょうじょ》）入道親王）が後高倉院として、院政を敷かれる。しかしこの後見役の守貞親王も二年後の皇紀一八八三（貞応二〈一二二三〉）年五月十四日、四五歳で崩御される。

守貞親王・後高倉院は高倉天皇の第二皇子で安徳天皇の異母弟に当たる。平家の都落ちで西国に伴われて行かれたが、平家滅亡時に救出され帰京された。しかし、都では既に異母弟の後鳥羽天皇が即位しておられた。親王宣下を受け元服・加冠はされたが皇紀一八七二（建暦二）年三月に三四歳で出家され、行助と名乗られる。ところが、八年後の皇紀一八八一（承久三）年、後鳥羽上皇や順徳天皇が承久の乱に敗れ、流罪になり治天の君が不在となった。鎌倉幕府は後鳥羽上皇の子孫の皇位継承は認めないという方針をとっていたので、その他からの擁立を考えなければならず、しかも、行助の三男・茂仁王《ゆたひと》（後堀河天皇）以外の皇族は皆出家しておられた。

皇紀一八八二（承久四）年四月十三日、元号を承久から貞応《じょうおう》に改元する。

この年、西園寺公経《きんつね》が太政大臣に就き、翌皇紀一八八三（貞応二）年には従一位に昇進し、娘婿の九条道家とともに天皇を補佐し執政を行う。道家の三男・藤原頼経が後に第四代征夷大将軍となって鎌倉に下ることになる。また公経《きんつね》は関東申次《かんとうもうしつぎ》となって幕府と朝廷との間の調整に力を尽くす。西園寺家の実質的な祖とされていて、姉が藤原定家の後妻だから、定家の義弟に当たる。承久の乱で上皇、天皇が不在の中、皇統を維持しながら何とか執政を行った。承久の乱の際には後鳥羽上皇によって幽閉されるが、事前に乱の情報を幕府に知らせ幕府の勝利に貢献した。後鳥羽上皇にとっては裏切り者である。

皇紀一八八三（貞応二）年、荘園や国衙領（公領）を管理支配するために守護職と共に設置した地頭職の給分（土地や米や銭などの報酬）を定める。

この年、明全《みょうぜん》、道元が宋（南宋）に渡る。明全は宋で客死するが、道元が遺骨を持ち帰り、後に越前の永平寺に安置した。

皇紀一八八四（貞応三）年六月十三日、第二代執権北条義時（六二歳）が死去し、義時の長男泰時（四二歳）が第三代執権に就く。

十一月二十日、元号を貞応から元仁《げんにん》に改元する。

皇紀一八八五（元仁二〈一二二五〉）年四月二十日、元号を元仁から嘉禄《かろく》に改元する。

十二月二十一日、幕府の最高政務機関として行政・司法・立法のすべてを司る評定衆が設置される。名目上は摂家から迎えた若年の藤原頼経が支配する幕府政治を、実際は有力御家人たちが合議で運営すべく設置した。北条政子・

大江広元が死去し、幕府創設時から幕府を支えてきた人がいなくなって、新たな評定組織の必要性が発生していた。

皇紀一八八六（嘉禄二）年一月二十七日、二歳で鎌倉入りしており九条家の藤原頼経（源頼朝の同母妹・坊門姫の曾孫にもあたる）が、九歳で将軍宣下を受け、鎌倉幕府の第四代征夷大将軍に任命される。

なお、前に第三代将軍・源実朝が暗殺された後、鎌倉幕府は皇族を将軍に迎えようとして、有力御家人一同が連署した上奏文を携えた使者を京へ送ったが、後鳥羽上皇に拒否された経緯がある。ここで北条家が征夷大将軍に就くことなく、京から迎えた公卿がその職に就いて、統治の正統性を何とか確立した。

皇紀一八八七（嘉禄三）年四月二十二日、平安京の大内裏が焼失する。以後再建されることはなかった。皇紀一九九一（元弘元）年に光厳天皇（北朝初代）の里内裏だった土御門東洞院殿を皇居と定められ、ここが幕末まで天皇がお住みになった京都御所となった。

十二月十日、元号を嘉禄から安貞《あんてい》に改元する。

皇紀一八八七（安貞元〈一二二七〉）年十二月二十四日、藤氏長者の九条道家（関白藤原忠通の曾孫）が関白となる。

皇紀一八八九（安貞三）年三月五日、元号を安貞から寛喜《かんき》に改元する。

皇紀一八九〇（寛喜二〈一二三〇〉）年から皇紀一八九一（寛喜三）年にかけて、全国的に異常気象で長雨が続き、鎌倉時代を通じて最大規模の大飢饉が発生する。飢饉と源平合戦が重なった皇紀一八四〇（治承四〈一一八〇〉）年の「養和の飢饉」以来の規模であった。『吾妻鏡』によれば、六月九日に、美濃国蒔田荘（現岐阜県大垣市）および、武蔵国金子郷（現埼玉県入間市）で降雪が記録されており、その後も長雨と冷夏が続き、七月十六日には、早くも霜が降り、ほぼ冬のような寒さに陥ったとある。藤原定家も日記『明月記』にその惨状を記している。

翌三年の春になると、備蓄穀物も食べ尽くして飢餓は更に悪化し、各地で餓死者が続出して、「天下の人種三分の一失す」とまで語られる規模であった。妻子や時には自分自身までも売却・質入したりする者が続出した。『明月記』にも、皇紀一八九一（寛喜三〈一二三一〉）年九月には北陸道と四国で凶作になったこと、翌年七月には餓死者の死臭が定家の邸宅にまで及んだこと、また自分の所領があった伊勢国でも死者が多数出て年貢納入が滞ったなどと記されている。

この時期は浄土真宗宗祖の親鸞や曹洞宗開祖の道元が活躍した時期でもある。

皇紀一八九一（寛喜三）年十月十一日、土御門上皇（三六歳）が配流先の阿波で崩御される。

皇紀一八九二（寛喜四）年四月二日、元号を寛喜から貞永《じょうえい》に改元する。

皇紀一八九二（貞永元〈一二三二〉）年八月十日、武士政権のための法令（式目）である「御成敗式目（貞永式目）」が制定される。第三代執権の北条泰時が中心になり、長老北条時房（時政の子で義時の異母弟）や御家人の三善康連《みよしやすつら》らの評定衆が協議して制定した。公家には、政治制度を明記した律令が存在していたが、武家を対象とした明確な法令がなかった。そこで、源頼朝以来の御家人に関わる慣習や明文化されていなかった取り決めを基に、土地などの財産や守護・地頭などの職務権限を明文化した。鎌倉幕府の基本法で、日本最初の武家法である。

十月四日、天皇は在位一二年、二一歳にして院政を敷くべく、まだ二歳の四条天皇に譲位され、太上天皇となられた。

後堀河天皇は譲位後、持明院邸内を仙洞御所（退位された天皇の御所）として使用され、その後、後嵯峨、後深草両上皇もこれに倣って持明院邸内に住まわれたので、後深草天皇から後小松天皇に至るまでの系統が持明院統と称された。

皇紀一八九四（天福二〈一二三四〉）年八月六日、上皇は院政開始後二年足らずで二三歳で崩御される。陵は京都市東山区今熊野泉山町の観音寺陵《かんのんじのみささぎ》である。

四《し》条《じょう》天皇

第八十七代　世系五一　在位一〇年

皇紀一八九一（寛喜三〈一二三一〉）年二月十二日、後堀河天皇の第一皇子として誕生された秀仁《みつひと》親王で、母は摂政関白左大臣九条道家の娘・藤原（九条）竴子《じゅんし》である。この年に立太子される。

皇紀一八九二（貞永元〈一二三二〉）年十月四日、二歳で後堀河天皇の践祚で即位される。

天皇は幼少で、初めは父・後堀河上皇（二一歳）が院政を敷かれたが、二年後に上皇ご自身が崩御されたため、外祖父で摂政関白左大臣の九条道家とその舅の西園寺公経が事実上の政務を執る。

皇紀一八九三（貞永二）年四月十五日、元号を貞永から天福《てんぷく》に改元する。

皇紀一八九四（天福二〈一二三四〉）年五月、仲恭天皇（一七歳）が、続いて八月、後堀河上皇（二三歳）が相次いで崩御される。

皇紀一八九四（天福二〈一二三四〉）年十一月五日、元号を天福から文暦《ぶんりゃく》に改元する。

十二月二十八日、霧島山御鉢《おはち》が大噴火を起こす。

皇紀一八九五（文暦二）年三月十二日、『新勅撰和歌集』が完成し奏上される。皇紀一八九二（貞永元）年六月十三日に後堀河天皇の勅命を受けた藤原定家が単独で撰し、後堀河上皇崩御後は九条道家・教実父子が編纂事業を引き継ぎ完成させ奏上する。全二〇巻で、一三七〇首強の歌が収録されている。

皇紀一八九五（文暦二）年九月十九日、元号を文暦から嘉禎《かてい》に改元する。

皇紀一八九六（嘉禎二〈一二三六〉）年十月五日、幕府は興福寺衆徒の荘園を没収し、大和国に守護・地頭を設置して大和の出入を禁じる。それまでは大和武士と僧兵を擁し強大な力を持つ大和国に幕府は守護を置くことができず実質的に興福寺の支配下にあった。

皇紀一八九八（嘉禎四）年十一月二十三日、元号を嘉禎から暦仁《りゃくにん》に改元する。

皇紀一八九九（暦仁二〈一二三九〉）年二月七日、元号を暦仁から延応《えんおう》に改元する。

以前、皇紀一八四一（養和元〈一一八一〉）年に発生した「養和の飢饉」で妻子や時には我が身までも売却・質入したりするものが相次ぎ、対策に苦慮した幕府は「養和の飢饉」の時の人身売買・質入は例外的に有効とし、飢饉終了以後に再び禁止する方針を打ち出す。飢饉の酷さが表れている。

皇紀一九〇〇（延応二）年七月十六日、元号を延応から仁治《にんじ》に改元する。

皇紀一九〇二（仁治三〈一二四二〉）年一月九日、不慮の事故で、在位一〇年、一二歳で崩御される。皇嗣も治天の君もなく、皇位継承の選定権が自ずと幕府に移行する。崩御については、幼い天皇が悪戯《いたずら》で近習の人や女房たちを転倒させようと、御所の廊下に滑石《かっせき》を撒いたところ、誤ってご自身転倒されたことが直接の原因という。この不慮の事故による崩御は後鳥羽上皇の怨霊によるものとの噂も立った。

陵は京都府東山区今熊野泉山町の月輪陵《つきのわのみささぎ》で、父・後堀河天皇観音寺陵と共に、泉涌寺の境内地にある。

後《ご》嵯《さ》峨《が》天皇

第八十八代　世系五一　在位四年

皇紀一八八〇（承久二〈一二二〇〉）年二月二十六日、土御門天皇の第二皇子として誕生された邦仁《くにひと》親王で、母は土御門通宗（源通宗）の娘で典侍の源通子《つうし》（贈皇太后）である。

土御門上皇が土佐に流された後は、母方の大叔父中院通方《なかのいんみちかた》（土御門定通）に育てられる。土御門家一門が没落し生活にも困窮し、二〇歳を過ぎても出家も元服も出来ず、不遇な環境であられた。

皇紀一九〇二（仁治三〈一二四二〉）年一月九日、四条天皇が一二歳で崩御され、五ヶ月後六月十五日には鎌倉の第三代執権・北条泰時が死去する。泰時の嫡男・北条時実も暗殺されていたため、嫡孫の経時が一九歳で第四代執権となるが、この時、征夷大将軍藤原頼経は既に二五歳で成人しておられ、無視できない存在になっておられた。泰時の死と若年の経時の継承により、幕府は頼経という侮りがたい勢力の存在に不安感を抱くこととなる。二十日、後鳥羽天皇の孫でもある邦仁《くにひと》親王が二三歳で即位される。

四条天皇が一二歳で突如崩御され、幕府は新たな天皇を選ばざるを得なくなった。摂政で藤氏長者の九条道家らは順徳天皇の皇子の忠成親王（仲恭天皇の異母弟）を推していたが、執権北条泰時はこれを拒否していたので、土御門天皇の皇子の邦仁《くにひと》親王が即位されることとなった。順徳天皇の兄の土御門天皇は承久の乱に関与されなかったため、その皇子の邦仁親王（後嵯峨天皇）が四条天皇の後を受けて践祚されることとなった。承久の乱以後、幕府は天皇の即位に関し執拗に介入し干渉するようになり、遂に皇位継承に関しては幕府の承認が必要というとんでもない事態に陥った。勿論、北条家が天皇を出すというようなことはなかった。

六月三日、西園寺実氏（従一位太政大臣西園寺公経の息子）の長女・西園寺姞子《きっこ》が急遽一八歳にして天皇の女御となり、その二ヵ月後に中宮に冊立される。即位された天皇は朝廷の実力者である西園寺家と婚姻関係を結ぶことで朝廷の安定化を図ったとも言われる。

皇紀一九〇三（仁治四）年二月二十六日、元号を仁治から寛元《かんげん》に改元する。

皇紀一九〇四（寛元二〈一二四四〉）年四月二十八日、藤原頼経の嫡男・頼嗣が六歳で第五代征夷大将軍宣下を受ける。征夷大将軍が藤原家の親から子に引き継がれた。将軍宣下の時は幼かった頼経も長ずるにつれ官位を高め、義時の次男・朝時を筆頭とした反執権勢力が頼経に接近して、幕府内での権力基盤を強める。また、父の道家と外祖父の西園寺公経も関東申次として朝廷・幕府の双方に影響力を持ち始める。そのため、将軍頼経（二六歳）とまだ若い（一九歳）第四代執権・北条経時との関係が微妙になり、執権経時の意向を受け、将軍職をまだ幼い嫡男（頼経の嫡男）の頼嗣に譲ることになる。

八月二十九日、承久の乱で幕府に味方し、幕府を勝利に導いた、従一位太政大臣の西園寺公経が死去する。

この年、道元が福井に曹洞宗の寺院・永平寺を創建する。

皇紀一九〇六（寛元四）年、在位四年、二七歳で皇子（四歳）の久仁《ひさひと》親王（後深草天皇）に譲位され、後嵯峨上皇が院政を開始される。

皇紀一九二八（文永五〈一二六八〉）年十月、出家して法皇となり、大覚寺に移られる。

皇紀一九三二（文永九）年二月十七日、五三歳で崩御される。陵は京都市右京区天竜寺内の嵯峨南陵《さがのみなみのみささぎ》である。

後《ご》深草《ふかくさ》天皇

第八十九代　世系五二　在位一三年

皇紀一九〇三（寛元元〈一二四三〉）年六月十日、後嵯峨天皇の第二皇子として誕生された久仁《ひさひと》親王で、母は太政大臣西園寺実氏の娘で先帝後嵯峨天皇の中宮・西園寺姞子《きつこ》である。生後二ヶ月で立太子される。

皇紀一九〇六（寛元四）年一月二十九日、後嵯峨天皇の譲位により四歳で即位される。父帝の後嵯峨上皇が院政を敷かれた。

三月二十三日、北条時氏の次男で、第四代執権北条経時の弟の北条時頼が第五代執権に就く。執権・経時は重病に陥り弟・時頼（二〇歳）に執権職を譲った直後、閏四月に二三歳で死去する。

五月、寛元の乱（宮騒動）が起きる。

北条光時が前将軍藤原頼経と共謀して、新執権北条時頼打倒を図った謀反が発覚する。事前に発覚し光時は出家し、頼経は京に返される。頼経側近の後藤基綱・千葉秀胤・三善康持らは罷免、また光時も所領を没収され伊豆国へ配流となる。幕府内における若い執権時頼の権力基盤はこの事件で却って固って安定し、翌年の宝治合戦で三浦氏を滅ぼし、時頼の専制体制が確立する。

十月、前将軍頼経を京に送還した後に頼経の父で将軍派の背後にいた九条道家の関東申次職（幕府との交渉責任を担う朝廷側の役職）を罷免する。後嵯峨上皇と政治的に対立していた実力者・九条道家が失脚し、後嵯峨上皇の主導によって朝廷内の政務が行われるようになる。これから、上皇親政の時代が二〇年余り続くことになった。

皇紀一九〇七（寛元五）年二月二十八日、元号を寛元から宝治《ほうじ》に改元する。

皇紀一九〇七（宝治元〈一二四七〉）年六月五日、宝治合戦（三浦の乱）で御家人の三浦氏が滅亡する。執権北条氏と有力御家人三浦氏の対立で武力衝突に発展し三浦氏が敗れる。幕府創設以来の有力御家人三浦氏の滅亡により、朝廷派遣将軍の側近勢力は一掃され、合議制の執権政治は終わり、北条得宗家（北条氏惣領の家系）による専制体制となる。

皇紀一九〇九（宝治三）年三月十八日、元号を宝治から建長《けんちょう》に改元する。

皇紀一九一一（建長三〈一二五一〉）年十月二十七日、後嵯峨上皇の勅命により一〇番目の「勅撰和歌集」（『続後撰和歌集』）が編纂された。撰者は藤原為家（藤原定家の息子）で、二〇巻あり、藤原定家、藤原俊成、後鳥羽上皇、後嵯峨上皇などの歌およそ一四〇〇首を納める。藤原定家の子孫・冷泉家の冷泉家時雨亭文庫（京都）に、撰者自筆本が保管されており、昭和五十九年に重要文化財に指定された。

皇紀一九一二（建長四）年二月二十日、藤原頼嗣（一四歳）は第五代征夷大将軍を辞職し四月に京に戻る。四月、後嵯峨天皇の第一皇子・宗尊《むねたか》親王（一〇歳）が幕府第六代征夷大将軍となる。執権北条の願いを入れ、将軍が摂関家から皇族に変わる。ようやく皇族が鎌倉幕府を正式に認証したという意味でもある。宗尊親王は皇族での初めての征夷大将軍であり、最初の皇族将軍である。第五代将軍の藤原頼嗣が京に送還された後の皇紀一九一二（建長四）年四月一日、一一歳で鎌倉に迎えられ、異母弟の後深草天皇（実質は嵯峨上皇）より征夷大将軍宣下を受けられた。在任中の執権は、五代北条時頼（時氏の子で得宗）、六代北条長時（重時の子）、七代北条政村（義時の子）の三代に亘る。

皇紀一九一六（建長八）年十月五日、元号を建長から康元《こうげん》に改元する。

この年、幕府は評定衆（幕府の最高政務決定機関）の下に、御家人の領地訴訟の裁判の迅速さと公正さをはかるために、引付衆を設置した。

皇紀一九一七（康元二〈一二五七〉）年三月十四日、元号を康元から正嘉《しょうか》に改元する。

皇紀一九一八（正嘉二〈一二五八〉）年十月二十二日、父帝・後嵯峨上皇の指示で一〇歳の同母弟恒仁《つねひと》親王（亀山天皇）を皇太子とする。天皇はまだ一六歳である。

皇紀一九一九（正嘉三）年三月二十六日、元号を正嘉から正元《しょうげん》に改元する。

皇紀一九一九（正元元〈一二五九〉）年十一月二十六日、天皇は瘧病《ぎゃくびょう》（マラリア）を患われ、父帝の後嵯峨上皇の指示により在位一三年、一七歳で弟の恒仁親王（亀山天皇）へ譲位される。

在位中は後嵯峨上皇が院政を敷かれ、一七歳で弟の恒仁《つねひと》親王に譲位させられたので後深草天皇が直接政務を執られることはなかった。

皇紀一九三二（文永九〈一二七二〉）年二月十七日、後嵯峨上皇が五三歳で崩御される。

皇紀一九五〇（正応三〈一二九〇〉）年二月、四八歳で出家される。

後に皇子の第九十二代伏見天皇が皇紀一九四七年に即位されると院政を開始されたが、この年出家され、公式には院政を止められた。しかしその後も政治への関与は続き、持明院統の中心的存在であられた。

皇紀一九六四（嘉元二〈一三〇四〉）年七月十六日、冷泉富小路殿で六二歳で崩御される。

陵は京都市伏見区深草坊町の深草北陵《ふかくさきたのみささぎ》である。

亀山《かめやま》天皇

第九十代　世系五二　在位一六年

皇紀一九〇九（建長元〈一二四九〉）年五月二十七日、後嵯峨天皇の第七皇子として誕生された恒仁《つねひと》親王で、母は太政大臣西園寺実氏の娘・大宮院藤原姞子《きつこ》である。後深草天皇は六歳違いの同母兄である。後嵯峨天皇の皇子が二代続けて即位される。

皇紀一九一八（正嘉二〈一二五八〉）年八月、一〇歳で立太子される。

皇紀一九一九（正元元〈一二五九〉）年十一月二十六日、同母兄・後深草天皇の譲位を受け、一一歳で即位される。

皇紀一九二〇（正元二）年四月十三日、元号を正元から文応《ぶんおう》に改元する。

七月十六日、日蓮（日蓮宗・法華宗の宗祖）が『立正安国論』を執権の北条時頼に提出する。この中で日蓮は「相次ぐ災害の原因は人々が正法である法華経を信じないで浄土宗などの邪法を信じていることにあるとして諸宗を非難、このまま浄土宗などを放置すれば国内では内乱が起こり、外国からは侵略を受けると訴え、逆に正法である法華経を信仰の中心とすれば国家も国民も安泰となる」と説いた。

皇紀一九二一（文応二〈一二六一〉）年二月二十日、元号を文応から弘長《こうちょう》に改元する。

五月十二日、日蓮は「政治批判をした」として幕府によって捕えられ、伊豆国へ流罪とされる。

皇紀一九二四（弘長四）年二月二十八日、元号を弘長から文永《ぶんえい》に改元する。

皇紀一九二五（文永二〈一二六五〉）年十二月二十六日、『続古今和歌集』が完成し奉呈される。藤原定家の息子・為家が、六年前の皇紀一九一九（正元元）年三月十六日に後嵯峨上皇から勅撰集撰集の勅命を受けていた。

皇紀一九二六（文永三）年七月二十日、宗尊《むねたか》親王が二五歳となられ将軍を廃されて鎌倉から京に帰朝される。後任として宗尊親王の子・惟康《これやす》王が三歳で第七代征夷大将軍に就任する。親王宣下を受けられ、維康親王として征夷大将軍に就任された。のちに臣籍降下して源姓を賜与され、源惟康と名乗って後嵯峨源氏の祖となられる。在任中の執権は第七代執権北条政村（義時の子）、第八代執権北条時宗（時頼の子・得宗）、第九代執権北条貞時（時宗の子・得宗）の三人である。

皇紀一九二七（文永四）年十二月一日、皇后に世仁《よひと》親王（後宇多天皇）が誕生され、翌五年、後嵯峨上皇の意向で立太子（二歳）される。

皇紀一九二八（文永五）年一月、大陸の蒙古・元が派遣した高麗使節潘阜《はんぷ》らが対馬を経由し博多に来る。二月七日、大宰府の少弐資能《すけよし》（武藤資能）が、大宰府に来た潘阜《はんぷ》から蒙古への服属を求めるフビライの国書（日本側では牒状と記録）と高麗王書状、および潘阜《はんぷ》自身による添え状の三文書を受け取り、幕府へ送達する。幕府は蒙古への返書の拒絶を決定し、同時に西国の御家人に沿岸の警備を命じる。

なお、少弐氏は筑前、肥前など北部九州地方の御家人・守護大名で藤原北家秀郷の子孫と称する武藤氏の一族である。

三月五日、北条時宗（一八歳）が第八代執権に就く。

八月、後嵯峨上皇の指示により、後深草上皇の皇子で年長の熈仁《ひろひと》親王を差し置いて、亀山天皇の皇子・世仁親王が立太子された。ここから、後深草天皇の血統（持明院統）と亀山天皇の血統（大覚寺統）の対立が始まる。

十月、後嵯峨上皇（四九歳）が出家し法皇となられる。

皇紀一九二九（文永六）年三月七日、九月十七日、翌年一月十一日と、蒙古軍の使節がフビライと高麗の国書を携えて再度対馬に来たが、日本はこれも無視する。服属を迫るもので当然のことであった。

皇紀一九三一（文永八）年九月、高麗の三別抄《さんべつしょう》（高麗の正規軍）が使者を遣わし日本に救援を求めて来朝したが幕府はこれを黙殺した。日本軍の救援を受け独立を維持したかったのであろうが、日本は最早半島を信頼していなかった。

またこの月、元の使節の趙良弼《ちょうりょうひつ》らが元への服属を命じる国書を携えて五度目の来日をしたが、日本はまた元の国書を黙殺した。九月十二日、日蓮上人が幕府を批判したとして佐渡へ流罪となる。伊豆に流されていた日蓮は八年前の皇紀一九二三（弘長三）年に赦免されたがまたここで再び流罪となる。再度赦免されるのは三年後の皇紀一九三四（文永十一）年のことであった。

皇紀一九三二（文永九）年、浄土真宗本願寺派の本山である西本願寺が創建される。

二月十七日、後嵯峨法皇が五三歳で崩御される。

遺詔に、財産分与に関しては、大荘園群の長講堂領を後深草上皇が相続するなどと指示があったが、皇位の後継指名については幕府の意向に従うようにとあるだけであった。幕府は後深草、亀山両天皇の生母である大宮院の藤原姞子に故人の真意を問い、亀山天皇の名を挙げられ、亀山天皇を治天の君とした。

二月十一日、蒙古襲来の危機を迎えていた鎌倉と京で北条氏一門の内紛「二月騒動」が起きる。第八代執権・北条時宗の命により、謀反を企てたとして鎌倉で北条氏名越流の名越時章・教時兄弟が、京では六波羅探題南方で時宗の異母兄にあたる北条時輔がそれぞれ討伐された。

またこの年、幕府は蒙古軍侵略に備え、異国警固番役を設置し、鎮西奉行であった少弐氏（武藤氏）や大友氏に指揮を命じた。服属を要求する蒙古の国書を黙殺しているので、蒙古軍が攻めてくることを予測してのことであった。

皇紀一九三四（文永十一）年正月、天皇は在位一六年、二六歳で、八歳の皇太子世仁《よひと》親王（後宇多天皇）に譲位され院政を開始される。

二月十四日、日蓮が赦免される。

皇紀一九四九（正応二）年九月、南禅寺にて出家し法皇となられる。

皇紀一九六五（嘉元三〈一三〇五〉）年十月四日、後二条天皇の御世に五七歳で崩御された。

陵は京都市右京区嵯峨天龍寺芒ノ馬場町の天龍寺境内にある亀山陵《かめやまのみささぎ》である。

後《ご》宇《う》多《だ》天皇

第九十一代　世系五三　在位一四年

皇紀一九二七（文永四〈一二六七〉）年十二月一日、亀山天皇の第二皇子として誕生された世仁《よひと》親王で、母は左大臣洞院実雄（西園寺公経の子）の娘の皇后藤原佶子《きつし》（京極院）である。

皇紀一九二八（文永五）年、後嵯峨上皇（第八十九代天皇）の指示により生後八か月で立太子された。

皇紀一九三二（文永九）年二月十七日、院政を敷いておられた後嵯峨法皇が崩御される。後嗣を定めずに崩御されたため、後の持明院統（後深草天皇の血統）と大覚寺統（亀山天皇の血統）の確執が起き、それが南北朝時代、更には後南朝まで続き、凡そ二〇〇年に亘る混乱の一つの原因となった。

皇紀一九三四（文永十一）年一月二十六日、八歳で即位され、亀山上皇が院政を敷かれた。

【元の侵略（元寇）】

十月五日、元・高麗連合軍四万の大軍が、軍船九〇〇艘で襲来し、対馬の小茂田浜に上陸、対馬守護代の宗資国《そうすけくに》は八〇余騎で応戦するが戦死し、元軍は対馬全土を制圧して島人多数を殺害した。十四日、対馬に続き、元・高麗軍は壱岐に上陸、壱岐守護代の平景隆は一〇〇余騎で応戦するが全滅し、翌日、樋詰城《ひづめじょう》（長崎県壱岐市）で自害し、元軍は全島を制圧する。

十六日、元軍は九州の肥前（長崎県）沿岸の松浦郡及び平戸島・鷹島・能古島の松浦党基地を襲撃する。亀山上皇は「朕が身をもって国難に代えん」との宸筆の願文を石清水八幡宮や筑前筥崎八幡宮に納め祈願された。二十日、高麗と元の連合軍が博多に上陸する。しかし日本の武士団に敗れ退却して船に引き揚げる。その後暴風に遭い全滅する。

皇紀一九三五（文永十二）年四月十五日、蒙古のフビライが再び杜世忠《とせいちゅう》を正使とする使者を日本に派遣する。長門国室津（現在の山口県下関市）に上陸した一行は捕えられ大宰府へ送られる。二十五日、元号を文永から建治《けんじ》に改元する。

皇紀一九三五（建治元〈一二七五〉）年九月七日、太宰府は来航した杜世忠《とせいちゅう》らを鎌倉へ護送して来るが、元使の杜世忠《とせいちゅう》ら五名を執権の北条時宗は鎌倉の龍ノ口刑場（江ノ島付近）で斬首に処した。これは、使者が日本の国情を詳細に記録・偵察していたので、間諜（スパイ）とみなしたためでもあった。大きな犠牲を出したことで、幕府は徹底した報復措置をとった。

この年、幕府が仲介し、後深草天皇と亀山天皇の両者が等しく皇位を子孫に伝え、自らは治天の君となる資格を有することが確定する。またこの年、引付衆や評定衆を勤めた武将の北条実時が金沢文庫を創る。武家の文庫で、日本の初期における私設図書館である。

皇紀一九三八（建治四）年二月二十九日、元号を建治から弘安《こうあん》と改元する。

皇紀一九三九（弘安二〈一二七九〉）年七月二十九日、元は江南軍司令官である南宋の旧臣范文虎《はんぶんこ》の進言により、先に派遣した使者が殺害されたことを知らないまま、周福《しゅうふく》を正使とする使者を再度派遣するが、今度は鎌倉に送らず、大宰府にて五名全員を斬首刑に処した。

八月二十日、臨済宗の僧・無学祖元《むがくそげん》が北条時宗の招請を受け南宋から来日し、そのまま帰化する。後、皇紀一九四二（弘安五）年、時宗が元寇での戦没者追悼のために円覚寺（鎌倉市）を創建し、無学祖元が開山となる。

この年、大陸で元が南宋を滅ぼす。日本の貿易船は南宋の滅亡を聞き逃げ帰る。日宋貿易は終了する。

皇紀一九四一（弘安四）年、弘安の役が始まる。今度は高麗と元の連合軍は、東路軍と江南軍の二手に分かれて襲来する。

五月二十一日、東路軍の四万二千人、対馬に上陸する。二十六日、東路軍、壱岐に上陸する。

六月六日、博多に襲来した東路軍、湾岸五里余りの石築地を築いた博多湾沿岸からの上陸を断念し、陸繋島《りくけいとう》（砂州によって陸続きになった島）である志賀島に上陸し、ここを占領して志賀島周辺を軍船の停泊地とする。

しかし志賀島の戦いで大敗した東路軍は志賀島を放棄して壱岐島へと後退し、江南軍の到着を待つことにした。しかし江南軍は方針を変更し平戸島（長崎県）に集結する。報を受けた東路軍は江南軍が集結した平戸島に向けて移動し、江南軍と合流して平戸島に上陸した。

その後、元軍の軍船主力が鷹島《たかしま》に移動し、そこで日本軍と海戦になる。鷹島に上陸してそこに留まった元軍は、鷹島に土城を築くなどして砦を築いて日本軍の鷹島上陸に備えた。十六日、東路軍、長門にも襲来する。

七月三十日夜半、台風が襲来し元軍の軍船の多くが沈没、損壊して大損害を被った。閏七月五日、日本軍は、海上合戦で残った元軍の軍船を伊万里湾からほぼ一掃した。閏七月七日、日本軍は鷹島に残った一〇万余の元軍兵士への総攻撃を開始する。弘安の役の戦闘は日本軍のこの鷹島掃蕩戦《そうとうせん》をもって終了し、日本軍の勝利に終わった。

皇紀一九四二（弘安五）年、時宗は巨費を投じ、元寇での戦没者追悼のため、鎌倉に円覚寺を建立し、無学祖元が開祖となった。

皇紀一九四四（弘安七）年四月四日、第八代執権北条時宗が死去し、嫡男・北条貞時が一三歳で第九代執権に就く。母は安達義景の娘の堀内殿（覚山尼）である。

皇紀一九四五（弘安八）年十一月十七日、鎌倉で幕府内政変「霜月騒動」が起きる。第八代執権北条時宗の死後、有力御家人の安達泰盛《やすもり》と内管領《うちかんれい》平頼綱の対立が激化し、平頼綱方が先制攻撃を掛け安達泰盛とその一族並びに家臣を殺害し安達一族を滅ぼした。尚、内管領とは執権を独占した北条氏の家督である得宗家の家人・御内人《みうちびと》の筆頭である。

源頼朝死後に頻発した北条氏と有力御家人の間の最後の抗争となり、多くの御家人と関係者が殺害され、自害する。この騒動はまた朝廷にも波及し、京で安達泰盛と協調して弘安徳政を行っていた亀山上皇の院政が停止される。

皇紀一九四七（弘安十）年、後深草上皇は、弟の亀山上皇の血統（大覚寺統）である自分（後宇多天皇）が即位したのを不満に思っておられたので、後宇多天皇は後深草上皇の皇子・熙仁親王（伏見天皇）に譲位された。一四年の在位であった。

皇紀一九六七（徳治二〈一三〇七〉）年、後深草上皇の皇女で後宇多天皇妃の遊義門院《ゆうぎもんいん》・姈子《れいし》内親王が薨去（三八歳）され、後宇多上皇は仁和寺で落飾して出家（法名は金剛性）された。そして、大覚寺を御所にされると同時に入寺され、大覚寺門跡となられる。後の皇紀一九六八（徳治三・延慶元〈一三〇八〉）年八月二十五日、皇子である後二条天皇が崩御されたため、天皇の父としての実権と地位を失い、後醍醐天皇即位までの間、政務から離れられる。そして真言密教に関心を深められ、皇紀一九七三（正和二〈一三一三〉）年、高野山に参詣される。後には真言密教に関する著作『弘法大師伝』『御手印遺告《おていんゆいごう》』（大覚寺建立の縁起）を著される。

皇紀一九八四（元亨四〈一三二四〉）年六月二十五日、後醍醐天皇の御世に、大覚寺御所にて五八歳で崩御される。陵は京都市右京区北嵯峨朝原山町にある蓮華峯寺陵《れんげぶじのみささぎ》である。

伏見天皇《ふしみ》

第九十二代　世系五三　在位一二年

皇紀一九二五（文永二〈一二六五〉）年四月二十三日、後深草天皇の第二皇子として誕生された熈仁《ひろひと》親王で、母は左大臣洞院実雄《さねかつ》の娘・藤原愔子《いんし》（玄輝門院）である。洞院実雄は西園寺公経の息子で、洞院家の祖である。三人の天皇（後宇多天皇、伏見天皇、花園天皇）の外祖父となった。

皇紀一九三五（建治元〈一二七五〉）年、持明院統の後深草上皇の意向を受け、一一歳で大覚寺統の後宇多天皇の皇太子になられた。

皇紀一九四六（弘安九〈一二八六〉）年十月、親王宣下をお受けになる。

皇紀一九四七（弘安十）年十一月二十七日、後宇多天皇の譲位により二三歳で即位される。

ここから大覚寺統と持明院統が交代で天皇に即位される時代、両統迭立の時代がしばらく続くことになる。後深草上皇が二年余りで院政を停止されたため、以後伏見天皇の親政となる。

皇紀一九四八（弘安十一）年四月二十八日、元号を弘安から正応《しょうおう》に改元する。

皇紀一九四九（正応二〈一二八九〉）年、ご自身の皇子である胤仁《たねひと》親王（後伏見天皇）を皇太子にされたため、両統迭立に反するということで大覚寺統との間の確執が起きる。

九月、亀山上皇が南禅寺で出家（四一歳）され法皇となられる。

この地には父帝の後嵯峨天皇が皇紀一九二四（文永元〈一二六四〉）年に造営された離宮の禅林寺殿があったが、出家された二年後の皇紀一九五一（正応四）年、法皇が禅林寺殿を寺に改められ南禅寺となったものである。法名は金剛源で、禅宗に帰依された。

十月九日、後深草天皇第六皇子の久明《ひさあき》親王が鎌倉幕府第八代征夷大将軍に就く。在任中の執権は北条貞時（時宗の子で得宗、第九代執権）と北条師時（宗政の子、第十代執権）である。惟康親王（二六歳）は第七代征夷大将軍を辞し、帰京して出家される。

皇紀一九五〇（正応三）年三月十日、浅原事件（伏見天皇暗殺未遂事件）が発生する。

浅原為頼父子〈甲斐源氏〉が伏見天皇を殺害しようと宮中に乱入したが果たせず自害した。天皇の居場所を問われた女孺《にょじゅ》（後宮の内侍司に属し掃除などの雑事に従事した下級女官）が、咄嗟の判断で違う場所を教えて危機を免れた。為頼は安達泰盛一族が殺害された五年前の霜月騒動に連座し、所領を奪われ放浪していた。

為頼が自害した時に用いた太刀が三条家に伝わるもので、所有者が前参議の三条実盛と判明したために、六波羅探題が実盛を拘束した。伏見天皇と関東申次の西園寺公衡は実盛が大覚寺統系の公卿であることから、亀山法皇が背後にいると疑われた。しかし持明院統の治天の君である後深草法皇がこの主張を退け、亀山法皇も幕府に対して事件には関与していない旨の起請文を送ったことで、幕府もそれ以上の詮索はせず、三条実盛も釈放した。これで持明院統と大覚寺統との決定的対立が避けられ騒乱に至らなかった。

皇紀一九五三（正応六）年三月、幕府は九州の統括のために鎮西探題（九州探題）を設置する。行政・訴訟（裁判）・軍事などを管轄した。

四月十三日、鎌倉大地震が発生する。建長寺（鎌倉市）など多数の神社仏閣が倒壊し、死者が二万三千人に上った。

二十二日、地震の混乱に乗じて「平禅門《へいぜんもん》の乱」が発生する。

第九代執権北条貞時は、御内人《みうちびと》（執権北条氏の得宗に仕えた人）・平頼綱の権勢に恐れを抱いていたので、大地震の混乱に乗じて頼綱邸を襲撃し、頼綱は自害、火炎の中で一族九三名が殺害される。

八月五日、元号を正応から永仁《えいにん》に改元する。

皇紀一九五七（永仁五〈一二九七〉）年三月六日、第九代執権北条貞時が徳政令を発令した。日本での最初の徳政令とされる。

内容としては、

一、越訴（裁判で敗訴した者の再審請求）の停止。

二、御家人所領の売買及び質入れの禁止。既に売却・質流れした所領は元の領主が領有せよ。ただし幕府が正式に譲渡・売却を認めた土地や領有後二〇年を経過した土地は、返却せずにそのまま領有を続けよ。非御家人・凡下《ぼんげ》（武士以外の庶民・農民や商工業者）の買得地は年限に関係なく元の領主が領有せよ。

三、債権債務の争いに関する訴訟は受理しない。

貞時の政策は幕府の基盤である御家人体制の崩壊を阻止しようとするものであった。

皇紀一九五八（永仁六）年六月十三日、朝廷に対する幕府の干渉が強まり、天皇は在位一一年、三四歳で胤仁《たねひと》親王（後伏見天皇）に譲位され院政を敷かれる。しかし三年後の皇紀一九六一（正安三〈一三〇一〉）年には、大覚寺統の要望を入れ、両統迭立を守るために、後二条天皇に譲位される。

皇紀一九七七（正和六・文保元〈一三一七〉）年、花園天皇の御世に、五三歳で崩御された。深草北陵《ふかくさきたのみささぎ》（京都市伏見区深草坊町）に持明院統ご歴代とともに葬られた。

後伏見《ごふしみ》天皇

第九十三代　世系五四　在位三年

皇紀一九四八（弘安十一〈一二八八〉）年三月三日、伏見天皇の第一皇子として誕生された胤仁《たねひと》親王で、母は参議左近衛中将五辻経氏《いつつじつねうじ》の娘の藤原経子《つねこ》である。五辻家は藤原北家花山院の分家である。

皇紀一九四八（弘安十一）年四月二十八日、元号を弘安から正応に改元する。

皇紀一九四九（正応二〈一二八九〉）年、二歳で立太子される。

皇紀一九五八（永仁六〈一二九八〉）年七月二十二日、伏見天皇の譲位により一一歳で即位される。持明院統で伏見天皇が院政を敷かれる。

皇紀一九五九（永仁七）年四月二十五日、元号を永仁から正安《じょうあん》に改元する。

十月八日、二度の日本侵略に失敗した元の皇帝・世祖フビライが、平和裏に日本を従属国とするべく、元僧の一山一寧《いっさんいちねい》を遣わし、世祖フビライの国書を届ける。

皇紀一九六一（正安三〈一三〇一〉）年三月二日、父帝の伏見上皇が大覚寺統と協議し両統迭立を維持するために、在位三年にして一四歳で大覚寺統の後二条天皇に譲位される。

皇紀一九九六（建武三・延元（南朝）元〈一三三六〉）年四月六日、退位されて三五年後、後醍醐天皇の御世に四九歳で崩御される。深草北陵《ふかくさきたのみささぎ》（京都市伏見区深草坊町）に葬られた。

後《ご》二《に》条《じょう》天皇

第九十四代　世系五四　在位七年

皇紀一九四五（弘安八〈一二八五〉）年二月二日、後宇多天皇（大覚寺統）の第一皇子として誕生された邦治《くにはる》親王で、母は太政大臣堀川基具《もととも》（源通親の曾孫）の養女・西華門院基子《もとこ》（実父は内大臣堀川具守）である。第九十六代後醍醐天皇の異母兄にあたる。

皇紀一九四六（弘安九）年十月二十五日、二歳で親王宣下を受けられる。

皇紀一九五八（永仁六〈一二九八〉）年六月二十七日、一四歳で元服し、八月十日、一四歳で後伏見天皇（持明院統）の皇太子となられる。大覚寺統と持明院統との間で皇位継承を巡る対立が続くなか、邦治《くにはる》親王の立太子が実現したのは、祖父・亀山法皇による幕府への働きかけによる。伏見天皇、後伏見天皇と持明院統の天皇が二代続き、大覚寺統としては後嵯峨上皇の遺詔に反すると幕府に不服を申立てた。

皇紀一九五九（永仁七）年四月二十五日、元号を永仁から正安《しょうあん》に改元する。

皇紀一九六一（正安三〈一三〇一〉）年一月二十一日、一七歳で後伏見天皇の譲位を受けて即位される。父帝・後宇多上皇（第九十一代）による院政が敷かれた。

八月二十二日、第八代執権・北条時宗の同母弟である北条宗政の嫡男・北条師時《もろとき》（二七歳）が第十代執権に就く。母は第七代執権・北条政村の娘である。

皇紀一九六二（正安四）年十一月二十一日、元号を正安から乾元《けんげん》に改元する。

皇紀一九六三（乾元二〈一三〇三〉）年八月五日、元号を乾元から嘉元《かげん》に改元する。

皇紀一九六四（嘉元二〈一三〇四〉）年七月十六日、後深草法皇が四三歳で崩御される。

この年、亀山法皇の末子第七皇子・恒明《つねあきら》親王が親王宣下を受けられる。恒明親王が天皇に即位されることはなかった。しかし、世襲宮家の体裁を最初に備えた宮家「常盤井《ときわい》宮家」を立てられた。

九月二十六日、幕府が興福寺僧徒の訴えにより大和国の地頭職を撤廃する。興福寺の権勢はこの地域では幕府を凌いで、治外法権的状況であった。

皇紀一九六五（嘉元三）年四月二十三日、「嘉元の乱」が発生する。

既に執権職を退きながらも実権を持っていた北条貞時の「仰せ」と称し、得宗被官の御家人北条宗方ら一団が連署（執権の補佐役）北条時村の屋敷を襲い、時村ら五〇余人を殺害する。幕府内での騒乱で北条宗方の乱とも呼ばれる。宗方は第八代執権北条時宗の甥にあたり、その猶子となっている。宗方が執権職への野心を抱いて挙兵し、さらに貞時殺害も目論んだとの説もある。

五月四日、引付衆一番頭人の北条宗宣《むねのぶ》らが、貞時の従兄弟で得宗家執事の北条宗方を討伐する。宗方は討死し、屋敷は火をかけられ宗方の郎等多数も討死した。

九月十五日、亀山法皇が五七歳で崩御される。

皇紀一九六六（嘉元四）年十二月十四日、元号を嘉元から徳治《とくじ》に改元する。

皇紀一九六七（徳治二〈一三〇七〉）年、後宇多上皇は仁和寺で落飾して出家される。大覚寺を御所にされると同時に入寺され、大覚寺門跡となられた。

皇紀一九六八（徳治三）年八月十日、守邦《もりくに》親王（第八代将軍久明親王の王子）が八歳で第九代征夷大将軍（親王将軍）に就かれる。幕府の実権は執権の北条氏（中心は得宗家）が握っており、征夷大将軍はかなり名目的な存在ではあったが、天皇の治世が続いていることを示す意味では極めて重要である。また、この守邦親王は鎌倉幕府征夷大将軍の中で二四年九カ月と在職期間が最長となった。

皇紀一九六八（徳治三）年八月二十五日、在位七年にして二四歳で崩御される。この時点で大覚寺統の嫡流を継ぐべき皇子の邦良親王（大覚寺統の後二条天皇の第一皇子）はまだ九歳だった。陵は北白河陵《きたしらかわのみささぎ》（京都市左京区北白川追分町）とされる。

花園《はなぞの》天皇

第九十五代　世系五四　在位一〇年

皇紀一九五七〈永仁五〈一二九七〉〉年七月二十五日、伏見天皇の第四皇子として誕生された富仁《とみひと》親王で、母は、左大臣洞院実雄《とういんさねかつ》の娘、顕親門院・洞院季子《どういんすえこ》である。後伏見天皇は異母兄に当たる。

皇紀一九六八〈徳治三〈一三〇八〉〉年十月九日、元号を徳治から延慶《えんぎょう》に改元する。

十一月十六日、大覚寺統の後二条天皇の崩御に伴い、富仁《とみひと》親王が一二歳で持明院統の花園天皇として即位される。

在位期間のうち、前半は父の伏見上皇が、後半は兄の後伏見上皇が院政を敷かれた。

皇紀一九七一〈延慶四〈一三一一〉〉年四月二十八日、元号を延慶から応長《おうちょう》に改元する。

皇紀一九七二〈応長二〉年三月二十日、元号を応長から正和《しょうわ》に改元する。

十月三日、鎌倉では第十代執権であった北条師時が死去し、北条宗宣が五二歳で第十一代執権に就く。

皇紀一九七三〈正和二〈一三一三〉〉年五月二十九日、宗宣が在職一年半で執権職を北条熙時《ひろとき》に譲り出家する。

六月二日、北条熙時〈三三歳〉が第十二代執権に就く。

皇紀一九七五〈正和四〉年七月十一日、北条基時《もととき》〈三〇歳〉が第十三代執権に就く。

皇紀一九七六〈正和五〉年七月十日、基時は出家し、第九代執権北条貞時の三男・北条高時が一四歳で第十四代執権に就く。「嘉元の乱」などもあり、執権も頻繁に交代して安定しない。

皇紀一九七七（正和六〈一三一七〉）年二月三日、元号を正和から文保《ぶんぽう》に改元する。

四月七日、後嵯峨天皇の第二皇子である後深草天皇の子孫（持明院統）と第七皇子である亀山天皇の子孫（大覚寺統）の両血統の天皇が交互に即位される（両統迭立）ことを定めた合意「文保の和談」が成立する。

皇紀一九七八（文保二）年二月、大覚寺統の尊治《たかはる》親王（後醍醐天皇）に譲位され、在位一〇年で退位される。退位後は光厳《こうごん》天皇の養育を行われた。

皇紀一九九〇（元徳二〈一三三〇〉）年二月、花園上皇は皇太子時代の光厳天皇を訓戒するために「誡太子書《かいたいしのしょ》」を著される。

皇紀一九九五（建武二〈一三三五〉）年十一月、禅宗に傾倒され、円観について出家され、法名を遍行と称された。

皇紀二〇〇二（興国三〈一三四二〉）年一月、仁和寺花園御所を寺に改めて妙心寺を開かれた。

皇紀二〇〇八（貞和四・正平三〈一三四八〉）年十一月、後村上天皇の御世に花園萩原殿にて五二歳で崩御された。

歌道や学問、書道に優れた文人で、読経・念仏を欠かされない信心深い天皇であられた。そして『花園天皇宸記』と言う日記を遺しておられ、天皇の日常がよく分かる。日記の現存数は全三五巻で、現存部分の殆どが花園天皇の宸筆であり、鎌倉時代後期を研究する上で貴重な一次史料である。

また、「学道之記」の冒頭部分で、「学問の目的はただ文字を識り、博学になるためのものではなく、本性に達し、道義をおさめ、礼義を知り、状況の変化を弁《わきま》え、過去を知り未来に活用するためにある」と記されている。

陵は、十樂院上陵《じゅうらくいんうえのみささぎ》（京都府京都市東山区粟田口三条坊町）である。

後《ご》醍《だい》醐《ご》天皇

第九十六代　世系五四　在位二一年

皇紀一九四八（正応元〈一二八八〉）年十一月二日、大覚寺統・後宇多天皇の第二皇子として誕生された尊治《たかはる》親王で、生母は内大臣花山院師継の養女・藤原忠子（談天門院、実父は参議五辻忠継）である。後二条天皇（第九十四代）の異母弟に当たる。

皇紀一九六二（正安四〈一三〇二〉）年六月十六日、親王宣下を受けられる。

皇紀一九六八（延慶元〈一三〇八〉）年、花園天皇の即位に伴って立太子される。

皇紀一九七八（文保二〈一三一八〉）年二月二十九日、花園天皇の譲位を受け三一歳で即位される。

後二条天皇の第一皇子・邦良親王が立太子される。しかし即位されることなく皇紀一九八六（嘉暦元〈一三二六〉）年に薨去された。

即位後三年間は父の後宇多法皇が院政を敷かれ、法皇の遺詔に基づき、兄の後二条天皇の遺児である皇太子の邦良親王（即位されずに薨去）が成人して皇位に就かれるまでの中継ぎとして即位された。このため、後醍醐天皇がご自身の子孫に皇位を継がせることは予定されていなかった。後醍醐天皇はこれに不満を募らせ、それが後宇多法皇の皇位継承計画を承認し保障している鎌倉幕府への反感に繋がった。勿論、皇位継承のような天皇専権に幕府が介入すること自体に反感を持たれ、天皇親政を理想に掲げ、鎌倉幕府の打倒を密かに目論んでおられた。

十二月三十日、幕府殿中で鎌倉殿中問答が行われる。

執権の高時が日蓮の弟子の日朗《にちろう》に諸宗との問答対決を命じ、高齢の日朗に代わった門下の日印が皇紀一九七八（文保二）年十二月三十日から翌皇紀一九七九（元応元〈一三一九〉年九月十五日まで（九ヶ月半）、諸宗派を悉く論破し、これにより題目宗《だいもくしゅう》の布教を鎌倉幕府から許可された。

皇紀一九七九（文保三〈一三一九〉）年四月二十八日、元号を文保から元応《げんおう》に改元する。

十月十日、足利貞氏の次男が元服、得宗北条高時の偏諱《へんき》（元服する子に自分の名の一字）を賜り高氏を名乗る。後に室町幕府を開いた足利高氏である。一時、後醍醐天皇と協調し、天皇から偏諱「尊」を賜り尊氏と名乗るが、直ぐにまた裏切ることになる。この裏切りが南北朝の混乱の一因となった。

皇紀一九八一（元応三〈一三二一〉）年二月二十三日、元号を元応から元亨《げんきょう》に改元する。

十二月、幕府の了解を得て父帝・後宇多法皇の院政を停止し、後醍醐天皇（三四歳）が親政を開始される。後宇多上皇・法皇の院政は三五年の長きに亘って続いた。

親政を開始された天皇は、皇紀一七二九（延久元〈一〇六九〉）年に第七十一代後三条天皇が発布された「延久の荘園整理令」実施に伴って設置された「記録荘園券契所（記録所）」を再興される。

皇紀一九八四（元亨四〈一三二四〉）年六月二十五日、後宇多法皇が五八歳で崩御された。

九月十九日、「正中の変」が起きる。

京の六波羅探題が、親政を開始された後醍醐天皇の討幕計画を察知して、関係者を処罰する。後醍醐天皇の側近・吉田定房の密告で後醍醐天皇の倒幕のもくろみが発覚した。定房としては騒動を防ぎたかったのであろうが、天皇にとっては裏切者であり、君側の奸であった。日本全土を争乱に巻き込む結果を招いてしまった責任は計り知れないものがある。六波羅探題が密かに上洛して計画に加わっていた土岐頼兼《ときよりかね》と多治見国長《たじみくになが》のもとへ討手を差し向け、四条付近で激しい戦闘が起こり、両者は自害した。六波羅の追究は朝廷にも及び、日野資朝《すけとも》・日野俊基《としもと》らは天皇の関与を否定し自ら罪をかぶって鎌倉へ連行された。資朝は佐渡島へ流刑となり、俊基は赦免されて帰京したが、以後は蟄居謹慎の日々を送る。一方、後醍醐天皇は側近の万里小路宣房《までのこうじのぶふさ》（北家藤原光房の末裔）に釈明書を持たせて鎌倉へ下向させ、その甲斐あってか、今次の変とは無関係ということで収まった。

皇紀一九八四（元亨四）年十二月九日、元号を元亨から正中《しょうちゅう》に改元する。

皇紀一九八六（正中三〈一三二六〉）年三月十六日、北条顕時の子・北条貞顕が第十五代執権に就く。二十日、大覚寺統の後二条天皇の第一皇子である皇太子の邦良親王が二七歳で薨去される。中継ぎの立場だった後醍醐天皇の地位がこれで中継ぎではなくなり安定した。二十六日、北条貞顕（四八歳）が執権を辞し、出家する。一〇日執権といわれる。

四月二十四日、北条守時が第十六代執権に就く（三一歳）。守時は第六代執権・北条長時の曾孫である。

四月二十六日、元号を正中から嘉暦《かりゃく》に改元する。

皇紀一九八九（嘉暦四〈一三二九〉）年八月二十九日、元号を嘉暦から元徳《げんとく》に改元する。

皇紀一九九一（元徳三・元弘元〈一三三一〉）年八月九日、後醍醐天皇が元号を元徳から元弘《げんこう》に改元される。この改元を鎌倉幕府にも詔書を下したが幕府はこれを認めず、幕府は「元徳」を使い続けた。後醍醐天皇の倒幕のもくろみが再び吉田定房の密告で露見し、二十四日、今回は天皇は京を脱出され、三種の神器を持って笠置山（京都府相楽郡笠置町）へ入られた。

九月十一日、楠木正成が河内国下赤坂城で挙兵すると（元弘の乱）、幕府は討伐軍を派遣する。二十八日、天皇方は敗れ笠置山は落城して後醍醐天皇は捕縛されたが、幕府は後醍醐天皇には何らの処分もしなかった。

翌年、日野俊基は鎌倉に送られ処刑され、佐渡に流されていた日野資朝は佐渡で処刑された。吉田定房は後醍醐天皇の側近として仕え、北畠親房、万里小路宣房《までのこうじのぶふさ》と合わせて「後の三房」と言われ天皇の信任を得ていた。だからこの密告は再度の裏切りであった。この定房の裏切りがなければその後の日本の歴史は全く違ったものになっていたことであろう。

九月二十日、後醍醐天皇が京から離れられたことで、幕府は持明院統の後伏見天皇の第三皇子・量仁《かずひと》親王（北朝初代の光厳天皇）を天皇に擁立する。但し、後醍醐天皇は幕府の裁定そのものを無効として、譲位には応じられなかった。三種の神器の承継もされなかった。光厳天皇の即位の正統性が問題視される所以である。

十月六日、幕府は後醍醐天皇を廃位とする。勿論、幕府に天皇を廃位する権限があるわけではないので、廃位の有効性には大いに問題がある。

皇紀一九九二（元徳四・元弘二〈一三三二〉）年三月七日、後醍醐天皇は隠岐島へ配流される。廃位の有効性は兎も角として、幕府は事実上、実力で天皇を排除した。

四月二十八日、光厳天皇は元号を元弘から正慶《しょうきょう》（北朝）に改元される。後醍醐天皇は隠岐島へ配流にされたが、後醍醐天皇方（南朝）は元弘を使用し続ける。

皇紀一九九二（正慶元・元弘二〈一三三二〉）年十一月、楠木正成が千早城で挙兵し、後醍醐天皇の皇子・護良《もりなが》親王は還俗して吉野で挙兵された。護良親王は、大塔宮《だいとうのみや》と呼ばれ、延暦寺の天台座主を務めておられた。

皇紀一九九三（正慶二・元弘三）年閏二月二十八日、伯耆国の武将・伯耆守《ほうきのかみ》名和長年《なわながとし》が隠岐を脱出された後醍醐天皇を奉じて挙兵し、船上山《せんじょうざん》の戦い（鳥取県東伯郡琴浦町）で幕府軍に勝利する。また播磨国の赤松則村《のりむら》（円心）も播磨国で挙兵し幕府軍と戦う。幕府は船上山の名和勢を討つため足利高氏、名越高家（北条高家）らの援兵を送り込んだが、四月二十七日、名越高家が守護大名で播磨守護の赤松円心に討たれ敗北する。名和勢が船上山の戦いで幕府軍に勝利すると、後醍醐天皇は戦いの後に船上山に行宮を設置され、ここから「討幕の綸旨」を発せられた。四月二十九日、足利高氏は所領のあった丹波国篠村《しのむら》八幡宮（京都府亀岡市）で幕府に反旗を翻す。

五月七日、足利高氏は「討幕の綸旨」で佐々木道誉や赤松円心らと呼応し、幕府の六波羅探題を攻め落とし、京を制圧した。翌八日、一方の関東の上野国では、生品神社《いくしなじんじゃ》（群馬県太田市新田市野井町）で挙兵した新田義貞が鎌倉に攻め込む。源氏の名門である足利高氏の嫡子千寿王（後の足利義詮・四歳）が合流したことにより、義貞の軍勢は勢いを増し、新田勢は数万規模に膨れ上がった。九日、京では北条仲時、北条時益ら六波羅探題の一族郎党は光厳天皇、後伏見・花園両上皇をお連れし東国へ逃れるが、近江国の番場蓮華寺《ばんばれんげじ》（滋賀県米原市番場）で捕らえられ、光厳天皇、後伏見上皇（第九十三代）、花園上皇（第九十五代）も同時に捕らえられた。北条仲時、北条時益らは自害する。

皇紀一九九三（元弘三）年五月十八日、鎌倉では第十六代執権（最後の執権）の北条守時が自害する。享年三九歳であった。尚、執権・守時は足利高氏の妹婿にあたる。

【鎌倉幕府滅亡】

皇紀一九九三（正慶二・元弘三〈一三三三〉）年五月二十二日、鎌倉が陥落し、得宗の第十四代執権北条高時をはじめとする北条一族は東勝寺で自害し、鎌倉幕府はここに滅亡した。そしてこの日、鎌倉におられた第九代征夷大将軍の守邦親王《もりくに》（後深草天皇の嫡孫）は辞職し、出家された。三二歳、在位二四年九ヶ月で、鎌倉将軍としては最長であった。執権が短期で交代し幕府が安定しなかったので、将軍が不変でおられたのが幕府にとってはまだしも良かったとも言える。しかしこの将軍も三ヶ月後の八月十六日、混乱の中の鎌倉で薨去された。二十三日、鎌倉幕府軍を破った後醍醐天皇は京に還御される。天皇は幕府によって擁立された持明院統の光厳天皇の即位と、その元号である「正慶《しょうけい》」の無効を宣せられた。二十五日、九州では、京で六波羅探題が陥落したとの報が届くと、それまで鎮西には従順であった少弐貞経《しょうにさだつね》、大友貞宗、島津貞久《さだひさ》らが離反して逆に鎮西に攻め込み、鎮西探題北条英時は防戦したが敗れ、金沢種時をはじめ一族二四〇名と共に自害した。

六月四日、後醍醐天皇、京の東寺に還御され、記録所〈記録荘園券契所〉を復活させられるなど、建武の新政を開始される。二十三日、護良《もりなが》親王（二六歳）、征夷大将軍に任じられる。皇紀一九九一（元弘元）年、後醍醐天皇が二度目の鎌倉幕府討幕運動である元弘の乱を起こされると、天台座主であられた護良親王は還俗して参戦された。

八月五日、足利高氏、後醍醐天皇からご自身「尊治」の一字を賜り、名を「尊氏」と改める。実に名誉なことであった。

十月二十日、天皇側近の北畠親房の子で鎮守府将軍・陸奥守に任じられた北畠顕家が、義良《のりなが》親王（後村上天皇）を奉じて陸奥国へ派遣され、陸奥《むつ》将軍府が成立する。

十二月十四日、足利直義《ただよし》（高氏の弟）は成良《なりなが》親王を奉じて鎌倉へ派遣され、鎌倉将軍府が成立する。

皇紀一九九四（正慶三・元弘四〈一三三四〉）年一月二十九日、後醍醐天皇は元号（南朝）を元弘から建武に改元される。

十一月、後醍醐天皇の皇子・護良親王〈大塔宮〉が皇位簒奪《さんだつ》を企てたとして、後醍醐天皇の意を受けた名和長年らに捕らえられ鎌倉へ送られ、尊氏の弟足利直義の監視下に置かれた。ただし皇位簒奪は濡れ衣であったと考えられている。

護良親王は尊氏ばかりか、父の後醍醐天皇やその寵姫阿野廉子と反目し、尊氏暗殺のため兵を集め辻斬りを働いたりしたため、征夷大将軍を解任されたという。しかしこれらの真偽のほどは定かではない。護良親王は尊氏一派を信用しておられなかったことだけは確かである。後醍醐天皇はこの時期尊氏を信頼しておられたのに対し、護良親王は全くこれを信用されず、意識に相違があったことが根本的差異であった。そして間もなく親王の見方が正しかったことが分かる。

皇紀一九九五（建武二）年七月十四日、信濃国で第十四代執権北条高時の次男・北条時行を中心に、北条氏の残党が蜂起した「中先代の乱」が起こり、二十三日、鎌倉が攻撃される。鎌倉で捕らえられている護良親王が時行らの旗頭になることを恐れた足利直義が、鎌倉脱出の際に護良親王を殺害する。大塔宮が悲劇の親王といわれる所以である。

八月二日、足利尊氏が征東将軍として北条時行討伐のために自ら鎌倉へ向かい、そのまま朝廷を裏切って建武政権から離反する。尊氏は鎌倉幕府を裏切り、今回また後醍醐天皇を裏切るという二重の裏切りを行った。一年前に天皇から賜った「尊氏」の名はさすがに使用できないであろう。尊氏は再び高氏となる。

十二月十一日、足利高氏が箱根・竹ノ下で新田義貞を破り、再び京へ向かう。

皇紀一九九六（建武三）年一月十一日、足利高氏が再び京へ入り、後醍醐天皇は比叡山へ逃れる。昨日の味方が今日は敵となった。しかし足利方は新田義貞や楠木正成、陸奥国より駆けつけた北畠顕家により再び駆逐される。

二月十一日、足利方は摂津国打出浜、豊島河原《としまがわら》（大阪府箕面市、池田市の箕面川下流の河原）などで敗北し、九州へ敗走する。二十九日、元号（南朝）を建武から延元《えんげん》に改元する。北朝は建武を遣い続ける。

三月二日、九州へ下った足利高氏方は筑前国多々良浜の戦いで南朝方武将の菊池武敏らに勝利する。一方、北畠顕家らは京を出て陸奥へ戻る。

四月三日、足利方は越後守の仁木義長《にきよしなが》や足利氏の家臣・一色範氏《いっしきのりうじ》らを九州へ残して再び京へと攻め上る。

【建武政権崩壊】

五月二十五日、足利方が湊川の戦いで新田・楠木軍を破り、光厳上皇を奉じて入京し、後醍醐天皇は再度比叡山へ退避される。建武の新政は足利の離反によってここに二年半で瓦解した。

【南北朝時代】

皇紀一九九六（建武三）年八月十五日、後伏見天皇の第九皇子・豊仁《ゆたひと》親王が光明天皇として即位され、北朝が開かれ南北朝の時代に入る。北朝は年号に建武を継続して使用する。

十二月二十一日、一方、後醍醐天皇は京を脱出して吉野に行かれ南朝を開かれ、二朝並立となり、南北朝時代が始まる。この状況は以後、皇紀二〇五二（元中〈南朝〉九、明徳〈北朝〉三）年の南北朝統合まで五六年（半世紀強）続くことになる。

以後、北朝については光厳天皇から、南朝については後村上天皇から記述する。

皇紀一九九九（延元〈南朝〉四）年八月十五日、後醍醐天皇の譲位で第七皇子・義良《のりなが》親王（後村上天皇）が南朝第二代天皇として即位される。後醍醐天皇の在位は二一年であった。鎌倉幕府と全面衝突し大混乱の末、南北二朝対立時代を迎えてしまった。

八月十六日、後醍醐天皇、吉野金輪王寺《きんりんおうじ》で朝敵を討滅して京を奪回することを遺詔され、五二歳で崩御された。陵は如意輪寺《にょいりんじ》にある円墳の塔尾陵《とうのおのみささぎ》（奈良県吉野郡吉野町吉野山）で、通常の天皇陵は南面しているが、後醍醐天皇陵は北面している。これは北の京に帰るという後醍醐天皇の強い意志を表したものである。

第六章　第三期京都時代

（室町時代）

─93後伏見天皇
- 北朝①光厳天皇
  - 北朝③崇光天皇──栄仁親王──貞成親王──102後花園天皇──103後土御門天皇─104後柏原天皇─105後奈良天皇─
  - 北朝④後光厳天皇─北朝⑤後円融天皇─100後小松天皇─101称光天皇
- 北朝②光明天皇

─96後醍醐天皇─97後村上天皇
- 98長慶天皇
- 99後亀山天皇

光厳《こうごん》天皇

北朝初代　世系五五　在位二年

皇紀一九七三（正和二〈一三一三〉）年七月九日、持明院統の後伏見天皇の第三皇子として誕生された量仁《かずひと》親王で、母は左大臣西園寺公衡《きんひら》の娘・女御寧子《ねいし》で、叔父にあたる花園天皇の猶子となられた。

皇紀一九八六（嘉暦元〈一三二六〉）年七月二十四日、大覚寺統の後醍醐天皇の皇太子になられる。

皇紀一九九一（元徳三〈一三三一〉）年八月、後醍醐天皇の倒幕のもくろみが発覚（元弘の乱）し、後醍醐天皇が笠置山へ脱出される。

九月二十日、皇太子・量仁《かずひと》親王（持明院統）が一九歳で即位される。

父の後伏見上皇が院政を敷かれた。この時に光厳天皇が使用された里内裏が現在の京都御所である。里内裏とは平安宮内裏以外の館・邸宅で天皇の在所（皇居）として使用した場所をいう。皇太子には、大覚寺統の後二条天皇の第一皇子である邦良親王の嫡男・康仁王《やすひとおう》が立てられ、ここでは両統迭立原則が維持された。

当時、鎌倉幕府の裁定によって、持明院統と大覚寺統は一〇年ごとに天皇が交代されると決めていたが、大覚寺統の第九十四代後二条天皇が在位七年で崩御され、例外的に後二条（大覚寺統）→花園（持明院統）→後醍醐（大覚寺統）→邦良親王（大覚寺統・後二条天皇の嫡男）→量仁親王（持明院統・光厳天皇）と皇位が継承されることになった。ところがこの年の三月、更に大覚寺統の邦良親王が薨去され、急遽持明院統の量仁《かずひと》親王が即位される。ただし、当時皇位にあられた後醍醐天皇は幕府の裁定を認めず、この譲位には応じられなかった。従って光厳天皇は有効に即位しておられるのかどうかについては疑問が残るのである。

十月六日、後醍醐天皇は廃位（有効性は別）され、翌年隠岐に流される。後醍醐天皇の倒幕が再度吉田定房の密告で失敗に終わり、幕府が皇位継承に更に大きく干渉することになる。勿論、天皇を廃位する権限は誰にもないわけであるから、この廃位の有効性には大いに問題がある。

皇紀一九九二（元弘二〈一三三二〉）年四月二十八日、光厳天皇（持明院統）が元号（北朝）を元徳から正慶《しょうきょう》に改元される。

皇紀一九九三（正慶二・元弘三〈一三三三〉）年、後醍醐天皇の綸旨を受けて挙兵に応じた足利高氏の軍が鎌倉幕府の六波羅探題を襲撃、探題北方《きたがた》（北殿）の北条仲時と南方《みなみがた》（南殿）の北条時益は光厳天皇・後伏見上皇・花園上皇を伴って東国に逃れる。しかし途中、近江の佐々木道誉の軍勢に阻まれ近江番場宿で捕らえられて、時益は討死し、仲時は一族四三二人と共に自害する。天皇と上皇は道誉に保護されて京へ戻された。天皇と上皇に手を出すことはなかった。

五月二十五日、光厳天皇は廃位され、後醍醐側の光厳天皇への処遇は「朕の皇太子の地位を退き、天皇として即位はしていないが特例として上皇待遇とする」とされた。天皇には即位しておられないが（即位無効）、一旦即位されたものとして上皇とされた。

皇紀一九九四（正慶三）年一月二十九日、元号を正慶から建武《けんむ》（北朝）に改元する。

皇紀一九九五（建武二〈一三三五〉）年、足利尊氏（高氏）が建武新政から離反する。「尊氏」が再び「高氏」となる。

皇紀一九九六（建武三）年五月二十五日、後醍醐天皇の建武の新政から離反して都を追われた足利高氏が、九州で勢力を回復して再び京へ攻め上り、湊川の戦いで楠木勢に勝利し入洛すると、後醍醐天皇はまた比叡山延暦寺に退避される。

八月十五日、光厳天皇は弟で一六歳の豊仁《ゆたひと》親王（光明天皇）に譲位され、院政を敷かれた。晩年は丹波山国荘の常照皇寺《じょうしょうこうじ》（京都市右京区京北井戸町）で出家され禅僧となられた。皇紀二〇二四（正平十九・貞治三〈一三六四〉）年七月七日、後光厳天皇の御世、五二歳で崩御される。陵は京都市右京区京北井戸町の常照皇寺内にある山国陵《やまくにのみささぎ》である。

光明《こうみょう》天皇

北朝二代　世系五五　在位一三年

皇紀一九八一（元亨元〈一三二一〉）年十二月二十三日、後伏見天皇の第九皇子として誕生された豊仁《ゆたひと》親王で、母は西園寺公衡の娘・寧子である。北朝初代光厳天皇の同母弟に当たる。

皇紀一九九六（建武三〈一三三六〉）年八月十五日、豊仁親王が一六歳で即位される。

豊仁親王が三種の神器のない状況で光厳上皇の院宣により光明天皇として即位され、光厳上皇が院政を敷き北朝が成立する。年号は建武を継続して使用する。光厳上皇の院宣で即位しておられるが、光厳天皇の即位が有効であることを前提としている。従って光厳天皇即位の有効性と同様の問題は残ることとなる。三種の神器がない状況での即位は、第八十一代安徳天皇が平氏に伴われ西下されたときに、第八十二代後鳥羽天皇が後白河法皇の院宣により即位された先例に従ったもので、この時代は三種の神器が皇位継承の絶対条件ではなかったようである。

十一月七日、足利高氏が「建武式目」を制定し、幕府を開く。

十二月二十一日、後醍醐天皇は吉野に遷られ南朝を開かれる。この年八月に北朝光明天皇が即位され二朝並立が起きていたが、ここで場所的にも京と吉野の南北に分かれる。大覚寺統の後醍醐天皇（南朝）と、持明院統の光明天皇（北朝二代）とが並立し、以降五六年続く南北朝時代となり、全国の守護、国人が北朝方と南朝方に別れて争うことになる。

【室町幕府成立】

皇紀一九九八（建武五・延元三〈一三三八〉）年八月十一日、足利高氏が北朝の光明天皇から征夷大将軍に任命されて正式に室町武家政権、室町幕府を成立させた。しかしこの足利幕府は決して安定した政権ではなかった。幕府所在地の京を追われた将軍が初代高氏を始めとして七人（尊氏・義詮《よしあきら》・義稙《よしたね》・義澄《よしずみ》・義晴・義輝《よしてる》・義昭）、暗殺された将軍が二人（義教・義輝）、更迭された将軍が二人三回（義稙が二度・義澄が一度）、また第十四代足利義栄《よしひで》は幕府所在地の京に一度も入れなかった。抑も、高氏は北条を裏切り鎌倉幕府を倒し、そのあと後醍醐天皇を裏切り建武政権を崩壊させて幕府を開いたのであった。

閏七月二日、守護大名で越前・若狭・越中守護の斯波高経《しばたかつね》が藤島の戦いで南朝方の新田義貞を破り、義貞は敗死し、ここに新田氏が滅亡する。

八月二十八日、北朝は元号を建武から暦応《りゃくおう》に改元する。

皇紀一九九九（暦応二〈一三三九〉）年八月十五日、南朝では後醍醐天皇の崩御を受け、後村上天皇が即位される。十月、足利高氏が後醍醐天皇の菩提を弔うために天龍寺の創建を決定する。創建の資金を得るため、夢窓疎石《むそうそせき》の協力で康永元年貿易船「天龍寺船」が大陸の元に派遣される。

皇紀二〇〇一（暦応四）年六月二十三日、足利方の高師冬《こうのもろふゆ》らが北畠親房の拠る小田城（茨城県つくば市）の南朝方拠点を攻撃する。

皇紀二〇〇二（暦応五）年四月二十七日、北朝は元号を暦応から康永《こうえい》に改元する。

皇紀二〇〇二（康永元・興国三〈一三四二〉）年九月六日、美濃国守護で足利方の土岐頼遠《よりとお》は笠懸《かさがけ》の帰りに出会った光厳上皇の牛車に対して、酒に酔っている勢いに任せ「院と言うか。犬というか。犬ならば射ておけ」と罵って牛車を蹴倒すという狼藉行為を働いた。笠懸とは疾走する馬上から的に鏑矢《かぶらや》を放ち的を射る、伝統的な騎射の武芸の稽古である。報告を受けた高氏の弟・足利直義《ただよし》は頼遠逮捕を命じる。頼遠は一度は美濃に戻って反乱を企てるが断念し、臨川寺《りんせんじ》（京都市右京区）に逃れ助命嘆願をした。各所からも助命嘆願が相次ぎ、結局直義は頼遠だけ厳罰として土岐氏の子孫は許す。頼遠は幕府軍に出頭、十二月一日に京の六条河原にて斬首された。北朝方で数々の武功を立てた守護大名を、上皇に不敬行為があったとして切腹ではなく、斬首刑に処して、足利の権力を見せつけた。当然有力守護潰しの意図もあった。

皇紀二〇〇三（康永二）年十一月十一日、南朝の北畠親房が拠る常陸国（茨城県）の関城・大宝城が高師冬《こうのもろふゆ》の攻撃で陥落し、親房は吉野へ逃れる。

皇紀二〇〇五（康永四）年十月二十一日、北朝は元号を康永から貞和《じょうわ》に改元する。

皇紀二〇〇六（貞和二）年二月二十九日、二条良基（藤原忠通の末裔）が関白宣下、内覧宣下、藤氏長者宣下を受け、北朝の難局を乗り切ることになる。

この年、赤松則村（円心）の次男の赤松貞範が姫路城を築城する。

皇紀二〇〇八（貞和四・正平三〈一三四八〉）年一月五日、足利方の高師直《こうのもろなお》、師泰《もろやす》軍が四條畷の戦いで楠木正行《まさつら》（正成の子）を討ち取り南朝軍を撃破、勢いに乗じて南朝の本拠地吉野を陥落させ、後村上天皇ら南朝方は吉野の更に奥の賀名生《あのう》（奈良県五條市）へ落ち延びられた。また、足利直冬が紀州の南朝勢力を討伐する。

十月二十七日、在位一三年にして二八歳で第一皇子の崇光天皇に譲位される。兄の光厳上皇による院政が行われた。光明天皇は譲位後、南朝の軟禁下にあること五年、皇紀二〇一五（文和四・正平十〈一三五五〉）年、河内金剛寺より京へ戻られ落飾して仏門に入られる。

皇紀二〇一七（延文二・正平十二）年二月、深草金剛寿院に入られ、ついで嵯峨小倉に隠棲された。皇紀二〇四〇（康暦二・天授六〈一三八〇〉）年六月二十四日、各地を遍歴され、仏道に精進された後、大和国長谷寺にて六〇歳で崩御される。陵は大光明寺陵《だいこうみょうじのみささぎ》（京都市伏見区桃山町秦長老）である。

崇《す》光《こう》天皇

北朝三代　世系五六　在位三年

皇紀一九九四（建武元〈一三三四〉）年五月二十二日、光厳天皇の第一皇子として誕生された益仁《ますひと》親王、後の興仁《おきひと》親王で、母は光厳天皇の典侍、内大臣正親町（三条）公秀の娘・陽禄門院《ようろくもんいん》秀子である。

皇紀二〇〇八（貞和四・正平三〈一三四八〉）年、一五歳で立太子される。

同年十月二十七日、光明天皇の譲位を受け即位される。同時に花園天皇の皇子・直仁親王（一四歳）が皇太子（後に廃太子）となられる。光厳上皇が引き続き院政を敷かれた。

皇紀二〇〇九（貞和五〈一三四九〉）年、足利高氏は嫡男の義詮《よしあきら》を鎌倉より呼び寄せ、四男の足利基氏を鎌倉公方に任命し鎌倉へ派遣する。鎌倉公方とは足利幕府の征夷大将軍が関東十か国を統治する出先機関として設置した鎌倉府の長官である。

六月、足利直義と高師直《こうのもろなお》の対立が激化し、兄の高氏は高師直を罷免した。

八月、高師直は直義の邸を襲撃し、直義は高氏のもとに逃げ込む。高氏は仕方なく、師直の罷免を解き、十二月義直を出家させ、代わりに息子の義詮を立てて、師直がその補佐役になった。このクーデターで直義が失脚する。そして高氏と直義の兄弟が激しく相争うこととなる。

皇紀二〇一〇（貞和六）年二月二十七日、元号（北朝）を貞和から観応《かんのう》に改元する。

皇紀二〇一〇（観応元〈一三五〇〉）年三月、足利直冬《ただふゆ》を鎮西探題《ちんぜいたんだい》に任命する。

直冬は足利高氏の庶子であるが、高氏は直冬との親子関係を認めておらず、高氏の同母弟・直義の養子となる。高氏と直冬との関係は決して良くなかった。後の観応の擾乱以後、高氏と対立・抗争を繰り広げることとなる。

十月二十六日、足利高氏、高師直《こうのもろなお》は九州で力をつけた足利直冬追討のため九州へ下向する。この隙に足利直義が京を脱出し、南朝に講和を申し入れ南朝に降《くだ》り、対立していた足利家執事の高師直討伐の綸旨を得た。

十一月、光厳上皇が直義追討の院宣を発する。これで直義は北朝の朝敵となる。

十二月、北朝から朝敵にされた直義が、南朝に講和条件を示して帰順する。足利直義の南朝への帰順という事態急変を知った高氏は、急遽九州筑前から引き返す。

皇紀二〇一一（観応二）年一月、直義派の守護大名・桃井直常《ただつね》（越中守護）が北国より入京し、京に入った高氏らを再び播磨国へ駆逐する。

二月、直義が摂津国打出浜で高氏方を破り、高《こう》兄弟の引退を条件に和睦する。

三月、足利直冬を鎮西探題に任命したが、その後、直冬が九州で勢力を拡大し、高氏に反抗するようになったので高氏は改めて急遽九州へ討伐に出掛ける。

【観応の擾乱《じょうらん》】

皇紀二〇一一（観応二・正平六）年八月、高氏は直義に対抗し、南朝からの直義・直冬追討の綸旨を要請するために南朝に和議を申し入れ、義詮と共に南朝に降伏する。これは北朝に対する裏切りである。

十月二十四日、足利高氏は南朝からの条件、「北朝が保持している三種の神器を渡し、政権を返上すること」などを全て受け入れて南朝に降伏し、南朝から「直義、直冬追討」の綸旨を得る。そして高氏は、嫡子足利義詮を京都に残し、直義討伐のため東海道を東進した。将軍足利高氏とその弟足利直義のこの争い・内訌が「観応の擾乱」に発展する。高氏が庶子の直冬追討に出掛けて京を空けている隙に、南朝方の後村上天皇の軍勢が京に攻め入り、足利義詮を追放して京を奪還した。

十一月七日、北朝の崇光天皇や皇太子直仁親王（花園天皇の皇子）は廃される。崇光天皇は僅か三年のご在位であった。また、年号も北朝の「観応二年」が廃されて南朝の「正平六年」に統一される（正平一統）。光厳上皇・光明上皇・崇光天皇はともに拉致され、後村上天皇ご在所があった男山八幡宮に幽閉される。

皇紀二〇一一（観応二）年、支那大陸では白蓮教徒が蜂起して紅巾《こうきん》の乱が発生し、モンゴル帝国・元《げん》の衰退が始まる。乱は一五年続いた。

皇紀二〇一二（観応三・正平七）年二月、足利高氏と南朝が再度対立し、南朝軍が再び京を追われ男山へ撤退を余儀なくされると、天皇と光厳・光明両上皇は南朝の本拠である吉野に連行され、続いて賀名生《あのう》（現在の奈良県五條市）に幽閉された。

二月二十六日、直義が急死する。高氏にとっては幸運と言える。

閏二月六日、南朝は足利高氏の征夷大将軍を解任し、代わって後醍醐天皇の皇子の宗良《むねよし》親王を任じる。この月、観応の擾乱における合戦の一つ八幡の戦いが起きる。閏二月から五月にかけて、山城国から男山八幡（石清水八幡宮）で、後村上天皇らの南朝軍と、足利義詮ら北朝軍とが戦う。

三月十五日、勢力を盛り返した足利義詮の北朝方が京都を奪還し、後村上天皇の仮御所がある男山八幡を包囲した。そして、義詮は観応の元号の復活を宣言し、正平一統は四ヶ月で崩壊した。

五月、義詮は京を回復したが、北朝の皇位継承者をすべて連れ去られたため、義詮は南朝に三上皇と皇太子の還京を申し入れたが拒絶される。

六月、後村上天皇が北朝の三上皇らを拉致したまま賀名生へ戻られたため、義詮は光厳上皇の第三皇子・弥仁《いやひと》親王（後光厳天皇）に即位を願った。

皇紀二〇一七（延文二・正平十二〈一三五七〉）年二月、崇光天皇が還京を許されたが、子孫は皇位を諦めるように誓約させられ、第一皇子の栄仁《よしひと》親王は世襲親王家である伏見宮家（新宮家）を立てられ初代当主となられた。

皇紀二〇五八（応永五〈一三九八〉）年一月十三日、後小松天皇の御世、伏見殿にて六五歳で崩御される。陵は大光明寺陵《だいこうみょうじのみささぎ》（京都市伏見区桃山町秦長老）である。

後光厳天皇《ごこうごん》

北朝四代　世系五六　在位二〇年

皇紀一九九八（暦応元〈一三三八〉）年三月二日、光厳天皇の第二皇子として誕生された弥仁《いやひと》親王で、母は正親町三条公秀の娘の陽禄門院・藤原秀子である。崇光天皇の同母弟に当たる。

皇紀二〇一二（観応三〈一三五二〉）年八月十七日、弥仁親王が践祚され、一五歳で後光厳天皇として即位される（持明院統）。

光厳上皇（父）、光明上皇（叔父）、崇光上皇（兄）の三上皇及び皇太子の直仁親王まで拉致され、北朝では公事が停止し、院宣を発する治天の君は不在で、三種の神器も無い状態に陥る。そこで足利義詮は摂政、関白、太政大臣の二条良基と相談の上、妙法院への入室が予定されていた光厳上皇の第二皇子の弥仁親王に即位を願う。二条良基は鎌倉幕府が滅亡して帰京したあと、建武の新政を開始された後醍醐天皇に仕えた。

皇紀二〇一二（観応三）年九月二十七日、元号を観応から文和《ぶんな》と改元する。

皇紀二〇一五（文和四〈一三五五〉）年、光明上皇、京にお戻りになり出家される。

皇紀二〇一六（文和五）年三月二十八日、北朝は元号を文和から延文《えんぶん》に改元する。

皇紀二〇一七（延文二・正平十二〈一三五七〉）年二月、光厳上皇は直仁親王（花園天皇の皇子）と共に帰京される。賀名生《あのう》で二年、河内金剛寺で三年あまりの幽閉生活を送られたが、南朝勢力が衰微して講和へ傾くようになり帰京された。

皇紀二〇一八（延文三）年四月三十日、足利高氏が五四歳で死去する。鎌倉幕府を裏切り、また後醍醐天皇を裏切り、更にまた北朝を裏切るという、裏切りの人生であった。晩年は終止うなされていたとも言われている。

十月、第二代将軍足利義詮の執事で伊勢・伊賀・若狭の守護である細川清氏が室町幕府執事に就く。

十二月八日、足利義詮（二九歳）が第二代征夷大将軍に就く。

この頃、中国地方の山名氏や大内氏などは旗幟鮮明《きしょくせんめい》にせず、九州地方では懐良《かねなが》親王などの南朝勢力は健在で、未だ北朝政権は不安定であった。

皇紀二〇一九（延文四）年四月、九州で少弐頼尚《よりひさ》が北朝方に帰服する。少弐頼尚は、鎌倉幕府討幕の元弘の乱が起こるとこれに加担し、父の貞経に従って九州の北条氏勢力拠点であった博多の鎮西探題北条英時を攻め滅ぼした。

八月六日、南朝方懐良親王が筑後川の戦いで大宰府を本拠とする北朝・足利勢の少弐頼尚、少弐直資の父子らを破る。南朝方四万、北朝方六万の大合戦となった。九州はこの後、幕府が今川了俊《りょうしゅん》を九州探題として派遣するまでの一三年は南朝の支配下に入ることとなった。

十一月、関東執事（関東管領）の畠山国清が鎌倉から上洛し、十二月には義詮とともに南朝征討に加わる。

皇紀二〇二〇（延文五）年五月、仁木義長《よしなが》が幕政から失脚し南朝方へ降る。細川清氏らは河内国赤坂城で南朝方楠木正儀《まさのり》軍を撃破する。

皇紀二〇二一（延文六）年三月二十九日、北朝は元号を延文から康安《こうあん》に改元する。

皇紀二〇二一（康安元〈一三六一〉）年六月二十四日、康安地震（正平地震）が発生する。巨大津波を伴う南海トラフの巨大地震と推定される。摂津四天王寺の金堂、奈良唐招提寺、薬師寺、山城東寺などの堂塔が破損、倒壊したと記録されている。大津波も発生し、潮は四天王寺の西隣の安居殿御所（安居神社）まで達している。

十月、幕府執事（管領）であった細川清氏が失脚して南朝に降る。

十一月、守護大名で関東管領を勤めた畠山国清が初代鎌倉公方・足利基氏（高氏の四男）と対立し、伊豆国へ逃れ没落する。

十二月、南朝に降った細川清氏や楠木正儀らが京へ侵攻し、京を一時占領する。四歳の足利義満はわずかな家臣に守られて建仁寺（京都市東山区）に逃れた後、播磨の赤松則祐《のりすけ》の居城である播磨白旗城（山城）へと避難した。

この年、南朝方の懐良《かねなが》親王はついに九州の中心である大宰府に入り、北朝勢力を北九州の一角に押し込め、九州をほぼ制圧し、統治下に置く。

皇紀二〇二二（康安二）年七月二十四日、南朝に降った細川清氏が讃岐国で戦死する。斯波義将が管領（将軍に次ぐ最高の役職）に就任する。

皇紀二〇二二（康安二〈一三六二〉）年九月二十三日、元号を康安から貞治《じょうじ》に改元する。

皇紀二〇二三（貞治二）年、周防・長門・石見守護の大内弘世《ひろよ》や伯耆・出雲・隠岐・因幡・若狭・丹波・丹後守護の山名時氏が室町幕府に帰服する。これで北朝の優位が決定的となった。

皇紀二〇二五（貞治四）年八月、九州平定が進まないことから、備中、備後守護の渋川義行が斯波氏経の辞任を受け一八歳で九州探題に就任する。渋川義行の伯母が第二代将軍足利義詮の正室・渋川幸子である。

皇紀二〇二六（貞治五）年、貞治の変で執事斯波義将とその父斯波高経が失脚する。

八月五日、第二代将軍足利義詮《よしあきら》は突如、斯波高経の陰謀が露顕したとして、軍勢を三条坊門の幕府に集結させ、高経に対し「急ぎ守護国へ下向すべし。さもなくば治罰する」と命ずる使者を送った。抵抗できないと悟った高経は翌九日自邸を焼き払い、子息の義将・義種ら一族・被官を伴って守護国越前へと落ち延びて行った。

十二月七日、足利義満、後光厳天皇から義満の名字を賜り、従五位下に叙せられた。

皇紀二〇二七(貞治六・正平二十二)年十一月二十五日、義詮は病に倒れ義満(第三代将軍)に政務を委譲する。

十二月七日、足利義詮(三八歳)が死去する。そして足利義詮の子の足利義満が一〇歳で後を継ぐ。未だ一〇歳と若いため、義詮の死の直前に細川頼之《よりゆき》を後見として管領に任命した。幕府の管領となっていた斯波義将と父の斯波高経が失脚(貞治の変)すると、細川頼之は幕府に召還され、佐々木道誉、赤松氏ら反斯波派の支持を得て、更に鎌倉公方足利基氏の推挙もあって、義詮の死の直前、執事(管領)に就任した。細川氏は三河国額田郡細川郷(現・愛知県岡崎市)の出身で清和源氏の名門足利氏の支流である。

皇紀二〇二八(貞治七)年二月十八日、元号を貞治から応安《おうあん》に改元する。

この年、大陸では紅巾賊兵士あがりの朱元璋《しゅげんしょう》が明を建国する。大陸は明の時代となる。

皇紀二〇二八(応安元・正平二十三〈一三六八〉)年十二月三十日、足利義満(一一歳)が第三代征夷大将軍宣下を受ける。しかし年が若いために管領細川頼之がこれを後見する。そして応安の半済令を発布し、天皇・院・摂関家の所領及び寺社を本所とする一円知行地(一元的、つまり完全に支配している土地)に対して半済を撤廃し、年貢の究済(完納)を命じた。管領頼之が近江国守護職の佐々木氏頼(六角氏頼)に対して発した御教書に北朝後光厳天皇の勅許が付けられていた。つまりこの令は勅令でもあった。なお、半済とは荘園・公領の年貢半分の徴収権を守護に認めていたことである。

皇紀二〇二九(応安二・正平二十四)年一月二日、南朝方の楠木正儀《まさのり》が幕府に降伏する。

この年、東シナ海沿岸で略奪行為を行う倭寇の鎮圧を「日本国王」に命ずとの明の太祖からの国書が、使者楊載《ようさい》らにより南朝の懐良《かねなが》親王のもとにもたらされる。国書の内容が高圧的であり、更に、「海賊を放置するなら明軍を遣わして海賊を滅ぼし、「国王」を捕える」という書面であったので、懐良親王は、国書を届けた使節団一七名のうち五名を処刑し、楊載《ようさい》ら二名を三か月勾留する。日本国が海賊行為を行っているわけではないし、抑《そもそも》、明などに命令される筋合いはないというわけである。

皇紀二〇三〇（応安三）年七月、遠江、駿河の守護大名・今川貞世（今川了俊）が九州探題に任じられて派遣される。菊池武光ら南朝勢力が支配していた九州を奪還平定するために派遣された。十月に京を出発、翌四年安芸に留り、毛利元春らの国人を招集して十二月に九州に入る。

八月、第一皇子の緒仁《おひと》親王（後円融天皇）への譲位を幕府に諮問するが、帰京していた兄の崇光上皇がご自身の皇子である栄仁《よしひと》親王への皇統返還を主張された。ここで幕府は管領の細川頼之の「後光厳天皇の意思を尊重するべきである」とした意見を容れ、緒仁親王が即位されることになる。

この頃、観阿弥、世阿弥が「醍醐寺の七日間」で、猿楽能の興行を催し大人気を博す。そして将軍義満の保護を受けるようになる。

皇紀二〇三一（応安四・建徳二〈一三七一〉）年三月二十三日、後光厳天皇は一四歳の緒仁親王（後円融天皇）に譲位され院政を敷かれる。

十二月、興福寺内紛で春日神木の入洛（強訴）があり、朝廷は麻痺状態となる。上皇は強訴を鎮圧しようとするが、衆徒たちは激しく抵抗して神木を洛中に留めて上皇を支持する公卿を放氏処分とする。放氏《ほうし》とは、氏の構成員をその氏から追放することで、放氏処分を受けると氏族の一員としての特権を剝奪され、官人となる資格すら失うので、官位も剝奪された。放氏そのものは古代より各氏族で行われているが、特に藤原氏の放氏は大事件となる。形式上は氏長者である藤氏長者による制裁処分の形を取るが、実際には氏寺興福寺の衆徒及び氏社春日大社の神人による強訴

（春日神木の入洛）でなされる。興福寺や春日大社の意に添わない公卿や官人を、衆徒や神人が詮議し、結果を春日大社に報告して興福寺別当より春日明神の意向として藤氏長者に勘当処分を命令して、放氏処分した。

皇紀二〇三四（応安七・文中三〈一三七四〉）年一月二十九日、病を得て三七歳で崩御される。

後光厳、後円融、後小松、称光と四代にわたって後光厳系が北朝の皇位につかれる。

陵は深草北陵《ふかくさのきたのみささぎ》（京都市伏見区深草坊町）である。

後円融《ごえんゆう》天皇

北朝五代　世系五七　在位一二年

皇紀二〇一八〈延文三・正平十三〈一三五八〉〉年十二月十二日、後光厳天皇の第二皇子として誕生された緒仁《おひと》親王で、母は左大臣広橋兼綱《かねつな》の養女、崇賢門院・藤原仲子《ちゅうし》〈実父は、石清水八幡宮社務法印〈僧位の最高位〉紀通清《きのみちきよ》〉である。母・藤原仲子の姉の紀良子を母としている足利義満とは従兄弟同士となり、また同年でもあった。

皇紀二〇三一〈応安四・建徳二〈一三七一〉〉年三月二十一日、一四歳で親王宣下を受け立太子され、わずか二日後の二十三日に後光厳天皇の譲位を受けて一四歳で即位される。

この年、九州探題として派遣された今川了俊が南朝の懐良親王・菊池武光を打ち破り、拠点としていた大宰府を陥落させて奪還する。今川は太宰府を奪還して北部九州における権力基盤を固めて、高麗の国使である儒学者の鄭夢周《ていむしゅう》と独自に外交交渉を行い、日明貿易などの権益独占も目指し、第三代将軍足利義満と対立し始める。

皇紀二〇三二〈応安五〉年六月、今川了俊らの北朝勢力が懐良親王ら南朝方勢力を太宰府から駆逐する。九州全域が南朝から北朝に移っていく。

皇紀二〇三五〈応安八〈一三七五〉〉年二月二十七日、北朝、元号を応安から永和《えいわ》に改元する。

この年、最初の朝鮮通信使が来朝する。朝鮮〈高麗〉国王が日本国王足利義満に対して誼《よしみ》を通《かよ》わす使者として派遣された。この時期、朝鮮は高麗の最後の王となる第三十二代王・王禑《おうぐ》の時代で、その後、この王禑高麗王は李成桂のクーデターで廃位させられ殺害される。

八月二十六日、九州探題として派遣されていた今川了俊が筑前守護の少弐冬資を肥後菊池郡水島（熊本県菊池市）で暗殺する。大隅・日向・筑後の守護大名・島津氏久（島津氏第六代当主）が南朝方に転じる。その後、菊池武光・武政父子が相次いで死去し南朝方の新本拠地となった筑後高良山《こうらさん》（久留米市）が陥落して北朝方が北部九州を平定した。

皇紀二〇三六（永和二）年八月、幕府は南朝方に転じた島津氏久、島津伊久《これひさ》（島津氏第七代当主）を討伐するため九州探題の今川了俊を大隅国、薩摩国の守護とする。今川了俊は九州探題赴任中は備後、安芸、筑前、筑後、豊前、肥前、肥後、日向、大隅、薩摩の守護も兼ねた有力守護大名であった。

皇紀二〇三七（永和三）年十月、南九州の国人（諸国の開発を推進した武士層）が今川了俊に帰伏する。

皇紀二〇三九（永和五〈一三七九〉）年三月二十二日、北朝、元号を永和から康暦《こうりゃく》に改元する。

閏四月十四日、康暦の政変が起きる。室町幕府初代、三代、五代、七代管領を務めた斯波義将らが反細川頼之派の軍勢を率いて将軍邸・花の御所を包囲し、義満に細川頼之の管領罷免を迫ったので、義満はやむなく頼之を罷免する。頼之は失脚し、後任には斯波義将が就いた。頼之は自邸を焼き払い一族を連れて領国の四国へ落ち、その途上で出家した。頼之が失脚すると義満は徐々に朝廷にも介入を始める。

皇紀二〇四一（康暦三）年二月二十四日、北朝、元号を康暦から永徳《えいとく》に改元する。

皇紀二〇四二（永徳二・弘和二〈一三八二〉）年四月十一日、在位一二年にして二五歳で、皇子の幹仁《もとひと》親王（六歳、後小松天皇）に譲位され、上皇として院政を敷かれる。将軍義満が院別当となり、朝廷の事務に積極的に介入したため、抗議の譲位であった。しかし上皇には実権はなかったとも言われる。

皇紀二〇五三（明徳四・元中十）年四月二十六日、三六歳で崩御される。陵は深草北陵《ふかくさのきたのみささぎ》（京都市伏見区深草坊町）である。

後村上天皇《ごむらかみ》

第九十七代（南朝二代）　世系五五　在位二九年

皇紀二五七一（明治四十四〈一九一一〉）年に南朝が正統とされたため、歴代天皇として認定される。これから南朝を主とした記述になり、時代が前後し、一部は重複することになる。

皇紀一九八八（嘉暦三〈一三二八〉）年、後醍醐天皇の第七皇子として誕生された義良《のりよし》（後に憲良に改める）親王で、母は藤原（阿野）公廉の娘・廉子《やすこ》（新待賢門院）である。

皇紀一九九三（元弘三・正慶二〈一三三三〉）年鎌倉幕府が滅亡し、父・後醍醐天皇が建武の新政を開始されると、北畠親房・顕家父子は幼い義良皇子（五歳）を奉じて北条氏の残党を討伐し東国武士を帰順させるべく、奥州多賀城へと向かわれる。

皇紀一九九四（元弘四〈一三三四〉）年一月二十九日、元号を元弘から建武《けんむ》（南朝）に改元する。

五月、奥羽の多賀城において親王宣下を受けられる。

皇紀一九九五（建武二）年、足利高氏が新政から離反すると、北畠親子とともに高氏討伐のために京へ引き返される。

皇紀一九九六（建武三）年二月二十九日、元号を建武から延元《えんげん》に改元する。

この年、北朝では足利高氏が光明天皇の下で、「建武式目」を制定して室町幕府を開く。

後醍醐天皇は各地に皇子を派遣して勢力を築こうとされ、七歳の懐良《かねよし》親王を征西大将軍に任命して、九州に派遣させられた。

十月、新田義貞が恒良《つねよし》親王と尊良《たかよし》親王を奉じて越前国へ下る。

十一月、北朝が後醍醐天皇から三種の神器を受け取る（後に偽物と主張）。しかし、後の皇紀二〇一一（観応二〈一三五一〉）年、観応の擾乱で北朝から神器を取り戻している。偽物であれば取り戻す必要はなかった。

十二月、後醍醐天皇が京を脱出して、吉野（奈良県）で南朝を建てられ南北朝時代が始まる。

皇紀一九九七（建武四）年三月、新田義貞が拠っていた越前国金ヶ崎城が足利方の攻勢により敗北し、新田義貞は脱出するが、尊良《たかよし》親王、新田義顕（義貞の長男）は自害し、恒良《つねなが》親王は捕らえられ京へ護送される。その後、弟の成良親王らとともに花山院第に幽閉され共に毒殺されたと伝えられるが、定かではない。同月、北畠顕家が義良《のりよし》親王（後村上天皇）を奉じて鎌倉を攻略する。

皇紀一九九八（暦応元〈一三三八〉）年一月、義良親王（憲良親王）は美濃国青野原で足利方に破れて、伊勢・伊賀方面に転進された後、父天皇のおられる吉野の行宮に入られた。

閏七月二日、新田義貞が越前藤島の戦いで斯波高経に敗れ敗死する。南朝方の新田氏が滅亡する。

九月、父後醍醐天皇が全国の南朝勢力を結集するため各地に自らの皇子を派遣されるが、義良親王も宗良親王とともに北畠親房・顕信に奉じられ、伊勢国大湊から奥州へ向かわれる。

皇紀一九九九（延元四・暦応二〈一三三九〉）年三月、吉野へ戻られ一二歳で立太子される。

八月十五日、義良親王（後村上天皇）が父・後醍醐天皇の崩御により南朝の皇位を継承し一二歳で即位される。北朝は第二代光明天皇の御世である。父・後醍醐天皇の遺志を継いで南朝の回復を図られ、大和の吉野・賀名生《あのう》や摂津（大阪府）の住吉を行宮とされた。

この年、北畠親房が常陸国で『神皇正統記』を執筆する。

皇紀二〇〇〇（延元五）年四月二十八日、南朝は元号を延元から興国《こうこく》に改元する。

皇紀二〇〇一（興国二〈一三四一〉）年、この頃、九州では南朝方の懐良《かねよし》親王が薩摩に上陸し谷山城で北朝・足利幕府方の島津氏と対峙しつつ、九州の諸豪族に令旨を発して南朝帰属の勧誘に努められる。

皇紀二〇〇六（興国七）年十二月八日、南朝は年号を興国から正平《しょうへい》に改元する。

皇紀二〇〇八（正平三・貞和四〈一三四八〉）年一月五日、高師直《もろなお》、師泰《もろやす》軍が四條畷の戦いで楠木正行《くすのきまさつら》を討ち取り南朝軍を撃破して南朝の本拠地吉野を陥落させ、南朝方は吉野から更に奥の賀名生《あのう》（奈良県五條市）へ落ち延びた。

皇紀二〇一〇（正平五・観応元〈一三五〇〉）年、足利一族間の内訌が激化し、観応の擾乱が発生、先に足利直義が南朝に降伏した。翌年十月には高氏が慌てて同じく南朝に降伏した（正平一統）。高氏は直義、直冬追討の綸旨を得たいがために降伏した。高氏のいつわりの降伏であった。

皇紀二〇一一（正平六）年十月二十四日、天皇は高氏に対して直義・直冬追討の綸旨を与え、十一月には北朝崇光天皇を廃位するとともに三種の神器を接収した。

皇紀二〇一二（正平七・文和元〈一三五二〉）年二月、南朝は、高氏が綸旨を得て直義を追討すべく関東に向かった隙を突いて、京を奪回すべく、賀名生を発つ。摂津住吉（大阪市住吉区）に至り、閏二月十九日、山城男山（京都府八幡市）に入り、七条大宮の戦いで楠木正儀が足利義詮を破って京の奪回に成功した。義詮は近江に逃亡し、天皇は光厳・光明・崇光の三上皇と皇太子の直仁親王を賀名生に連行し拉致する。

しかし三月、足利方の反撃でまた京を放棄し、賀名生に立て籠もるが、五月義詮の軍に敗れて脱出、宇陀を経て、賀名生に帰還される。

皇紀二〇一四（正平九・文和三〈一三五四〉）年十月、河内長野に移り、金剛寺（大阪府河内長野市）を行宮と定める。

皇紀二〇二一（正平十六）年六月二十四日、大津波を伴う正平巨大地震・東南海地震が発生する。震源域は奈良附近から大坂を経て四国東北端の一帯で、その中心は大阪湾であった。

八月、九州では菊池武光が筑前国で少弐冬資らを撃破し、大宰府で懐良親王を迎える。

十月二十七日、室町幕府執事（管領）であった細川清氏が失脚して南朝に降伏する。

皇紀二〇二七（正平二十二・貞治六〈一三六七〉）年四月二十九日、後村上天皇は勅使葉室光資《はむろみつすけ》（藤原北家勧修寺流）をして幕府との和睦交渉を行わせたが、天皇は武家側の降伏を条件にしたため、義詮が怒り交渉は決裂する。なお、葉室光資の父光顕は後醍醐天皇の寵臣であった。

皇紀二〇二八（正平二十三・応安元〈一三六八〉）年三月十一日、住吉大社宮司津守氏の住之江殿にて四一歳で崩御される。陵は大阪府河内長野市寺元観心寺境内の檜尾陵《ひのおのみささぎ》である。

長慶《ちょうけい》天皇

第九十八代（南朝三代）世系五六　在位一五年

皇紀二五八六（大正十五〈一九二六〉）年十月二十一日、皇統加列についての詔書発布があり、長慶天皇の在位の事実が公認される。

皇紀二〇〇三（興国四・康永二〈一三四三〉）年、後村上天皇の第一皇子として吉野の行宮で誕生された寛成《ゆたなり》親王で、母は二条師基《もろもと》の猶子・嘉喜門院（三位局）である。

皇紀二〇二八（正平二十三・応安元〈一三六八〉）年三月十一日、二六歳にして摂津の住吉行宮（大阪市住吉区）で践祚され即位されて、弟の熙成《ひろなり》親王（後亀山天皇）を皇太子とされる。

この年十二月、北朝では足利義満が第三代征夷大将軍に任命される。

この年、大陸では、漢人の朱元璋《しゅげんしょう》が異民族の元《げん》を長城外に駆逐し、明を建国する。

皇紀二〇二九（正平二十四・応安二）年一月二日、南朝方の楠木正儀《まさのり》が幕府に降伏する。

皇紀二〇三〇（正平二十五）年七月二十四日、元号（南朝）を正平から建徳《けんとく》に改元する。

皇紀二〇三二（建徳三〈一三七二〉）年四月一日、元号を建徳から文中《ぶんちゅう》に改元する。

八月十二日、細川頼之の弟の細川頼基（頼元）が南朝方攻撃のために大軍を率いて河内へ出陣する。

皇紀二〇三三（文中二）年八月十日、北朝方の攻撃を受け、天皇は行宮を河内天野から吉野へ移される。

皇紀二〇三五（文中四〈一三七五〉）年五月二十七日、元号（南朝）を文中から天授《てんじゅ》に改元する。

八月二十六日、九州探題今川了俊が肥後水島で少弐冬資を暗殺する（水島の変）。

皇紀二〇四一（天授七）年二月十日、元号（南朝）を天授から弘和《こうわ》に改元する。

皇紀二〇四三（弘和三・永徳三〈一三八三〉）年四月十一日、在位一五年で弟・東宮の熙成《ひろなり》親王（後亀山天皇）に譲位されて、上皇として院政を敷かれる。

譲位の時期は明確ではないが、南朝が兵糧と財政収入確保のために、支配下の寺社領などに臨時に課した税の朝用分に関して、利生護国寺（和歌山県橋本市）に下した、皇紀二〇四三（弘和三）年十月二十七日付の綸旨が在位を確認できる最後の史料である。なお、朝用分とは南朝が財政収入確保のために自己の支配下の寺社領などに臨時にかけた課税である。この後、間もなく弟の東宮（後亀山天皇）に譲位されたと考えられる。

皇紀二〇五四（応永元〈一三九四〉）年八月一日、五二歳で崩御される。

陵は京都市右京区嵯峨天龍寺角倉町の嵯峨東陵《さがのひがしのみささぎ》である。

後亀山《ごかめやま》天皇

第九十九代（南朝四代）　世系五六　在位九年

皇紀二〇一〇（正平五・貞和六〈一三五〇〉）年、後村上天皇の第二皇子として賀名生《あのう》行宮にて誕生された熙成《ひろなり》親王で、母は、長慶天皇と同母で、二条師基《もろもと》の猶子勝子・嘉喜門院《かきもんいん》である。

皇紀二〇四三（弘和三・永徳三〈一三八三〉）年冬、熙成親王が同母兄の長慶天皇の譲位を受けて践祚し、三四歳で後亀山天皇として即位される。

皇紀二〇四四（弘和四）年四月二十八日、元号（南朝）を弘和から元中《げんちゅう》に改元する。

皇紀二〇四六（元中三〈一三八六〉）年四月五日、長慶上皇が二見越後守に院宣を下し、紀伊静川荘領家職を知行させられる。これが南朝最後の院宣となった。

皇紀二〇五二（元中九・明徳三〈一三九二〉）年二月、南朝勢力が全国的に衰微したので、足利義満は大内義弘を仲介として南朝との講和交渉を行う。和泉・紀伊守護の大内義弘が南朝の吉田宗房（内大臣吉田定房の長男）や阿野実為と接触して下交渉を始め、十月には義満から神祇官の吉田兼熙を通じて両朝講和のための条件提示がなされた。持明院統と大覚寺統が交互に即位すること（両統迭立）、諸国の国衙領を全て大覚寺統の所有とすること、後亀山天皇が保持している三種の神器を北朝の後小松天皇に引き渡し後亀山天皇は退位されることなどが和平案の内容であった。これらの条件を後亀山天皇が承諾され、後小松天皇はこれを受諾される。後亀山天皇が退位され、北朝が三種の神器を収受して南北朝が合一する「明徳の和約」が成立した。これで皇紀一九九六（建武三〈一三三六〉）年以来五六年に亘る朝廷の分裂が終結する。

十月二十八日、後亀山天皇と廷臣・武士らが三種の神器を奉じて吉野行宮を出発される。京の大覚寺に到着、三種の神器を大覚寺から北朝の後小松天皇の土御門内裏に移される。南朝元号である元中は廃し、東宮位にあられる護聖院宮《ごしょういんのみや》（後村上天皇の皇子・惟成《これなり》親王）は事実上廃太子された。

閏十月五日、後亀山天皇が退位される。同時に元中の元号を廃する。

皇紀二〇八四（応永三十一〈一四二四〉）年四月十二日、第百一代称光天皇の御世に、大覚寺にて崩御される。宝算は七五歳とも七八歳ともいわれる。兎も角、ご自身が退位されることによって、南朝と北朝の分裂状態を終わらせられた。

陵は嵯峨小倉陵《さがのおぐらのみささぎ》（京都市右京区嵯峨鳥居本小坂町）である。

後《ご》小《こ》松《まつ》天皇

第百代（北朝六代）　世系五八　在位三一年

皇紀二〇三七（永和三・天授三〈一三七七〉）年八月、北朝第五代・後円融天皇の第一皇子として誕生された幹仁《もとひと》親王で、母は内大臣三条公忠の娘・通陽門院藤原厳子《たかこ》である。風狂の禅僧一休宗純は後小松天皇のご落胤とも伝えられている。

皇紀二〇四二（永徳二・弘和二〈一三八二〉）年十二月、父の後円融天皇の譲位を受けて六歳で即位され、北朝最後の天皇となられる。後円融上皇による院政が行われたが、将軍・義満は多くの公家を主従関係の下に置き、朝廷内部にまで政治的影響力を及ぼし、上皇との関係は決して良好とはいえず、両者は対立することも多かった。

皇紀二〇四四（永徳四）年二月二十七日、北朝、元号を永徳から至徳《しとく》に改元する。

皇紀二〇四七（至徳四〈一三八七〉）年八月二十三日、北朝、元号を至徳から嘉慶《かけい》に改元する。

皇紀二〇四八（嘉慶二〈一三八八〉）年、半島で李成桂が第三十二代高麗王王禑から遼東半島の明軍討伐を命じられ出征したが、兵を途中で都の開京（開城）へ向け引き返し、軍事クーデターを起こす。そして王禑を排して立てた恭譲王をまた廃して高麗国の権力を簒奪《さんだつ》した。四年後の皇紀二〇五二（明徳三・元中九〈一三九二〉）年には、自ら高麗王に即位し、国名を変えて李氏朝鮮を建国する。廃された恭譲王は李氏朝鮮王朝樹立の二年後、皇紀二〇五四（一三九四）年、李成桂の命を受けた刺客に王子と共に殺害される。そして皇紀二〇六一（応永八〈一四〇一〉）年李成桂は明の永楽帝から「朝鮮国王」として冊封を受け、正式に朝鮮国王となり明の属国となる。以後、日本が朝鮮の宗主国・清と戦って勝利することによって皇紀二五五五（明治二十八〈一八九五〉）年に締結した下関条約で、清との軛《くびき》を解いて独立させるまで、四九四年間、大陸の明・清の属国だった。

皇紀二〇四九（嘉慶三〈一三八九〉）年二月九日、北朝、元号を嘉慶から康応《こうおう》に改元する。

二月十八日、高麗（李氏朝鮮）が倭寇討伐の名目で対馬に侵攻する。軍船三〇〇艘で対馬に侵攻し、日本船三〇〇艘と沿岸の建物を焼き尽くす（「康応の外寇」）。日本側史料・「宗氏家譜」には二月十八日に高麗軍を追い返したとある。

四月、「美濃の乱」が発生する。前年の皇紀二〇四八（嘉慶二）年、将軍義満が美濃・尾張・伊勢三ヶ国の守護大名だった土岐頼康の相続に当たって、土岐康行には美濃国、伊勢国のみ守護職の継承を許し、尾張国は京都代官で義満に近侍していた弟の満貞に与え康行を挑発する。反乱を起こした康行を謀反人とし、討伐を土岐氏一族に命じ、一族の土岐頼忠・頼益父子が征討に向かった。将軍権力の確立を目指す義満は、統制が困難だった有力守護大名土岐氏の弱体化を狙って、この兄弟の不和を利用して土岐氏一族の分裂を図った。

皇紀二〇五〇（康応二）年三月二十六日、北朝、元号を嘉慶から明徳《めいとく》に改元する。

皇紀二〇五一（明徳二〈一三九一〉）年十二月三十日、「明徳の乱」が起きる。

丹波・和泉・山城・但馬などの守護である山名氏清《うじきよ》、山名満幸《みつゆき》ら山名氏が室町幕府に対して起こした反乱である。乱が京の内野で起きたので「内野の乱」ともいう。全国六六カ国のうち一一カ国を山名氏が守護領国としており、「六分の一殿」と称されていた。

山名氏の勢力を削ぐことを意図していた将軍義満は、山名時義の死去に伴って起きた山名氏の内紛を利用し、相続に積極的に介入し、挑発して反乱を起こさせた。山名氏は敗れ没落していく。

皇紀二〇五二（明徳三）年八月、半島では前述の通り、李成桂がクーデターで高麗を滅ぼして李氏朝鮮を建てる。

十月二十八日、後亀山天皇と廷臣・武士らが三種の神器を奉じて吉野の行宮を出発され、京の大覚寺に到着、三種の神器を北朝の後小松天皇の土御門内裏に移される。ここに南北朝時代は終わり、皇統は北朝の一統に帰する。これに伴い、南朝元号である「元中」は廃し、東宮位にあられた護聖院宮《ごしょういんのみや》（後村上天皇の皇子・惟成親王）は事実上廃太子された。

【明徳の和約】

皇紀二〇五二（明徳三・元中九〈一三九二〉）年閏十月五日、「明徳の和約」が成立し南北朝が統合され、南北朝分裂状態が解消される。

双方の盟約として、

・南朝の後亀山天皇より北朝の後小松天皇への神器の引渡しの実施。
・皇位は両統迭立とする。
・国衙領を大覚寺統の領地とする。
・長講堂領を持明院統の領地とする（後白河院が長講堂に寄進した莫大な荘園で、応仁の乱後幕府が管理）。

が決定された。

十一月五日、南北朝統一に伴い元号は南朝の「元中」を廃止し、北朝の「明徳」に統一される。

この年、九州探題の今川了俊は南北朝合一を機に菊池武朝と和睦し、九州南朝勢力を帰順させて九州平定を果たす。

皇紀二〇五三（明徳四）年四月二十六日、北朝第五代・後円融上皇が三六歳で崩御される。

後円融上皇が崩御されると、義満（三六歳）はさらに朝廷への干渉を強め、事実上の上皇として、後世「義満の院政」

などといわれる程の権力を振るい、後小松天皇（一七歳）はその下でまったくの傀儡《かいらい》に甘んじたともいわれる。

皇紀二〇五四（明徳五〈一三九四〉）年七月五日、元号を明徳から応永《おうえい》に改元する。

十二月十七日、足利義満が子で九歳の足利義持（第四代）に将軍職を譲り、義持が第四代征夷大将軍宣下を受ける。しかし太政大臣となった義満の在世中は義持に実権はなく、幕府の評定も義満の居住する北山第で行われ、若いこともあり、義持がそこに参画する事はなかった。二十五日、足利義満、太政大臣に就く。翌年六月、太政大臣を辞し出家する。

皇紀二〇五五（応永二）年七月、今川了俊に入京の命が下り、八月に入京した。ところが、入京した了俊は九州探題を罷免され、後任の九州探題として渋川満頼が任命される。幕府が今川の勢力拡大を恐れて今川の弱体化を図った。

皇紀二〇五七（応永四）年四月十六日、義満、鹿苑寺（金閣寺）の上棟式を行う。寺名は足利義満の法号・鹿苑院殿に因むもので、建物の内外に金箔を貼った三層の楼閣の舎利殿は室町時代前期の北山文化を代表する建築物となった。

この年、義満は北山第の造営を始め、諸大名に人数の供出を求めた。大内義弘は「武士は弓矢をもって奉公するもの」とこれを拒否し、義満の不興を買った。そして大内義弘は少弐氏討伐を命じられ、筑前で戦い弟の満弘が討死するが、それへの恩賞の沙汰が無く不満を持った。義満の有力守護潰し政策が続く。


【皇紀二〇五九（応永六）年十月十三日、応永の乱】

大内義弘は軍勢を率いて和泉堺の浦に着き、家臣の平井新左衛門を入洛させる。義満は度々義弘へ上洛を催促していたが、「和泉、紀伊の守護職が剝奪される」「上洛したところを誅殺される」との噂があり、義弘を不安にさせていた。一方義満の下に大内義弘謀反の噂も伝わる。大内氏は周防・長門と紀州の守護大名であった。

十月二十八日、大内義弘が堺で挙兵して足利義満に反乱を起こし、応永の乱が起きる。

十二月二十一日、この応永の乱で大内義弘が戦死して室町幕府方が勝利し、乱は終結する。土岐氏や山名氏同様に、足利義満が大内を使うだけ使って滅ぼした。大内氏は敗れて分国の和泉・紀伊・石見・豊前を没収され、周防・長門のみが、降伏した弟の大内弘茂に与えられた。

皇紀二〇六〇（応永七）年、足利義満は大内氏を滅ぼして、大内氏の手がけていた日明貿易を開始する。

皇紀二〇六一（応永八）年五月十三日、日明貿易を開始した足利義満は遣明使を派遣し、貿易の際に倭寇と区別し正式な遣明使船である事が確認できるよう、勘合（勘合符）を使用した。勘合貿易《かんごうぼうえき》と呼ばれた所以である。輸出品は硫黄、銅などの鉱物、扇子、刀剣、漆器や屏風などで、輸入品は明銭（永楽通宝）、生糸、織物、書物などであった。輸入された織物や書画などは北山文化や後の東山文化などの室町時代の文化に影響を及ぼした。

この年、半島で李氏朝鮮第三代王の太宗が明の永楽帝《えいらくてい》から朝鮮国王として冊封を受け、正式に朝鮮国王となる。

皇紀二〇六二（応永九）年八月二十日、足利義満は日明貿易を開始し遣明使を派遣し、明朝より「日本国王」として冊封を受け、王を名乗る事を正式に認められる。位人臣を極めた末に、迷いが出たのか、自ら明の冊封を求めた歪んだ精神構造は異様である。天皇という御存在を全く理解していなかった証左であろうか。現在の日本の指導者に繋がるものがある。

皇紀二〇六三（応永十）年、義満は、「日本国王臣 源《みなもと》」とした上表文を明に提出し、明の永楽帝から「日本国王之印」と通交に必要な永楽勘合を送られ、正式に勘合貿易が発足する。

皇紀二〇六八（応永十五）年三月四日、義満の三男・義円（足利義教）が天台宗寺院の青蓮院で得度して門跡となる。

五月六日、義満、日本国王となって五年後、五一歳で急死する。

皇紀二〇六九（応永十六）年七月五日、永楽帝は弔問使を遣わし「恭献」という諡《おくりな》を贈る。日本人で他国から諡号《しごう》を贈られたのは義満が最初であり最後で、歴史に残る将軍である。天皇から征夷大将軍宣下を受けながら、大陸・明の皇帝から「日本国王」の位を授かっている奇妙な恥辱の将軍であった。

皇紀二〇七一（応永十八）年九月九日、日明貿易（勘合貿易）が朝貢形式になっていることに対して反発の声もあり停止する。幕府は明使の入京を拒否し国交は断絶する。父・義満の死を受け、第四代将軍として実権をふるい始めた義持《よしもち》は、明使を受け入れず、入貢を拒否し、勘合貿易を中止した。義満とは親子でありながら正反対の政策を取る。臣下として朝貢することは日本の対面を損うとした。

皇紀二〇七二（応永十九）年八月二十九日、天皇は在位三一年・三六歳で第一皇子の称光天皇に譲位される。

ここで両統迭立の約束は反故《ほご》にされた。そしてまた称光天皇には嗣子がなく、皇紀二〇八八（正長元〈一四二八〉）年に崩御されて持明院統の嫡流は断絶したにもかかわらず、後小松上皇は傍流である伏見宮家から猶子を迎え、後花園天皇を立てて再び約束を反故《ほご》にされた。第百一代称光天皇、第百二代後花園天皇の二代二〇年にわたり院政を敷かれ、皇紀二〇九一（永享三〈一四三一〉）年に出家される。

皇紀二〇九三（永享五）年十月二十日、五七歳で崩御された。陵は、深草北陵《ふかくさきたのみささぎ》（京都市伏見区深草坊町）である。

称光《しょうこう》天皇

第百一代　世系五九　在位一六年

皇紀二〇六一（応永八（一四〇一））年三月二十九日、後小松天皇の第一皇子として誕生された躬仁《みひと》親王で、母は権大納言日野資教の養女、光範門院《こうはんもんいん》・藤原資子《すけこ》（実父は日野資国《すけくに》）である。後に実仁《さねひと》に改められた。

皇紀二〇七二（応永十九）年八月二十九日、後小松天皇の譲位を受けて一二歳で即位され、後小松天皇が院政を敷かれた。

皇紀二〇七六（応永二十三）年、前関東管領《かんれい》の上杉氏憲《うじのり》（禅秀）が鎌倉公方の足利持氏（一九歳）に対して反乱を起こす（上杉禅秀の乱）。禅秀と足利満隆（持氏の叔父・尊氏の曾孫）がクーデターを起こし、持氏・憲基は一時鎌倉を追われて駿河に追放された。しかし翌年、幕命を受けた越後の上杉房方と駿河の今川範政によって乱は鎮圧され、持氏らは鎌倉に復帰した。なお、鎌倉公方は征夷大将軍の関東十か国を束ねる出先機関として、室町幕府が設置した鎌倉府の長官である。関東管領は同じく室町幕府が設置した鎌倉府の長官であるが、鎌倉公方を補佐するために設置した官職であり、関東管領が公方の下である。

皇紀二〇七九（応永二十六）年六月二十六日、倭寇討伐と称し、李氏朝鮮が対馬を侵略する（応永の外寇）。

対馬の有力者の留守中を狙い李氏朝鮮軍、軍船二二七隻一七二八五名が対馬尾崎浦附近に上陸侵入する。一般船舶一二九隻を焼き払い二〇隻を奪い、民家二〇〇〇戸を焼き払った上、一〇四人の島民を殺害した。李氏朝鮮では第四代世宗の時代である。

六月二十九日、朝鮮は対馬藩の宗貞盛に対馬の属州化を要求する使者を送るが宗氏は当然拒絶する。宗氏側の反撃で損害の大きくなった李氏朝鮮側は対馬側の撤退要求を受け入れ、七月三日に巨済島へと全面撤退した。李氏朝鮮は大陸の明に冊封を要求され、これを受け入れて属国になったが、同じことを日本の対馬に要求している。

十一月、第三代将軍足利義満の三男である義円（足利義教）、延暦寺の天台座主となる。義円は後に還俗して第六代将軍足利義教となり、比叡山を攻撃することになる。

皇紀二〇八二（応永二十九）年、先に対馬を侵略した朝鮮は回礼使（日本からの使節に対して回答する使節）を派遣し、第四代将軍足利義持に拝謁して日本と和解した。この事件により対馬や北九州の諸大名の取締りが厳しくなり、外人倭寇の帰化を許すなどの懐柔策を行ったこともあって前期倭寇は沈静化していく。

この年、称光天皇が危篤に陥ると両統迭立を要求する後南朝勢力が俄に活動を始めた。将軍に就くことになっていた足利義宣《よしのぶ》（義教）は後小松上皇に彦仁王の新帝指名を具申する。彦仁王《ひこひとおう》は伏見宮貞成《さだふさ》親王（後崇光院、崇光天皇の孫）の第一王で、母は、庭田経有《にわたつねあり》の娘・幸子（敷政門院《ふせいもんいん》）である。称光天皇は生来病気がちで、嗣子に恵まれず、後小松上皇は、伏見宮家より彦仁王（後花園天皇）を猶子に迎えられ後継者とされた。

皇紀二〇八三（応永三十）年三月十八日、足利義持の嫡男・足利義量《よしかず》が一七歳で第五代征夷大将軍宣下を受ける。若い将軍と言うことで、隠居していた父・義持や有力管領らが実権を持つようになった。

皇紀二〇八五（応永三十二）年二月二十七日、義量が第五代将軍に就いて二年、一九歳で急逝する。

義量には嗣子が無かったので、父の義持が将軍代行として皇紀二〇八八（応永三十五）年に死去するまで政務を執った。その間三年は将軍空位であった。

皇紀二〇八八（応永三十五）年一月十八日、将軍義量が急逝したあと、将軍空位の中で政務を執っていた足利義持がまた死去し、また将軍空位となる。

一月十七日、急遽、天台座主の義円が還俗して義宣《よしのぶ》（義教）と名乗り、他の候補者を交え石清水八幡宮で籤を引き、義円（義教）に決まる。従って義宣は「くじ引き」将軍と渾名された。しかし、征夷大将軍宣下は次の後花園天皇の御世で、皇紀二〇八九（正長二〈一四二九〉）年三月十五日のこととなった。

皇紀二〇八八（応永三十五）年四月二十七日、元号を応永から正長《しょうちょう》に改元する。

天皇は病弱で、皇子の誕生もなく、また後小松天皇の第二皇子小川宮も皇紀二〇八五（応永三十二）年に二二歳で薨去しておられ、後継者問題が生じる。後小松上皇は将軍足利義持と協議され、後継者として崇光流の伏見宮貞成王（崇光天皇の孫）が候補となる。しかし、これには称光天皇が反対されて、貞成親王は出家され、皇位継承を断念された。

皇紀二〇八八（正長元）年、いよいよ天皇が危篤となられ、将軍義教の意向も入れ、貞成王の子の彦仁王が猶子とされ、後花園天皇として即位される。

この年七月二十日、天皇は在位一六年、二八歳で崩御された。陵は京都市伏見区深草坊町の深草北陵《ふかくさのきたのみささぎ》である。

後花園《ごはなぞの》天皇

第百二代　世系五九　在位三七年

皇紀二〇七九（応永二十六〈一四一九〉）年六月十八日、伏見宮貞成《さだふさ》王（崇光天皇の孫・後崇光院）の第一王子として誕生された彦仁《ひこひと》王で、母は庭田経有（宇多源氏）の娘・幸子（敷政門院《ふせいもんいん》）である。

伏見宮家は崇光天皇の第一王・栄仁《よしひと》親王を祖とする持明院統の嫡流に当たる世襲親王家である。

皇紀二〇八八（正長元〈一四二八〉）年七月二十日、称光天皇が崩御され、彦仁王は後小松上皇の猶子となって親王宣下のないまま、七月二十八日に践祚され、一〇歳で即位される。北朝（持明院統）側では後小松天皇の直系が断絶して、伏見宮家から後花園天皇が迎えられる。後光厳天皇の系統は称光天皇の代で途絶え、後南朝を牽制するためもあって、伏見宮家から彦仁王を迎えて後花園天皇（崇光天皇の曾孫）即位となり、以降皇位は伏見宮家から擁立されることとなった。後小松上皇による院政が続く。

八月から九月にかけて、近江で正長の土一揆《つちいっき》が起きる。正長の徳政一揆とも呼ばれ、農民が起こした初めての一揆である。天候不順で凶作が続き、将軍交代で不安定な世の中となり、近江の馬借《ばしゃく》が私徳政を求めて一揆を起こした。朝廷や有力守護大名の幕政への関与が強まり、将軍の権威が大きく揺らぎ始める。私徳政では幕府や寺院などの徳政令に依らず、私的に暴動を起こし徳政をさせた。一揆の勢いは衰えず、九月には洛中に乱入し更に大和にも波及した。

皇紀二〇八九（正長二）年三月十五日、足利義宣（くじ引き将軍・三六歳）の征夷大将軍宣下が行われ、幕府の将軍空位が四年ぶりに解消され、義宣が義教と改名して参議近衛中将に昇進の上、征夷大将軍に就く。

義持が後継者を定めないまま死去し、続いて義量も死去して空位となっていた第六代将軍を決定するに際し、前述の通り、石清水八幡宮神前で籤引きを行い、足利義教が選ばれる（くじ引き将軍）。第三代将軍足利義満の三男で母は側室の藤原慶子、第四代将軍足利義持の同母弟に当たる。将軍になる目はないとして出家しており、僧侶時代は義円と名乗り、延暦寺の天台座主を務めていた。還俗して義宣《よしのぶ》と名乗り、その後義教と改名して第六代将軍に就く。

皇紀二〇八九（正長二）年九月五日、元号を正長から永享《えいきょう》と改元する。

皇紀二〇九二（永享四〈一四三二〉）年八月十三日、称光天皇の関白で左大臣の二条持基《にじょうもちもと》が摂政宣下、太政大臣宣下を受け、天皇親政を補佐する。

八月十七日、将軍足利義教が日明貿易（勘合貿易）を復活させる。これは貿易の際に、許可証である勘合符を使用したことから勘合貿易と呼ばれた。

この年十月、細川持之《もちゆき》（摂津・丹波・讃岐・土佐の守護）が管領に就任する。

皇紀二〇九三（永享五〈一四三三〉）年十月二十日、後小松上皇が崩御され、その後の三〇年余りは、後花園天皇（一五歳）が親政を行われた。

皇紀二〇九五（永享七）年二月四日、将軍義教、延暦寺の僧四人を斬首する。

幕府の山門奉行が犯した不正に対して延暦寺僧徒が訴訟を起こし、将軍義教はこれを認めて奉行を配流に処したが収まらず、訴訟に同調しなかった円城寺を焼き討ちにするなどして、延暦寺の騒擾が目に余った。関係者の取り成しもあって和睦するが、使者の僧四人を斬首した。反発した僧侶達は根本中堂に立て籠もり、激しく非難して根本中堂に火を放ち、二四人の僧が焼身自殺を遂げた。かつて強大な権力で院政を行った白河法皇ですら「賀茂川の水、双六の賽、山法師。これぞ朕が心にままならぬもの」と言っている通りであった。将軍義教（義宣）はこれに対し強権で臨んだのである。

八月、義教は直ぐに焼失した根本中堂の再建を命じ、諸国に段銭（田地一段に付き何文とする賦課）を課して数年のうちに竣工させた。また、皇紀二一一〇（宝徳二〈一四五〇〉）年五月十六日に、わずかに焼け残った本尊の一部から本尊を復元し、根本中堂に配置した。

皇紀二〇九八（永享十）年八月十六日、関東で「永享《えいきょう》の乱」が発生した。

鎌倉公方の足利持氏（高氏の玄孫）と関東管領の上杉憲実《のりざね》の対立に端を発する乱で、将軍足利義教が公方の持氏の討伐を命ずる。持氏は敗れ出家し、鎌倉府（幕府が関東を統治するために設置した政庁）は滅亡する。管領の上杉憲実は藤原房前を祖とする藤原北家勧修寺流・藤原盛憲の末裔である。この時に将軍義教は朝廷権威を頼って、後花園天皇に対して第三代将軍足利義満時代以来であった治罰綸旨の発給という「錦の御旗」の発布を要請する。足利も困ったときの朝廷頼みである。皇紀二〇七六（応永二十三）年、第四代将軍足利義持時代は関東管領の上杉氏憲（禅秀）が鎌倉公方足利持氏に対して上杉禅秀の乱を起し、持氏は幕府の協力でどうにか鎮圧したが、乱鎮定後に持氏が残党狩りと称して、京都扶持衆《ふちしゅう》宇都宮持綱などを粛清、さらに幕府の支援する佐竹氏を討伐するなどと勝手な振る舞いが目立ち、幕府と鎌倉府は対立した。なお、京都扶持衆とは、征夷大将軍と直接主従関係を結んだ関東・東北の武士たちである。

皇紀二〇九九（永享十一）年二月十日、持氏は乱に敗れて自害する。

六月二十七日、後花園天皇の勅宣によって権中納言の飛鳥井雅世《あすかいまさよ》が『新続古今和歌集』を撰上する。二〇巻あり二一四四首が集録されている。

皇紀二一〇〇（永享十二）年三月十五日、「結城合戦」が起きる。

永享の乱に続いて二年後、鎌倉公方持氏の残党や下総の結城氏朝《ゆうきうじとも》（下総で勢力を張った一族）・持朝《もちとも》父子などが、永享の乱で自害した持氏の遺児を擁立して、幕府に対して反乱を起こす。結城氏朝らは敗北し、持氏の遺児の春王丸《はるおうまる》、安王丸《やすおうまる》は義教の命を受けた長尾実景《さねかげ》によって美濃で殺害された。皇紀二〇七六（応永二十三）年に関東で起きた上杉禅秀の乱から続いた一連の戦乱である。

皇紀二一〇一（永享十三〈一四四一〉）年二月十七日、元号を永享から嘉吉《かきつ》と改元する。

六月二十四日、「嘉吉の乱」が発生する。

播磨・備前・美作の守護赤松満祐《みつすけ》が関東での「結城合戦」の祝勝会として将軍足利義教を自邸に招き、嫡子の教康《のりやす》と則繁《のりしげ》兄弟に命じて、義教を殺害させた。この事件から赤松氏が領国播磨で幕府方討伐軍に敗れて討たれるまでの一連の騒乱である。

七月十一日、幕府は嘉吉の乱を起こした赤松満祐の討伐に乗り出す。

九月、また、嘉吉の徳政一揆を平定する。「代初めの徳政」を求めて京・近江坂本の馬借を中心に農民が蜂起し、地侍がこれを指導して、数万人規模の一揆（大反乱）に膨れ上がった。

皇紀二一〇二（嘉吉二）年十一月十七日、足利義教の死去を受け、嫡男・義勝が九歳で第七代征夷大将軍に就く。将軍が幼少であるから管領の細川持之が政務を補佐し、彼の死後は畠山持国《もちくに》、山名持豊《もちとよ》、生母の日野重子らが政治の実権を握る。

皇紀二一〇三（嘉吉三）年七月二十一日、第七代将軍義勝が落馬で死去する。享年一〇歳、在任わずか八ヶ月であった。

この年、義勝の同母弟の足利義政が、管領の畠山持国などの支持を得て八歳で将軍職に就く。流石《さすが》に征夷大将軍宣下は後になる。

九月二十四日、義勝、義政と幼少の将軍が二代続いたことから、後南朝の一派による「禁闕《きんけつ》の変」が起きる。後南朝とは南朝の再建を図って南朝の皇統の子孫や遺臣が南朝復興を目指した政権である。後南朝一派によって後花園天皇内裏が襲撃され、三種の神器のうち神器の剣と神爾（印）が奪われる。幸い剣は清水寺で発見されたが、神爾は持ち去られたままとなった。一四年後の皇紀二一一七（長禄元〈一四五七〉）年に、この神爾は先の嘉吉の乱で没落した赤松家の遺臣らが、家の再興を賭けて後南朝に押し入り、これを奪い返して献上した（長禄の変）。

皇紀二一〇四（嘉吉四〈一四四四〉）年二月五日、元号を嘉吉から文安《ぶんあん》に改元する。

四月十三日、麴座と酒屋、そして背後の北野社と延暦寺の対立が昂じて「文安の麴騒動」が起き、幕府の兵が、北野麴座に属する神人《じにん》らの立て籠もる北野天満宮を焼き討ちにする。これを切っ掛けに商業上の独占権を有していた麴座は没落した。

皇紀二一〇六（文安三）年、半島で李朝第四代世宗が「訓民正音《くんみんせいおん》」というハングル文字を公布した。ハングル文字の起源である。しかしこれは明治四十三年に日韓併合が成って、寺内正毅初代朝鮮総督が取り上げ、学校教育にも取り入れるまでは使用されることはなかった。従って、ハングル文字は半島の王が創ったが、使用されずにいたのを日本の朝鮮総督府が使用させたものである。

皇紀二一〇七（文安四）年六月十五日、五摂家の一つ一条家の一条兼良、太政大臣宣下を受ける。一条家は九条道家の四男、一条実経を祖とする五摂家の一つである。

皇紀二一〇九（文安六）年一月、「永享の乱」で皇紀二〇九八（永享十）年に廃止された鎌倉公方が再興され、足利持氏《もちうじ》の遺児の成氏が任命される。

四月二十九日、足利義成《よししげ》（後の義政）が一四歳で第八代征夷大将軍宣下を受け、六年ぶりに将軍空位状態が解消される。父は第六代将軍足利義教、母は日野重子である。早世した第七代将軍足利義勝の同母弟にあたる。

七月二十八日、元号を文安から宝徳《ほうとく》に改元する。

皇紀二一一二（宝徳四〈一四五二〉）年七月二十五日、元号を宝徳から享徳《きょうとく》に改元する。

皇紀二一一三（享徳二〈一四五三〉）年五月二十九日、欧州ではオスマントルコの攻撃を受けコンスタンティノープルが陥落し、東ローマ帝国が滅亡する。

皇紀二一一四（享徳三）年十二月二十七日、「享徳の乱」が発生し、関東が戦国時代を迎える。

第五代鎌倉公方足利成氏が関東管領上杉憲忠を暗殺した事に端を発し、幕府方、山内・扇谷両上杉方、鎌倉公方（古河公方）方が相争い、関東一円に戦乱が拡大する。皇紀二一四二（文明十四〈一四八二〉）年まで二九年に亘って乱は続いた。前述の通り、鎌倉公方は幕府の征夷大将軍が、関東十か国を統治する出先機関として設置した鎌倉府の長官で、関東管領（関東執事）は幕府が設置した鎌倉府の長官で、鎌倉公方を補佐するために設置した。ところが、関東管領は鎌倉公方の下部組織でありながら、任命権は公方にはなく、将軍にあったことから混乱が生じる。

皇紀二一一五（享徳四）年六月十六日、駿河守護今川範忠の軍勢が鎌倉を占領、鎌倉公方の成氏は下総古河に逃れる。以後古河公方《こがくぼう》となる。

七月二十五日、元号を享徳から康正《こうしょう》と改元する。

皇紀二一一五（康正元〈一四五五〉）年八月二十七日、贈内大臣日野重政の娘の日野富子が将軍足利義政の正室となる。

皇紀二一一七（康正三）年四月八日、相模守護上杉持朝《もちとも》の家臣である太田道真・道灌の父子が江戸城（現・皇居）を築城、完成させる。後に徳川家康がここに入城することになる。

九月二十八日、元号を康正から長禄《ちょうろく》と改元する。

皇紀二一一七（長禄元〈一四五七〉）年十二月二日、「長禄の変」が起きる。

赤松氏の遺臣らが後南朝の行宮を襲い、南朝の後亀山天皇の曾孫である自天王と忠義王の兄弟を討って、神璽を持ち去った。「禁闕の変」で内裏から奪われていた三種の神器の一つである神爾を、赤松氏の遺臣たちが奪還した。約一五年間、京から持ち去られていた神璽を奪還した功績を認めた幕府は、赤松氏の再興を許し、赤松政則に家督を相続させた。

十二月十九日、将軍義政が弟の政知を鎌倉公方に任命し、関東に派遣する。伊豆堀越（静岡県伊豆の国市）を本拠地としたので堀越公方といわれる。

皇紀二一一九（長禄三）年、「長禄・寛正の飢饉」が発生する。この年は全国的な旱魃に加えて、関東地方では「享徳の乱」が続き、畿内は台風被害が大きく、西日本を中心に飢饉が発生し、翌年にも大雨による水害と旱魃があり、更に虫害と疫病も加わって飢饉は全国に拡大する。畠山氏の家督争い、越前で勃発した越前守護斯波義敏と越前守護代甲斐常治の戦い「長禄合戦」などによって、この両氏の領国では更に事態が深刻化した。また京では八月に台風が直撃し、賀茂川が氾濫して多数の家屋が流され、夥しい数の死者が出る。飢饉が深刻化した皇紀二一二一（寛正二）年には、大量の流民が発生し、これが市中に流れ込み、治安が悪化した。

皇紀二一二〇（長禄四）年十二月二十一日、元号を長禄から寛正《かんしょう》に改元する。

皇紀二一二一（寛正二）年、飢餓と疫病によって、最初の二ヶ月でも京で八万二千人の死者が出たと言われている。しかし、将軍足利義政はこの最中に、花の御所を改築し、世事には全く関心を示さず、堪りかねた後花園天皇が勧告をされるがこれを無視した。こうした混乱は、五年後に発生する応仁の乱の原因となった。義政は天皇の詔を私益のために無視する将軍であった。

皇紀二一二四（寛正五）年七月十九日、成仁《ふさひと》親王（後土御門天皇）へ譲位され上皇となられ、左大臣足利義政を院執事として院政を敷かれた。三七年の在位であった。

皇紀二一三〇（文明二〈一四七〇〉）年十二月二十七日、室町第で崩御される。在位は院政を含め四十一年、宝算五二歳であった。

思へただ空にひとつの日の本に又たぐひなく生まれ来し身を（御製・後花園院御集）

この御世は幕府と守護達が互いに争い、全国的に戦乱が続き、更に自然災害も重なって飢饉が発生し、天皇は苦難の日々を送られた。

陵は後山国陵《のちのやまくにのみささぎ》（京都市右京区京北井戸町）である。

後《ご》土《つち》御《み》門《かど》天皇

第百三代　世系六〇　在位三六年

皇紀二一〇二（嘉吉二〈一四四二〉）年五月二十五日、後花園天皇の第一皇子として誕生された成仁《ふさひと》親王で、母は大炊御門信宗の養女・大炊御門信子《おおいのみかどしんし》（嘉楽門院）である。生母は藤原孝長の娘である。

皇紀二一一七（長禄元〈一四五七〉）年十二月十九日、一六歳で親王宣下を受けられる。

皇紀二一二四（寛正五〈一四六四〉）年七月十九日、後花園天皇の譲位を受けて践祚され、二三歳で即位される。後花園上皇が院政を敷かれた。

十一月二十五日、出家して義尋《ぎじん》と名乗り、天台宗浄土寺門跡となっていた足利義尋《ぎじん》（義視《よしみ》・将軍足利義政の弟）が還俗して将軍義政の後継者となる。

義尋（義視）は、義政が二九歳とまだ若いから後継が授かる可能性があるとして還俗を固辞したが、義政が「今後男子が生まれても僧門に入れ、家督を継承させることはない」と起請文まで書いて再三将軍職就任を要請したので承諾した。しかし翌皇紀二一二五（寛正六）年十一月二十三日に、義政と御台所日野富子との間に実子・義尚《よしひさ》が誕生する。そして将軍職を巡って対立が始まり、応仁の乱を引き起すことになる。

皇紀二一二六（寛正七）年二月二十八日、元号を寛正から文正《ぶんしょう》に改元する。

皇紀二一二七（文正二〈一四六七〉）年一月十七日、河内・紀伊・山城・越中の守護で畠山持国の庶子・畠山義就《よしなり》が上御霊

社の畠山政長を襲う（御霊合戦）。これが応仁の乱の始まりとなる。政長は義就の従兄弟で、畠山家の家督を争っていた。

皇紀二一二七（文正二）年三月五日、元号を文正から応仁《おうにん》に改元する。

皇紀二一二七（応仁元〈一四六七〉）年、京で「応仁の乱」が勃発する。

将軍義政が畠山持国《もちくに》などの家督相続に介入したことから、各守護大名のお家騒動、内紛を誘発し、公卿や守護を巻き込んで、複雑に利害関係が絡み、管領の細川勝元と四職《ししき》（幕府の軍事指揮と京の警察・徴税等を司る侍所の長）の山名宗全との両派に分かれて相い争う状況となる。東軍の細川勝元が西軍討伐の綸旨の発給を要請したが、後花園上皇はこれを拒否される。天皇は乱を望まれないし、綸旨が出されなかったので、これから発生する一連の乱は全て私戦である。

後花園上皇は騒乱を避けて後土御門天皇と室町第（足利将軍の邸宅・現京都御所の北西）へお移りになり、自らの不徳を詫びられ、九月二十日に出家される。寺社や公卿らの館は焼け、朝廷の財源は枯渇していく。乱を避け、足利義政の室町第に一〇年間の避難生活を余儀なくされる。乱は一〇年後の皇紀二一三七（文明九〈一四七七〉）年まで続き終息するが、京は廃墟と化し、朝廷だけでなく幕府や守護大名の勢力が衰退していく。

五月二十六日、現在の京都市上京区で細川勝元率いる東軍と山名宗全率いる西軍が衝突した。勝敗は明確ではなかったが、東軍は花の御所（足利将軍家の邸宅）を押さえたため優位に立ち、西軍は細川勝久の屋敷跡を占拠した。山名宗全は周防・長門の守護大内政弘に出陣を請い、これに応じた大内軍が京へ向かう。

六月三日、将軍義政が勝元に将軍家の旗を与え、官軍と認められ、東軍が有利になる。但し、天皇とは関係がないのであくまでも私戦である。両軍どちらにも正統性はない。十四日に大和興福寺の衆徒古市胤栄《いんえい》が、十九日には紀伊の畠山政国（政長の孫）らが西軍の援軍として到着し始めた。

八月二十三日、西軍総大将山名宗全の招聘で、周防の大内政弘と伊予の河野通春ら七ヵ国の軍勢一万が入京したため西軍が勢力を回復した。足利義視《よしみ》（義教の子）は、伊勢国に出奔する。義視は嗣子に恵まれない兄・義政の後継となったが、その後に義政と御台所日野富子の間に実子・義尚が生まれると将軍職を巡って対立し、双方がそれぞれ守護大名を味方に付けたため、これも応仁の乱を引き起こし、長引かせた原因になっている。

九月十八日、京の郊外南禅寺山での戦い、十月三日の相国寺での戦いと激戦が続く。

十月三日、後花園法皇がついに興福寺に山名宗全の追討を命じる治罰院宣《ちばついんせん》を発せられる。ここで山名宗全は朝敵になる。

十二月五日、正親町《おおぎまち》三条公治《きんはる》ら西軍派とされた公家達は官爵《かんしゃく》（官職と爵位）を剥奪される。彼らには富子の実家である日野家と対立関係にあった三条家一族や縁者が多く、義政の弟の義視（第六代将軍義教の子）を支持していた公家達であった。

皇紀二一二八（応仁二）年三月十七日、北大路烏丸で大内政弘と毛利豊元・小早川熙平《こばやかわひろひら》が交戦、五月二日に細川成之《しげゆき》が斯波義廉《しばよしかど》邸を攻撃し、五月八日には細川勝元が山名宗全の陣を襲い、八月一日に勝元の兵が相国寺跡の畠山義就の陣を攻め、戦闘は次第に洛外に移り、山科、鳥羽、嵯峨で東西両軍が交戦する。

十一月二十三日、西軍は比叡山に使いを出して出家していた足利義視を迎え入れて新将軍とし、ここに西幕府が成立する。しかし、天皇の将軍宣下がないので有効性には問題がある。

大内政弘の圧倒的な軍事力によって山城は西軍が支配し、廃墟と化した京での戦闘は沈静化し、戦場は摂津・丹波・山城が舞台となる。このため東軍は実質的に大内氏と闘うことになった。

皇紀二一二九（応仁三）年二月十六日、一休宗純《いっきゅうそうじゅん》が大徳寺の住持に就任し、応仁の乱後の大徳寺の復興に着手、五年後の皇紀二一三四（文明六）年二月十六日に完成する。

皇紀二一二九（応仁三）年四月二十八日、元号を応仁から文明《ぶんめい》に改元する。

後花園法皇が崩御される皇紀二一三〇（文明二）年十二月まで、法皇による院政が行われた。

皇紀二一三一（文明三）年五月二十一日、斯波義廉の重臣で西軍の主力だった朝倉孝景《たかかげ》を義政が越前守護職に任じて東軍側に寝返ったことで東西の均衡が崩れ東軍が有利になる。

九月十二日、鹿児島桜島の「文明大噴火」がある。

皇紀二一三三（文明五）年三月十八日、西軍総大将の山名宗全が死去する。

五月十一日、東軍総大将の細川勝元が死去する。

十二月十九日、足利義政、将軍職を子の義尚《よしひさ》（九歳）へ譲り、征夷大将軍を辞任して隠居する。義政の譲位により次男・義尚が第九代征夷大将軍に就く。

皇紀二一三四（文明六）年二月十六日、一休宗純が復興に当たっていた大徳寺が完成する。そして勅命により宗純が大徳寺住持となる。

四月三日、山名宗全の子・山名政豊と細川勝元の子・細川政元が和睦し、山名政豊は東軍の細川方と共に、畠山義就、大内政弘らを攻撃する。

皇紀二一三六（文明八）年六月、関東管領上杉氏の有力家臣・長尾景春が関東管領上杉顕定《あきさだ》のいる五十子《いかこ》（現在の埼玉県本庄市五十子）の陣を襲撃し反乱を起こす（長尾景春の乱）。しかし太田道灌の活躍によって鎮圧された。

皇紀二一三七（文明九）年九月二十二日、管領畠山持国の子の畠山義就が従兄弟の畠山政長の追討を名目に河内に下国する。政長の父持富は、嫡子のない兄（政長の伯父）・畠山持国の嗣子に予定されていたが、持国は、庶子の義就に後を嗣がせようとして、畠山家中に内紛が生じていた。

十一月十一日に大内政弘をはじめとする諸大名らが軍を撤収したことによって西軍は事実上解体し、京での戦闘は終わり、応仁・文明の乱が終息する。京とその周辺地域は廃墟と化した。

皇紀二一四二(文明十四)年二月四日、足利義政が東山に慈照寺《じしょうじ》観音殿(銀閣寺)の造営を開始する。祖父義満が建てた金閣を模倣し銀閣を建てる。義政は幕府の財政難と土一揆に苦しみ政務を放棄し、幕政を正室の日野富子、細川勝元、山名宗全らの有力守護大名に委ねて、政務から逃避し、もっぱら数奇の道に入っていた。

そして祖父の義満が金閣寺に代表される華やかな北山文化を築いたのに対し、義政は銀閣寺を造営し、わび・さびを楽しむ東山文化を花開させた。狩野派の始祖・狩野正信もこの時期に幕府の御用絵師として仕え、以後四〇〇年に亘って狩野派が日本の画壇に君臨する。

十一月二十七日、室町幕府と古河公方《くぼう》足利成氏とが和睦し、皇紀二一一四(享徳三〈一四五四〉)年十二月に関東で起きた「享徳《きょうとく》の乱」が終わる。皇紀二一一四(享徳三)年、第五代鎌倉公方足利成氏が関東管領上杉憲忠を暗殺して勃発した、幕府方、山内・扇谷両上杉方、鎌倉公方(古河公方)方の争いが二八年振りでようやく収束する。

皇紀二一四五(文明十七)年五月、将軍義尚《よしひさ》の側近奉公衆と義政の側近奉行衆が武力衝突する事件が起こるなど、義政と義尚の親子対立が激化する。このため六月、義政は出家し、事実上政務から完全に離れる。

十二月十一日、山城国一揆が起きる。

京の南三郡、久世郡、綴喜郡、相楽郡で国人や農民が協力し、守護大名畠山氏の政治的支配を排除し、以後八年間農民自治を行った。

皇紀二一四六(文明十八)年、守護達が任国に帰り、守護在京制が崩壊し、在京の守護は摂津・丹波を基盤とする細川氏一門のみとなった。

七月二十六日、太田道灌が主君扇谷《おうぎがやつ》上杉家当主の上杉定正に謀殺される。

皇紀二一四七（文明十九〈一四八七〉）年七月二十日、元号を文明から長享《ちょうきょう》に改元する。

九月十二日、第九代将軍足利義尚、六角高頼《たかより》を討つべく近江に出陣する（延徳《えんとく》の乱）。六角氏が応仁の乱で混乱しているのを奇貨《きか》とし、将軍家の所領などを横領していたので、幕府の威信を回復すべく六角討伐を開始した。

皇紀二一四八（長享二）年一月五日、山内上杉家と扇谷上杉家の抗争（長享の乱）が勃発する。

六月九日、加賀国守護の富樫政親《とがしまさちか》が一向一揆（浄土真宗本願寺教団信徒の一揆）によって滅ぼされ自害し、皇紀二二四〇（天正八）年まで加賀国は一向衆によって自治統治される（加賀一向一揆）。

皇紀二一四九（長享三）年二月二十三日、銀閣寺（東山山荘・慈照寺）の上棟式が行われる。

三月二十六日、六角討伐に出征した将軍義尚が近江の鈎陣屋（滋賀県栗東市）で病死する。享年二五歳であった。その後義政も病に倒れて政務を執ることが困難となり、義政は美濃の土岐成頼《ときしげより》の下に亡命していた弟の義視《よしみ》（義教の子）と和解し、義視の嫡男の義材《よしき》に後事を託す。

八月二十一日、元号を長享から延徳《えんとく》に改元する。

皇紀二一五〇（延徳二）年一月七日、義政が死去する。五五歳であった。

七月五日、義政の甥で義視の嫡男・義材《よしき》（義稙《よしたね》）が第十代征夷大将軍に就く。

皇紀二一五一（延徳三）年一月七日、足利義視が死去する。義視は甥の義尚と兄の義政の死後、子の義材《よしき》を第十代将軍に擁立して自らは大御所として後見し幕政を行ったが、兄義政が死去してから一年後に死去する。

皇紀二一五二（延徳四）年七月十九日、元号を延徳から明応《めいおう》に改元する。

皇紀二一五二（明応元〈一四九二〉）年八月二十七日、将軍義材は義尚の後を受けて近江の六角氏を攻めるべく出陣する。

皇紀二一五三（明応二）年四月二十二日、「明応の政変」が起きる。将軍義材が近江に出陣して留守の間に、管領細川政元が謀反を起こして将軍足利義材《よしき》を追放し、第八代将軍・足利義政の異母兄である堀越公方・足利政知の子で、出家して香厳院清晃《せいこう》を名乗っていた足利義澄《よしずみ》を擁立する（明応の政変）。

【戦国時代】

皇紀二一五四（明応三）年、明応の政変で将軍足利義材を追放して戦国時代の始まりとなる。

四月、細川政元・日野富子・伊勢貞宗らは、足利義澄を第十一代将軍に擁立して、足利義材を廃し、京では義材派の人々の粛清が行われた。天皇の決めた征夷大将軍を勝手に追放するといった、これら一連の騒乱に後土御門天皇は激怒され、勝仁親王（後柏原天皇）への譲位を仄めかされる。しかし藤原北家勧修寺流甘露寺家の当主・甘露寺親長らが慰留し、何とか退位を思い留まられた。しかしその後も遂にこの政変を承認はされなかった。このため朝廷の歴代の職員録『公卿補任』では、義材から義澄への将軍交代は後土御門天皇の崩御後に行われている。天皇（朝廷）無視は許されないことを明確にしている。

細川政元は兵を河内国に派遣して義材と畠山政長を打ち破り、政長は自決した。義材は高氏以来足利家に伝わる家宝の甲冑「御小袖《おんこそで》」と「御剣」だけを携えて、細川政元の家臣・上原元秀の陣に投降し、京に連れ戻されて龍安寺に幽閉された。

【ローマ法王、欧州の世界植民地化を承認】

皇紀二一五四（明応三）年六月七日、ローマ法王アレクサンドル六世がポルトガルとスペインにトルデシリャス条約を結ばせる。二国はローマ法王にお墨付きを貰ったことで、ポルトガルは東へ、スペインは西へ、艦隊と軍を派遣し世界を東西に二分割し植民地獲得競争に乗り出す。欧州諸国が世界の植民地獲得に乗り出す端緒となった。両国はこの時、ローマ法王から世界侵略のお墨付きを貰っている。これから後、日本が先の大東亜戦争で世界の植民地を解放するまで、約五〇〇年間世界は欧米の過酷な植民地支配に呻吟することとなった。

この年十二月二十七日、第八代将軍足利義政の異母兄で堀越公方・足利政知の子の足利義澄が第十一代将軍に就く。

皇紀二一五五（明応四）年九月、伊勢宗瑞《いせそうずい》（北条早雲）が扇谷上杉家家臣で相模国小田原城城主の大森藤頼《ふじより》を討ち、小田原城を奪取する。

【浜名湖、汽水湖に】

皇紀二一五八（明応七）年八月二十五日、東海道全域で大地震（明応の大地震）が発生し、それに伴って発生した大津波により浜名湖が外海とつながって汽水湖となる。

この頃から、京の住民に対する地子銭《じしせん》（地代）徴収が次第に増加した。

皇紀二一六〇（明応九）年五月七日、応仁の乱で中断していた祇園会《ぎおんえ》の山鉾巡行が三三年ぶりに復活する。

九月二十八日、在位三六年にして五九歳で崩御される。

即位されてから三年して応仁の乱が勃発し、京は廃墟と化し、地方も騒乱に明け暮れ国全体が疲弊してしまった。朝廷の財政も逼迫し、崩御に際しては葬礼の費用もなく、四〇日もの間、ご遺体は御所に安置されたままだった。

陵は京都市伏見区深草坊町の深草北陵《ふかくさのきたのみささぎ》である。

後柏原《ごかしわばら》天皇

第百四代　世系六一　在位二七年

皇紀二一二四（寛正五〈一四六四〉）年十月二十日、後土御門天皇の第一皇子として誕生された勝仁《かつひと》親王で、母は庭田重賢《にわたしげかた》の娘・庭田朝子（蒼玉門院）である。

皇紀二一四〇（文明十二〈一四八〇〉）年十二月十三日、一七歳で親王宣下を受けられる。

皇紀二一六〇（明応九〈一五〇〇〉）年十月二十五日、後土御門天皇の崩御を受け、三七歳で即位される。但し、即位の祭祀は費用がなく催行出来なかった。先帝の後土御門天皇の葬礼すら出来なかった。即位の礼は二一年後の皇紀二一八一（大永元〈一五二一〉）年になってようやく催行された。

応仁の乱後の混乱で公卿も地方に離散して、朝廷の財政は逼迫しており、後柏原天皇の御世は二六年であるが、即位の礼はご即位から二一年後のこととなったのである。

皇紀二一六一（明応十）年二月二十九日、元号を明応から文亀《ぶんき》に改元する。

同年六月、藤原北家九条流の九条（藤原）尚経が関白、藤氏長者となる。

皇紀二一六四（文亀四〈一五〇四〉）年二月三十日、元号を文亀から永正《えいしょう》に改元する。

皇紀二一六七（永正四〈一五〇七〉）年六月二十三日、「永正の錯乱」が起き、管領の細川政元が養子の細川澄之《すみゆき》一派によって自邸内で殺害される。政元と養子の澄之は折り合いが悪く、政元は養子の澄之を廃嫡にしたという事情があった。政元は将軍をしのいで事実上の最高権力者となり、「半将軍」と呼ばれていた。政元は日野富子らと、足利義材を追放し足利義澄を第十一代将軍に擁立するなどし、京では義材派の人々の粛清を行っていた。

皇紀二一六八（永正五）年四月十六日、出奔した前将軍・義稙《よしたね》（義材《よしき》→義尹《よしただ》→義稙と改名）を擁立する大内義興が上洛軍を起こしたため、第十一代将軍足利義澄は追われて近江国へ逃亡する。

七月一日、明応の政変で追放されていた前将軍（第十代）・義尹《よしただ》が将軍職・第十二代征夷大将軍に復帰する。

皇紀二一七〇（永正七）年四月四日、朝鮮半島の慶尚道で三浦《さんぽ》（釜山浦・薺浦・塩浦の総称）の乱が発生し、鎮圧される。対馬守護宗氏と朝鮮居留日本人が交易の自由を求めて起こした反乱であった。李氏朝鮮の無警告の厳しい鎖国政策に対する不満が原因であった。

皇紀二一七一（永正八）年八月十四日、近江国へ逃亡していた第十一代将軍足利義澄、将軍復職も叶わぬまま近江で病死する。二十四日、船岡山の戦いで、将軍足利義稙と前将軍足利義澄の軍勢が衝突し合戦となったが、義澄は戦いの直前に急死しており、義稙方が大勝する。

皇紀二一七二（永正九）年、性病の梅毒が京都で大流行し、日本国内で最古の発症事例となる。日明貿易で来日した支那人からの感染と見られる。

皇紀二一七三（永正十）年、将軍職に復帰した義尹《よしただ》は義稙《よしたね》に改名する。

皇紀二一七六（永正十三）年、大内義興が管領細川高国の要請で、追放されていた前将軍足利義尹（第十代）を奉じて上洛、将軍職復帰を実現させた、その功労として大内氏は遣明船派遣の管掌権を永久に保証された。大内義興は幕府の管領代となって将軍の後見人となり、周防・長門・石見・安芸・筑前・豊前・山城の七ヶ国の守護職となった。

皇紀二一七八（永正十五）年、足利高基が足利政氏を出家させ、武蔵国久喜の館に隠居させることで永正の錯乱は収束したが、これをきっかけに古河公方家の没落が始まり、後北条氏（北条早雲系）が関東に進出して勢力を張る。

皇紀二一八一（永正十八）年三月七日、管領・細川高国（細川政元の養子）との確執を深めた将軍足利義稙は京から出奔し、二十二日に催行された後柏原天皇の即位式に出仕せず、将軍に代わって高国が警固の職を務めた。これによって義稙は天皇の信任を失い放逐される。そして元将軍足利義澄の遺児で播磨守護赤松氏の庇護下にあった足利亀王丸（足利義晴）が、足利義稙に替わって将軍として高国に迎えられる。

三月二十二日、後柏原天皇の即位式典が行われる。即位後二一年を経てようやく挙行されることになった。

八月二十三日、元号を永正から大永《だいえい》に改元する。

十二月二十五日、赤松氏家臣の浦上村宗に保護されていた足利義晴が管領の細川高国に推戴されて第十二代征夷大将軍に任命される。

皇紀二一八四（大永四）年、桓武平氏一族の渋谷氏が滅亡する。後北条氏（小田原北条氏）の北条氏綱（北条早雲の嫡男）が関東攻略の際に渋谷城を攻撃し、城は落城・焼失して渋谷氏は滅ぼされた。城内にあった金王八幡宮（渋谷区）のみが現存する。

皇紀二一八五（大永五）年十一月、疱瘡が大流行し、天皇は自ら筆をとられ、『般若心経』を延暦寺と仁和寺に奉納される。詩歌管弦、書道にも長けておられたといわれている。

皇紀二一八六（大永六）年四月七日、在位二七年、六三歳で崩御される。

応仁の乱で荒廃した国土の中、財政が逼迫し、即位式すら催行できず苦労された。しかし、自分の任命した将軍を勝手に追放したことを怒って辞意を表明されたり、即位式に出仕しない将軍を追放したりと、間違ったことに厳しい態度をとられた。陵は京都市伏見区深草坊町の深草北陵《ふかくさのきたのみささぎ》である。

後《ご》奈《な》良《ら》天皇

第百五代　世系六二　在位三二年

皇紀二一五六（明応五〈一四九六〉）年十二月二十三日、後柏原天皇の第二皇子として誕生された知仁《ともひと》親王で、母は藤原北家勧修寺流の第七代当主・勧修寺教秀《のりひで》の娘・藤原藤子（豊楽門院）である。勧修寺教秀は後花園天皇、後土御門天皇、後柏原天皇の三代にお仕えしている。

皇紀二一七二（永正九〈一五一二〉）年四月八日、親王宣下を受けられる。

皇紀二一八六（大永六〈一五二六〉）年四月二十九日、後柏原天皇の崩御にともない践祚され、三一歳で即位される。先帝に続いて、朝廷の財政は窮乏を極め、即位の礼は催行できなかった。宸筆（天子の直筆）の書を売って収入の足しにしておられたともいわれる。即位式は一〇年後の皇紀二一九六（天文五〈一五三六〉）年二月二十六日のこととなった。

七月十三日、讒言《ざんげん》を信じた管領・細川高国が家臣の香西元盛《こうざいもともり》を自害させた。これを機に、高国派の内紛が表面化し、元盛の実兄で丹波の国人の波多野稙通《はたのたねみち》とその弟柳本賢治が高国から離反する。この事件が五年後の大物崩《だいもつくず》れに繋がっていく。

皇紀二一八七（大永七）年二月十二日、細川氏の家督を奪い合う私闘「桂川原の戦い」が起き、管領細川高国が、波多野稙通・三好勝長・細川晴元（阿波細川家）の連合軍に大敗し、高国は将軍足利義晴を奉じて京から近江へ落ち延びる。評定衆や奉行人まで逃げ出したため、幕府の政治機能が麻痺する事態となった。

三月二十二日、高国と管領職を争っていた細川晴元が、将軍の弟・義維《よしつな》（後の足利義冬）を擁し、和泉国の堺の顕本寺《けんぽんじ》を本拠にして京と畿内を支配した。これが「堺公方」である。勿論、義維《よしつな》は征夷大将軍宣下を受けていない以上、単なる地方政権にすぎない。室町幕府の事実上の崩壊である。

皇紀二一八八（大永八）年八月二十日、元号を大永から享禄《きょうろく》に改元する。

皇紀二一九一（享禄四〈一五三一〉）年六月四日、「大物崩れ」といわれる摂津の大物《だいもつ》での合戦で、細川高国・浦上村宗の連合軍が赤松政祐・細川晴元・三好元長の連合軍に敗れ、高国は自害させられる。

皇紀二一九二（享禄五）年六月二十日、一向一揆（浄土真宗本願寺教団の信徒が起こした一揆）による和泉顕本寺《けんぽんじ》（堺市）の焼き打ちで、三好元長は自害し、第十一代将軍義澄の次男で堺公方の足利義維《よしつな》は阿波平島へ逃亡して堺公方はわずか五年で消滅した。

七月二十九日、元号を享禄から天文《てんぶん》に改元する。

皇紀二一九二（天文元）年八月二十四日、一向一揆を背景として本願寺の影響力が強くなったので、幕府管領で山城・摂津・丹波守護の細川晴元は山科本願寺を焼き討ちする。ここで法主証如《しょうにょ》は、京に近く交通の便の良い大坂御坊（現大阪城付近）を本願寺の本拠とし、石山本願寺と改称する。そして山科を教訓として本願寺は武装を強化する。

皇紀二一九五（天文四）年、天皇は清廉なお人柄で、一条房冬（土佐一条氏第三代当主）を左近衛大将に任命した際に、秘かに朝廷に銭一万疋の献金を約束していた事をお知りになり、献金を返却された。さらに、同じ年に即位式の献金を行った大内義隆が大宰大弐（太宰府の次官）への任官を申請したが、これを拒絶された。大内義隆の大宰大弐任命は、周囲の請願で翌年にようやくご承認になった。

皇紀二一九六（天文五）年二月二十六日、全国から寄付を募り、即位一〇年にしてようやく紫宸殿にて即位式を催行された。寄進した戦国大名は後北条氏《ごほうじょう》、大内氏、今川氏などである。後北条氏は、関東の戦国大名で桓武平氏伊勢氏流である。室町幕府の御家人・伊勢氏の一族にあたる伊勢盛時（北条早雲）をその祖とする「北条氏」だが、代々鎌倉幕府の執権をつとめた北条氏の後裔ではないので区別し、伊勢平氏の北条氏には「後」をつけて「後北条氏」と呼ぶ。また居城のあった小田原の地名から小田原北条氏とも呼ばれる。大内氏は、周防国府介《すけ》を世襲した在庁官人だったが、後に周防国、長門国、石見国、豊前国、筑前国の守護職に補任された守護大名である。今川氏は本姓は、清和源氏のひとつ河内源氏の流れを汲む足利氏一家・吉良家の分家にあたる。吉良家は足利将軍家の親族であり足利宗家の継承権を有し、斯波家や畠山家をはじめとする他の足利一門諸家とは別格の地位にあった。今川家はその分家として、駿河の守護を代々勤めた。

【天文の法難】

この年二月、京の法華宗が比叡山延暦寺に対して宗教問答をすることを呼びかけて延暦寺側もそれに応じる。三月三日、比叡山西塔の僧・華王房と上総茂原妙光寺（日蓮宗）の信徒・松本新左衛門久吉とが問答し、松本久吉のほうが華王房を論破した。比叡山の僧が他宗の一般宗徒に論破されたことが噂で広まり、面目丸潰れの比叡山側は激怒、日蓮宗が法華宗を名乗るのを止めるよう幕府に訴訟提起をして裁定を求めたが、幕府は後醍醐天皇の勅許を証拠にした日蓮宗の勝訴とし、比叡山はこの裁判でも敗北する。ついに延暦寺は京の法華宗の撃滅を決議する。

七月、延暦寺、宗徒が洛中洛外の日蓮宗寺院二一本山に対し、延暦寺の末寺になって上納金を払うように迫る。延暦寺側は、要求を拒否されると、後奈良天皇や幕府に法華宗討伐の許可を求めるが、これも拒否されて、中立を約束されるに留まった。天皇がこのような許可を下ろされることは有り得ない。

二十七日、そして天文の法難が起きる。

延暦寺の僧兵と宗徒、近江の大名・六角定頼の援軍も得て、延暦寺側は総計約六万人を動員して京の市中に押し寄せ、洛中洛外の日蓮宗寺院二一本山を悉く焼き払い、三千人とも一万人とも言われる衆徒を殺害した。さらに延暦寺方が放った火は大火を招き、京の三分の一ほどが焼失してしまう。延焼面積としては応仁の乱に勝る被害を受けた。隆盛を誇った洛中の日蓮教団は壊滅し、宗徒は洛外に追放された。以後六年間、京では日蓮宗は事実上禁教となる。日蓮宗の善悪は別として、延暦寺の宗徒がここまで落ちてしまっていたことは歴史的事実として重要なことである。

皇紀二二〇〇（天文九）年六月、天皇は疾病終息を発願され、自らお書きになったご宸筆の「般若心経」の奥書に「今茲天下大疾万民多阽於死亡。朕為民父母徳不能覆、甚自痛焉」（今茲《ここ》に天下は大いに乱れ万民の多くは阽《えん》して死亡す。朕は民・父母の為に徳を覆うこと能《あた》はず、甚だ自ら痛めり）との悲痛な自省のことばを添えておられる。また、ご宸筆の「般若心経」を伊勢、河内など二四カ国の一宮に奉納され、それらは阿波、伊豆など七カ国に現存する。国力の衰微を報告され、不徳を詫びられた上で、国の豊饒と民の幸せを祈られた。

皇紀二二〇一（天文十）年六月十四日、武田晴信（信玄）、父信虎を駿河に追放し家督を相続する。

この年（一五四一年）、ポルトガル船が豊後国に漂着し、領主の大友宗麟にカボチャの種を贈呈し、カボチャが日本に伝わる。四六年前に締結されたトルデシリャス条約でローマ法皇から世界侵略のお墨付きを得たポルトガルが、東回りで日本にやってきた。これからポルトガル船は日本の各地に頻繁に来航する。

皇紀二二〇二（天文十一）年六月二十日、陸奥で天文の乱が起きる。伊達氏の内紛が一挙に奥羽諸大名を巻き込む大乱となった。伊達家第十四代当主伊達《だて》稙宗《たねむね》と嫡男で第十五代当主の晴宗の抗争である。六年間の抗争の末、皇紀二二〇八（天文十七）年九月、第十三代将軍・足利義輝の仲裁により、稙宗（四〇歳）が隠居して晴宗に家督を譲るという条件で和睦が成立し、争乱は終結した。

この年、京では日蓮宗衆徒の入京を許す勅許が下り、天文の法難以来六年ぶりに日蓮宗寺院一五本山の再建が開始される。

皇紀二二〇三（天文十二〈一五四三〉）年八月二十五日、ポルトガル船が種子島に漂着し、鉄砲が伝来する。

皇紀二二〇五（天文十四）年八月、天皇は伊勢神宮への宣命に皇室と民の復興を祈願される。

皇紀二二〇六（天文十五）年四月二十日、武蔵国の主要な城であった河越城の争奪を巡っての戦い、河越城の戦いが起きる。後北条氏の三代目当主北条氏康が、武蔵国を支配していた上杉氏の居城・河越城に侵攻し、上杉氏を打ち破る。

十二月二十日、足利義晴の子・足利義輝（義藤）が一一歳で第十三代征夷大将軍に任ぜられる。将軍就任式は亡命先である近江坂本の日吉神社で行われた。この頃、父・義晴と管領の細川晴元が相争い、義晴はそのたびに敗れて近江坂本に逃れ、義輝もそれに従って、父と共に京への復帰と近江坂本・朽木への脱出を繰り返していた。

皇紀二二〇八（天文十七）年、足利義晴は対立していた管領・細川晴元と和睦して京に戻った。晴元も義輝の将軍就任を承諾する。

皇紀二二〇九（天文十八）年六月、管領・細川晴元が、摂津守護の細川氏綱に寝返った家臣の三好長慶《ながよし》に江口の戦いで敗れる。将軍義晴・義輝父子は晴元と共に、京から近江坂本の常在寺に逃れる。そして翌年五月、第十二代将軍・義晴（四〇歳）は常在寺にて死去した。細川氏綱は晴元に次いで管領に就くが、室町幕府の最後の管領となった。

七月三日、フランシスコ・ザビエルが鹿児島に上陸する。ザビエルはスペイン人であるが、西回りのスペイン勢がここ日本に現れた。トルデシリャス条約で東西に分かれて世界侵略を開始したのが日本で出会った格好になる。

皇紀二二一〇（天文十九）年五月四日、義晴が常在寺にて死去し、六月義輝は父が築造を進めていた中尾城（京都市左京区浄土寺）で三好軍と対峙したが、戦局が好転しないまま十一月に中尾城を焼き払って堅田へ逃れ（中尾城の戦い）、翌年に朽木へ移った。

この年、肥前国戦国大名の松浦隆信が南蛮貿易を開始し、平戸港にポルトガルの貿易船が初めて入港する。

皇紀二二一一（天文二十）年八月二十八日、西国で「大寧寺の変」が起きる。周防の戦国大名・大内義隆が、謀反を起こした守護代の陶晴賢《すえはるかた》の軍勢に攻められ、九月一日逃亡先の長門大寧寺（山口県長門市）にて自害し、大内氏が滅亡する。

皇紀二二一二（天文二十一）年一月二十八日、義輝は細川氏綱を管領にするという条件で三好長慶と和睦し、京に戻ったが、幕府の実権は長慶とその家臣松永久秀が握った。

この年、関東では後北条第三代当主の北条氏康が、関東管領を務めた山内上杉家の当主・上杉憲政の居城・平井城（群馬県藤岡市）を落とし、後北条氏が足利支配の関東地域を配下に納め、関東制覇を進める。

皇紀二二一三（天文二十二）年八月、甲斐国武田信玄と越後国長尾景虎（上杉謙信）の間で川中島の戦い（第一次）が起きる。

皇紀二二一四（天文二十三）年三月、武田信玄、北条氏康、今川義元が甲相駿三国同盟を締結する。

皇紀二二一五（天文二十四）年十月一日、毛利元就が、大内氏を滅ぼした陶晴賢を安芸国厳島の戦いで破り、晴賢は自害する。元就は大内氏の旧領を併合し勢力を拡大していく。毛利元就は安芸（現在の広島県西部）の小規模な国人領主から中国地方のほぼ全域を支配下に置くまでに勢力を伸ばし、大内氏に代わって中国地方の覇者となった。

この年、信濃では第二次川中島の戦いがあり閏十月十五日、駿河国の今川義元の仲介で和睦し、両軍双方撤兵する。

倭寇（後期倭寇）が大陸内陸部に侵入し、南京安定門を焼く。この前後十年間が倭寇の最も活発に活動した時期である。

十月二十三日、元号を天文から弘治《こうじ》に改元する。

皇紀二二一七（弘治三〈一五五七〉）年九月五日、在位三一年、六一歳で崩御される。足利幕府が弱体化し、全国で戦乱の打ち続いた御世であった。

陵は京都市伏見区深草坊町の深草北陵である。

第七章　第四期京都時代

（安土・桃山・江戸時代）

—(106)正親町天皇—誠仁親王—(107)後陽成天皇—(108)後水尾天皇
- (109)明正天皇
- (110)後光明天皇
- (111)後西天皇
- (112)霊元天皇—(113)東山天皇
  - (114)中御門天皇—(115)桜町天皇
    - (116)桃園天皇—(118)後桃園天皇
    - (117)後桜町天皇
  - 直仁親王（第六皇子 閑院宮家の祖）—典仁親王—(119)光格天皇—(120)仁孝天皇—(121)孝明天皇—(122)明治天皇—

正親町《おおぎまち》天皇

第百六代　世系六三　在位三〇年

皇紀二一七七（永正十四〈一五一七〉）年五月二十九日、後奈良天皇の第二皇子として誕生された方仁《みちひと》親王で、母は参議万里小路賢房《までのこうじかたふさ》の娘・藤原栄子《えいこ》（吉徳院）である。

皇紀二二一七（弘治三〈一五五七〉）年十月二十七日、後奈良天皇の崩御に伴って践祚され、方仁《みちひと》親王が四一歳で即位される。当時、まだ朝廷の財政は逼迫し、公卿達も貧窮し、戦国大名・毛利元就の献上金により即位後三年してようやく即位の礼を催行できた。朝廷は、元就に謝して従五位下・右馬頭《うまのかみ》という位階を授け、皇室の紋章である菊と桐の模様を毛利家の家紋に付すことを許可した。極めて名誉なことであった。

この年、上杉と武田の第三次川中島の戦いがある。

皇紀二二一八（弘治四）年二月二十八日、元号を弘治から永禄《えいろく》に改元する。

皇紀二二一八（永禄元〈一五五八〉）年九月、尾張国で木下藤吉郎（豊臣秀吉）が織田信長に仕える。

十一月二十七日、第十三代将軍足利義輝と、京に蟠踞《ばんきょ》していた三好長慶（摂津守護代・相伴衆）が和睦し、義輝は五年ぶりに帰京して幕府政治を再開する。相伴衆とは将軍が殿中における宴席や他所訪問の際に随従する役職である。義輝は幕府権力と将軍権威の復活を目指し、諸国の戦国大名との修好に努める。

皇紀二二一九（永禄二）年、織田信長が尾張国を統一する。また、土佐では細川家の有力被官であった長宗我部氏が清和源氏吉良氏の庶流・本山氏を長浜の戦いで破る。

皇紀二二二〇（永禄三）年一月二十七日、毛利元就の献資があって、天皇は即位後三年で即位の礼を催行された。

五月十九日、尾張国に攻め入った今川義元が、桶狭間の戦いで織田信長に敗れ敗死し、今川氏が滅亡する。山名、大内が滅び今ここに今川が滅んで時代は正親町天皇の御世となり、次第に変わっていく。

皇紀二二二一（永禄四）年閏三月十六日、上杉憲政（関東管領を務めた山内上杉家の当主）の要請で鎌倉府の鶴岡八幡宮において、山内上杉家の家督と関東管領職を長尾景虎（上杉謙信）が相続する。北条氏康が小田原城の籠城戦を戦ったのちの譲渡であった。

九月十日、上杉と武田の第四次川中島の戦いがあり、第一次から第五次までの川中島の戦いの中で一番大規模な戦いとなって、双方多くの死傷者を出した。

皇紀二二二二（永禄五）年一月十八日、尾張の織田信長と三河の徳川家康が清洲《きよす》同盟を締結する。

皇紀二二二三（永禄六）年、石見銀山が発見され、これを御料所（朝廷の直轄地）となし、毛利元就をその代官職に任じる綸旨が発せられた。朝廷の毛利に対する信頼が篤かったことが分かる。銀山発見の後、大内、尼子、毛利が争奪戦をくり返すが最終的に毛利氏がこれを手中にし、毛利氏が朝廷の御料所として献納したという経緯がある。

皇紀二二二四（永禄七）年七月四日、飯盛山城（大阪府大東市及び四條畷市）で三好長慶が病死する。

信州では第五次川中島の戦いがある。実際の戦闘はなく、五次に亘る戦いの後も北信濃の支配権は武田氏が握っていたので、戦略的には武田氏の勝利といえる。

皇紀二二二五（永禄八）年五月十五日、「永禄の変」が起きる。

三好三人衆と大和国の松永久秀たちが二条城を襲撃、第十三代将軍の足利義輝を殺害する。二条城は焼失した。三好三人衆とは三好長慶の死後に三好政権を支えた三好長逸《ながやす》・三好政康《まさやす》・岩成友通《いわなりともみち》の三人で、いずれも三好氏一族とその重臣である。

皇紀二二二六（永禄九）年十二月二十九日、松平元信（後の徳川家康）が三河を平定し、朝廷より三河守を拝命する。そして徳川姓を朝廷から許され、徳川家康と改名する。抑《そもそも》、松平氏は三河の小豪族で伊勢氏の被官であった。

皇紀二二二七（永禄十）年十月十一日、東大寺大仏殿の戦いで三好三人衆と松永久秀による半年に亘る抗争の末、東大寺大仏殿が焼失する。

この年、正親町天皇は高野山の真言宗堂塔の破壊を止めるよう信長に命じ、寺院を救い、信長と本願寺勢力に和平勧告をされる。戦乱の続く世をなんとか治めなければということで正親町天皇は積極的に働きかけを始められる。

またこの年十一月九日、正親町天皇から信長に「尾張・美濃の不地行（支配が及んでいない）になっている皇室領の回復を命じる」綸旨が発せられた。

皇紀二二二八（永禄十一）年二月八日、第十三代将軍義輝が殺害されて三年、元堺公方で足利義維の長男・足利義栄《よしひで》（義親）が三好三人衆の推挙で第十四代征夷大将軍宣下を受けるが、将軍というも形式的で、一度も京に入ることすらなかった。義栄は元堺公方・足利義維（平島公方）の長男（幼名は義親）として阿波国平島荘で生まれた。永禄の変で三好三人衆と松永久秀によって殺害された第十三代将軍義輝の従兄に当たる。

この年九月十六日、織田信長は、正親町天皇をお護りするということで、第十三代将軍義輝の次男義昭を奉じて上洛し、京を制圧する。三好三人衆は信長によって京から駆逐され、松永久秀は三好から離反して信長に臣従した。義栄《よしひで》もともに京を出るが間もなく三一歳で死去する。信長の入京でようやく京と畿内が平定されることとなる。そしてこの後、織豊二氏（織田・豊臣）の尽力で朝議の復活が行われ、荒廃した国が徐々に平穏な世に戻り始める。

十月十八日、足利義昭が第十五代征夷大将軍宣下を受ける。

この年、浄土真宗の本願寺法主・顕如《けんにょ》も朝廷に莫大な献金をして、天皇から門跡の称号を与えられた。これ以後、本願寺の権威も天皇の信任を得て安定していく。

皇紀二二二九（永禄十二）年、北条氏康と上杉謙信が甲斐の武田信玄に対抗するため越相同盟《えつそうどうめい》を締結する。

皇紀二二三〇（永禄十三）年四月二十三日、元号を永禄から元亀《げんき》に改元する。

信長は、逼迫していた朝廷の財政を様々な政策や自身の援助により回復させ、天皇は信長に対しては勅命により敵対勢力と講和させる。戦乱を未然に防ごうとされる。

皇紀二二三〇（元亀元〈一五七〇〉）年四月二十八日、織田信長と朝倉義景との間で金ヶ崎の戦いが起きる。この時、信長は義弟である北近江の浅井長政に裏切られ、背後から攻撃を受け急遽撤退する。

六月二十八日、信長が浅井に背後から攻められたことで、浅井・朝倉連合軍と織田・徳川連合軍との間で姉川の合戦が行われ、織田軍が勝利し浅井が没落する。

皇紀二二三一（元亀二）年九月十二日、織田信長、延暦寺を焼き討ちにする。

後の延暦寺発掘調査によると、全山焼き討ちはかなり誇張されている。儒学者である新井白石が『読史余論』で「その事は残忍なりといへども、永く叡僧（比叡山の僧）の兇悪を除けり、是亦天下に功有事の一つ成るべし」としており、信長の焼き討ちで延暦寺側の非も指摘している。そして何より、正親町天皇や朝廷も信長に対し正式に抗議をしておられない。天皇は暗に叡山側の不法も認識しておられたのである。

皇紀二二三三（元亀四）年四月七日、勅命により信長は第十五代将軍足利義昭と和睦する。

しかし将軍に就いた義昭は、また信長と対立し、武田信玄や朝倉義景らと信長包囲網を築き、信長を追いつめたが、やがて京から追われ、備後国に下向する。義昭は明らかに「和解せよ」という勅命に背いている。
四月十二日、武田軍は西上作戦の途上で三河から甲斐へ引き返し、信玄は帰途の信州で死去する。しかし、信玄の死去は伏せられた。
七月三日、将軍義昭、甲斐の信玄と通じて武田勢を当てにして、和睦を破り挙兵した。しかしこの時点では既に信玄は死去している。

【室町幕府の消滅】

七月十八日、将軍義昭、織田軍に敗れ降伏した。信長は義昭を放逐し、室町幕府（足利幕府）はここに滅亡し、足利幕府なきあと、完全に戦国の世に入る。足利政権は、成立に協力した守護大名を次々潰し、紛争を巻き起こし、応仁の乱を含め戦乱に続く戦乱で、天皇が即位式すら出来ないほど国土を荒らし、ここに遂に足利幕府は消滅した。北山文化、東山文化が花開いたとは言え、国土は疲弊し、遂に戦国の世を迎えることとなった。

皇紀二二三三（元亀四）年七月二十八日、元号を元亀から天正《てんしょう》に改元する。

この改元については、信長から改元の奏請をしており、朝廷でも少し前から改元することが議論されていた。しかし将軍義昭が反対し、費用の拠出を拒んでいた。しかし朝廷は改元時に信長に勘文《かんもん》（朝廷から諮問されたことに対して調査報告する文書）を示し、その意向に応じて元号を「天正」と定めており、信長が武家政権の長として改元に関与した事実は、織田政権の開始を象徴する出来事であったといえる。

皇紀二二三三（天正元〈一五七三〉）年の足利義昭との戦い、皇紀二二四〇（天正八）年の石山本願寺との戦いにおける信長の講和は、いずれも正親町天皇の勅命によるもので、数々の無駄な戦いが避けられた。天皇は軍事的な支配者の間に割って入り、その意志決定に大きな影響を与えている。信長は勅命に従っている。

イエズス会の宣教師は、日本には正親町天皇と織田信長の二人の統治者がいると報告書に記し、フランシスコ・ザビエルの後任の布教責任者コスメ・デ・トーレスは、この年に、次ぎのように本国に報告している。

「日本の世俗国家は、ふたつの権威、即ち二人の貴人首長によって分かたれている。一人は栄誉の授与を行い、他は権威・行政・司法に関与する。どちらの貴人も都に住んでいる。栄誉を授与する貴人は「王」と呼ばれ、その職は世襲で、民は彼を偶像の一つとして崇め、崇拝の対象としている」と。

彼等には天皇の本質は分からず、偶像と理解している。彼らの世界には天皇というものはなく、これを彼らの世界における意味での王と理解したのである。無理からぬところであろう。キリスト教を絶対と信じている者が非キリスト教国を軽蔑していることがよく分かる。

皇紀二二三三（天正元）年八月二十日、越前の朝倉義景が信長に攻められ自害（一乗谷城の戦い）し、朝倉氏が滅亡する。

九月一日、北近江の浅井長政が小谷城を信長に攻められ自害（小谷城の戦い）し、浅井氏が滅亡する。

十二月二十六日、大和国の松永久秀が信長に降伏する。

皇紀二二三四（天正二）年七月、織田信長、伊勢の本願寺門徒らが蜂起した長島一向一揆の鎮圧に向かう。三度に渡る激しい合戦が行われた。

九月二十九日、伊勢国長島での一向一揆（浄土真宗本願寺教団一向宗の信徒たちが起こした一揆）が信長によって鎮圧される。

皇紀二二三五（天正三）年五月二十一日、長篠城（愛知県新城市）西方の設楽原《しだらがはら》で信長軍と家康軍が信玄なきあとの武田勝頼軍と戦い、武田軍が敗走する（長篠の戦い）。この戦いを切っ掛けに、その後も信長に攻められ皇紀二二四二（天正十）年三月に武田氏が滅亡する。

この年、四国では長宗我部元親が土佐国の国司・一条氏を四万十川の戦いで破り土佐の統一を果たす。土佐一条氏（五摂家の一条家の分家）はここに滅んだ。

【安土・桃山時代】

皇紀二二三六（天正四）年二月二十三日、織田信長が安土山に安土城を築き、安土・桃山時代の始まりとなる。

皇紀二二三七（天正五）年十一月二十日、正親町天皇が信長に最高位の右大臣を宣下される。

天皇は信長に信頼と期待を寄せておられたことが分かる。足利氏では治められない戦乱の世を治め、平穏な御世を取り戻すことを織田信長に託されたものと思われる。豊臣氏へ政権が移った後も、秀吉は御料地や黄金を献上し、正親町天皇を奉じている。

皇紀二二三八（天正六）年三月十三日、武田信玄と信濃の覇権を長期間争った越後の覇者・上杉謙信が死去する。

五月十三日、御館《おたて》の乱が起きる。

上杉家のお家騒動で、上杉謙信急死後、その家督をめぐって謙信の養子である上杉景勝（実父は長尾政景）と上杉景虎（実父は北条氏康）との間で起こった越後の内乱で、上杉景勝が勝利する。

七月三日、山陰に勢力を張っていた尼子氏の尼子勝久が毛利軍に攻められて敗北し（上月城の戦い）自害、尼子氏が滅亡する。

十一月十二日、九州では九州の制覇を巡って豊後国の大友宗麟と薩摩国の島津義久が、日向高城川原（宮崎県児湯郡木城町）を主戦場として戦い、大友軍は大敗を喫する。

皇紀二二三九（天正七）年五月十一日、琵琶湖東岸に信長の居館・安土城天守閣が完成する。

二十七日、信長が安土宗論《あづちしゅうろん》を行わせる。

安土城下の浄厳院《じょうごんいん》で浄土宗と法華宗の宗論を行わせる。浄土宗の僧貞安《ていあん》らと法華僧日珖《にちこう》・日諦・日淵《にちえん》らの間で行われた。法華宗は敗れて、以後法華僧は他宗への法論ふっかけを行わない事を誓わされた。

七月、織田家の家臣・明智光秀が丹波国を平定する。

皇紀二二四〇（天正八）年一月十七日、三木合戦で羽柴秀吉率いる織田軍が別所軍を破り勝利する。別所氏は播磨の守護大名・赤松氏の庶流であり、三木城を居城としていた。

閏三月五日、信長包囲網を結成し、一〇年以上にわたって信長と激しい攻防を行っていた本願寺の宗主顕如《けんにょ》が、正親町天皇の勅命を受け信長と和睦する。

四月九日、顕如は石山本願寺を嫡子で新門跡の教如《きょうにょ》に渡し退去した。以来一向一揆が起きなくなった。

八月二日、石山本願寺が信長に引き渡されたが、その直後に出火し全て焼失し、石山合戦が終わる。

皇紀二二四一（天正九）年七月二十六日、オランダが宗主国スペインとの長い独立戦争を戦った末に独立を宣言する。ここからスペインに代わってオランダのアジア侵略が始まる。

皇紀二二四二（天正十）年一月二十八日、天正遣欧少年使節が長崎を出航する。

九州のキリシタン大名、大友宗麟・大村純忠《すみただ》・有馬晴信の名代としてローマへ派遣された四名の少年使節団である。日本での布教のためと、布教費用援助要請のためであった。

三月十一日、武田信玄の嫡子の勝頼らが信長に攻められ自害し、武田家が滅亡する（天目山《てんもくざん》の戦い）。

六月二日、明智光秀は信長に反旗を翻して本能寺の変を起こし、信長は討死する。十三日、本能寺の変で信長を滅ぼした明智軍が山崎の合戦で羽柴（秀吉）軍に敗れ、明智光秀は逃亡途中で討死する。二十七日、織田信長を討った明智光秀が秀吉に討たれ、今後のことを協議するために、清洲会議が開かれ、信長の嫡孫で三歳の織田秀信を後継者に決定する。叔父の信雄が後見人となった。

この年、秀吉が太閤検地を開始する。秀吉は支配下に入った土地で次々に検地を実施した。家臣の石田三成が検地奉行として、事実上の施行者となり、支配地を確実に把握して全国統一の基礎とした。

皇紀二二四三（天正十一）年四月、賤ケ岳《しずがたけ》の合戦（滋賀県長浜市）で羽柴秀吉が柴田勝家（信長の家臣）を破り、柴田氏が滅亡する。この年、秀吉は石山本願寺の跡地に大坂城を築き始める。

皇紀二二四四（天正十二（一五八四））年六月二十八日、ポルトガル商船が平戸に初来航する。

皇紀二二四五（天正十三）年七月十一日、羽柴秀吉が近衛家当主・近衛前久《さきひさ》の猶子となり、藤原朝臣秀吉（近衛秀吉）として天皇より従一位関白宣下を受け、関白に就任する。近衛前久の父・近衛稙家《このえたねいえ》は戦国時代の公家・関白で、近衛家の第十五代当主である。

八月六日、秀吉、長宗我部元親の平定したばかりの四国を攻め、長宗我部氏は和睦し、秀吉に服属して土佐一国を安堵され、阿波・讃岐・伊予を割譲した。

十二月十日、若狭から三河にかけて天正大地震が発生する。若狭湾、伊勢湾、三河湾で大津波が発生している。秀吉による東日本支配がまだ完了していない時期で、統治機構の混乱から文献による歴史資料が少なく、被害状況は正確には分かっていない。この時期、焼岳（長野県と岐阜県にまたがる活火山）が大噴火を起こし、麓の飛騨側の村は地形が大きく変貌した。

皇紀二二四六（天正十四）年三月、秀吉が島津氏に対して占領地の過半を大友氏に返還する国分案を提示したが、島津側これを拒否した。七月、島津は大友攻撃を再開して九州統一戦を進めたため、関白・秀吉は大友氏の手引きによる九州攻めを開始する。一年余り九州全土で豊臣方と島津方が戦うこととなった。

この年七月から翌十五年四月、関白秀吉が二〇万の大軍を率い九州島津攻めを行い、遂に島津軍は降伏する。

【豊臣政権発足】

皇紀二二四六（天正十四）年、正親町天皇は秀吉に豊臣の姓を賜って、十二月二十五日には太政大臣に就任させ、豊臣政権が確立した。

十月二日、関白となった秀吉が島津氏と大友氏に対し、関白として朝廷権威を以て停戦命令（九州停戦令）を下す。薩摩の島津氏は九州平定をほぼ目前にしていた。二十七日、徳川家康が豊臣秀吉の臣下となる。

十一月七日、天皇は在位三〇年、七〇歳で孫の和仁《かずひと》親王（後陽成天皇）に譲位され、仙洞御所に隠退された。

皇紀二二五三（文禄二〈一五九三〉）年一月五日、引退されて七年後、七七歳で崩御される。

政権担当能力を喪失した足利氏の室町幕府後期から混乱の戦国時代を統治された天皇であった。日本全土に亘って群雄が割拠する状況にあったが、織田信長が現れて次第に混乱が収束していった時代と言える。天皇は各勢力争いの和睦成立に尽力された。豊臣氏へ政権が移った後の秀吉も御料地や黄金を朝廷に献上し、正親町天皇に仕え、執政を支えた。

陵は京都市伏見区深草坊町の深草北陵《ふかくさのきたのみささぎ》である。

後陽成天皇《ごようぜい》

第百七代　世系六五　在位二六年

皇紀二二三一（元亀二〈一五七一〉）年十二月十五日、正親町天皇の皇子・誠仁《さねひと》親王（陽光院太上天皇）の第一皇子として誕生された和仁《かずひと》王、後の周仁《かたひと》王で、母は勧修寺晴右《はれすけ》の娘・新上東門院・藤原晴子である。

皇紀二二四六（天正十四〈一五八六〉）年七月二十四日、正親町天皇の東宮であった誠仁《さねひと》親王が薨去される（三五歳）。十一月七日、誠仁親王が薨去されたので、正親町天皇の皇孫に当たる周仁《かたひと》王が皇祖父の正親町天皇から譲位され一六歳で即位される。二十五日、後陽成天皇の即位礼が行われた。

この年、藤原前久の娘・藤原（近衛）前子《さきこ》が豊臣秀吉の猶子として入内され、後陽成天皇女御となり、のち後水尾天皇の母となられる。

皇紀二二四七（天正十五）年五月八日、島津家の当主義久は川内《せんだい》の泰平寺（薩摩川内市）に滞留していた秀吉のもとを訪れて、朝廷の停戦命令に従い降伏する。島津氏は、最終的に、九州地方で新たに獲得した地域の大部分を没収されたが、石田三成と伊集院忠棟による談判の結果、薩摩・大隅の二国に日向の諸県郡が安堵された。

六月十九日、秀吉がバテレン追放令を発布する。秀吉は切支丹《キリシタン》には寛容であったが、切支丹が神道・仏教の信徒を迫害し、九州においては領民に改宗を強要し、神社仏閣を破壊するなどの不法が絶えず、有馬氏や大村氏など大名単位でこれが行なわれ、また九州を中心として切支丹による奴隷貿易が行なわれ、日本の子女が奴隷として外国に売り飛ばされていたことなどが判明し、態度を硬化させた。この切支丹のやり方は彼らがこれまでアジア世界で行っていたことで、彼らにとってはごく普通のことであった。

九月十三日、聚楽第が完成する。京の内野（平安京の大内裏跡）に秀吉が政庁兼邸宅として建てた御殿であった。

皇紀二二四八（天正十六）年四月十四日、天皇が聚楽亭（聚楽第）に行幸される。秀吉が天皇の御前で、徳川家康や織田信雄ら有力大名に秀吉への忠誠を誓わせた。

七月八日、秀吉が「刀狩令」、「海上賊船禁止令」を出す。百姓身分の者の武器所有を禁止し、それらを没収して農村の武装解除を図った。刀狩と並行して、武器の使用による紛争の私的解決を全国的に禁止する。それまでの日本では多くの一般民衆も武器を所持しており、特に成人男性の帯刀は一般的であった。この施策は江戸幕府にも継承された。また、「海上賊船禁止令」で、支那大陸沿岸や朝鮮半島を荒らしていた「倭寇」は収束する。

八月十二日、秀吉は島津氏を介して琉球国へ服属入貢を要求する。

皇紀二二四九（天正十七）年、秀吉は小田原の北条氏直に宣戦布告状を送り、諸大名に出陣の準備を命じる。

毛利氏・長宗我部氏・島津氏といった有力大名は滅さず、臣従させるにとどめる。徳川氏は石高二五〇万石を有し、秀吉自身の二二二万石より多い石高を有した。

皇紀二二五〇（天正十八）年四月、関白秀吉が諸大名を率いて小田原城を包囲し後北条氏を服属させる（小田原征伐）。力で押して滅ぼすことを止めて服属させることとした。この小田原攻めで秀吉による日本統一が完成する。

三月、朝鮮から使節が来日する。秀吉の明征伐の情報を探りに来る。

八月朔日、徳川家康が江戸城に入る。江戸及びその周辺の開発がこの時期に始まる。家康は三河国幡豆《はず》郡（愛知県西尾市）の小島城主であった伊奈忠家の嫡男・伊奈忠次を関東郡代に任じ、利根川その他の関東地域の河川改修に当たらせた。

十一月、朝鮮使節は明国への道案内を求める「仮途入明《かとにゅうみん》」の要求を受け帰国する。秀吉は李氏朝鮮へ明の征伐を告げ、朝鮮半島の通過承諾を要求する。

皇紀二二五一（天正十九）年閏一月、豊臣秀吉が外敵の侵入に備えて京に御土居《おどい》を構築する。御土居の内を洛中、外を洛外とした。洛中と洛外とを結ぶ道が御土居を切る場所を「口」といい、現在でも鞍馬口、丹波口などの地名として残っている。

六月、対馬藩主宗義智《そうよしとし》（対馬府中藩の初代藩主）、漢城《ソウル》に行き、「仮途入明」を正式に請う。

七月二十五日、関白秀吉、ポルトガル領インド副王に宛てて、イスパニア王の来日を要求する。

八月二十一日、「身分統制令」を出す。侍や中間《ちゅうげん》の武家奉公人が百姓、町人になること、百姓が耕作を放棄して商人になること、もとの主人から逃亡した奉公人を他の武士が召し抱えることを禁止する。この月、秀吉の嫡男・鶴松が三歳で死去する。

九月十五日、関白秀吉、スペイン領フィリピン諸島に朝貢と服属を要求する。書状は、海外情勢に通じた長崎の商人・原田孫七郎を使者としてマニラのスペイン領フィリピン総督ゴメス・ペレス・ダスマリニャスに届けられた。そして原田はダスマリニャスの返書を持って帰国する。

十月十日、秀吉は九州の大名に、大陸侵攻軍の基地として名護屋城（現唐津市）の築城を命じた。

十一月、秀吉の姉・日秀の子で甥の秀次が秀吉の養子となる。

十二月二十七日、秀吉の養子である豊臣秀次が関白宣下を受け、秀吉は太閤となる。

皇紀二二五二（天正二十）年、前年、秀吉からの書状を受け取ったダスマリニャスの使節としてドミニコ会のファン・

コボが来日し秀吉に謁見した。

一月、後陽成天皇、聚楽第に二度目の行幸をされる。短期間に同じ聚楽第に二度も行幸が行われたのは日本史上稀有なことで、政務を委ねた後陽成天皇の秀吉に対する信頼を表している。

【文禄の役】

四月十三日、太閤秀吉が明征伐のため朝鮮出兵を開始し、日本軍の釜山上陸で「文禄の役」が始まる。小西行長が釜山に上陸する。

五月三日には小西行長、加藤清正らが漢城《ソウル》に入り漢城は無血開城する。国王は逃亡し、王宮は民衆による掠奪で廃墟となった。流石は朝鮮である。王家と民衆との絆は皆無だったようである。先の大戦で日本が引き揚げるとき、日本人を掠奪暴行強姦した同じ民族である。

秀吉は明の征服と朝鮮の服属を目指して宇喜多秀家を元帥とする一六万の大軍を朝鮮に派兵した。初期は朝鮮軍を撃破し、漢城《ソウル》、平壌などを占領するなどしたが、宗主国明の軍が到着して戦況は膠着状態となる。

六月十五日、小西行長、黒田長政らが平壌を占領する。朝鮮は明に防衛を任せ、自軍を持たなかったので出兵一ヶ月で全土が日本軍に制圧される。その後、明の出兵で膠着状態となった。

十二月八日、元号を天正から文禄《ぶんろく》に改元する。

皇紀二二五三（文禄二〈一五九三〉）年一月五日、正親町上皇が崩御される。この月、太閤秀吉、松前藩初代藩主の松前（蠣崎）慶広に樺太の先住民であるアイヌの保護を命じ、外国から侵入する人々を取り締った。この時点で樺太は完全に日本が実効支配する日本領になった。

この年、徳川家の家臣・小笠原貞頼が小笠原諸島を発見する。貞頼は信濃国領主・小笠原長時の孫で松本城（深志城）城主・小笠原貞慶の甥である。小笠原村父島字扇浦には貞頼を祀る小笠原神社が建立されている。

七月九日、皇紀二二五二（天正二十）年四月に始まった文禄の役が休戦する。明との間に講和交渉が開始される。明国の提示した条件に秀吉を「日本国王」に任命するとあったので秀吉は激怒し交渉は決裂する。秀吉は足利義満や義政とは違っていた。

八月三日、秀吉に実子・秀頼が誕生する。

皇紀二二五四（文禄三）年二月二十七日、秀吉、吉野で花見の宴を催す。

八月一日、伏見城が完成し、秀吉が入城する。

この年、秀吉は日本全国の検地の実施（太閤検地）を進める。これまでも支配下に入った土地の検地を進めてきたのでその延長線上の作業であった。また、利根川の付け替えにかかわる一連の河川改修、利根川東遷事業が開始される。

皇紀二二五五（文禄四）年七月八日、秀吉は甥の関白・秀次を高野山に追放して、十五日に切腹させ、秀次の居城であった聚楽第も翌八月以降、徹底的に破壊した。八月二日、秀次の妾や子女が聚楽第に近い三条河原で処刑される。悲惨な事件であった。何が原因か諸説あるが確たるところは分かっていない。秀次は二七歳、関白に就いて僅か四年後のことであった。

皇紀二二五六（文禄五）年閏七月九日、慶長伊予地震、十二日、慶長豊後地震、十三日、慶長伏見地震と大地震が広範囲に連続発生する。この慶長豊後地震は大津波を伴い、別府湾にあった人口五千人の瓜生島《うりゅうじま》が沈没し消滅した。

【サン＝フェリペ号事件】

皇紀二二五六（文禄五）年八月二十八日、土佐国にスペイン船サン＝フェリペ号が漂着し、サン＝フェリペ号事件が起きる。奉行の増田長盛らは船員たちに「スペイン人たちは海賊であり、ペルー、メキシコ、フィリピンを武力制圧したが、日本も同じように武力制圧するために、測量に来たと判断した。このことは都にいる三名のポルトガル人ほか数名が証言している」という秀吉の書状を告げた。

十月二十七日、元号を文禄から慶長《けいちょう》に改元する。

皇紀二二五六（慶長元〈一五九六〉）年十二月八日、秀吉はサン＝フェリペ号事件をきっかけに、再び禁教令を公布した。

この年、朝鮮通信使が明の使者を伴って、来日する。しかし明との講和交渉が決裂し、秀吉は作戦目標を「全羅道を悉く成敗し、忠清道・京畿道も攻略し、その達成後は拠点となる城郭を建設して在番の城主を定め、その他の諸将は帰国させるとして、再出兵の号令を発した。

十二月十九日、イエズス会の後に来日したフランシスコ会が活発な宣教活動を開始、禁教令を無視するように挑戦する。フランシスコ会は秀吉の発した禁教令を全く無視し、日本を愚弄し軽蔑していた。そこで秀吉は京と大坂に住むフランシスコ会員とキリスト教徒（日本人二〇名、スペイン人四人、メキシコ人、ポルトガル人各一名の二六人）を捕縛して、長崎に移送し全員を処刑した。切支丹達は、相変わらず禁教令を無視し、神社仏閣を焼き払い、日本の子女を拉致し、奴隷として外国に売り飛ばすなどの不法を働いたので、捕縛され長崎に送られて処刑されたのである。ところが、キリスト教世界では、この日本にとっては犯罪者である不届き者たちへのことは抜きにして、この処刑された二六人のことを「日本二六聖人殉教者」と神聖視しており、事実を歪曲している。事実、彼らは侵略の手先であり、こうしてアジアを侵略し植民地にしてきたのが事実である。秀吉はそれを完全に見抜いていた。

【慶長の役】

皇紀二二五七（慶長二〈一五九七〉）年一月十四日、秀吉、明攻略のため朝鮮に再出兵し「慶長の役」が始まる。

小早川秀秋を元帥として一四万の軍を朝鮮へ再度出兵する。漆川梁《しっせんりょう》海戦で朝鮮水軍を壊滅させ、進撃を開始し、二か月で慶尚道・全羅道・忠清道を制圧する。京畿道に進出後、日本軍は撤収し、作戦目標通り南岸に文禄の役の際に築かれた既存の城郭を補強した。このうち蔚山城《いさんじょう》は完成前に明・朝鮮軍の攻撃を受けたが撃退する（第一次蔚山城の戦い）。城郭群が完成し防衛体制を整えると、六万四千余の将兵を在番として拠点となる城郭群に残して、防備を固めさせる一方、七万余の将兵を本土に帰還させ慶長の役の作戦目標は完了した。

八月二十八日、室町幕府の元第十五代将軍足利義昭が大坂で死去する。

【秀吉が死去】

皇紀二二五八（慶長三）年八月五日、秀吉が病に陥り、徳川家康・前田利家・宇喜多秀家・上杉景勝・毛利輝元の五大老と石田三成ら豊臣家家臣の五奉行とが合議制をとるよう遺命した。八月十八日、太閤・豊臣秀吉が死去する。

十月十五日、秀吉の死は秘匿されたまま朝鮮に派兵している将兵に対し、五大老による帰国命令が発令される。ここで日本の対外政策は大きく変更された。秀吉は翌皇紀二二五九（慶長四）年にも大規模な軍事行動を計画しており、それに向けて日本が朝鮮南部に築いた城に兵糧や武器弾薬などを備蓄するように諸将に命じていたが、計画実施前に秀吉が死去したため実施されなかった。秀吉が死去すると、計画継続を主張する者はほとんどおらず、五大老や五奉行によって撤兵が決定された。この戦争で朝鮮の宗主国・明は莫大な戦費の負担と兵員の損耗によって疲弊し、これが明の滅亡する一因となった。実際、凡そ五十年後の皇紀二三〇四（寛永二十〈一六四四〉）年、明は滅亡した。日本では、派遣軍の中心であった西国大名達が消耗し、秀吉没後の豊臣政権内部の対立の激化を招くことになった。

【秀吉の政策】

秀吉は織田政権で限定的に行われていた検地や刀狩、惣無事令《そうぶじれい》（私戦禁止令）、楽市楽座や関所の廃止といったものを、調整を加えつつ全国的に実施した。また領土拡大と並行して、全国の税制を石高制に統一し、身分の確定と兵農分離を行い、百姓の逃散禁止、海賊の取り締まり、朱印船貿易、貨幣鋳造などを行った。これらの政策の多くは徳川幕府に継承されたため、秀吉は江戸（徳川）時代の基礎を築いたと言える。

宗教に関しては、秀吉は高野山を降伏させたり、根来寺（和歌山県岩出市）を焼き討ちするなど、信長時代に引き続き武力によって武装した仏教勢力の横暴を押さえる一方で、大仏を建立し本願寺を再建した。根来寺は強大な軍事力を持ち、信長とは石山合戦に協力するなど友好関係にあったが、信長没後は、秀吉と家康・織田信雄の戦いで徳川方に味方し、岸和田城を襲い南摂津への侵攻を図って秀吉の怒りを買った。

ルイス・フロイスは伴天連《ばてれん》追放令発布後の状況にあって「（秀吉は）偶像を以前にも増して悪しざまに扱い、仏僧たちを我ら以上に虐待している」と書いている。秀吉は寺院の武装化を徹底的に叩いているのである。

切支丹に対しては、当初は秀吉は好意的であった。しかし宣教師による信仰の強制、切支丹による神社・仏閣の破壊、宣教師たちの農耕用牛馬の肉食、日本人を奴隷商品として国外へ売り飛ばすなどの悪行が分かり、皇紀二二四七（天正十五〈一五八七〉）年に伴天連《バテレン》追放令を出した。ただしこのときの布告は強制的な禁教を伴うものではなく、宣教師たちは引き続き日本国内で布教活動ができた。秀吉が決定的に態度を硬化させるのは、皇紀二二五六（慶長元）年に起きたサン＝フェリペ号事件からである。秀吉は、宣教師の行いを通じて、スペインやポルトガルの日本征服の意図を見抜いていた。イエズス会宣教師による日本征服計画が明らかになっていた。

皇紀二二五九（慶長四）年閏三月三日、勅版の『日本書紀』（神代巻）が刊行される。

九月二十八日、徳川家康が、大坂城西の丸に入る。秀吉亡き後の治世が協議された。

皇紀二二六〇（慶長五）年六月十六日、徳川家康、豊臣家大老として会津の上杉景勝征伐を決定し、遠征軍を自ら率いて大坂城を東へ向け出発する。

八月一日、家康の留守を突いて、徳川方の伏見城を、宇喜多秀家を総大将とする西軍が攻撃し、伏見城は陥落して守将の鳥居元忠以下一八〇〇の将兵が戦死する。

九月十五日、伏見城陥落を聞いて、家康は軍を西へ取って返し、東軍の総大将となって秀吉の遺臣達の西軍と関ヶ原で全面衝突する（関ヶ原の戦い）。この戦いで、豊臣方の西軍が徳川方の東軍に敗れる。

この年、イギリスがインドに東インド会社を設立し、スペイン、ポルトガルに代わってアジア侵略を開始する。アジアの植民地獲得競争にイギリスが加わる。

皇紀二二六一（慶長六）年、佐渡の北山（金北山）で金鉱脈が発見され、ここで産出される金が、江戸時代を通して徳川幕府の重要な財源となった。

一月、家康は東海道に伝馬制を敷く。駅馬に乗用することが許された公的な使者用の駅路と伝路からなる交通網を整え、駅伝制を確立して通信制度の全国的整備を行い、同時に人・物の移動の安全を確保し、中央集権体制を整えた。駅路は駅使が通行する官道で、伝路は各地域の拠点である郡家《ぐうけ》（郡の政務をとる所）を結んでいた。

五月、京の伏見に銀貨鋳造所・銀座を開設する。

七月、慶長丁銀に続いて慶長小判が発行され、慶長の幣制を整える。

【江戸幕府の成立】

皇紀二二六三（慶長八）年二月十二日、徳川家康が京の伏見城にて征夷大将軍宣下を受け、初代・江戸幕府将軍となり、江戸幕府が成立する。

この年、佐渡金山が佐渡奉行大久保長安の管轄となる。

皇紀二二六四（慶長九）年五月三日、幕府が京・堺・長崎の指定商人に生糸の独占輸入権・卸売権を与える（糸割符）。

十二月十六日、慶長の大地震が発生する。東海・東南海・南海連動型地震で、千葉県犬吠崎から九州までの太平洋沿岸で巨大津波が襲来し、一～二万人が犠牲となった。

皇紀二二六五（慶長十）年四月十六日、家康は将軍宣下を受けてわずか二年あまりで、嫡男・徳川秀忠に将軍職を譲り、秀忠が三一歳で第二代征夷大将軍に就く。

九月に八丈島が、十一月に浅間山が相次いで噴火する。

この年、秀吉時代の朝鮮出兵の後処理交渉で、朝鮮側が徳川政権に先に国書を送るように要求してきたのに対し、対馬藩が国書を偽造して朝鮮側へ提出した。朝鮮は「回答使」（対馬藩は幕府に「通信使」と偽った）を派遣して来た。対馬藩としてはどうしても国交を回復し日朝貿易を行いたかったのである。勅許なしでの外国貿易であり、対馬藩の売国行為で、これが後に「柳川一件」を引き起こした。

その前に対馬藩は朝鮮側から朝鮮出兵の際に王陵を破壊した犯人引き渡しを要求され、朝鮮とは無関係の藩内の罪人を、喉を水銀で潰して声を発せられなくした上で、犯人に仕立てて差し出す。幕府、朝廷に言っても無理と分かっているので、朝鮮側を納得させるために行った偽装であった。

皇紀二二六六（慶長十一）年九月二十三日、江戸城本丸が完成する。

この年、徳川家康が銃の製造および使用を禁止した。

国内の治安維持には良かったが、この時期、欧州諸国は世界侵略のために武器の開発製造に明け暮れていたので、幕末には日本の自衛力は決定的に遅れ、明治政府が苦労することになった。国内の平和と言うことのみを考え、外国からの侵略に対する防衛という観点は全く抜け落ちていた。

皇紀二二六七（慶長十二）年五月六日、第一回朝鮮通信使が来日し江戸に入る。朝鮮側は徳川政権に交代したことで、その様子覗いが主目的であった。徳川方は徳川の威光を誇示するために、第二代将軍になった秀忠に謁見させる。そして帰路駿府で家康に謁見させた。

第三回通信使までは日本に連れ去られた儒家、陶工などの捕虜送還交渉を目的とした。捕虜のうち、儒家はほとんど全員が帰国したが、陶工の多くは日本に留まった。これは日本社会が技術を持った職人を高く評価していたのに対し、李氏朝鮮では儒教思想による身分制において、陶工などの技術者は最下層の賤民に位置づけられ、奴隷的な労働を強いられるとともに、失策を犯した場合に課せられる体罰が過酷で、職人達は帰国を拒んだ。職人、技術者にとっては日本が天国で、その末裔は現在も日本で活躍している。

皇紀二二六八（慶長十三）年、幕府、島津藩に琉球出兵を許可した。

皇紀二二六九（慶長十四）年四月五日、琉球の尚寧王《しょうねいおう》が薩摩に降伏し首里城を開城する。尚寧王は薩摩藩に伴われ江戸に上り、征夷大将軍の徳川秀忠に謁見する。琉球王国は日本に服属した。

五月、慶長条約（己酉条約）が締結される。対馬の宗氏と李氏朝鮮の間で結ばれた条約で全一三条からなる。これにより、文禄・慶長の役以来断絶していた朝鮮との交易が再開され、これが明治初期まで効力を持った。実質は日本と朝鮮との条約であるが、幕府は鎖国政策を取っていることで、対馬藩との条約とし、対馬藩を通じて、日朝貿易を行った。

七月四日、複数の朝廷高官が絡んだ醜聞事件が発覚し、処分を家康に要請した。二年前の二月、左近衛少将の猪熊教利《いのくまのりとし》が他の公卿や女官を巻き込み、乱交を屢々催した醜聞事件が発覚する。ところがまたもやこの年、左大弁烏丸光広等、若い公家と五人の官女との乱行が発覚した。天皇は激怒され、全員処刑を申し渡すが、幕府と公卿衆に宥《なだ》められ穏便な処理となる。幕府の捜査の結果、逃走中の猪熊は捕えられ処刑され、他の公家たちも官位を剝奪され硫黄島や隠岐などに配流となる。

この事件を切っ掛けに幕府は皇紀二二七三（慶長十八）年に「公家衆法度」を、皇紀二二七五（慶長二十）年には「禁中並公家諸法度」を制定した。そしてこの事件は後陽成天皇が退位される切っ掛けともなった。

八月二十二日、オランダが平戸に商館を設置する。これからオランダは日本との交易を幕末まで独占することになる。そして蘭学が盛んになって、蘭語を通して日本人は外国の情報を取得することになった。

九月三十日、メキシコ船サン・フランシスコ号の漂着事件が発生する。乗員・乗客三七三人を乗せたサン・フランシスコ号が上総沖、岩和田（現千葉県御宿）で座礁、住民が救出に向かい、三一七名が救助される。

皇紀二二七一（慶長十六）年三月二十七日、天皇は政仁親王（後水尾天皇）に譲位して、仙洞御所へ引退される。在位二六年、宝算四一歳であった。

皇紀二二七七（元和三〈一六一七〉）年八月六日、退位から六年、宝算四七歳で崩御される。陵は京都市伏見区深草坊町の深草北陵《ふかくさのきたのみささぎ》である。

後《ご》水《みず》尾《のお》天皇

第百八代　世系六六　在位一八年

皇紀二二五六（慶長元〈一五九六〉）年六月四日、後陽成天皇の第三皇子として誕生された政仁《ことひと》親王で、母は関白太政大臣近衛前久《さきひさ》の娘で後陽成天皇の女御・近衛前子《さきこ》である。

皇紀二二六〇（慶長五）年十二月二十一日、親王宣下を受けられる。

皇紀二二七一（慶長十六〈一六一一〉）年三月二十七日、後陽成天皇の譲位を受け、一六歳で即位され、四月十二日、即位の礼を催行される。

八月二十一日、会津地方で直下型地震が発生する。続いて十月二十八日に三陸沖を震源とした地震が発生する。地震の被害は少なかったが、その後に大津波が発生し、三陸地方で死者が数千人に上り、北海道東岸のアイヌにも多数の死者が出た。

皇紀二二七二（慶長十七）年三月二十一日、切支丹の不法行為が改まらず、幕府は江戸・京・駿府を始めとする直轄地に対して禁教令を発布し、教会の破壊と布教の禁止を命ずる。他の諸大名もこれに続いた。

皇紀二二七三（慶長十八）年二月十九日、幕府は直轄地へ出していた禁教令を全国に広げる。

六月十六日、幕府は「公家衆法度」「勅許紫衣之法度」「大徳寺妙心寺等諸寺入院法度」を定めた。朝廷と寺院・僧侶との絆を断ち切るために、「勅許紫衣竝に山城大徳寺妙心寺等諸寺入院の法度」を定め、さらにその二年後には

「禁中並公家諸法度」を定めて、朝廷が紫衣や上人号を授けることを禁じた。皇族の入寺も禁止し、門跡寺院をなくそうとした。幕府を越える権威を認めないことにする。なお、紫衣とは、紫色の法衣や袈裟をいい、宗派を問わず高徳の僧・尼が朝廷から賜った。

九月一日、イギリスが家康から通商許可を得て平戸に商館を設置する。十五日、伊達政宗の派遣する遣欧使節の支倉常長《はせくらつねなが》一行が石巻を出発する。皇紀二二八〇（元和六〈一六二〇〉）年八月二十四日に帰国したが、その時は既に禁教令が出ており、二年後に支倉は失意の内に死去する。

この年、琉球の尚寧王は薩摩藩に奄美群島を割譲した。

皇紀二二七四（慶長十九）年四月、家康は徳川秀忠の五女・和子の入内を朝廷に申し入れていたが、その和子の入内宣旨が出される。

十一月十五日、大坂冬の陣が始まる。

関ヶ原の戦い後、秀吉の妃・淀君と豊臣家臣等が豊臣家を守ろうとして蜂起して敗れる。徳川家康は戦後処理や論功行賞を主導して実権を握った。この際、豊臣家の蔵入地《くらいりち》（直轄地）は処分され、豊臣家の所領は摂津・河内・和泉の約六五万石程度まで削がれた。停戦協定に基づいて、豊臣方は本丸を残して二の丸、三の丸を破壊し、外堀を埋め、徳川方は秀頼の身の安全を保証し本領を安堵した。

皇紀二二七五（慶長二十）年三月十五日、大坂夏の陣がはじまる。大坂に浪人の乱暴狼藉が頻発し、堀や塀の復旧が行われ、京や伏見でも放火が発生するといった不穏な動きがあるとの報が、京都所司代板倉勝重より駿府へ届き、徳川方は豊臣方に浪人を解雇するか豊臣家が移封するかを要求する。交渉は紆余曲折したが結局決裂し、両者は再度干戈《かんか》を交えることになった（大坂夏の陣）。徳川方の挑発による合戦であった。

五月八日、大阪城が落城し豊臣宗家が滅亡する。

閏六月十三日、一国一城令が出される。大名が城を新たに築くことを禁じ、徳川方に反旗を翻す要素を事前に摘んでおく政策が進められる。

七月七日、「武家諸法度」が制定される。第二代将軍・徳川秀忠が伏見城で武家に発布され、徳川家の家臣や武家を対象とした一三箇条からなるもので、通称「元和令」ともいう。

七月十三日、元号を慶長から元和《げんな》に改元する。

皇紀二二七五（元和元）年七月十七日、二条城において大御所（前将軍）徳川家康、第二代将軍徳川秀忠、前関白・二条昭実の三名の連署をもって臨済宗の僧・金地院崇伝《こんちいんすうでん》が起草した「禁中並公家諸法度」が公布される。

天皇及び公家と幕府との関係を確立するために定めたもので、これにより摂政・関白は幕府の推薦なくして任命できない仕組みとなり、これは江戸時代を通じて、一切改訂されていない。「幕府↓摂家・武家伝奏↓天皇および諸公家」という、幕府にとっては非常に効率の良い朝廷統制の仕組を作り上げた。そしてまた天皇の正式な配偶者となる中宮・皇后は皇族、将軍家および摂家のみから出され、天皇の婚姻関係においても幕府が介入することになった。

実際にはこの法度の発布される四日前の七月十三日に「慶長」から「元和」に改元されているが、この改元において、当法度第八条に規定されている改元権に関して、朝幕間で諍《いさか》いがあった。因みに、現存する法度の写本は「慶長廿(二十)年七月」の日付が記載されている。

朝廷の行動全般が幕府出先の京都所司代を通じて幕府の管理下に置かれた。摂政・関白が朝議を主宰し、その決定を武家伝奏を通じて幕府に伝え、その承諾を得る事によって初めて、施行できることとなった。ただし、摂家以外の公卿や上皇は朝廷の政策決定過程から排除された。

皇紀二二七六(元和二)年七月六日、家康の七男・松平忠輝が改易になる。

忠輝は越後高田藩主に任じられ、川中島一二万石と併合して合計七五万石の太守に任じられていたが、大坂夏の陣の際に不行跡があったことを譴責《けんせき》され、兄の秀忠から改易を命じられ、伊勢国朝熊《あさま》(三重県伊勢市)に流罪とされた。徳川家内部の引き締めを行っている。

八月八日、明国以外の船の入港（イギリス船、オランダ船）を平戸と長崎に限定する。外国との交渉を一箇所に限定し、管理し易いようにする。

皇紀二二七七(元和三)年八月二十六日、第二回朝鮮通信使が大坂の役による国内平定祝賀並びに捕虜返還交渉を目的として来日する。勿論新体制の様子伺い、諜報を兼ねてのことである。

皇紀二二七九（元和五）年六月二日、福島正則が台風による被害で破壊された広島城の本丸・二の丸・三の丸及び石垣等を、幕府に無断で修理したことが「武家諸法度」違反に問われ、将軍・徳川秀忠の命により改易となり、安芸・備後五〇万石を没収され、信濃国川中島四郡中の高井郡と越後国魚沼郡の四万五千石に減封・転封される。紀伊和歌山藩主・浅野長晟《ながあきら》が安芸広島藩に移封された。台風被害の修復を口実に、秀吉恩顧の福島正則潰しが実施され、かつての豊臣方大名の意図的弱体化が進められる。

七月十九日、駿河府中藩主・徳川頼宣が紀伊和歌山藩に移封され、和歌山紀州家(徳川御三家の一つ)が成立する。また、八月大坂城代が設置され、将軍直属で有力な譜代大名が任じられ、西国大名の監視および城の警護等にあたった。

九月十八日、「およつ御寮人事件」が発生する。

第二代将軍秀忠は娘・和子の入内を進めていたが、典侍四辻与津子に親王(賀茂宮)が誕生したことを知って激怒し、更に与津子が第二子を懐妊されたと知り、与津子の振る舞いを宮中における不行跡とし、和子入内を推進していた武家伝奏の広橋兼勝を追及し、万里小路充房は監督責任を問われて丹波篠山藩に配流とする。そして与津子の実兄である四辻季継・高倉嗣良を豊後に配流し、更に天皇側近の中御門宣衡・堀河康胤・土御門久脩《ひさなが》を出仕停止に処した。妃を置かれることはこれまでごく普通のことなので、この措置に憤慨された後水尾天皇は退位しようとされるが、江戸幕府の使者・藤堂高虎が天皇を恫喝、与津子の追放・出家と和子の入内を強要した。後水尾天皇と幕府の確執が深刻化する。

　この年、大陸では薩爾滸《さるふ》の戦でヌルハチ率いる後金軍（のちの清軍）が明の後金討伐軍を破る。半島の李氏朝鮮は一万の援軍を宗主国の明に送ったが敗北し、将軍の姜弘立《きょうこうりつ》はヌルハチに降伏した。

　皇紀二二八〇（元和六）年六月十八日、徳川秀忠の五女で、徳川家康の内孫の徳川和子（後の東福門院）が一四歳で女御として入内する。いよいよ入内が実現したことで、秀忠は処罰した六名の赦免・復職を命じる大赦を天皇に請願する。なお、与津子が産んだ賀茂宮（第一皇子）は皇紀二二八二（元和八）年に五歳で夭折し、皇紀二二七九（元和五）年六月に生まれた文智女王は皇紀二二九一（寛永八〈一六三一〉）年に権大納言左大将鷹司教平に嫁ぐが離縁、出家して大和に隠棲された。賀茂宮、文智女王、ともに後水尾天皇の親王・内親王であり、幕府の横やりの犠牲となられた。

　皇紀二二八三（元和九）年七月二十七日、徳川家光が第三代征夷大将軍に就任する。

　この年十一月十二日、イギリスが平戸の商館を閉鎖する。

　モルッカ諸島のアンボイナ島にあるイギリス商館をオランダが襲い、商館員を全員殺害した事件で、イギリスの香辛料貿易は頓挫、オランダが島の権益を独占した。イギリスはここで東南アジアから一旦撤退した。

　皇紀二二八四（元和十）年二月三十日、元号を元和から寛永《かんえい》に改元する。

　皇紀二二八四（寛永元）年三月二十四日、スペイン人の禁教令無視が続くので、幕府は禁教政策を強化し、スペインとの国交を断絶、スペイン船の来航を禁止する。

十一月二十八日、先に入内された徳川秀忠の五女・和子が中宮となられる。

十二月十九日、第三回朝鮮通信使が来日する。家光将軍就任祝賀、捕虜返還交渉を目的とした。

皇紀二二八五（寛永二）年、後陽成天皇の第七皇子・好仁《よしひと》親王が世襲親王家として有栖川宮家（高松宮）を創設される。当初の宮号は高松宮で、親王の祖母・新上東門院の御所が高松殿にあったことに由来する。

皇紀二二八六（寛永三）年八月二日、将軍徳川家光が後水尾天皇の二条城行幸のために上洛し、九月六日、二条城において後水尾天皇に拝謁する。伊達政宗等多くの大名を従えての上洛であった。

十一月十三日、中宮・和子が第二皇子の高仁《すけひと》親王を生み、将軍徳川秀忠の外孫が天皇として即位されることが期待された。そして早くから儲君として位置づけられ皇紀二二八九（寛永六）年を目途に後水尾天皇から譲位を受けられる予定であったところ、皇紀二二八八（寛永五）年わずか三歳で夭折された。

皇紀二二八七（寛永四）年七月、紫衣事件が発生する。

幕府が紫衣の授与を規制したにも拘わらず、後水尾天皇は従来の慣例通り、幕府に諮らずに、十数人の僧侶に紫衣着用の勅許をお与えになった。これを知った将軍・徳川家光は、事前に勅許の相談がなかったことを法度違反とみなし、多くの勅許状の無効を宣言し、京都所司代・板倉重宗に法度違反の紫衣を取り上げるよう命じた。朝廷は、既に授与した紫衣着用の勅許を無効にすることに強く反発し、また、大徳寺住職の沢庵宗彭《たくあんそうほう》や、妙心寺の東源慧等《とうげんえとう》ら大寺の高僧も、朝廷に同調して幕府に抗弁書を提出する。

皇紀二二八九（寛永六）年七月二十五日、幕府は大徳寺住職・沢庵ら幕府に反抗した高僧を出羽国や陸奥国への流罪に処する。この事件により、幕府は「幕府の法度は天皇の勅許より優先する」という事を明示した。これは、元々は朝廷の官職の一つに過ぎなかった征夷大将軍が、天皇よりも上に立ったという事を意味し、自己矛盾であり、「天壌無窮の神勅」に背くことになる。

十一月八日、後水尾天皇は突然第二皇女の興子《おきこ》内親王（明正天皇）に譲位される。在位一八年、三四歳で践祚され、中宮和子に「東福門院」の号を授けられた。この譲位は皇紀二二八七（寛永四）年の紫衣事件や、徳川家光の乳母である福（春日局）が朝廷に無官のまま参内するなど、慣例を破る幕府の所業に抗議してのものであった。

以後、霊元天皇までの四代の天皇の後見人として後水尾上皇が院政を敷かれた。当初は院政を認めなかった幕府も皇紀二二九四（寛永十一）年の将軍徳川家光の上洛をきっかけに認める。しかし上皇（後に法皇）と幕府との確執は続く。

東福門院（和子）に対する配慮から後光明・後西・霊元の三天皇の生母（園光子・櫛笥隆子・園国子）に対する女院号贈呈が薨去の間際（園光子の場合は後光明天皇崩御直後）に行われ、またその父親（園基任《そのもとただ》・櫛笥隆致《くしげたかちか》・園基音《そのもとなり》）への贈位贈官も極秘に行われた。幕府の朝廷に対する公然・非公然の圧力は続く。

一方で、本来は禁中外の存在である「院政」の否定を対朝廷の基本政策としてきた幕府が、後水尾上皇の院政を認めた背景には、徳川家光が朝廷との協調姿勢をとり、東福門院が夫・上皇（法皇）の政治方針に同調を示し、その院政を擁護したことがある。上皇の主導で天皇の下に設置された御側衆（後の議奏）に対して、皇紀二三三九（延宝七〈一六七九〉）年には幕府から役料支給が実施されている。

皇紀二三四〇（延宝八）年八月十九日、法皇は霊元天皇の御世、八五歳の長寿で崩御された。陵は京都市東山区今熊野泉山町泉涌寺内の月輪陵《つきのわのみささぎ》である。なお、月輪陵は後水尾天皇から孝明天皇までの歴代二五代の天皇が葬られている。

日光東照宮には陽明門をはじめ各所に、後水尾天皇の御宸筆とされる額が掲げられている。幕末に薩摩藩が、日光東照宮の焼き討ちを強硬に要求したのに対し、板垣退助はこの御宸筆を挙げて思いとどまらせている。

明正天皇《めいしょう》

第百九代　世系六七　在位一五年

皇紀二二八四（寛永元〈一六二四〉）年二月三十日、後水尾天皇の第二皇女として誕生された興子《おきこ》内親王で、母は太政大臣征夷大将軍徳川秀忠の娘・東福門院源和子《かずこ》である。

皇紀二二八九（寛永六）年十一月八日、紫衣事件や将軍家光の乳母の春日局が無官のまま参内（朝廷の慣習無視）した事件で、幕府への憤りを覚えられた父帝・後水尾天皇から、突然内親王宣下と譲位を受けられ、六歳で即位される。これにより称徳天皇以来八五九年ぶりに女帝が誕生した。明正天皇の名称は元明天皇と元正天皇の御名に由来する。

治世中は後水尾上皇による院政が敷かれ、明正天皇が朝廷における実権を持たれることはなかった。院政は本来、朝廷の法体系の枠外の仕組みであり、「禁中並公家諸法度」ではそれを統制できなかった。明正天皇は後水尾上皇らの許可無しでは、外出や他人との面会もままならない一生をお過ごしになる。

皇紀二二九〇（寛永七）年、幕府は鎖国の一環として、キリスト教の教義書輸入を阻止するために禁書令を制定する。勿論、キリスト教と無関係な西洋科学書の輸入は認められた。

皇紀二二九一（寛永八）年六月二十日、外国から出入りする船舶は、将軍が発給した「朱印状」に加えて、老中が作成した「奉書」という許可証の所持が必要となり、「奉書船」の制度が始まる。なお、老中とは征夷大将軍に直属して国政を統轄した幕府の役職である。

皇紀二二九二（寛永九）年五月二十九日、外様大名を招集し、藩内のお家騒動（内訌）などを理由に、肥後熊本二代藩主・加藤忠広（加藤清正の三男）の改易を命じる。出羽丸岡に一代限り一万石の所領を与えられた。安芸の福島正則に続くかつての豊臣恩顧の雄藩大名処理である。

十二月十七日、幕府が大目付を設置する。老中の下で、大名、高家（儀式、祭礼を司る）及び朝廷を監視し、謀反から幕府を守る監察官の役割を担った。旗本の職の中でも江戸城留守居・御三家家老に準ずる最高位とされ、旗本でありながら万石級の大名を監視することから、その在任中は万石級の格式を与えられ、「守《かみ》」の官位が与えられた。

皇紀二二九三（寛永十）年二月二十八日、奉書船以外の海外渡航や帰国を禁止する（第一次鎖国令）。また、海外に五年以上居留した日本人の帰国を禁じた。同月、黒田騒動が発生する。福岡黒田藩家老の栗山大膳が、「藩主黒田長政の長男忠之は幕府転覆を狙っている」と幕府に上訴した。藩側は「大膳は狂人である」との主張を行い、幕府は藩側の主張を認め、所領安堵の触れを出し一〇年に及ぶ抗争に幕を閉じた。お家取り潰しや転封《てんぽう》になった安芸国の福島や肥後国の加藤と対処に差が出ている。

皇紀二二九四（寛永十一）年五月二十八日、第一次鎖国令に続いて、第二次鎖国令（第一次鎖国令の再通達）を出し、ポルトガル人を管理する目的で、幕府は長崎に人工島の出島を造成する。

七月十一日、徳川家光、諸大名を引き連れて上洛する。家光は父・秀忠に代わって天下を掌握したのだということを世に広く示すための一大行事を催した。家光は上洛して、後水尾上皇による院政を受け入れ、紫衣事件以来悪化していた朝幕関係を修復し、国内政治の安定を図る。

皇紀二二九五（寛永十二）年三月十一日、対馬藩の朝鮮への国書偽造問題で、将軍家光の前で、宗義成、柳川調興《しげおき》の直接問責が行われた。江戸にいる大名が総登城し、江戸城大広間で対決の様子を公開した。結果、家光の裁断により、幕府としては従前同様に日朝貿易は対馬藩に行わせることとし、宗義成は無罪、柳川調興《しげおき》は津軽に流罪とされた。また、以酊庵《いていあん》の庵主であった規伯玄方《きはくげんぽう》も国書改竄に関わったとして南部に流された。国書偽造の責任を対馬藩藩主の責任とせず、事件に関わった家老・柳川調興と規伯玄方の個人責任として解決したのである。国書偽造であるから本来であれば朝廷も関わる問題であるが、幕府だけで処理している。天皇（明正天皇）が家光の実妹であるという関係もあっての安易さからかも知れないが、この幕府の外国関係処理の体質が、後に勅許を得ずに幕府が締結した安政条約（不平等条約）締結に繋がっていった。幕府が勅許というものの重要性を認識していなかった。

五月二十日、幕府は明やオランダなど外国船の入港を長崎のみに限定し、東南アジア方面への日本人の渡航及び日本人の帰国を禁止する（第三次鎖国令発令）。朱印船貿易も終わり、日本船の海外渡航及び帰港を全面禁止にする。

六月二十一日、「武家諸法度」を改訂し、大名に参勤交代を義務づける。これが諸藩の藩財政を圧迫し、ひいては幕府の狙い通り、藩の力を削ぐことになった。

またこの年、幕府が鎖国政策を採っている中で、松前藩の二代藩主松前公広が村上掃部左衛門を樺太巡察に派遣する。そして領内の地図を作らせた。樺太は完全な日本の実効支配にあると認識されていたといえる。皇紀二五三五（明治八〈一八七五〉）年五月七日、ロシアとの間で締結された「千島樺太交換条約」で樺太はロシア領となり千島が日本領土となった。

皇紀二二九六（寛永十三）年五月十五日、大陸で後金が国名を清に改め、清国を建国する。清国は李氏朝鮮に対して臣従を要求したが、親明反後金政策を採っていた第十六代国王の仁祖はこの要求を拒絶する。親明反後金とは明は承認するが後金は認めないと言うことで、李氏朝鮮が明の冊封を受けている以上は当然のことであった。

五月十九日、貿易に関係のないポルトガル人とその妻子（日本人との混血児を含む）二八七人をマカオへ追放し、残りの貿易に従事するポルトガル人を長崎出島に移す（第四次鎖国令）。

六月一日、幕府は寛永通宝を創鋳し、浅草・芝・近江国坂本に銭座（銭貨を鋳造した組織）を設置する。

十二月十三日、第四回朝鮮通信使が来日する。「柳川一件」もあり日本側の主導で以下のように変更がなされた。

第一、朝鮮側の国書で徳川将軍の呼称を「日本国王」から「日本国大君」に変更する。日本側の国書では「日本国源家光」とした（日本の天皇の御存在を明確にしている）。

第二、親書に記載される年紀の表記を干支から日本の年号に変更する。

第三、使者の名称を朝鮮側は「回答使兼刷還使」から「通信使」に変更する。

皇紀二二九七（寛永十四）年一月三十日、半島で清への臣従を拒否した李氏朝鮮が清国の侵攻を受けて敗北し、「三田渡の盟約」を結ばされ、清の完全なる属国となる。この属国状態は皇紀二五五五（明治二十八）年、日本が日清戦争で清国を破り、清国を半島から駆逐した下関条約が締結されるまで、二五八年続くことになった。この間、国力は極端に劣化してしまう。

盟約の内容は以下の通りである。
・朝鮮は清に臣下の礼をつくすこと。
・朝鮮は明からの誥命（朝鮮王冊封の文書）と冊印（朝鮮の国璽）を清に献納すること。
・明と絶交し明の年号は使わないこと。
・王の長男と次男、および大臣の子、大臣に子がない場合はその弟を人質として清に送ること。また何か不慮なことが起これば、人質の王子を朝鮮王に擁立するので覚悟しておくこと。（古代における日本と半島の関係と同じ）
・清が明を完全征服する時は、命令を下し使いを送るので、場合によっては数万規模の歩兵、騎兵、船員を、求められた期日までに、遅れることなく派遣すること。
・また清が椴島《だんとう》（鴨緑江の河口にある島）を攻め取るため、船五〇隻・水兵・槍砲等を準備しておくこと。
・聖節（清の皇帝の誕生日）や正月等、慶弔時は慣例に従い、大臣や内官が献礼にくること。
・清軍の脱走兵が鴨緑江をわたり、朝鮮に逃れた場合、送還すること。
・内外の諸臣と婚姻を結び、友好を固くすること。
・新旧の城郭は清の事前の許可なく修理・増築を行わないこと。（江戸幕府もこれと同じ法度を各藩に課した）
・日本と貿易を行うこと。（この条は事情がよく分からない、朝鮮の反日が余りに度が過ぎていたのであろうか）
・毎年黄金一〇〇両・白銀一〇〇〇両のほか、水牛角弓面二〇〇副・豹皮一〇〇丁張、鹿皮一〇〇張等、二〇種目の物品を献納すること。（実に具体的である）

この盟約を周知するために、「大清皇帝功徳碑」が建立された。
このような状況下にあっても、日本の徳川幕府は朝鮮通信使を受け入れ、李氏朝鮮を半独立国として扱った。日本も後の日韓併合条約締結のとき、この盟約と同じことをすべきだった。日本は優しすぎた。

【島原の乱】

皇紀二二九七（寛永十四）年十月二十五日、島原の乱が勃発する。
有馬村（島原）の切支丹が代官所に談判に赴き、代官の林兵左衛門を殺害し乱が勃発する。背景には島原藩の過酷な年貢の取り立てがあった。天草四郎を総大将とした一揆軍の勢いを見て、島原藩勢は島原城（長崎県島原市城内）に籠城して防備を固めた。一揆軍は島原城下に押し寄せ、城下町を焼き払い、略奪を行うなどして引き上げた。事態を重く見た幕府は九州諸藩を中心とした大規模な討閥軍を編成し、一揆軍の立て籠もった原城（南島原市南有馬町乙）を包囲する。最後は兵糧攻めで鎮圧した。

島原藩主の松倉勝家（祖は信長と秀吉に仕えた筒井順慶の家臣）は、過酷な年貢の取り立てによって一揆を招いた責任を問われて改易処分となり、後に斬首となった。大名が切腹ではなく斬首とされたのは、江戸時代を通じて、この一件のみである。

乱後天領（幕府直轄）となった天草の初代代官・鈴木重成は、天草の貧困と過酷な年貢の原因が、過大な石高の算定にあることを見抜き、検地をやり直し、石高の算定を半分にするよう幕府に何度も訴えた。しかし、幕府は前例がないとしてこれを拒絶する。そのため、重成は皇紀二三一三（承応二〈一六五三〉）年十月十五日に江戸の自邸で石高半減の嘆願書を遺書として残して切腹し、幕府に抗議した。重成は乱の追討使・松平信綱に従って戦地入りして、原城攻撃に参加し、一番乗りの武功を立てて顕彰されている。そして乱後の皇紀二三〇一（寛永十八）年、天領となった天草の初代代官に任じられた武将である。幕府は事態に驚愕し、重成の養子重辰を二代目代官に任じたが、重辰もまた石高半減を幕府に再三訴え続けたため、皇紀二三一九（万治二〈一六五九〉）年になってようやくこれが認められた。命を賭して民を重税から救ったのである。重成が切腹してから六年、乱発生から二二年経っている。親子二代に亘っての長年の嘆願であった。

皇紀二二九八（寛永十五）年二月二十八日、原城が陥落し島原の乱が鎮圧される。

皇紀二二九九（寛永十六）年七月四日、幕府は島原の乱で一揆を支援したポルトガルと国交を断絶する。そしてポルトガル船の入港を禁止した（第五次鎖国令）。鎖国政策が進むが、実際に孤立しているわけではなく、李氏朝鮮及び琉球王国とは「通信」の関係にあり、大陸の明朝（のち清朝）及びオランダ（オランダ東インド会社）との間には通商関係もあった。尤も、幕府が認めていたオランダとの貿易額は明や清の半分程度の規模であった。この時期、日本が例外的に国交を開いていた明・清、朝鮮半島、オランダ（現在の中華人民共和国、南北朝鮮、オランダ）は、現在では最も反日的な国家であることは歴史の皮肉であろうか。この歴史は教訓とすべきであろう。

皇紀二三〇〇（寛永十七）年六月十三日、蝦夷の駒ケ岳が噴火し、降灰の影響で陸奥国津軽地方が凶作となる。これが切っ掛けとなって寛永の大飢饉が発生する。

この年、通商再会依頼のためポルトガル船が来航するが、幕府は使者六一名を処刑した。ポルトガルは島原の乱を軽く見ていたようである。

皇紀二三〇一（寛永十八）年五月十七日、オランダ商館が長崎の出島へ移転し、出島でのオランダ貿易が開始され、平戸での南蛮貿易は終了する。

皇紀二三〇二（寛永十九）年、全ての大名に参勤交代が義務づけられる。

この年末から翌年にかけて、寛永の大飢饉が更に深刻化し、餓死者が増大して、京、江戸、大坂の三都へ人口流入が発生する。幕府や諸藩は飢人改めを行い、身元が判別したものは各々当該藩の代官に引渡した。

大飢饉に至った原因として、全国的な異常気象のほか、武士の貧窮と没落があった。武士の困窮は時に百姓に対する更なる収奪を招き、大飢饉発生の下地になった。幕府は「武家諸法度」などで倹約を指示した。

不作はさらに翌皇紀二三〇三（寛永二十）年も続き、百姓の逐電《ちくでん》や身売りなど、飢饉の影響が顕在化しはじめ、幕府は対策に着手する。将軍家光は諸大名に対し、領地へ帰り飢饉対策をするように指示する。そして米作離れを防ぐために煙草の作付を禁止し、酒造を統制し、雑穀を用いるうどん・切麦（麺）・素麺《そうめん》・饅頭《まんじゅう》・南蛮菓子（洋菓子）などの製造販売を禁止した。また御救小屋《おすくいごや》の設置など、具体的な飢饉対策指示のお触れを出す。

これらの指示は、切支丹禁制と同じく、幕府が全国の領民に当該藩を飛び越して直接下した法令として着目される。この政策が後の徳川幕府における飢饉対策の基本方針とされるようになる。連邦制に似る。島原の乱と寛永の飢饉を契機に、幕府の農政は百姓撫育へと転換し、諸大名に課していた普請役（建築物の築造や土木工事などに徴用する課役）は激減した。また、諸藩もそれぞれ藩政改革に乗り出す。

皇紀二三〇三（寛永二十）年十月三日、明正天皇は二〇歳で異母弟の紹仁《つぐひと》親王（後光明天皇）に譲位され太上天皇となられた。一五年の在位で、のちに出家して、太上法皇となられた。

皇紀二三五六（元禄九〈一六九六〉）年十一月十日、東山天皇の御世、宝算七三歳で崩御される。陵は京都市東山区今熊野泉山町の月輪陵《つきのわのみささぎ》である。

後光明天皇《ごこうみょう》

第百十代　世系六七　在位一二年

皇紀二二九三（寛永十〈一六三三〉）年三月十二日、後水尾天皇の第四皇子として誕生された紹仁《つぐひと》親王で、母は贈左大臣園基任《そのもとただ》の娘・光子（壬生院《みぶいん》）である。養母は父帝の中宮・徳川和子（東福門院）で、明正天皇は異母姉に当たる。

皇紀二三〇二（寛永十九）年九月二日、儲君となり、十二月十五日に親王宣下を受けられる。

皇紀二三〇三（寛永二十）年九月二十七日、一一歳で元服し、十月三日に明正天皇の譲位を受けて、同月二十一日に即位される。後水尾上皇が引き続き院政を敷かれた。

この年、寛永の飢饉もあって、米を作るべき田畑で、綿・煙草・菜種等の商品作物を栽培することを禁止する法令「田畑勝手作禁止令」が発布された。また、家綱誕生祝賀と日光東照宮落成祝賀のため、第五回朝鮮通信使が来日する。

皇紀二三〇四（寛永二十一）年、清王朝三代目・順治帝が明を破り、万里の長城を越えて北京に入城する。

十二月十六日、元号を寛永から正保《しょうほう》に改元する。

皇紀二三〇四（正保元）年、大陸で明が滅亡する。

皇紀二三〇六（正保三）年、伊勢神宮の奉幣の儀を再興され、朝儀復興に尽くされる。

この年、明の再建を目指す鄭成功《ていせいこう》が幕府に対して援助の兵を求めて来たが幕府はこれを拒絶する。鎖国政策を採っている幕府としては外国に関与することはなかった。鄭成功は父が支那人（明）、母が日本人として出生した明の軍人であり、明の滅亡を防ごうと奮戦していた。明の滅亡後はその復活のために清と戦い、台湾では英雄として崇拝されている。

皇紀二三〇七（正保四）年、ポルトガル船二隻が国交回復を求めて来航するが、幕府はこれを拒否する。以後ポルトガル船の来航は途絶える。

皇紀二三〇八（正保五）年二月十五日、「正保《しょうほう》」が「焼亡」に繋がると批判が起き、元号を慶安《けいあん》に改元する。

皇紀二三一一（慶安四〈一六五一〉）年七月、慶安の変（由井正雪の乱）が起きる。

徳川家光が病死し、後を一一歳の息子徳川家綱が引き継ぐが、将軍が幼君であることを知った兵学者の由井正雪は、これを好機と捉え、幕府転覆、浪人救済を掲げて行動を起こす。まず丸橋忠弥が江戸を焼き払い、その混乱で江戸城から出て来た老中以下の幕閣や旗本を討ち取る。同時に京で由比正雪が、大坂で金井半兵衛が決起し、その混乱に乗じて天皇を擁して高野山か吉野に逃れ、そこで徳川将軍を討ち取るための勅命を得て、幕府に与《くみ》する者を朝敵にする、という作戦を立てた。しかし計画は密告で事前に発覚し、失敗に終わり正雪は自害する。

八月十八日、徳川家綱が江戸城において将軍宣下を受けて第四代征夷大将軍に就任し、内大臣に任じられた。一一歳という幼年で将軍職に就いたことにより、将軍世襲制が磐石であることを世に示した。

九月、天皇は武芸を学ばれるとともに、儒学も良くされ儒学者を尊重された。儒者・藤原惺窩《せいか》の功績を称えてその文集に勅序が与えられた。天皇が一般臣民の書に序文を賜わることは、これが最初といわれる。惺窩は公家の冷泉為純《れいぜいためずみ》の三男として下冷泉家の所領があった播磨国三木郡（三木市）で生まれ、長男ではなかったため上洛し、相国寺に入って禅僧となり朱子学を学んだ。秀吉・家康にも儒学を講じ、家康からは仕官の要請があったが辞退し、門弟の林羅山を推挙している。天皇に仕える身で家康に仕えることは自負心が許さなかったわけであるが、流石《さすが》は藤原惺窩で弟子を推挙している。

皇紀二三一二（慶安五）年九月十八日、元号を慶安から承応《じょうおう》に改元する。

皇紀二三一三（承応二〈一六五三〉）年六月、玉川兄弟が江戸へ飲料水を供給する溝渠を造り、江戸の六上水の一つである玉川上水が通水を開始する。これで多摩川沿いの農民であった兄弟は玉川姓を名乗ることを許された。上水の管理も玉川家の世襲とされ、東京都羽村市に兄弟の銅像が建立されている。江戸の六上水は神田上水、玉川上水、本所上水（亀有上水）、青山上水、三田上水（三田用水）、千川上水である。

皇紀二三一四（承応三）年九月二十日、在位一二年、二二歳の若さで崩御される。従来の火葬を改めて土葬の制を採用し、これ以降、後水尾天皇から昭和天皇に至る全ての天皇は土葬によって奉葬されている。

陵は京都市東山区今熊野泉山町泉涌寺の寺内地にある月輪陵である。

後西《ごさい》天皇

第百十一代　世系六七　在位一〇年

皇紀二二九七（寛永十四〈一六三七〉）年十一月十六日、後水尾天皇の第八皇子として誕生された良仁《ながひと》親王で、母は典侍の逢春門院《ほうしゅんもんいん》・藤原隆子《りゅうし》（左中将櫛笥隆忠《くしげたかかね》）の娘である。先帝・後光明天皇は異母兄に当たる。

皇紀二三一四（承応三〈一六五四〉）年十一月二十八日、後光明天皇が九月に崩御された時、天皇の養子になっておられた実弟の識仁《さとひと》親王（霊元天皇）はまだ生後五ヶ月弱で、他の皇子は全て出家しておられたために、識仁《さとひと》親王が成長し即位されるまでの繋ぎとして、一八歳で即位される。良仁親王は有栖川宮二代であったが、後西天皇として即位されたため、後西天皇の第二皇子の幸仁《ゆきひと》親王が有栖川宮家（高松宮家）を継承された。

皇紀二三一五（承応四〈一六五五〉）年四月十三日、元号を承応から明暦《めいれき》と改元する。

十月八日、徳川家綱の征夷大将軍就任祝賀で、第六回朝鮮通信使が来日する。

皇紀二三一六（明暦二）年七月十七日、江戸の材木商・吉田勘兵衛が幕府から、吉田新田（横浜市中区および南区に跨る地域一帯）の埋立て、新田開発の許可を得て、埋め立て工事を着工する。工事は紆余曲折を経て一一年後の皇紀二三二七（寛文七〈一六六七〉）年に完成し、野毛《のげ》新田と名付けられた。

また、茨城県常陸大宮市（旧那珂郡大宮町）に小場江《おばえ》用水路の水源となる小場江頭首工《おばえとうしゅこう》が、那珂川本川に建設された。小場江《おばえ》用水路の水源であり、那珂川本川に建設された河川施設としては茨城県内唯一の施設で、現在でも重要な灌漑施設として存在し、水戸市・那珂市・ひたちなか市に農業用水を供給している。

皇紀二三一七（明暦三〈一六五七〉）年一月十八日、「明暦の大火」が発生し、江戸の大半が焼失する。

この明暦の火災による被害は延焼面積・死者ともに江戸時代最大で、江戸の三大火災の筆頭に挙げられる。死者は三万から一〇万人とされている。外堀内のほぼ全域、天守閣を含む江戸城や多数の大名屋敷、市街地の大半が焼失した。焼失した江戸城天守はこれ以後、再建されることはなかった。余りにも多く、死者の数も正確には把握出来ていない。幕府（第四代将軍徳川家綱）は米倉からの備蓄米を放出し、食糧の配給、材木や米の価格統制、武士・町人を問わず復興資金援助を行った。諸大名の参勤交代は停止し国許へ早期帰国させ、災害復旧に尽力した。火災としては後の東京大空襲、関東大震災などの戦禍・震災を除けば、日本史上最大のものであった。この大火を契機に徳川御三家の屋敷が江戸城外へ転出し、それに伴い武家屋敷・大名屋敷、寺社も移転した。千住大橋しかなかった隅田川に両国橋や永代橋などが架けられることとなった。そしてこれを期に深川など隅田川東岸に市街地が拡大する。

この年二月二十七日、徳川光圀が『大日本史』の編纂に着手する。光圀死後も水戸藩の事業として継承され、明治時代にようやく完成した。

皇紀二三一八（明暦四）年七月二十三日、元号を明暦から万治《まんじ》に改元する。

皇紀二三一九（万治二〈一六五九〉）年十二月十三日、明暦の大火を経て、緊急時のことを考え、隅田川に先ず両国橋が架橋された。大火から二年で完成している。

皇紀二三二〇（万治三）年七月十八日、仙台藩第三代藩主伊達綱宗が家臣団の対立などもあり、不作法の儀として幕命により二一歳の若さで隠居させられた（綱宗隠居事件）。徳川第四代家綱の代で、幕府が藩の後継問題に干渉し、幕府の権威を見せつけた事件の一つとされる。

皇紀二三二一〈万治四〉年四月二十五日、元号を万治から寛文《かんぶん》に改元する。

皇紀二三二一〈寛文元〉年八月十九日、徳川家康の孫に当たる徳川光圀〈水戸黄門〉、徳川御三家の一つ水戸藩の第二代藩主となる。

皇紀二三二二〈寛文二〉年五月一日、寛文近江若狭地震が発生する。京に被害が多く、全体では死者は約千人、倒壊家屋は約四五〇〇戸であった。

この年、大陸では明を滅ぼした清が首都を北京に遷す。

皇紀二三二三〈寛文三〉年一月二十六日、在位一〇年、二七歳で一〇歳に成長した識仁《さとひと》親王に譲位される。明暦の大火でご自身の不徳を詫びられるお気持ちが強かったための譲位であった。

皇紀二三四五〈貞享二〈一六八五〉〉年二月二十二日、次の霊元天皇の御世に、四九歳で崩御される。学問熱心で古典に造詣が深く、和歌の才能も秀でておられた。

陵は京都市東山区今熊野泉山町泉涌寺内の月輪陵《つきのわのみささぎ》である。

霊元《れいげん》天皇

第百十二代　世系六七　在位二五年

皇紀二三一四（承応三〈一六五四〉）年五月二十五日、後水尾天皇の第十六皇子として誕生された識仁《さとひと》親王で、母は内大臣園基音《そのもとなり》の娘で後水尾天皇の典侍（天皇に近侍して天皇が別殿に渡御される際には剣璽を捧持）の藤原国子《くにこ》（新広義門院《しんこうぎもんいん》）である。園基音は後陽成天皇（第百七代）から後光明天皇（第百十代）に亘る四天皇にお仕えした廷臣である。

皇紀二三一八（万治元〈一六五八〉）年一月二十八日、五歳で親王宣下をお受けになり、皇紀二三二二（寛文二）年十二月十一日に九歳で元服される。

皇紀二三二三（寛文三〈一六六三〉）年一月二十六日、兄の後西天皇から譲位され、一〇歳で即位される。引き続き父帝の後水尾法皇の院政が続く。後水尾天皇の皇子女は明正、後光明、後西、霊元と四天皇が即位されることになった。

左大臣従一位鷹司（藤原）教平《のりひら》の娘・房子《ふさこ》を中宮とされる。

皇紀二三二四（寛文四）年四月五日、幕府が日本全国の大名に対して、一斉に領知朱印状・領知目録を交付し、全ての大名の所領の範囲を確定させた。幕府が全国の土地支配権を名実ともに確立したことを意味しており、天皇からの賜物ではなく幕府からのものとされた。全国の大名・公家・寺社などが持っていた朱印状が一斉に回収され、再交付された。これは後の大政奉還、版籍奉還まで続くことになる。

この年、八戸藩が置かれる。

南部盛岡藩三代藩主・南部重直が嗣子を定めずに病没したため、幕府の裁定により遺領一〇万石を、藩主重直の二人の弟が分け、七戸重信の本藩八万石と、中里数馬の八戸藩二万石に分割された。

皇紀二三二六（寛文六）年二月二日、幕府、「諸国山川掟《しょこくさんせんおきて》」を発布し、下流域の治水を目的に上流域の森林の開発を制限する。治山治水の一環である。

皇紀二三三〇（寛文十）年二月二十五日、箱根芦ノ湖に箱根用水（深良《ふから》用水）が完成する。

箱根芦ノ湖の湖水を静岡県裾野市に引くために造成された灌漑用水路である。皇紀二三二六（寛文六）年に工事を着工し四年掛けて完成する。掘削機などのない当時の測量や土木工事の技術の高さが分かる。作業者が酸欠にならないよう、隧道の途中には息抜き穴も掘られていた。

皇紀二三三三（寛文十三）年五月八日、京の関白鷹司房輔《ふさすけ》の屋敷から出火した火事で、内裏以下一万軒が焼失（寛文の大火）する。

五月二十五日、皇紀二二八三（元和九〈一六二三〉）年以来五〇年間途絶えていた日英間の通商再開を求めて、英国船「リターン号」が長崎に来航する。

九月二十一日、元号を寛文から延宝《えんぽう》に改元する。

皇紀二三三四（延宝二〈一六七四〉）年、寛永通宝四貫を金一両と定め、古銭の通用を停止する。またこの年、江戸市中の非人改めが行われる。

皇紀二三三五（延宝三）年六月二十一日、幕府、伊奈忠易《いなただやす》に無人島《ぶにんじま》（現在の小笠原諸島）を調査させる。

皇紀二三三七（延宝五）年四月十三日、延宝十勝沖（陸中）地震が青森県東方沖（三陸沖北部）で発生、続いて半年後の十一月四日、延宝房総沖地震が発生し、死者五〇〇〜六〇〇人出る。

皇紀二三三八（延宝六）年六月十五日、徳川和子・東福門院（明正天皇の生母）が薨去される。

皇紀二三三九（延宝七）年、樺太の久春古丹（大泊町楠渓）に松前藩が穴陣屋を設け、日本人による樺太の開拓が始まる。

この時点で既に樺太は完全な日本領土である。

皇紀二三四〇（延宝八）年八月十九日、後水尾法皇が崩御され、第十六皇子の霊元天皇（二七歳）が親政を開始される。

八月二十三日、徳川綱吉が第五代征夷大将軍に就く。

正二位内大臣兼右近衛大将、源氏長者宣下を受ける。儒学を学んだ綱吉は戦国の気風を変え、徳を重んずる文治政治を推進される。『四書』や『易経』を幕臣に講義し、学問の府として、日本の学校教育発祥の地とされる湯島大聖堂を建立する。

儒学の影響もあって歴代将軍の中でも最も尊皇心が厚かった将軍で、御料（皇室領）を一万石から三万石に増額して献上し、大和国と河内国一帯の御陵を調査の上、修復が必要な陵の計六六陵を修復させた。公家達の所領についても倍増させ、朝幕関係は極めて安定していた。綱吉が儒学を重んじたことから、新井白石、室鳩巣《むろきゅうそう》、荻生徂徠《おぎゅうそらい》、雨森芳洲《あめのもりほうしゅう》、山鹿素行《やまがそこう》らの学者を輩出し、儒学（朱子学）が隆盛を極めた。

皇紀二三四一（延宝九）年九月二十九日、元号を延宝から天和《てんな》に改元する。

皇紀二三四二（天和二（一六八二））年十月、俳諧師・井原西鶴が『好色一代男』を書き人気を博して、その後数々の名作を残す。

皇紀二三四二（天和二）年十二月二十八日、天和の大火が起きる。駒込の大円寺から出火して大火となり三五〇〇人が焼死した。この大火を題材に、後に井原西鶴が『好色五人女』を著す。

この年、綱吉の将軍就任祝賀で第七回朝鮮通信使が来日する。

皇紀二三四三（天和三）年二月九日、朝仁親王《あさひと》（後の東山天皇）の立太子礼が行われ、長らく中断していた皇太子の称号を復活させた。朝儀復活や王政復古運動に尽力しておられた父帝・後水尾上皇のご意思を引き継がれた。

皇紀二三四四（天和四）年二月二十一日、元号を天和から貞享《じょうきょう》に改元する。

二月一日、竹本義太夫が道頓堀に竹本座を開設して義太夫節を創り、名作者の近松門左衛門と組んで人形浄瑠璃を完成させる。

八月二十八日、幕府大老の堀田正俊が江戸城内で暗殺される。若年寄の美濃青野藩主（大垣市）稲葉正休《まさやす》に江戸城内で刺殺された。幕府の記録によれば発狂のためとされているが、大坂淀川の治水事業に関する意見対立で、正休は淀川の治水事業の任から外されたことが原因とされる。しかし正休もその場で殺害されているので実際の原因は不明である。青野藩は断絶して廃藩となり天領となる。

皇紀二三四五（貞享二）年二月、渋川春海《はるみ》の三度目の上表によって、朝廷は皇紀一五二二（貞観四）年から使われていた宣明暦を廃止し、渋川春海の手によって編纂された和暦である貞享暦に改暦する。大和暦は日本初の国産暦である貞享暦となる。皇紀二四一四（宝暦四〈一七五四〉）年十二月三十日までの七〇年間使用された。その後、皇紀二四一五（宝暦五）年一月一日、宝暦暦に改暦される。

皇紀二三四六（貞享三）年十月十四日、信濃国で貞享騒動（加助騒動）が起きる。

松本藩は例年と比べて不作だったのに、年貢一俵あたりの容量を三斗から三斗五升に引き上げたので、百姓一万人が松本城周辺へ押し寄せる一揆となった。なお、周辺藩の基準は一俵あたり二斗五升であり、著しい増税であった。中心人物の多田加助他多数が処刑された。しかし、年貢は元の三斗に引き下げられた。藩主の水野忠恒は改易となり藩主は戸田松平家に移る。

皇紀二三四七(貞享四)年三月二十一日、在位二五年、三四歳で朝仁親王(東山天皇)へ譲位され院政を開始される。長年中断していた新天皇の大嘗祭が行われ、これには「禁中並公家諸法度」に違反すると幕府が強く反発する。

院政は朝廷の法体系の枠外で、「禁中並公家諸法度」に基づく幕府の統制を受けなかった。先代の後水尾法皇の院政にも幕府は反対であったが、第二代将軍徳川秀忠の娘で法皇の中宮である東福門院（明正天皇の生母）もこれを擁護したために黙認せざるを得なかった。幕府は霊元上皇にまでは院政を認められないと通告するが、上皇はこれを黙殺された。後水尾天皇と並んで長期間に亘って院政を敷かれ、朝廷政治を重視された。

皇紀二三七三(正徳三〈一七一三〉)年八月十六日、落飾して霊元法皇となられる。兄の後西天皇から古今伝授を受けられ、歌道の達人でもあられ、後陽成天皇と並ぶ能書家でもある。有栖川流書道は、この天皇の書風から派生したことで知られる。

皇紀二三九二(享保十七〈一七三二〉)年八月六日、中御門天皇の御世、七九歳で崩御された。

陵は京都市東山区今熊野泉山町泉涌寺内の月輪陵《つきのわのみささぎ》である。

東山《ひがしやま》天皇

第百十三代　世系六八　在位二三年

皇紀二三三五（延宝三〈一六七五〉）年九月三日、霊元天皇の第五皇子として誕生された朝仁《あさひと》親王で、母は内大臣松木宗條《むねなが》の娘の典侍宗子（敬法門院《けいほうもんいん》）である。松木家は藤原北家中御門流の堂上家（昇殿する資格を世襲した家柄）で、室町時代に松木と改名した。

皇紀二三四二（天和二〈一六八二〉）年三月、儲君となられ、十二月二日に親王宣下をお受けになる。

皇紀二三四三（天和三）年二月九月、崇光天皇皇太子で南朝により廃された直仁親王以来、三〇〇年ぶりの立太子礼を催行されて皇太子となられる。

皇紀二三四七（貞享四〈一六八七〉）年三月二十一日、霊元天皇の譲位を受け践祚され、三月二十五日に一三歳で即位される。四月二十八日、即位式を催行された。

十一月十六日、長く途絶えていた大嘗祭を復活される。父・霊元天皇の意を受けて、朝儀復活に尽力される。天皇の御世の二二年間、父・霊元上皇が引き続き院政を敷かれた。

この年、将軍・綱吉が殺生を禁止する法令「生類憐れみの令」を制定する。

皇紀二三四八（貞享五）年九月三十日、元号を貞享から元禄《げんろく》に改元する。

この頃から庶民を中心とした元禄文化が花開く。儒学（朱子学）、自然科学、古典研究が進み、尾形光琳らによる琳派、大和絵の土佐派などが活躍、野々村仁清、本阿弥光悦等による陶芸も発展する。音楽では生田流箏曲《そうきょく》、地歌の野川流が生まれ、また義太夫節や浄瑠璃の一種である一中節《いっちゅうぶし》などの新浄瑠璃や長唄が生まれた。

皇紀二三四八（元禄元〈一六八八〉）年一月、井原西鶴が『日本永代蔵』を刊行し、町民の生活を飾らずに描いた。

皇紀二三四九（元禄二）年三月二十七日、松尾芭蕉が弟子の曾良を伴い陸奥の旅に出て、八月、大垣で旅を終える。そして元禄十五年、紀行文として『奥の細道』を刊行する。

十一月二十二日、渋川春海が天文台を建造する。その後、地球儀をはじめ、天球儀・渾天儀《こんてんぎ》を作成した。

皇紀二三五〇（元禄三）年一月、近衛基熙《もとひろ》（藤原北家嫡流近衛家）、一条冬経《ふゆつね》に代わり関白に就く。

十月二十六日、「捨て子禁止令」が発令される。「生類憐れみの令」の一環として制定されたが、この捨て子禁止令は綱吉の死後も維持された。

皇紀二三五二（元禄五）年、江戸幕府の許可を得て鬱陵島《うつりょうとう》に出漁した米子の大谷・村川家が同島で朝鮮人と遭遇したことから問題になり、長期間交渉の末、幕府が日本人の鬱陵島への渡航を禁止する事により決着した。なお、当時の日本では、現在の鬱陵島は竹島、現在の竹島は松島と呼ばれていた。皇紀二〇七七（応永二十四年〈一四一七〉）年、称光天皇の御世で将軍足利義持の時、李氏朝鮮の太宗が島民を引き揚げさせたため、以後無人島となっていた。皇紀二三五六（元禄九）年、幕府は竹島（現在の鬱陵島）への渡海を禁止する。

皇紀二三五五（元禄八）年二月、関東の天領に対して検地を行う。

九月十五日、元禄丁銀の鋳造が始まり、九月二十七日に発行される。慶長金銀よりも品質は劣化したが、流通量は増加した。世の中が安定し、貨幣の信用度も増し、貨幣による商取引が活発になったからである。金貨の元禄小判も通用が始まる。慶長丁銀に次ぐ江戸時代二番目の秤量貨幣である。なお、秤量貨幣は使用に際して貴金属としての品位・量目を検査してその交換価値を計って用いる。

皇紀二三五九（元禄十二）年六月二十八日、長崎での人と物の出入りが激しくなって、長崎奉行を四名に増員する。長崎奉行は天領長崎の最高責任者として、長崎の行政・司法を掌り、長崎会所（税関）を監督した。長崎奉行は京都町奉行よりも上席とされ、遠国奉行の中では首座である。

皇紀二三六〇（元禄十三）年二月四日、松前藩が幕府へ国絵図とともに、郡《こおり》ごとに村名とその石高を記載した松前島郷帳《ごうちょう》を提出する。


【江戸城松の廊下事件と赤穂浪士事件】


皇紀二三六一（元禄十四）年三月十四日、江戸城内の松の廊下で、赤穂藩の藩主浅野長矩《ながのり》が高家旗本の吉良義央《きらよしひさ》を切りつけた刃傷沙汰事件「松の廊下事件」が発生する。

朝廷との儀式を台無しにされたことで綱吉は激怒し、長矩を大名としては異例の即日切腹に処した。喧嘩両成敗になっていないことに江戸庶民は反発し、何となく世論は赤穂藩に味方する。

太政大臣・近衛基熙の日記には、近衛が東山天皇にこの凶事について報告をしたとき、天皇がお喜びになられた旨が記されている。焼失した内裏の修理を行った浅野藩に好意を抱いておられたのに対し、吉良が幕府の威を背景にして、後西天皇に譲位を迫るなど様々な政治介入に関わっていて、吉良に対し天皇は不快感を抱いておられた。事件後将軍へ何の取り成しもせずに傍観し、浅野長矩及び浅野家を見殺しにしたのは良くないとして、帰洛した勅使両名及び院使・清閑寺熙定《せいかんじひろさだ》の三人を、参内禁止の処分にされた。東山天皇のお気持ちが現れている。

皇紀二三六二（元禄十五）年十二月十五日、元禄赤穂事件（赤穂浪士の討ち入り）が勃発する。この日未明。大石良雄（内蔵助)ら四七人の赤穂浪士(旧赤穂藩士)が本所の吉良屋敷に討ち入り、吉良義央を討ち果たした。

皇紀二三六三（元禄十六）年二月四日、大石良雄ら赤穂浪士四七人が切腹する。亡骸は主君浅野長矩と同じ高輪泉岳寺に葬られた。彼らは赤穂藩の藩校で山鹿素行の教えを受けた者たちであった。

五月七日、浄瑠璃作家・近松門左衛門作『曾根崎心中』が竹本座で初演され人気を博し、その後も近松は『国性爺合戦』等数々の作品を残す。

十一月二十三日、元禄大地震が起きる。相模湾沿いや房総半島南部で被害が大きく、相模国（神奈川県）の小田原城下では地震後に大火が発生し、小田原城の天守も焼失する。小田原領内の倒壊家屋約八千戸、死者約二三〇〇名、東海道の諸宿場でも家屋が倒壊し、川崎宿から小田原宿までの被害が特に大きかった。

皇紀二三六四(元禄十七)年三月十三日、元号を元禄から宝永《ほうえい》に改元する。

皇紀二三六四（宝永元〈一七〇四〉）年四月二十四日、先の相模湾の地震から半年、羽後（秋田県）・陸奥でまた大地震があり、能代で大被害がでる。

この年十月、大阪の大和川付け替え工事が完工する。新しい川の流路となる村々からも付け替え反対の請願が起こったが、なんとか工事は強行され、わずか八ヶ月で八尾市・東大阪市方面に流れていた大和川は現在のように堺に向け西流するようになった。

皇紀二三六五(宝永二)年、伊勢神宮への集団参詣「おかげ参り」が大流行する。

十月六日、徳川頼方(後吉宗)、紀州藩の藩主に就任する。

十二月十五日、霧島連山、高千穂峰御鉢と桜島が大噴火を起こす。

皇紀二三六六(宝永三)年十月十六日、浅間山が噴火する。

皇紀二三六七（宝永四）年十月四日、遠州灘、紀州灘で宝永大地震が発生し、直後の大津波と合わせ二万一千人が犠牲になった。遠州灘沖から紀伊半島沖を震源として発生した巨大地震で、南海トラフのほぼ全域にわたってプレート間の断層破壊が発生したと推定される。この四九日後の十一月二十三日、富士山の宝永大噴火が起き、宝永山が出現する。

十月十三日、幕府は「札遣い禁止令」を発し、藩札の発行を禁止して、五〇日以内に正貨との引替回収を命ずる。しかし二四年後の皇紀二三九〇（享保十五〈一七三〇〉）年には領国の石高が二〇万石以上であれば通用期間二五年、二〇万石以下であれば通用期間一五年などの条件付きで藩札の発行を再解禁し、幕府の藩札への対応は二転三転している。

皇紀二三六八（宝永五）年三月八日、宝永の大火が発生し、京の内裏まで焼失する。

八月二十九日、イタリア人宣教師ジョバンニ・シドッチが屋久島に上陸し捕らえられる。翌皇紀二三六九（宝永六）年江戸に護送され十一月二十二日、時の幕政の実力者で儒学者の新井白石が直接尋問を行う。白石はシドッティの人格と学識に感銘を受け敬意を持って接した。シドッティも白石の学識を理解して信頼し、二人は多くの学問的対話を行う。宣教をしないという条件で茗荷谷の切支丹屋敷に住み、囚人的な扱いを受けることもなく、二〇両五人扶持という破格の待遇で軟禁された。

十一月十八日と二十八日の二回、皇紀二三六六（宝永三）年十月の噴火から二年で再度、浅間山が噴火する。

皇紀二三六九（宝永六）年正月四日、阿蘇山が噴火する。十日、第五代将軍徳川綱吉が死去する。二十日、「生類憐れみの令」が廃止される。この法令は評判が良くなかったと見え、綱吉死後直ぐに廃止された。

三月十四日、岩木山および三宅島が噴火する。

三月二十一日、東大寺大仏殿が再建され、皇紀二二二七（永禄十〈一五六七〉）年十月十日、東大寺大仏殿の戦いによって焼失していた東大寺大仏殿の落慶供養が行われた。

五月一日、先の綱吉の死去を受け、徳川家宣が四八歳で将軍宣下を受け第六代征夷大将軍に就く。同時に源氏長者宣下を受ける。

六月二十一日、東山天皇が在位二二年、三五歳で中御門天皇に譲位される。父・霊元法皇を抑えるように、自ら院政を敷かれる。

十二月十七日、譲位されて半年後、三五歳で天然痘に罹って崩御される。

この御世、元禄文化が花開いた一方で、江戸城松の廊下事件（赤穂浪士事件）が発生し、また全国的に火山の噴火と地震・大津波が連続して発生した。

陵は京都市東山区今熊野泉山町の月輪陵《つきのわのみささぎ》である。

中御門天皇《なかみかど》

第百十四代　世系六九　在位二六年

皇紀二三六一（元禄十四〈一七〇一〉）年十二月十七日、東山天皇の第五皇子として誕生された慶仁《やすひと》親王で、母は内大臣櫛笥隆賀《くしげたかよし》の娘で典侍の賀子《よしこ》・新崇賢門院《しんすうけんもんいん》である。

櫛笥隆賀は正親町三条公兄《おおぎまちさんじょうきんえ》の息子で後土御門天皇（第百三代）から正親町天皇（第百六代）までの四帝に仕えた廷臣で、官位は正二位内大臣まで登った。

皇紀二三六八（宝永五〈一七〇八〉）年二月十六日、八歳で立太子される。

皇紀二三六九（宝永六）年六月二十一日、東山天皇から譲位されて九歳でご即位になる。はじめ父・東山上皇が院政を敷かれ、上皇崩御後は祖父霊元法皇が院政を敷かれた。朝幕関係は比較的に良好であった。

皇紀二三七〇（宝永七）年三月十五日、浅間山が噴火する。翌八年二月二十六日にも再噴火している。この当時、浅間山は再三噴火を繰り返している。

八月十一日、東山天皇の第六皇子・閑院宮直仁《なおひと》親王を初代とする新宮家創設が決定され、八年後に霊元法皇（前年崩御された東山天皇の父）より直仁親王に対して「閑院宮」の宮号と千石の所領を下賜された。皇紀二二八五（寛永二）年の有栖川宮家（高松宮）が創設されて以来八五年振りの新宮家誕生である。閑院宮直仁親王の第二王子・閑院宮典仁《すけひと》親王の第六王子祐宮師仁《さちのみやもろひと》（のち兼仁《ともひと》）王が後桃園天皇の崩御に伴い践祚され第百十九代光格天皇として即位され、以来、閑院宮系の血統が現在の皇統に繋がっている。

新井白石は、徳川将軍家に御三家があるように、朝廷にもそれを補完する新たな宮家が必要との建言を第六代将軍徳川家宣に出している。この頃、朝幕関係が極めて良好だった。

十一月十一日、即位の礼を催行される。

皇紀二三七一（宝永八〈一七一一〉）年四月二十五日、元号を宝永から正徳《しょうとく》に改元する。

一月一日、元服の儀が行われる。朝議が次第に復活してくる。

この年、家宣の将軍就任祝賀で第八回朝鮮通信使が来日する。

二月七日、新井白石の進言もあって、待遇は簡素化され、対馬から江戸の間で宴席は赤間関（下関）、鞆（広島県福山市）、大坂、京都、名古屋、駿府（静岡市）の六ヶ所に限定し、他の宿所では食の提供に留め、通過する各藩の藩主が接待に出向くに及ばずとした。接待に使用する小道具、蒔絵の塗り膳や陶磁器の高価なものは使用を厳禁とした。これでこれまで一〇〇万両掛かっていた接待費用が六〇万両になる。朝鮮側の要求を入れ将軍呼称は再び「日本国王」に変更した。改革の背景には、通信使一行が供応の宴に出された蒔絵の塗り膳や床の間の陶磁器から夜具に至るまで盗んでいくといった事情があった。この変更は通信使来日直前に一方的に通告されたため、深刻な外交摩擦に発展した。

皇紀二三七二（正徳二）年九月十一日、新井白石が将軍家宣に勘定奉行・荻原重秀《おぎわらしげひで》の免職を進言し、重秀を隠居・永蟄居に追い込む。荻原重秀は管理通貨制度に通じる経済観を有し、元禄時代に貨幣改鋳を行った。

十月十四日、第六代将軍徳川家宣（五〇歳）が死去する。

皇紀二三七三（正徳三）年四月二日、前年将軍家宣が死去したのを受け、五歳の徳川家継が第七代征夷大将軍に就く。

新井白石らが補佐した。

皇紀二三七四（正徳四）年一月十二日、江島生島事件が発生する。大奥御年寄の絵島が江戸城の門限に遅刻し、生島新五郎との密通が発覚、大奥の緩みが暴露され、大奥の大粛正が行なわれる。三月五日、この事件で絵島は信濃国高遠へ配流となる。

五月十三日、宝永金・宝永銀の改鋳で巨利を得ていた銀座に対し手入れを行い、銀座年寄らが流罪や闕所（財産没収刑）に処される。五月十五日、貨幣を改鋳し正徳金銀を発行する。

八月、貨幣を再改鋳し、享保金・享保銀を発行する。なお、享保金・享保銀の発行時期については正徳五年とするもの、享保元年とするものと諸説ある。

皇紀二三七五（正徳五）年一月十一日、貿易額を制限し金・銀の流出を防ぐために、海舶互市新例《かいはくごししんれい》が制定される。貿易額を縮小するために新井白石が立案し幕府が下した、長崎貿易の制限令である。

皇紀二三七六（正徳六）年四月三十日、第七代征夷大将軍の徳川家継が就任三年半、八歳で死去する。

六月二十二日、元号を正徳から享保《きょうほう》に改元する。

皇紀二三七六（享保元〈一七一六〉）年八月十三日、第七代将軍徳川家継が死去したのを受け、紀州藩主の徳川吉宗が第八代征夷大将軍宣下を受ける。吉宗は享保の改革を行う。この改革は後の寛政の改革や天保の改革と並んで、江戸時代の三大改革の一つで、享保年間に次々と政策が打ち出される。財政安定策が主眼であった。

皇紀二三七九（享保四）年十一月十五日、吉宗、相対済令《あいたいすましれい》を出す。金公事《かねくじ》（金銀貸借関係の訴訟）を幕府は取り上げず、当事者同士で解決（相対）することを命じた示談促進法令である。この法令は、民事訴訟増加による刑事訴訟停滞への対処と旗本層の救済を狙ったものであった。

この年、吉宗の将軍就任祝賀で第九回朝鮮通信使が来日する。この回でまた将軍の呼称を「日本大君」に戻す。また、長州萩に長州藩の藩校・明倫館が開校する。水戸藩の弘道館、岡山藩の閑谷黌《しずたにこう》（閑谷学校）と並び、日本三大学府の一つである。

皇紀二三八〇（享保五）年八月六日、江戸に町火消（町人による消防組織）の「いろは組」が創設される。火事による国民的財産喪失は、幕府財政へも悪影響が大きいため、吉宗は享保の改革の一つとして「いろは組」を創設し、大火を防止して財政の安定化を図った。

この年、切支丹の弊害も収まったと言うことで、寛永七年に幕府の出した「禁書令」を緩和する。

皇紀二三八一（享保六）年八月二日、施政に対する参考意見や社会事情の収集などを目的に、庶民の進言を投書で集めることとし、目安箱が設置された。

皇紀二三八二（享保七）年七月三日、幕府は米の上納を条件に、大名の参勤交代による江戸滞在を半年に短縮する「上米《あげまい》の制」を導入する。参勤交代で各藩の出費を強いて藩を弱体化させる制度の修正を迫られた。幕府の体制が揺るぎないものになり、各藩は既に充分弱体化されたということをも意味している。新田開発を奨励し、歌舞伎で心中物の上演が心中を煽《あお》るものとして禁止される。

十二月七日、目安箱の投書を切っ掛けとして、吉宗の命により庶民のための無料医療施設「小石川養生所」が開設される。これは幕府が江戸に設置した無料の医療施設で、幕末まで一四〇年あまり貧民救済施設として機能した。

皇紀二三八三（享保八）年六月、各地位ごとに授与される給与を定め、これが給付される期間を地位についている期間のみとした「足高《あしだか》の制」を導入し、また過去五年間、一〇年間または二〇年間の収穫高の平均から年貢率を決め、豊凶に関わらず一定の年貢を納める定免法を導入する。

皇紀二三八八（享保十三）年、「五公五民制」を導入する。幕府創設以来の「四公六民制」の放棄である。

この年、コーヒーが伝来し、乳牛が初めて輸入される。また、湘南海岸に銃術鍛練場として相州《そうしゅう》（相模）炮術調練場が設置される。

皇紀二三九〇（享保十五）年、「買米令《かわせまいれい》」を発布し、幕府が市場の米を買い上げ貯蔵して、米価の引き上げを促すとともに、諸藩や江戸・大坂の有力商人達にも同様の措置を強制した。米価を安定させ百姓を救済するために、米相場への介入を行っている。

皇紀二三九二（享保十七）年、享保の大飢饉が発生する。

冷夏で蝗《いなご》やウンカなどの害虫が大量発生し、稲作に甚大な被害をもたらした。害虫により中国・四国・九州地方の西日本各地、中でも特に瀬戸内海沿岸一帯が凶作に見舞われ大飢饉となる。被害は西日本諸藩のうち四六藩にも及び、四六藩の総石高は二三六万石であるが、この年の収穫は僅か六三万石、例年の四分の一程度であった。餓死者一万二千人にも達し（『徳川実紀』によれば餓死者九六万九九〇〇人）、二五〇万人強の人々が飢餓に苦しんだといわれる。この飢饉を教訓に、将軍吉宗は米以外の穀物の栽培を奨励し、これを切っ掛けに青木昆陽《こんよう》が提唱した甘藷《かんしょ》（サツマイモ）の栽培が普及する。最大の凶作に陥った瀬戸内海にあって、大三島だけは六部僧の下見吉十郎秀誉《あさみきちじゅうろうひでたか》が栽培させた甘藷（サツマイモ）によって、餓死者を出すことはなく、逆に余った米を伊予松山藩に献上する余裕があった。

皇紀二三九五（享保二十）年三月二十一日、在位二六年、三五歳で桜町天皇に譲位される。

皇紀二三九七（元文二〈一七三七〉）年四月十一日、三七歳で崩御された。在位二六年であるが、皇紀二三九二（享保十七）年まで祖父の霊元天皇が院政を敷かれたので、実質三年の在位であったともいえる。

陵は京都市東山区今熊野泉山町の月輪陵《つきのわのみささぎ》である。

桜町《さくらまち》天皇

第百十五代　世系七〇　在位一三年

皇紀二三八〇（享保五〈一七二〇〉）年一月一日、中御門天皇の第一皇子として誕生された昭仁《てるひと》親王で、母は関白太政大臣近衛家熙の娘で徳川家宣の猶子となった女御の近衛尚子《しょうし》（新中和門院《しんちゅうわもんいん》）である。

皇紀二三八八（享保十三）年、九歳で立太子される。

皇紀二三九五（享保二十〈一七三五〉）年三月二十一日、父帝・中御門天皇の譲位により践祚され、十一月三日、一六歳で即位される。

将軍徳川吉宗の助力と関白一条兼香《かねか》の補佐を得て朝廷の儀式の復古に力を尽くされ、大嘗祭（即位後最初の新嘗祭）の再復活や新嘗祭《にいなめさい》、奉幣使（奉幣のために陵・神社などに参向する勅使）などの儀礼を復活することに力を注がれた。

この年、皇紀二三〇三（寛永二十〈一六四三〉）年に発布された「田畑勝手作禁止令《たはたかってさくきんしれい》」を修正する「田方勝手作仕法」を発令して、年貢増徴を条件に商品作物栽培を黙認する政策に変更した。

皇紀二三九六（享保二十一）年四月二十八日、元号を享保から元文《げんぶん》に改元する。

皇紀二三九六（元文元〈一七三六〉）年五月十二日、大岡忠相《ただすけ》（大岡越前）の建議により貨幣改鋳を行い、文字金銀《ぶんじきんぎん》を発行し、元文小判・元文丁銀が流通しはじめる。貨幣の品位を低下させ、通貨量を増大させる貨幣吹替え（改鋳）を行ったので急激なインフレとなった。しかしこの貨幣吹替えが当時の貨幣流通量不足という経済状況に即したもので、やがて物価および金銀相場は安定し、文字金銀は広く普及するようになり、以後一〇〇年近くの長期間に亘り流通する。

皇紀二三九八（元文三）年、国学者で歌人の荷田春満《かだのあずままろ》が他界し、弟子の賀茂真淵《かもまぶち》が京から江戸に移住し、国学を講じた。荷田春満は賀茂真淵・本居宣長・平田篤胤と共に国学の四大人の一人である。国学は、「四書五経」をはじめとする儒教の古典や仏典の研究を中心とする学問を批判し、日本の古典を研究して、儒教や仏教の導入以前から日本にあった独自の文化・思想、精神世界（古道）を研究する学問である。

皇紀二三九九（元文四）年二月二十一日、鳥取藩において元文一揆が発生、因幡・伯耆、合わせて約五万人が参加し、藩政史上最大規模の百姓一揆となった。大規模な一揆を目の当たりにした鳥取藩は新藩主・池田宗泰の進める改革の下で、農民に対する一定の配慮をするようになった。

五月、ロシア帝国海軍ヴィトゥス・ベーリングが派遣した探検船が日本の仙台湾や房総半島などに来航（元文の黒船）する。この元文の黒船騒動で初めて日露両国は公式に接触した。

皇紀二四〇一（元文六）年二月二十七日、元号を元文から寛保《かんぽう》に改元する。

皇紀二四〇二（寛保二〈一七四二〉）年四月六日、「公事方御定書《くじかたおさだめがき》」が完成し発布される。

幕府の基本法典で、享保改革を推進した第八代将軍吉宗の下で作成され、皇紀二四〇二（寛保二）年に仮完成した。上巻・下巻の二巻からなり、上巻は基本法令を、下巻は旧来の判例に基づいた刑事法令を収録した。例えば「関所を通らずに山を越えたものは、その場で磔に処する」などの規定がある。人の移動を厳しく管理する。

この年、七月から八月にかけて、江戸を中心に大洪水（関東地方大水害）が発生する。利根川の堤防が決壊し水流は江戸下町方向に流入して凡そ一千人の溺死者を出す。幕府は安濃津（伊勢国・津市）・備前・長州・肥後などの被害の少なかった西国諸藩一〇藩に命じて利根川・荒川などの堤防や用水路の復旧に当たらせた。

皇紀二四〇四（寛保四）年二月二十一日、元号を寛保から延享《えんきょう》に改元する。

皇紀二四〇五（延享二〈一七四五〉）年十一月二日、徳川家重（三四歳）が第九代征夷大将軍宣下を受ける。先代吉宗は将軍職を長男・家重に譲るが、家重は言語不明瞭で政務が執れるような状態ではなかったため、吉宗が死去する皇紀二四一一（寛延四）年六月二十日まで、大御所として実権を握り続けた。

皇紀二四〇六（延享三）年八月二十一日、平安時代の菅原道真の失脚事件（昌泰の変）を中心に、道真の周囲の人々を描く人形浄瑠璃『菅原伝授手習鑑《すがわらでんじゅてならいかがみ》』が大阪・竹本座で初めて演じられ、人気を博し、人形浄瑠璃および歌舞伎の代表的な演目となる。

皇紀二四〇七（延享四）年五月二日、在位一三年、二八歳で桃園天皇に譲位され、院政を開始される。退位後においても積極的に政治や学問の振興策を主導され、幕府からの干渉を避けるために院政を敷かれた。

皇紀二四一〇（寛延三）年四月二十三日、退位されて三年、三一歳で崩御される。陵は京都市東山区今熊野泉山町の月輪陵《つきのわのみささぎ》である。

桃園《ももぞの》天皇

第百十六代　世系七一　在位一五年

皇紀二四〇一（寛保元〈一七四一〉）年二月二十九日、桜町天皇の第一皇子として誕生された遐仁《とおひと》親王で、生母は権大納言姉小路実武の娘で桜町天皇の典侍・藤原定子（開明門院）であるが、桜町天皇の女御・二条舎子《いえこ》（青綺門院《せいきもんいん》）の「実子」としてその御所で養育された。

皇紀二四〇七（延享四〈一七四七〉）年三月十六日、立太子され、同年五月二日、父・桜町天皇の譲位を受けて九月二十一日、七歳で即位される。先帝上皇が院政を敷かれた。しかし上皇も三年後の皇紀二四一〇年に崩御された。

十一月十六日、前年の『菅原伝授手習鑑』に続いて、源平合戦後の源義経の都落ちとその後の悲劇を描く人形浄瑠璃『義経千本桜』が大阪竹本座で初めて演じられ、これでまた人形浄瑠璃が庶民文化として人気を博し、現在に至っている。

皇紀二四〇八年六月一日、徳川家重の将軍就任祝賀で第一〇回朝鮮通信使が来日する。

通信使は後に見聞録で「道を均《なら》して平坦であり奇麗なこと砥石のようで、一片の瀬戸物の欠けら、縄の切れ端の塵も残ってはいない」と書き残している。

皇紀二四〇八（延享五〈一七四八〉）年七月十二日、元号を延享から寛延《かんえん》に改元する。

八月十四日、人形浄瑠璃『仮名手本忠臣蔵』が大阪・竹本座で初演され、さらにこれが歌舞伎化される。歌舞伎の主要出し物の一つになる。

皇紀二四一〇（寛延三）年二月、幕府が諸国の人口調査を行い、百姓の苗字、帯刀を禁止する。

皇紀二四一一（寛延四）年十月二十七日、元号を寛延から宝暦《ほうれき》に改元する。

皇紀二四一三（宝暦三〈一七五三〉）年九月十三日、宇都宮藩で百姓一揆、籾摺《もみす》り騒動が起きる。

宇都宮城主の松平忠祇《ただまさ》が財政難のため「上納米は籾一升六合摺の割合で納入すべし（一升の籾から六合の米が摺り出されることとし、農民は六合の米を納める）」と百姓に命じ、これに対し百姓たちは「代々の領主と同じく年貢は五合摺にして」との嘆願書を出した。さらに、城に出入りする商人数名にも「役人に頼んでほしい」と繰り返し訴えるが効果がなかった。そこで領内の百姓約四万五千人が八幡山に集結し打ち壊しを開始した。

十二月二十五日、将軍徳川家重が薩摩藩主島津重年に、濃尾平野の治水対策として、木曽川、長良川、揖斐川の分流工事の御手伝普請、川普請工事を命じ、これが「宝暦治水事件」に発展する。幕府は薩摩藩に木曽川治水工事を命じ、薩摩藩はこれを受けて皇紀二四一五（宝暦五）年完成させるが、普請中の幕府方の嫌がらせもあって、抗議の自決や過酷な労働での病死もあり、多数の犠牲者を出した。総指揮者で家老の平田靱負《ゆきえ》も藩に迷惑を掛けたと言うことで、工事完成後に自決した。幕府が工事を命じた目的は、薩摩藩の財政弱体化であった。

皇紀二四一四（宝暦四）年十一月十二日、翌年より新暦（宝暦甲戌暦）を使うとの触れを出した。

しかしこの暦は皇紀二四二三（宝暦十三）年九月一日の日食を、多くの民間の天文家が予測しているのに外してしまったりして、渋川春海の編纂した和暦「貞享暦」より劣っていた。

皇紀二四一六（宝暦六）年、徳大寺家の家臣・山崎闇斎《あんさい》の神道学説（垂加神道）を奉じる竹内式部が桃園天皇（一六歳）に直接ご進講する。幕府と摂関家による朝廷支配に憤慨していた公卿達の画策であった。

皇紀二四一八（宝暦八）年七月二十二日、宝暦事件が発生する。

朝廷内の尊王論者で若い公卿が幕府によって大量に処罰された。朝幕関係の悪化を憂慮した関白一条道香が近衛内前《うちさき》・鷹司輔平《すけひら》・九条尚実《なおざね》と図って、徳大寺公城《きんむら》、正親町三条ら天皇近習一七名の追放を断行する。ついで一条は公卿の武芸稽古を理由に、中心人物である神道家で尊王論者の竹内敬持《たかもち》（竹内式部）を京都所司代に告訴し、徳大寺など関係した公卿を罷免・永蟄居・謹慎に処した。

これは朝廷を取り仕切っていた摂関家と幕府の癒着を糾弾して、山崎闇斎の説く垂加神道による大義名分論を主張する天皇の近習の若手公卿達を排除した事件である。この事件で天皇と摂関家の対立が起きるが、天皇が若くして崩御されたので問題は次の御世に持ち越された。明治になってから彼らの名誉回復がなされる。

皇紀二四二〇（宝暦十）年六月、伏見宮邦忠親王の薨去に伴い、桃園天皇の第二皇子・貞行《さだもち》親王が生後四ヶ月で伏見宮家第十七代当主を継承された。

九月二日、第九代将軍・徳川家重の子の家治（二三歳）が第十代征夷大将軍宣下を受ける。

皇紀二四二二（宝暦十二）年七月十二日、在位一五年にして光格天皇の御世に、二二歳で崩御される。陵は京都市東山区今熊野泉山町の月輪陵《つきのわのみささぎ》である。

後《ご》桜《さくら》町《まち》天皇

第百十七代　世系七一　在位九年

皇紀二四〇〇（元文五〈一七四〇〉）年八月三日、第百十五代桜町天皇の第二皇女として誕生された智子《としこ》内親王で、母は関白左大臣二条吉忠の娘で桜町天皇の女御の藤原舎子《いえこ》（青綺門院）である。先帝・桃園天皇は異母弟に当たり、弟から異母姉への譲位となった。

皇紀二四二二（宝暦十二〈一七六二〉）年七月二十七日、異母弟・桃園天皇の遺詔により践祚を受け二三歳で即位される。桃園天皇の第一皇子・英仁《ひでひと》親王（のちの後桃園天皇）が五歳とまだ幼く、第二皇子の貞行《さだもち》親王もまだ二歳で、しかも既に伏見宮家を継いでおられた。その上、桃園天皇治世末期に発生した宝暦事件で、摂関家が幕府と癒着し、天皇が幼い頃からお側に仕えていた側近たちの追放を行っていた。ここで英仁《ひでひと》親王の即位後に同じ事態が繰り返されることを避ける必要があった。そこで、五摂家の当主らが協議し、英仁親王（後桃園天皇）の将来における皇位継承を前提にして、中継ぎとしての新天皇を擁立することを決定し、先々帝・桜町天皇の第二皇女・智子内親王が即位される。智子内親王は英仁親王にとっては伯母に当たる。

皇位継承のような重大事は事前に幕府に諮るとした「禁中並公家諸法度」の規定はあったが、「非常事態」を理由に幕府に対しても事後報告の形でことが進められた。天皇即位のような重要事項に関しては、現行法体系は無視しても良いとされる。つまり、時の法体系は緊急事態として無視すべきという、これからの時代にとっても極めて重要な先例として記憶されるべき事と思われる。かくして明正天皇以来一一九年ぶりの女性天皇（男系）の誕生となった。

皇紀二四二四（宝暦十四）年二月二十七日、家治の将軍就任祝賀で第一一回朝鮮通信使が来日する。

六月二日、元号を宝暦から明和《めいわ》に改元する。

閏十二月十七日、中山道沿いで伝馬騒動が勃発する。

この年、朝鮮通信使も来日して宿場の負担が増加し、これに反発する一揆が発生する。治安は悪化し、年末から翌年の正月にかけて、暴徒が街道沿いの富農を襲撃して打ち壊しを行い、中山道の交通機能が麻痺する事態となった。最終的には一揆の原因となった助郷《すけごう》の追加負担などを取り下げ、幕府の要求を幕府側が取り下げて収束させた。助郷とは徳川幕府が諸街道の宿場の保護と人足や馬の補充のため、宿場周辺の村落に課した賦役である。始めは臨時の人馬徴発であったが、参勤交代など交通量の増大で、助郷制度として恒常化した。

皇紀二四二七（明和四）年七月一日、田沼意次が将軍の命令を老中らに伝える将軍側近の側用人となる。

八月二十二日、尊王論者弾圧事件の「明和事件」が発生する。

甲斐国の儒学者・山県大弐《だいに》は、江戸へ出て兵学・儒学を教え、大義名分に基づく尊王思想を教授し、また、皇紀二四一八（宝暦八）年の「宝暦事件」に連座した尊王論者の藤井直明（竹内式部の弟子）は江戸に出て山県大弐の家で、江戸幕府攻略の軍法を説いた。幕府は両名を逮捕し、不敬罪で大弐を死罪に、直明を磔刑《たっけい》に処した。不敬罪とは抑も天皇、皇族に対する不敬であり、将軍、将軍家に対するものではない。幕府、公卿こそが不敬である。

皇紀二四二八（明和五）年二月十九日、英仁《ひでひと》親王が一一歳で立太子される。

九月二十六日、「越後明和騒動」が発生する。

越後長岡藩の藩政に対する不満から騒動が発生し、町民が町役人を追放して、約二カ月に亘り町人自治を実施した。

首謀者の涌井藤四郎とその腹心の須藤佐次兵衛は捕らえられ、市中引き回しの上斬首された。しかし後に、義人として墓や慰霊碑が建立され、新潟市の白山公園内に「明和義人顕彰之碑」がある。昭和三年九月二十五日建立とある。

皇紀二四三〇（明和七）年四月二十八日、異母弟・桃園天皇の皇子で甥に当たる後桃園天皇（一三歳）に、在位九年、三一歳で譲位され上皇となられた。中継ぎとしての役割を果たされて、以後も独身を通された。

次の後桃園天皇は一三歳で、更に次の光格天皇は九歳でそれぞれ幼くして即位されたので、退位後も良く後見の任に当たられた。そして、即位される前の皇紀二四一六（宝暦六）年から後桃園天皇が崩御された翌年の皇紀二四四〇（安永九〈一七八〇〉）年までの、二四年に亘る宸筆の日記四一冊を残しておられる。

皇紀二四七三（文化十〈一八一三〉）年閏十一月二日、七四歳で崩御される。

陵は京都市東山区今熊野泉山町の月輪陵《つきのわのみささぎ》である。

後《ご》桃《もも》園《ぞの》天皇

第百十八代　世系七二　在位九年

皇紀二四一八（宝暦八〈一七五八〉）年七月二日、桃園天皇の第一皇子として誕生された英仁《ひでひと》親王で、母は関白太政大臣一条兼香《かねか》の娘で桃園天皇女御の恭礼門院《きょうらいもんいん》・藤原富子である。先帝の後桜町天皇は伯母に当たり、伏見宮貞行親王は同母弟宮に当たる。

皇紀二四二八（明和五〈一七六八〉）年二月十九日、一一歳で立太子される。

皇紀二四三〇（明和七）年四月二十八日、伯母の後桜町天皇から譲位を受けて一三歳で即位される。

皇紀二四三一（明和八）年三月十日、沖縄県石垣島を大津波（明和の大津波）が襲う。

地震による被害は少なかったが、直後に最大八五ｍという大津波が襲来し、宮古・八重山両諸島で死者・行方不明者が約一万二千人・家屋流失崩壊二千戸以上という大惨事となり、村落は壊滅した。

四月二十四日、大津波で八重山では死者九四〇〇人余りに上り、一四の村が流され、住民の三分の一が死亡する。耕作可能地の多くが塩害の被害を被り、作物生産が困難となり、飢饉と疫病が発生して、凡そ一〇〇年後の明治初期でも八重山諸島の人口は地震前の三分の一程度にまで減少していた。本土から遠く離れているため記憶に留めていない嫌いがあるが、極めて重要な自然災害である。

この年夏、山城国宇治を中心にお伊勢参り（お蔭参り）が大流行する。奉公人などが主人に無断で、また子供が親に無断で参詣した。これがお蔭参りを抜け参りとも呼んだ所以である。

皇紀二四三二(明和九)年二月二十九日、江戸で明和の大火が起きる。目黒の大円寺から出火した火は南西からの強風にあおられ、麻布、京橋、日本橋を襲い、江戸城下の武家屋敷を焼き尽くして、神田、千住方面まで広がった。江戸三大大火の一つで、死者は一万五千人、行方不明者は四千人を超えた。原因は放火によるもので、放火犯は無宿者・真秀という僧で、市中引き回しの上、小塚原で火刑に処された。

この年九月、流通不便貨幣の扱いを受けた五匁《もんめ》銀の失敗を教訓に、計数銀貨の南鐐《なんりょう》二朱銀を発行した。これより「分」、「朱」を単位とする計数銀貨が秤量銀貨を凌駕する時代が始まる。計数銀貨は銀の一定の品位・量目を保証し、その枚数によって交換価値を計る貨幣で、秤量銀貨は使用に際して品位・量目を検査して測って用いた貨幣である。価値が保証されれば計数銀貨の方が便利である。

十一月十六日、元号を明和から安永《あんえい》に改元する。

皇紀二四三四（安永三〈一七七四〉）年八月、若狭国小浜藩医の杉田玄白はオランダ語医学書『ターヘル・アナトミア』図版を購入したが、たまたま小塚原刑場（東京都荒川区南千住）で死体の腑分けを実見し、解剖図の正確さに驚いて、『ターヘル・アナトミア』を和訳し『解体新書』として刊行した。

皇紀二四三六(安永五〈一七七六〉)年七月四日、アメリカ独立宣言が発布される。

皇紀二四三九(安永八)年十月一日、桜島が大噴火を起こす。一五三名が死亡、桜島北東沖に島(新島)が生まれた。十月二十九日、ご在位のまま、皇子を残されないで在位九年、二二歳で崩御された。皇子女が欣子《よしこ》内親王だけだったので、閑院宮家より閑院宮典仁親王の第六王の師仁《もろひと》親王(兼仁親王)を養子として迎えられる。陵は京都市東山区今熊野泉山町の月輪陵《つきのわのみささぎ》である。

光格《こうかく》天皇

第百十九代　世系七一　在位三九年

皇紀二四三一（明和八〈一七七一〉）年八月十五日、第百十三代東山天皇の第六皇子である閑院宮典仁《すけひと》親王（慶光天皇）の第六王として誕生された師仁《もろひと》親王（後に兼仁《ともひと》親王）で、母は大江磐代《いわしろ》（伯耆国倉吉出身の医師岩室宗賢《いわむろそうけん》の娘）である。

岩室宗賢の娘で師仁《もろひと》親王の母・つる女は、二三歳の時、中御門《なかみかど》天皇の第五皇女の閑院宮妃・籌宮成子《かずのみやしげこ》内親王に仕え、皇紀二四三〇（明和七）年、二七歳で閑院宮典仁親王の側室となり、名も「つる女」を「磐代」と改める。翌年磐代は兼仁《ともひと》親王（光格天皇）を出産された。

皇紀二四三九（安永八〈一七七九〉）年十一月八日、典仁親王の第六王の師仁親王（兼仁親王）は危篤の後桃園天皇の養子となられ、儲君となられた。しかし実際には既に後桃園天皇は前月十月二十九日に崩御しておられ、空位を避けるために発表されてなかった。

皇紀二四三九（安永八）年十一月二十五日、典仁親王の第六王の師仁親王（兼仁親王）が、先帝後桃園天皇の崩御を受け、急遽践祚されて九歳で即位される。直前に儲君に定められたものの、立太子はされなかった。皇族ではなく、摂関家や徳川将軍家でもない女子の磐代が、閑院宮家で儲けた皇子が即位されるという極めて珍しい例となった。師仁親王の即位で父の閑院宮典仁《すけひと》親王は慶光天皇とお呼びすることになった。

偶々《たまたま》天皇の外祖父となった宗賢は、のちに聖護院《しょうごいん》（京都市左京区聖護院中町）に出仕して二人扶持を受け、皇紀二四四七(天明七〈一七八七〉)年十二月に法橋(僧位の第三位)に叙せられ、皇紀二四五二(寛政四〈一七九二〉)年に死去した(八〇歳)。法橋は本来僧侶に対し与えられた位階であるが、後に絵師、儒者、医師などにも与えられた。

皇紀二四四一(安永十)年四月二日、元号を安永から天明《てんめい》に改元する。

皇紀二四四二(天明二)年から天明八年にかけて(第十代将軍徳川家治の時代)、日本の近世史上最大規模の飢饉(天明大飢饉)が発生し、天皇は非常事態として幕府に領民救済を指示される。

東北地方は一二年前の皇紀二四三〇(明和七)年から、悪天候や冷害により農作物の収穫が激減していたところに、皇紀二四四三(天明三)年三月十二日に岩木山が、七月八日には浅間山が大噴火を起こし、各地に火山灰を降らせた。火山の噴火は、日射量低下による冷害をもたらし、農作物に壊滅的被害が生じた。このため、翌年から深刻な飢饉状態となり、さらに当時は、田沼意次時代で商取引が活発に行われ、取引も自由で米の買い占めが行われ、米価上昇に歯止めが掛からず、結果的に飢饉が全国規模に拡大した。

ところが、諸藩は失政の咎による改易などを恐れ、被害の深刻さを隠蔽していて、餓死者の実数は一桁多かったと言われる。被害は特に陸奥で酷く、弘前藩では餓死者が八万人とも一三万人とも伝えられ、逃亡した者も多く、藩の人口は半減した。また、津軽藩でも死者が十数万人に達したと伝えられている。そして飢餓の上に更に疫病も大流行し、皇紀二四四〇(安永九)年から皇紀二四四六(天明六)年の六年間に九二万人余りの人口減を招いた。逃亡した農民は各都市部へ流入して都市の治安が悪化し、皇紀二四四七(天明七)年五月には江戸や大坂で米屋の打ち壊しが起こり、その後これが全国へと広がった。

皇紀二四四四(天明四)年、天明大飢饉もあって、蝦夷地の調査が開始される。

二月二十三日、筑前国志賀島で金印が発見される。純金製の王印で「漢委奴国王《かんのわのなのこくおう》」と刻まれており、現在は国宝に指定されている。皇紀七一七（垂仁天皇八十六〈五七〉）年、倭奴国王が後漢に朝貢し、光武帝より印綬を受けたという『後漢書』「東夷伝」にみえる印である。

四月二日、遠江国相良藩主で幕府老中・田沼意次の嫡男で若年寄の田沼意知《おきとも》が江戸城内で旗本の佐野政言《さのまさこと》に殺害される。佐野は切腹を命じられ、二年後父の意次は老中を解任され失脚する。理由は諸説あるが、幕府は乱心とした。

皇紀二四四六（天明六）年八月二十五日、第十代将軍徳川家治（五〇歳）が急死する。

この年、出羽国（山形県）出身幕府普請役の最上徳内《もがみとくない》は蝦夷地での活躍を認められ、単身で国後へ渡り、択捉《えとろふ》、ウルップへも渡る。択捉島では交易のため滞在していたロシア人とも接触、ロシア人の択捉在住を確認し、アイヌを仲介に彼らと接触してロシア事情を学ぶ。徳内は北方探索の功労者として賞賛される一方、場所請負制（知行主が一定の運上金を得る制度）などを行っていて松前藩には危険人物として警戒された。

皇紀二四四七（天明七）年四月十五日、将軍家治の急死を受け、御三家の一つ一橋家（第八代将軍吉宗の四男宗尹《むねただ》を家祖とする）の当主一橋治済《はるなり》の長男・徳川家斉《いえなり》が、一五歳で第十一代征夷大将軍の宣下を受ける。家斉は皇紀二四九七年まで半世紀五〇年と長期間に亘って将軍職を務めた。

家治時代に権勢を振るった田沼意次を罷免し、代わって徳川御三家から推挙された陸奥白河藩主で名君の誉れ高かった松平定信を老中首座に任命した。定信は「寛政の改革」を進める。将軍家斉は曾祖父に当たる吉宗の「享保の改革」を理想とし、緊縮財政、風紀取締りによる幕府財政の健全化を目指した。

五月、天明の大飢饉で米価が高騰し、江戸、大坂で「天明の米屋打ち壊し事件」が頻発する。

六月十四日、勅使の武家伝奏《ぶけてんそう》が京都所司代の戸田忠寛に、窮乏する民の救済策を要請した。しかも朝廷はこれを幕府に書面で申し入れた。武家伝奏とは朝廷における職名の一つで公卿が任じられ、武家の奏請を朝廷に取り次ぐ役目であった。

皇紀二四四八（天明八）年一月三十日、京で「天明の大火」が発生する。京で発生した史上最大規模の火災で、御所、二条城、京都所司代などの要所全てが焼失し、当時の京の八割以上が焼失した。火災被害は京を焼け野原にした応仁の乱の戦乱による焼亡を上回った。

皇紀二四四九（天明九）年一月二十五日、元号を天明から寛政《かんせい》に改元する。

皇紀二四五〇（寛政二）年五月二十四日、「寛政異学の禁」がはじまり、昌平坂学問所で朱子学以外の学問の教授が禁じられた。老中・松平定信が寛政の改革で行った学問の統制である。ただ、昌平坂学問所などの幕府教育機関における異学の講義を禁じたが、民間市中の異学派による学問や講義が禁じられたわけではなかった。

皇紀二四五一（寛政三）年、「尊号一件」が起きる。

朝廷が参議四〇人の群議で、老中筆頭松平定信の反対を押し切って、光格天皇の実父・典仁《すけひと》親王への尊号宣下を決定したため、幕府がこれに異を唱え、朝廷と幕府の対立が再び先鋭化する。

天皇は、父である典仁親王の宮中での地位が大臣より低い事から、父の典仁親王に太上天皇の尊号を贈ろうとされたが、幕府老中・松平定信などに反対され、贈る事ができなかった。典仁親王は第百十三代東山天皇の皇孫であり、父の直仁親王は皇紀二三七〇（宝永七）年、世襲親王家の一つ、閑院宮家を創設された。老中松平定信は皇位についていない典仁親王に皇号を贈るのは先例が無いと反対した。

十二月、「群議」を開き、参議以上四〇名の公卿のうち三五名の賛意を得て「閑院宮典仁親王」なる尊号宣下が決定された。天皇ご自身、父よりも位が上になってしまうし、「禁中並公家諸法度」における親王の序列が摂関家よりも下であり、天皇の父が臣下である摂関家を目上としなければならない事に対して、天皇としてはとても了承できなかった。幕府の定めた法律も朝廷の慣例に反することは許されないと言うことを示した事件であった。現在に当てはめれば、憲法と雖も朝廷（皇室）の慣例に反することは朝廷（皇室）として許さないと言うことになる。

皇紀二四五二（寛政四）年九月三日、ロシア使節のアダム・ラクスマンが来日する。ラクスマンはシベリアのイルクーツクに滞在中、伊勢国出身の大黒屋光太夫ら漂流者六名と出会う。そして光太夫を連れてペテルブルクの女帝エカテリーナ二世に謁見させる。その上、来日して大黒屋光大夫らを引き渡し帰国した。幕府はラクスマンを丁重に扱ったが、鎖国政策を採っていることで、シベリア総督の信書の受け取りは拒絶した。

皇紀二四五四（寛政六）年三月七日、先帝の後桃園天皇の皇女・欣子《よしこ》内親王を中宮とされる。内親王の中宮立后は、後醍醐天皇の中宮珣子《じゅんし》内親王（後伏見天皇の第一皇女、新室町院）以来実に四六〇年振りのことである。

この年五月、浮世絵界に東洲斎写楽《とうしゅうさいしゃらく》が出現する。しかしこの写楽は一〇か月の製作活動の後、姿を消す。ドイツの美術研究家ユリウス・クルトがその著書の中で、写楽のことをレンブラントやベラスケスと並ぶ「世界三大肖像画家」と絶賛した。作品は全て蔦屋重三郎の店から出版され、凡そ一〇か月の間に約一四五点余の錦絵作品を出版した。

皇紀二四五八（寛政十）年六月、本居宣長が、三五年の歳月を掛けて執筆した『古事記伝』を著す。

皇紀二四五九（寛政十一）年七月十九日、淡路国津名郡の廻船業者・高田屋嘉兵衛が国後航路を発見して、択捉島を開拓した功により、幕府から「蝦夷地常雇船頭」を任じられ、苗字帯刀を許された。嘉兵衛は漁場を次々開拓し、アイヌにも漁法を教授する。

皇紀二四六〇（寛政十二）年閏四月十九日、伊能忠敬《いのうただたか》（商人）が、幕府の命令を受け、蝦夷地の測量を始める。そして皇紀二四七六（文化十三〈一八一六〉）年まで、一七年の歳月をかけて全国を測量し、「大日本沿海輿地全図」を完成させ、日本国の歴史上はじめて全国土の正確な地図を作成し、公表した。

皇紀二四六一（寛政十三〈一八〇一〉）年二月五日、元号を寛政から享和《きょうわ》に改元する。

六月二十八日、富山元十郎ら一行、得撫島（ウルップ島）を探検し、「天長地久（永遠である）大日本属島（永遠に日本領）」の標柱を立てる。この時点で得撫島は日本領となる。

皇紀二四六二（享和二）年二月二十三日、幕府が蝦夷奉行（後の箱館奉行）を設置する。江戸以外の幕府直轄領（天領）の重要な場所に置かれた遠国奉行《おんごくぶぎょう》の一つである。

またこの年、十返舎一九が『東海道中膝栗毛（浮世道中膝栗毛）』を世に出す。主人公が弥次郎兵衛と喜多八、「弥次喜多」で現在も親しまれている。

皇紀二四六三（享和三）年七月八日、アメリカ船、長崎に来航し通商を要求する。

皇紀二四六四（享和四）年二月十一日、元号を享和から文化に改元する。

皇紀二四六四（文化元〈一八〇四〉）年六月四日、羽前《うぜん》（山形県）・羽後《うご》（秋田県）で「文化の大地震」があり、秋田県にかほ市の象潟が陸地化する。これまでは、九十九島・八十八潟が景勝地となり、「東の松島　西の象潟」と呼ばれていた。

九月六日、ロシア使節ニコライ・レザノフが通商を求め長崎へ来航する。しかし翌年、幕府はこれを拒否する。

皇紀二四六六（文化三）年三月四日、「文化の大火」が発生する。江戸三大大火の一つで、死者は一二〇〇人以上に登った。出火元は芝車町《しばくるまちょう》（港区高輪）の材木座付近で、薩摩藩上屋敷（現在の芝公園）、増上寺五重塔が全焼、西南の強風にあおられ木挽町、数寄屋橋に飛び火し、京橋・日本橋の殆どが焼失した。更に神田、浅草方面まで延焼し、延焼面積は下町を中心に五三〇町歩、焼失家屋は一二万六千戸、死者は一二〇〇人を超えた。

この年幕府は外国船への「薪水給与令」を出し、穏便に外国船を出港させる方針を打ち出すこととする。兎に角追い出せの方針が必要な物を与え穏便に帰って頂くという方針に政策変更する。

皇紀二四六七（文化四）年七月十八日、恵仁《あやひと》親王（仁孝天皇）を儲君とする。

八月十九日、江戸深川の永代橋が崩落し、死者・行方不明者は一四〇〇人以上に登った。

十月二十四日、全蝦夷地が幕府直轄地とされ、箱館奉行を廃止して松前奉行を置く。

皇紀二四六八（文化五）年四月十三日、間宮林蔵《まみやりんぞう》が樺太を探検し、樺太が島であることを確認し、海峡を発見する。

そしてここを間宮海峡と名付けた。

この年、諸外国の船舶が頻繁に出没するようになり、幕府は海防のため江戸湾沿岸の砲台の修築を開始する。

【フェートン号事件】

八月十五日、イギリス海軍のフリゲート艦フェートン号が、オランダ船拿捕のためにオランダ国旗を掲げて、国籍を偽り長崎へ入港した。これをオランダ船と誤認した出島のオランダ商館員二名は慣例に従い、長崎奉行所のオランダ通詞（公式通訳）とともに出迎えのため船に乗り込もうとしたところ、武装ボートによって商館員二名が拉致され、艦に連行された。それと同時に船はオランダ国旗を降ろしてイギリス国旗を掲げ、オランダ船を求めてボートで長崎港内の捜索を行う。そして人質の一人ホウゼンルマンを派遣して薪水や食料（米・野菜・肉）の提供を要求した。完全な海賊行為である。

長崎奉行の松平康英は、湾内警備を担当する鍋島藩・福岡藩の両藩にフェートンの焼き討ち、もしくは抑留を命じ、大村藩などにも派兵を促した。オランダ商館長ヘンドリック・ズーフは長崎奉行所内に避難し、戦闘回避を勧めたが、ここに来て長崎警衛当番の鍋島藩が太平に慣れて守備兵をわずか一五〇名程度に減らしていたことが判明する。

翌十六日、イギリス船がオランダ人一名を釈放して、欠乏食料の供給を求め、供給がない場合は港内の和船を焼き払うと恐喝してきた。反撃兵力のない長崎奉行はやむなく要求を受け入れ、食料や飲料水を供給し、オランダ商館も豚と牛を送った。そこでイギリス船は残りのオランダ人も釈放し、翌十七日に港外に去った。

結果だけを見れば、日本側に人的・物的な被害はなく、人質にされたオランダ人も無事に解放されて事件は平穏に解決したかに見える。しかし、手持ちの兵力もなく、侵入船の要求にむざむざと応じざるを得なかった松平康英は、国威を辱めたとして自ら切腹し、勝手に兵力を減らしていた鍋島藩家老ら数人も責任を取って切腹した。さらに幕府は、鍋島藩が長崎警備の任を怠っていたとして、十一月十日、藩主鍋島斉直《なべしまなりなお》に一〇〇日の閉門を命じた。

この屈辱を味わった鍋島藩は後に鍋島直正《なべしまなおまさ》の下で近代化に尽力し、明治維新の際に大きな力を持つに至った。

皇紀二四六九（文化六）年二月二十四日、恵仁《あやひと》親王（仁孝天皇）が立太子される。

この年、間宮林蔵は、現地人の船で間宮海峡を越えて大陸に渡り、この地域の詳細な調査をする。

皇紀二四七一（文化八）年六月四日、松前藩がロシア船ディアナ号を国後島で拿捕し、艦長ゴローニン海軍中佐ら八名を捕らえ抑留する（ゴローニン事件）。天皇はこの事件で、交渉の経過を幕府に報告させる。天皇が報告を求められると言うことは極めて異例なことである。

【朝鮮通信使の終了】

この年、家斉の将軍就任祝賀で第一二回朝鮮通信使が来日する。

但し今回は対馬に差し止めとなる。実質的には後桜町天皇の御世の第一一回で朝鮮通信使は終わっていた。徳川の時代に入って始まった朝鮮通信使が一一回来日したが、初回こそ、「朝鮮の役」の戦後処理という役目があったが、次回からは五〇〇人から八〇〇人という大使節団で、費用は幕府や諸藩が負担していて、何らの益もなく、諍《いさか》いを起こすだけで、遂に中止するに至る。

皇紀二四七二（文化九）年八月十四日、前年幕府がロシア船ディアナ号を拿捕し艦長ヴァーシリー・ゴローニンを捕らえたことの報復として、高田屋嘉兵衛が国後島沖で副艦長のピョートル・リコルドにより捕えられ、カムチャツカ半島ペトロパブロフスク・カムチャツキーへ連行される。翌年帰国し、松前奉行を説き伏せ、ロシア側に侵略の意図が無いことを納得させ、ディアナ号船長らを解放させた。

この年、間宮林蔵がアイヌの舟で間宮海峡を渡り黒竜江下流域を探検、樺太が島であることを再確認した。同年箱館で伊能忠敬《いのうただたか》に会いこれに師事し、のち天測術（緯度測定法）を学ぶ。外国船来航の情報や密貿易の実体調査で隠密活動に従事し、林蔵の情報で、シーボルトと幕府天文方高橋景保《かげやす》との交流が露見し、これがシーボルト事件の発端となったが、シーボルトの著作『日本』により間宮海峡は世界的に有名になる。

皇紀二四七五（文化十二）年四月、杉田玄白が、蘭学草創期の史実が後世に誤り伝わることを懸念し『蘭学事始』を著した。

皇紀二四七七（文化十四）年三月二十二日、在位三九年、四七歳で恵仁《あやひと》親王（仁孝天皇）に譲位され、太上天皇となられる。明治以降の皇室典範では譲位を認めていないため、最後の譲位となり、最後の太上天皇となられた。

皇紀二五〇〇（天保十一〈一八四〇〉）年十一月十九日、七〇歳で崩御された。

陵は京都市東山区今熊野泉山町の後月輪陵である。

四〇〇年近く途絶えていた石清水八幡宮や賀茂神社の臨時祭の復活や、朝廷儀式の復活に努められ、さらに平安末期以来断絶していた大学寮に代わる朝廷の公式教育機関の再興を指示される。しかし在位中には実現せず、次代の仁孝天皇に引き継がれた。

仁孝《にんこう》天皇

第百二十代　世系七二　在位二三年

皇紀二四六〇（寛政十二〈一八〇〇〉）年二月二十一日、光格天皇の第六皇子として誕生された恵仁《あやひと》親王で、養母は後桃園天皇の第一皇女・光格天皇中宮の欣子《よしこ》内親王で、実母は勧修寺大納言経逸《つねはや》の娘・藤原婧子《ただこ》である。

皇紀二四六九（文化六〈一八〇九〉）年三月二十四日、一〇歳で立太子された。正妃は藤氏長者・関白の鷹司政煕の娘・藤原繋子《つなこ》で、繋子薨去（二六歳）後はその妹・藤原祺子《やすこ》が正妃となられた。

皇紀二四七七（文化十四）年九月二十一日、一八歳で即位される。父光格上皇の意を受け継ぎ、朝儀復活に尽力された。

皇紀二四七八（文化十五）年四月二十二日、元号を文化から文政《ぶんせい》に改元する。

皇紀二四七九（文政二〈一八一九〉）年、国学者の塙保己一《はなわほきいち》が、古代から江戸時代初期までに著された史書や文学作品、計一二七三種を収めた『群書類従《ぐんしょるいじゅう》』を編纂・刊行する。歴史学・国文学等の学術的な研究に、多大な貢献をしている。なお、塙は『群書類従』の版木を製作させる際、二〇字×二〇行の四〇〇字詰に統一させて、これが今日の原稿用紙の基本様式となった。

六月、文政小判（草文小判）・一分判（一分金）を鋳造する。

皇紀二四八〇（文政三）年六月、文政丁銀（草文丁銀）豆板銀（小玉銀）を鋳造する。

皇紀二四八一（文政四）年七月十日、伊能忠敬による「大日本沿海輿地全図」が完成する。伊能は三年前の皇紀二四七八（文化十五）年四月十三日に死去しているが、この喪は伏せられ地図作成が弟子達によって続けられた。伊能が一六年間に亘って諸国を巡り測量して作成した、極めて精度の高い日本地図であった。

皇紀二四八三（文政六）年七月七日、ドイツ人シーボルトがオランダ商館員として来日する。

この年、化政文化（文化・文政の文化で町人文化）を代表する葛飾北斎が「富嶽三十六景」の初版の制作を始め、皇紀二四九一（天保二〈一八三一〉）年に開版、四年に完成させる。彼の作品は後日ヴィンセント・フォン・ゴッホなどの欧州印象派の画壇に大きな影響を与えた。また、化政文化として政治・社会の出来事や日常の生活を風刺する川柳が流行する。

皇紀二四八四（文政七）年五月二十八日、水戸藩領の大津（北茨城市大津町）の浜にイギリス人一二人が上陸し、水戸藩が尋問した後、必要としていた新鮮な野菜と水を与えて、船に帰した（大津浜事件）。

皇紀二四八五（文政八）年二月十八日、幕府が「異国船無二念打払令」（異国船打払令）を出す。外国船がしばしば来航し上陸して暴行事件を起こすし、皇紀二四六八（文化五）年にはフェートン号事件が発生し、幕府は外国船が来航したら何も考えずに、兎も角打ち払えと命じる。

皇紀二四八六（文政九）年、頼山陽（歴史家、思想家）が『日本外史』を著す。

皇紀二四八八（文政十一）年八月九日、北部九州にシーボルト台風が襲来する。有明海では高潮が発生し、佐賀藩だけで死者が凡そ一万人、九州北部全体では死者約一万九千人出る。

九月、シーボルト事件が発生する。

日本滞在中のドイツ人学者でオランダ商館付医師シーボルトの乗船が座礁し、積荷から日本地図が出てきてその国外持ち出しが発覚、シーボルト事件へと発展する。そしてこの騒ぎから、この台風が後に「シーボルト台風」と名付けられた。シーボルトが天文方・書物奉行の高橋景保《かげやす》から贈られた伊能忠敬の「大日本沿海輿地全図」の縮図を国外に持ち出そうとしていたことで、幕府はシーボルトをスパイ嫌疑で拘束し、シーボルトの情報収集に協力した疑いで高橋景保ら多くの日本人関係者を投獄する。地図を贈った高橋景保ほか十数名は処分され、景保は獄死する。翌年九月二十五日、シーボルトは国外追放のうえ再渡航禁止の処分を受けた。しかし、三〇年後の皇紀二五一八（安政五〈一八五八〉）年に日蘭修好通商条約が締結され追放が解除となり、翌皇紀二五一九（安政六）年に長男アレクサンダーを伴って再来日し、幕府の外交顧問となっている。

十一月十二日、越後三条大地震が発生し死者が一五五九人出る。

皇紀二四九〇（文政十三）年三月から八月にかけて、お蔭参りという伊勢神宮への集団参詣がまた大流行する。数百万人規模となり、奉公人などが主人に無断で、子供が親に無断で参詣したので「抜け参り」といわれた。

皇紀二四九〇（文政十三）年十二月十日、元号を文政から天保《てんぽう》に改元する。

皇紀二四九一（天保二〈一八三一〉）年、天保の改革が行われる。

貨幣経済の発達に伴って逼迫した幕府財政の再興を目指して緊縮政策を進め、諸藩でも藩政改革が行われた。倹約令を施行し、庶民の娯楽を制限して、芝居小屋は江戸郊外の浅草へ移転させられ、寄席の閉鎖なども行われた。

規制が行われると、そこに商人からの莫大な賄賂が集まることはいつの時代も同じで、第十一代将軍徳川家斉の側近で旗本の中野清茂《きよしげ》ら多数が処分され、代わって信濃国松代藩主・真田幸貫《さなだゆきつら》らが取り立てられた。また歌舞伎役者の七代目市川團十郎、人情本作家の為永春水や柳亭種彦などが処罰された。

三月八日、大型船が入港出来るように、大坂の安治川の浚渫工事が行われる。二年かけて浚渫した土砂を積み上げて出来た山を天保山と命名した。

この頃から、葛飾北斎が「富嶽三十六景」などの風景画・浮世絵を完成させ刊行する。北斎の作品、浮世絵が欧州の印象派画壇に大きな影響を与え、歌川広重などの弟子や孫弟子も多くの業績を残している。

皇紀二四九三(天保四)年、天保の大飢饉が始まる。主たる原因は洪水と冷害である。各地で餓死者が続出し、幕府は救済のため、江戸では市中二十一ヶ所に御救小屋《おすくいごや》(五八〇〇人収容)を設置したが、救済者は七〇万人を超えた。引き続き大地震などの天災が続き、米価が急騰して、各地で百姓一揆や打ち壊しが頻発し、大飢饉は皇紀二四九九(天保十)年頃まで凡そ六年続く。

皇紀二四九四(天保五)年四月八日、富士山にて大規模な土石流雪代《ゆきしろ》が発生し、現在の山梨県富士吉田市、静岡県富士宮市や富士市で大被害が出る。

十一月四日、東海大地震が発生する。翌五日には南海大地震、そして二日後七日には豊予海峡地震と、太平洋側に連続して地震が発生する。

この年、浮世絵師の歌川広重(安藤鉄蔵)が「東海道五十三次絵」を発表する。

皇紀二四九五(天保六)年九月三日、天保通宝(天保銭)が発行される。この通貨は明治維新後も流通し、皇紀二五五一(明治二十四(一八九一))年十二月三十一日を最後に正式に通用停止となった。

皇紀二四九六(天保七)年八月十七日、「天保騒動」(郡内騒動)が発生する。米穀商の米の買い占めで米価が高騰し、米穀商店の打ち壊し騒動が起き、これを切っ掛けとして、甲斐国都留郡で発生した百姓一揆が国中に広がり大規模な一揆に発展する。そしてこれを機に甲斐は皇紀二四九八(天保九)年には幕府直轄領(天領)となる。

皇紀二四九七(天保八)年二月十九日、大塩平八郎の乱が発生する。

大坂(大阪市)で大坂町奉行所の元与力・大塩平八郎とその門人らが起こした幕府に対する反乱で、旗本が出兵した戦闘としては、寛永年間に起きた島原の乱以来二〇〇年ぶりのことであった。二〇〇年太平の世が続いたが、ここに来て飢饉やそれに続く一揆騒動など起き、その上欧米・ロシアの外国船がうろついて、侵略の機を覗い始め、世の中が騒然となり始めた。

六月一日、生田万《いくたよろず》の乱が起きる。

国学者の生田万が越後国柏崎で貧民救済のため蜂起した事件で、大塩平八郎の乱に続いて発生している。天保年間は大飢饉により多数の餓死者を出していたが、そのような状況にあっても豪商や代官役人は結託して米を買い占めたりするので、米価は暴騰して庶民生活を圧迫していた。柏崎へ移り住んでいた生田万は、大塩平八郎の乱の影響を受け大塩門弟と称し、救民の名の下に柏崎代官所を襲撃したが、首謀者の生田が負傷して自害したため鎮圧された。先の大塩平八郎の乱と共に幕府権威の失墜を示す事件となり、幕府は天保の改革に乗り出すことになる。騒動の翌日より、米価は下がりはじめた。

六月二十八日、モリソン号事件が発生する。

浦賀沖に現れたアメリカ商船「モリソン号」に対し、浦賀奉行は異国船打払令に基づき砲撃を行った。翌月鹿児島湾に停泊するがここでも薩摩藩の砲撃を受ける。このモリソン号にはマカオで保護されていた日本人漂流民の音吉ら七人が乗っており、モリソン号はこの日本人漂流民の送還と通商・布教のために来航していたことが一年後に分かり、異国船打払令に対する批判が強まった。尚、モリソン号は非武装だったが、当時はイギリス軍艦と間違えられていた。

七月二十一日、保字金《ほうじきん》(天保金)が鋳造される。天保金は一両としての額面を持つ天保小判である。

九月二日、将軍・家斉の次男・徳川家慶《いえよし》（四五歳）が第十二代征夷大将軍に就く。しかし父の家斉が大御所として実権を保持する。

皇紀二四九九（天保十）年五月十四日、「蛮社の獄」と言われる言論弾圧事件が発生する。医者で蘭学者の高野長英、三河国田原藩藩士の渡辺崋山などが、先のモリソン号事件と幕府の鎖国政策を批判したため、捕らえられて獄に繋がれるなど処罰を受けた。渡辺崋山は幕政批判のかどで田原で蟄居高野長英は永牢（終身刑）に処せられた。

皇紀二五〇〇（天保十一）年八月、清国でアヘン戦争が勃発する。

二年余りの戦いで清国は敗れ香港の租借など強いられた。この情報は日本にも伝わり、これに危機感を抱いた下級武士を中心に、攘夷運動に繋がっていく。

皇紀二五〇一（天保十二）年閏一月七日、五〇年将軍職を務めた第十一代将軍徳川家斉が六九歳で死去する。

十二月十三日、天保の改革の一つとして、幕府が一種の座を作り価格統制をしていたが、その株仲間に、座の解散令を発布し、規制緩和を行う。（株仲間解散令）

皇紀二五〇二（天保十三）年七月二十四日、幕府は「異国船打払令」を廃止し、遭難した船に限り補給を認めるという「薪水給与令」を出して、異国船に対する処理方針を大幅に変更した。幕府は柔軟な対応をする。

皇紀二五〇三（天保十四）年六月十七日、新潟が天領とされ新潟奉行が設置される。日本海交通の要衝である新潟港を管理する。出入船舶を監視して、密貿易を取り締まり、海岸警護を行って海防対策を強化した。

十二月二十七日、オランダ国王、幕府に開国を勧告する。

この年、長州藩でも天保一揆が発生し、村田清風を登用して藩政改革に乗り出す。天保二年に発生した防長大一揆がきっかけとなった。

皇紀二五〇四（天保十五）年十二月二日、元号を天保から弘化《こうか》に改元する。

皇紀二五〇四（弘化元〈一八四四〉）年三月十一日、フランス船が那覇に来航する。

一月二十六日、仁孝天皇は在位二九年、四七歳で崩御される。

天皇は父光格上皇の意を継いで朝儀復活に尽力される。皇族や公家の子弟のための教育機関を設置し、武家伝奏の徳大寺実堅《とくだいじさねかた》に幕府との折衝を命じる。幕府の了承を得てその構想が現実のものとなった矢先、崩御された。

皇紀二五〇七（弘化四）年三月九日、天皇の遺志によって、御所の建春門外に公家講学所としての学習所が設立される。皇紀二五三七（明治十〈一八七七〉）年明治天皇の勅命によって設立された皇族・華族教育機関の学習院（現・学習院大学の前身）である。陵は京都市東山区今熊野泉山町の後月輪陵である。

孝明《こうめい》天皇

第百二十一代　世系七三　在位二一年

皇紀二四九一（天保二〈一八三一〉）年六月十四日、仁孝天皇の第四皇子として誕生された統仁《おさひと》親王で、実母は正親町実光《おおぎまちさねみつ》の娘で仁孝天皇の典侍の藤原雅子（新待賢門院）で、養母は左大臣鷹司政凞の娘・仁孝天皇女御の藤原祺子《やすこ》（新朔平門院《しんさくへいもんいん》）である。九条尚忠の娘・九条夙子《あさこ》を正妃とされた。

皇紀二五〇〇（天保十一）年三月十四日、一〇歳で立太子される。

皇紀二五〇六（弘化三〈一八四六〉）年二月十三日、父・仁孝天皇の崩御を受け践祚され、一六歳で即位される。

閏五月二十七日、ジェームズ・ビドル提督率いる米国軍艦二隻が浦賀水道に来航し通商を打診してくる。浦賀奉行が通商拒否、退去を通告する。

六月七日、フランスのインドシナ艦隊司令官セシュが長崎に来航する。

皇紀二五〇七（弘化四）年三月二十四日、善光寺地震が発生、死者総数八六〇〇余人、全壊家屋二万一千軒、焼失家屋は凡そ三四〇〇軒であった。この日が偶々《たまたま》善光寺如来の開帳期間中で、諸国から大勢の参詣者が集まり混雑していて、これが不幸にして犠牲者を増す結果となった。

皇紀二五〇七（弘化四）年九月二十三日、即位の礼が催行された。

皇紀二五〇八（弘化五）年二月二十八日、元号を弘化から嘉永《かえい》に改元する。

五月七日、米国捕鯨船が難破し、乗組員の一五人が松前藩に保護され、六月に幕府の指示で長崎に送られていた。一一ヶ月に亘って日本は彼らに食糧を与え保護していたが、脱走を繰り返し態度も悪く、最後は牢に繋がれていた。後に、この牢に繋がれた事実だけが喧伝され、日本は漂流民を虐待していると悪評を立てられる。日本とアメリカは当時国交がないのでオランダ商館経由で彼等漂流民を引渡し、プレブル号で退去させることになる。

皇紀二五〇九（嘉永二〈一八四九〉）年三月二十六日、米国軍艦プレブル号が長崎に来航し漂流民の受け取りを要求する。閏四月八日、英国軍艦マリナー号が相模国三浦郡松輪崎沖に停泊し、江戸湾の測量を始める。

皇紀二五一〇（嘉永三）年十二月、支那大陸で太平天国の乱が勃発する。実際には清国で発生し皇紀二五二四（文久四〈一八六四〉）年七月まで続いた一四年間の大規模な内戦であった。清朝はイギリスの支援を受けようやく勝利する。この間、大陸には一時的ではあるが南部に太平天国という国家が存在した。太平天国はキリスト教を国教とする国家であったが、イギリスは清国との阿片貿易の利益を優先し、清国に加担した。

皇紀二五一一（嘉永四）年三月十五日、天皇は和気清麻呂の功績を讃えて、神階正一位と「護王大明神」の神号を贈られた。称徳天皇の御世、「道鏡を皇位に就けるとよい」という宇佐八幡宮の神託（道鏡事件）の真偽を明らかにした和気清麻呂の勇気を讃えられた。

皇紀二五一二（嘉永五〈一八五二〉）年二月二十一日、マルクスとエンゲルスが「共産党宣言」を発表する。この宣言を利用して後にソ連、中共その他多くの共産党一党独裁国家が建国されるが、その国家誕生にあたり、また誕生した国家の権力維持のため、無数の無辜の民が虐殺され、それが今日も中華人民共和国、北朝鮮など世界の一部で続いている。

六月二十四日、ロシア船メンチコフ号が下田に来航する。

七月十一日、中浜（ジョン）万次郎一行が土佐に送還される。

皇紀二五一三（嘉永六）年、幕府は米国情報、造船・操船・測量などに関する知識の取得のため、中浜万次郎（ジョン万次郎）を招聘する。そして直参旗本の身分を与え、幕臣で伊豆韮山代官の江川英龍《ひでたつ》の配下とし、軍艦教授所教授に任命する。万次郎は土佐の漁師で、嵐にあって遭難し、米国捕鯨船に助けられ米国に渡った。米国で学問をして一一年後に帰国している。

二月二日、小田原地震が発生し、小田原城は大破し、小田原の街も大被害を被る。

六月三日、アメリカ合衆国第十三代大統領ミラード・フィルモアの命を受けたマシュー・ペリー代将率いるアメリカ合衆国海軍東インド艦隊の艦船が浦賀に来航する。幕府は朝廷を始め外様大名や市井を含む諸侯有司に対し、ペリーの開国通商要求に対する対応策を下問した。

六月六日、先に来港したアメリカ合衆国海軍東インド艦隊の蒸気船ミシシッピー号が江戸湾深部に侵入したため、幕府は遂に米国大統領の国書を受領することを決定する。米国の砲艦外交が始まる。

六月九日、ペリーらは久里浜に上陸し、米国大統領の親書・信任状などを手交する。

六月二十二日、第十二代将軍・徳川家慶（六一歳）が死去する。

七月十八日、ロシアのプチャーチンが艦隊四隻を率いて長崎に来航する。

九月十五日、幕府は大船建造禁止令を解除する。

日本沿岸にアメリカ、イギリス、ロシアなど欧米諸国の軍船が出没し、幕府や諸藩の脅威となってきたが、大船建造の禁令で水軍力（海軍力）がなく、対処する方法がなかった。佐久間象山が老中の真田幸貫に対して、大船建造の禁令撤廃と西洋式海軍力の強化を提言し、また水戸藩主・徳川斉昭も老中首座の阿部正弘（備後福山藩第七代藩主）に対して禁令の撤廃を求めていた。

十一月二十三日、徳川家定（三〇歳）に第十三代征夷大将軍を宣下する。

実父は第十二代将軍家慶の異母弟の徳川斉順《なりゆき》、祖父は第十一代将軍徳川家斉である。家定は病弱で、幕政は老中・阿部正弘によって主導され、皇紀二五一七（安政四〈一八五七〉）年六月に正弘が死去すると、下総佐倉藩第五代藩主で老中の堀田正睦《まさよし》が主導する。外国勢力が押し寄せ、日本は危機的状況に陥ったこの時期、将軍が病弱で政権運用能力に欠けていたことが不運であった。

十二月五日、ロシアのプチャーチンが再び来航し、幕府全権で旗本の川路聖謨《としあきら》、筒井政憲と交渉を重ね、将来日本が他国と通商条約を締結した場合にはロシアにも同一の条件の待遇を与える事などで合意する。

この年、ペリー来航を期に品川に砲台築造工事を開始し翌年に完成する（お台場）。

皇紀二五一四（嘉永七）年一月十六日、ペリー艦隊が江戸湾に再入港する。幕府は異国船見物禁止令を布告する。

三月三日、幕府は遂に勅許を得ずに、日米和親条約を締結する。

この時、勅許を得ずに外国との条約を締結したことの意味を幕府は理解していなかった。公卿と大君（将軍）で天皇を自由に操っているつもりでいたのであろう。この条約によって日本は下田と箱館を開港し、鎖国体制は終了する。またこの条約でアメリカ人居留地を下田に設定し片務的最恵国待遇が取り決められた。

アメリカは、清をはじめとする東アジアとの貿易のために太平洋航路を必要としていた。当時の蒸気船では十分な燃料を積み込むことはできず、水・食料の補給のための寄港地として日本の港が必要であった。また、北太平洋での鯨油採取を目的とした捕鯨を行う上で、国交がない状態では寄航した自国の捕鯨船の船員保護と引渡し要求が出来ず困っていた。米国には鎖国政策をとっている日本を開国させ、その上で日本を比島（フィリピン）その他のアジア地域同様に、米国の植民地にするという意図があった。

三月二十三日、長崎を退去していたプチャーチンが再び長崎に入港する。

三月二十七日、長州藩士の吉田松陰が下田で黒船へ密航を試みたが失敗し、翌日自首して幕吏に捕われる。

四月六日、京で大火が発生する。京都女院御所（后《きさき》の御所）より出火、京都御所・仙洞御所が全焼したほか、今出川通・浄福寺通・烏丸通・椹木町《さわらぎちょう》に囲まれた地域を焼く大火となった。

四月十七日、幕府は下田・箱館の開港を布告する。日本は砲艦外交に敗北し、以後、今日まで敗北し続けている。

六月十五日、伊賀上野地震（安政伊賀地震）が発生する。

七月九日、日の丸を公式に日本の惣船印《そうふなしるし》とする。なお、日の丸は皇紀一三六一（文武五・大宝元〈七〇一〉）年から使用している。

閏七月十五日、イギリス支那方面艦隊司令官スターリング少将が軍艦四隻を率いて長崎に来港する。

八月二十三日、日英和親条約が締結される。

十一月四日、安政東海地震、五日に安政南海地震、七日に豊予海峡地震と連続して大地震が発生する。

十一月二十七日、元号を嘉永から安政《あんせい》に改元する。朝廷は「文長」としていたが、幕府の介入によって「安政」に差し替えられる。幕府の越権行為であった。

皇紀二五一四（安政元〈一八五四〉）年十二月二十一日、日露和親条約を締結し、千島列島の択捉島と得撫島《うるっぷとう》の間に日露の国境線が引かれた。択捉以南が日本領土として確定する。樺太、中千島以北は未確定であった。

皇紀二五一五（安政二）年十月二日、前年の東海地震に続いて安政江戸大地震が発生する。

被災したのは江戸を中心とする関東平野南部の狭い地域であったが、直下型地震で大都市江戸の被害は甚大であった。幕府は前年の安政東海・南海地震で被災した各藩に対する復興資金の貸与と復旧事業の出費に加えて、被災者への支援、江戸市中の復興に多額の出費が強いられ、幕府の財政悪化が深刻化した。

皇紀二五一六（安政三）年七月二十三日、八戸を中心に東北地方北部太平洋側から北海道にかけて強震があり津波被害も発生する。

八月二十五日、前年の大地震からの復旧もまだ出来ないときに、巨大台風が江戸を直撃し、猛烈な暴風と高潮で死者は一〇万人に上った。

皇紀二五一八（安政五）年三月十二日、廷臣八十八卿列参事件が起きる。

関白・九条尚忠が朝廷に日米修好通商条約締結の議案を提出したところ、岩倉具視や中山忠能《ただやす》ら合計八八名の堂上公家が条約案の撤回を求めた。天皇は条約締結反対の立場を明確にされ、二十日には参内した堀田に対して勅許の不許の回答をされ、以後条約の勅許を拒否されることとなった。極めて異例な事態であった。

四月二十三日、井伊直弼《なおすけ》が大老に就任する。

六月十九日、大老・井伊直弼（幕府）は天皇の勅許を得ないままで日米修好通商条約に調印し、ここに鎖国政策が終了する。日本側には関税自主権がなく、治外法権を認めるという不平等条約であった。イギリス・フランス・ロシア・オランダとも締結したので「安政五ヵ国条約」とも呼ばれる。

こうして日米修好通商条約調印ののち、幕府は列強の外交圧力によって順次同じ条約を各国との間で締結する。スイス、ベルギー、イタリア、デンマーク、また明治になってからスペイン、スウェーデン、ノルウェー、オーストリア・ハンガリーと締結することになる。これらの条約は、幕府大老の井伊直弼がその職責のもとに調印したが、攘夷派の公家たちが優勢だった当時の朝廷は、勅許を待たずに調印した条約は無効だとしてこれを認めず、幕府と井伊の

「独断専行」を厳しく糾弾した。その結果、公武（朝廷と幕府）間の緊張がいっきに高まり、安政の大獄や桜田門外の変などの事件の引き金となり、討幕運動に繋がっていく。

七月一日、横浜港の開港を受け入れる。

七月六日、第十三代将軍徳川家定（三五歳）が死去する。そして、第十一代征夷大将軍徳川家斉の孫・徳川家茂《いえもち》（一三歳）が第十四代将軍に就くことになる。八日、幕府は外国奉行を設置する。十日、日蘭修好通商条約に調印する。十一日、日露修好通商条約に調印する。十八日、日英修好通商条約に調印する。

八月二日、英国が東インド会社への委託統治を廃止しインドを直接統治とする。イギリスは国家としてインド統治、インド植民地支配を開始する。

八月八日、天皇は水戸藩に勅書「戊午《ぼご》の密勅」を下賜される。

・勅許なく日米修好通商条約（安政五ヵ国条約）に調印したことの詳細な説明を幕府に要求するように。

・御三家および諸藩は幕府に協力して公武合体の実を成し、幕府は攘夷推進の幕政改革を遂行するように。

以上二つの内容を諸藩に廻達せよとあった。

将軍（徳川）の臣下であるはずの水戸藩藩主へ朝廷から直接勅書が渙発されたということは、幕府が蔑《ないがし》ろにされ、威信を失墜させられたことになる。幕府は勅書の内容を秘匿し、大老井伊直弼が反体制派の大弾圧を開始する。

九月三日、日仏修好通商条約に調印する。七日、幕府は攘夷運動の指導者らの捕縛を開始する（安政の大獄）。

十月二十五日、徳川家茂《いえもち》が一三歳で第十四代征夷大将軍に就く。同時に源氏長者宣下を受ける。病弱だった第十三代将軍家定（従兄）に続いて、また一三歳という年少の将軍家茂が第十四代将軍に就くことになった。将軍が年少で、幕府は老中以下の幕閣が取り仕切り、朝廷を無視して日本の舵取りを行う。この時期将軍に人を得なかった不幸といえる。

この年、福沢諭吉が中津藩中屋敷内に蘭学塾（慶應義塾の前身）を創立する。

皇紀二五一九（安政六）年八月二十七日、徳川慶喜（後の第十五代将軍）が隠居謹慎に処される。直弼が勅許を得ずに日米修好通商条約を調印したので、慶喜は水戸藩主徳川斉昭や福井藩主・松平慶永らと共に登城し直弼を詰問したが却って隠居謹慎に処された。

十月七日、越前の橋本左内、頼三樹三郎《らいみきさぶろう》（儒学者・頼山陽の三男）らが斬首刑に処される。二十七日、長州の吉田松陰が斬首刑に処される。

皇紀二五二〇（安政七）年一月十九日、日米修好通商条約批准書交換のため遣米使節団一行がアメリカ軍艦ポーハタン号にて浦賀を出航する。別船の咸臨丸もポーハタン号に続いて浦賀を出航し、二月二十六日にサンフランシスコに入港する。福澤諭吉やジョン万次郎らも乗船していた。条約締結手続きは、日本国内ではその有効性を巡って争われている中で、強引に進められる。それだけに、国内ではその抵抗運動は激しさを増すことになる。

二月五日、横浜の本町通りで、オランダ人船長のヴェッセル・デ・フォスと、ナンニング・デッケルが攘夷派により斬殺される。

三月三日、桜田門外の変で、大老の井伊直弼が攘夷派水戸浪士らに暗殺される。

三月十八日、元号を安政から万延《まんえん》に改元する。

皇紀二五二〇（万延元〈一八六〇〉）年六月十二日、孝明天皇の異母妹、和宮内親王が第十四代将軍・徳川家茂《いえもち》の正室となるに当たっての「和宮降嫁勅許」で、天皇は「攘夷を実行し鎖国の体制に戻すならば、和宮内親王の降嫁を認める」旨の勅書を出し、幕府が七月十八日に「一〇年以内の鎖国体制への復帰」を奉答したことで天皇は和宮の降嫁を決断された。なお、和宮は仁孝天皇の第八皇女で明治天皇の叔母に当たられる。将軍家茂死後は落飾し、静寛院宮《せいかんいんのみや》となられた。

十二月五日、米国駐日総領事館の通弁官ヘンリー・ヒュースケンが攘夷派薩摩藩士に殺害される。

この年、幕府は生糸・雑穀・水油・蠟・呉服の五品を対象とした貿易統制法令「五品江戸廻送令」を発布する。五品は横浜直送を禁じ、江戸問屋経由を命じた。当然のことながら、列強各国から、条約に規定する自由貿易を妨げる、と強い反発を受けた。

皇紀二五二一（万延二）年二月三日、ロシア軍艦ポサドニック号による「対馬占領事件」が起きる。

ロシア水兵が上陸し島民を掠奪、暴行、殺害し、婦女を凌辱し、住民多数を連れ去り軍艦に拉致する。拉致された島民の中には舌をかみ切って自殺した者もいた。対馬藩藩主の宗義和はポサドニック号に退去を要求しながらも米・塩・薪炭を提供し懐柔を図った。軍事力のなさの悲哀であった。

皇紀二五二一（万延二）年二月十九日、元号を万延から文久《ぶんきゅう》に改元する。

皇紀二五二一（文久元〈一八六一〉）年四月十二日、アメリカで南北戦争（内戦）が勃発する。これでアメリカの日本に対する攻勢は一時中断する。

五月二十八日、東禅寺事件が起きる。

イギリス公使館が置かれていた高輪東禅寺で、水戸藩脱藩の攘夷派浪士一四名がイギリス公使ラザフォード・オールコックらを襲撃した。オールコックは幕府に対し厳重に抗議し、イギリス水兵の公使館駐屯の承認、日本側警備兵の増強、賠償金一万ドルの支払いという条件で事件を解決させた。

七月二十三日、イギリス東洋艦隊が軍艦二隻を対馬に回航しロシア軍艦ポサドニック号への示威行動を行う。東禅寺事件などが解決したこともあってイギリスは協力したのであるが、別にロシアがこの場所を占拠し基地を造られたら、イギリスとしても困るという事情もあった。

八月十五日、ロシア軍艦のポサドニック号が対馬占拠から半年、イギリスの協力もあって、ようやく対馬から退去した。ロシアがそのまま対馬を占拠し軍事基地でも造っていたら、その後の歴史は大きく変わったであろうことは確かである。

十月二十日、仁孝天皇の第八皇女で孝明天皇の異母妹の和宮親子内親王《かずのみやちかこないしんのう》が徳川家茂《いえもち》との婚儀のため江戸に向け京を出発される。朝幕関係を修復し国論の統一を図り公武合体策を進めるため、内親王は臣籍降下され第十四代将軍・徳川家茂の御台所《みだいどころ》となられる。

十二月二十二日、幕府は文久遣欧使節団を欧州に派遣する。竹内保徳（下野守）、を正使とする一行三六名は英国海軍の蒸気船フリゲート艦オーディン号で欧州に向け品川港を出港した。この一員に福沢諭吉がいた。福沢は先に日米修好通商条約批准書交換で米国に渡り、今回また欧州に派遣される。

皇紀二五二二（文久二）年一月十五日、老中・安藤信正（陸奥磐城平藩第五代藩主）が登城途中、水戸浪士らに襲われるという「坂下門外の変」が起きる。

二月十一日、仁孝天皇の第八皇女・和宮親子内親王と徳川家茂の婚儀が行われる。

和宮内親王が征夷大将軍よりも高い身分である内親王の地位で降嫁したため、嫁入りした和宮が主人で、嫁をもらう家茂が客分という逆転した立場で婚儀は行われることとなった。

四月二十三日、寺田屋事件が起きる。

幕府側に急襲され多くの犠牲を出す。これでいきり立っていた薩摩藩尊皇派志士たちが薩摩藩主の父・島津久光によって鎮撫された。これで朝廷の久光に対する信望は却って高まる。久光は公武合体政策（文久の改革）実現のため江戸へと向かった。久光は事件直前の四月十六日に近衛忠房（従一位・左大臣）らに公武合体を説いた意見書を提出している。

五月二十九日、第二次東禅寺事件が起きる。

東禅寺警備の松本藩士伊藤軍兵衛がイギリス水兵二人を死傷させ自分も自決した。先の東禅寺事件は水戸浪士によって起こされたが、今回は警備を司っている松本藩の藩士である。幕府は警備責任者を処罰し、松本藩主松平光則に差控を命じ、イギリスとの間に賠償金の支払い交渉を行った。しかし、二度目ということもあり交渉はまとまらず紛糾する。紛糾するうちに生麦事件が発生し、幕府は翌皇紀二五二三（文久三）年四月、生麦事件の賠償金とともに一万ポンドを支払うことで事件を解決させる。

八月二十一日、生麦事件が発生する。

武蔵国橘樹郡《たちばなぐん》生麦村（現・横浜市鶴見区生麦）付近で薩摩藩主の父・島津久光の行列に乱入した騎馬のイギリス人を、供回りの藩士が殺傷（一名死亡、二名重傷）した。行列の中に侵入してはいけないという掟については、イギリス人も良く承知していたので、明らかに彼らに非がある。彼らは単に日本を愚弄して、遊び半分に行列に闖入したに過ぎない。薩摩藩は二万五千ポンドの賠償金を支払い解決させる。

九月十一日、幕府は第一回留学生の榎本武揚《たけあき》、赤松則良《のりよし》、西周《にしあまね》ら一五名をオランダに派遣する。

この年、咸臨丸（艦長・小野友五郎）、小笠原諸島を巡視し、父島と母島を探検する。

皇紀二五二三（文久三）年三月四日、徳川家茂が第三代徳川家光以来将軍としては二二九年振りに上洛し、義兄に当たる孝明天皇に拝謁し攘夷を誓う。のち皇紀二五二五（慶応元〈一八六五〉）年、この誓詞に背いて兵庫開港を決定したとして老中・阿部正弘らが朝廷によって処罰されると、家茂は責任をとって自ら将軍職の辞意を朝廷に上申する。このときは天皇が「以後は幕府人事への干渉をしない」と約束され、辞意を取り下げさせられた。十一日、天皇が賀茂神社へ行幸される。

四月十一日、天皇は前月の賀茂神社行幸に続いて石清水八幡宮へ行幸される。天皇は日本の危機を感じられ、頻繁に祈りを捧げておられる。

五月十日、長州藩が幕命を受け馬関海峡（関門海峡）を封鎖し、下関で外国艦隊に砲撃を加える。外国船を打ち払ったことで長州藩の意気は大いに上がり、朝廷からもさっそく褒勅の沙汰があった。長州藩は、五月二十三日フランス軍艦キンシャン号を、五月二十六日オランダ軍艦メデューサ号を砲撃する。

五月二十日、姉小路公知《あねのこうじきんとも》（二四歳）が朔平門外で暗殺される（朔平《さくへい》門外の変）。公知は三条実美とともに攘夷派の急先鋒で、日米修好通商条約に反対し、廷臣八八卿の指導者として活動した。維新後に生前の功が讃えられ正二位が追贈される。

六月一日、米国軍艦ワイオミング号が、五日、フランス軍艦が、下関を報復攻撃する。七日、長州藩で高杉晋作が奇兵隊を創設する。

七月二日、先の生麦事件を原因として、イギリス艦隊が鹿児島湾に侵入してきて薩英戦争が勃発する。

八月十七日、天誅組の変が起きる。

土佐藩士・吉村寅太郎をはじめとする尊皇攘夷派浪士の一団（天誅組）が公卿中山忠光を盟主として大和国で決起したが、後に幕府軍の討伐を受けて壊滅した。なお、中山忠光は明治天皇の生母中山慶子の同母弟に当たる。これを切っ掛けとして翌十八日、「八月十八日政変」が起き、長州藩主父子及び中山忠光公ら七卿が京を追われ長州に落ちていく（七卿落ち）。

九月二日、攘夷派の浪士が井土ヶ谷（横浜市南区井土ヶ谷下町）でフランス士官を殺傷した井土ヶ谷事件が発生する。

十二月二十九日、井土ヶ谷事件謝罪と横浜港再閉鎖の交渉ため、外国奉行池田長発《ながおき》を団長とする横浜鎖港談判使節団がフランスに派遣される。一九万五千フランの扶助金を遺族に支払い事件は解決したが、横浜鎖港の交渉は失敗に終わり、横浜港閉鎖は実現しなかった。

皇紀二五二四（文久四）年正月十五日、将軍家茂《いえもち》が上洛する。約四か月滞在し、孝明天皇と将軍家茂の親密度も深まり、公武合体が完成するかに見えた。二十七日、天皇は再び徳川家茂に「内外の国難に対処すべき方途を訓諭し給ふの勅書」を渙発される。

皇紀二五二四（文久四）年二月二十日、元号を文久から元治《げんじ》に改元する。

皇紀二五二四（元治元〈一八六四〉）年三月二十二日、新任のロッシュ駐日フランス公使が横浜に来日、着任する。

三月二十七日、水戸藩で天狗党の乱が起きる。

水戸藩の筑波山で尊皇攘夷強硬派の武田耕雲斎、藤田小四郎（水戸藩主・徳川斉昭の側用人であった藤田東湖の四男）らの率いる天狗党が挙兵し、天狗党の乱を引き起こす。そして各地を転戦しながら京に上る。

三月二十九日、長州萩で高杉晋作が野山獄に投獄される。

五月二十一日、幕府が神戸海軍操練所を設立し、勝海舟が頭取に就く。

六月五日、池田屋事件が起きる。京都三条木屋町の旅館・池田屋に潜伏していた長州藩・土佐藩などの尊王攘夷派志士たちを、京都守護職配下の治安維持組織である新撰組が襲撃した。多くの志士が討死し自刃した。

七月十九日、禁門の変（蛤御門の変）が起きる。前年の「八月十八日政変」により京を追われた長州藩勢力が、会津藩主で京都守護職の松平容保《かたもり》らの排除を目指して挙兵して入洛し、御所の蛤御門付近で長州・会津の両軍は衝突し、市街戦を繰り広げた。薩摩が会津側に付いたため長州勢は敗れ敗退する。

七月二十四日、一橋慶喜に長州討伐の勅命が下る。幕府は諸藩に第一次長州征伐を命ずる。尾張、越前と西国の諸藩は攻め口を芸州口、石州口、大島口、小倉口、萩口の五道と定め、藩主親子のいる山口へ侵攻することが決定された。毛利敬親と定広の親子に禁門の変を起こした責任を問う。

八月五日～七日、四国（イギリス・フランス・オランダ・アメリカの列強四国）艦隊が下関を砲撃する（馬関戦争・下関戦争）。下関海峡封鎖を続行していた長州に対し、また皇紀二五二三（文久三）年五月の砲撃に対する報復として、英米仏蘭の四国連合艦隊が下関を砲撃し、長州は敗北する。

十月二十二日、鎌倉見物中の英国士官二名が浪士に斬殺される（鎌倉事件）。

十一月二十九日、鎌倉事件の主犯の清水清次が、市中引き回しされた上、暗闇坂刑場（横浜市西区）で斬首される。

十二月十六日、高杉晋作が長州俗論派打倒を目指して、功山寺（下関市長府）で挙兵する。

十二月十七日、八百余名の将兵を率いて中山道を進軍した水戸の天狗党が、敦賀（越前国新保）で幕府軍の追討を受けて降伏する。

皇紀二五二五（元治二）年二月四日、水戸で挙兵した天狗党の党員が転戦しながら京に上る途中、敦賀で幕府軍に降伏したが、その後の沙汰として、党の首領・武田耕雲斎と藤田小四郎らが斬首され、その後八二八名のうち三五〇名が処刑され、残った者も遠島・追放などの処分となった。これで水戸天狗党は壊滅した。

皇紀二五二五（元治二）年四月七日、元号を元治から慶応《けいおう》に改元する。

皇紀二五二五（慶応元）年五月十六日、徳川家茂が第二次長州征伐で出陣する。

閏五月二十二日、徳川家茂、第二次長州征伐で三度目の上洛をし、大坂城に滞在する。

九月十六日、英米仏蘭四カ国艦隊がお膝元の兵庫沖に来航し、条約勅許を求めたのに対し、朝廷は遂に条約締結に勅許を与えた。これで日本は開国を強いられ不平等条約を締結させられ、国として砲艦外交に屈して開国した。

この条約が不平等条約で、その改正が明治維新以後の新政府の最重要課題の一つとして重くのし掛かり、条約改正交渉が断続的に行われたが、遅々として進まず、結局、条約の不平等な部分が解消されるのは、日露戦争後の皇紀二五七一(明治四十四〈一九一一〉)年のこととなった。

皇紀二五二六(慶応二)年一月二十一日、蛤御門の変までは敵対していた薩摩と長州が同盟を結ぶ(薩長同盟)。

五月十三日、条約締結の勅許を得た幕府は、英米仏蘭との改税約書(安政五ヵ国条約付属貿易章程の改訂協約)に調印し七月一日に施行する。駐日イギリス公使パークスを中心とする列強側は、財政難の徳川幕府に対し、下関戦争の賠償金総額の三分の二を減免することを条件に、条約の勅許、兵庫早期開港、関税率低減を実現させた。

六月七日、第二次長州征伐で幕府軍と長州軍の戦闘が始まる。

七月十八日、長州軍が浜田城を占領する。二十日、第十四代将軍・徳川家茂が第二次長州征伐出陣中、大阪城にて享年二一歳で死去する。

八月一日、第二次長州征伐で逆に長州軍が幕府方の小倉城を占領する。二十日、徳川慶喜が徳川宗家を相続する。しかし慶喜は征夷大将軍職就任は拒み続ける。

十二月五日、徳川慶喜がようやく将軍職就任を承諾し、第十五代征夷大将軍宣下を受ける。

十二月二十五日、孝明天皇が在位二一年にして三六歳で崩御される。

天然痘による病死と言われているが、若くしての突然の崩御であり、その後の経緯から暗殺説も根強い。天皇は幕府と一体となって難局を乗り切ろうという「公武合体論」に賛成しておられたが、崩御後は世の中は公武合体を廃し一気に倒幕へと突き進んでいった。

後月輪東山陵《のちのつきのわのひがしやまのみささぎ》に葬られたが、後に昭和十五年平安京最初の天皇・桓武天皇を祀る平安神宮に、平安京最後の天皇として合祀された。

皇紀二五二七（慶応三）年一月九日、睦仁《むつひと》親王（明治天皇）に践祚される。

明治天皇

第百二十二代　世系七四　在位四六年

皇紀二五一二（嘉永五〈一八五二〉）年九月、孝明天皇の第二皇子として誕生された祐宮《さちのみや》で、生母は権大納言中山忠能の娘・中山慶子である。諱は睦仁親王である。

皇紀二五二七（慶応三〈一八六七〉）年一月九日、睦仁親王が満一六歳で践祚の儀を催行され皇位に就かれる。元服前の践祚であったため、立太子礼を経ずに即位される。

皇紀二五二七（慶応三）年十月十四日、徳川慶喜が明治天皇に大政奉還の上奏文を提出する。

十月十五日、明治天皇が大政奉還を勅許され大政奉還が成立する。二十四日、徳川慶喜が征夷大将軍を辞して、江戸幕府が消滅する。

十二月九日、朝廷は慶喜の大政奉還を受諾して、王政復古の大号令が渙発される。

皇紀二五二八（慶応四）年一月三日、明治政府の官軍と旧幕府軍との間で戊辰戦争が勃発し、政府軍の勝利に終る。

九月八日、元号を慶応から明治に改元する。同年一月一日に溯って明治と改元する。

皇紀二五二八（明治元〈一八六八〉）年三月十四日、五箇条の御誓文が渙発される。

一　広ク会議ヲ興シ万機公論ニ決スヘシ

一　上下心ヲ一ニシテ盛ニ経綸ヲ行フヘシ

一　官武一途庶民ニ至ル迄各其志ヲ遂ケ人心ヲシテ倦マサラシメン事ヲ要ス
一　旧来ノ陋習《ろうしゅう》ヲ破リ天地ノ公道ニ基クヘシ
一　智識ヲ世界ニ求メ大ニ皇基ヲ振起スヘシ

八月二十七日、明治天皇の即位の大礼が催行される。

皇紀二五三一（明治四）年七月十四日、廃藩置県が断行される。

十一月十二日、岩倉使節団が欧米に派遣される。岩倉具視を正使とし、政府首脳陣や留学生を含む総勢一〇七名で構成された。

皇紀二五三二（明治五）年一月二十九日、全国で初めて戸籍調査が実施され、日本の総人口三三一一万八二五人であった。

皇紀二五三三（明治六）年九月十三日、岩倉使節団が帰朝する。

皇紀二五四一（明治十四）年十月十二日、「国会開設の詔」が渙発され、九年後の国会開設が決定する。


こうして日本は明治天皇の御世で開国し、国際社会に入っていく。天皇はこれまで豪族、貴族、武家にと政治を委託してこられたが、これからは「五箇条の御誓文」が渙発され「国会開設の詔」で国民が選んだ代表者に政治を託されることになった。大きな変革ではあるが、天皇がおられる以上は国体に変革はない。「天壌無窮の神勅」は守られている。

あとがき

日本の新聞、テレビ、雑誌など報道機関は天皇、皇族に対しては敬語を使用しない。このことを指摘すると、彼らは「これは協定してます」と答える。訂正する意志は全く持たない。協定があると言うことは、いつか誰かが言い出して、誰かが協議し決定されたのである。しかしその経緯は誰がいつ何処で聞いても明かしてはくれない。

敬語を使用しないと尊敬の念は生まれない。誰しも自分の尊敬する人に対しては自然と敬語を使用するものである。心と言葉は直結しているからである。従って天皇、皇族に敬語を使用しないと言うことは、国民が天皇、皇族を尊敬しないように導いていると言うことである。「いや、敬語は使用しないけど尊敬はしている」という人がいたら、その人は間違いなく嘘をついている。

日本国憲法は「天皇」を「象徴」と規定している。従って、日本の報道機関が天皇、皇族に敬語を使用しないということは、象徴を認めないと言うことを意味し、厳密に言えば憲法違反である。心ある報道機関はこのことは理解しているのであるが、敢えて使用しないで、故意に国民をあらぬ方向へ導いているのである。

また、今の国民は国旗を掲揚しない、国旗は侵略の象徴などという連中と通底している。旗日《はたび》（祭日）に国旗を掲揚する家は殆どない。国旗を掲揚すると白い目で見られる、右翼と間違えられる、などという人も多い。そういう風潮を創ってしまったのが日本の学校教育と報道陣の行動である。

天皇、皇族の敬称は「陛下」、「殿下」、「王」とそれぞれ、「皇室典範」という法律で決まっている。それを決して使用しない、全て「さま」という。「親しみを込めて」とか「民主的に」とか言い訳するが、これも誤魔化しで、天皇、皇族潰しという明確な意図を持ってのことである。社長、専務・常務・博士・先生とかは、一般に決まった呼び方をしているのに、天皇、皇族に対しては頑なに敬称の使用を避ける。

本書では、私の能力不足できちんと敬称、敬語を使用出来てないことを自覚しているが、出来るだけ気を付けたつもりでいる。しかし、間違いだらけであろうことは自覚しているので、ご指摘は勿論大歓迎で、深謝する。

日本の歴史で天皇に言及することは殆どない。しかし、日本の歴史は天皇を「王《きみ》」とする歴史である。天皇を抜きにして日本の歴史はない。天皇を「王《きみ》」という場合、世界の「王」や「皇帝」とは意味内容が全く異なるので、王とか皇帝と言うべきではなく、矢張り天皇とするべきである。はしがきでも書いた通り、「天皇」を「王」とか「皇帝」と翻訳すべきではない。「王」、「皇帝」と訳したら、その途端に相手を誤解させてしまう。世界に王や皇帝が存在しなくなればいいかも知れないが、それでも歴史上存在する以上は、その概念が存在し、これと同一視され誤解を与える。天皇の統治は「支配」ではなく「しらす」である。天壌無窮の神勅に「……爾皇孫《いましすめみま》（子孫）、就《ゆ》きて治《し》らせ……」とある通りである。

ここでどうしても天皇を中心とした、日本の建国以来の正しい歴史書を書いてみたいと思った。限られた紙数の中で、その時々の史実のうち、何を書き、何を省くかは相当悩んだのは事実である。古代史とか中世史とか、範囲を限定すればもう少し書けたが、兎に角、通史として書きたかった。しかし、私の能力不足で、このような拙い代物になってしまったことを白状する。

本書を手に取られた方の殆どが、すぐに「汚らわしいもの」のように手からはなされることは覚悟している。今の日本人の殆どは、日本は悪い国、日本人は悪い、劣った人種であると思い込んでいる。だから先の大戦で酷い目に合わされたのであると思い込んでいる。程度の差こそあれ、殆どの人が我々の先輩は支那、朝鮮で悪いことをしたと思い込んでいる。ある大臣が「日本は朝鮮で良いこともしたよ」と言ったら首になった。ある自衛官は「日本は良い国ですよ」と書いたら防衛大臣が彼を首にした。一般でも「日本は良い国」と言ったら「右翼」と言われ、軽蔑される。私自身、いつもそんな目に遇っている。学生時代の友人で今は著名な弁護士になっているM君が、あるとき「吉重、お前日本が良い、良いと言うが、何処が良いんだ」と言われ絶句したことを覚えている。

逆に、「日本は悪い国」「昔悪いことをした」という話をすると皆さん喜ぶ、そして、流石《さすが》教養人と褒めてくれる。日本は良い国と発言する人は無教養で頭が悪く下品な人間と張り紙され、日本は悪い国と話す人は教養があり頭が良く上品な人と評価される。

そんな中で、この本を読んで頂いた方には心から感謝する気持ちで一杯である。そしてまた、間違いなどご指摘頂けるとしたら望外の喜びである。

画家の藤田嗣治氏は、大東亜戦争中パリから帰国し、軍に請われて従軍画家として戦地に赴き、戦争の悲惨を絵に表現した。戦後これを画壇が糾弾し、戦争協力者として迫害し、藤田は画家としての活動も出来ず、たまりかねてまたパリに戻った。そして暫くしてフランスに帰化した。そうすると日本の画壇は「藤田は日本から逃げ出して日本を捨てた」とまた非難した。そこで藤田は「私が日本を捨てたのではない、日本が私を捨てたのだ」と言った。

天皇は日本国の安全と発展を、そして日本人の一人一人の幸せを日夜祈られる。そして、天皇は代々の天皇同様、日本国に起こる苦難、災難はご自身の身の不徳として神に詫びられる。しかし、日本国民の多くは天皇を捨てた。敬語を使用しないだけでなく、戦争責任があるとしきりに言う。実に悲しいことである。

天皇はマッカーサーとの初会見で、

「今回の戦争の責任は全て自分にあるのであるから、自分に対してどのような措置を採られても異存はない、戦争の結果現在国民は飢餓に貧している、……米国に是非食糧援助をお願いしたい。ここに皇室財産の有価証券類をまとめて持参したので、その費用の一部に当てて頂ければ幸いである」

と仰った。最初は命乞いにでも来たと考えたマッカーサーを吃驚させている。何処の国の王でも、このような状況に立ち至ると、隠し財産を持って他国に亡命するものである。王と天皇の違いの一端であろう。

最後に、本書を書く切っ掛けは竹田恒泰先生の教えを受けたことにある。先生には多くのことを教えて頂いた。部分的には先生の著書の剽窃であることもここで白状しなければならない。

本書を読んで、日本の国は非常に古い国であり、しかも万世一系の天皇がこれを「しらし」てこられ、「統べて」来られ、我々祖先もその天皇に良く仕えて国造りをし、国を守ってきたのであるということを、多少なりとも感じて頂ければこれに過ぎる喜びはない。

や

ゆ

む

め

も

ま

み

へ

ほ

ひ

ふ

ぬ

ね

の

は

な

に

ち

つ

て

す

し

さ

け

こ

く

き

か

え

お

う

い

索　　引

あ

著者紹介

吉重　丈夫（よししげ　たけお）

皇紀2625（昭和40）年　東京大学法学部卒業
会社役員・代表
北浜法律事務所顧問
素行会維持会員
大阪竹田研究会幹事長
日本の正史を研究

歴代天皇《れきだいてんのう》で読《よ》む　日本《にほん》の正史《せいし》

平成二十七年四月十日　印刷
平成二十七年四月二十九日　発行

※定価はカバー等に表示してあります。

著　者　吉重　丈夫
発行者　中藤　正道
発行所　㈱錦正社
〒一六二―〇〇四一
東京都新宿区早稲田鶴巻町五四四―六
電　話　〇三（五二六一）二八九一
FAX　〇三（五二六一）二八九二
URL　http://www.kinseisha.jp/

印刷　㈱平河工業社
製本　㈱ブロケード

装幀　吉野史門

ISBN978-4-7646-0122-2